D1753655

ALEXANDER MONRO

Papier

ALEXANDER MONRO

# Papier

*Wie eine chinesische Erfindung
die Welt revolutionierte*

Aus dem Englischen übertragen
von Yvonne Badal

C. Bertelsmann

Die Originalausgabe ist 2014 unter dem Titel »The Paper Trail:
An Unexpected History of a Revolutionary Invention«
bei Allen Lane, London, erschienen.

Verlagsgruppe Random House FSC® N001967
Das für dieses Buch verwendete FSC®-zertifizierte Papier
*EOS* liefert Salzer Papier, St. Pölten, Austria.

1. Auflage
© 2014 by Alexander Monro
© 2015 für die deutschsprachige Ausgabe by
C. Bertelsmann Verlag, München,
in der Verlagsgruppe Random House GmbH
Umschlaggestaltung: buxdesign München
Bildredaktion: Dietlinde Orendi
Satz: Uhl + Massopust, Aalen
Druck und Bindung: GGP Media GmbH, Pößneck
Printed in Germany
ISBN 978-3-570-10010-3

www.cbertelsmann.de

*Für Hannah, in Liebe*

# Inhalt

1. Auf der Spur des Papiers — 9
2. Alpha und Omega — 33
3. Den Boden bereiten — 53
4. Genesis — 83
5. An den Rändern — 104
6. Der Papierregen — 148
7. Die Papierokratie — 186
8. Der Wissenstransfer — 221
9. Büchernarren — 234
10. Bücherbauten — 255
11. Ein neues Buch — 279
12. Bagdatixon und die Wissenschaften — 305
13. Ein Kontinent spaltet sich — 330
14. Das Abendland übersetzt sich — 384
15. Ein neuer Dialog — 404
16. Tonnen von Papier — 441

Epilog: Schwindende Spuren — 474

*Dank* — 485
*Anmerkungen* — 489
*Bibliografie* — 501
*Personenregister* — 517
*Sachregister* — 525
*Bildnachweis* — 544

# I
# Auf der Spur des Papiers

In Canbaluc hat es unvorstellbar viele Menschen und Häuser, es ist unmöglich, sie zu zählen; denn auch die Vorstädte sind dicht besiedelt.

MARCO POLO[1]

Im Jahr 1275 traf Marco Polo in der Hauptstadt des weiträumigsten und erstaunlichsten Imperiums ein, das die Welt bislang gesehen hatte. In dem Bericht, den er nach seiner Heimkehr über seine Erlebnisse diktierte, nannte er sie »Khanbaliq« (auch als »Canbaluc« oder »Cambaluc« transliteriert): die Stadt der Khans. Nur sechzig Jahre früher, bevor die Mongolen sie belagerten und dem Erdboden gleichmachten, war es noch eine chinesische Stadt mit einem chinesischen Namen gewesen. Die Mongolen bauten sie wieder auf, benannten sie um und machten sie zu einer Stadt unter vielen in ihrem expandierenden Großreich. Doch bis zum Eintreffen Marco Polos hatte sie sich in die Metropole eines Imperiums verwandelt, dem auch ein Großteil Eurasiens angehörte und das sich bis Osteuropa erstreckte. Heute trägt die Stadt den Namen Beijing.

Immer wieder schimmert durch Marco Polos Reisebericht ein fast ungläubiges Staunen angesichts der Größe und Pracht von Khanbaliq. Etwa wenn er berichtet, dass die Palastanlage nicht nur von einer quadratischen äußeren Mauer mit Seitenlängen von je einer Meile umgeben war, sondern das Innere dieses Gevierts sogar noch von einer weiteren, rechteckigen Mauer geschützt wurde. Die Ecken beider Maueranlagen erweiterten sich jeweils zu reich verzierten Gebäuden, in denen die kaiserlichen Kampfausrüstungen untergebracht waren, mittig in jedem der acht Mauerumgänge befand sich ein Magazin. Im Zentrum dieses doppelten Schutzwalls thronte der Kaiserpalast, dessen Wände und Säle mit Gold und Silber ausgekleidet waren und von Drachen, Vögeln, Reiterfiguren und vielem mehr geziert wurden. Der Hauptsaal war so groß, dass mehr als sechstausend Personen darin speisen konnten.

Marco Polo, der Kaufmann aus Venedig, war natürlich vertraut gewesen mit Kostbarkeiten, die das Begehr weckten. Doch selbst er war völlig überwältigt von all dem Luxus und der Pracht in Khanbaliq und würzte seine begeisterten Schilderungen der mongolischen Hauptstadt eigens noch mit Zahlen: Die Stadtmauer zog sich über vierundzwanzig Meilen hin, hatte zwölf von jeweils tausend Mann bewachte Tore und umschloss insgesamt sechzehn Paläste. In der Stadt selbst – die mit solch meisterlicher Präzision schachbrettartig angelegt worden sei, dass Worte ihr nicht gerecht werden könnten – herrschte geschäftiges Treiben: Zwanzigtausend Freudenmädchen gingen dort ihrem Gewerbe nach, und Tag für Tag trafen mehr als tausend mit Seide beladene Wagen ein. Am Neujahrstag habe der Khan das Geschenk von »hunderttausend weißen Pferden« in Empfang genommen und seinerseits fünftausend Elefanten durch die Stadt prozessieren lassen. Marco Polos Zahlen sind natürlich der Stoff, aus dem die Geschichten von Weltenbummlern sind. Doch zweifellos *hat* Khanbaliq ihn zutiefst beeindruckt.

Auch weniger Prächtiges als die Paläste erregte seine Aufmerksamkeit, zum Beispiel die kaiserliche Münzstätte, über die er das Folgende zu berichten wusste:

*Wenn man sieht, wie sie eingerichtet ist, könnte man sagen, der Kaiser kenne die letzten Geheimnisse der Alchimie. Nun schildere ich euch die Geldfabrikation. Der Khan ordnet die Beschaffung von Rinde an, und zwar von den Maulbeerbäumen, deren Blätter bekanntlich den Seidenraupen als Nahrung dienen. Der Bast zwischen Rinde und Holz ist sehr fein, daraus läßt sich schwarzes, papierähnliches Material herstellen. Es sind Blätter, die folgendermaßen aufgeteilt werden: der kleinste Schein ist einen halben Groschen wert, der nächst größere einen ganzen. [...] Alle Geldscheine werden mit dem Siegel des Großkhans versehen. Er läßt davon eine solche Menge herstellen, daß man alle Schätze der Welt kaufen könnte. Mit diesem Geld, das fabriziert wird, wie ich eben geschildert habe, wird alles bezahlt [...], jeder einzelne, alle Völker des Reiches, empfangen das Papiergeld gerne, denn wohin sie auch immer gehen, die Scheine gelten überall [...]. Alles und jedes können sie kaufen...*[2]

Wiewohl das eine ziemlich ungenaue und fehlerhafte Schilderung des chinesischen Herstellungs- und Druckverfahrens von Papierprodukten war, sollte sie im Europa der Protorenaissance bald in aller Munde sein. Binnen zwanzig Jahren nach der Erstauflage von Marco Polos Reisebericht, also noch zu seinen Lebzeiten, erschienen mindestens fünf verschiedene Übersetzungen. Da muss man schon von einem bemerkenswert erfolgreichen Buch sprechen, zumal das Abendland ja noch keine gedruckten Bücher kannte und jedes einzelne Exemplar handschriftlich von Kopisten abgeschrieben werden musste.

Der berühmteste europäische Besucher Beijings hatte also über das chinesische Papier im Mongolenreich gestaunt. Tatsächlich wurde nicht nur Papier, sondern auch das Papiergeld in China erfunden. Bereits Ende des 10. Jahrhunderts, drei Jahrhunderte vor Marco Polos Reise, war chinesisches Papiergeld im Gegenwert von 1,13 Millionen *Tiao* in Umlauf gewesen – ein *Tiao* war eine Schnur von tausend Münzen. Somit war das chinesische Zahlungsmittel schon in die Millionen gegangen, bevor das Wissen um die Papierherstellung das christliche Europa auch nur erreicht hatte. In der Yuan-Dynastie, die zur Zeit von Marco Polos Reise an der Macht gewesen war, gab es ein solches Überangebot an Geld, dass man nur noch von einer Hyperinflation sprechen kann.

Der erste Hinweis auf die Herstellung von Papier in Europa – auf der italienischen Halbinsel – stammt aus dem Jahr 1276, rund ein Jahr nach Marco Polos Ankunft in Beijing.[3] Bis zu diesem Zeitpunkt hatten die einzigen Papiermühlen des Abendlands auf dem islamisch beherrschten Teil der Iberischen Halbinsel gestanden, seit 1190 waren auch schon einige in Frankreich in Betrieb gewesen. Da konnte das Beijing des 13. Jahrhunderts mit all seinen Gewerken und Waren wohl selbst einem so wohlhabenden venezianischen Kaufmann wie Marco Polo nur einzigartig fortschrittlich, erfindungsreich und prachtvoll erscheinen.

Das Papiergeld der chinesischen Yuan-Dynastie wurde von der Steuerbehörde ausgegeben und auch in so fernen Ländern wie Myanmar, Thailand und Vietnam (wie wir sie heute nennen) verwendet, seit es von den Gesellschaften dort nicht mehr so skeptisch beäugt wurde und alle wirtschaftlichen Hürden überwunden hatte. Noten gab es in zwölf Wertscheinen, vom Zehner bis zum Zweitausender. Auf einem Schein, der uns erhalten blieb – »Groß-Yuan« prangt auf der Vorderseite –, ist die Warnung vermerkt, dass ein jeder Fälscher mit Enthauptung bestraft und jeder, der einen Fälscher anzeigt, mit zweihundert Silber-*Tael* belohnt würde (nach heutigem Wert rund zwanzig Euro).

Inzwischen hatten Mongolen auch gelernt, die Völker in ihrem Herrschaftsgebiet mithilfe von Papier zu regieren. Nur ein paar Jahrzehnte vor Marco Polos Ankunft waren die Invasoren noch Analphabeten gewesen, doch kaum hatten sie Khanbaliq zu ihrer Hauptstadt erkoren und dort eine gewaltige Bürokratie mit Sitz rund um den heutigen Tiananmen-Platz aufgebaut, die drei Quadratmeilen Raum verschlang und rund zehntausend (meist chinesische) Kunsthandwerker beschäftigte, begannen sie Siegel und Rollen, Pinsel, Tuschsteine und Papier herzustellen – das unerlässliche Handwerkszeug des zweitgrößten Imperiums der Geschichte (nur das Britische Empire sieben Jahrhunderte später sollte größer sein). Das Medium dieses Reiches war Papier, ob als Geld oder für diplomatische Depeschen, ob zur dynastischen Geschichtsschreibung oder für Grundbucheintragungen, ob für die Geschäftsbücher des Palastes oder für kaiserliche Dekrete.

Und dies ist nun die Geschichte, wie dieser biegsame und gefügige Beschreibstoff zu einem Instrument von wahrhaft historischer Bedeutung wurde, zum Übermittler von bahnbrechenden Innovationen wie zum Medium von Massenbewegungen in aller Welt. Seit zwei Jahrtausenden ermöglicht Papier auf einzigartige Weise die Umsetzung von politischen Strategien und die Verbreitung von wissenschaftlichen Ideen, Religionen, Philosophien oder Propaganda. Die bedeutendsten Zivilisationen verwendeten es, um ihre Vorstellungen von der Welt in den eigenen Kulturen in Umlauf zu setzen und in fremde Kulturen einfließen zu lassen. Angesichts einer solchen Schlüsselrolle war dem Papier praktisch von Anfang an die Zukunft gesichert. Wertmarken, die seit Jahrtausenden auf Lehm oder Metalle geprägt worden waren, hatten den Tausch oder Handel von und mit Gütern und Dienstleistungen über Grenzen hinweg ermöglicht; Papier ermöglichte den Tausch oder Handel von und mit Ideen und Glaubensweisen.

Seine Geschichte begann vor mehr als zweitausend Jahren im Han-China und erreichte während der Tang-Periode im 8. Jahrhundert einen ersten Höhepunkt. Dann begann es sich seinen Weg ins Islamische Kalifat und dessen Kapitale Bagdad zu bahnen, diesem Zentrum und Knotenpunkt wissenschaftlicher Forschungen und künstlerischen Schaffens, um von dort nach Europa zu gelangen, wo es zum Werkzeug der Renaissance und Reformation wurde und sich schließlich weit über seine ostasiatischen Anfänge hinaus in das Schreib- und Druckmedium der modernen Welt zu verwandeln begann.

Papier ermöglichte es Schriftgelehrten erstmals, eine beispiellose Zahl unterschiedlichster Leserkreise zu erreichen. Zu diesen Gelehrten zählten die chinesischen Philosophen, die das politische Vakuum analysierten, unter dem ihr Land in den Jahrhunderten vor dem Papierzeitalter bis zur Gründung der Han-Dynastie (206 v.d.Z.) gelitten hatte; zu ihnen zählten die buddhistischen Übersetzer, die ihren Glauben im 2. und 3. Jahrhundert n.d.Z. von Indien und Zentralasien nach China trugen, um ihn nicht nur unter Fürsten und anderen Eliten, sondern auch unter Kaufleuten, Armen und sogar Frauen zu verbreiten; zu ihnen zählten die Verwalter des Abbasidenkalifats, dem Imperium der zweiten islamischen Dynastie, das sich von Zentralasien bis in den Maghreb erstreckte; zu ihnen zählten die Theologen, die mithilfe des Koran eine imperiale Identität schmiedeten; zu ihnen zählten die Wissenschaftler und Künstler, die dieses Kalifat hervorbrachte, nachdem es im späten 8. Jahrhundert das neu erbaute Bagdad zu seiner Hauptstadt erkoren hatte; zu ihnen zählten Desiderius Erasmus, Martin Luther und all die Gelehrten und Übersetzer, die von ihren Schreibtischen aus zur Renaissance oder Reformation beitrugen, indem sie auf preiswertem italienischem Papier die großen alten hebräischen, römischen oder griechischen Texte kopierten, interpretierten und in ihre Landessprachen übersetzten; zu ihnen zählten die französischen Revolutionsdenker des 18. Jahrhunderts, die mithilfe der Buchdrucker aus den protestantischen niederländischen Provinzen ihre Texte verbreiteten; zu ihnen zählten so herausragende Persönlichkeiten des Papierzeitalters wie Johann Wolfgang von Goethe oder Lew Nikolajewitsch Tolstoi, deren Œuvres sich auf 156 (ergänzte Weimarer Ausgabe) respektive 100 Bände belaufen.[4] Und zu ihnen zählte auch Wladimir Iljitsch Lenin, der ab 1902 in seinem winzigen Londoner Studierzimmer am Clerkenwell Green *Iskra* (»Der Funke«) edierte, die revolutionäre Zeitung der Sozialdemokratischen Arbeiterpartei Russlands, die ins Zarenreich geschmuggelt wurde, um der kommunistischen Revolution auf die Beine zu helfen.

In seinem Geburtsland China leistete das Papier einen entscheidenden Beitrag auch zur Kulturrevolution von 1966, als es den Studenten dazu diente, Dutzende *dazi bao* (»Große-Zeichen-Wandzeitungen«) in der Pekinger Universität anzubringen und den Rektor zu beschuldigen, sich dem Willen des Volkes zu widersetzen. 65 000 Wandzeitungen folgten in der benachbarten Tsinghua-Universität – eine Masse, die sich die Studenten nur dank der geringen Kosten von Papier leisten konnten –, weitere Zehntausende im ganzen Land. Binnen weniger Wochen wurde ganz China von einem kleinen roten Papierbuch überschwemmt: Maos Zitatsammlung, die die Welle der Revolution über das ganze Land schwappen ließ. Mindestens siebenhundert Millionen Exemplare davon wurden verkauft oder verteilt, seither hat die Gesamtauflage die Einmilliardengrenze überschritten. Die *Worte des Vorsitzenden Mao Tsetung,* die »Mao-Bibel«, zählt zu den vier oder fünf meistgedruckten Büchern der Geschichte.

Im vordigitalen Zeitalter wurden nicht nur die allgemeine Schulbildung, sondern auch das allgemeine Wahlrecht auf Papier gefordert und mithilfe von Papier durchgesetzt. Auch das Entstehen von Denkschulen in aller Welt, samt der Masse an Büchern und Artikeln aus den Federn ihrer Vertreter, wurde erst durch Papier möglich, ob es sich dabei nun um die Schulen von Wissenschaftlern oder Komponisten, Romanciers oder Philosophen, Ingenieuren oder politischen Aktivisten handelte. Papier verhalf der *Res publica literaria* oder Gelehrtenrepublik ins Leben, welche nationale Unterschiede transzendierte und zum Entstehen einer Bruderschaft (es *waren* vorherrschend Männer) von Seelenverwandten beitrug, die ihre Ideen und Interpretationen allesamt auf ein gemeinsames Erbe zurückführten. Papier war ein so preiswerter, so leicht transportierbarer und so gut bedruckbarer Stoff, dass sich Bücher erstmals in Massen produzieren und vertreiben ließen. Das Erscheinen von Papier trug zu Revolutionen bei, da man nun nicht mehr abhängig war von dem teuren Pergament oder Velin und dem knappen Papyrus, geschweige denn mit sperrigen Knochen, Steinen und Holz sich hätte begnügen müssen, um Wissen und Ideen zu verbreiten.

Dennoch, trotz all dieser aufrührerischen Macht von Papier und all der Möglichkeiten, die der neue Beschreibstoff bot, um Debatten zu bereichern und Wissen zu akkumulieren und zu verbreiten, beginnen wir heute langsam, aber sicher aus dem Papierzeitalter herauszutreten – oder zumindest aus dem Zeitalter, in dem Papier keine Rivalen kannte. Wo es um unsere alltägliche Korrespondenz oder um beiläufige Notizen geht, um Enzyklopädien oder Almanache zur Informationsbeschaffung, um den Aufbau von öffentlichen Netzwerken oder das Schreiben von Tagebüchern, hat Papier die Schlacht gegen seinen virtuellen Konkurrenten bereits verloren. Es wurde verdrängt von digitalen Zeitungen und Zeitschriften, von einer digitalisierten Bürokratie, einer digitalisierten Werbung, von digitalisierten religiösen und politischen Debatten, digitalen Fahrscheinen und Flugtickets und Einladungskarten. Eine Ära ist im Schwinden begriffen.

Doch dass wir das Papierzeitalter so sichtlich hinter uns lassen, bedeutet nicht, dass wir auch das Papier hinter uns lassen. Immerhin verwenden wir Stein, Eisen und Bronze ebenfalls noch, außerdem sind die Einsatzmöglichkeiten von Papier so vielfältig und facettenreich, dass sein endgültiges Verschwinden kaum zugelassen würde. Es gibt nur wenige vollständig papierlose Büros. Und wiewohl Amazon inzwischen ebenso viele E-Books wie gedruckte Bücher verkauft, gibt es noch genügend Leser, die ein Buch haptisch erleben möchten, es in Händen halten, seine Seiten beim Umblättern spüren und es dann in ein Regal stellen wollen. Es gibt ihn noch, den Wunsch nach dem sinnlichen Erlebnis des Lesens, er ist ebenso wenig vergangen wie der Wunsch, unser Wissen, unsere Einstellungen oder unsere Leidenschaften in unseren Bücherregalen zur Schau zu stellen.

Papier als der Beschreibstoff für das geschriebene und gedruckte Wort hat unsere Geschichte geprägt, und das tat es in der Rolle des Jedermanns und nicht der eines Lords. Dass es nun allmählich zu einem Stoff erhoben wird, der Eleganz und Luxus symbolisiert, kündet von einem neuen Zeitalter: Papier beginnt sich in den glanzvollen Ruhestand zurückzuziehen, als ein Beschreibstoff für edle Einladungskarten, Kunstdrucke und Hochglanzkataloge, oder sich in Form von Büchern zu präsentieren, deren Leser wunderschöne Umschläge und Drucke und das Vergnügen am Haptischen wie am Besitz von Büchern fast ebenso schätzen wie hochwertige Inhalte. Als Freischaffender mit unterschiedlichen Aufgaben wird Papier weiterhin für uns arbeiten, aber es wird keine Überstunden mehr machen. Das Stemmen von Wörtern und Abbildungen wird es überwiegend den Computern, dem Internet und verschiedensten digitalen Speichermedien überlassen und somit an Microsoft, Apple, Google, Amazon und andere delegieren.

Für die kleinen Dinge des Lebens wird Papier jedoch Kette und Schuss unseres Alltags bleiben. Um das zu erkennen, braucht man nur einmal unseren »papiernen« Tagesablauf vor dem geistigen Auge abzuspulen: Die Glühbirne der Nachttischlampe glimmt durch einen Papierschirm; das Bild im Flur ist ein Papierdruck unter einem papiernen Passepartout; neben der Toilette hängt eine Papierrolle, und auf der Shampooflasche klebt ein papiernes Etikett; die Müslischachtel und der Milchkarton in der Küche sind aus Papier, ebenso die Post, die wir aus dem Briefkasten holen und auf der Briefmarken aus Papier kleben. In der Brieftasche steckt Papiergeld, und die Reklamebilder, an denen wir auf dem Weg zur Arbeit vorbeilaufen, sind ebenso aus Papier wie die Drachen, die unsere Kinder im Park steigen lassen. Auch die Becher für die Kaffeemaschine im Büro sind aus Papier, und auf jedermanns Schreibtisch türmt sich ein gewisser Stapel an Papieren. In der Mittagspause kaufen wir uns eine papierne Zeitung und ein in Papier gewickeltes Sandwich, anschließend vielleicht noch ein kleines Geschenk für einen Freund, das wir in schönes Papier einpacken lassen. Auf dem Nachhauseweg drückt uns ein Teenager einen papiernen Flyer in die Hand, den er aus einem Pappkarton zieht; und wenn wir abends im Restaurant zur Menükarte greifen, halten wir ebenfalls Papier in Händen. Dann gehen wir vor die Tür und rauchen Tabak, der in Papier gerollt wurde.

Papier kann in der Form von Reispapier gegessen oder von Fluggesellschaften zum gegenteiligen Zweck zu Tüten gefaltet werden. Papier kann einen blutenden Rasurschnitt stillen und selbst in den Finger schneiden. Es hängt an dem Koffer, der hoffentlich aufs richtige Band zum richtigen Flugzeug geleitet wird, und kann von einem Windhauch aufgenommen werden, um Momente später hundert Meter hoch in der Luft zu schweben. Kinder falten Flieger aus Papier und lassen sie durchs Klassenzimmer düsen, Demonstranten drucken Hasssymbole auf Papier und verbrennen sie. Papier kann Hunderte Jahre überdauern oder sich in einer feuchten Umgebung binnen kürzester Zeit auflösen und in wenigen Tagen von Buchwürmern aufgefressen werden. Papier kann etwas so Banales wie ein Busfahrschein oder etwas so Interessantes wie das Informationsschild unter einem der wertvollsten Gemälde der Welt sein.

Papier wurde im Laufe der Jahrhunderte zu den unterschiedlichsten Formen gestaltet und hat uns seine Dienste zu Hunderten verschiedenen Zwecken offeriert. Doch das Genialste am Papier ist nicht sein Angebot, sich zu Pappschachteln oder Toilettenrollen oder Drachen oder Paravents und anderem mehr gestalten zu lassen, sondern dass es zwei Jahrtausende lang die Rolle des Trägers vom geschriebenen oder gedruckten Wort übernahm. Alle anderen Figuren in diesem Stück über das Papier spielen nur Nebenrollen. Die unhinterfragte Hauptrolle spielt das Wort. Und Wort auf Wort summierte sich zu der Geschichte, die sich nach wie vor in gewaltigen Ausmaßen vor unseren Augen abspielt. Es ist die Geschichte, von der dieses Buch handelt.

Alljährlich werden weltweit mehr als vierhundert Millionen Tonnen Papier und Pappe produziert. Das entspricht dem Gewicht von einer Million Zügen mit mehreren Waggons oder dem von einer Millionen Kopien des höchsten ägyptischen Obelisken. (Eine Menge, für die Milliarden von Bäumen gefällt werden müssen – es wäre wirklich höchste Zeit, dass Papierfabrikanten mehr Altpapier und nicht nur frisches Holz, sondern auch Abfallprodukte wie Holzspäne zur Herstellung ihres Rohmaterials verwendeten.) Würde man diese vierhundert Millionen Tonnen als DIN-A4-Blätter auslegen, hätte man achtzig Milliarden Blatt Papier aneinandergereiht. Und natürlich verändern all die riesigen Monokulturwälder, die in Indonesien und Brasilien zum Zweck der Papierherstellung angepflanzt werden, nicht nur das Bild der Erde, sondern bedrohen auch die Biodiversität. Und da man für eine Tonne Papier, das aus reinem Zellstoff von frischen Holzfasern hergestellt wird, auch noch Zehntausende Liter Wasser benötigt, zieht die Papierproduktion sogar das Absinken von Wasserspiegeln nach sich und ist somit einer der ökologisch zerstörerischsten Prozesse, die der Mensch ersonnen hat. Verwendete man nur noch Altpapier zur Produktion von neuem, könnten laut dem Brüsseler *Bureau of International Recycling* pro Tonne 26000 Gallonen Wasser eingespart werden. Der *US Information Agency* zufolge steht die Zellstoff- und Papierindustrie in den Vereinigten Staaten an vierter Stelle der industriellen Verursacher von Treibhausgasen. Im Wesentlichen ist der Siegeszug des Papiers in den letzten Jahrhunderten seinen geringen Herstellungskosten zu verdanken, doch wie wir heute wissen, wurden die Kosten ganz einfach auf die Natur statt auf den Markt abgewälzt.

Seit Jahrhunderten dient Papier als Verpackungsmaterial wie als Beschreibstoff. Als Verpackung bekam es in jüngerer Zeit einige Konkurrenz, ansonsten hatte es sich bis zur Ankunft des Fernseh- und Computerbildschirms die Vorherrschaft erobert, wo immer es aufgetaucht war. Auch seine Rivalen um den Platz für Kolumnen hatte es locker verdrängt, am deutlichsten die Beschreibstoffe Bambus, Papyrus und Pergament. Manche Gesellschaften, vor allem in Europa, aber auch in Indien, übernahmen es nur widerstrebend, was hauptsächlich kulturellen Faktoren geschuldet war – das Abendland hatte sich vermutlich vor etwas gefürchtet, das es für ein islamisches Produkt hielt, wohingegen der orthodoxe Hinduismus (im Gegensatz zum indischen Buddhismus oder Jainismus) noch vorrangig eine Kultur der mündlichen Überlieferung blieb. Doch im Allgemeinen zog Papier überall eine schnelle Konversion nach sich.

Papier ist einfacher zu transportieren und zu verstauen als Bambus, Holz, Stein, Ton, Knochen oder Schildkrötenpanzer. Die Rohmaterialien zu seiner Herstellung sind reichlicher vorhanden als die Papyruspflanze, die letztlich nur in Ägypten und auf Sizilien gedeiht. Es ist preiswerter als Pergament oder das aus Kalbshaut gefertigte Velin. Papier ist biegsam, leicht, saugfähig, aber dennoch fest und lässt sich sogar mehrfach falten. Sein Hauptbestandteil müssen Pflanzenfasern sein, doch die lassen sich auch aus alten Lumpen oder Leinen, aus Flachs, Hanf, Maulbeerbaumrinde, Nessel und jeder anderen Pflanze oder jedem Gemüse auf der Einkaufsliste eines Alchemisten gewinnen, von den Malvengewächsen über das Johanniskraut bis hin zum Ginster.

In China wurde es traditionell aus Maulbeerbaumrinde, Ramienessel oder alten Leinenlumpen und Fischernetzen nach einem Verfahren gefertigt, dessen Genialität in seiner Einfachheit lag. Und weil es von Männern und Frauen aller sozialen Schichten auf jeder Stufe der gesellschaftlichen Leiter verwendet wurde, konnte es nicht nur zum Medium für Historiker, Mönche, Dichter und Philosophen werden, sondern auch von Ladenbesitzern, Wahrsagern, Straßenhändlern und Quacksalbern. Auch papierne Dekorationen sind bis heute allgegenwärtig in den Straßen der Stadt, durch die Marco Polo vor siebenhundertfünfzig Jahren gewandert war.

Ein Bettler kniet in der Ecke einer stillen Gasse, ein paar Straßen vom Tiananmen-Platz entfernt, das wettergegerbte Gesicht von zerzausten schwarzen Haarbüscheln umrahmt, die wie Äste von seinem Kopf abstehen. Am Boden vor ihm liegt ein Blatt Papier, an jeder Ecke mit einem Stein beschwert und beschrieben mit Schriftzeichen, die von dem Pech künden, das ihm widerfuhr. Das blütenweiße Papier mit den schwarzen, schwungvollen Zeichen darauf hebt sich stark vom gräulichen Hintergrund der Stadtlandschaft ab. Selbst ein Bettler kann sich Papier leisten und mithilfe von etwas Tusche oder Farbe und einem Pinsel vielleicht sogar seinen Lebensunterhalt damit verdienen.

Ein Stück nordwestlich davon wohnt ein pensionierter, mittlerweile über achtzigjähriger Hochschullehrer in einem Wohnblock sowjetischen Stils nahe der ältesten Universität der Stadt. Wie der Ruf und das Einkommen des Bettlers, so sind auch Ruf und Einkommen von Professor Yang Xin untrennbar mit Papier und Farbe verknüpft. Wenn er Schriftzeichen aufs Papier malt, dann profitiert er dabei von seinen regelmäßigen Atemübungen und schöpft aus einer siebzigjährigen Erfahrung als Kalligraf. Die Regale an den Wänden und die Ablagen unter dem großen Tisch in der Mitte seines Ateliers biegen sich unter dem Gewicht all der Rollen, Bücher, Pinsel und Farben. Der Raum ist karg, aber atmet Gelehrsamkeit. Yang malt jedes Schriftzeichen ohne abzusetzen in einer einzigen fließenden Bewegung, entschlossen, aber nicht mechanisch. Wenn er die Pinselhaare schließlich vom Papier abhebt, hat sich die Kühnheit des Strichs in einem dünnen Faden verloren. Diese scheinbar mühelose Expressivität lässt sich auf den wesentlich älteren chinesischen Beschreibstoffen Bambus und Holz nicht erreichen. Das preiswerte Papier ermuntert zum Üben, lässt beliebig viele Entwürfe zu und fördert die Risikobereitschaft, abgesehen davon ist es so glatt und eben, dass es dem Kalligrafen eine enorme Bandbreite an Ausdrucksmöglichkeiten bietet.

Ein Schriftzeichen, das Professor Yang besonders gut gelingt, ist *Chun*, »Frühling«. Seine Freunde meinen, es erinnere bei ihm an ein junges, tanzendes Mädchen. Seine Version ist leicht, lebendig und elegant zugleich, jeder Betrachter glaubt darin etwas anderes zu erkennen. Die Schrift wurde im Laufe der Jahrhunderte wechselweise standardisiert und diversifiziert, aber Professor

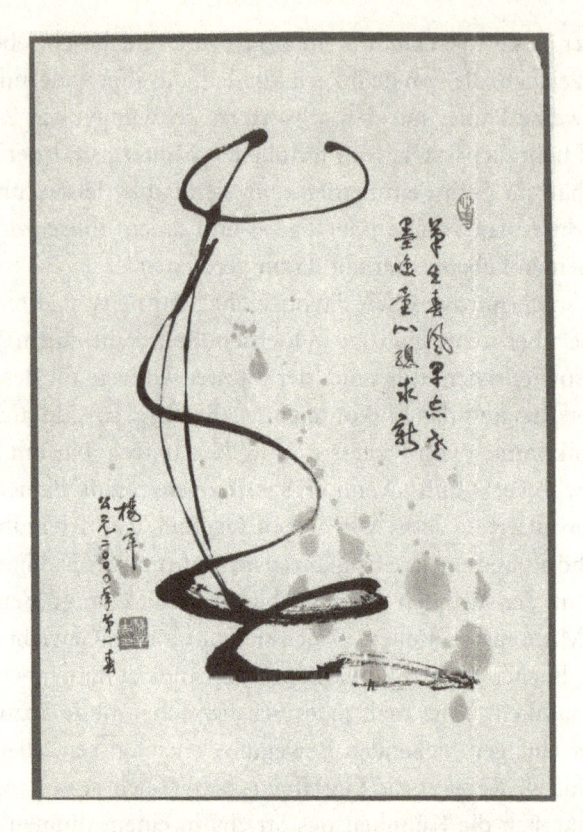

Abb. 1: *Yang Xin (2004):* »*Frühling*« *(ausgesprochen* »*chūn*«*)*

Yangs Kunst ist ein Schreiben weit über Schrift hinaus. Die Konturen des eigentlichen Schriftzeichens lassen sich in seiner Darstellung kaum noch erkennen, dafür findet sich darin deutlich die Stimmung wieder, die das Wort »Frühling« auslöst. Es ist das visuelle Äquivalent dessen, was James Joyce in *Finnegans Wake* mit wortmalerischen Verfremdungen erreichte: Er ließ Wörter »erklingen«. Nur wenige Leser können solche Wörter von Joyce entziffern, doch sobald man sie laut ausspricht, vibrieren sie vor klangvollem Sinn und Bedeutung. Ebenso schwer tun sich selbst

Abb. 2: *Yang Xins Zeichen* 樂 *(ausgesprochen »le«) bedeutet »glücklich« oder »Glück«. Während bei »Frühling« die Weiße des Papiers dominiert, wird hier das Zentrum des Blattes von der Tusche regelrecht verdunkelt, so als sei in beglückter Ekstase ungezügelt Druck auf den Pinsel ausgeübt worden.*

hochschulgebildete Chinesen, Yangs Kalligrafie zu entziffern, doch die Stimmung, die ein jedes seiner Zeichen hervorruft, ist unmissverständlich. Sie empfinden sein Werk als einen derart personalisierten Ausdruck ihrer Sprache, dass es einer Kunst sehr viel näher kommt als einer Schrift, und solche Expressivität ist nur möglich, weil Pinsel und Papier eine Partnerschaft eingingen.

Yangs Kalligrafie hat sich vom bildlichen Konzept chinesischer Schriftzeichen verabschiedet und den Schritt von der reinen Repräsentation zu einem persönlichen, expressiven Stil vollzogen (schon seit Jahrhunderten personalisieren chinesische Kalligrafen ihre Schrift). Er malt ein Schriftzeichen niemals mit mehreren Pinselstrichen, das heißt, er hebt den Pinsel nie vom Papier ab und vollendet jedes Zeichen trotz seiner in sich jeweils so unterschiedlichen Formen in einem einzigen Schwung. Auf diese Weise verbindet sich die Gestalt einer Schrift emotiv untrennbar mit ihrem Schöpfer. In einer solchen Kalligrafie resoniert das Individuelle, während in der regulären Handschrift nur der Versuch zum Ausdruck kommt, Erlerntes mechanisch zu wiederholen. Die Kunst, Schriftzeichen in einem Zug zu malen und die Schrift auf diese Weise aus ihrem traditionellen Korsett zu befreien, entwickelte sich vor etwas mehr als tausend Jahren. Zwar läuft man auf diese Weise Gefahr, sie unlesbar für andere zu machen, eröffnet sich aber ganz eindeutig individuelle Wege zu schriftlicher Expressivität.

Der Bettler und der Meisterkalligraf sind sozusagen die Buchstützen beiderseits der vielen Arbeiter und Denker in der chinesischen Hauptstadt, deren Leben oder Einkommen vom Papier abhängt. Kalligrafie war die etablierte Kunstform des klassischen China, in dem Betteln als unwürdig galt. Dennoch verdienten die Vertreter beider Gewerbe ihren Unterhalt mithilfe von Papier und bewiesen damit die Universalität dieses chinesischen Beschreibstoffes. Auch die zwischen den gesellschaftlichen Extremen vom Bettler und Kalligrafen angesiedelten Bewohner Beijings verwenden seit Jahrhunderten in ihren Arbeits- wie Mußestunden Papier. Fächer- und Fahnenmacher, Laternenverkäufer, Kartenspieler und Bettelmönche haben Papier von jeher zum eigenen Vergnügen oder gegen Geld für andere gefaltet, bemalt und beschrieben. Im 6. Jahrhundert n.d.Z. ließen Soldaten in China Papierdrachen steigen, um ihre Standorte zu signalisieren, andere maßen auf diese Weise Entfernungen oder ermittelten die

Windgeschwindigkeit. Im *Sui Shu*, dem Geschichtsbuch der Sui-Dynastie aus dem 6. Jahrhundert, wurde festgehalten, dass Gao Yang, der im 5. Jahrhundert Kaiser im Norden Chinas gewesen war, einen Straftäter dazu verurteilte, an einen Drachen gebunden in die Lüfte aufzusteigen. Somit wurde Papier auch zu Hinrichtungen verwendet. Zu fröhlicheren Anlässen entzündete man Papierlaternen, vor allem natürlich beim jährlichen Laternenfest, mit dem die Feierlichkeiten des chinesischen Neujahrs enden. Am Hof hielten beamtete Geschichtsschreiber jedes Geschehen auf Papier fest, auch die gewaltige Bürokratie des alten China hätte ohne Papier nicht funktioniert.

Missionarische Übersetzer aller Couleur – buddhistische, christliche, anarchistische, kommunistische, kapitalistische – haben ihre Ideen seit eh und je auf billigem Papier verkauft. Und da Papier gleichzeitig mit dem Zeitalter der Massenreligion und der politischen Ideen für die Massen aufgetaucht war, diente es auch den buddhistischen Missionaren, die im 2. und 3. Jahrhundert nach China wanderten, zur effektiveren Verbreitung ihres Glaubens und ihrer heiligen Schriften. Erst sehr viel später, am Ende des 19. Jahrhunderts, wurde Papier auch zum Stoff, aus dem die Zeitungen, Broschüren und Flugblätter waren, mit deren Hilfe man die ideologische Basis der letzten chinesischen Kaiserdynastie Qing untergrub, oder zur entscheidenden Waffe der aufstrebenden Kommunistischen Partei Chinas, die 1921 bei einem Treffen von knapp fünfzig Personen in Shanghai gegründet wurde und 1949 schließlich zur Regierungsmacht in China werden sollte.

Am anderen Ende der Papierhierarchie stehen all die Straßenfeger und Lumpensammler, die über Jahrhunderte hinweg Altpapier zur Wiederverwertung zusammengekehrt und alte Hadern zusammengetragen haben. Viele Läden in der chinesischen Hauptstadt begannen, wiederaufbereitetes Papier feilzubieten und diesen Beschreibstoff somit erstmals auch den Armen zugänglich zu machen. In einer Stadt, in der eine Alphabetisierung erst im 20. Jahrhundert ernsthaft in Angriff genommen wurde, waren

Männer, die mit Papier und Pinseln oder Stiften hinter Tischchen an den Straßenecken saßen und Ungebildeten ihre Dienste als Briefschreiber anboten, ein üblicher Anblick gewesen. (In Yining, einer Stadt im abgelegenen Nordwesten Chinas, sah ich sogar im Jahr 2002 noch professionelle Briefschreiber vor den Häusern sitzen.) Beijing, die Stadt, in der Marco Polo vor achthundert Jahren bei der Papierherstellung zugesehen hatte, war zwar nicht der Geburtsort des Papiers gewesen, wurde aber seit Jahrhunderten von der Papierkultur beherrscht. Sie war der Mikrokosmos des heute globalen Phänomens, und ihre Bettler und Kalligrafen waren nur zwei von vielen sozialen Gruppen, deren Lebensunterhalt von dem Stoff abhing, der sich selbst so zurücknimmt.

Würde man die Wege des Papiers, das Bettler wie Kalligraf verwendeten, bis zu seinem Herstellungsort zurückverfolgen, könnte man vielleicht herausfinden, wer dem aktuellen Produzenten das nötige Wissen vermittelt hatte. Auf dieser Fährte könnte man dann vielleicht der Spur des Fachwissens folgen, das seit Jahrhunderten von einer Generation zur nächsten weitergegeben wurde. Man müsste in die Vergangenheit reisen können, vom Fall einer Dynastie bis zu ihrem Aufstieg zurück und immer so weiter, vorbei an der Zeit der ersten Kontaktaufnahme Europas zu China, vorbei an der Stadtgründung von Beijing, immer weiter zurück, bis zu den Anfängen des chinesischen Buddhismus. Dann müsste man den Spuren dieser Genealogie von Schülern und Lehrmeistern so lange weiter zurück folgen, bis man schließlich in einem Moment vor rund zweitausend Jahren angekommen wäre, vermutlich noch vor der Einigung Chinas durch die Qin-Dynastie im Jahr 221 v.d.Z. Und plötzlich stünde man vor einem Handwerker, einem Gärtner oder einer Wäscherin und könnte zusehen, wie er oder sie zufällig auf die Idee kam, Papier herzustellen.

So könnte es abgelaufen sein:

Jemand ließ ein Stück Leinenstoff so lange an der Luft trocknen oder vergaß einen Lumpen so lange in einem Eimer, dass bereits die Zerfaserung eingesetzt hatte. Er oder sie hätte den Stoff oder Lumpen dann ausgewrungen und über einem flachen Stein ausgebreitet, wo er sich zusammenzog und verfilzte. Nun bedurfte es nur noch einer Person, die aus einer Laune heraus zum Pinsel griff und ein paar Schriftzeichen auf diesen Filz malte. Immerhin pflegte, wer des Schreibens mächtig war, auch Seide, Holz, Bambus oder Stein als Beschreibstoff zu verwenden oder die Wände eines Gasthauses, einen Paravent oder die Rückseite eines Fächers zu beschreiben. Noch heute üben viele Chinesen Schriftzeichen, indem sie einen Pinsel in Wasser tauchen und Pflastersteine bemalen. Aber natürlich ist das Ergebnis dieser Übung in Sekunden wieder verschwunden – warum also nicht lieber auf ein altes Leintuch oder einen Stofffetzen schreiben?

Papier könnte natürlich auch aus einer bewussten Überlegung heraus erfunden worden sein. Das jedenfalls legt der große amerikanische Papierhistoriker Dard Hunter nahe. Vielleicht war es der Geistesblitz eines einfallsreichen Webers gewesen, der nach Möglichkeiten suchte, die Stofffasern zu verwerten, die er von den Kanten seiner Webstoffrollen abschnitt. Alles, was nun noch nötig gewesen wäre, um sich einen neuen Beschreibstoff vorzustellen, war der Prozess einer Faserverfilzung.

Es könnte so oder so abgelaufen sein. Die offizielle Geschichte des Papiers beginnt allerdings mit Cai Lun, einem Beamten der Behörde für Instrumente und Waffen, dem traditionell die Erfindung des Papiers im Jahr 105 n.d.Z. zugeschrieben wird. In Wahrheit begann die Papierherstellung mindestens drei Jahrhunderte früher, wenngleich Cai es dann war, der diesen Stoff so weit verfeinerte, dass er zu noch weit mehr Zwecken verwendet werden konnte, und als Erster erkannte, *wie* viele Grundsubstanzen für seine Produktion zur Verfügung standen.

Ich stelle mir vor, wie Cai in seinem Studierzimmer oder einer Werkstatt im Kaiserpalast stand und mit den unterschiedlichsten Substanzen experimentierte; wie er dann die Techniken zur Herstellung des Faserbreis und der Trocknung variierte; dann das erhaltene Material zum Glätten mit unterschiedlichen Reibsteinen bearbeitete und die Qualität des Stoffes durch die Beschriftung mit verschiedenen Tuschen und Farben testete; dann mit Farbtönen und Texturen spielte und die Biegsamkeit, Festigkeit und den Schimmer seiner Varianten prüfte, bis er schließlich einen Beschreibstoff hatte, den er seiner Herrin, der Kaiserin Deng, vorlegen konnte. Sie hob die Arme wie ein Dirigent, lobpries den von Meisterhand gefertigten neuen Stoff und ordnete an, die neue Erfindung augenblicklich dem ganzen Reich zu verkünden. Denn sie hatte sofort begriffen, dass dieses Medium der Vereinheitlichung ihres Imperiums dienen würde.

Und damit begann die Reise des Papiers durch Länder und über Kontinente. Zuerst schrieben Höflinge Briefe und Notizen, dann begann man sogar Konfuzius' Theorien und politische Strategien vom Bambus auf den neuen Stoff zu übertragen. Man muss es sich wohl wie einen Wirbelwind aus Papieren vorstellen, die sich im 2. und 3. Jahrhundert n.d.Z. wie Herbstblätter über ganz China verteilten. Entstanden war dieser Stoff dank Cai und seiner Kaiserin, aber mit jedem Blatt, das nun jemand mit eigenen Gedanken über die Politik, den Kosmos oder die Familie füllte, wurde dem Modernisierungs- und Einigungsdrang der Kaiserin ein weiteres Stück entsprochen, bis sich der Wirbelwind zu einem Sturm auswuchs und schließlich eine Eigendynamik annahm. Schon seit dem 2. Jahrhundert hatten auch missionierende Buddhisten in China Papier beschrieben und Abertausende Rollen mit ihren Gebeten und Sutras gefüllt, um ihre Botschaft nicht nur bei Hofe und unter den Beamten, sondern unter allen Chinesen zu verbreiten, die des Lesens fähig waren – deren Zahl sich inzwischen erhöht hatte, derweil die Verwendung von Papier es nun auch immer mehr Lesern ermöglichte, solche Schriften für den Eigenbedarf zu erwerben.

Selbst die chinesischen Schriftzeichen stießen bei ihrem Vormarsch nun bis in einige der entferntesten Winkel des Reiches vor. Mönche, Dichter und Konfuzianer fügten dem wachsenden

Gewicht der vorhandenen Papiermenge noch das ihrer eigenen Werke an, die Gebildeten schrieben Briefe und Gedichte, und das Volk hängte sich geschriebene Sutras als Amulette um den Hals oder kaufte Medizinfläschchen, die mit Papieretiketten versehen waren. Auch Chinas Nachbarn begannen auf dieses seltsame Phänomen aufmerksam zu werden und sich schließlich mit dem grassierenden chinesischen Schreibfieber anzustecken. Bis zum 6. Jahrhundert hatte das Wissen um die Papierherstellung Korea erreicht, zu Beginn des nächsten Jahrhunderts führten koreanische Mönche diese Technik in Japan ein. Und während China von Papier überschwemmt wurde, verwandelten sich die alten Alternativen der Holz- und Bambustäfelchen peu à peu zu Artefakten, die wie all die Steine und Schildkrötenpanzer ins Museum gehörten.

Während der Buddhismus mehr und mehr Anhänger fand, gelangte das Papier durch einen Korridor auch in die Wüstenoasen des chinesischen Nordwestens; um die Mitte des 7. Jahrhunderts brachte die Eroberung des Sassanidenreichs im Zuge der islamischen Expansion den neuen Glauben der Anhänger Mohammeds bis an die Grenzen Chinas heran; Mitte des 9. Jahrhunderts übernahm das Islamische Kalifat Papier zu Verwaltungszwecken. Und während sich die Masse beschriebener Papiere aus dem Kalifat nun kontinuierlich westwärts verbreitete, fügten Mullahs, Naturforscher und Philosophen den theologischen, politischen, künstlerischen und dichterischen Schriften ihre jeweils eigenen Beiträge hinzu. Geometrie, Astronomie, Islamgeschichte und sogar Rezepte, alles wurde nun auf Papier niedergeschrieben, auch jene humoristischen und erotischen Geschichten, die schließlich zu den deftigen und vergnüglichen Erzählungen von *Tausendundeiner Nacht* mit ihren plastischen sexuellen Metaphern und überhöhten Handlungssträngen verschmolzen wurden.

Schließlich bahnte sich das arabische Papier den Weg nach Europa, zuerst nur bis Spanien, später auch nach Italien und Griechenland. Im 11. Jahrhundert begann das islamische al-Andalus mit einer eigenen Papierproduktion, im Jahrhundert darauf stellte es bereits beträchtliche Mengen dieses Beschreibstoffes her, aber der Durchbruch im Abendland kam erst Ende des 13. Jahrhunderts, als das in Italien produzierte Papier die arabische Konkurrenz jenseits des Mittelmeers (vermutlich dank des besseren Zugangs zu Süßwasserquellen) zu untergraben begann.

Im späten 14. Jahrhundert verbreitete sich das Fachwissen der Papierherstellung schließlich auch nördlich der Alpen, und dort sollten die Kopisten Mitte des 15. Jahrhunderts dann auch als Erste ihre Federn niederlegen, weil Texte nicht mehr abgeschrieben werden mussten, sondern auf Papier gedruckt von den Pressen gepellt werden konnten. Dank der neuen beweglichen Lettern wurde eine Schrift nach der anderen auf preiswertes, dickes Papier gedruckt, was viel zu dem Sturm beitrug, der sich – von den Ideen der Renaissance und der Reformation genährt – über dem Abendland zusammenbraute. Hand in Hand damit entwickelten sich neue Genres und infolgedessen auch neue Interessenschwerpunkte: 1550 erschien in Florenz die erste Auflage von Giorgio Vasaris Bänden *Le Vite de' più eccellenti pittori, scultori ed architettori (Lebensläufe der berühmtesten Maler, Bildhauer und Architekten)*, die ein starkes Interesse an zumindest zwei neu ins Blickfeld gerückten Themen weckten: an den Prozessen künstlerischen Schaffens und an dem Genre der säkularen Biografie.

Mittlerweile hatte sich das Papier seinen Weg gen Osten bis zum japanischen Archipel und gen Westen bis an die Küsten Marokkos und Irlands gebahnt. Es trug auf seiner Oberfläche Myriaden von Hoffnungen, Glaubensweisen, Entdeckungen und Spekulationen weiter und versorgte die Leser mit einer Enzyklopädie all der Kulturen und Menschheitsbilder, die über Jahrhunderte und Kontinente hinweg zu diesem grandiosen Index von Ideen und diesem Museum an unterschiedlichsten Gedanken beigetragen hatten. Aber natürlich endete die Reise des Papiers damit noch nicht. Im 16. Jahrhundert wurde das Wissen der Papierherstellung aus Spanien quer über den Atlantik nach

Mexiko getragen, wo der neue Beschreibstoff bald das papierähnliche und von den Azteken verwendete *Amatl* ersetzte und daraufhin auch in den Süden und Norden des amerikanischen Kontinents zu wandern begann, um dort zum Geburtshelfer des »geschrieben gesprochenen« Wortes zu werden (amerikanische Ureinwohner nannten Papier »sprechende Blätter«).

Das war in etwa die breite Spur, die das Papier quer durch die Welt hinterließ. Aber auch damit war seine Reise noch nicht beendet, denn das Wissen um die Papierherstellung breitete sich natürlich auch im subsaharischen Afrika aus (nachdem Ägypten es im 10. und sämtliche Großstädte im Maghreb im 11. Jahrhundert übernommen hatten). Im 13. Jahrhundert wurde es schließlich auch vom indischen Subkontinent mit offenen Armen aufgenommen[5], um dann von den imperialistischen Seefahrern in noch viele Winkel dieser Erde getragen zu werden. Doch die bedeutendste Rolle bei dieser Reise spielte die Etappe, die es quer durch Eurasien bis in den Maghreb zurücklegte. Denn während dieses Reiseabschnitts ließen sich die mächtigsten Zivilisationen der Zeit von dem neuen Beschreibstoff überzeugen und in Papierkulturen verwandeln. Seine anschließende Verbreitung war im Wesentlichen dem Einfluss und den Eroberungszügen dieser Mächte zu verdanken.

Papier war der Evangelist vieler Überzeugungen, von denen die Menschheitsgeschichte geprägt wurde. Es trug eine Vielfalt von Ideen in die entferntesten Länder und zu Volksgruppen, die sie ansonsten vermutlich nie kennengelernt, geschweige denn übernommen hätten. Das Papier ist alles zugleich: Propagandist, Tyrann, Demokratisierer, Werkzeug, Erfinder, Zauberer und Techniker. Aber seine wahre Macht liegt im Fehlen einer eigenen Persönlichkeit. Sich selbst zurücknehmend, hat sich dieser bezahlbare Stoff seinen Weg (wenngleich oft sehr langsam) um die ganze Welt gebahnt und dabei die elektrisierendsten Ideen auf seinem Rücken mit sich getragen.

Heute finden sich mehr Spuren von Papier, als man zählen könnte. Jeder Mensch, der jemals ein Buch, eine Zeitung, einen Bericht, eine Broschüre oder ein Etikett gelesen hat, hinterlässt seine eigene Spur. Jeder lebende Leser ist immer nur eine von Milliarden Endstationen auf der Reise, die das Papier vor zweitausend Jahren in China angetreten hat.

Somit ist das vorliegende Buch ein Bericht von der Geschichte, die dazu führte, dass Sie es überhaupt in Händen halten und die gedruckten Wörter darin nicht auf Bambustäfelchen, Seide, Pergament oder Papyrus lesen (die Sie sich vermutlich ohnedies nicht hätten leisten können). Papier war auch Ihr stiller Lehrmeister und ist für Ihre innere Informationsbibliothek ebenso wichtig wie Ihre Eltern und Ihr Computerbildschirm. Auch Sie wurden vom Papier erschaffen.

2

# Alpha und Omega

Die Seiten sind noch leer, doch da ist dieses wundervolle Gefühl, dass die Wörter schon da sind, geschrieben mit unsichtbarer Tinte, und danach verlangen, sichtbar gemacht zu werden.
VLADIMIR NABOKOV,
»The Art of Literature and Commonsense«[1]

Erst durch Beschreiben wurde Papier zu Papier. Im Rückblick auf zwei Jahrtausende erkennt man, dass seine Frühgeschichte, bevor es zum Medium des geschriebenen Wortes wurde, nur das Präludium zu einer wesentlich bedeutenderen Entwicklung gewesen war. Aus dem späten 2. Jahrhundert v.d.Z. haben chinesische Verpackungspapiere aus Hanf überlebt – eine Spur, die zum Zeitalter des unbeschriebenen Papiers zurückführt. Aus dem frühen 2. Jahrhundert v.d.Z. blieb eine Landkarte erhalten (sie wurde in Fangmatan, rund zweihundert Meilen westlich der alten chinesischen Hauptstadt Chang'an, dem heutigen Xi'an, entdeckt), die einen ersten Hinweis auf die Vielfalt der Rollen liefert, welche das Papier künftig spielen sollte. Beschriftete Papiere fanden sich zwar bereits aus dem späten 1. Jahrhundert v.d.Z., doch solche Funde sind außerordentlich selten und das Papier für gewöhnlich nur in winzigen Fragmenten erhalten.

Marco Polos Bericht zufolge hatten Chinesen Papier nicht nur für Drachen (»Papiervögel«) oder zur Signalisierung von militärischen Positionen verwendet, sondern auch als Fensterscheiben und zu Dekorationszwecken, bevor es schließlich zu den ersten konzertierten Versuchen gekommen war, diesen Stoff auch für das Wort einzusetzen. Selbst unbeschrieben hätte dem Papier demnach eine erfolgreiche, wenn auch unspektakuläre Laufbahn bevorgestanden. Im Rückblick auf diese holprigen Anfänge geht es uns wie Nabokov an seinem Schreibtisch: Angesichts der leeren Seite haben wir bereits dieses wundervolle Gefühl, dass die Wörter schon da sind und nur sichtbar gemacht werden müssen. Das Beschreiben von Papier war also nicht der ursprüngliche Grund für seine Erfindung gewesen, sondern ein Ereignis, das irgendwann in seiner Frühgeschichte stattgefunden hat und zum Auslöser für seine einzigartig transformative und weltumspannende spätere Rolle wurde. Der Akt des Schreibens selbst ist eine der seltsamsten und genialsten Erfindungen der Menschheit, denn allein ihr verdanken wir unsere Möglichkeit, das Allerflüchtigste bewahren zu können – das Wort.

Es sind Wörter, in die wir unsere Ideen und Erfahrungen verpacken und mit denen wir sie einander vermitteln. Als Kommunikationswerkzeuge sind sie natürlich mangelhaft – »weil die menschliche Sprache«, schrieb Gustave Flaubert, »wie ein gesprungener Kessel ist, auf dem wir Melodien trommeln, als gälte es, Bären tanzen zu lassen, während wir doch die Sterne rühren wollten«.[2] Und doch sind diese stumpfen Werkzeuge nach wie vor die wendigsten, die uns zur Verfügung stehen. Wörter sind noch immer das Medium unserer Kommunikation. Sie retten unsere Gedanken und Erfahrungen vor dem schnellen Vergehen und erhalten unsere Geschichte länger am Leben.

Dennoch ist die größte Schwäche von Wörtern nicht ihre Ungenauigkeit, sondern ihre Sterblichkeit. Wörter verhauchen oft ebenso schnell wie der Atem, der sie ausgestoßen hat. Das Leben einiger Wörter endet bereits nach wenigen Jahrzehnten, andere werden über Generationen hinweg weitergegeben, wenngleich nie, ohne dabei ihre Gestalt zu verändern. Der unkontrollierte Prozess einer mündlichen Weitergabe ist, als spielten ganze Völker stille Post.

Doch als Wörter vor fünftausend Jahren eine physische Form als geritzte oder gemeißelte Kerben anzunehmen begannen, änderte sich alles. Plötzlich war es denkbar, dass sie Jahre, Jahrzehnte, ja, sogar Jahrhunderte überleben könnten. Und das taten sie, sogar bis in Zeiten hinein, in denen sich niemand mehr an ihre ursprünglichen Bedeutungen erinnerte.

Das Schreiben auf Oberflächen begann im mesopotamischen Sumer (heute Südirak), dem Prototypen sesshaft gewordener Zivilisationen. Dort machten die Menschen erstmals ausgiebig Gebrauch vom Rad, dort bewässerten und pflügten sie Felder und dort wurde auch der architektonische Bogen erfunden. Vor achttausend Jahren waren die »Schwarzköpfe«, wie sich die Sumerer selbst nannten, auf ungeklärten Wegen in diese Region eingewandert (ihre Herkunft ist nach wie vor umstritten), ließen sich nieder und erbauten Städte, darunter das berühmte Uruk, wo sie im 4. Jahrtausend v.d.Z. mit Kerben ihre wörtliche Rede zu bewahren begannen.

Selbst die Felszeichnung eines Bisons und Jägers kann eine Geschichte erzählen, und auch solche Geschichten blieben uns erhalten, sogar aus Zeiten, die mehr als dreißigtausend Jahre zurückliegen. Doch erst als sich das Volk von Sumer in der Sesshaftigkeit vergrößerte, mussten sich seine Herrscher etwas einfallen lassen, um Eigentumsverhältnisse, Handelsabschlüsse, Tempelkosten und dergleichen protokollieren zu können. Somit war es die Komplexität der sumerischen Gesellschaft, die zur Erfindung von Kerben und von diesen dann weiter zu Piktogrammen nicht nur von konkreten Objekten führte, sondern auch von etwas so Abstraktem wie den hörbaren Lauten beim Aussprechen ihrer Bezeichnungen. Peu à peu fügten die Sumerer Adjektive, Verben und Konjugationsformen hinzu, bis sie schließlich bei einer aufkeimenden Schrift angelangt waren. Diese phonetische Genesis von einer Nachahmung der Gestalt hin zum abstrakten Lautzeichen wird als Rebus-Prinzip bezeichnet, das es zum Beispiel ermöglicht, die Darstellung eines Auges generell für den Laut »i« zu verwenden, unabhängig von der jeweiligen inhaltlichen Bedeutung des Wortes. Diese entscheidende Verknüpfung kann man nicht später als ca. 3400 v.d.Z. gemacht haben, vermutlich ebenfalls in der bedeutenden sumerischen Stadt Uruk. Der Streit um die Frage, wie sich »Schreiben« definieren lässt, ist allerdings bis heute nicht beigelegt. Die einen betrachten bereits die ersten Kerben als »Schrift«, andere meinen, dass Zeichen erst dann als die Bestandteile einer Schrift bezeichnet werden könnten, wenn sie auch in irgendeiner Form Laute (Phoneme) darstellten. Doch *dass* der Wechsel zu einer phonetischen Form eine bahnbrechende Erfindung in der Kommunikationsgeschichte war, dürfte wohl niemand bezweifeln.[3]

Die Erfindung der Schrift bedeutete nun aber natürlich nicht, dass plötzlich ein jeder schreiben konnte. Sumerische Schreiber drückten mithilfe eines Flachgriffels Kerben in eine weiche Tonoder Lehmtafel – jene waagrechten, senkrechten und schrägen »Keile«, denen die sumerische Schrift ihren Namen verdankt. Sie sieht aus wie eine rechtwinklige Aneinanderreihung von Golf-Tees, obwohl sie sich doch aus der stilisierten Abbildung von realen Dingen und Gestalten wie zum Beispiel der Form eines Kopfes entwickelt hat.

Tontafeln waren schwer und üblicherweise rechtwinklig, hatten manchmal aber auch die Form eines abgerundeten Quadrats oder eines sechs- bis achteckigen Prismas mit Text auf beiden Seiten. Manche waren kleiner als eine Kreditkarte, sodass man sie leicht mit sich führen konnte, und wurden üblicherweise für Quittungen verwendet, etwa beim Ankauf eines Schafes oder eines Feldes oder als Belege für Steuerzahlungen. Aus dem 21. Jahrhundert

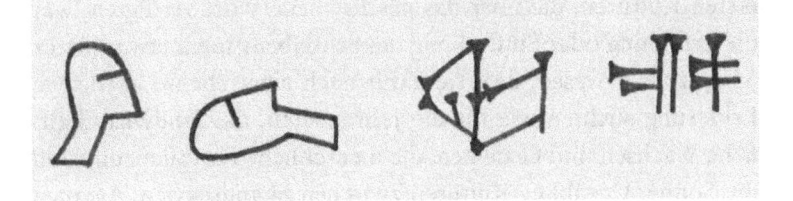

Abb. 3: *Die Entwicklung des sumerischen Keilschriftzeichens* sag *(Kopf) zwischen Anfang des 3. und Anfang des 2. Jahrtausends v.d.Z.*

v.d.Z. hat die Quittung für die Lieferung eines Lamms überlebt (heute im British Museum), die knapp 2,5 × 3 Zentimeter misst und 28 Gramm wiegt.

Für die Niederschrift von Gedichten oder Geschichten waren natürlich weit größere Tafeln nötig. Wer historische Ereignisse oder politische Strategien festhalten sollte, der verwendete meist 12 Millimeter dicke und rund 30 × 45 Zentimeter große – also fast doppelt so lange wie ein DIN-A4-Blatt. Als Schreiboberflächen waren Ton oder Lehm wenigstens einigermaßen haltbar: Sobald er getrocknet war, war auch der Text gehärtet. Aber Tontafeln ließen sich ihrer Größe, ihres Gewichts und ihrer Zerbrechlichkeit wegen nicht gut transportieren. Außerdem waren zwar gewiss die Kosten für winzige Quittungstafeln erschwinglich, aber kaum jemand, der nicht dem Hof oder der Elite angehörte, dürfte sich den Besitz bedeutender Texte geleistet haben können.

Auch wenn das Gros der Sumerer den Nutzen ihrer Erfindung also nicht voll ausschöpfen konnte, hatte sich dieses Volk damit doch eine faszinierende Technik erdacht. Schreiben veränderte die Art und Weise, wie wir regiert werden, wie wir kommunizieren, uns Geschichten erzählen, uns wichtiger Begebenheiten erinnern, Verlässlichkeit herstellen, unsere Arbeitsleistung nachweisen, uns selbst ausdrücken und innerhalb einer Gesellschaft die Gemeinsamkeiten verschiedener Gruppen entdecken. Für die ersten Kulturen, die über das geschriebene Wort verfügten, war die Erfindung oder Entdeckung des Schreibens sogar etwas derart Magisches gewesen, dass sie dafür nach einer ebenso göttlichen Erklärung suchten wie für die Jahreszeiten, das landwirtschaftliche Wachsen und Gedeihen, die menschliche Fortpflanzung und die Sonne. Unzählige Kulturen zwischen Skandinavien, Ägypten und China widmeten sich der Aufgabe, dieses Wunder zu erklären.

In der nordischen Mythologie galt die Schreibfähigkeit als eine vom Göttervater Odin verliehene Gabe: Odin hatte die Runen ersonnen, als er für die Menschheit ein Opfer brachte, indem er sich neun Tage und Nächte lang vom Weltenbaum hängen ließ. W. H. Auden übertrug die »Hávamál, des Hohen Lied« aus der *Edda* – oder Odins Reise hin zum paginierten Wissen – ins Englische *(Havamal. Words of the High One)*:

> *They gave me no bread,*
> *They gave me no mead,*
> *I looked down;*
> *with a loud cry*
> *I took up runes;*
> *from that tree I fell.*
>
> *Sie gaben mir kein Brot*
> *Noch gaben sie mir Met,*
> *Ich erblickte meine Tiefen;*
> *Mit lautem Schrei*
> *Holte ich Runen hervor;*
> *Da fiel ich vom Baum.*

Auch der Kabbala, der mystischen Tradition des Judentums, zufolge ist die Schrift etwas Göttliches. Demnach versiegelte Gott die sechs Himmelsrichtungen durch die sechs Permutationen »seines großen Namens« mit den drei Konsonanten JHW, um dann aus den zweiundzwanzig Buchstaben des hebräischen Alphabets – der Zahl von Aminosäuren – die Grundlage für das gesamte Universum zu erschaffen. Später »band« Gott diese zweiundzwanzig Buchstaben an Abrahams Zunge.[4] Thot, der ägyptische Protokollant des Totengerichts, welches bestimmte, ob der Verstorbene in das Reich der Wiederkehr aufgenommen wurde, war auch der Gott der Schrift und der Schreiber und damit Schutzgott vom »Haus des Lebens«, in dem das Wissen der Ägypter bewahrt wurde und wo die Schreiber mit angespitzten Binsen, die sie die »Kralle, die in die Zunge schlägt« nannten, Texte verfassten oder abschrieben.

Als man Ende 3200 v.d.Z. in Ägypten zu schreiben begann, bediente man sich dafür vermutlich des Prinzips der Sumerer (man bedenke deren relative physische Nähe). Doch anstatt die sumerische Keilschrift einfach zu kopieren, schrieben die Ägypter ihre aufrechten und dick umrandeten Zeichen, die wir Hieroglyphen nennen, – zum Beispiel vielfarbig ausgestaltete Vögel und Sonnen, die anschaulichsten mit blauer, roter und gelber Farbe gefüllt – in Kolumnen. Diese Reihen von Strichmännchen, Sicheln, Ibissen, Gottheiten, Wellenlinien, Augen, Enten, Häusern, Papyrusbüscheln, Bergen, um hier nur einige Formen zu nennen, sehen zwar aus wie Comic-Strips, doch die Mensch-Tier-Mischwesen lassen die auf Stein verewigten Geschichten der Ägypter dann weniger wie einen Comic denn einen *danse macabre* wirken – da passt es, dass viele auf Sarkophage, die Wände von Grabkammern oder Innenmauern von Pyramiden gemalt wurden. Doch im späten 3. Jahrtausend v.d.Z. begannen sie auch auf Papyrus aufzutauchen, dem kostbaren Schilf, auf das Ägypten praktisch ein Monopol hatte.

Man schnitt das klebrige Mark der Papyrusstängel in dünne Streifen, legte es auf einer flachen Unterlage nebeneinander aus und bedeckte diese kreuzweise mit einer zweiten Schicht, dann klopfte man diese Matten, bis sie sich verbunden hatten, und schliff die Oberfläche nach dem Trocknen so lange, bis sie fein genug war, um sie beschreiben zu können. Papyrus sollte jahrhundertelang der Beschreibstoff im Mittelmeerraum bleiben und somit auch die Oberfläche sein, auf der all die Philosophien, Mythologien, Dramen und Dichtungen der antiken Welt festgehalten wurden, die diesen Stoff schließlich auch zum Überbringer des beginnenden literarischen Kanons des Abendlands machten. Es war das griechische Wort für den Bast der Papyrusstaude, *býblos,* das zu dem Begriff *byblíon* für die Schrift- oder Buchrolle und schließlich zum kirchenlateinischen *biblia* für die Bücher des Alten und Neuen Testaments führte. Doch obwohl die päpstlichen Bullen sogar im Jahr 1057 noch auf Papyrus festgehalten wurden, war man bereits in den Anfangsjahrhunderten der christlichen Zeitrechnung peu à peu wieder von diesem Beschreibstoff abgerückt.

Papyrus zählt somit nicht nur zum Erbe des vorderasiatischen, mediterranen, nordafrikanischen und europäischen Schrifttums, es wird gewissermaßen bis heute mit dem Wort »Papier« am Leben erhalten, wiewohl das eine völlig unzutreffende Bezeichnung ist, da Papier durch Mazeration (das Aufbrechen und Aufweichen der Pflanzenfasern in Wasser) und nicht durch die Verfilzung einzelner Pflanzenstreifen mittels Klopfen hergestellt wird. Im Abendland war man lange davon ausgegangen, dass Papier eine griechische oder arabische Erfindung sei und die Geheimnisse seiner Herstellung dann irgendwie nach China gelangt sein müssten.

Diese Verschmelzung zweier Begriffe für völlig unterschiedliche Produkte und diese Konfusion hinsichtlich des geografischen Ursprungs und der Chronologie der Papierherstellung setzt sich bis heute fort. Sogar in der *English Standard Version* (ESV) der Bibel aus dem Jahr 2008 findet sich (wie in allen anderen großen englischen Übersetzungen, von der *King James*-Ausgabe aus dem Jahr 1611 bis hin zur *New American Bible* von 2011) im 2. Johannesbrief noch immer die Aussage: »Though I have much to write to you, I would rather not use *paper* and ink.« (»Vieles hätte ich euch noch zu schreiben; ich will es aber nicht mit *Papier* und Tinte tun.«[5]) Dabei hätte Johannes, der seine Briefe in der römischen Provinz Asia – in der heutigen Türkei – schrieb, noch rund sieben Jahrhunderte auf das Papier warten müssen. Ein etwas genaueres Bild von der Lesekultur im Altertum gibt die ESV in 2 Tim 4.13, wo sie Paulus schreiben lässt: »...bring the cloak [...] the books and above all the *parchments*« (»Wenn du kommst, bring den Mantel mit [...], auch die Bücher, vor allem die *Pergamente*«). Pergament aus bearbeiteter Tierhaut war im Westen der heutigen Türkei seit dem 3. Jahrhundert v.d.Z. im Gebrauch, wegen seines schwierigen Herstellungsprozesses jedoch teuer, weshalb es üblicherweise nur für Texte von besonderer Bedeutung verwendet wurde. Vielleicht meinte Paulus mit den »Pergamenten« ja die heiligen hebräischen Schriften, wohingegen es sich bei den »Büchern« zweifellos um Rollen aus Papyrus, also dem Material handelte, das auch für so Alltägliches wie Notizen oder Quittungen gebraucht wurde. Noch im Jahr 390 entschuldigte sich Augustinus in einem Brief, weil er ihn auf Papyrus anstelle von Pergament hatte schreiben müssen.

Im Vergleich zu den Tontafeln der Sumerer vor fünftausend Jahren war Papyrus nicht nur sehr viel preiswerter und einfacher herzustellen, sondern natürlich auch wesentlich besser zu transportieren. Als Beschreib- und Lesestoff war er im alten Griechenland wie im alten Rom in Gebrauch. Doch nur im antiken Griechenland führte das zu einer massiven Zunahme von Schriftstücken, da man es dort auch für Bank- und Handelsgeschäfte, Staatsbürgerschaftsurkunden oder das Erstellen von Listen verwendete, das heißt also nicht nur für die philosophischen Traktate, Dichtungen und politischen Texte, die man am anderen Ende der Gesellschaft verfasste. Im 5. Jahrhundert v.d.Z. wurde den Buchhändlern in Athen die halbkreisförmige *orchestra* der Agora als Handelsplatz zugewiesen, und da auch die athenische Demokratie zwischen dem 5. und 4. Jahrhundert v.d.Z. Fuß zu fassen begann, schien eine gewisse Grundbildung des Volkes immer unverzichtbarer für den Staat. Die athenische Praxis des Ostrakismus oder »Scherbengerichts« zum Beispiel (bei dem die Namen von unliebsamen Bürgern in Tonscherben eingeritzt werden sollten und die am häufigsten genannte Person dann für eine gewisse Zeit verbannt wurde) führte moderne Historiker zu der Schätzung, dass die Alphabetisierungsrate im Attika des 5. und 4. Jahrhunderts v.d.Z. bei rund 5 bis 10 Prozent gelegen haben müsse. Damit ist allerdings nur eine ausgesprochen elementare und funktionelle »Bildung« gemeint, weit entfernt von der sehr viel umfassenderen Gedächtnisleistung, die dieser Begriff heutzutage beinhaltet. Im Zuge der Hellenisierung des Reiches von Alexander dem Großen erweiterte sich das Bildungsangebot bereits (was das allgemeine Bildungsniveau natürlich erneut anhob), nicht zuletzt dank der Bibliotheken in diversen Städten rund um das östliche Mittelmeer, darunter die berühmteste im ägyptischen Alexandria.

Im alten Rom wurden Kodizes nicht nur zur Erziehung der oberen Zehntausend, sondern auch beim Militär und in anderen Bereichen des öffentlichen Lebens verwendet. Die Griechen exportierten Wissen, die Römer importierten es, indem sie ihre Bibliotheken mit Büchern aus den eroberten Gebieten füllten. Und während diese Sammlungen anwuchsen und die Kopisten und Übersetzer immer mehr zu tun bekamen, begann sich auch die Textkritik zu entwickeln. In Rom konzentrierten sich die Buchläden ebenfalls auf einen bestimmten Stadtteil, und auch dort trug die literarische Kultur das Ihre zur sozialen Mobilität bei, je mehr sich die Stadt zu einem Zentrum des mediterranen Buchhandels entwickelte. Am Ende des 1. Jahrhunderts n.d.Z. konnte man in Rom sowohl Kodizes als auch Schriftrollen erwerben und seine Wahl unter alten wie neuen griechischen und römischen Titeln treffen.

Doch es war das Papier und nicht die Papyrusrolle, das dem geschriebenen Wort zum endgültigen Durchbruch verhalf. Zwar schritt in der griechischen wie der römischen Antike die Alphabetisierung bereits voran, war aber doch immer noch viel zu begrenzt, um der Lektüre eine allgemeine Blüte zu bescheren, vor allem, da auch Papyrus kostspielig (wenngleich nicht unerschwinglich) war. Außerdem wurden griechische Texte im Allgemeinen – mit Ausnahme von Listen – ohne Abstände zwischen den Wörtern geschrieben, was ein stilles Lesen praktisch unmöglich machte (zeitgenössische Hinweise verdeutlichen, dass diese Lesepraxis die Ausnahme gewesen war). In Griechenland war zudem noch immer nur die Elite in der Lage, mehr als ein paar simple Listen zu schreiben.

Der römische Buchhandel war zweifellos ein blühendes Geschäft, für einen entsprechenden Handel in anderen Städten des Römischen Reiches gibt es jedoch nur spärliche Nachweise. Trotzdem beschwerte man sich allenthalben über fehlerhafte Texte, auch Cicero bemängelte die Verständlichkeit der Kodizes. Und was die römischen Dichter betraf, so hielten es viele von ihnen schlicht nicht für wert, ihre Werke in eine bestimmte physische Form zwängen zu lassen, ungeachtet des Ruhms, die eine schriftliche Publikation mit sich bringen konnte. Ob das augusteische Rom primär eine Kultur der mündlichen Überlieferung oder der Bücher war, ist eine bis heute umstrittene Frage. Doch die Fähigkeit, mehr als Schilder, Listen oder Anzeigen zu lesen, war mit Sicherheit immer noch auf nur einen kleinen (wenngleich mächtigen) Teil der Bevölkerung beschränkt. Erhalten gebliebene Stimmergebnisse legen nahe, dass maximal 10 Prozent der Bevölkerung im Römischen Reich zwischen dem 2. und 5. Jahrhundert n.d.Z. über eine Grundbildung verfügten.[6]

Zu ihr beigetragen hat vermutlich, dass neue Texte in den griechischen Stadtstaaten wie im Römischen Reich grundsätzlich öffentlich rezitiert wurden. Befand man einen Text der weiteren Verbreitung für würdig, setzte man solche Lesungen oder Rezitationen fort. Individuell und still las man nur Schriftstücke persönlicherer Natur. Längere Texte zu lesen war umständlich und langwierig, da eine Papyrusrolle ständig vor- oder zurückgerollt werden musste, falls man etwas nachschlagen oder zu einem bestimmten Abschnitt gelangen wollte. Für gewöhnlich war ein Text deshalb nicht länger als neun bis zehn Meter, doch das hätte gerade einmal für zwei bis drei der vierundzwanzig Gesänge der *Ilias* gereicht. Aber Griechen wie Römern wäre die Vorstellung von einer breiten Leserschaft, die in der Lage war, sich ihre Literatur selbst auszusuchen (also eine freie Wahl zu treffen) und dann auch noch allein für sich zu lesen, ohnedies völlig fremd gewesen. Zwar ließen beide Kulturen mittlerweile einen Leerraum zwischen nichtvokalischen Silben und fügten manchmal auch schon Vokale in ihre Schriften ein, aber keine von beiden hatte beides zugleich eingeführt – was dem individuellen, stillen Lesen enorm zugutegekommen wäre. (Der Wortabstand, der stilles Lesen vereinfachte, daher den Druck von ungeübten Lesern nahm und ihnen Schritt für Schritt auch schwierigere Texte zugänglich machte, wurde endgültig erst im Hochmittelalter eingeführt.[7])

Kurzum, in der griechischen und römischen Welt blieb das geschriebene Wort eng mit der Rezitation und somit der gesprochenen öffentlichen Unterhaltung verknüpft, während die Papyrusrollen, auf denen es festgehalten wurde, einfache Bezugnahmen, die Tragbarkeit einer Lektüre und das Lesen von längeren Texten erschwerten. Papyrus war fragil, konnte weder gefaltet noch gebunden und auch nur auf einer Seite beschrieben werden. Abgesehen davon war es ein aufwendiger Prozess, diesen Stoff so zu glätten, dass er überhaupt beschrieben werden konnte, und auch die Lagerung war problematisch, weil das Material aus der Pflanze, die zwar nicht nur, aber vor allem im Nildelta wuchs, sofort auf Feuchtigkeit reagierte.

Der Papyrus *hat* ganze Ströme an kulturellen Äußerungen im antiken Griechenland und Rom begünstigt, aber er konnte zu keiner Buchkultur weiterführen, weil längere Texte sowohl für ihre Schreiber als auch ihre Leser nicht preiswerter und handhabbarer wurden und die Lagerung solcher Schriften eine knifflige

Angelegenheit blieb. Somit konnte der Papyrus auch nicht den Sturz einer oralen Kultur herbeiführen. Sein Platz in der Bildungsgeschichte ist ihm sicher, doch als Beschreibstoff sollte er weit, weit überholt werden.

Im 2. Jahrtausend v.d.Z. hatten auch die Elamiter östlich des Tigris im heute iranischen Chusistan Geschmack am Schreiben gefunden, ebenso die Indus-Zivilisation der Harappa, die sich über fast das gesamte heutige Pakistan, einen Teil Indiens und Afghanistans erstreckte, und die Bewohner der Ebenen im Norden Chinas. Doch während die Elamiter und die Harappa-Kultur Zeichen in Tontafeln ritzten oder in Steinmonumente meißelten, setzten die Chinesen dieser Region im 2. Jahrtausend v.d.Z. auf Schildkrötenpanzer – vermutlich auch auf Bambus und Holztäfelchen, doch überlebt haben nur die Panzer. Dabei wurden hauptsächlich bedeutende Ereignisse bildschriftlich festgehalten, etwa die Geburt eines künftigen Herrschers, eine Schlacht oder eine Dürre. Sogar das ungeübte Auge kann hie und da einen Säugling, einen Baum oder ein Haus in diesen Zeichen erkennen. Doch auf Schildkrötenpanzer, wiewohl widerstandsfähig und einigermaßen handlich, passt nicht viel Text, abgesehen davon scheint man sie gar nicht genutzt zu haben, um einer größeren oder entfernteren Leserschaft Informationen zu übermitteln – sie wurden ihrer erhofften Zauberkraft wegen verwendet.

Neue Schriften tauchten auf, die dann auch andere Kulturen übernahmen, vermutlich Sklaven, die bei den Ägyptern die Hieroglyphen zu verstehen gelernt hatten und diese Kenntnisse am Beginn des 2. Jahrtausends v.d.Z. dann in der Region des heutigen Syrien zur Entwicklung einer protokanaanäischen Schrift nutzten. Aus ihr entstand die phönizische Schrift, die man auch als das erste Alphabet bezeichnet, da sie über ein jeweils eigenes Zeichen für jeden Konsonanten verfügte (wenngleich nicht für Vokale beziehungsweise nur für die Vokalanstöße *aleph* und *ajin*). Aus dieser phönizischen Schrift bildeten sich wiederum die aramäische Schrift, die althebräische und einige andere Schriften heraus, bis in Vorderasien und dem Mittleren Osten schließlich ein ganzes Patchwork aus Alphabeten zur Verfügung stand. Und während die Phönizier mit ihren Handelsschiffen durch das Mittelmeer pflügten, tauchten neue Alphabete auch auf Sizilien, Zypern und in Griechenland auf.

Nach den Eroberungszügen Alexanders des Großen im 4. Jahrhundert v.d.Z. beherrschte die griechische Kultur den gesamten östlichen Mittelmeerraum. Damit verbreitete sich auch ihre Schrift. Selbst weit von seinem Herkunftsland entfernt wurde das griechische Alphabet zum Medium von Geschichten, Ideen und Dichtungen. Die etruskische Schrift schlug schließlich eine Brücke zwischen dem griechischen und dem lateinischen Alphabet, dessen Schriftbilder im Zuge der latinisierten Christianisierung Europas die Bücher einer noch fernen Zukunft dominieren sollten.

Der Akt des Schreibens entwickelte sich also in Wellen. Von seinen chinesischen und mesopotamischen Wurzeln aus begann er sich über Asien, den Mittelmeerraum und Europa zu verbreiten, bis die Abkömmlinge der sumerischen und chinesischen Schriften schließlich zu den Magnetsteinen neuer Identitäten und neuer literarischer Kanons auf den Kontinenten wurden: So, wie aus der chinesischen Schrift die neuen koreanischen, japanischen und vietnamesischen Schriften hervorgingen, sorgten auch die griechische und die lateinische Schrift für das Entstehen neuer Alphabete in Europa, darunter das gotische, das Bischof Wulfila im 4. Jahrhundert im heutigen Nordbulgarien für seine Bibelübersetzung entwickelte.

Im 5. Jahrhundert tauchte schließlich auch auf der Arabischen Halbinsel eine neue Schrift auf. Sie hatte sich aus der aramäischen entwickelt und wurde schnell in alle Winde getragen: in den Osten nach Persien und bis an den Rand von China; in den Süden zu den Hafenstädten des Oman und des Jemen; in den Westen nach Ägypten und in den Maghreb; in den Norden Richtung Türkei. Sie nahm alles im Sturm, was ihr auf ihrem Weg begegnete, bis sie schließlich zur mächtigsten aller Schriften geworden war. Ihre Zeichen wanden sich über die multikulturellen Textseiten dieser Kulturen wie die Rhythmus- und Pausenzeichen oder Punkte einer Partitur. Sie verfügte bereits über all die nötigen politischen, ökonomischen, kulturellen und religiösen Sporen für einen solchen Parcoursritt. Wir sprechen natürlich von der Adoleszenz der arabischen Schrift, frisch wie der junge Frühling.

Doch sie wurde auf Knochen, Rinden, Steine und Pergament gemalt. Es fehlte ihren Schreibern der Stoff, auf dem sie ihren Ehrgeiz wirklich befriedigen konnten.

Derweil sich dieses Alphabeten-Babel schnell ausbreitete, entstanden all die Schriftkulturen, die dem Papier seine globale Zukunft garantierten, obwohl es das Produkt von nur einer einzigen Kultur war: der chinesischen. Noch bis zur zweiten Hälfte des 20. Jahrhunderts gingen Europäer generell davon aus, dass alle Schriften auf einen einzigen Vorfahren zurückzuführen seien, gerade so, wie sie glaubten, dass die Wiege aller Zivilisationen dieser Erde in Mesopotamien gestanden habe und deshalb auch alle Schriften, selbst die alte chinesische Schrift, dort ihren Ursprung gehabt haben müssten. Das Problem bei dieser Theorie von einer einzigen globalen Mutterschrift, eines Ur-Alphabets, war die geografische Lücke, die sich zwischen den Schriften im Zweistromland (vor allem der sumerischen und akkadischen Schrift) sowie den nordafrikanischen Hieroglyphen Ägyptens auf der einen Seite und der chinesischen Schrift im alten Ostasien auf der anderen Seite auftat. Prompt ließen sich einige Forscher von der Romantik dieser Frage ködern und ersannen Theorien, um diese Lücke zu schließen – wenn die Anfänge der Schrift schon nicht allein dort zu suchen waren, wo die Geschichte der Menschheit begonnen habe, dann müsse sie doch zumindest das Frontispiz ihrer Autobiografie sein.

In Wahrheit hatte die Schrift mindestens drei voneinander un-

abhängige Anfänge: einen sumerischen, einen chinesischen und –
im 3. Jahrtausend v. d. Z. – einen mittelamerikanischen. Selbst
die Ägypter, Harappa und Elamiter könnten ihre Schriften von
Grund auf selbst erschaffen haben, die Sachlage in diesen Fällen ist alles andere als eindeutig. Wie gesagt waren die Sumerer
vermutlich die Ersten gewesen, die Griffel auf Tontafeln gesetzt
hatten, um mit all den Komplexitäten zurechtzukommen, die die
Sesshaftigkeit dem einstigen Nomadenvolk beschert hatte – um
mit Agrarüberschüssen umzugehen, die Rechte von Landbesitzern zu schützen, einen Überblick über die Steuereinnahmen zu
bekommen und so fort. In China wurde das Schreiben hingegen
als eine Möglichkeit betrachtet, die Welt auf einer wesentlich
höheren Ebene ordnen zu können – wenn nicht im Sinne einer
zweiten chinesischen Schöpfungsgeschichte, die der Weltenschöpfung gleichkam, so doch zumindest als ein Mittel zum Zweck der
Wiederherstellung einer Ur-Harmonie in dem Streben, zu einem
goldenen Zeitalter zurückzukehren. Die Ingredienzen der Kraft,
die man den Schriftzeichen in China zuschrieb, waren Magie und
Geschichte, denn erst durch die richtige Auslegung historischer
Abläufe glaubte man die Wege erkennen zu können, die zu einer
politischen und gesellschaftlichen Harmonie führen würden.

Schon den ersten Aufzeichnungen der chinesischen Frühgeschichte ist dieses unwiderstehliche Verlangen nach dem Akt
des Schreibens anzumerken. Im 2. Jahrhundert v. d. Z. wurde die
Legende des mythischen Gelben Kaisers aus dem 3. Jahrtausend
v. d. Z. aufgezeichnet, der als gemeinsamer Vorfahre aller Han-Chinesen gilt. Dieser Sage nach – es gibt von ihr mehrere Versionen – waren Cangjie, dem vieräugigen Hofhistoriker des Kaisers,
eines Tages auf der Jagd die Muster auf dem Panzer einer Schildkröte aufgefallen. Er war so beeindruckt, dass er beschloss, von
nun an die ganze Natur zu beobachten, und war dadurch schließlich in der Lage, ein System aus Symbolen für natürliche Phänomene zu entwickeln. Sie gelten als die Ahnen des phonetischen
Alphabets – man bezeichnet sie als »Orakelknochenschrift«. An-

dere Varianten dieser Legende schreiben Cangjies Eingebung anderen Tierarten zu, doch im Lichte der jüngsten Entdeckungen ist es gerade die Schildkrötenlegende, die so fasziniert. Im Jahr 2003 gruben amerikanische und chinesische Archäologen 349 Gräber in Jiahu aus, einer neolithischen Siedlung in Zentralchina, und entdeckten dabei mehrere Schildkrötenpanzer und Tierknochen, in die man vor 8500 Jahren insgesamt elf Bildzeichen eingeritzt hatte. Einige davon erinnerten an heutige chinesische Schriftzeichen, insbesondere die Darstellungen des Auges und der Sonne. Neun dieser elf Zeichen fanden sich am Plastron und Carapax, dem Bauchpanzer und Rückenschild von Schildkröten. In einem anderen Grab entdeckten die Archäologen ein kopfloses Skelett (der Kopf wurde nie gefunden) neben acht Schildkrötenpanzern. Die Zeichen darauf waren nicht phonetisch, mit anderen Worten: gehörten keiner vollständigen Schrift an. Solche Rudimente einer chinesischen Schrift könnten natürlich auch auf anderen Oberflächen entwickelt worden sein, doch Schildkrötenpanzer und Tierknochen sind die ältesten, die überlebt haben.

Eine echte Schrift wurde in China erst mehrere Jahrhunderte später geboren. Gegenstände, auf denen sie sich fand, entdeckte man im 19. Jahrhundert viele. Doch anstatt sie an Museen oder Forschungsinstitute weiterzuleiten, verwendete man sie zu medizinischen Zwecken, wie Wang Jirong, ein Philologe aus Beijing, 1899 beim Kauf einer Arznei feststellen musste. Als er das Päckchen mit den »Drachenknochen« öffnete, die er laut Verordnung zermahlen sollte, um daraus eine Salbe zur Heilung von Schnittwunden und Prellungen herzustellen (Schildkrötenpanzer wurden auch zur Behandlung von Malaria zermahlen), bemerkte Wang Kerben auf den Knochenfragmenten – und nicht nur das: Er stellte fest, dass er einige davon *lesen* konnte. Gemeinsam mit seinem Kollegen Liu E, ebenfalls ein Kenner alter chinesischer Bronzeinschriften, begann er, diese Einritzungen zu entziffern.

Wang verübte Selbstmord, nachdem im Jahr 1900 der Krieg zwischen China und den Vereinigten Acht Staaten ausgebrochen war, aber sein Kollege Liu kaufte weiterhin sämtliche Panzer- und Knochenfragmente auf, die er in den Apotheken von Beijing auftreiben konnte. 1903 publizierte er seine Studie *Tieyun Cang Gui* mit den 1058 Abbildungen der Durchpausungen, die er von all den angesammelten Panzer- und Knochenbeschriftungen angefertigt hatte. Diese Entdeckungen waren ein erster Hinweis auf den wahrscheinlichsten Geburtshelfer der chinesischen Schrift – die Praxis der Weissagung.

*Das Buch der Wandlungen* oder *I Ging* aus dem 2. Jahrtausend v.d.Z. ist einer der ältesten Texte Chinas und letzthin eine Anleitung zur Weissagung. Es erläutert die diversen Aspekte und Zuordnungen der Acht Trigramme oder Orakelzeichen, die für Himmel, Erde, Feuer, Wasser, Wind, Donner, Berg und Sumpf stehen und in Verbindung mit vierundsechzig Hexagrammen Vorhersagen ermöglichen. Zum Beispiel können augenscheinlich zufällige Handlungen (wie das unüberlegte Pflücken von ein paar Schafgarbenstängeln aus einer Gruppe von vielen) auf eine bestimmte Zahl hinweisen, die dann nachgeschlagen werden kann, um das entsprechende Trigramm zu erfahren und von diesem ausgehend die vorgegebene Sequenz bis zur entsprechenden Antwort auf eine Frage zu finden. Konfuzius soll seine Bambusausgabe des *Buchs der Wandlungen* im 6. Jahrhundert v.d.Z. derart gewissenhaft gelesen haben, dass sich dessen Bindung dreimal löste.

Vorhersagen ließen sich aber auch treffen, indem man ein kleines Loch in die Unterseite eines Schildkrötenpanzers bohrte und ihn erhitzte, woraufhin ein Riss auf der Panzeroberfläche entstand, den der Wahrsager dann interpretierte. In einer Grabungsstätte bei Anyang, die auf 1200 v.d.Z. datiert wurde (und auf die auch Wangs Objekte zurückgeführt werden konnten), entdeckte man im Jahr 1899 Schildkrötenpanzer, auf denen nicht nur die Fragen, sondern gleich auch die entsprechenden Antworten verzeichnet waren:

*Drei Wochen und einen Tag später am* [51. Tag des rituellen Zyklus] *kommt das Kind. Pech. Es ist ein Mädchen.*

Die Fragen waren formelhaft, die Antworten jedoch oft ungemein plastisch. Und diese Grabung bei Anyang hatte nun erstmals eine echte Schrift offenbart, deren geschriebener Wortschatz sich auf rund dreitausend Schriftzeichen belief. Auf einem Fragment wurde sogar der Schreiber angeführt – nun, immerhin hatten Chinesen bis zum Auftauchen dieser Schrift ja auch schon seit mehreren Jahrtausenden elementare Zeichen in verschiedene Oberflächen graviert. Keine Sprache ist vollkommen phonetisch – man denke an das kleine Arsenal reiner Zeichen wie £, %, & oder von 0 bis 9, über das auch wir verfügen. Doch Schriften, die sich im Großen und Ganzen als phonetische bezeichnen lassen, *können* die Laute einer Sprache ebenso darstellen wie die Ideen ihrer Kultur, und genau das tun die Einkerbungen, die man aus der Zeit der Shang-Dynastie in Anyang fand.

Die Artefakte aus Anyang weisen nach, dass die Shang ihre Ahnen geehrt, die Zukunft vorausgesagt und die Götter besänftigt haben. Doch diese Inschriften sind auch eine Bestandsaufnahme menschlicher Sehnsüchte und ihrer Erfüllung oder Nichterfüllung, und sie beweisen, dass die Schrift Chinas ihren Kinderschuhen bereits damals entwachsen war, ob von der schwungvollen Ausführung oder ihren konkreten Linienführungen her betrachtet, nur dass ihre Gestalt noch von der brüchigen Oberfläche diktiert wurde, auf die man sie ritzte. Fast nichts hat sich als so unverwüstlich chinesisch erwiesen wie Chinas Schriftzeichen. Andere Merkmale der chinesischen Identität und Kultur – Konfuzius und die Klassiker, das Kaisersystem, die Polygamie, die Eunuchen, der Buddhismus, ja sogar die Autorität von Eltern und Lehrmeistern – gerieten im Laufe des 20. Jahrhunderts unter Beschuss oder wurden abgeschafft. Doch die Schriftzeichen haben sich, wenngleich unter Mao Zedong teilweise vereinfacht, als der Kitt der chinesischen Zivilisation und sogar im Kommunismus noch als ein Bindeglied zwischen den Zeitaltern erwiesen. 2010 wurde der Öffentlichkeit Maos kalligrafische Privatsammlung aus seinem Haus in der Provinz Hunan in Südchina präsentiert. Man kann sich kaum vorstellen, dass China ohne seine Schrift jemals China bleiben könnte.

Die chinesische Schrift war der Übermittler von Vergangenem und ein Herold des Kommenden, das Werkzeug von Orakeln wie von Historikern. Andere alte Kulturen haben ihre Schriften benutzt, China hat seine Schrift verehrt und sie in ein Medium für die Weissagung, die Interpretation von Geschichte und den Nachweis von Autorität verwandelt. Deshalb konnte es in China auch nur zum Anbruch eines völlig neuen Zeitalters kommen – des Schriftzeitalters –, als der Akt des Schreibens ins Zentrum der Kultur gerückt wurde. Vor drei Jahrtausenden gab es keine andere Region auf Erden, in der das Schreiben bereits solche Höhen erklommen hatte.

## 3

## Den Boden bereiten

> Das Schreiben ist die große Aufgabe der Staatsführung, weil so das Errungene nicht vergeht. Eine Lebensspanne endet nach der ihr zugewiesenen Dauer, mit dem Tod des Körpers vergehen auch Ruhm und Ehre. Leben und Körper werden von der Zeit begrenzt, anders als das Geschriebene, welches ewig währt. Aus diesem Grunde überantworteten Schreiber ihre Körper der Tusche und dem Pinsel und verstofflichten ihre Gedanken auf Tafeln und in Sammlungen. Ohne die Hilfe des Lobes von Historikern oder der Gunst von Mächtigen überlebten ihre Namen und ihr Ansehen in die Nachwelt.
>
> cao pi, Dianlun Lunwen[1]

Schreiben lässt sich letzthin als eine Unvermeidlichkeit bezeichnen, denn ob in Sumer, China oder Mittelamerika, überall wurde ohne jede äußere Hilfe eine Schrift entwickelt. Insofern *wurde* der Vorgang des Schreibens an zumindest drei verschiedenen Orten geboren, wenngleich aus Bedürfnissen heraus, die so unterschiedlich waren wie die Weissagung in China und die Buchhaltung in Sumer. In dieser Bandbreite vom Magischen zum Methodischen, vom Vergangenen zum Künftigen, spiegelt sich die Universalität des Schreibens. Um geboren werden zu können, bedurfte die Schrift nur einer ausreichend komplexen und mächtigen Zivilisation, der das gesprochene Wort allein nicht mehr genügte.

Papier war hingegen ein Kind des Zufalls. Mitte des 11. Jahrhunderts v.d.Z., als die chinesische Shang-Dynastie in der Schlacht besiegt und gestürzt wurde, setzte das Bedürfnis nach Aufzeichnungen ein, die über magische Zwecke hinausgingen, weshalb auch die Frage der bestmöglichen Beschreibstoffe von größerer Relevanz war. Knochen, Schildkrötenpanzer und Steine verwendete man zwar nach wie vor, aber letztlich erwies sich nur der Bambus den Anforderungen der Zeit gewachsen. Ergo kann das Papier, das Jahrhunderte später in einer funktionierenden Bambuskultur auftauchte, auch nicht aus schlichter Not erdacht worden sein – anders als die Erfindung der Schrift, die nun mal gewiss notwendig gewesen war. Die Chinesen hätten gut und gerne noch ein weiteres Jahrtausend Bambustäfelchen beschreiben können, wäre nicht das Papier aufgetaucht. Erst als es da war, wurde deutlich, welch überlegener Überbringer von Wörtern es war.

Doch allein seine Vorteile genügten nicht, um Papier zum bevorzugten Partner der Schrift aufsteigen zu lassen, denn Bambus war untrennbar mit dem großen, alten chinesischen Wissen verbunden, das seiner Oberfläche nun schon so lange anvertraut worden war. Immerhin hatte auch Konfuzius auf Bambus geschrieben, was ja einer der Gründe war, weshalb man diesem Stoff für das geschriebene Wort solche Verehrung entgegenbrachte und das Papier ungeachtet seiner praktischen Vorteile relativ lange als einen weit unterlegenen Beschreibstoff betrachtete. Dennoch war es am Ende die Bambusbibliophilie selbst, die den chinesischen Wörtern jene Welten eröffnete, von denen sich das Papier einmal global nähren sollte. Die politischen Unruhen, die zu Beginn des 8. Jahrhunderts v.d.Z. in China ausbrachen, lösten nicht nur das Streben nach militärischer Macht oder die Suche nach himmlischen Zeichen aus, sie weckten auch das Bedürfnis nach neuen Ideen vom Kosmos, vom Staat, von den gesellschaftlichen Beziehungen und den Grundlagen für ein friedliches Zusammenleben. Der Krieg der Worte, der daraufhin einsetzte, wurde zwar auf Bambus ausgefochten, aber der kommende Aufstieg des Papiers lässt sich nur erklären, wenn man ihn im Lichte der chinesischen Bambuskultur betrachtet, die vor ihm herrschte. Der Schriftsteller Ma Jian schrieb in seinem Bericht *Red Dust. Drei Jahre unterwegs durch China,* die Wurzeln Chinas reichten so tief, dass er schon ganz eingestaubt sei von diesem ständigen Schürfen und Graben. Ja, das ist die Gefahr, wenn man sich auf den Weg zurück in die Tiefen von Chinas Vergangenheit macht. Auch die Geschichte des Papiers lässt sich ohne ein wenig Schürfen und Graben nicht erzählen.

Vor allem drei Perioden verwandelten den Akt des Schreibens in das tägliche Brot der Machthaber und ihrer Verwaltungen: die der Westlichen und Östlichen Zhou-Dynastie (1046–256 v.d.Z.), der Qin-Dynastie (221–207 v.d.Z.) und der Han-Dynastie (206 v.d.Z.–220 n.d.Z.). Bereits während der Shang-Dynastie im späten 2. Jahrtausend v.d.Z. waren nicht mehr nur Schildkrötenpanzer oder die Schulterblattknochen von Rindern und andere Tierknochen mit Zeichen beritzt worden, sondern auch kostbare dreibeinige Bronzegefäße, die bei religiösen Opferritualen verwendet wurden. Wir wissen, dass Anyang in der nordchinesischen Ebene die Hauptstadt der Shang gewesen war, doch wie weit sich das Land unter ihrer Kontrolle wirklich erstreckte, ist nur schwer zu rekonstruieren. Jedenfalls war ihr Einfluss noch in der heutigen Region von Beijing Hunderte Meilen nordöstlich ihrer Hauptstadt spürbar gewesen, und anhand der Gegenstände, die sie mit Zeichen versahen, können wir zumindest sagen, dass sie das Geschriebene zu magischen Zwecken und als Ausdruck ihrer Macht nutzten.

Die Westliche Zhou-Periode (1046–771 v.d.Z.) war nicht zuletzt ihres größeren geografischen Einflusses wegen entschieden bedeutungsvoller für die Entwicklung der chinesischen Schrift

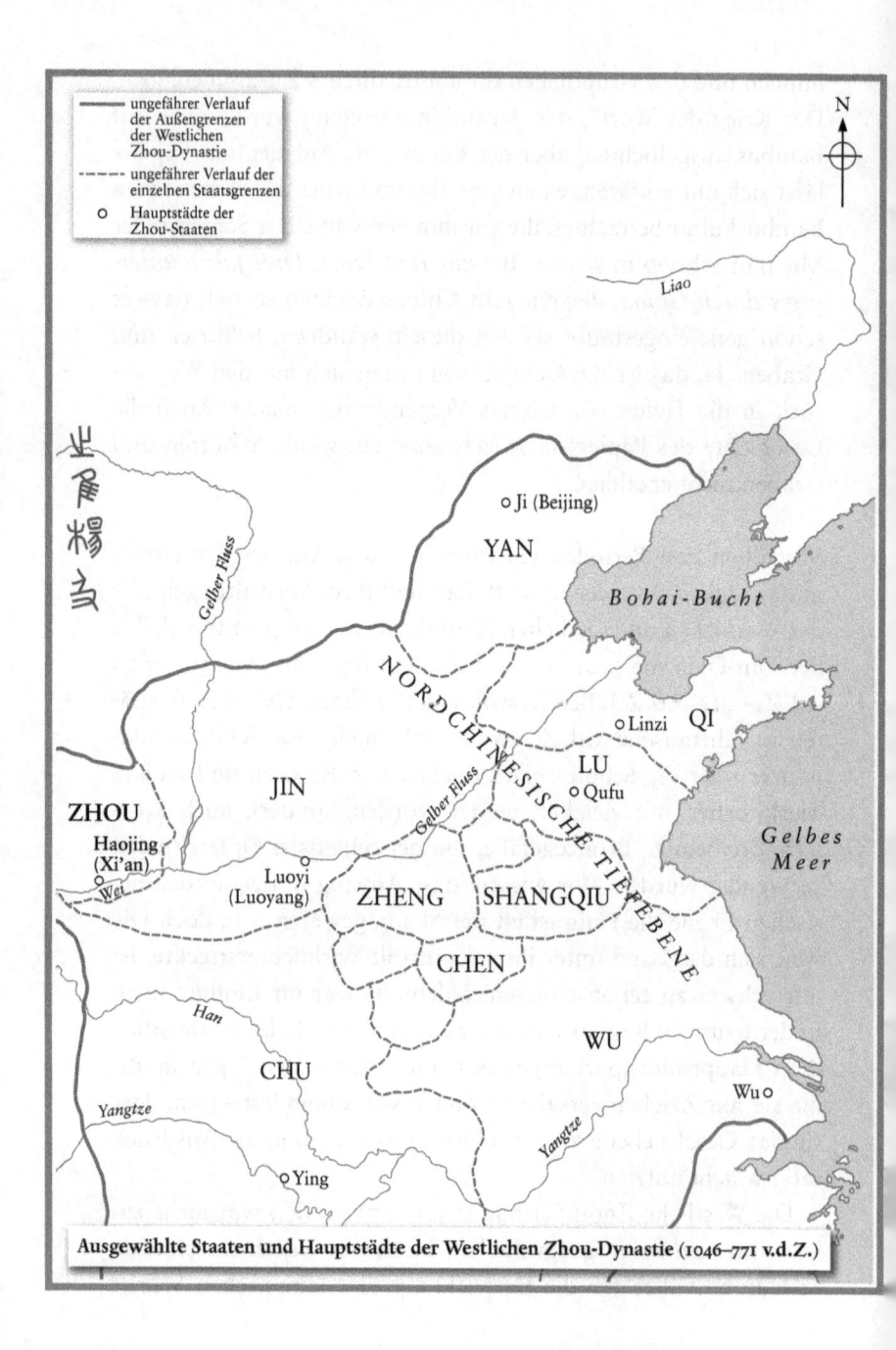

**Ausgewählte Staaten und Hauptstädte der Westlichen Zhou-Dynastie (1046–771 v.d.Z.)**

- ungefährer Verlauf der Außengrenzen der Westlichen Zhou-Dynastie
- ungefährer Verlauf der einzelnen Staatsgrenzen
- ○ Hauptstädte der Zhou-Staaten

als die Shang-Periode. Seit Mitte des 11. Jahrhunderts v.d.Z. herrschten die Zhou von ihrer dynastischen Hauptstadt Haojing am Gelben Fluss aus über ein politisch hierarchisch strukturiertes und militärisch mächtiges Imperium. Ihre Dynastie überdauerte doppelt so lange wie die ihrer Vorgänger, beherrschte ein größeres Territorium und führte sehr viel fortschrittlichere Regierungs- und Verwaltungsstrukturen ein, mit denen sie die Grundsteine für das spätere kaiserliche Regierungssystem legte. Ihr Reich bestand aus einem Verbund von Lehnstaaten, die im Gegenzug für ihre Loyalität und regelmäßigen Tribute relative Unabhängigkeit wahren und untereinander Verträge abschließen konnten (welche formalisiert wurden, indem man einem Tier den entsprechenden, auf Bambustäfelchen festgehaltenen Text umband und diese samt Tier begrub). Nur dank ihres ausgedehnten Verwaltungssystems gelang es den Zhou, dieses Staatennetzwerk im Griff zu behalten. Sie besetzten ihre Verwaltung mit gelehrten Mandarinen, die mit Staatsführung und Diplomatie ebenso vertraut waren wie mit Geschichte und alter Dichtung; sie besangen die Tugenden des Kriegers; sie komponierten Gedichte, die von politischer Ordnung und Ritualen kündeten und die landwirtschaftlichen Jahreszyklen rühmten; sie gedachten der mythologischen Urväter des Han-Volkes; sie gossen erstmals Eisenwerkzeuge und füh-

Abb. 4: *Die Westliche Zhou-Periode (1046–771 v.d.Z.) bestand aus einem Verbund vieler Staaten unter der Ägide der Zhou-Dynastie, deren Hauptstadt Haojing war. Auf der Karte ist nur eine Auswahl dieser Staaten abgebildet, da mehrere von ihnen geografische Sonderfälle waren. In dieser Epoche entstand auch der Begriff* Zhongguo, *»Zentralreich« oder »Reich der Mitte«, der heutzutage schlicht als »China« übersetzt wird, ursprünglich aber die Lage von Zhou in der Großebene gemeint haben oder ein Hinweis auf das zivilisatorische Supremat dieses Reiches gewesen sein dürfte. Durch sein Gebiet floss der Gelbe Fluss, der nicht nur als die Wiege der chinesischen Kultur gilt, sondern auch einer der zerstörerischsten Flüsse der Weltgeschichte ist.*

ten die Bronzeverhüttung ein; sie erfanden ein Bewässerungssystem, das die Ernteerträge steigerte; und sie lagerten ein Neuntel aller Ackerfrüchte als Notreserve ein. Dank dieses Übermaßes an Agrarerträgen und Waffen gelang es ihnen, den Frieden zu wahren.

Zhou-Herrscher waren atavistisch und sehr darum besorgt, die Geschichte ihrer Dynastie festzuhalten und in Bambusarchiven zu verwahren oder auf verzierten Bronzen zu verewigen, um ihrer politischen Legitimität Nachdruck zu verleihen. Rund sechstausend mit Inschriften versehene Bronzen haben aus dieser Periode überlebt und legen bis heute Zeugnis von dem immensen Einfluss ab, den solche Beschriftungen auf die kommende chinesische Schriftkultur nehmen sollten. Die schönsten Stücke wurden für Opfergaben an die Ahnen verwendet und mit Geschichten über deren Heldentaten beschriftet. Die Schriftzeichen selbst waren schon wesentlich besser strukturiert als auf den meisten Orakelknochen, außerdem in Kolumnen gereiht, beginnend mit der ersten auf der rechten Seite (allerdings waren auch einige Orakelknochen schon in Kolumnen beschriftet worden). Manche Inschriften erzählten dynastische Geschichten oder Mythologien von beträchtlicher Länge, andere Bronzen dienten als Beschreiboberflächen für Rechtsdokumente, und mehr als siebzig der erhaltenen Stücke sind mit Gedichten beschriftet. Und da einige mit Ornamentalschriften wie insbesondere der »Vogelschrift« beschrieben wurden, liegt der Gedanke nahe, dass Bronze auch die erste Oberfläche gewesen war, auf der sich chinesische Schreiber in kalligrafischen Stilen übten.

Das tägliche Geschäft bei Hofe erforderte jedoch eine wesentlich umfangreichere schriftliche Dokumentation. Ein Zhou-Schreiber aus dem 11. Jahrhundert v.d.Z. zeichnete zum Beispiel den Letzten Willen des Königs auf, der dann mit anderen Staatsdokumenten im Archiv verwahrt wurde. In ihrer frühen Herrschaftszeit verfügte die Dynastie über einen Großschreiber, einen

Schreibergehilfen, einen Schreiber für innere Angelegenheiten und über einen Meisterschreiber, der dem Herrscher ständig zur Verfügung stand. Der Akt des Schreibens diente jedoch nicht nur der dynastischen Selbsterhaltung, denn durch die Verordnung einer standardisierteren Schrift wollten die Zhou auch die Vereinheitlichung und den Zusammenhalt ihres polyglotten Imperiums fördern. Und tatsächlich sollte sich die Schrift, die mittlerweile zum Werkzeug von Mandarinen in der gesamten nordchinesischen Ebene geworden war, zu einem Bindemittel der chinesischen Zivilisation entwickeln.

Schreiben war in der Westlichen Zhou-Periode zwar mehr oder weniger eine reine Sache der Eliten gewesen, doch die begannen für ihre Schrift nun immer mehr Verwendung zu finden. Zum Beispiel verfassten sie »Ernennungsurkunden« (auf die in einigen Bronzeinschriften Bezug genommen wird) und hielten Begebenheiten fest, die ihnen besonders erwähnenswert schienen, etwa, dass der König ein Dokument beim Dokumentenmacher in Auftrag gegeben habe. Dass die Schrift also nicht mehr nur für rituelle, sondern auch für bürokratische Zwecke genutzt wurde, weist natürlich wiederum auf eine Elite hin, die mittlerweile entsprechend schreibkundiger geworden war. Tatsächlich scheinen Verwaltungsangelegenheiten sogar bereits auf lokalen Ebenen schriftlich festgehalten worden zu sein: Handelstransaktionen, Rechtsfälle, militärische Befehle oder Landzuweisungen, alles begann man nun auf einfache schriftliche Weise zu dokumentieren.[2] Das chinesische Wort für Buch, *tushu* (buchstäblich »Darstellung«), wurde zur Zeit der Zhou-Dynastie geprägt.

Der Niedergang der Zhou-Dynastie ging so schleichend voran wie das Abschmelzen eines Gletschers – er dauerte ein halbes Jahrtausend. Als die Hauptstadt der Westlichen Zhou, Haojing (heute Teil von Xi'an), im Jahr 771 v.d.Z. belagert wurde, trat man die Flucht nach Chengzhou an (nahe Luoyang), das dann zur Hauptstadt der nunmehr »Östlichen« Zhou-Dynastie wurde (771–256 v.d.Z.). Ab da begann ihre Rolle als Friedenswahrer zu bröckeln. Und jedes Mal, wenn zu befürchten stand, dass die Dynastie ausgelöscht werden könnte, schmiedeten die Herrscher Pläne, wie sie nicht nur ihr eigenes Leben, sondern auch das ihrer Archive retten könnten. Als sich beispielsweise ein Königssohn im Jahr 517 v.d.Z. gezwungen sah, mit seinem Gefolge aus der Hauptstadt zu fliehen, ließ er sämtliche Archive verpacken und mitnehmen, so wichtig war es ihm, im Besitz der dynastischen Geschichtsbücher zu bleiben. Der Aufstieg der Westlichen Zhou-Dynastie hatte das Lesen und Schreiben ins Zentrum der Zivilisation gerückt; das Chaos des dynastischen Untergangs der Östlichen Zhou-Dynastie zog hingegen ein Zeitalter der historischen Forschungen nach sich, die der Rolle von Autoren sehr viel mehr Bedeutung verschaffen sollten, als es die Zhou selbst jemals beabsichtigt hatten.

Bücher der Zhou sahen völlig anders aus als die Bücher, die wir heute kaufen, denn anstelle unserer breiten Papierseiten bestanden sie natürlich aus schmalen Bambustäfelchen. Und während wir unsere Bücher zu Blöcken binden, wurden die ihren zu Rollen gefädelt und wie Matten aufgerollt. Nichtsdestotrotz waren es Bücher, denn auch diese Täfelchen wurden zu einem chronologischen Ganzen gefädelt. Bambus war billiger, wendiger und leichter zu beschreiben als die Alternativen der damaligen Zeit (insbesondere Knochen, Bronze und Stein), außerdem wurden Knochen und Bronzen ohnedies nur zu bestimmten Zwecken verwendet. Bambus hatte sich als der angemessene Partner für die wachsende Zahl von Schreibern und Lesern erwiesen, deshalb sollte er vom 11. Jahrhundert v.d.Z. bis zum 4. Jahrhundert n.d.Z. *der* Beschreibstoff bleiben, und deshalb waren es auch Bambustäfelchen, auf denen anderthalb Jahrtausende chinesischer Kultur eingefangen wurden.

Zwei Figuren aus dieser Periode beherrschen das Bild, egal, von welchem Blickwinkel aus man es betrachtet. So viele Jahrhunderte später ist es allerdings einfacher, ihre Statur und ihre Einflüsse zu bewundern, als die Details ihres jeweiligen Lebens und ihrer Persönlichkeiten zu erforschen, denn über die ist kaum etwas bekannt, und was wir wissen, wurde von Mythenbildungen verzerrt. Wir können uns Laozi (dem »alten Meister«, früher Laoze oder auch Lao-Tse geschrieben) und Konfuzius (dem »Lehrmeister Kong«) nicht wirklich annähern. Tatsächlich ist sogar umstritten, ob es den legendären Laozi jemals gegeben hat. Laut Sima Qian, dem großen Vater der chinesischen Geschichtsschreibung aus dem 2. Jahrhundert v.d.Z., war Laozi im 6. Jahrhundert v.d.Z. Archivar und Chronist der königlichen Zhou-Archive gewesen und Konfuzius selbst begegnet – er soll ihn bei dieser Gelegenheit ermahnt haben, sein geziertes Gebaren abzulegen und seine Lust in Schach zu halten, wohingegen Konfuzius seinen Schülern berichtete, dass ihm Laozi ein Rätsel sei: Er gleiche dem Drachen, der auf Wind und Wolken gen Himmel reitet.

Ungeachtet all der Geheimnisse, von denen diese beiden Figuren umwittert sind, waren sie die Wegbereiter einer neuen Art von Wissen. Keinem von beiden ging es dabei um eine Revolution. Konfuzius verbrachte sogar viele Jahre damit, nach einem *etablierten* Herrscher zu suchen, der seine Gesellschaftsethik und Philosophie über die menschliche Ordnung übernehmen würde. Und beide schrieben ihre Ideen nieder, ohne über die üblichen politischen Gönner zu verfügen, und abseits der Institutionen, die traditionell jede historische Aufzeichnung kontrollierten. Die Geschichtsschreibung in den alten chinesischen Reichen war das persönliche Eigentum des jeweiligen Herrschers, und die Chronisten dieser dynastischen Geschichten waren seit der frühen Zhou-Periode deren Hofschreiber und Propagandisten gewesen. Laozi und Konfuzius haben hingegen beide – ob willentlich oder unwillentlich, sei dahingestellt – das traditionelle Band zwischen Schriftgelehrten und Herrschern gelockert und damit signalisiert, dass ein Autor durchaus eigenmächtig agieren konnte. Dieses neue Verständnis von Machtverteilung sollte viel zur Entfaltung des gebildeten Chinesen der Zukunft beitragen.

Abb. 5: *Daoistische Mönche vor dem Louguan-Schrein am Fuß der Qinling-Berge (2009).* Die Stelle, an der dieser Tempel steht, ist der Überlieferung nach der Ort, an dem Laozi die fünftausend Worte seines *Dao De Jing* niederschrieb. Im Jahr 2009 lebte der älteste, mindestens siebzigjährige Mönch des Klosters in erhabener Abgeschiedenheit nur ein Stück unterhalb des Berggipfels.

In einem chinesischen Sprichwort, das längst zum Klischee geworden ist, wird der Herr als ein Konfuzianer in der Öffentlichkeit und Daoist in seinem Heim dargestellt (manchmal wird dem noch angefügt: und Buddhist auf dem Totenbett). Das verrät, wohin China gerade des Weges war – es begann, sich in ein Imperium der Schrift und der Bücher zu verwandeln, insbesondere der Schriften des Daoismus, Konfuzianismus und später des Buddhismus. Eine auf Schriftstücken basierende Staatsverwaltung war mittlerweile bereits etabliert, für den Beginn des chinesischen Buchzeitalters stehen Laozi und Konfuzius.

Der dynastischen Geschichtsschreibung der Zhou zufolge begann Laozi seine Gedanken vor rund zweieinhalb Jahrtausenden auf einem Berg westlich von Xi'an niederzuschreiben. Heute befindet sich dort, eingebettet in den untersten Hang, die Tempelanlage von Louguan mit Blick auf die Qinling-Berge, die Bambuswälder der umgebenden Hügel und die übers Tal verstreuten Pfirsichhaine und Maisfelder. Diese bergige Region war über die längste Zeit der chinesischen Geschichte das bevorzugte Refugium von Höflingen, die in Ungnade gefallen waren, von Einsiedlern, Dichtern und auch Vagabunden.

Laozi war pessimistischer als die meisten seiner Zeitgenossen, was die Zukunft der Zhou-Dynastie betraf. Während der Staat versuchte, die friedvollen und heiteren Jahre dieser Periode mithilfe von liturgischen und rituellen Beschwörungen wiederaufleben zu lassen, lamentierte Laozi, dass die Versuche des Herrscherhauses, den Menschen Regeln und Restriktionen aufzuerlegen, nur bewiesen, wie sehr die Welt ihre bewegende Kraft der Güte verloren habe. Wiederum dem Historiker Sima Qian zufolge spannte Laozi deshalb schließlich seinen Ochsen ein, verließ die Hauptstadt und zog fünfzig Meilen Richtung Südwesten über Land bis in die Berge und vor das Westtor, das aus China hinausführte, hinaus aus der sesshaften Zivilisation und dorthin, wo er vielleicht das »Paradies des Westens« finden würde (das vermutlich ein Euphemismus für den Himmel selbst war). Immerhin bedeutete das Verlassen des Reiches so viel wie dem Leben zu entsagen. Der Torwächter erkannte Laozi sofort und schlug ihm einen Handel vor: Wenn er sein Wissen aufschreiben würde, dann würde er ihm das Tor öffnen. Das Ergebnis war Laozis Werk der Fünftausend Worte, das *Buch vom Sinn und Leben* oder *Dao De Jing* (*Tao Te King* in veralteter Schreibweise).

*Ist der Sinn verloren, dann das Leben.*
*Ist das Leben verloren, dann die Liebe.*
*Ist die Liebe verloren, dann die Gerechtigkeit.*

> *Ist die Gerechtigkeit verloren, dann die Sitte.*
> *Die Sitte ist Treu und Glaubens Dürftigkeit*
> *und der Verwirrung Anfang.*[3]

Das *Dao De Jing* ist eine in einzelne Spruchkapitel aufgeteilte Sammlung von Aphorismen, die dem Schüler helfen sollen, sich mit der natürlichen Ordnung aller Dinge vertraut zu machen, jedoch nicht durch reinen Wissenserwerb, sondern vor allem durch Intuition und Erfahrung. Denn erst sie lehrten ihn, die Harmonie in der Natur zu finden und sich selbst und die eigenen Bedürfnisse in Einklang mit ihr zu bringen. Das Buch hat weltweit mehr Übersetzungen erlebt als jedes andere nach der Bibel, und das trotz der endlosen Debatten über die wahre Identität seines Autors und das wahre Alter des Werkes.[4] *Dao* (oder *Tao*) bedeutet im Daoismus »der Weg«, und den glaubte Laozi gefunden zu haben. Seine Schilderungen dieser Suche sind ebenso kryptisch wie erhellend. Der Daoismus, jahrhundertelang Chinas Gegengift zum urbanen Leben, bot einen Weg, um den strengen höfischen Regeln und Verhaltensmustern zu entkommen. Doch ebendas Ritual, dem Laozi entflohen war, war den Anhängern von Konfuzius besonders ans Herz gewachsen. Und nur Konfuzius kann es mit Laozi aufnehmen, was den Einfluss auf das imperiale chinesische Gedanken- und Schriftgut betrifft.

Konfuzius war rund 1,80 Meter groß, wahrscheinlich geschieden und oft ein ausgesprochener Querdenker. Er glaubte nach Art der Humanisten an das Gute im Menschen und war nach Art der Moralisten enttäuscht von den Herrschern seiner Zeit. Seine Ahnenliebe, seine Vorstellungen von Loyalität, Anstand und Sitte und seine Überzeugung, dass das Volk demütig sein und die starre Gesellschaftsstruktur unverändert erhalten bleiben müsse, verraten den Konservativen. Sein Utopia, in dem ein jeder seinen Platz kannte und dort friedvoll verharrte, hatte er im Grenzland zwischen Mythos und Geschichte gefunden. All dieser Gedanken wegen sollten die Studenten von 1966, dem Jahr, in dem die Attacken der Kulturrevolution gegen alles Alte und Überholte an Intensität zunahmen, Konfuzius endgültig für tot erklären.

Doch seine politischen Strategien waren nicht einfach nur atavistisch. Er war auch der Meinung, dass Regierende aufgrund ihrer Tugenden und Fähigkeiten und nicht allein ihrer Herkunft wegen erwählt werden sollten oder dass sich eine gute Staatsführung immer am Wohlergehen des Volkes bemessen lasse. Und er lehrte, dass der ungerechte und inhumane Herrscher das Mandat des Himmels verwirkt habe, da ihm das göttliche Recht auf Herrschaft einzig zum Wohle des Volkes gewährt werde.

Als Justizminister im Staate Lu führte Konfuzius mildere Strafen für geringfügige Vergehen ein, beispielsweise schuf er die Gepflogenheit ab, einem Delinquenten, der eines Bagatelldiebstahls beschuldigt wurde, die Nase abzuschneiden. Doch im Jahr 498 v.d.Z. verließ er Amt und Heim, der Legende nach aus Zorn über den nachlässigen Umgang des Herrschers mit dem Ritus. Vierzehn Jahre lang wanderte er mit einer Gruppe von Schülern durch den Osten Chinas. Der moralische Niedergang der Zhou empörte ihn, und er war überzeugt, dass nur noch ein absolutistischer Herrscher Sitte und Moral im Reich wiederherstellen könne. Tugendhaftigkeit und politische Einheit waren für ihn natürliche Bettgenossen. Doch er sah nichts als Verwüstung am Horizont.

Die *Analekten* oder Lehrgespräche, das traditionell Konfuzius zugeschriebene Werk, ist eines der »Vier Bücher« der kanonischen konfuzianischen Lehre, so wie seine *Frühlings- und Herbstannalen* einer der »Fünf Klassiker« der chinesischen Literatur sind. Die *Annalen* galten als das bedeutendste Werk, da allein schon den Wörtern darin die Gabe zugeschrieben wurde, dem Bösen den Kampf ansagen, den Weg in den Himmel aufzeigen und das Richtige vom Falschen trennen zu können. Sie waren das Fundament des konfuzianischen Glaubenssystems, der Urtext des Konfuzianismus. Später sollte sogar diese gesamte Periode der chinesischen

Geschichte als »Die Zeit der Frühlings- und Herbstannalen« bezeichnet werden.

Doch ungeachtet all ihres Einflusses lassen sich die *Annalen* mit der asiatischen Reiskornkunst vergleichen – es mangelt ihnen an Farbe und Substanz. Ohne jedes erzählerische Beiwerk verzeichnen sie eine 242-jährige Prozession von Staatsbesuchen, Überschwemmungen, Tempelritualen, Eheschließungen, militärischen Siegen, dem Bau von Stadtmauern, Königsmorden und sogar Heuschreckenplagen. Mit kargsten Worten und insgesamt nur 16 771 Schriftzeichen werden zweieinhalb Jahrhunderte abgehandelt. Der kürzeste Eintrag findet sich für das Jahr 715 v.d.Z. Er besteht aus einem einzigen Wort: »Schädlinge«.

Spätere Gelehrte fanden die *Annalen* jedoch so genial lakonisch, dass sich die Auseinandersetzungen um ihre richtige Auslegung zu langwierigen schriftlichen Dialogen ausweiteten, aus denen schließlich fünf Kommentare als Sieger hervorgingen, einer davon elfmal so lang wie die *Annalen* selbst. Aber alle waren sich einig, dass die *Frühlings- und Herbstannalen* eine Bestandsaufnahme des Scheiterns der Zhou-Dynastie darstellten. Was die Bewertung dieser Dynastie betraf, stimmten auch Konfuzius und Laozi im Großen und Ganzen überein. Doch wie ein archäologischer Fund aus dem Jahr 1993 in der nordchinesischen Provinz Hubei nahelegt, könnten sie bei vielen anderen Fragen ebenfalls einer Meinung gewesen sein.

Ein an dieser Grabung beteiligter Forscher bezeichnete den Fund sogar als »Chinas Schriftrollen vom Toten Meer«: 804 Bambustäfelchen, beschrieben mit insgesamt rund 13 000 Zeichen; darunter ein ungeordnetes frühes Manuskript des *Dao De Jing* sowie mehrere Werke von Konfuzius, die nicht nur auf eine reiche Glaubens- und Schriftkultur hinweisen, sondern auch auf deutliche Überschneidungen von Konfuzianismus und Daoismus – vielleicht sogar bereits auf einen gewissen Dialog zwischen beiden. Die Schriften selbst wurden auf das 4. Jahrhundert v.d.Z. datiert, der Dialog aber sollte sich fortsetzen: Die Erben von Konfuzius und Laozi pinselten neue Ideen über Politik, Philosophie, die gesellschaftlichen Beziehungen und die Religion auf ihre Bambustäfelchen und verwandelten diesen Beschreibstoff somit in ein bedeutendes Forum für Debatten im ganzen Reich.

Und damit begann eine tiefgreifende Transformation, denn mit einem Mal warteten gebildete Untertanen nicht mehr einfach darauf, dass der Staat Geschichte schreiben würde, plötzlich tauchte eine neue Autorität auf, die sich selbst auf alte Texte und deren Interpretationen berief. Auf einmal waren Historiker nicht mehr nur Staatsdiener, und mit ihrem zunehmend unabhängigeren Verhalten wuchs auch ihr Einfluss. Konfuzius habe, so schrieb einer seiner bedeutendsten Schüler, eine Reformation eingeleitet, indem er seine *Frühlings- und Herbstannalen* ohne den Beistand eines Patrons bei Hofe schrieb und damit das Recht des Staates auf die Kontrolle der Geschichtsschreibung herausforderte. Um das Jahr 320 v.d.Z. begann man Konfuzius' Ideen in einer Akademie in Linzi zu debattieren, der Hauptstadt des Reichsfürstentums Qi: Mandarine und Exegeten diskutierten dort zum Beispiel die Frage, ob die menschliche Fähigkeit zur Selbstbetrachtung und Selbstkritik beweise, dass der Mensch gut sei, oder ob wahre Tugendhaftigkeit dem menschlichen Wesen letztendlich fremd sei. Im Laufe dieses Prozesses wurden auch die herrschenden Ideen über den Kosmos und den Staat auf den Prüfstand gestellt.

Während sich der Niedergang der Shang-Dynastie sukzessive fortsetzte, veränderte sich auch der Stil der alten Ethikdebatten, bei denen traditionell immer von ersten Grundsätzen ausgegangen worden war. Nun begann man das Gewicht erstmals auf Analysen der politischen Realitäten zu legen – ein erstes Anzeichen für das Entstehen eines neuen, pragmatischen und empirischen politischen Denkansatzes. (Ein vergleichbarer Wandel fand noch einmal in den beiden ersten Jahrzehnten des 20. Jahrhunderts statt, als sich die Gründer der Kommunistischen Partei Chinas in Shanghai zugunsten eines aktiven Kommunismus von den Idealen des Anarchismus verabschiedeten.) Die Akademie von

Linzi fiel Mitte des 3. Jahrhunderts v.d.Z. den sich verlagernden politischen Prioritäten zum Opfer, doch bis zu diesem Zeitpunkt hatte sie bereits viel dazu beigetragen, dem geschriebenen Wort den Status einer rechtmäßigen Autorität zu verleihen und den Stoff, auf dem es festgehalten wurde – das Bambustäfelchen –, in ein Schlachtfeld der Ideen und in das Medium für Auseinandersetzungen um künftige politische Richtungen zu verwandeln (was für gewöhnlich immer auch die Frage beinhaltete, wer die Auslegungshoheit über die Klassiker hatte).

Die Apotheose dieser schriftlichen Debatten war eine Enzyklopädie, die Mitte des 3. Jahrhunderts v.d.Z. unter der Ägide des Staatskanzlers von Qin in Zentralchina herausgegeben wurde. Die dynastische Geschichtsschreibung verzeichnet, dass er dreitausend Gelehrte in sein Haus eingeladen habe, um an diesem Projekt mitzuwirken, und dass er für dieses synkretistische Werk »sämtliche verfügbaren Bambustäfelchen, Pinsel und Tuschen« aufgebraucht habe. Am Ende war darin unter anderem festgeschrieben worden, dass das Reich zum Wohle der Beherrschten und nicht zu dem des Herrschers existiere, obendrein hatte man die Periode der »Hundert Schulen« kodifiziert, die vom 5. bis zum 3. Jahrhundert v.d.Z. währte und ihren Namen den unzähligen Philosophien verdankt, die in dieser Zeit entstanden und allesamt auf Bambus gepinselt worden waren.

Doch nur zwanzig Jahre nach dem Tod des Kanzlers wurde sein Werk zunichtegemacht. Im Jahr 221 v.d.Z. eroberte der Staat, dem er bis dahin gedient hatte, seine Nachbarn und einige weitere Landesteile, vereinte China zu einem wahren Imperium und erhob die Doktrin vom Legalismus (der zwar ein auf Gesetzen beruhendes Regierungssystem forderte, aber das Ideal vom gelehrten Beamtenstaat verwarf) zum obersten Prinzip. Die vandalistisch-legalistischen neuen Machthaber verabscheuten Konfuzius und entschieden, dass der Staat in jedem Fall seinen Herrschern zum Nutzen gereichen müsse und keinesfalls für die

Beherrschten da sei. Dann begannen sie mit dem gewaltigsten Zentralisierungsprojekt, das China bis dahin erlebt hatte: Sie standardisierten nicht nur die chinesischen Schriftzeichen, sondern auch alle Gewichte, Maße und Verwaltungsvorschriften. Dies war das neue Reich der Qin-Dynastie.

Der neue Kanzler der Qin, Li Si, ging als der schlimmste aller Vandalen in die chinesische Geschichte ein. Laut dem Historiker Sima Qian riet er dem ersten Kaiser dieser Dynastie augenblicklich, alle Bücher aus den Palastarchiven zu verbrennen und einen jeden zu brandmarken, der Bücher zu bewahren versuchte (Verbrecher und Banditen waren bereits in der Zhou-Dynastie gebrandmarkt worden) – auch das nicht zuletzt das Resultat der legalistischen Philosophie, welche die Hierarchie und Ordnung über jede Art von Bildung und vor allem über jedes konfuzianische Wissen stellte. Jeder, der über konfuzianische Klassiker wie das *Buch der Urkunden* oder das *Buch der Lieder* auch nur sprach, sollte exekutiert und sein Leichnam als Warnung öffentlich zur Schau gestellt werden. Jeder, der die Gegenwart am Beispiel der Vergangenheit kritisierte, sollte samt seiner Familie des Todes sein. Ein Jahr darauf ließ der Kaiser, wiederum Sima Qian zufolge, vierhundertsechzig Gelehrte bei lebendigem Leib begraben. Doch ungeachtet all ihrer Verbote und der erfolgreichen Zentralisierung ihrer Reichsverwaltung gelang es den Qin nicht, China von seinen Büchern fernzuhalten. Einige Literaturliebhaber unter den Gegnern dieser Dynastie sollten zu Legenden werden.

Zum Beispiel Fu Sheng, ein konfuzianischer Gelehrter und Kenner der Klassiker, für den die Worte aus dem *Buch der Urkunden* die Luft waren, die er atmete. Nachdem der Feldzug gegen Bücher und Gelehrte, all die Bücherverbrennungen und das Morden begonnen hatten, blendete Fu sich selbst, gab sich als Verrückter aus und floh aus seiner Heimat. Als das alte Wissen unter den Nachfolgern der Qin, der Han-Dynastie, dann wiederbelebt werden sollte, sandte Kaiser Wen einen Schreiber zu dem alten Mann. Fu diktierte seiner Tochter das *Buch der Urkunden*

Abb. 6: *Literatur als Patron der Kultur: Der blinde Gelehrte Fu Sheng diktiert seiner gebildeten Tochter Fu Nu das Buch der Urkunden aus dem Gedächtnis, während sie es dem knienden Schreiber sofort ins Mandarin übersetzt. (Nichts in dieser Darstellung ist illusionärer als das Papier, das vor dem Schreiber liegt, wurde es doch erst Jahrhunderte später zum Beschreibstoff für die Texte der Klassiker.) Die Komposition stammt vermutlich aus dem späten 15. Jahrhundert, wurde also rund 1700 Jahre nach der Zeit gefertigt, in der das Geschehen stattgefunden haben soll. Du Jin, ihr Maler aus der Ming-Periode, griff hier jedoch auf einen typischen und sehr angemessenen Formalismus für eine Szenerie zurück, die auf beredte Weise eine der obersten Prioritäten der klassischen chinesischen Kultur wiedergibt: die Erhaltung der Klassiker. (© Bildrechte: The Metropolitan Museum of Art, Fotorechte: Scala, Florenz)*

aus dem Gedächtnis, der Schreiber transkribierte den alten Text in das zeitgenössische Idiom, und wo Fus Dialekt nicht mehr nachvollziehbar war, wurden Altersgenossen von ihm gebeten, ihn zu interpretieren.

Nach dem Sturz der Qin sollten nicht nur die grauenvollen Vorgänge unter ihrer Herrschaft, sondern auch die Tatsache ans Licht kommen, dass just diese Dynastie viele Klassiker bewahrt hatte, damit sie den Angehörigen des Hofes von ihren Palastlehrern gelehrt werden konnten. Und mehr als das – um ihr Reich, das so gewaltige Ausmaße angenommen hatte, überhaupt noch verwalten zu können, hatte sie die Schriften Chinas rationalisiert, unifiziert, nationalisiert und in ein Arsenal von Schriftzeichen verwandelt, die im ganzen Land verwendet werden konnten. Mit einem Mal begann man überall alles aufzuzeichnen. Das Reich war in einunddreißig Staaten aufgeteilt, und jeder Staatsmagistrat schickte nun schriftliche Berichte an die Hauptstadt – die zentralisierte Verwaltung war geboren. Der Bereich, den sie überwachte, erstreckte sich über Hunderte von Meilen in alle Himmelsrichtungen und war die Heimat einer Bevölkerung von vierzig Millionen Menschen. Die Produktion von Schriftstücken wurde zum täglich Brot der Staatsbürokratie.

Zwar ermunterten auch die Qin zu einer gewissen Bildung und zur Niederschrift von gelehrten Gedanken auf Bambus, doch nur unter strengster staatlicher Kontrolle. Dennoch scheint sich die Alphabetisierung in dieser Periode auf der sozialen Stufenleiter nach unten fortgesetzt zu haben, jedenfalls gab es mittlerweile auch Soldaten, die des Lesens kundig und vermutlich auch in der Lage waren, ein paar Listen zu schreiben. Von einem Qin-Soldaten, der im Süden auf Feldzug war, sind zwei auf Holztäfelchen verfasste Briefe aus dem 3. Jahrhundert v. d. Z. erhalten. Auf dem einen bittet er seine Mutter, ihm Geld und Kleidung an die Front zu bringen, auf dem anderen erkundigt er sich nach der Gesundheit der Mutter und fragt, ob seine Frau ihrem Schwiegervater auch treu zu Diensten stehe. Solche persönlichen Schreiben legen nicht nur nahe, dass inzwischen auch auf relativ niedriger gesellschaftlicher Ebene eine gewisse Grundbildung vorhanden gewesen war, sie lassen zudem vermuten, dass den Soldaten, wenngleich noch nicht den Zivilisten, bereits eine Art von Postdienst zur Verfügung stand. Es gibt sogar einige Nachweise, dass auch Frauen mittlerweile über eine gewisse Bildung verfügten – mit Sicherheit die Frauen der Elite, im Allgemeinen aber wohl auch Frauen, die einem Haushalt vorstanden, und möglicherweise auch schon einige Frauen aus niedrigeren sozialen Schichten. Die *Geschichte der früheren Han-Dynastie* zum Beispiel, die zu den beliebtesten unter den vierundzwanzig Dynastiegeschichten zählt, wurde gemeinsam von Ban Gu und seiner Schwester Ban Zhao verfasst.[5]

Doch der Qin-Dynastie waren nur fünfzehn Herrschaftsjahre beschert. Bald nach dem Tod ihres ersten Kaisers brachen mehrere Bauernaufstände aus, und die Dynastie wurde gestürzt. Wichtig für die Zukunft des Buches und des Papiers war, dass die ihr folgende Han-Dynastie, die von dem aufständischen Bauern Liu Bang gegründet wurde, nun sämtliche Geschichten über die Schreckensherrschaft ihrer Qin-Vorgänger sammelte und sich deren dynastische Geschichtsschreibung vorknöpfte, um der Nachwelt beides als Warnung vor den Folgen einer schlechten Herrschaft zu bewahren. Die neue Dynastie übernahm zwar das Imperium, die Verwaltung und auch viele Gesetze der Qin, erklärte sich aber selbst zum wahren Reichsgründer und erhob mehrere alte Schriften zu den Leitsternen ihres Erziehungssystems, Staatswesens und ihrer Philosophie. Liu Bang selbst, der nunmehrige Kaiser Gao, zeigte anfänglich allerdings keine große Begeisterung für diese wiederaufkeimende Liebe zu Büchern. Ein Gespräch, das er zu Beginn seiner Amtszeit mit seinem Berater Lu Jia führte (und das im Geschichtsbuch der Han festgehalten wurde), lässt keinen Zweifel an der Einstellung des Kaisers:

*Liu Bang: Ich nahm das Reich zu Pferde. Wieso sollte ich mich mit dem Buch der Lieder und dem Buch der Urkunden befassen?*
*Lu Jia: Ihr nahmt es zu Pferde, aber Ihr könnt es nicht zu Pferde regieren.*

Tatsächlich sollte sich Liu dann jedoch als ein ebenso vorzüglicher Herrscher wie gelehrsamer Schüler erweisen. Er war ein Meritokrat, der im Herzen Bauer geblieben war und das Leben eines Konfuzianers führte; er schützte seine schwächeren Untertanen, nicht zuletzt die Bauern, vor Ausbeutung; er reduzierte die Flut von Qin-Gesetzen auf drei klare Grundsätze; und er führte ein reichsweites neues Personalbeschaffungssystem für den Staatsdienst ein, welches Beamte auf der Grundlage ihrer eigenen Meriten und nicht aufgrund ihres familiären Hintergrunds oder ihrer Beziehungen einstellte.

Lius Nachfolger erhob den Konfuzianismus schließlich zur neuen Staatskunst und trug so viele Exemplare der Klassiker zusammen (die meisten waren auf Bambus, manche auf Holz und einige wenige auch auf Seide geschrieben), dass sich die Sammlung »zu Bergen türmte«. Er gründete eine kaiserliche Bibliothek und gab Synopsen aller vorhandenen Werke in Auftrag. Bald musste ein Archivierungssystem mit Dutzenden von neuen Unterteilungen erfunden werden: Allein sechzehn Werke der Yin-Yang-Schule (die die erhabene Macht der Elementarkräfte in der Natur betonte) besaß diese Bibliothek, alles in allem 249 Kapitel oder Faksimiles; daneben 70 verschiedene Kommentare über die sechs Klassiker, insgesamt 2690 Kapitel. Zwei Drittel der insgesamt 667 Titel, die im Katalog der Han-Bibliothek verzeichnet waren, sind seither verschwunden, dafür wurden bei verschiedenen Grabungen in jüngeren Jahren mehrere Titel aus dieser Periode entdeckt, die auf der Liste gar nicht aufgeführt waren. Auch Bibliografien und andere neue Genres tauchten nun auf und bedurften neuer Klassifikationen: neben den sechs Klassikern, diversen Philosophien, Dichtungen und gereimter Prosa auch Militärstudien, Naturwissenschaften, Medizin und Okkultismus. In einer Bibliografie wurden 600 Titel aufgeführt, die sich insgesamt auf 13 000 Bände beliefen. (Vollständig redigierte Texte wurden für die kaiserliche Bibliothek auf Seide übertragen – ein außergewöhnlich teures Unterfangen.) Aber auch jenseits des Palastes und außerhalb der Verwaltung begannen nun wohlhabende Personen, Bücher für ihre privaten Bibliotheken zu erwerben und zu sammeln.

Je mehr Menschen nun des Lesens kundig waren, desto häufiger bewarben sich auch talentierte Kandidaten aus den unteren Rängen der Gesellschaft für den Staatsdienst und hofften, sich ihren Weg nach oben in Richtung Hof bahnen zu können. (Auch das Beamtentum selbst expandierte: Im Jahr 5 v.d.Z. erreichte die Zahl der Staatsdiener 130 285, allerdings dürften die meisten von ihnen nur über eine funktionelle Bildung verfügt haben; noch einmal doppelt so viele waren auf lokalen Ebenen beschäftigt.) Im Jahr 140 v.d.Z. hatte Kaiser Wu persönlich mehr als hundert empfohlene junge Gelehrte geprüft, viele von ihnen aus armen Familien. Bevor ein Kandidat vor ihm erschien, wurden dem Kaiser jeweils ein paar Bambustäfelchen mit taktisch-politischen Fragen gereicht. Unter den Kandidaten aus armen Verhältnissen befand sich in jenem Jahr auch Dong Zhongshu aus der Flussebene südlich des heutigen Beijing. Seine Antworten auf des Kaisers Fragen und ein Traktat, in dem er sich für den konfuzianischen Staat aussprach, sollten ihm schließlich eine hohe Position bescheren.

Sein Rat war es auch gewesen, der im Jahr 136 v.d.Z. zur Einführung einer Kommission für die Wiederbelebung klassischer Texte sowie zwölf Jahre später zur Gründung der »Kaiserlichen Akademie des Höheren Lernens« führte (die mit nur hundert Studenten ihren Betrieb aufnahm; im Jahr 140 n.d.Z. studierten bereits dreißigtausend). Im Laufe der Jahre wurde dort ein

Kolloquium nach dem anderen veranstaltet, um zu einer Entscheidung hinsichtlich der Frage zu gelangen, welcher Klassiker einen eigenen »Stuhl« verdiente (verbunden mit einem Staatsposten, was dem entsprechenden Text noch mehr Gewicht verlieh). Schreiben, Studieren und Büchersammeln wurden zu den herausragenden Tätigkeiten von Staatsbeamten. Schon in Dongs Tagen hatten die *Frühlings- und Herbstannalen* fünf Hauptschulen hervorgebracht, eine jede bewaffnet mit einem eigenen Kommentar. Doch diese Bambusschriftkultur konnte auch logistische Albträume hervorrufen – im Jahr 25 n.d.Z. brauchten Träger mehr als zweitausend Karren, um die kaiserliche Buchsammlung zu transportieren. Tausende Bambuswerke gingen auf diesem Weg verloren.

Dong selbst, der gelehrte Texte als unerlässliche geistige Nahrung empfand, erklärte schließlich, dass die Zukunft nicht mithilfe von Schildkrötenpanzern, Orakelknochen oder Schafgarben vorausgesagt werden könne, sondern nur dann ansatzweise erkennbar werde, wenn man die Vergangenheit richtig deute und aus ihr lerne. Den Qin gegenüber empfand er nichts als Verachtung. Als er gefragt wurde, ob das Regierungssystem der Qin vielleicht bloß einer Renovierung bedurft hätte, antwortete er, dass man aus verrottetem Holz nichts schnitzen und eine Wand aus getrocknetem Dung nicht verputzen könne. Dong war es auch, der sich dafür einsetzte, die Klassiker auf fünf Texte zu beschränken. Um 130 v.d.Z. wurde ihm dieser Wunsch erfüllt. Einem Han-Historiker zufolge war es bis zur Zeitenwende nicht ungewöhnlich geworden, dass sich ein gelehrter Kommentar über einen einzigen Klassiker auf eine Million Wörter belief.

Da wundert es nicht, wenn man solchen Meinungsergüssen vorhielt, dass ihr Umfang bloß auf ihre umständliche Weitschweifigkeit zurückzuführen sei. Wang Chong zum Beispiel, der große Philosoph des 1. Jahrhunderts n.d.Z., der anfänglich unter derart ärmlichen Bedingungen in der chinesischen Hauptstadt gelebt hatte, dass er sich keine Bücher leisten konnte und die Klassiker deshalb bei Buchhändlern auswendig lernen musste, klagte, dass die Gelehrten ihre Studien immer nur im gleichen »alten Trott« betrieben. Ein Kommentar, der sich ausschließlich mit dem ersten Satz des konfuzianischen *Buches der Urkunden* befasste, war sage und schreibe 20 000 Schriftzeichen lang; Kommentare über den gesamten Klassiker beliefen sich (wie auch die über das *Buch der Wandlungen*) auf bis zu 300 000 Schriftzeichen Länge. Bis zum 18. Jahrhundert waren solche Kommentare schließlich um ein Hundertfaches länger geworden als die jeweiligen Klassiker selbst, das heißt, sie umfassten rund fünfzigtausend Rollen. Doch schon im 1. Jahrhundert n. d. Z. hatten diese Mammutergüsse hochkarätige Denker zur Kritik herausgefordert, etwa den gefeierten kaiserlichen Historiker Ban Gu, der über die extreme Spitzfindigkeit der Kommentatoren lamentierte:

> *Sie führen sich selbst hinters Licht. Das ist die Tragödie von Gelehrsamkeit.*

Zehn Meilen nördlich von Xi'an ragt ein dreißig Meter hoher Hügel aus einem der ältesten Ackerbaugebiete der Welt empor. Von seinem rund achtzig Meter breiten Gipfelplateau schweift der Blick über Weinberge, Obsthaine und Kiefernwäldchen. Aus dem Dunst zwischen den Baumwipfeln tauchen alte Männer auf, die ihren schwebenden Drachen hinterherlaufen. Vom südlichen Fuß des Hügels führen mehrere gestaffelte Terrassen zu einer Allee hinab. An einem Baum sind zwei Schafe angebunden. Dieser Hügel, der so gar nicht in diese flache Landschaft zu passen scheint, ist alles, was von der Weiyang-Palastanlage der Han-Kaiser übrig blieb, wo sich in den Fünfzigerjahren des 1. Jahrhunderts n. d. Z. die Gelehrten im Verhandlungssaal der kaiserlichen Bibliothek, dem sogenannten »Steingraben-Pavillon«, trafen, um über die Klassiker zu diskutieren und Chinas künftigen Kanon zu schmieden. Die Debatten währten zwei Jahre, weitere folgten im gleichen Jahrzehnt, aber erst 79 n. d. Z.

fanden sich die Gelehrten schließlich zu ihrem letzten Gefecht zusammen – zu einem Disput über die Texte, die den Kern ihrer Traditionen bilden sollten.

Sie diskutierten über Opferungen und Rituale, die Institution der Ehe, uralte Legenden, Kaiser und Götter; sie debattierten über kulturelle Entwicklungen, den mystischen Symbolismus, strafrechtliche Exekutionen, die »Acht Winde« (die Kräfte, die das Menschenleben beeinflussen, darunter die Akupunkturpunkte) und die drei Berichtigungen des alten Kalenders; sie stellten Betrachtungen an über Instinkt und Emotion, über Riten und Musik, über die drei Hauptbeziehungen (Herr–Untergebener, Mann–Frau, Vater–Sohn) und die sechs Nebenbeziehungen, über den Handel und über die Landgaben an Lehnsherren. Sie beschworen ein ganzes Universum an chinesischem Leben, in der Hoffnung, es ihren Auslegungen einiger weniger klassischer Texte anpassen zu können. Die Politikgestaltung hatte die Form von Debatten über konfuzianische Texte angenommen. Im 2. und frühen 3. Jahrhundert, den letzten der Han-Dynastie, begannen einige Autoren schließlich sogar auf ihr Recht zu pochen, den Kaiserhof ablehnen zu dürfen, weil sie dort nur noch die selbstsüchtigen Machtgelüste der Hofdamen und Eunuchen am Werk sahen.

Denker aus der Zhou-Periode, die um Einigung bestrebten Männer der Qin-Periode und Gelehrte aus der Han-Periode hatten China in ein Reich verwandelt, in dem sich alles um eine Handvoll schwieriger klassischer Texte drehte. Das Bedürfnis zu lesen, zu schreiben und zu studieren war geweckt; der Staatsdienst, die natürliche Heimstatt der Gelehrten im kaiserlichen China, hatte die Zahl seiner Beamten in die Zehntausende gesteigert; das Land war auf eine beispiellose Weise transformiert worden – beispiellos nicht nur für China, sondern in der Menschheitsgeschichte. Niemals zuvor hatte eine solche Nachfrage nach den Rohstoffen geherrscht, die zur damaligen Zeit der Stoff von Büchern waren: Tusche, Pinsel und Bambus.

Mit dem Bambus war erstmals eine Pflanze zu dem Stoff erkoren worden, auf dem Wissen festgeschrieben wurde. Und dieses Prinzip, Pflanzen als Grundsubstanzen für einen Beschreibstoff zu verwenden, sollte bis ins digitale Zeitalter gewahrt bleiben. Ob es um Schriftzeichen oder Buchstaben geht, es sind nie nur deren tintige Formen von Bedeutung, sondern immer auch die sichtbaren Leerstellen zwischen ihnen, und die waren in China mindestens anderthalb Jahrtausende lang überwiegend aus Bambus gewesen. Es war der Bambus, der sich Legionen von Geschichtsschreibern und Beamten zur Verfügung gestellt hatte. Vom späten 8. Jahrhundert v.d.Z. bis zum Niedergang des chinesischen Kaiserreichs im Jahr 1911 waren für fast jedes einzelne Jahr in der chinesischen Geschichte staatliche Chroniken verfasst worden, und das war nicht nur ein Vermächtnis der Zhou-Dynastie, sondern ebenfalls eines der Bambuspflanze.

In diesem Sinne war Bambus auch an der Geburt der neuen imperialen Großmacht Ostasiens beteiligt. Denn dieses neue Reich beschränkte sich weder auf die Produktion von Munitionen, noch begnügte es sich mit seinen vorhandenen finanziellen Mitteln, seine Macht war nicht zuletzt den Büchern und der literarischen Kultur zu verdanken, die die Stützpfeiler seiner politischen Herrschaft und zugleich das Gegengewicht zu ihr waren. Auch die chinesischen Dichter priesen den Bambus. Einer bezeichnete ihn vor dreitausend Jahren in einem Vers als »unseren eleganten und vollkommenen Prinzen«, so »würdevoll« wie »Achtung gebietend«. Doch der deutlichste Nachweis für die transformative Rolle des Bambus findet sich in der Entwicklungsgeschichte von einer Handvoll chinesischer Schriftzeichen.

Bambus wächst schnell, vor allem in den subtropischen südlichen Regionen Chinas, und die Zhou pflegten reichlich davon zu ernten. Zu Zeiten der Han-Dynastie wurde er verwendet, um Häuser und Hängebrücken zu errichten oder um Fuhrwagen und Pfeil und Bogen herzustellen. Doch um ihn als Schreiboberfläche verwenden zu können, bedurfte er einer Sonderbehandlung: Er wurde in Streifen geschnitten und dann überm Feuer getrocknet, damit der »frische Saft« entwich, der das Material nicht nur verrotten ließ, sondern auch Ungeziefer anlockte. Die meisten dieser zu Täfelchen getrockneten Streifen waren knapp 2,5 Zentimeter breit und rund 30 Zentimeter lang. Somit konnte ein Schreiber im Schneidersitz ein Ende des Täfelchens gegen den Bauch drücken und das andere mit der linken Hand festhalten. Dieses Format und diese Haltung begünstigte natürlich das Schreiben in senkrechten Kolumnen statt in waagrechten Reihen, was China erst in den Fünfzigerjahren des 20. Jahrhunderts ändern sollte. (Selbst der frühe Standard des Schreibens von rechts nach links könnte von der Bewegung abgeleitet worden sein, mit der ein Schreiber seine Bambustäfelchen nach der Beschriftung eines nach dem anderen zu seiner Linken zum Trocknen auslegte.) Das Binden der einzelnen Täfelchen mit einer Schnur zu einem längeren zusammenhängenden Text führte zur Entwicklung des Schriftzeichens *ce*, das bis heute für »Kopie« oder »Band« steht:

册

Schreibfehler beim Beschreiben von Bambus konnten den Arbeitsprozess ungemein zeitaufwendig machen, weil dann das ganze, womöglich schon weit beschriebene Täfelchen entsorgt werden musste. Als Abhilfe erfand man Buchmesser, manche davon so kunstvoll, dass ihnen »der Name des Herstellers eingraviert wurde«, wie Lu You erklärte, ein Dichter aus dem 2. Jahrhundert n. d. Z. In dem aus zwei Schriftzeichen bestehenden Wort für »löschen«, *shanchu*, spiegelt sich dieser Ursprung. Das erste Zeichen *shan* enthält rechts ein »Radikal« oder Wurzelzeichen, also den Teil eines jeden Schriftzeichens, das seine ungefähre Bedeutung angibt. In diesem Fall bedeutet das Radikal, das aus einer kurzen und einer langen senkrechten Linie besteht, »Messer«. Der linke Teil des Zeichens *shan* verweist auf Bambustäfelchen:

Doch das Gewicht von Bambus und die Notwendigkeit, sich mit einem bestimmten Format begnügen zu müssen, sollten sich als seine große Schwäche erweisen. Ein Bambusbuch eignete sich schlecht, um darin etwas nachzuschlagen oder um es zu transportieren, ergo diente es eher den Bibliotheken der Elite als dem größeren Markt. Würde man beispielsweise die Bibel auf Bambustäfelchen schreiben und diese längs aufgereiht auslegen, ergäbe das eine Strecke von rund zweihundert Metern, und man bräuchte einen Karren, um sie zu bewegen. Nicht umsonst wurde ein gebildeter Mensch im Bambuszeitalter als jemand bezeichnet, der über »fünf Karrenladungen Wissen« verfügte. Eine Bambusbildung war nicht auf die leichte Schulter zu nehmen.

Aber selbst wenn man den gelegentlichen Schreibfehler nun mit einem Messer wegkratzen konnte, bedeutete das noch nicht, dass mehrere Entwürfe eines Textes machbar waren. Die mit behördlichen Schriftstücken betrauten Männer, vor allem die Schreiber bei Hofe, mussten ihre Kompositionen vorab ganz genau im Kopf planen, um sich der Länge des Textes sicher zu sein und jeden Fehler zu vermeiden. Der berühmte Dichter Yan Xiong (53 v.d.Z.–18 n.d.Z.) schilderte die Folgen der Mühen, die es kostete, ein Gedicht im Auftrag des Kaisers zu komponieren:

> *So tief sann ich darüber nach, dass mich der Schlaf übermannte, kaum hatte ich es vollendet. In meinem Traum wurden mir alle inneren Organe ausgerissen, ich stopfte sie mit den Händen wieder zurück. Nach dem Erwachen plagte mich ein Jahr lang das Asthma. Diese Erfahrung lehrte mich, dass übermäßiges Denken schlecht für meine Seele ist.*

Natürlich lassen sich solche Albträume nicht allein dem Bambus anlasten, und es *wurden* ja auch Werke auf Bambus geschrieben, die sich auf Zehntausende Schriftzeichen beliefen. Doch wenn der Auftrag vom Kaiser selbst kam, wie im Fall von Yan Xiong, und das Endprodukt absolut makellos sein musste, dann hatte Bambus ganz eindeutig seine Nachteile.

Im Jahr 183 n.d.Z. kam es in der chinesischen Hauptstadt Luoyang zu einem Verkehrsstau. Tausende Karren transportierten Menschen zur Großen Akademie, wo rund vierzig U-förmig angeordnete steinerne Stelen auf dem Rasen zur Schau gestellt wurden. Es war der krönende Abschluss der Jahrhunderte währenden Auseinandersetzung um die klassischen Texte, die Chinas Kanon bilden sollten. Denn nachdem die Auswahl endlich getroffen war, wurden sie mit mehr als zwanzigtausend Schriftzeichen auf diesen Stelen verewigt. Es war ein Wendepunkt in der chinesischen Geschichte. Bis dahin hatte man nur Gräber und Kriegerdenkmale des Steines für würdig befunden. Und die Menschenmassen, die nun zu Fuß, mit Karren oder zu Pferde herbeiströmten, betrachteten diese Stelen nicht nur oder versuchten die darauf enthaltenen Texte auswendig zu lernen – sie begannen diese auch zu kopieren.

Ein knappes Jahrzehnt später wurde die Hauptstadt abgefackelt und geplündert, die Bibliotheken hat man allesamt zerstört. Karren auf Karren transportierten die Leute Bambusbücher aus den kaiserlichen Bibliotheken in Richtung Westen. Dabei gingen den Annalen zufolge viele verloren, und viele Seidentexte wurden zu Decken oder Taschen umfunktioniert. Bücher auf Reisen erwartete nach wie vor kein gutes Schicksal.

Die Idee, dass Bücher es überhaupt wert sind, gerettet und sogar mühsam in sichere Ferne gebracht zu werden, war nur dem wachsenden Ansehen zu verdanken, das sie während der Zhou-, Qin- und Han-Dynastien gewonnen hatten. Mit dem Aufstieg der Zhou hatten Schriftstücke in die Verwaltung Einzug gehalten; der Zerfall dieser Dynastie hatte dann die Frage nach der richtigen Staatsführung aufgeworfen, auf die ein Gelehrter nach dem anderen mit Vorschlägen reagiert hatte, geschrieben auf Bambus oder Holz. Somit waren es die Zhou gewesen, welche China die Tradition seiner Weisen beschert hatten. Die Qin-Dynastie hatte ihre Beamten dann zur Produktion von noch viel mehr Texten angespornt, da sie entschlossen war, das Reich mithilfe von Schriftstücken in ein einheitliches Gebilde mit einer einheitlichen Schrift zu verwandeln, was eine enorme Bambusbürokratie nach sich zog. Und die Han-Dynastie hatte China schließlich mit den Lektoren, Bibliothekaren und Kommentatoren versorgt, die das nationale Vokabular auf fast zehntausend Schriftzeichen erweiterten. In dieser Periode wurde auch die Bedeutung von Konfuzius zementiert: Von da an musste jeder Beamte die Schriften des Meisters studiert haben.

Bronze und weit mehr noch der Bambus waren zu den Partnern der Schrift geworden. Doch die rapide Vermehrung von Schriftstücken, die dank dieser beiden Materialien möglich geworden war, sollte diese Partnerschaft schließlich auflösen. Denn als das Bedürfnis, Begebenheiten und Gedanken schriftlich festzuhalten, immer weiter um sich griff, wurde es unumgänglich, einen wesentlich besser geeigneten Beschreibstoff dafür zu finden.

# 4

# Genesis

Wäre ich als Chinese geboren, wäre ich Kalligraf und nicht
Maler geworden.
PABLO PICASSO zum Kalligrafen Zhang Ding, 1956[1]

Mitte des 4. Jahrhunderts, anderthalb Jahrhunderte nach dem
Niedergang der Han-Dynastie, saß Meisterkalligraf Wang Xizhi
in seinem Arbeitszimmer und malte Schriftzeichen auf ein leeres
Blatt. Als Kind hatte er unter Stottern gelitten, aber bald schon
viel Fantasie bewiesen und den Drang gehabt, allen Dingen auf
den Grund zu gehen. Wenn Wang ein Schriftzeichen in einem
Text wiederholte, dann kopierte er es nicht einfach, wie allgemein
üblich, sondern variierte seine Form und gab ihm einen je nach
Stimmung eigenen Schwung.[2] Später trat er in den Staatsdienst
ein und erhielt vom Hof das Angebot, das Amt des Ministers der
Riten zu übernehmen. Doch er zog es vor – vorgeblich aus Gesundheitsgründen –, dem Staatsdienst den Rücken zu kehren und
sich nach Shaoxing im Norden der Provinz Zhejiang, südlich des
Yangzi-Deltas, zurückzuziehen, um zur Ruhe zu kommen.

Dort züchtete er Gänse, und dort wurden ihm sieben Söhne
geboren, die ebenfalls Kalligrafen wurden. Die Leute sagten, es
sei die Art der Gänse, ihren Hals zu beugen, die Wang seine
Kunst gelehrt habe. Von ihm stammt der Text, der zur legen-

därsten Kalligrafie Chinas wurde. Wang schilderte darin, wie er seine Kunst betrieb, etwa wie er sein Handgelenk auf bestimmte Weise zu drehen pflegte, bevor er den Pinsel ansetzte. Er malte seine Schriftzeichen nicht nur, um Wissen zu vermitteln oder Aufzeichnungen anzufertigen, wie es die Art der Han war, er malte die Zeichen ihrer selbst wegen. Die Linien seiner Schreibschrift, bei der er den Pinsel kaum je absetzte, mutet wie eine Schlange an, die sich dynamisch heiter die Kolumnen herunterwindet. Er mied die Tradition, ob mit dem Pinsel oder im öffentlichen Leben.

Für Wang, der selbst im heutigen China noch als der große Weise der Kalligrafie verehrt wird, war die Kunst, die er so leidenschaftlich betrieb, selbst das Ziel. Er wollte, dass man sie als »Musik ohne Ton« verstand, als eine Kunst, die »den Pinsel tanzen lässt und die Tusche zum Singen bringt«. Kalligrafisches Schreiben war nicht einfach ein Mittel zu dem Zweck, zu Wörtern geformte Gedanken in der Gestalt von Schriftzeichen an andere zu übermitteln – diese Art des Schreibens reduziert sich auf reine Zweckmäßigkeit. Nein, die Kunst des kalligrafischen Schreibens wurde ihrer selbst wegen geschätzt. Pinsel lassen dem Schreiber eine viel größere Ausdrucksfreiheit als zum Beispiel Schreibfedern, was durch die Entwicklungen der »Schreib«- und »Gras«-Schriften zur Zeit der späten Han-Dynastie noch stark erweitert wurde, denn bei beiden wird der Pinsel viel seltener abgesetzt. Und mit den nun vorhandenen vielfältigeren Möglichkeiten, einen Text zu gestalten, steigerte sich auch das Ansehen des Kalligrafen und seiner Kunst. Im 10. Jahrhundert sollte eine Gruppe chinesischer Mandarine sogar noch weiter gehen und erklären, der Zweck des Malens (eine Kunst, die sich in China weit weniger von der Kalligrafie unterscheidet als im Westen, da sowohl Schriften als auch Bilder mit dem Pinsel gemalt werden) bestehe nicht in der Nachbildung von Vorhandenem, sondern in der Möglichkeit des Künstlers, sich selbst auszudrücken. In China hatte die Betonung auf dem Selbstausdruck oder der Selbstverwirklichung in den bildenden Künsten ihren Anfang in der Kalligrafie genommen.

Wangs Schreibtisch war gewiss von den Schreibutensilien seiner Tage bedeckt gewesen, darunter eine aus Elfenbein oder Bambus geschnitzte Armstütze, ein Steinstempel oder Steinsiegel, ein Jadegefäß zur Reinigung des Pinsels, ein Pinselhalter aus Birkenholz oder Porzellan, ein Jadestück zum Beschweren des Beschreibstoffes, eine geschnitzte Pinselablage und ein sichuanesisches Buchmesser. Doch letzthin waren es nur vier Gegenstände, ohne die ein Kalligraf nicht auskommen konnte, wie Wang selbst erklärte:

*Papier ist das Schlachtfeld der Truppen; Pinsel sind die Schwerter und Schilde; die Tusche ist die Rüstung des Soldaten; der Tuschstein ist Mauer und Stadtgraben; das Können des Schreibers ist der Befehlshaber.*[3]

Wie jeder chinesische Gelehrte, empfand auch Wang große Hochachtung vor diesen »Vier Schätzen des Gelehrtenzimmers«. (Eine zweitausend Jahre alte Garnitur dieser Schätze blieb in einer Bambusschatulle erhalten.) Im 2. Jahrhundert n.d.Z. erhielt ein hoher Beamter allmonatlich frische Pinsel und Tusche. Ein Jahrhundert später wurden die »Vier Schätze« dem Kronprinzen bei seiner zeremoniellen Ernennung übergeben. Das Schreibset war der unverzichtbare Werkzeugsatz eines chinesischen Ehrenmannes, ob er nun Beamter oder Herrscher war. Nur die Zunge galt ihrer Redekunst wegen als ein ebenso bedeutendes Werkzeug für einen Staatsdiener. Ein Han-Gelehrter schrieb, dass ein weiser und fähiger Mann dem Hof am besten mit einer sieben Zentimeter langen Zunge und einem dreißig Zentimeter langen Pinsel diene.

Wang stellte seine Tusche aus dem Ruß von verbranntem Kiefernholz her. Laut einer Anweisung aus dem 5. Jahrhundert sollte man dazu die Kohle der Tränenkiefer zerstampfen und durch ein feines Seidentuch sieben. Vermutlich verstösselte Wang dieses Pulver anschließend mit einem Binder, zum Beispiel öligen Fischschuppen, um es aufzulösen. Im ganzen ersten Jahrtausend n.d.Z. waren Kiefernruß und Binder die Grundsubstanzen, erst später wurde Tusche aus Lampenruß beliebter (vermischt mit tierischen, pflanzlichen oder mineralischen Ölen). Um die bestmögliche Tusche zu erhalten, wurden noch fünf Eiweiß, eine Unze Zinnober und die gleiche Menge Moschus in die Paste eingefiltert. Es gab auch noch andere kostbare Zutaten, zum Beispiel zermahlene Perlen, die Häute von Granatapfelkernen oder Schweinegalle, die den Glanz der Tusche erhöhten. Diese Masse wurde dann so lange in einem eisernen Mörser gestoßen, bis eine komprimierte Paste entstand – mindestens dreißigtausend Schläge waren nötig, bis ein verwendbarer Tuschekuchen hergestellt war, der sich dann zu schmalen Tuschestäben oder -blöcken trocknen ließ, jeweils etwa zwei bis drei Unzen schwer, hart wie Jade, glänzend wie Lack, oft noch parfümiert und immer von reinster schwarzer Farbe.

Tusche wurde besonders in Ehren gehalten. Der britische Sinologe und Wissenschaftshistoriker Joseph Needham (der vermutlich mehr Tinte als irgendein anderer westlicher Autor für Bücher über China verbraucht hat) bemerkte in seinem mehrbändigen Werk *Science and Civilisation in China (Wissenschaft und Zivilisation in China),* dass die Namen Hunderter chinesischer Tuschemacher in der chinesischen Literatur festgehalten wurden, hingegen nur sehr wenige Papiermacher oder Drucker aus dem chinesischen Reich namentlich überliefert seien. Im Abendland wurde diese schon vom römischen Historiker Plinius d. Ä. gepriesene Substanz zwar unter der Bezeichnung »indische Tinte« bekannt, aber vermutlich war auch damit die chinesische Erfindung gemeint, bedenkt man die große Zahl an erhaltenen Schriften aus vorchristlichen Zeiten, die mit »indischer Tinte« geschrieben worden waren, aber von Archäologen in China entdeckt wurden; oder bedenkt man die zweideutigen (bisweilen geradezu verächtlichen) Äußerungen, die sich in einigen älteren Sanskrittexten über den Akt des Schreibens finden; und bedenkt man schließlich auch, dass chinesische Waren in den letzten vor- und ersten nachchristlichen Jahrhunderten das Abendland oft nur über den Umweg Indien erreichten.

Die Lebensdauer von Tusche wurde in Monaten bemessen, die des dritten »Schatzes des Gelehrtenzimmers«, des Tuschesteins, hingegen in Generationen. (Chinesische Gelehrte erfanden sogar so wohlklingende Namen für die einzelnen Typen von Tuschesteinen wie »Affe greift nach Pfirsichen« oder »Weiblicher Phönix starrt in die Sonne«.[4]) Wang gab also etwas frisches Wasser in die Mulde seines Tuschesteins, neben der Fläche, über die er seinen Tuschestab gerieben hatte, und vermengte beides zu einer klebrigen Paste. Sobald sich eine kleine, zähflüssige Lache in der Mulde gebildet hatte, griff er nach seinem Pinsel.

*Schnitze den Bambus zu einem Griff, verschnüre ihn mit Seide und bedecke ihn mit Lack.*[5]

Damit hatte man den Griff des Pinsels hergestellt, mit dem bereits im 4. Jahrtausend v. d. Z. Tonwaren bemalt worden waren. Statt Pinselhaaren verwendete man anfänglich Hühner-, Gänse- oder Fasanenfedern, die Borsten eines Widders oder Hausschweins, schließlich die Fellhaare eines Tigers, die Barthaare eines Mannes und einigen frühen Hinweisen zufolge sogar die Haare eines Neugeborenen. Seit dem 3. Jahrhundert v. d. Z. fanden dann vor allem die Fellhaare von Hasen Verwendung, immer so gebunden, dass eine Pinselspitze aus längeren und stärkeren Haaren von einem Büschel aus kürzeren, weichen umschlossen wurde. Das Reiben eines Tuschestabes und das Eintauchen eines Pinsels in die angemischte Tinte waren keine neuen Verfahrensweisen. Auch fünfhundert Jahre früher hätte Wang keine anderen Vorbereitungen getroffen. Doch seit damals hatte sich nicht nur die Zahl der Autoren und Kalligrafen vervielfacht: Peu à peu hatte auch ein völlig neues Arbeitsmaterial in ihre Stuben Einzug gehalten, der

Abb. 7: *Mazeration in Zentralchina – das Aufweichen von Pflanzenfasern, die Grundbedingung für den Herstellungsprozess von Papier. Unter einem Wasserbottich, gespeist aus einer Zisterne, wird ein Feuer entfacht. Durch den »Dampfbad«-Effekt (wie der Fotograf in seinem Tagebuch schreibt) spaltet sich das Zellgewebe des Bambus auf. Das Foto wurde von dem katholischen Missionar Leone Nani Anfang des 20. Jahrhunderts aufgenommen. Nani hinterließ eine außerordentliche fotografische Dokumentation seiner Erlebnisse während der Zeit, die er im ländlichen China verbrachte (1904–1914) und in der er auch das Ende der Kaiserherrschaft (1911) und damit das Ende eines Systems miterlebte, das mehr als zweitausend Jahre zuvor um dieselbe Zeit wie das Papier entstanden war.*

»Vierte Schatz des Gelehrtenzimmers«, der dann zum Einsatz kam, wenn Wang den Pinsel aus der Tusche hob, um ihn zu seiner Kalligrafie anzusetzen: Papier.

Die Spur des Papiers beginnt mit ein paar winzigen Fragmenten, die in unterschiedlichen Regionen Chinas ausgegraben wurden.

In den letzten Jahrhunderten v.d.Z. war oft ein dicker Seidenstoff zum Beschreiben verwendet worden, diese Praxis hatte dann weitergeführt zur Verwendung einer Seide, die aus Kokonresten hergestellt wurde und als Beschreibstoff den Namen *Xiti* erhielt. Da er aus tierischen, nicht aus pflanzlichen Fasern bestand und außerdem nicht mazeriert wurde, lässt er sich jedoch höchstens als ein Vetter des Papiers, nicht aber als Papier selbst bezeichnen, denn das oberste bestimmende Merkmal von Papier ist seine rein pflanzliche Herkunft. Dennoch entwickelte sich das chinesische Schriftzeichen für »Papier« nicht aus seiner pflanzlichen Eigenschaft, sondern abgeleitet vom Wort für den tierischen Faserstoff Seide. Auf der linken Seite des Zeichens befindet sich das Radikal mit der Bedeutung »Seide«, das für unser westliches Auge wie ein unterstrichenes *E* aussieht. Der rechte Teil des Zeichens ist rein phonetisch. Das chinesische Wort lautet *zhi*, ein Laut, der abfällt und ansteigt wie ein umgedrehter Chinesenhut.

纸

Diese verwirrende Verwendung des Radikals für Seide zur Bezeichnung von Papier, wiewohl *zhi* von jeher nichts anderes als »Papier« bedeutet hat, schlug sich auch ausgesprochen irritierend auf die dynastische Geschichtsschreibung nieder, die den neuen Beschreibstoff erwähnte.[6] Denn in diesen Annalen tauchte er sowohl als *zhi* auf als auch als *xiti*. Letzteres die Bezeichnung des Papiers, auf dem Kaiser Chengs Frau, die Sängerin und Tänzerin Zhao Feiyan (»Fliegende Schwalbe«), im Jahr 12 v.d.Z. eine Kammerzofe, die dem Kaiser jüngst einen Sohn geboren hatte, zum Selbstmord aufforderte (der Sohn wurde anschließend getötet). *Zhi* hingegen findet sich bereits im Jahr 93 v.d.Z. erwähnt: Jiang Chong, Meisterspion des Kaisers Wu, empfahl dem Kronprinzen, seine Nase vor dem sterbenden Kaiser mit einem Stück *zhi* zu bedecken, da er »große Nasen verabscheut«. In einem

Wörterbuch, das um das Jahr 100 n.d.Z. von dem Gelehrten Xu Shen erstellt wurde, wird *zhi* als eine »Matte aus Abfallfasern« beschrieben, was eine eindeutige Beschreibung von Papier, nicht aber Seide ist. Mit einem Wort, der »Vierte Schatz des Gelehrtenzimmers« hatte Eingang in das offizielle Wörterbuch gefunden.

1975 wurde im zentralchinesischen Shuihudi ein Grab geöffnet, das man auf das Jahr 217 v.d.Z. datierte. Bei einem darin entdeckten Bambusdokument handelte es sich um ein Tagebuch, in dem das Wort »Papier« seinen ersten historischen Auftritt hat:

> *Wenn das Haar oder die Augenbrauen eines Mannes grundlos abstehen wie Würmer oder Schnurrhaare, dann ist er von einem bösen Geist besessen. Um ihn zu vertreiben, koche er einen Hanfschuh zusammen mit Papier, das Böse wird verschwinden.*[7]

Aus demselben Jahrhundert stammt die Skulptur eines Pferdes, die in einem südchinesischen Grab gefunden wurde. Auf seinem Rücken trug es ein Fragment, das als das älteste jemals entdeckte Stück Papier gilt, wiewohl sein Alter nie unabhängig geprüft wurde. Weitere Papierreste grub man aus dem 2. und 1. Jahrhundert v.d.Z. aus, fast alle im Nordwesten Chinas, wo die Luft so trocken ist, dass sich jahrhundertealte Müllhalden in Museen verwandeln konnten. Manche dieser Fragmente waren Überreste von Verpackungsmaterial – auf ihren zerknitterten Oberflächen finden sich noch die Namen der Arzneien, die darin eingewickelt worden waren.

Es ist kein Zufall, dass Papier seine ersten fragmentarischen Auftritte im armen, abgelegenen Nordwesten Chinas hatte und nicht in der Nähe der wohlhabenden Städte in den Niederungen des Gelben Flusses oder des Yangzi. Die Beschreibstoffe der reichen Eliten, die im Osten und Süden lebten, waren Bambus und Seide, zwei ehrwürdige Materialien, die der Pinsel von Aristokraten, hochrangigen Beamten, gebildeten Dichtern und Kaisern für würdig erachtet wurden. Papier aus preiswertem Bambus, der überall reichlich wuchs (außer im hohen Norden und Nordwesten des Reiches, weshalb sich auch vor allem diese Regionen mit ihrem trockenen Klima, nicht aber der feuchte Süden, für die Lagerung von Papier eigneten), brachten diese Eliten weder mit Bildung noch mit Status in Verbindung.

Wie gesagt könnte Papier aus reinem Zufall entdeckt worden sein. Aus dem 3. Jahrhundert n.d.Z. haben zum Beispiel Berichte überlebt, in denen von alten Frauen die Rede ist, die Rohseide nach dem Waschen zum Bleichen an die Luft hängten. Eine Wäscherin pflegte solche Seidenstoffe nach der Wäsche üblicherweise zwanzig bis dreißig Tage lang in der Sonne hängen zu lassen. Im 3. und 4. Jahrhundert v.d.Z. wurden jedoch auch Altfasern auf diese Weise behandelt – man hätte sie nach dem Waschen also bloß lange genug auf einer flachen Oberfläche trocknen und bleichen müssen, um einen guten Beschreibstoff zu erhalten. Und da bereits viele chinesische Gelehrte und Aristokraten auf einen Faserstoff schrieben oder malten, wäre diese Entdeckung niemandem als eine signifikante Neuerung erschienen.

Aus Mangel an Beweisen ist man hier jedoch aufs Spekulieren angewiesen. Vielleicht war es ja ein Händler auf der Suche nach etwas Neuem gewesen, der das Papier erfand, beispielsweise, um es zu Dekorationszwecken, als Einrichtungsmaterial, zur Fensterabdeckung oder zur Herstellung von Drachen und Spielzeug zu verkaufen. Angesichts eines Reiches, das sich so vieler Ingenieure und Schriftgelehrter rühmen konnte, hätte Papier auch durchaus unabhängig voneinander an mehreren Orten zugleich erfunden werden können. Kein Historiker behauptet heute noch zuversichtlich, dass es in erster Linie als Beschreibstoff erdacht worden sei. Letztendlich kann man nur davon ausgehen, dass das bereits existierende Papier schlicht eines Tages erstmals zum Beschriften verwendet wurde. Und das war historisch betrachtet ein wesentlich bedeutsamerer Moment gewesen als der seiner Erfindung.

Zumindest haben uns die Historiker eine Galionsfigur beschert, auf die wir in diesem Zusammenhang zurückblicken können: Cai Lun hat zwar nicht den Akt des Aufsetzens eines Pinsels auf Papier erfunden, aber womöglich als Erster neben Kaiserin Deng, der er diente, das Potenzial dieses Prinzips begriffen. Jedenfalls werden zu Recht beider Namen mit dem Aufstieg von Papier in Verbindung gebracht.

Cai Lun war im späten 1. Jahrhundert n.d.Z. in Leiyang in der Provinz Hunan aufgewachsen, durch deren Norden der Mittellauf des Yangzi fließt. Seit dem 4. Jahrhundert v.d.Z. hatte es Scharen von Zuwanderern – ethnische Han-Chinesen, die dort Reisanbau betrieben (und zu diesem Zweck viele Wälder abholzten) – in diese Region gezogen. Cais Beamtenlaufbahn kam in Schwung, als er im Jahr 75 n.d.Z. zum Verbindungsmann des Geheimen Rats von Luoyang ernannt wurde, ein Amt, das auch die Aufgaben eines Kammerherrn der Kaiserfamilie beinhaltete. Binnen zweier Jahre stieg er zum politischen Berater des Kaisers auf und war zudem für die Versorgung des Kaisers (auch mit Palastpapier), die Anfertigung von Möbeln, Schwertern und für andere Ausstattungen des kaiserlichen Haushalts verantwortlich. In dieser Zeit begann er auch zu erforschen, wie sich Papier am effizientesten herstellen ließ.

Im Jahr 89 oder 90 inspizierte der neue Kaiser He die Palastbibliothek von Luoyang, wo er dem Eunuchen[8] Cai begegnete (gegen Ende der Herrschaft des letzten Kaisers hatte er Zugang zu den kaiserlichen Haremsgemächern erhalten). Bald darauf wurde ein Gelehrter an den Hof berufen, der ein geradezu besessener Bücherwurm war und sofort empfahl, künftig allen Vasallenstaaten die Tributzahlung in Form von Papier zu verordnen. Man kann sich kaum vorstellen, dass Cai sich mit diesem Mann nicht über die »Schätze des Gelehrtenzimmers« unterhalten haben soll. Im Jahr 89 war Cai auch zum Leiter der kaiserlichen Werkstätten bestimmt worden, wo neue Instrumente und Waffen konzipiert wurden, doch als der Kaiser nun das Chaos in der Bibliothek erblickte – ein Holzbrett kreuz und quer über dem anderen und dazwischen eingeklemmt ungeordnete Haufen von Bambustexten –, beauftragte er ihn sofort, diese zu studieren und dann entsprechend zu ordnen. Doch für eine Archivierung nach dem Klassifikationsprinzip benötigte Cai einen besseren Beschreibstoff.

Leiyang, seine Heimatstadt im warmen und feuchten Süden der Provinz, war geeigneter für die Herstellung von Papier als der trockene Norden. Ramie, das in ganz Ostasien wachsende Chinagras (ein Brennnesselgewächs), gedieh aber vor allem im Norden dieser Provinz. Noch heute wird das Abfallprodukt, das bei seiner Verarbeitung in den Stofffabriken anfällt, zur Papierherstellung verwendet, und da diese Pflanze schon vor Cais Lebzeiten zur Herstellung von Stoffen verwendet worden war, könnte es der Prozess der Verfilzung von Pflanzenfasern wie Ramie gewesen sein, der ihn überhaupt auf die Idee gebracht hatte, dass man auf diese Weise auch einen Beschreibstoff herstellen könnte. Zu Cais Zeiten verwendete man in dieser Provinz die Rinde des Papiermaulbeerbaums zur Herstellung von Kleidung, Decken und Verpackungsmaterial: Zuerst wurde die Rinde in Wasser eingeweicht, um sie auf das Zehnfache ihrer ursprünglichen Größe aufzuspalten und aufquellen zu lassen. Dann wurde sie geschlagen, und im Laufe des weiteren Prozesses entstand ein dem Papier nicht unähnlicher Stoff, dessen einzelne Bahnen Stoß an Stoß zusammengeklebt werden konnten. Doch ein einzelner Hersteller konnte höchstens zwei bis drei solcher Blätter am Tag produzieren – es war ein ungemein arbeitsaufwendiges Unterfangen.

Cai zog den Verfilzungs- dem Schlagprozess vor und entwickelte schließlich ein Papier aus einer Fasermischung von Maulbeerbaumrinde, Hanf, Lumpen, Flachs, Leinen und Fischernetzen. Er selbst sollte zwar beim Papiermaulbeerbaum seiner südlichen Heimat als Grundstoff bleiben, doch die Fasern, die künftig aus Basten und Gräsern und unzähligen anderen Pflanzen zur Papierherstellung verwendet werden sollten, sind Legion: Maulbeere, Bambus, Ramie, Hanf, Stroh, Gemüsestrunke, Disteln, Johanniskraut, Gras, Malven, Lindenbaumrinde, Getreidehülsen, Ginster, Fichtenzapfen, Kartoffeln, Schilf, Rosskastanienblätter, Walnussbaumrinde und Jute, um hier nur einige wenige anzuführen.

Cai mischte Maulbeerbaumrinde, Hanf, Lumpen und Flachs mit Wasser, vermutlich nachdem er sie zuerst gebleicht hatte, stampfte diese Zutaten zu einem Brei, presste die Flüssigkeit heraus und hängte die so erhaltenen Matten zum Trocknen in die Sonne. Ein Stück Webstoff, der in einen Bambusrahmen eingespannt war, könnte ihm als Gaze zum Auslegen eines Blattes im Trocknungsprozess gedient haben. Jedenfalls wurde der Mazerationsprozess – das Zermalmen aller Fasern in Wasser, bis die Pulpe entsteht – schnell zum allgemein üblichen Verfahren. Und damit hatte man bereits die beiden entscheidenden Elemente der Papierherstellung: Das Rohmaterial müssen Pflanzenfasern sein, und diese müssen mazeriert werden. Es gibt noch andere, täuschend ähnliche Prozesse, um »Papier« herzustellen, am bedeutendsten darunter die spätestens seit dem 5. Jahrhundert n.d.Z., vermutlich aber schon Jahrhunderte früher in Mittelamerika praktizierte Methode. Auch dort wurden alle Bestandteile zur Vorbereitung eingeweicht, anschließend jedoch durch Schlagen verfilzt und nicht zu einem Brei zerstampft. Aber nur Letzteres ist echte Mazeration. Auch das restliche Verfahren war dort technisch noch nicht ausgeklügelt genug gewesen – das mittelamerikanische Produkt *Amatl* besaß, wie sein späteres polynesisches Gegenstück, eine so raue Oberfläche, dass es schlicht nicht für eine flüssige, detailreiche und längere Beschriftung geeignet war. Nachdem die Konquistadoren in der Neuen Welt eingetroffen waren, notierte Francisco Hernández de Toledo, der Hofphysiker des spanischen Königs, dass das Amatl dem »glatten« europäischen Papier stark unterlegen sei – womit er recht hatte. Cai Luns Papier war hingegen einfach zu beschriften und schnell herzustellen. Derselbe Arbeiter, der nur zwei bis drei Blatt pro Tag durch das Schlagen der Rinde hatte herstellen können, war nach

Cais Methode nun in der Lage, zweitausend Blatt am Tag zu produzieren.

Wo Cai der technische Verstand gewesen war, der das Papier in einen brauchbaren Stoff für den Massenbedarf verwandelt hatte, war Kaiserin Deng die Visionärin, die dieses Papier schließlich mit dem Pinsel verkuppelte.

Deng Sui, die Enkelin eines Ersten Ministers der Han-Periode (das höchste Regierungsamt, auch als »Kanzler« bezeichnet; er verwaltete zudem das Staatsbudget), war im Jahr 81 in der Stadt Nanyang inmitten der Rinderweiden im Süden der Provinz Henan geboren worden. Mit sechs kannte sie ihrer dynastischen Biografie zufolge bereits Konfuzius' *Buch der Urkunden*, mit zwölf hatte sie die klassische Dichtung und die *Analekten* gelesen – derweil ihre Mutter klagte, dass sie keine Hausarbeiten verrichtete, nutzte das Mädchen jede freie Minute zum Studium. Man nannte sie bereits in jungen Jahren »die Gelehrte«. Dengs Vater erkannte schnell, dass sie wesentlich klüger war als ihre Brüder, und pflegte sich deshalb oft über Regierungsfragen mit ihr zu unterhalten. Einmal erfuhr sie sogar höhere geistige Weihen: Ein Gesichtsleser erklärte, dass ihre Züge denen von König Tang glichen, dem sagenhaften Gründer der Shang-Dynastie.

Im Jahr 95 wurde sie zur Konkubine erkoren und trat als eine der Schönsten in den kaiserlichen Harem ein. Han-Historiker berichteten so übertrieben wie kurios, dass sie mehr als zwei Meter groß, von erlesener Höflichkeit und so bescheiden gewesen sei, dass sie sich sogar für Bankette immer nur sehr schlicht gekleidet habe. Auch Kaiser He war fasziniert von ihr. Als im Jahr 102 die Kaiserin starb, erwählte er Deng zur Ersten Dame des Reiches.

Im Jahr 106 starb inmitten einer schweren Finanzkrise seines Reiches auch der Kaiser, und Deng nahm seinen Platz ein, um dann anderthalb Jahrzehnte lang mit bemerkenswerter Kompetenz über das Reich zu herrschen (Regentinnen waren eine Seltenheit in China). Zweimal öffnete sie die kaiserlichen Kornkammern für die Hungernden; sie ließ Wasserwege instandsetzen, beschnitt die Rituale bei Hofe und verringerte die Zahl der Bankette; sie aß nur eine Mahlzeit am Tag, reduzierte prompt auch das Futter für die kaiserlichen Pferde, kürzte den adligen Grundherren drastisch die Pachteinnahmen, ließ die Produktion von Waren dem Bedarf anpassen und verkaufte Ämter und Titel; sie meisterte Aufstände im Westen und Süden ihres Reiches ebenso wie zerstörerische Fluten, Dürren und Hagelstürme in mehreren Regionen; und sie besaß eine außerordentliche Begabung für den Umgang mit den Tücken der Territorialpolitik. Aber ihr wahres Vermächtnis waren die Künste und Wissenschaften. Sie blieb ihr Leben lang ein Bücherwurm und eine Gegnerin der langweiligen traditionellen Lehrmethoden; sie erschuf neue Ämter für Gelehrte, die die hohen Tugenden der Lauterkeit und Ernsthaftigkeit, Ehrlichkeit und Rechtschaffenheit, Güte und Würde verkörperten; und nicht einmal als amtierende Kaiserin verlor sie das Interesse an den Klassikern, der Geschichte, der Mathematik und der Astronomie. Sie rief sogar siebzig Angehörige ihrer eigenen wie der kaiserlichen Familie zusammen, um mit ihnen gemeinsam die Klassiker zu studieren und ihnen dann selbst die Prüfungen abzunehmen. Eines ihrer großen Projekte war die Standardisierung der Fünf Klassiker. Und zum Oberaufseher dieses Prozesses, der in der Kaiserlichen Bibliothek im Ostpavillon des Palastes stattfand, bestimmte sie Cai Lun.

Im Jahr 114 schuf Deng das von Cai geführte Ministerium ab und ernannte ihn stattdessen zum Bezirksgouverneur. Seither stand er ihr zur Seite und nahm vermutlich auch das Amt eines Ministers des Kaiserlichen Haushalts ein. Laut dem *Zizhi Tongjian* (»Zusammengefasster Zeitspiegel zur Hilfe in der Regierung«), dem vielbändigen chronologischen Geschichtswerk eines Universalgelehrten aus dem 11. Jahrhundert, das sich auf rund drei Millionen Schriftzeichen beläuft und vierzehn Jahrhunderte chinesischer Geschichte behandelt, verzichtete Deng auf die üblichen Tribute aus dem Ausland (dem heutigen Südwestchina, Vietnam und Korea) und wünschte stattdessen lieber mit Papier und Tusche beschenkt zu werden. In der dynastischen Geschichtsschreibung der Han ist Ähnliches verzeichnet. (Tatsächlich sind Nachweise erhalten, dass ab dem 3. Jahrhundert solche »Papiertribute« von Südostasien geleistet wurden.)[9]

Deng ermunterte Cai zu seinen Experimenten mit Papier, verfolgte seine Fortschritte und finanzierte die Kosten seiner Studien. Nachdem diese schließlich von Erfolg gekrönt waren, begann sie »das Papier von Meister Cai« bei Hofe zu rühmen und damit erstmals den Wert des Beschreibstoffes, dessen Verwendung die Elite bis dahin für unter ihrer Würde befunden hatte, auf höchster Ebene zu bestätigen. Es blieb allerdings der Brief eines Beamten erhalten, der es Jahrzehnte nach Dengs Tod noch immer für nötig befunden hatte, sich für den Gebrauch von Papier zu entschuldigen.

Cai hatte sein Papier durch umsichtige Analysen und eine Vielzahl von Experimenten entwickelt. Keinem seiner Vorgänger war es gelungen, einen Beschreibstoff zu erschaffen, der so gut für Pinsel und Tusche geeignet war. Im 9. Jahrhundert setzte die Kaiserliche Bibliothek in Chang'an fort, was von Cai und seiner Kaiserin begonnen worden war: Sie ließ eine Papiermühle errichten, die einem Gremium von vier Papierherstellern unterstand (einige Historiker setzten es mit einer Gilde gleich).

Kaiserin Deng starb im selben Jahr (121), in dem sie Cais Papier sanktioniert und damit seine Verbreitung initiiert hatte, doch im Staatsbetrieb sollte noch mehrere Jahrzehnte lang Bambus verwendet werden. Kaiserin Deng selbst wurde nach ihrem Tod samt ihrer Familie und ihres Haushalts von Feinden am Hof des Hochverrats bezichtigt; Cai wurde dem Justizminister überstellt, nahm ein Bad, legte seine Staatsrobe an und trank Gift.

Cais Vermächtnis war eine neue Art von Papier aus Pflanzen, die schnell und fast überall in China wuchsen. Im Lauf des 2. Jahrhunderts n.d.Z. wurde die Qualität dieses neuen Beschreibstoffes weiter verbessert und zugleich sein hoher Preis gesenkt.

Dank Cais Kunstfertigkeit und Dengs Weitsicht war Papier nun weit und breit zu erwerben. Aber es hatte noch immer gegen den weit höher geschätzten Bambus anzukämpfen, den man in einem Atemzug mit den hoch verehrten Schriften zu nennen pflegte, von den Klassikern über die dynastischen Geschichtsbücher bis hin zur Dichtung. Auch dass das Format der Bambustäfelchen so deutlich mit den literarischen Konventionen übereinstimmte, trug zu dem allgemeinen Empfinden bei, dass Papier schlicht kein angemessener Beschreibstoff für ernst zu nehmende Texte sei. Selbst Seidentexte genossen noch immer höchste Wertschätzung – vermutlich nicht zuletzt, weil sie auf dem gleichen Stoff geschrieben waren, den die Elite am Leib trug und der sie überall in ihrem Alltag umgab. Zwanzig Jahre nach Cais Erfindung erklärte der Gelehrte Cui Yuan seinem Freund Ge Gong in einem Brief (überbracht zweifellos durch den kaiserlichen Postdienst, der in der Zhou-Periode eingerichtet worden war): »Ich übersende Dir zehn Bände. [...] Sie wurden auf Papier geschrieben, weil ich arm und deshalb nicht in der Lage bin, Seide zu beschreiben.«

Nachdem die Han-Hauptstadt im Jahr 190 n. d. Z. wieder nach Chang'an verlegt worden war, folgten drei von Chaos und Unwägbarkeiten geprägte Jahrzehnte – die letzten dieser Dynastie. Doch während des politischen und gesellschaftlichen Auflösungsprozesses bekam das Papier seine große Chance. Wieder einmal sah sich die geistige Elite durch Tumulte genötigt, die Grundfesten der Dynastie und deren konfuzianische Orthodoxie infrage zu stellen. Und angesichts des Aufruhrs in der Bevölkerung war es schwer, das alte Bambus- und Seidensystem beizubehalten, das so eng mit den traditionellen Texten verknüpft war, auf denen die politische Ordnung der Han beruhte (und die in einem derart knappen Stil gehalten waren, dass sogar ihre Verständlichkeit darunter litt). Andererseits *wurde* Bambus wie selbstverständlich mit dem Wert der Schriften verknüpft, die seit Jahrhunderten auf seine Oberfläche geschrieben worden waren. Doch das Format der Täfelchen setzte der Ausführlichkeit und damit auch der Verständlichkeit von Texten deutliche Grenzen. Wie zu allen unruhigen Zeiten wurden Bambusbibliotheken also auch diesmal zu einem gefährdeten Besitz – Bambusrollen waren wie gesagt kein Gepäck, mit dem es sich gut reisen ließ.

Im Vergleich dazu war Papier einfacher herzustellen, besser für wortreiche Texte geeignet und ließ den Schreibern obendrein relativ viele stilistische Freiheiten. Ein Papier war ein leeres Blatt. Es erlaubte dem Autor, ungehemmt drauflozuschreiben, seinen Gefühlen und Gedanken freien Lauf zu lassen und sie in jede beliebige Form zu kleiden. Er konnte mehrere Entwürfe anfertigen und sogar einen längeren Text auf eine einzige Seite schreiben, indem er sie in mehrere Sektionen aufteilte. Auf diese Weise wurde es für den Autor wesentlich einfacher, entlang einer narrativen Lotschnur zu schreiben und den roten Faden nicht zu verlieren – nicht dass das zuvor niemandem gelungen wäre, aber im Vergleich zum Bambus hatte man die Kongruenz eines Textes auf Papier doch um ein Vielfaches deutlicher vor Augen, und niemand brauchte die Sequenz der nötigen Schriftzeichen noch im Kopf vorauszuplanen. Außerdem stand mehr Raum für expressivere und detailliertere Schilderungen und die Erprobung neuer Stile zur Verfügung. Kurzum, Papier schenkte dem Autor wesentlich mehr Kontrolle über sein eigenes Werk.

Papier ermöglichte es erstmals auch, ungeachtet von Entfernungen miteinander zu kommunizieren. Formelle Staatsberichte wurden in den Jahrzehnten der Koexistenz von Bambus und Papier zwar nach wie vor auf Bambus verfasst, private Briefe – die bislang auf Holz oder ebenfalls Bambus geschrieben worden waren – seit dem frühen 2. Jahrhundert jedoch auf Papier. (Zu dieser Verlagerung auf den neuen Beschreibstoff könnte auch der geringe literarische Wert beigetragen haben, der Briefen generell zugeschrieben wurde – dem neutestamentarischen Kanon gehören einundzwanzig Briefe an, dem konfuzianischen nicht einer.) Aber nicht wenige chinesische Briefe, die aus dieser Zeit überlebt haben, bezeugen, wie erstaunt und begeistert man angesichts der Möglichkeit war, so einfach (und preiswert) über viele Kilometer hinweg Kontakt miteinander halten zu können. Ma Rong und Dou Zhang waren zum Beispiel zwei Freunde, die einander nur dank des Papiers nahe bleiben konnten. Das *Hou Hanshu* (»Buch der Späteren Han«) hielt ihren Briefwechsel fest:

> *Ma Rong teilte Dou Zhang brieflich mit, wie sehr es ihn freute, Dous Brief zu lesen, weil es sich anfühlte wie eine Begegnung von Angesicht zu Angesicht.*

Die Existenz von Papier vereinfachte Männern wie Ma und Dou aber nicht nur den Gedankenaustausch miteinander und mit anderen Künstlern und Gelehrten, auf diesem neuen Beschreibstoff ließen sich die Wörter auch viel deutlicher schreiben und besser entziffern. Papier verlieh jedem Schreiber eine deutlich unabhängigere Stimme vom Beschreibstoff, gestattete ihm, das Beschriebene mit mehr Wörtern zu verdeutlichen, und ermöglichte es ihm, den Stimmen anderer zu lauschen, selbst wenn diese Hunderte Kilometer entfernt wohnten. In der dynastischen Geschichtsschreibung der Jin-Dynastie wurde verzeichnet, dass der große Dichter Lu Ji (265–316) einmal sehr traurig gewesen sei, weil er lange nichts von seiner Familie gehört hatte, und diesen Kummer seinem Hund Gelbohr mitgeteilt habe. Als dieser daraufhin unruhig wedelnd hin und her lief, schrieb Lu Ji einen Brief, verstaute ihn in einem kleinen Bambusrohr und hängte es dem Hund um den Hals. Gelbohr verschwand, und als er irgendwann plötzlich wieder da war, stellte der Dichter entzückt fest, dass er bis zum Haus seiner Familie hin und zurück gelaufen sein musste, denn er trug eine Antwort um den Hals. Diese Methode, behauptete das Geschichtsbuch verwegen, sei dann »ziemlich üblich« geworden.[10]

Den Briefen auf Papier gesellten sich bald Prosagedichte auf Papier hinzu – beides literarische Formen, die nach dem Sturz der Han-Dynastie im Jahr 220 aufzublühen begannen. Und peu à peu erhob schließlich auch das Papier Anspruch auf die Klassiker. Doch zuvor sorgte es noch dafür, dass auch einige weniger erhabene Genres in das literarische Rampenlicht traten und einer Literatur, die einst für unwürdig befunden worden war, mehr und mehr Anerkennung einbrachten, zum Beispiel Gedichten, die nicht mehr stringent den traditionellen Versformen folgten und wesentlich expressiver und spielerischer waren.

Papierbücher gewannen schon im 2. Jahrhundert n.d.Z. an Popularität, doch das Papier selbst begann seinen Konkurrenten Bambus erst im 3. Jahrhundert zu überflügeln, als seine gesteigerte Produktion die Kosten für die Verbraucher noch weiter gesenkt hatte und zugleich sein gesellschaftliches Ansehen gestiegen war. Auch wenn sich der Preis für Cais Papier noch um ein Vielfaches weiter reduzieren sollte, war es nun doch schon beträchtlich billiger geworden als Bambus. Gelehrte und Beamte hatten es zwar mit Sicherheit bereits im 2. Jahrhundert verwendet, vor allem für Schreiben persönlicher Natur, und das vermutlich nicht zuletzt, weil sie privat genutzte Beschreibstoffe aus eigener Tasche zahlen mussten. Aber erst Nachweise aus dem frühen 3. Jahrhundert bezeugen, dass Beamte eigens angefertigtes Amtspapier nutzten. Und damit war China ein rundes Jahrhundert nach dem Tod von Cai Lun und Kaiserin Deng in das Papierzeitalter eingetreten.

Wang Xizhi lebte und wirkte im 4. Jahrhundert, als China schon zu der Papierkultur geworden war, in der er bereits selbst seine Kunst erlernt hatte. Im Jahr 353 – da war der Kalligraf fünfzig – lud er eines Tages einundvierzig Freunde ein, darunter Dichter und andere Kalligrafen, mit ihm am Orchideenpavillon von Shaoxing die alljährliche Frühlingsreinigungszeremonie (Rituale zur Vorbeugung gegen Krankheit und Unglück) zu begehen. Die Freunde setzten sich an den Bach vor dem Pavillon, um sich von allem Ungemach rein zu waschen, während Diener flussaufwärts mit Wein gefüllte Becher aus Lotusblüten ins Wasser setzten, die von der Strömung zu ihnen getragen wurden. Jedes Mal, wenn ein Lotusbecher auf einen der Männer zutrieb, musste dieser den Wein trinken und ein Gedicht schreiben. Am Ende des Tages hatten Wang und seine Freunde siebenunddreißig Gedichte verfasst.

Wang war schon ziemlich betrunken, als auch er beschloss, ein Gedicht zu schreiben. Er nahm einen Pinsel aus den Fell- und Schnurrbarthaaren einer Ratte zur Hand und begann in Schreibschrift das »Vorwort zu der Zusammenkunft am Orchideenpavillon« auf Seide zu malen. Mit dieser Kursivschrift, die zugleich weich ineinanderlaufend und lebendig ist, ließ sich ein ganzer rhythmischer Strom an Schriftzeichen erschaffen. Es sollte sein bestes Werk werden und gilt bis heute als das wundervollste kalligrafische Vorbild der chinesischen Geschichte. Forschungen und gelehrte Kommentare über diese Komposition haben über all die Jahrhunderte nicht nachgelassen, und das, obwohl das Original schon seit dem 7. Jahrhundert verloren ist und man seither auf Kopien zurückgreifen muss. Wang hatte selbst noch hundert Kopien seines »Vorworts« angefertigt, doch keine davon soll die Eleganz und Lebendigkeit des Originals erreicht haben (nachdem es jahrhundertelang wie ein Schatz gehütet worden war, gelangte es im 7. Jahrhundert schließlich durch eine List in den Besitz eines Kaisers, der sich nach seinem Tod im Jahr 649 damit begraben ließ).

Mit dieser erfolgreichen Paarung von Schrift und Papier begann die Verbreitung von Wissen. Bis zum 4. Jahrhundert hatten Schriftrollen ihre einstige Exklusivität schließlich verloren. Nun waren sie erschwinglich und wurden allmählich sogar zu etwas Alltäglichem. Seither war auch Wissen nicht mehr der Alleinbesitz von Eliten, und damit konnte sich das Papier durchsetzen. Der amerikanische Sinologe und Sprachhistoriker Herrlee Creel schätzte, dass zwischen der zweiten Hälfte des 2. Jahrtausends v.d.Z., als die chinesische Schrift schon fast vollständig entwickelt gewesen war, und Mitte des 18. Jahrhunderts n.d.Z. mehr Bücher in chinesischer Sprache als in allen anderen Sprachen der Welt zusammen erschienen waren.[11] Die Größe des chinesischen Reiches und sein Hang zur Gelehrsamkeit spielten dabei natürlich eine tragende Rolle, doch ohne diesen frühen Aufstieg des Papiers in China hätte es dazu unmöglich kommen können.

Wang Xizhi ließ sich viele Rollen mit seinen Kalligrafien ins Grab beilegen. Es sind daher hauptsächlich Briefe, die zu seinem wichtigsten Vermächtnis wurden. Seine Schrift vermittelt Bedeutung nie nur durch den lexikalischen Sinngehalt der einzelnen Schriftzeichen, sondern auch durch deren individualisierte Gestaltung. Die chinesische Kalligrafie verschmolz erstmals Sinn und Stimmung und signalisierte somit die kommende Rolle des Schriftstellers als einer Persönlichkeit, deren Kunst über die des reinen Schreibens hinausgeht. Papier hat nicht nur zum regelmäßigeren Schreiben ermuntert, sondern auch das experimentelle Schreiben ermöglicht. Und dieses neue Papierzeitalter wurde nicht zuletzt von solchen Persönlichkeiten wie dem leidenschaftlichen, eigenwilligen und elegischen Kalligrafen Wang eingeläutet.

# 5
# An den Rändern

> Manuskriptrollen liebe ich nicht. Manche von ihnen sind fettdurchtränkt und schwergeworden von der Zeit, wie die Posaune des Erzengels.
>
> OSSIP MANDELSTAM[1]

Im Jahr 1907 brachten ein buddhistischer Mönch und ein ungarischer Archäologe im abgelegenen Nordwesten Chinas endlich Licht ins Dunkel der frühen Jahrhunderte des chinesischen Papierzeitalters.

Sieben Jahre zuvor war der Mönch Wang Yuanlu auf den vermauerten Eingang einer Höhle gestoßen und hatte darin stapelweise alte Schriften und Malereien entdeckt. Ein paar dieser Papiere zeigte er dem Bezirksmagistrat Yan Ze, der ihren Wert jedoch nicht erkannte. Drei Jahre später besuchte ein neuer Magistrat die Höhle und nahm einige Handschriften an sich, während er Wang bloß riet, gut auf seinen Fund aufzupassen. Das war alles. Sämtliche Versuche Wangs, Gelder für den Erhalt der Schriften zu bekommen, verliefen im Sande.

1907 traf der ungarisch-englische Archäologe Aurel Stein mit einem Übersetzer in Dunhuang ein und freundete sich mit Wang an. Stein hatte zu diesem Zeitpunkt schon fast zwanzig Jahre lang als Professor für orientalische Sprachen und als Archäologe in

Süd- und Zentralasien gearbeitet, aber als Wang ihn und seinen Übersetzer schließlich in die Höhle führte, konnte er seine Aufregung kaum verbergen:

> *Bei dem Anblick, der sich mir im Dämmerlicht der Öllampe des Mönches bot, gingen mir die Augen über. Offenbar wahllos aufeinandergetürmt tauchte eine geballte Masse an geschichteten Handschriftenbündeln auf, die sich drei Meter vom Boden in die Höhe erhoben und, wie anschließende Vermessungen erwiesen, nahezu vierzehn Kubikmeter Raum einnahmen.*[2]

Entlang der Höhlenwände stapelten sich mehr als 42 000 Rollen, fast alle davon aus Papier. Bei mehr als 30 000 handelte es sich um buddhistische Sutras und Apokryphen, aber es gab auch daoistische und konfuzianische Klassiker sowie mehrere philosophische Traktate. (Als Apokryphen werden üblicherweise außerkanonische Texte bezeichnet, doch der Kanon des Buddhismus ist nicht festgelegt, und diese Schriften werden nur deshalb so eingeordnet, weil sie vorgeblich Übersetzungen indischer Originale waren, es sich jedoch eindeutig um Fälschungen handelt.) Es fanden sich Kurzgeschichten und Geschäftsverträge in den Stapeln, neben Gedichten, Kalendarien und amtlichen Dokumenten. Stein hatte vom einen Moment zum nächsten einen Zeitsprung gemacht: Er stand in einer Höhle, die aus unbekannten Gründen im Jahr 1056 zugemauert worden war, vor der umfangreichsten jemals entdeckten Schriftensammlung des chinesischen Buddhismus aus dem 1. Jahrtausend n.d.Z. und blickte auf die hoch aufgetürmten Überreste der ersten »papiernen« Massenbewegung der Menschheitsgeschichte.

Marc Aurel Stein war 1862 in eine ungarisch-jüdische Familie geboren worden, aber in deutlicher Anlehnung an die religiöse Toleranz des römischen Kaisers Marc Aurel evangelisch getauft worden.[3] Seine Familie wohnte einen Steinwurf von der Donau entfernt im wohlhabenden jüdischen Viertel von Pest (das sich offiziell erst 1873 mit Buda vereinte). Sein Vater Nathan hatte 1848/1849 im ungarischen Unabhängigkeitskrieg gegen die Habsburger gekämpft, doch Aurels Zukunft hatte mehr mit seinem Onkel Ignaz zu tun.

Ignaz Hirschler war Altphilologe, Präsident der Jüdischen Kultusgemeinde Ungarns und Budapests erster Augenchirurg. Er hatte seinen Namen zwar nie magyarisiert, trat aber energisch und mit dem Optimismus des aufgeklärten Idealisten für die Assimilation der ungarischen Juden ein. Am anderen Donauufer waren der Burgpalast und der Konservatismus von Buda, doch das Business, der Unabhängigkeitsdrang und die Ungarische Akademie der Wissenschaften gehörten zu Pest. Und der Kosmopolitismus, die Gelehrsamkeit und der Idealismus von Onkel Ignaz färbten auf den Neffen ab.

Bereits als Kind hatte Aurel Stein neben seinem geliebten Ungarisch auch Latein und Griechisch gelernt. Mit zehn schickten ihn die Eltern nach Dresden, um Deutsch zu lernen, aber dort fühlte er sich so einsam, dass er alles über Alexander den Großen und seinen Export der griechischen Kultur im 4. Jahrhundert v.d.Z. nach Asien zu verschlingen begann. 1877 kehrte Aurel ins nunmehr vereinte Budapest zurück, studierte dort orientalische Sprachen, setzte seine Studien in Wien fort und promovierte in Tübingen in Altpersisch und Indologie, bevor er 1884 nach England ging, um seine Studien in Oxford zu vertiefen und im Londoner British Museum Münzen aus Persien und Zentralasien unter die Lupe zu nehmen. Er wollte nicht nur alles über die historischen Auseinandersetzungen zwischen Indien, China, Persien und dem Abendland erfahren, sondern auch herausfinden, wie sich diese Kulturen gegenseitig beeinflusst hatten.

Nach einem Jahrzehnt als Philologe und Archäologe in Lahore, Kaschmir und Kalkutta (1888–1899) führte die Neugier den mittlerweile britischen Staatsbürger schließlich nach Zentralasien. Hier kam ihm erstmals sein einjähriger Militärdienst zu-

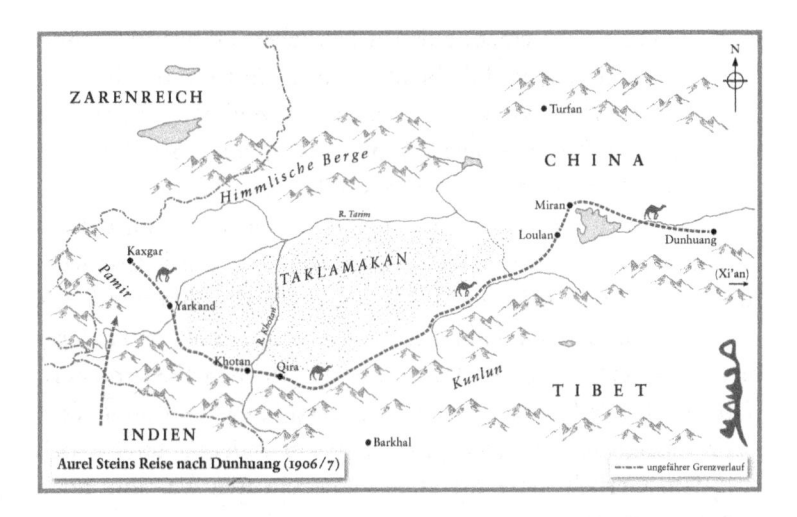

```
ZARENREICH
                                          • Turfan
         Himmlische Berge                CHINA
                    R. Tarim        Miran•
    Kaxgar                          Loulan•        Dunhuang
              TAKLAMAKAN                                      (Xi'an)
     •Yarkand
      Khotan• Qira•
                              Kunlun         TIBET
  INDIEN
                          • Barkhal
  Aurel Steins Reise nach Dunhuang (1906/7)            ----- ungefährer Grenzverlauf
```

Abb. 8: Der »Neuen Provinz« Xinjiang (das heutige chinesische Turkestan), ein historischer Knotenpunkt für den Austausch von Waren, Ideen und Schriften, waren nur wenige bedeutende eurasische Religionen fremd. Außerdem war diese von Wüsten und Gebirgen beherrschte Region oft Schauplatz der Konkurrenzkämpfe von Großmächten gewesen. Im 19. Jahrhundert rangen dort Spione und Archäologen westlicher Mächte (manchmal ein und dieselben Personen) um Vorzugsbehandlungen, Informationen, Kontakte und Einfluss. Heute sind dort nur noch die Einflüsse der beiden Großmächte China und Islam spürbar.

gute, den er 1885 als Topograf der ungarischen Armee abgeleistet hatte, denn damals hatte er gelernt, seine eigenen Wege zu finden und zu kartieren. Und dort, in Zentralasien, sollte Stein nun auch seine größte Entdeckung machen – einen Fund, der wie kaum ein anderer die Geschichte von der ersten religiösen Blütezeit des Papiers erzählen kann.

Aber nicht nur Stein wollte sich in Zentralasien auf Schatzsuche begeben. Es waren die Nachrichten von der Expedition des deutschen Archäologen Albert von le Coq, die ihn zur Eile antrieben und schließlich zu seinem außerordentlichen Höhlenfund führten. 1903 hatte der wohlhabende Coq im Auftrag des Berliner Museums für Völkerkunde eine Reise nach Dunhuang, einer alten Oasenstadt im Westen Chinas, zu planen begonnen. Sein Interesse an diesem Ort war von dem verlockenden Gerücht geweckt worden, dass dort irgendwo versteckt ein ganzer Schatz an uralten Handschriften gehütet werde. Doch stattdessen wurde Coq nach Kaxgar geschickt, tausend Meilen weiter westlich am Rande des Tarimbeckens gelegen und hufeisenförmig umrahmt von Hochgebirge. Als Stein von Coqs Planänderung hörte, beschloss er sofort, selbst nach Dunhuang zu eilen, zweifellos in der Hoffnung, dort irgendeinen Schatz heben zu können, bevor andere es taten. Doch von dem Gerücht über die alten Handschriften war ihm noch nichts zu Ohren gekommen.

Im April 1906 traf Stein in Yarkand ein, stellte dort einen Übersetzer und einen Landvermesser ein und erstand in Kaxgar acht Kamele, zwölf Ponys und ein Pferd, das er Badakhshi nannte. Bei sich trug er einen Pass, der von der indischen Regierung mit dem Stempel *Great Official* versehen worden war. Es war nicht seine erste Reise in die Region gewesen, aber auf die Probleme, die diesmal auf ihn warteten, war er nicht vorbereitet. (1908 wurde er in sechstausend Metern Höhe auf der Suche nach der Quelle des Khotan von einem schweren Schneesturm überrascht und holte sich Erfrierungen an den Füßen. Nachdem er bis zum nächstgelegenen Krankenhaus in Leh, hoch oben im indischen Norden, abgestiegen war, mussten alle Zehen seines rechten Fußes amputiert werden.)

Bis zum Oktober 1906 waren fünf seiner Tiere tot, während ihn bereits die Nachricht erreicht hatte, dass ein dritter Archäologe, der Franzose Paul Pelliot, in Kaxgar eingetroffen sei und ebenfalls nach Dunhuang weiterreisen wolle. Das Rennen hatte begonnen, wiewohl noch niemand wusste, welche Trophäe auf ihn wartete. Stein begann die Wüste zu durchqueren, stieß aber nirgendwo auf Franzosen oder Deutsche. In den Ruinen des alten Loulan schrieb er einen Brief an den Altphilologen Percy Stafford Allen, zu dieser Zeit Präsident des Corpus Christi College in Oxford und ein Freund, mit dem er drei Jahrzehnte lang korrespondierte. Er berichtete ihm von seinem Aufbruch in die Wüste und deren Durchquerung, die er in Khotan begonnen habe, zweihundertsiebzig Meilen östlich von Kaxgar. »Das Tausend-Meilen-Rennen von Khotan (wofür ich genau drei Monate brauchte, inklusive des einen, den ich mit Ausgrabungen verbrachte) ist gewonnen – für den Moment«, schrieb Stein.

In den Ruinen von Loulan, das im 2. Jahrhundert v. d. Z. ein chinesischer Verwaltungssitz gewesen war, grub Stein ein Stück weißer Seide aus, die in Kharoshthi-Schrift beschrieben war, ein Schriftsystem, das zwischen dem 3. Jahrhundert v. und dem 3. Jahrhundert n. d. Z. in der nördlichsten Region Südasiens verwendet wurde und somit älter war als jede auf Papier erhaltene Schrift. Es war der erste physische Beweis, dass vor dem Papier Seide als Beschreibstoff verwendet worden war. Auch ein Papierfragment mit einer unleserlichen Schrift darauf grub er aus. Sie ähnelte ein wenig der aramäischen, aber Stein konnte sie nicht auf Anhieb identifizieren.

Auf der Weiterreise nach Dunhuang entdeckte er noch andere Raritäten. Rund fünfhundert Meilen östlich von Loulan fand er in der alten Oase Miran (die im 3. Jahrhundert n. d. Z. aufgegeben worden war) einen Gipskopf von dreiundvierzig Zentimetern Durchmesser und eine Wandbemalung mit Cherubim im klassisch griechischen Stil. Es war der um Hunderte Meilen östlichste Fund einer Gandhara-Kunst in jenem graeco-buddhistischen Stil, welcher in den letzten Jahrhunderten v. d. Z. und den sechs ersten Jahrhunderten n. d. Z. praktiziert worden war. Auch für die außerordentliche Reichweite des römischen Einflusses fand Stein einen Nachweis – der Namen eines Künstlers auf den Wandmalereien lautete *Tita*, abgeleitet vom römischen »Titus«.

Von Miran zog er mit seinem Gefolge bis nach Dunhuang, siebzehn Tage lang fast nur durch Wüste. Die einzigen Anzeichen von Menschen, schrieb Stein, waren die gelegentlichen Überreste ihrer Skelette.

Kaum dort eingetroffen, machte er sich auf den Weg zu den Grotten im Tal der Tausend Buddhas im Südwesten der Oase. Sie waren geschmückt mit Felsbildern von gandharischen und chinesischen Buddhas im Lotussitz, deren ockerfarbene Gewänder sich prächtig von den grünen, blassblauen und lavendelfarbenen Hintergründen abhoben. Einige davon waren tausendfünfhundert Jahre zuvor gemalt worden. Und hier nun, in Dunhuang, hörte Stein erstmals das Gerücht, das Coq bereits einige Jahre zuvor zu Ohren gekommen war.

Als Stein dort angekommen war, hatte Wang Yuanlu, der die Grotten bewachte, gerade seinen Almosenweg durch die Oase angetreten. Und da Stein ohne Wang keinen Zutritt hatte, nutzte er die Zeit, um zu einer Stätte in die Wüste zurückzukehren, in der er auf einer früheren Reise die Überreste von ein paar zweitausend Jahre alten Wachtürmen entdeckt hatte. Als er sie nun neuerlich erforschte, grub er Holztafeln mit Inschriften aus dem 1. Jahrhundert v.d.Z. aus, darunter Listen von Soldaten, die in der nahe gelegenen Garnison krank geworden waren, sowie acht gefaltete Briefe, die mit der gleichen Schrift wie das Papierfragment beschrieben waren, das er in Loulan ausgegraben hatte und nicht entziffern konnte. Es war, wie sich später herausstellte, die verlorene Schrift und Sprache von Sogdien, der großen zentralasiatischen Satrapie des Perserreichs.

Als er in die Oase zurückkehrte, fand er schließlich Wang, den zierlichen Soldaten, der um 1890 herum nach seiner Entlassung aus der Armee daoistischer Mönch in Dunhuang geworden war und seine Zeit seither damit zubrachte, die Felsbilder in den Grotten der Tausend Buddhas zu reinigen und zu restaurieren oder neue hinzuzufügen. Die nötigen Mittel für seine Restaurierungsarbeiten sammelte er auf seinen Almosenwanderungen durch die Oase.

Bei ihren Gesprächen erfuhr Stein, dass Wang den Mönch

Xuan Zang aus dem 7. Jahrhundert n.d.Z. verehrte, der sich unsterblich gemacht hatte, weil er zu Fuß buddhistische Schriften rund 2500 Meilen aus Indien nach China gebracht hatte. Eines Abends, nach einem angeregten Gespräch mit Wang über Xuan Zang, erschien Steins Übersetzer vor seinem Zelt mit einem Arm voller Rollen, die Wang ihm übergeben hatte. Einige davon hielt der Mönch für die Originalrollen von Xuan Zang.

Aber nicht einmal diese ungeheuerliche Behauptung kann Stein auf den Inhalt der Höhle vorbereitet haben, zu der Wang ihn anschließend brachte. Dreihundertachtzig Rollen waren sogar datiert: Sie stammten aus der Zeit zwischen 406 und 995 n.d.Z. Unter den undatierten erwiesen sich mehrere als sogar noch älter (sie konnten auf das 3. und 4. Jahrhundert zurückgeführt werden). Die meisten waren mit chinesischen Schriftzeichen beschrieben, aber es gab auch Rollen in Sanskrit oder in sogdischer, ostpersischer, uigurischer und tibetischer Sprache. Einige verwendete Schriften waren bis dahin noch gar nicht bekannt gewesen, beispielsweise die mitteliranische sakische (oder khotanesische). Mehr als zwanzig Sprachen waren in den Textstapeln dieser Höhle vertreten, daneben fanden sich noch Zeichnungen und Malereien auf Seide und Leinen sowie Banner und anderes aus Papier und Stoff.

Auch die außerordentliche Bandbreite der religiösen Glaubensrichtungen in dieser Region spiegelte sich in den Rollen wider, die Stein nun genauer zu begutachten begann. Es gab daoistische, konfuzianische, manichäische, buddhistische sowie nestorianische Texte und sogar ein hebräisch beschriftetes Blatt aus einem jüdischen Gebet. Es fanden sich Aufzeichnungen über Leihgaben, Militärausweise, Krankenakten und Verwaltungsakten neben Unterlassungserklärungen, den Ergebnissen von Volkszählungen, Briefen und aufgezeichneten Volkssagen.

Wang gestattete Stein, die Handschriften zu studieren, unter der Bedingung, dass er niemandem etwas davon erzählte, bevor er China verlassen hatte. Sieben Nächte lang schleppte Steins Übersetzer im Schutz der Dunkelheit Handschriftenbündel zu Steins Zelt, während Wang durch Dunhuang wanderte, um sicherzugehen, dass in der Oase keine Gerüchte über diese Aktivitäten kursierten. Sobald er beruhigt zurückgekehrt war und sicher wusste, dass Stein niemandem etwas verraten hatte, übergab er ihm jeweils weitere zwanzig Bündel. Stein machte Wang auf ein Bild aufmerksam, das den Mönch Xuan Zang zeigt, wie er die Schriften vom indischen Subkontinent nach China trug, und versicherte ihm, dass er diese nunmehr, dreizehn Jahrhunderte später, an Indien zurückgeben werde.

Alles in allem verkaufte Wang sieben Kisten voller Rollen an Stein, mehr als zehntausend Handschriften sowie fünf Kisten mit Gemälden, Stickereien und anderen Dingen. Er erhielt dafür dreihundert chinesische Silberbarren im damaligen Wert von zweihundert US-Dollar.[4] In den kommenden Jahren folgten andere Archäologen. 1910 erwarb Paul Pelliot sechstausend Handschriften für fünfhundert *tael* (dreihundertvierzig US-Dollar). Heute befinden sich die Schriften aus dieser Höhle von Dunhuang in den Museen von London, Neu-Delhi, Paris, St. Petersburg, Budapest, Tokio und Beijing. Am Ende sollte Stein in China zu einer verhassten Figur und als Plünderer und Dieb diffamiert werden. Natürlich hatte er Wang viel zu wenig für diese Schätze bezahlt, doch wenn Stein schon ein Dieb war, dann einer, der zur Bewahrung von Chinas Vergangenheit beitrug. Wang hatte die Rollen entdeckt und sogar ihr wahrscheinliches Alter geschätzt, doch erst Stein hatte ihre wahre Bedeutung erkannt und der Welt damit Jahrhunderte chinesischer Geschichte zugänglich gemacht.

Stein konnte nicht alle Handschriften transportieren, die er gerne mitgenommen hätte, aber bereits das, was er erworben hatte, summierte sich zu einem gewaltigen Stapel. Die ersten Kisten trafen 1909 in London ein; 1920 wurden drei Fünftel dieser Sammlung an Indien übergeben, wie Stein es versprochen hatte. Die Papiere lagern heute im Nationalmuseum von Neu-Delhi. Steins Expedition war zu wesentlichen Teilen von der indischen Regie-

Abb. 9: *Der französische Archäologe Paul Pelliot betrachtet Handschriften in Höhle 17 der Mogao-Grotten von Dunhuang in Westchina (1908). Der Stapel neben ihm war durch die Ankäufe von Aurel Stein im Vorjahr bereits stark reduziert. Pelliot verfügte über außerordentliche Sprachkenntnisse und behauptete, dass er rund tausend Dokumente pro Tag in der Höhle gesichtet habe. Er nahm das qualitativ Beste und quantitativ meiste an sich, um 1909 schließlich mit 4 174 tibetanischen Artefakten, rund 3 900 chinesischen Dokumenten sowie Hunderten sogdischen, uigurischen und Sanskritschätzen nach Paris zurückzukehren, wo man ihn dann jedoch öffentlich beschuldigte, Fälschungen als Originale verkaufen zu wollen. Erst nach der Veröffentlichung von Aurel Steins Buch* Ruins of Desert Cathay *im Jahr 1912 war sein guter Ruf wiederhergestellt. (© Musée Guimet: Musée national Français d'arts asiatiques, Paris)*

rung finanziert worden, der Rest vom British Museum. Entsprechend wurden die meisten Schriften schließlich auch aufgeteilt.

Bis zum Zeitpunkt dieser Aufteilung hatte die Stein-Sammlung mehr als zwanzigtausend Exponate in chinesischer Schrift umfasst, darunter vierzehntausend Rollen aus Dunhuang, rund viertausend beschriebene Holztäfelchen (die den Bambustäfelchen gleichen, doch Bambus wächst im trockenen Nordwesten Chinas nicht), mehr als fünftausend Papierfragmente aus anderen Stätten sowie eine Kollektion chinesischen Papiergelds aus der Yuan-Dynastie – dieselbe Art von Scheinen, deren Druck Marco Polo geschildert hatte. Der Fund von Dunhuang beweist, welch außerordentliche Reichweite die schriftliche Kultur Chinas hatte, denn diese Oase liegt fast sechzehnhundert Meilen von Xi'an (dem damaligen Chang'an) entfernt, der periodischen Hauptstadt Chinas und dem Herz seines politischen und kulturellen Lebens.

Stein hatte aber nicht nur mit chinesischen Schriftzeichen beschriebene Manuskripte gefunden. Die zweitgrößte Sammlung bestand aus den mehr als siebentausend Exponaten in tibetischer Schrift, darunter dreitausend Rollen und diverse Breviere aus Dunhuang sowie rund tausend Papierfragmente aus zwei verschiedenen Grabungsstätten. In allen von ihnen spiegelte sich die Blüte des tibetischen Reiches im 7. Jahrhundert n.d.Z.

Auch schriftliche Hinterlassenschaften von weiter östlich und westlich angesiedelten Kulturen zählten zu Steins Sammlung. Etwa die fünftausend Fragmente, die in der Schrift der Tanguten beschrieben waren – eines Volkes, das im 10. Jahrhundert in den heutigen Nordwesten Chinas migriert war; oder die dreizehnhundert Fragmente in der Schrift der Tocharer, einem weiteren Volk aus dieser nordwestlichen Region. Auch Papiermanuskripte aus dem Inneren Zentralasiens gab es: zweitausend in sakischer (khotanesischer) und hundertfünfzig in sogdischer Schrift, daneben siebentausend in Sanskrit oder Pali, den beiden uralten Sprachen des indischen Subkontinents, die in den frühen hinduistischen und buddhistischen Schriften vorherrschten.

Kurzum, Stein hatte den Knotenpunkt gefunden, nach dem er immer gesucht hatte. Dank der Stapel von Handschriften, die er in einer versteckten Höhle nahe einer abgelegenen Oase gefunden hatte, war er nun in der Lage, die Gemeinsamkeiten und wechselweisen Beeinflussungen in den Schriften und Glaubenssystemen von einander so entfernten Kulturen wie der persischen, der chinesischen, denen des indischen Subkontinents und vieler dazwischen liegender aufzuspüren. Es wurden sogar noch entferntere Einflüsse offenbar, denn unter den Papieren fand sich zum Beispiel auch ein Buch Esther aus dem Tanach, der Sammlung normativer Texte des Judentums, in hebräischer Schrift.

Doch die Rollen zeugten von mehr als nur einem kulturellen Austausch. In den Dokumenten aus der Höhle spiegelte sich auch wider, wie tief der Beschreibstoff Papier spätestens während der beiden letzten Drittel des ersten Jahrtausends n.d.Z. in das chinesische Leben vorgedrungen war. Während Papier im christlichen Abendland um 1000 n.d.Z. noch immer unbekannt gewesen war, verwendete man es in China bereits in einer großen Bandbreite an Farben und Qualitäten. Und davon profitierte nicht zuletzt die Literatur, vor allem die einer Religion, die sich wachsender Beliebtheit erfreute und nun ebenso gedeihen konnte wie ihre Anhänger und ihre Leserschaft, weil sie sich Papier zum Medium erkoren hatte.

Es waren buddhistische Sutras (meist im Rollenformat), die den Hauptanteil der entdeckten Papiere ausmachten und Zeugnis ablegten von der bemerkenswerten Energie, die der chinesische Buddhismus in seine Schriften investiert hatte. In der Londoner British Library wird ein Sutra aus dem 6. Jahrhundert verwahrt, dessen erste Teile auf ockerfarbenem Papier geschrieben sind, um dann unvermittelt zu einem fadenscheinigen weißen Papier (auf ein und derselben Rolle) zu wechseln, unter dem die Qualität der Kalligrafie deutlich gelitten hatte. Vielleicht war das Geld ausgegangen, und der Schreiber hatte sich gezwungen gesehen, für den restlichen Text billigeres Papier zu verwenden; vielleicht war die Zeit knapp geworden (oder der Schreiber hatte die Geduld verloren), was auch die deutliche Verschlechterung der Schrift erklären würde. Möglicherweise hatte ein anderer Kalligraf die Arbeit beendet. Das sind die Rätsel der Paläografie.

Das ockerfarbene Papier ist relativ fein und war vermutlich poliert worden. Für buddhistische Schriften wurde häufig ein gelblich eingefärbtes Papier verwendet, möglicherweise wegen der verschiedenen Assoziationen dieser Farbe im chinesischen Buddhismus, aber mit Sicherheit, weil diese Einfärbung als Insektenschutzmittel wirkte und somit dem Erhalt eines Textes zugute kam (was im feuchten chinesischen Süden ja von noch wesentlich größerer Bedeutung war als im trockenen Nordwesten).

Hält man das Sutra gegen das Licht, erkennt man deutlich die Abdrücke, die während des Trocknungsprozesses auf der eingespannten Gaze entstanden waren – in breiteren Abständen die der leicht wellenförmigen Kettlinien in Längsrichtung, rechtwinklig dazu die der schmaleren Wasserlinien, die durch die Schussfäden entstanden. Es ist ein grobes, raues und glanzloses Papier, aber fein, nicht dick und dennoch von erstaunlicher Festigkeit.

Beim modernen Herstellungsverfahren von durchschnittlichem Papier werden die Fasern so lange geschliffen, bis das Gewebe keine Ähnlichkeit mehr mit der »Matte« hat, die Xu Shen im Jahr 100 n. d. Z. in seinem Wörterbuch beschrieb, sondern zu einem Geflecht winzigster Faserteilchen wurde. Deshalb gibt normales Papier heutzutage einen pfeifend hellen Ton von sich, wenn man es schnell durch die Luft schwingt. Frühe chinesische Papiere, wie das der eben erwähnten, knapp zwei Meter langen ockerfarbenen Rolle, waren von besserer Qualität. Schwingt man ein solches Papier durch die Luft, gibt es seiner Faserlängen und Dicke wegen einen tieferen Ton von sich. Heutzutage wird diese Art von Papier nur noch als luxuriöses Brief- oder feinstes Dokumentenpapier hergestellt.

Die Kalligrafie auf dem Sutra aus dem 6. Jahrhundert war ziemlich durchschnittlich und eindeutig nicht einem wohlhabenden, geschweige denn erhabenen Leserkreis zugedacht. Aber *dass* diese rund fünfzehnhundert Schriftzeichen zu gewöhnlichen Lesern sprechen sollten, bezeugt, wie weit sich das Papier bereits jenseits der elitären Kreise verbreitet hatte, die üblicherweise noch ausschließlich Bambus beschrieben. Ein etwas früheres Sutra aus der Stein-Sammlung, es stammt aus dem Jahr 513 n.d.Z., ist insgesamt von wesentlich besserer Qualität – das Papier ist weicher, und auch die Kalligrafie (im Stil »rollende Welle«) ist kunstvoller.

Die schönste Kalligrafie auf den Sutras von Dunhuang ist von geradezu metronomischer Gleichmäßigkeit, nicht zuletzt dank der Spaltenlinien, die mit einem dünnen Pinsel vorgezeichnet wurden, aber natürlich auch wegen des Könnens und der Umsicht des Schreibers. Nichts hat das Papier derart popularisiert wie die Sutras, die China über die Handelsrouten aus Zentralasien erreichten. Sie haben zwar nicht – oder noch nicht – den Bambuskonfuzianismus der chinesischen Hochkultur verdrängen können, denn der übte nach wie vor seinen prägenden Einfluss auf die Gelehrten, den Hof und deren politische Vorstellungen aus. Doch an den Rändern der Gesellschaft gab es genügend Raum für solche Innovationen wie Papier und Buddhismus. Und genau dort erlebten auch beide ihren parallelen Aufstieg, denn beide waren untrennbar mit dem neuen Lese- und Schreibzeitalter verwoben, das nun in allen kaiserlichen Landen Chinas anbrach.

Viele buddhistische Schriften aus der Höhle bei Dunhuang waren auf die Rückseiten von Berichten, Verträgen, Verordnungen oder Kaufaufträgen geschrieben worden – mehr als vier Fünftel der dort entdeckten vierzigtausend Rollen und Dokumente. Doch Dunhuang war nur eine von vielen Handelsoasen entlang der Seidenstraße gewesen, in denen der Buddhismus auf dieselbe Weise aus den Regionen westlich der Grenzen Chinas eingetroffen war wie die Seidenstoffe und Kunstwerke, die Nahrungsmittel und Arzneien, die Kleidungsstücke und all die anderen Waren, die meist auf dem Rücken von Kamelen zwischen den Märkten im (heutigen) Nordwestindien, in China, Persien und in den Königreichen Zentralasiens hin und her transportiert wurden. (Der Buddhismus hatte Dunhuang vermutlich um das 1. Jahrhundert n.d.Z. aus Zentralasien kommend erreicht.)

Im Vordergrund eines Felsbildes von Dunhuang steht ein Wanderprediger aus der Fremde, einen Sack voller Rollen auf dem Rücken. Wahrscheinlich hat er sie zum Verkauf angeboten, und dem Inhalt der Höhlenbibliothek nach zu urteilen, dürfte es sich dabei um buddhistische Schriften gehandelt haben. Männer wie dieser Wanderprediger waren die neuen Kuriere des Buddhismus und zugleich die Katalysatoren der ersten »Papierrevolution« Chinas, denn ungeachtet der Ursprünge des Buddhismus adaptierte China ihn als eine Religion der Straße. Es dauerte nicht lange, da trafen auch die nötigen Übersetzer ein, eine kleine Gruppe von Sprachkundigen, die diesen Glauben dann auf den chinesischen Markt zuzuschneiden begannen. Dass das überhaupt funktionieren konnte, ist wirklich ein Wunder. Denn in Chinas Regalen lagerten ja überreichlich konfuzianische und daoistische Klassiker neben all den Kommentaren, die ihnen in schneller Reihenfolge gefolgt waren. Und doch hatte es inmitten politisch unruhiger Zeiten nur einiger weniger Wanderhändler und entschlossener Übersetzer bedurft, damit der Buddhismus in China Einzug halten konnte. Zuerst begann er, sich lokale Götter und Sagen einzuverleiben, viele davon daoistischer Herkunft, dann brach er ein textlich-inhaltliches Tauziehen mit dem Daoismus als solchem vom Zaun, weckte auf diese Weise das Interesse der Menschen und konnte sich schließlich einen neuen Markt an religiösen Lesern erschließen. Sogar Kaiser gewann er für seine Sache, obwohl er wahrlich nicht gekommen war, um seine Ideen einer Elite anzubieten, auf dass sie deren Für und Wider abwägen würde. Nein, er war gekommen, um auf die sozialen Gegebenheiten zu reagieren, die er in diesem Land antraf, und sie dann zu beeinflussen. Nicht einmal seine Schriften nahmen für sich in Anspruch, reine Offenbarungen zu sein. Sie erreichten China als materielle Gegenstände, die mit bestimmten ideellen Wertigkeiten und Vorstellungen verbunden waren (beispielsweise, dass sich ein jeder durch den Umgang mit ihnen, durch ihre Weitergabe oder allein durch ihren Besitz irdische und spirituelle Verdienste erwerben könne). Letztendlich trat der Buddhismus in China als eine »Daseinsweise« auf (wie der niederländische Sinologe Erik Zürcher in seiner klassischen Studie über den chinesischen Buddhismus schrieb). Bedenkt man jedoch die unterschiedlichen Klassenzugehörigkeiten, kulturellen Interessen und Präferenzen der vielen Empfänger und Anhänger dieses Glaubens, könnte man auch von »unterschiedlichen Daseinsweisen« sprechen.[5]

Das Einsickern von Einflüssen aus fremden Ländern hatte auf einer Straße begonnen, die sich weit über das Territorium hinaus erstreckte, das den chinesischen Herrschern vertraut gewesen war. Im Jahr 138 v.d.Z. hatte der Han-Kaiser Wu einem seiner Palastherren, General Zhang Qian aus dem Norden Chinas, den Auftrag erteilt, über die Länder der westlichen Nomaden (Xiongnu) hinaus zu reisen, um Allianzen gegen sie zu schmieden. Die Reise sollte ihn rund zweitausend Meilen in den Westen führen.

Zhang verließ die nordchinesische Hochebene durch den Gansu- (oder Hexi-)Korridor, der sich entlang des Hochlands bis zu einer der trockensten Regionen der Erde erstreckt. Er durchquerte Wüsten und überquerte Bergketten, und mit jedem Tag erweiterte er Chinas Wissen über fremde Länder. Auf seinem Weg wurde er (wie auf dem Rückweg noch einmal) von den Xiongnu gefangen genommen, konnte seine Reise aber schließlich bis ins Ferghana-Tal und nach Baktrien (Regionen im heutigen Tadschikistan und Afghanistan) fortsetzen, allerdings nirgendwo entscheidende Bündnisse schmieden. Nachdem er über ein Jahrzehnt später zurückgekehrt war, riet er dem Kaiser, freundschaftliche Kontakte zu den Ländern im Westen Chinas aufzubauen.

Zhangs Mission hatte den Samen zu den offenen Beziehungen Chinas mit Persien gelegt. Nach und nach begann eine Handelsbeziehung Gestalt anzunehmen. Die Seidenstraße war zwar gewiss nicht die erste Handelsroute durch Zentralasien gewesen, doch mit Sicherheit die bedeutendste, was den Güterverkehr betraf. Sie bestand aus einem Netzwerk von Überlandstraßen durch Regionen, in denen es zuvor bestenfalls Trampelpfade oder schmale Wege gegeben hatte. Prompt begann China nun, Länder ins Visier zu nehmen, die sogar noch weiter nordwestlich des Gansu-Korridors lagen. Chinesische Seide tauchte mit einem Mal auch in den Ländern der Oxus-Zivilisation (oder »Oasenkultur«), in Persien, Indien und ab dem 1. Jahrhundert n.d.Z. auch in Rom auf. Chinesische Gesandte wurden in alle Fürstentümer und Königreiche und zu allen Völkern hinter Chinas Westgrenzen geschickt: zu den Ferghana-Kulturen, den Yuezhi, den Baktrern, den Tocharern, den Parthern, ins Reich von Khotan und auf den indischen Subkontinent. Und im Zuge dieses Handels wuchs auch die kleine Oase Dunhuang zu einem geschäftigen Umschlagplatz mit einem eigenen kaiserlichen Kommandoposten heran.

Auch Händler aus den Ländern westlich von China begannen nun über die Wüstenrouten Westchinas den Weg in umgekehrter Richtung anzutreten und brachten dabei nicht nur ihre mit Waren beladenen Kamele, sondern auch ihre Kulturen mit. Viele kamen aus dem Reich der Kuschana in Zentralasien, dessen Münzen buddhistische Ikonen aufgeprägt waren. (Vom Kuschan-Reich, das vom 1. bis 3. Jahrhundert n.d.Z. währte und in dieser Periode Zentralasien dominierte, wissen wir im Wesentlichen nur aus chinesischen Quellen.) Aber es waren die Skulpturen und Schnitzereien von Kriegern, Fürsten und Bodhisattvas, die das Interesse der Chinesen an den Kuschana weckten. Ihr künstlerisches Spiel mit dem griechischen Ideal, diese Verschmelzung von griechischen Formen mit buddhistischen Themen, wurde zu einer regelrechten Skulpturenwährung auf der Seidenstraße. Auch ihre Schrift war an die griechische angelehnt. Da hatte diese graeco-buddhistische Kunst wahrlich eine weite Strecke von ihren Schöpfern aus Gandhara östlich des Oberlaufs des Indus (die dem Buddha erstmals eine menschliche Gestalt verliehen hatten) zurückgelegt.

Die Anfänge des Buddhismus im bevölkerungsreicheren Osten und Zentrum Chinas sind nur in Form von Mythen oder Halbwahrheiten überliefert. Den offiziellen buddhistischen Geschichtsschreibungen Chinas zufolge hatte Kaiser Ming im 1. Jahrhundert n.d.Z. eines Nachts von einem goldenen Riesen geträumt. Als er seinem Berater davon berichtete, erklärte ihm dieser, dass es sich dabei um den Buddha gehandelt habe. Also schickte der Kaiser eine Gruppe von Gesandten los, um die Lehren des Weisen von den Völkern Zentralasiens zu erhalten. Sie kehrten mit dem auf Palmblättern geschriebenen *Sutra der 42 Kapitel* sowie mehreren Buddhastatuen zurück. Vor dem Westtor von Luoyang, wo der Schimmel, der die Sutrarollen trug, auf Einlass in die Hauptstadt wartete, wurde später der »Tempel des Weißen Pferdes« errichtet (und zu Ehren der leuchtenden Sutras entzündete man Räucherstäbchen). Die Geschichte von dieser Erkundungsmission des Kaisers in die Länder westlich seines Reiches ist durchaus plausibel, bedenkt man die zunehmenden Handelsbeziehungen. Einigen Überlieferungen nach könnte der Buddhismus aber auch aus dem Süden nach China eingedrungen sein, das heißt direkt aus der Region, die heute zum Nordosten Indiens gehört. Die Geschichte, die den Beginn des Buddhismus in China mit der Rettung einiger buddhistischer Sanskritschriften vor den Bücherverbrennungen der Qin im 3. Jahrhundert v.d.Z. in Verbindung bringt, dürfte hingegen eine der unwahrscheinlichsten sein (wiewohl ein chinesisch-buddhistisches Nachschlagewerk aus dem 7. Jahrhundert tatsächlich die Ankunft von achtzehn buddhistischen Missionaren im 3. Jahrhundert v.d.Z. verzeichnet).

Doch unabhängig davon, wie und wann der erste Kontakt tatsächlich hergestellt wurde, war der Buddhismus jedenfalls in Form von jeweils ein paar Sutras und Mönchen nach den anderen zu der Zeit auf Kamelen und Ponys aus Zentralasien in China eingetroffen, als der Handel dort gerade das Interesse an anderen Kulturen zu wecken begann. Der schiere Umfang der Dunhuang-Papiere legt nahe, dass es Händler gewesen waren, die als Erste diese neue Lehre im Gepäck gehabt hatten; und den Schriften dieser Lehre wurde dann vermutlich zuerst von den Übersetzern aus dem chinesischen Amt für fremde Völker der Weg in China geebnet. Doch *dass* diese Botschaft von der Erlösung und Erleuchtung ihre Reise durch China als ein Fremdling angetreten hatte, steht außer Frage.

Auf dem indischen Subkontinent hatten Buddhisten in einer Gesellschaft zu leben gelernt, die von Königen und Brahmanen geprägt wurde. Es war die buddhistische Lebenseinstellung, die ihnen eine Möglichkeit aufzeigte, diesem Dasein zu entkommen. Im China des 2. Jahrhunderts, als der Adel abgeschieden auf großen Landgütern im Luxus schwelgte und der Kaiser langsam, aber sicher die Kontrolle verlor, lenkte der Buddhismus mit seiner ablehnenden Haltung gegenüber materiellen Genüssen das Schlaglicht noch deutlicher auf die Korruption und Extravaganz bei Hofe, was natürlich auch seine Anziehungskraft im Volk steigerte. Mönche mit kahl rasierten Köpfen predigten die Abkehr von hierarchisch auferlegten Pflichten und zeigten dem Volk damit eine Möglichkeit auf, wie es sich von dem Druck befreien konnte, der von oben ausgeübt wurde. Und nicht nur das – sie verkündeten auch das Weiterleben nach dem Tode. Solche Botschaften sprachen viele Menschen an, vor allem zu Zeiten wachsender politischer Probleme an einem Kaiserhof, dessen Machtgefüge zusehends zerfiel.

So kam es, dass jenseits der Palastmauern in der Hauptstadt religiös motivierte Aufstände die kaiserliche Autorität untergruben, während die Palasteunuchen hinter diesen Mauern noch immer ihre Ränke zu schmieden versuchten. Im Jahr 184 n.d.Z. rebellierten die Bauern am Gelben Fluss, erzürnt über die habgierigen Grundherren, schlechten Ernten und hohen Steuern. Mithilfe von daoistischen Geheimgesellschaften setzten sie den

Aufstand der Gelben Turbane in Gang, so genannt nach den gelben Tüchern, die sie um den Kopf gewickelt trugen. Auch die Konfuzianer suchten Antworten auf das Elend, doch ihre Debatten waren viel zu abgehoben und viel zu sehr in der ebenso wortspärlichen wie volltönenden Prosa und Poesie gefangen, an die sie gewöhnt waren und mit denen sie sich an der Auslegung von Bagatellfragen festbissen. Derweil wurden bereits mit frischen Energien neue Ideen und neue Schreibstile zu Papier (anstatt Bambus) gebracht. Aber was den Buddhismus selbst betrifft, so hätte ihm sein beschwerlicher Weg über die Bergkämme und durch die Wüsten Zentralasiens gewiss wenig gebracht, wäre er schlicht eine eingewanderte Religion geblieben oder als solche in seiner neuen Heimat aufgefasst worden.

Dem Buddhismus kam zugute, dass er – wie das Christentum, jedoch im Gegensatz zum Konfuzianismus und Islam – in seinen prägenden Jahren deutlich polyglotte Ambitionen gehabt hatte. Buddha selbst hatte seinen Anhängern erklärt, dass sie die Menschen in ihren jeweils eigenen Sprachen den rechten Weg lehren sollten. Und gelehrt wurde er in einer Form, die einer Glaubenslehre angemessen war, welche in einem Land der Geschichtenerzähler, nicht aber Schreiber das Licht der Welt erblickt hatte – fast alle Kapitel ihrer ältesten Schrift beginnen mit den Worten: »Der Buddha sagt…« Doch die entscheidendste Verwandlung, die der Buddhismus durchlebte, als er den indischen Subkontinent verließ, war nicht der Wechsel zu fremden Zungen, sondern der Wechsel von der Zunge zum Palmblatt und vom Palmblatt zum chinesischen Papier.

Der buddhistische Glaube war erfrischend egalitär. Auch dass er sich in China eher auf Papier als auf Bambus verbreitete und sich dabei den jeweiligen lokalen Mundarten anpasste, sprach die unteren und mittleren Schichten der Gesellschaft an, die schlicht nicht mehr an die Unwandelbarkeit ihrer sozialen Hierarchien glaubten. Letztendlich aber wurden buddhistische Texte oft gar nicht erworben, um sie zu lesen. Manch einer benutzte sie als

Amulette oder religiöse Talismane, im Laufe der Zeit wurde es sogar zum Statussymbol, ein Sutra zu besitzen. Das heißt, selbst die des Lesens und Schreibens Unkundigen erwarben buddhistische Schriften, folglich konnten auch die unteren Schichten nicht daran gehindert werden, auf gehaltvolle Weise an diesem religiösen Leben teilzunehmen. Der Buddhismus und seine Schriften beschränkten sich nicht auf die gebildeten Klassen.

Aber kein einziger zeitgenössischer chinesischer Historiker verzeichnete diese überraschende gesellschaftliche Entwicklung. Die chinesische Hauptstadt war kosmopolitisch, und fremdartige Gesichter waren am östlichen Ende der Seidenstraße ein gewohnter Anblick. Da fiel die Handvoll Männer, die im 2. Jahrhundert n.d.Z. aus verschiedenen Ländern in Luoyang eintrafen, um Buddhas Worte aus dem Pali, Sanskrit und Gandhari ins Chinesische zu übertragen, vermutlich gar nicht weiter auf – unter ihnen Parther, Yuezhi, Südostasiaten und sogar ein nestorianischer Christ, der sich im Jahr 148 in Luoyang niedergelassen hatte. Diese Übersetzungen waren zwar schwerfällig, konnten aber dennoch einige faszinierte chinesische Gelehrte von dem Glauben überzeugen.

Von den buddhistischen Schriften, die in den Jahren 60 bis 220 n.d.Z. ins Chinesische übersetzt wurden, haben nur die Texte von knapp fünfzehn Übersetzern überlebt. Doch allein diesen Männern sind mindestens 409 chinesische Titel zu verdanken. In den ersten hundert Jahren nach dem Sturz der Han im Jahr 220 erschienen rund 745 buddhistische Werke in China, die fast alle übersetzt worden waren (oder vorgaben, Übersetzungen zu sein).[6]

Zu der kleinen Zahl an Übersetzern zählten auch An Shigao aus Parthien (Ostpersien) und sein Freund Lokaksema aus dem Kuschanreich. Beide hatten sich im 2. Jahrhundert in Luoyang niedergelassen, vielleicht getrieben von missionarischem Eifer, vielleicht aber auch entsandt von Förderern des buddhistischen Glaubens aus ihren Heimatländern. Allein An Shigao, der magische Kräfte besessen haben soll – beispielsweise hieß es, er könne die großen Ereignisse der Natur (Blitze, Stürme, Donner, Erdbeben) lesen wie ein Buch –, übersetzte in den Fünfziger- und Sechzigerjahren des 2. Jahrhunderts rund fünfunddreißig buddhistische Schriften ins Chinesische. Sein Freund Lokaksema, der mindestens vierzehn übersetzte, versuchte sogar, entscheidende Begriffe nicht nur nach ihrem Sinngehalt, sondern samt ihrer Laute zu übertragen.

Bis zum Jahr 220 waren selbst im so weit entfernten Wuchang, Hunderte Meilen stromaufwärts am Yangzi, Übersetzer mit buddhistischen Texten befasst. Andere machten sich auf den Weg von China nach Zentralasien, um dort weitere Schriften zusammenzutragen, zum Beispiel Zhu Zixing, vermutlich der erste buddhistische Ordinand Chinas, der diese Reise Mitte des 3. Jahrhunderts angetreten hatte und dann Auszüge aus den 25 000 Versen des Sutras von der »Vollkommenheit der Weisheit« kopierte, das als einer der ersten buddhistischen Texte den Akt des Abschreibens von Sutras als eine heilige Übung darstellte. In einer Passage wird zum Beispiel erklärt, dass dem einmal Geschriebenen, sofern ihm gehuldigt werde, weder von einem Menschen noch von einem Geist Schaden zugefügt werden könne. Im Jahr 291 erarbeitete ein Übersetzer namens Moksala die chinesische Fassung dieses Sutras, das dann zu einem zentralen Text des chinesischen Buddhismus werden sollte.

Diese Männer wurden von der dynastischen chinesischen Geschichtsschreibung mehr oder weniger ignoriert, wiewohl ihnen eine komplett neue Literatur zu verdanken war – eine seltsame Mischung aus fremdsprachlichen und chinesischen Begriffen, weil durch ihre Übersetzungen indische Wörter in die chinesische Sprache einflossen. Da sie die Texte in die chinesische Umgangssprache übertrugen, wurden diese auch einer viel größeren Bandbreite an Lesern zugänglich, und weil sie ihrer Zielsprache so große Aufmerksamkeit widmeten, gelang es ihnen erstmals, deren Phonologie zu definieren (die Töne, von denen es im Mandarin vier gibt: gleichbleibend hoch, ansteigend, tief abfallend und wieder ansteigend, schnell abfallend). Die neue und nunmehr schriftlich fixierte chinesische Religion war ein linguistischer Hybrid und ein synkretistisches Konglomerat.

Dass diese buddhistischen Schriften auch voller Fehler waren, nimmt nicht wunder angesichts der ständig neuen Abschriften von Bambus auf Papier. Doch es kursierten auch völlig frei erfundene Texte, deren Verfasser schlicht und einfach ihren eigenen Nutzen aus der wachsenden Nachfrage auf dem Markt buddhistischer Literatur ziehen wollten und ihre Fälschungen dann üblicherweise als Übersetzungen eines Sanskritoriginals ausgaben. Es gibt nur wenige andere Phänomene, die ein derart klares Bild von einem gesunden Markt für zahlende Verbraucher malen können wie das Auftauchen von Fälschungen.

Dennoch, im Papier fand der chinesische Buddhismus den idealen Partner. Natürlich wurden seine Schriften auch noch auf Bambus verbreitet, zumindest in den Anfangsjahren, doch Bambus war kein neutraler Beschreibstoff, da er mit so vielen Assoziationen verknüpft war, am deutlichsten wie gesagt mit klassischen Texten in hochchinesischer Sprache, deren Inhalte sich dem Verständnis des überwiegenden Teils der Bevölkerung entzogen. Außerdem wirkten Bambustäfelchen angesichts des Aufwands an Zeit und Geld, der für ihre Herstellung nötig war, noch exklusiver, seit es neben ihnen Papierblätter gab. Papier war der ideale Beschreibstoff für eine importierte Religion, die eine Verbindung zum Volk herstellen wollte und deren Stil wie Inhalte weit über die chinesischen Eliten hinaus zielten. Durch die Verwendung von Papier konnte sich nun auch ein immer größerer Teil der Bevölkerung den Erwerb solcher Texte leisten.

Derweil sich dieser »Papierbuddhismus« also in China verbreitete, nahm er seine landestypische Ausprägung an. Er adaptierte chinesische Geschichten von Luft- und anderen Geistern; er entlieh sich Aspekte vom konfuzianischen Verständnis der Sitten und Gebräuche; er übernahm Anteile von der daoistischen Praxis der

»reinen Konversation« (einer Art philosophischer Schlagfertigkeit); und gelegentlich wurde der Buddha sogar mit der mythischen »Königinmutter des Westens«, der sagenumwobenen Retterin der Han-Chinesen, gleichgesetzt (deren Sitz der Sage nach der Teil des Kunlun-Gebirges ist, der das chinesische Turkestan durchzieht). Der chinesische Buddhismus ist ein Mischling, aber seine Anpassungsfähigkeit bescherte ihm seinen enormen Erfolg. Bis zum Ende des 3. Jahrhunderts gab es 180 buddhistische Einrichtungen mit insgesamt 3700 Mönchen allein in den beiden chinesischen Großstädten Chang'an und Luoyang.

Mit dem Papier hatte der Buddhismus seinen Beschreibstoff und in den Übersetzern seine Missionare gefunden. Aber zum Hauptquell für seine Ideen (jenseits der ursprünglichen eigenen Traditionen) wurde in China der Daoismus. *Dass* der Buddhismus dessen Methoden übernahm, trug viel zur Akzeptanz seiner Schriften bei der breiten Masse bei. Als Erstes machte er sich die Bedeutung zu eigen, die der Daoismus einem Schriftenkorpus beimaß – eine Facette, die Laozi selbst vermutlich abgestoßen hätte, da er ja von der hoffnungslosen Unzulänglichkeit von Sprache überzeugt gewesen war. Doch nun, ein halbes Jahrtausend nach Laozi, war es gerade die daoistische Fixierung auf das geschriebene Wort, die so viel zum weiteren glücklichen Geschick des Buddhismus und des Papiers beitragen sollte.

Daoisten forderten, dass ein Gläubiger jeden Ort, an dem er eine Schrift vorfand, reinigen und purifizieren müsse, um dann an Ort und Stelle einen Altar zu errichten. Es gab sogar Geschichten über Berge, die sich demjenigen öffneten, der überzeugt daran glaubte, dass das *Dao* ihm geheime Schriften offenbaren werde. Daoistische Texte, vor allem das *Dao De Jing*, stellten das Leuchten der Urenergie dar und galten somit selbst als göttlich. Eine daoistische Schrift aus dem 4. Jahrhundert befiehlt ihren Lesern, sich vor der Berührung die Hände zu waschen, Räucherstäbchen zu entzünden und sich vor ihr zu verbeugen. Ein daoistischer

Höfling aus dem 5. Jahrhundert brachte seinen Schriftrollen sogar Opfer dar. Und eine der umfangreichsten Annalen Chinas verzeichnet eine daoistische Geschichte mit dem Titel »Rote Zeichen auf Papier schreiben und dieses verschlucken«.

Nachdem sich China im 3. Jahrhundert n.d.Z. gespalten und die Zeit der Drei Reiche begonnen hatte, fragte der Herrscher des Südreichs Wu, einen daoistischen Magier aus Südchina (sein Familienname war Li) um Rat, ob er Krieg führen solle. Li bat um Papier und Pinsel. Dann malte er Soldaten, Pferde und Waffen auf zehn Blätter, zerriss diese, zeichnete auf ein frisches Blatt einen großen Mann, grub ein Loch in die Erde und begrub dieses Papier. Somit hatte er Verlust und Tod vorausgesagt. Dann ging er. (Tatsächlich sollte der Kaiser später auf dem Schlachtfeld fallen.) Demnach pflegte der Daoismus seine Leidenschaft für Geschriebenes auch in das Reich des Spirituellen zu transportieren, womit er dem geschriebenen Wort natürlich eine enorme Kraft und Autorität verlieh.

Die Buddhisten in China übernahmen diese Liebe zum Geschriebenen nicht nur, sondern entwickelten eine geradezu obsessive Vorliebe für das geschriebene Wort, gefördert natürlich noch von den Übersetzungen solcher bedeutenden buddhistischen Texte wie dem Lotus-Sutra und dem Diamant-Sutra, die betonen, dass sich der Gläubige durch das Kopieren buddhistischer Schriften spirituelle Verdienste erwerben kann, unabhängig davon, wie viele Leser er mit seiner Abschrift erreicht. In China waren dies besonders populäre Texte. Aurel Stein brachte allein mehr als fünfhundert Diamant-Sutras aus der Höhle von Dunhuang mit (nun ja, er konnte ja auch kein Chinesisch lesen).

Dem Lotus-Sutra zufolge soll man jede Rolle dieser Schrift so behandeln, als sei sie der Buddha selbst. In den vielen überlieferten chinesischen Geschichten über die Wunder, die mit dem Kopieren von heiligen Schriften einhergingen, spielt deren wortgetreuer Inhalt letztlich jedoch immer nur eine Nebenrolle. Im Vordergrund steht deren spirituelle Kraft, und die ist stets untrennbar mit ihrer physischen Gegenwart verbunden. Das heißt, allein das Vorhandensein eines Sutras in der Gestalt von Tusche und Papier gereicht seinen Kopisten, Besitzern oder Verehrern zum Verdienst. Die Abschrift eines Sutras war ein derart ernsthaftes Unterfangen, dass es Schreiber gab, die dazu sogar das eigene Blut verwendeten, in der Hoffnung, dass dies den spirituellen Verdiensten eines jüngst verstorbenen Elternteils (oder dem eigenen Verdienst) besonders hoch angerechnet würde.

Chinesische Buddhisten versuchten jedoch nicht nur ihre Sutras am ideellen Gewicht von daoistischen Texten zu messen, sie wetteiferten mit ihnen auch um Inhalte. Beide Religionen begannen einander nachzuahmen und wechselweise ihre Schriften zu plagiieren, bis das Ganze schließlich zu einer regelrechten Polemik geriet. *Dharma*, die ewige Lehre Buddhas, wurde in den ersten chinesischen Übersetzungen zu *dao*, und das war natürlich auch die Bezeichnung für Laozis unbeschreibbaren Weg. Der Daoismus wiederum erschuf seinen Verehrungswürdigen Himmlischen Erlöser nach dem Bild des buddhistischen Bodhisattva Avalokitesvara und erhöhte somit dessen Rolle und Wesenheit, stellte ihn aber entgegen seinem ungeschlechtlichen Ursprung als ein weibliches Wesen dar, so, wie es auch der chinesische Buddhismus tat. Der Buddhismus entlieh sich von seinem neuen Konkurrenten wiederum die Erlöservision und die Apokalypse, derweil beide eine Zukunft voller Dämonen, Krankheiten und Katastrophen predigten.

Plagiat wurde das Mittel zum Zweck der Herstellung einer Aura von Authentizität und Respektabilität. Das »Sutra von den drei Küchen« war buddhistisch, die »Schrift von den fünf Küchen« daoistisch. Die daoistische »Wunderbare Schrift über die Verlängerung des Lebens und die Vermehrung von Verdiensten« zog das nahezu identische buddhistische »Sutra über die Vermehrung von Verdiensten« nach sich. Andere apokryphe buddhistische Texte aus der Höhle von Dunhuang ließen sich zu einem Korpus reihen, der sein genaues Gegenstück in einer daoistischen Sammlung von exakt gleicher Reihenfolge fand. Mit diesem Plagiieren setzte auch der Konkurrenzkampf um die »Bekehrung der Barbaren« ein.

Es begann mit dem »Sutra über die Bekehrung der Barbaren«, das in der Absicht verfasst worden war, den Daoismus in China als den einzig wahren Glauben zu definieren und den Buddhismus als den Import einer Religion aus viel späteren Zeiten zu verunglimpfen. (Der französische Archäologe Paul Pelliot, der nach Stein in Dunhuang eingetroffen war, entdeckte in der Höhle eine Kopie dieses Sutras im Rollenformat.) In Wahrheit, behaupteten die Daoisten, habe Laozi die Reise gen Westen angetreten, um den barbarischen Indern Sittlichkeit beizubringen, dort aber feststellen müssen, dass er seine Lehren erst einmal der unterlegenen Intelligenz der Inder anpassen musste. Deshalb habe er den Buddhismus erschaffen. Und in der daoistischen Schrift »Über die Aufhebung von Flüchen, offenbart vom Höchsten Herrn Lao« spiegelte sich nicht nur die buddhistische Anweisung zum Umgang mit Hexerei, sie verlegte Laozis Reise nach Indien auch in das 9. Jahrhundert v.d.Z. und demnach in einen sicheren zeitlichen Abstand zur späteren Geburt des Buddha. Buddhistische Sutras behaupteten hingegen, dass es genau umgekehrt gewesen sei – Laozi sei ein Schüler Buddhas gewesen, und es sei vielmehr der Buddha nach China gekommen, nicht umgekehrt; überhaupt stamme Laozi in Wahrheit aus Südasien. Am Ende konnte nur noch ein Schiedsrichter helfen.

Im Jahr 570 überreichten buddhistische Kläger dem Kaiser eine Kopie der Schrift *Über das Dao lachen*, eine Aufstellung sämtlicher schriftlicher Anleihen des Daoismus beim Buddhismus. Zeitweilig wurde der Disput derart hitzig geführt, dass der Kaiser sich genötigt sah, selbst einzugreifen: Im Jahr 705 untersagte Kaiser Zhongzhong den Daoisten, in ihren Tempeln bildliche Darstellungen von Laozi bei der Bekehrung der »Barbaren des Westens« auf dem indischen Subkontinent zu zeigen.

Auch wenn papierne Talismane, Bildnisse und Ikonen in beiden Religionen großgeschrieben wurden, war es doch das Bündnis von Pinsel, Tusche und Papier, aus dem der Stoff des buddhistischen Konkurrenzkampfs gegen den Daoismus gemacht war. Schließlich wurden solche Mengen an Texten geschrieben, dass die Mönche begannen, das benötigte Papier selbst herzustellen. Um das Jahr 650 wurde einem Novizen nahe der Hauptstadt aufgetragen, eine große Zahl von Maulbeerbäumen zu pflanzen, um daraus das begehrte *Xuan*-Papier für Sutra-Abschriften herzustellen. Und während ein stetiger Fluss an indischen Originalen ins Land strömte – oder chinesische Fälschungen im Land auftauchten –, finanzierten Aristokraten den Klöstern gewaltige Übersetzungs- und Kopierprojekte. Wie die Mönche, die hofften, von der Abschrift der Sutras Verdienste für dieses und ihr nächstes Leben ansammeln zu können, erhofften die Förderer, sich diese durch die Finanzierung solcher Projekte zu erwerben. Angesichts der Produktionsmengen mussten sich die Klöster jedoch bald völlig neue Lösungen ausdenken, um die Menge an Sutras überhaupt noch unterbringen zu können.

Im Longxing-Kloster (auf seinem Grund und Boden hatte bereits im 6. Jahrhundert ein buddhistisches Kloster gestanden) erdachte man zum Beispiel einen drehbaren Regalturm zur Lagerung von Sutras. Das Gerät aus dem 12. Jahrhundert befindet sich mitten in der großen quadratischen Halle eines Pavillons und sieht mit seinem sechseckigen, nach oben ausschwingenden Holzdach und dem Gewirr aus hölzernen Streben wie eine Kreuzung aus dem Innengebälk einer Arche und einem altmodischen Kettenkarussell aus. Es ist von einer kreisrunden Rinne umgeben, in der man festen Stand finden konnte, wenn man die dreieinhalb Meter hohe und von Pfeilern gestützte Konstruktion, in der mehrere hundert Papierrollen gelagert werden konnten, an den Holzstützen zu drehen begann. Auch das Drehen des Rondells und somit der Sutras war eine Möglichkeit, Verdienste anzusammeln, da man sie auf diese Weise im Kreis bewegte und der

Kreis im Buddhismus etwas Heiliges ist. Die Schriften wurden also nicht nur gelesen, skandiert oder besessen – sie wurden auch gedreht.

Im Zuge des bibliografischen Kampfes zwischen Buddhismus und Daoismus versuchte jede Seite, die andere mit Texten zu überschwemmen und der Elite wie der Gesellschaft des Landes durch das schiere Gewicht, die Kompetenz und das Primat der eigenen Schriften ihren jeweils eigenen Wert zu beweisen. Was diese Auseinandersetzung jedoch wirklich einzigartig machte, war die Geschwindigkeit, mit der die Schriften produziert wurden. Texte über Religion, Politik und den Kosmos waren natürlich schon seit Jahrhunderten auf Bambus, Seide oder Stein geschrieben worden, aber wie gesagt nur für einen exklusiven Leserkreis und immer nur eine nach der anderen. Doch seit etwa dem 4. Jahrhundert mussten buddhistische und daoistische Schreiber in China nicht nur eine viel breitere Leserschaft erreichen, sondern diese auch so schnell als möglich bedienen, da sie sich ja in einem Wettstreit um die Seelen und Gemüter der Massen – und um die Marktanteile – befanden. So kam es schließlich mit der einzigartigen Hilfe von Papier zu einem kalten Religionskrieg. Denn Papier war der einzige Beschreibstoff, der seines Preises, seiner Verfügbarkeit und seiner leichten Beschreibbarkeit wegen den Bedürfnissen beider Parteien entsprach. Zum ersten Mal versuchte man, Massenkopien von Texten anzufertigen, damit die jeweils eigenen Schriften schnell im ganzen Reich verfügbar waren und die Gebildeteren zur geistigen Auseinandersetzung oder die Analphabeten zur Nutzung als Talismane anregen konnten. Beide Seiten waren nun entschieden mit einer Kanonisierung ihrer Schriften befasst.

Als dann Puristen über die vielen Ungenauigkeiten und Fehler in den buddhistischen Übersetzungen zu klagen begannen und man neue, verlässlichere Versionen herzustellen versuchte, stieg nicht nur der Produktionsausstoß ein weiteres Mal an, es intensivierte sich auch der Schriftenaustausch mit anderen buddhistischen Ländern. Im Jahr 401 traf Kumarajiva, ein Mönch aus Kucha im Nordwesten des heutigen China, in der chinesischen Hauptstadt ein, gewappnet mit einem außerordentlichen Sutra-Gedächtnis und vorzüglichen Chinesischkenntnissen (die er Gerüchten zufolge im Gefängnis erworben hatte). Erst nachdem er genügend Überzeugungsarbeit geleistet und verdeutlicht hatte, wie stark der chinesische Buddhismus von der Sprache und den Glaubensvorstellungen der Daoisten verwässert worden war, entstand ein Bewusstsein für die Bedeutung von exakten Übersetzungen und Kommentaren.

Während Kumarajiva also Richtung Osten gereist war, machte sich der chinesische Mönch Fa Xian auf den Weg in so weit westlich gelegene Orte wie Ghazni und Kandahar in Afghanistan, Pataliputra in Zentralindien und sogar Sri Lanka, wo er jeweils weitere Texte erwarb, die nach seiner Rückkehr übersetzt wurden. Fa Xian arbeitete eng mit Kumarajiva zusammen. Die Sorge um textuelle Genauigkeit zog einen vermehrten Austausch von Handschriften, noch mehr Kopien und noch weitere Übersetzungen nach sich. Doch nun waren es gelehrte Übersetzer, die den chinesischen Buddhismus zu prägen begannen. Die »Biografien herausragender Mönche«, eine im Jahr 530 abgeschlossene Sammlung auf vierzehn Rollen, führte 257 Männer und Frauen aus der späteren Han-Periode auf (dass auch Frauen zu den »Herausragenden« gezählt wurden, war in Anbetracht der strikt patriarchalischen chinesischen Gesellschaft ein ganz entscheidender Schritt). Unter ihnen befanden sich fünfunddreißig Übersetzer, hunderteins Exegeten, zwölf buddhistische Rechtsgelehrte, einundzwanzig Sutra-Rezitatoren und elf »Sutra-Meister«. Der chinesische Buddhismus förderte Belesenheit in einem Maße, wie es dem Konfuzianismus nie gelungen war – aber er war ja auch zu einer Schriftreligion geworden, die den Akt des Kopierens oder Übersetzens und sogar den bloßen Besitz einer heiligen Schrift als eine Möglichkeit verstand, Verdienste anzusammeln. Der Akt des Lesens war demgegenüber oft sekundär.

Da der Buddhismus vor allem an den Rändern der chinesischen Gesellschaft Fuß gefasst hatte, besaß die Kaiserliche Bibliothek der Jin-Dynastie Nordchinas im Jahr 279 auch erst sechzehn buddhistische Schriftrollen. (Vermutlich belief sich eine jede davon auf mehrere Hundert bis mehrere Tausend chinesische Schriftzeichen, je nachdem, um welchen Inhalt es sich handelte, denn Papierblätter ließen sich an den Stößen gut zu langen Rollen verkleben.) Aber auf das Alltagsleben unter dieser Dynastie hatten sich der Buddhismus und seine Schriften längst ausgewirkt. Nicht nur dank der praktischeren Papierrolle, sondern auch, weil man sich sogar das Lesen einer Schriftrolle von Anfang bis Ende als Verdienst anrechnen konnte, hatte sich der Glaube relativ einfach verbreiten können. (Die Suche nach einer bestimmten Passage blieb aber natürlich auch bei einer buddhistischen Papierrolle ein ausgesprochen mühsames Unterfangen.) In dieser Zeit wurden Sutras skandierende Mönche ein derart vertrauter Anblick und ihr Gemurmel ein derart oft vernommenes Geräusch, dass es sogar einem neuen chinesischen Idiom ins Leben verhalf: Hörte man eine Katze schnurren, sagte man nun automatisch: »Katze liest Sutras.« Schließlich begann sich auch der Kaiserhof für den Buddhismus zu interessieren, und damit wurde dessen Texten erstmals eine Klientel mit sehr viel tieferen Taschen beschert.

So kam es, dass die Kaiserliche Bibliothek der Song-Dynastie Mitte des 5. Jahrhunderts bereits im Besitz von 438 mit Hunderttausenden Schriftzeichen beschriebenen buddhistischen Rollen war. Nachdem ein gewisser Ruan Xiaowu im frühen 6. Jahrhundert die Rollen der Liang-Dynastie in Nordchina erbeutet hatte, konnte er 2410 buddhistische und 425 daoistische Titel sein Eigen nennen. Wenige Jahre später wurden in einem der ersten Kataloge buddhistischer Texte in chinesischer Sprache 2162 Werke auf 4328 Schriftrollen aufgeführt. (Eine Rolle konnte auch aus einem einzelnen Blatt bestehen, ab zwei Blättern bezeichnete man sie als Schrift- oder Buchrolle.)

Das buddhistische Schriftenkorpus sprengte längst den Rahmen dessen, was ein einzelner Leser in sich aufnehmen konnte, wuchs aber immer noch weiter an und fügte somit sein eigenes Gewicht dem des Papiers hinzu, das mittlerweile in ganz China produziert und beschrieben wurde. Am Ende des 6. Jahrhunderts erließ Kaiser Wu (der vermutlich konvertiert war, um seiner Legitimität Nachdruck zu verleihen) ein Dekret, wonach Abschriften von sämtlichen buddhistischen Werken erstellt und in den Tempeln aller Großstädte gelagert werden sollten. Für die Kaiserliche Bibliothek gab es Sonderanfertigungen. Im Laufe seiner Regentschaft sollten mehr als 130 000 Schriftrollen transkribiert werden.

Diese gezielte Förderung des Buddhismus durch den Kaiser sollte sich noch als sehr bedeutend erweisen, nachdem sich Nord- und Südchina im Jahr 589 nach drei Jahrhunderten der Spaltung wiedervereinigt hatten. Ein kaiserlicher Katalog aus dem Jahr 597 führt 2146 buddhistische Werke auf 6235 Schriftrollen an; ein zeitgenössischer Historiker vermerkte, dass auch Privatsammlungen mittlerweile um das Zehn- bis Hundertfache mehr buddhistische als klassische konfuzianische Texte enthielten; und die dynastische Geschichtsschreibung der Sui (598–618) hielt sogar fest, dass die Zahl der vorhandenen buddhistischen Schriften die der konfuzianischen Klassiker inzwischen um das Tausendfache überstiegen habe. Mittlerweile hatte sich auch eine geistige Parallelelite von buddhistischen Mönchen und Priestern herangebildet, die von der konfuzianischen Elite lange nicht ernst genommen wurde. Im Zuge ihres gesellschaftlichen Aufstiegs waren buddhistische Klöster zu wohlhabenden Großgrundbesitzern geworden und hatten mit dem Kopieren von buddhistischen Schriften aktiv zur fortschreitenden Alphabetisierung des Volkes beigetragen. Der Buddhismus war eine Partnerschaft mit dem geschriebenen Wort eingegangen, welche China dann zum eigenen Nutzen aufrüttelte. Und dank des Papiers war es dieser fremden Religion gelungen, etwas zu erreichen, das ihr mit Bambus, Holz und Stein allein vermutlich niemals gelungen wäre – die Erschaffung eines riesigen Marktes für immer mehr Leser und Käufer ihrer heiligen Schriften. Der chinesische Buddhismus hatte zum Durchbruch des Papiers beigetragen. Erstmals gab es Anzeichen für die Popularität, die dieser Beschreibstoff einmal weltweit genießen sollte.

Unter den Schriften in der Höhle, zu der Wang Yuanlu Aurel Stein geführt hatte, dominierten zwar buddhistische Texte, aber Stein hatte auch Nachweise für viele andere Zwecke gefunden, zu denen Papier genutzt worden war. Einige, zum Beispiel Etiketten für Medizin, waren prosaischer Natur, andere, zum Beispiel persönliche Briefe und Gedichte, waren das Produkt von bereits versierten Autoren. Doch zwischen diesen beiden Verwendungsmöglichkeiten angesiedelt fand sich eine ganze Bandbreite an Papieren, die erkennen lässt, wie weitgehend sich Papier bereits Zugang zu den unterschiedlichsten Gesellschaftsschichten verschafft hatte und zu welch vielfältigen Zwecken es verwendet wurde.

Sogar Getränke wurden auf Papier thematisiert. Auf einem Dokument aus Dunhuang fand sich ein Gedicht aus dem 9. oder 10. Jahrhundert über den »Streit zwischen Tee und Wein«: Die beiden Getränke debattieren, welches von ihnen das überlegene sei. Schließlich mischt sich das Wasser ein und beendet den Streit mit der Erklärung, dass beide nichts ohne es wären. Auf einem anderen Dokument fanden sich »Beispielbriefe«: Der Schreiber hatte Muster für den guten Brief zu jedem Anlass erstellt, jeweils mit der angemessenen Anrede, Schlussformel und den entsprechenden Wendungen.

Als Datum dieses Dokuments war der 13. Oktober 856 angegeben (auf den Gregorianischen Kalender übertragen). Es offerierte festgelegte Formeln für jede Art von Korrespondenz – vermutlich, weil mit dem Beginn der Tang-Dynastie im 7. Jahrhundert die konfuzianische Hierarchie und ihre Sitten wiederbelebt worden waren – und war auf einem grau getönten Papier verfasst, das sich dick und rau wie Rupfen anfühlte, also ein offensichtlich ungeschliffenes, billiges Alltagsprodukt war, in dem sich der Massenmarkt spiegelt, von dem die konfuzianischen Texte nie hatten profitieren können. Unter den angeführten Beispielen findet sich auch »Ein Brief den Wein betreffend«. Er wurde von dem britischen Sinologen Lionel Giles evokativ ins Englische übertragen (Giles hatte Anfang des 20. Jahrhunderts erstmals die Dokumente katalogisiert, die Stein an das British Museum gesandt hatte):

*Gestern war ich, da ich zu viel getrunken hatte, so berauscht, dass ich alle Grenzen überschritt, doch nichts, was ich in so unhöflicher und rüpelhafter Sprache äußerte, geschah bei vollem Bewusstsein. Am Morgen darauf, als ich darüber reden hörte und mir bewusst wurde, was geschehen war, geriet ich in übermächtige Bestürzung und wollte aus Scham sogleich im Erdboden versinken. Es konnte nur geschehen, weil ein Gefäß von geringer Aufnahmefähigkeit kurzfristig zu voll gefüllt worden war. Ich vertraue in aller Demut darauf, dass Ihr mich in Eurer weisen Güte meiner Verfehlung wegen nicht verdammen werdet. Bald werde ich kommen, um mich persönlich zu entschuldigen, doch einstweilen erlaube ich mir, Euch diese schriftliche Botschaft zur freundlichen Kenntnisnahme zu übersenden. Derweil vieles noch ungesagt bleibt, verbleibe ich ergebenst Euer...[7]*

Den Folgen eines unkontrollierten Besäufnisses konnte man vielleicht noch mit einigen zerknirschten und wohlformulierten Zeilen auf einem Blatt Papier beggnen, doch die meisten Schriftrollen waren Dutzende Meter lang. Einigermaßen angenehm zu lesen waren sie, wenn sie nicht länger als zwei, drei, unter Umständen auch bis zu sechs Meter waren. Aber üblich waren Rollen von zwölf Metern Länge, und es gab durchaus noch längere. Da konnte es schon zermürbend lange dauern, bis man sich zu einem Kapitel durchgerollt hatte oder den Text von einem Diener hatte vor- und zurückrollen lassen.

Eine der entscheidendsten Entwicklungen, die ebenfalls anhand der Dunhuang-Sammlung rekonstruiert werden konnte, war daher der Schritt hin zum Kodex, dem Buch aus mittig gefalteten Blättern mit einer einseitigen Bindung, das wir bis heute verwenden. (Im Mittleren Osten war der Kodex, das bevorzugte Format christlicher Schriften, bereits seit Jahrhunderten gebräuchlich gewesen, wenngleich allgemein Pergament dafür verwendet wurde, da Papyrus sich schlecht falten ließ.) Um solche chinesischen Bücher zusammenzuhalten, wurden schließlich unterschiedliche Bindungstechniken verwendet, etwa die *Sutrabindung* oder die *Schmetterlingsbindung*, bei der die innen liegenden Falzstellen an einen Umschlagbogen geleimt wurden, sowie diverse andere, von der *Fadenbindung* über die *Wirbelwindbindung* bis hin zur *Außenfalzbindung*. Möglicherweise hatten die chinesischen Schreiber, Papiermacher und Buchhändler das nötige Wissen für die Buchbindung über den Umweg der südasiatischen Technik für die Bindung von Palmblattbüchern erworben.

Solche Bindungstechniken fanden sich jedoch nur bei einigen der jüngsten Exponate aus der Stein-Sammlung. Auch die Qualität des Papiers veränderte sich im Laufe der Zeit, teils dank der Tang-Dynastie (618–907), in deren Periode ein so massiver Anstieg kultureller Produkte zu verzeichnen gewesen war, dass der Bedarf an Papier zwar die Produktionseffizienz steigerte und den Preis senkte, zugleich aber auf Kosten der Handwerkskunst ging. Dieser Qualitätsverlust war allerdings auch auf die Abspaltung des Nordwestens von Zentralchina im 10. und 11. Jahrhundert zurückzuführen, denn die hatte einen Versorgungsengpass mit feinem Maulbeerpapier in der nordwestlichen Dunhuang-Region zur Folge gehabt.

Die Papiere, die Aurel Stein studierte, waren aus Hanf oder der Rinde des Maulbeer- beziehungsweise Papiermaulbeerbaums gemacht, einige wenige auch aus Ramie oder Chinagras. Die älteren Papiere waren für gewöhnlich fein, sorgfältig poliert und gegen die Beschädigung durch Ungeziefer gelblich oder ockerfarben eingefärbt. Spätere Papiere waren gröber. Zwischen zehn bis achtundzwanzig Blätter von jeweils dreißig Zentimetern Breite und sechzig Zentimetern Länge wurden zu langen Rollen verklebt. Wir wissen nicht, warum sie in der Höhle landeten, auch wenn schon viele Erklärungen dafür angeboten wurden, etwa, dass sie während einer Klosterrenovierung ausgelagert werden mussten oder dass man sie aus Angst vor dem Vandalismus der Soldaten dort versteckt habe oder auch dass man damit schlicht dem Wunsch gefolgt sei, alte Schriften vor den Unbilden der Politik oder vor Abnutzung zu bewahren. Die Gegend war von jeher eine Grenzregion und deshalb immer wieder den bewaffneten Angriffen diverser Männer ausgesetzt gewesen, die ein Auge auf den Kaiserthron geworfen hatten. Im 9. Jahrhundert hatte sie sogar eine Weile das nördliche Grenzland des tibetanischen Reiches gebildet. Es kann also durchaus Instabilität der Grund für die Entscheidung gewesen sein, alte Schriften in Höhlen zu verwahren.

Es ist faszinierend, welcher Aufwand betrieben wurde, um diese Papiere zu schützen. Im Chinesischen sprach man von einem (buchstäblichen) »Achten-Ehren-Schreibpapier« *(jingzhi zizhi)*, was sich einerseits als »achte und ehre das Schreiben und das Papier« lesen ließe, andererseits auch als »achte und ehre das Schreiben auf Papier«. Man warf Papier mit Schriftzeichen darauf nicht einfach weg. (Der Historiker Geoffrey Wood wies darauf hin, dass viele Sutra-Rollen aus Dunhuang, die starke Gebrauchsspuren aufwiesen, sorgfältig mit Papierstreifen geflickt worden waren – auch das ein Hinweis auf einen ehrfurchtsvollen Umgang.)

Chinesischen Schriftzeichen wurde von jeher ein Wert an sich zugeschrieben. Das mag zwar noch nicht den offensichtlich sehr wohlbedachten Versuch erklären, Texte von einer solch außerordentlichen Bandbreite in einer Höhle zu verstecken, spricht aber für die grundsätzliche Überlegung, dass es wichtig sei, wertvolle Schriften für künftige Generationen zu erhalten, zum Beispiel, indem man sie in einer versiegelten Höhle vor der Gefahr von Krieg und Chaos schützt. Denn natürlich waren es auch Kriege und soziale Unruhen, die die Autorität der Bambuselite beschnitten und dem neuen Beschreibstoff, auf dem neue Schriften und neue Ideen erblühen konnten, zum Aufstieg verhalfen. Fu Xian, der Dichter aus dem 3. Jahrhundert, hatte schnell die Möglichkeiten erkannt, die das Papier neuen literarischen Versuchen bot. Die früheste Erwähnung des neuen Beschreibstoffes als Ersatz für Bambus stammt aus Fu Xians »Ode an das Papier«:

> *Ist das Wort simpel, ist Zierrat von Nutzen. Bräuche verändern sich im Laufe der Zeit ebenso wie Gewebe. Zum Zweck der Aufzeichnung ersetzten Kerben die Seilknoten und Papier den Bambus. Als Stoff ist Papier fein und wert, in Ehren gehalten zu werden, denn seine Form ist rechtwinklig, seine Farbe rein und seine Beschaffenheit einfach. Seine Oberfläche trägt Aufsätze und ausdrucksstarke Wörter. Es entfaltet sich, wenn ich es lesen will, und ich kann es wieder falten, wenn ich es gelesen habe. Lebt man fern von seiner Familie und Verwandtschaft, kann man schnell einen Brief schreiben und durch einen Boten überbringen lassen. Wie weit dein Zuhörer auch entfernt ist, du kannst deine Gedanken auf einem Blatt Papier zum Ausdruck bringen.*[8]

Fu Xian hatte um die Vorteile von Papier gewusst. Bambus musste beschwerlich in Streifen geschnitten werden, und Seide war teuer. Papier gewährte dem Autor hingegen eine nie gekannte Freiheit hinsichtlich der Länge und des individuellen Stils eines Textes. Bei abendlichen Geselligkeiten pflegte man oft Gedichte zu Papier zu bringen und um den besten Reim zu wetteifern. Im letzten Jahrzehnt des 1. Jahrhunderts n.d.Z. wurde Mi Heng, ein Gast bei einer solchen Geselligkeit, gebeten, ein Gedicht auf den Papagei zu komponieren, den jemand dem Gastgeber Huang Yi (Sohn des lokalen Kriegsherrn in der heutigen zentralchinesischen Provinz Hubei) als Geschenk überreicht hatte. Schnell schrieb Mi Heng eine »Rhapsodie auf einen Papagei«, die dank der einfachen Reproduktionsmöglichkeit auf Papier dann weit und breit bewundert wurde:

> *Purpurner Vogelfuß, zinnoberner Schnabel,*
> *Grünes Gefieder, gletscherblaue Krause.*
> *Elegante Erscheinung, viele Farben,*
> *Klangvoller Ton:* »*Krächz! Krächz!*«[9]

Ein ebensolches Gesellschaftsspiel hatte auch stattgefunden, als sich der Kalligraf Wang Xizhi an besagtem Sommertag mit seinen Freunden traf und sein »Vorwort zu der Zusammenkunft am Orchideenpavillon« schrieb. Als der Akt des Schreibens erst einmal aus dem Korsett der alten Bambustäfelchen befreit worden war, fand man schnell zu einer neuen Expressivität. Lu Ji (263–303), ein Schriftsteller und Literaturkritiker aus Südchina, schrieb, dass Poesie »aus dem Gefühl und ebenso reichen wie farbreichen Wörtern heraus« geboren werde. Vor dem Auftauchen von Papier hätte er das gewiss nicht behauptet.

Dank dieser neuen Freiheit konnte nun auch so mancher zum Pinsel greifen und schreiben, der zu scheu oder arm gewesen war, um im Bambuszeitalter Autor zu werden. Fu Xian selbst erklärte, dass, dem Papier sei Dank, nun sogar »ein bescheidener Mensch aus einem Provinznest berühmt werden kann«. Neue Stile wurden geboren, während es auch immer mehr Männer und Frauen gerechtfertigt fanden, ihre eigenen Gedanken, Ideen und Erfahrungen mit Tusche auf Papier zu bringen. Immer häufiger wurden nun Briefe, Tagebücher und Erinnerungen geschrieben. Das Papier erweiterte das Spektrum an Schreibern wie das an Themen und Stilen. Im Zuge der Migration von Han-Chinesen nach Südchina weitete sich die Gewohnheit des Schreibens schließlich auch von den höfischen Kreisen auf die Provinzen aus und verbreitete sich von den alten Hauptstädten aus übers Land, wo dann ganz neue Landschaften in Prosa eingefangen werden konnten.

Viele bedeutende Autoren aus der chaotischen Periode, die

dem Untergang der Han-Dynastie im Jahr 220 n.d.Z. folgte, befassten sich mit Fragen, die weiter reichten als alles, womit sich der Konfuzianismus im Allgemeinen auseinandergesetzt hatte. Ihr Studiengebiet wurde als die »Dunkle Lehre« bekannt, weil es sich dabei nicht nur um Sprache und Gesellschaft, sondern auch um den geheimnisvollen, mystischen Kosmos drehte und diese Lehre somit eine Alternative zu der strikt sittlich-moralischen Hierarchie des konfuzianischen Kosmos bot.[10] Ihre erste Blütezeit erlebte diese Lehre Mitte des 3. Jahrhunderts, als sie Philosophen zur Erforschung der Ursprünge aller Bedeutung und der Grenzen des menschlichen Verstandes anregte. Männer wie Wang Bi, eine Geistesleuchte der Dunklen Lehre, der zum Beispiel behauptete, dass die wahre Grundlage von allem das Nichts sei, brachten stetig neue Ideen hervor.

Ein anderer aufblühender literarischer Zweig war die neue Literaturkritik. Es war üblich gewesen, kleinere Bambustäfelchen für Kommentare und größere für die Klassiker selbst zu verwenden, doch inzwischen hatte sich die Art von Kommentaren verändert, und für sie war Papier ein wesentlich geeigneterer Beschreibstoff. Um 280 verfasste der Literaturkritiker Lu Ji sogar einen Lobgesang auf die Vielseitigkeit und Wandlungsfähigkeit von Literatur:

*Wörter auf einem Täfelchen stellen auf elegante Weise Sachverhalte dar, Elogen aber sind etwas Behutsames und Gefühlvolles. Inschriften leben von Bündigkeit [...], Oden müssen verständlich und üppig sein, Abhandlungen hingegen komplex und flüssig. Staatsberichte bedürfen der Direktheit und Anmut, wohingegen das Argument die Erläuterung und Überzeichnung bevorzugt.[11]*

Dreißig Jahre später schrieb ein Gelehrter namens Zhi Yu einen »Diskurs über die Entwicklung von literarischen Gruppen«, um die Identifizierung der Grenzen zwischen den verschiedenen Genres zu erleichtern. Dabei erklärte er auch die Bedeutung von

Papier: Die Notwendigkeit, Literatur neu zu klassifizieren, stehe in einem direkten Zusammenhang mit dem Wechsel zu dem Beschreibstoff, welcher es dem Schreiber ermögliche, sich von der bislang erzwungenen knappen Äußerungsweise zu lösen.[12] Damit erzählte er sozusagen die Geschichte von der Befreiung des Satzes. Mehr Raum für das geschriebene Wort ermöglichte nicht nur mehr Expressivität, sondern auch mehr Genauigkeit. Natürlich war diese Entwicklung nicht allein dem Papier zu verdanken, auch die wachsenden äußeren Einflüsse, die seit dem Sturz der Han-Dynastie auf die politischen und gesellschaftlichen Eliten einwirkten, hatten zu neuen literarischen Formen ermuntert. Doch Papier war der Schlüsselfaktor, bedenkt man die Rolle, die es nicht nur bei der Geburt, sondern auch bei der Verbreitung so vieler neuer literarischer Stile spielte.

Der chinesische Literaturwissenschaftler Zha Pingqiu schilderte 2007 die Geschichte des Wechsels vom Bambus zum Papier, der einen so massiven Anstieg von Korrespondenzen und Literaturkritiken nach sich zog.[13] Der große Literaturliebhaber Ru Xiaoxu beispielsweise hatte bis zu seinem Tod im Jahr 536 zahlreiche Bibliografien zusammengetragen und das schnelle Anwachsen der kaiserlichen Bibliotheken in den Wei- und Jin-Perioden vermerkt (zweier Dynastien – von 220 bis 420 –, die nicht zu den Han zählten und aus chinesischer Sicht »Barbaren« waren). Es wurde sogar eine eigene literarische Kategorie für Gedichte und Essays persönlicher Art erschaffen – worin erneut die wachsende Bedeutung der individuellen Stimme in der Schriftstellerei zum Ausdruck kam, mit der Folge, dass auch solche Schriften von mehr und mehr Intellektuellen ernst genommen wurden. Den Lehrern kam Papier ebenfalls zugute, da sie sich nun nicht mehr nur auf die mündliche Lehre oder das Gedächtnis ihrer Schüler zu verlassen brauchten und ihnen mehr Spielraum für mehr Informationen und Querverweise im Klassenzimmer zur Verfügung stand.

Derweil fanden all diese neuen Werke nicht nur Eingang in

die kaiserlichen, sondern auch in private Bibliotheken. Zu Beginn der Wei-Dynastie stellte der kaiserliche Bibliothekar Wang Xiang einen Sammelband über die Werke im kaiserlichen Besitz zusammen, eine Bibliografie mit mehr als vierzig Unterteilungen, die achtzig Millionen Schriftzeichen erforderte.[14] Eine solche Menge wäre im Bambuszeitalter undenkbar gewesen, nicht zuletzt wegen des sperrigen Formats und den schlechten Lagerungsmöglichkeiten eines Bambuswerkes. Allerdings war Papier noch immer nicht preiswert genug und konnte sich, obwohl es zunehmend häufiger benutzt wurde, auch jederzeit wieder verteuern. Ein Beispiel aus dem späten 3. Jahrhundert findet sich dafür sogar in der dynastischen Geschichtsschreibung der Jin-Dynastie: Der Dichter Zuo Si hatte zehn Jahre mit der Komposition seines Prosagedichts »Schwärmerei über die drei Hauptstädte« verbracht. Das Werk wurde so beliebt und so oft kopiert, dass der Preis von Papier in Luoyang prompt auf neue Höhen kletterte. Jahrhunderte später schrieb der Qing-Dichter Yuan Mei (1716–1797) einem Freund, dass die Einzigen, die von dem Erfolg des Prosagedichts von Zuo Si profitiert hatten, die Papierhändler gewesen seien.[15]

Es war Zuo und seinem Werk zu verdanken, dass der Spruch: »Der Preis von Papier ist hoch in Luoyang« zu einem idiomatischen Synonym für die Lobpreisung eines literarischen Werkes wurde – die Wendung ist bis heute in China gebräuchlich. Und je mehr Individuen wie Zuo Si eigene Werke verfassten und den Weg bereiteten für unabhängige auktoriale Stimmen, desto mehr Menschen begannen, auch auf Papier geschriebene Werke zu lesen, und desto mehr literarische Formen, die einst als unangemessen empfunden worden waren, begannen, das Licht der Öffentlichkeit zu erblicken. Kurzgeschichten, Liebesgedichte und Volkssagen, die im Bambuszeitalter meist nur mündlich weitergegeben und des teuren Bambus nicht für wert erachtet worden waren, wurden immer populärer und achtenswerter. Vor dem Aufkommen des Papiers waren Bücher in China eine »gewichtige Sache«, wie es der Wissenschaftler Endymion Wilkinson so passend nannte.[16] Mit dem Papier brach eine Zeit an, in der Literatur »leicht« wurde. Seit es begonnen hatte, die Bambustäfelchen zu ersetzen, konnte man Literatur relativ problemlos transportieren, konnten mehr Menschen sich den Besitz von Büchern leisten und mehr Texte geschrieben (oder abgeschrieben) und vertrieben werden.

Immer mehr Menschen begannen nun selber Texte vom Bambus auf Papier zu übertragen, was allerdings ebenfalls zu einer starken Zunahme von Fälschungen und fehlerhaften Abschriften führte – insbesondere wie gesagt bei religiösen Texten. Aus der Han-Dynastie haben sogar falsch zugewiesene Versionen konfuzianischer Klassiker überlebt. Das neue Papier war weder dem Format noch dem Design oder dem Layout nach standardisiert und deshalb leichte Beute für Fälscher. Aber das sind nun einmal die Probleme, mit der es eine aufstrebende Buchkultur zu tun bekommt – vor allem eine Kultur, die Literatur mit solcher Geschwindigkeit zu so niedrigen Preisen produziert. Zuvor war es das größte Problem für Leser gewesen, überhaupt Zugang zu einer Lektüre zu erhalten. Der steile Anstieg von geistigem Diebstahl beweist letztendlich nur, wie weit China seither vorangekommen war.

In Vorderasien und dem Mittleren Osten vollzog sich währenddessen ein allmählicher Wechsel vom Papyrus zum Pergament, von einem Beschreibstoff, dessen Pflanzenfasern vorrangig in Nordafrika im Nildelta und auf Sizilien wuchsen, zu einem, der zwar teurer war, aber nahezu überall gefertigt werden konnte, da man dazu nur die Haut eines Tieres brauchte. Die Bezeichnung Pergament leitet sich von Pergamon ab (dem heutigen Bergama an der türkischen Westküste, wo sich die Ruinen der antiken Stadt befinden). Laut Plinius d. Ä. hatte es dort viele Fabrikationsstätten für diesen Beschreibstoff gegeben. Die Griechen hatten Pergament seit Jahrhunderten verwendet, doch in allgemeinen Gebrauch kam es rund um das Mittelmeer erst im späten 3. Jahrhundert n.d.Z. (Augustinus von Hippo beklagte, dass er wegen der Knappheit von Papyrus auf Pergament zurückgreifen musste.) Die ältesten vollständig erhaltenen Ausgaben des Neuen Testaments sind Pergamentkodizes aus dem 4. Jahrhundert. In europäischen Ländern kann man von Glück sagen, wenn ein Papyrusdokument zwei Jahrhunderte überlebt, bevor es zerfällt, aber selbst in Ägypten, wo eine Trockenheit herrscht, die den Zerfall von Papyrus länger aufhalten kann, sind nur einige wenige Bruchstücke von neutestamentarischen Schriften auf diesem Beschreibstoff erhalten geblieben.

Die Fähigkeit Chinas, Texte zu bewahren und zu verbreiten, war ohnegleichen in der Welt. Die dynastischen Annalen aus der Zeit zwischen dem 3. und 7. Jahrhundert vermerken mehrmalige rapide Preisanstiege bei Papier, aus unterschiedlichen Gründen: weil Legionen von Mönchen und Nonnen das Werk eines besonders populären Mönchs zu kopieren begannen oder weil ein kaiserlicher Berater dafür plädiert hatte, dass der Staat das Kopieren von buddhistischen Schriften verbieten solle, um die Preise von Papier und Pinseln zu schützen. Als im 8. Jahrhundert schließlich der daoistische Kanon kompiliert wurde, bedurfte es dazu 3400 Schriftrollen. Die Fünftausend Wörter von Laozis *Dao De Jing* wurden hingegen vollständig in Stein gemeißelt, und das gleich mehrmals im 8. und 9. Jahrhundert. Bereits im 7. Jahrhundert hatte ein Mönch namens Huisi begonnen, die buddhistischen Sutras in Stein zu meißeln, doch dieser Kanon sollte erst fünf Jahrhunderte später beendet werden. In seiner Vollständigkeit bedeckte er beidseitig 7137 steinerne Stelen. (Eine gedruckte Buchfassung würde sich auf eine halbe Million Seiten belaufen.) 2009 besuchte ich Höhlen in den Bergen südwestlich von Beijing, in denen noch Tausende solcher buddhistischer Stein-Sutras verwahrt werden. Den grasbewachsenen Streifen davor, mit Blick auf das Tal, nennt man bis heute die »Sutra-Trocknungsterrasse«. Denn hier wurden jahrhundertelang papierne Sutras ausgelegt, um ihnen auch noch die letzte Feuchtigkeit zu entziehen. Die

»Papierreligionen« hatten das geschriebene Wort verbreitet wie noch niemand jemals zuvor.

Politische Auflösungsprozesse und Kriege trugen in China auch dazu bei, Papier in das Schlachtfeld zu verwandeln, auf dem die Zukunft des Landes ausgefochten wurde. Im Jahr 403 stieg ein Kriegsherr zum Kaiser der Jin-Dynastie im Norden auf. Ein Jahr später gab er seinen Thron hin und floh gen Westen, nicht ohne zuvor noch ein Dekret zu erlassen[17]:

*In alten Zeiten gab es kein Papier, deshalb wurden Bambustäfelchen verwendet. Die Verwendung von Bambustäfelchen hatte nicht das Geringste mit Respekterweisung zu tun. Von nun an sollen alle Bambustäfelchen durch gelbes Papier ersetzt werden.*[18]

Aber das war in den meisten Fällen ja ohnedies schon geschehen.

# 6

# Der Papierregen

»... und was nützen Bücher«, dachte Alice, »ohne Bilder und
Gespräche?«

LEWIS CARROLL[1]

Die ersten Erfinder Chinas waren die frühesten Herrscher des
Landes. Den Mythologien nach erfanden sie den Ackerbau, die
Familie und bezwangen das Urchaos. Sie waren Bauern, keine
Nomaden, und da sie sesshaft waren und ihre Felder pflügten,
gaben sie dem Leben eine Struktur. Das chinesische Schriftzeichen
für »Zivilisation«, ausgesprochen *wen*, ist mindestens dreitausend Jahre alt und bedeutet dem frühesten Sprachgebrauch nach
»Ordnung« oder »Muster«.

文

Ab dem 8. Jahrhundert v.d.Z. begann diese Ordnung jedoch zu
bröckeln. Das politische Zentrum konnte sich nicht behaupten
und zerfiel. Es wurden Lösungen für diese Misere gesucht, und
Konfuzius und Laozi waren nur zwei Gelehrte, die sich Gedanken über die Regeneration der Kultur machten. Und während die
einen schlicht nach militärischer Gewalt riefen, begann sich den

anderen, *wen* als eine Alternative zur Strukturierung der Welt anzubieten. Tatsächlich definierten diese Denker mit ihren Lösungsvorschlägen sogar den Begriff der »Zivilisation« neu: *Wen* stand nun auch für »Literatur«.

Männer wie Konfuzius und Laozi schrieben Hochchinesisch, was bedeutet, dass die meisten Wörter einsilbig waren. Ihre Sätze waren knapp und prägnant, wie es die Beschaffenheit ihrer Beschreibstoffe Bambus, Holz und Seide vorgab, und gewiss nicht von der Art, wie sie die Bauern auf dem Felde sprachen. In den anschließenden Jahrhunderten entwickelte sich die gesprochene Alltagssprache weiter und entfernte sich dabei immer mehr vom geschriebenen Wort, das seinerseits immer elitärere Formen annahm und schließlich zur Schriftsprache von Gelehrten in ganz China, Korea, Japan, Vietnam und darüber hinaus wurde. Doch am Ende sollte sich das Unvermögen dieser Hochsprache, Schritt zu halten mit dem gesprochenen Chinesisch, als ihre große Schwäche erweisen.

Nachdem die Han-Ordnung im frühen 3. Jahrhundert n.d.Z. zerfallen war, herrschten Nomaden über das nördliche China und begannen die traditionelle politische Ordnung aufzulösen, die für sie untrennbar mit der klassischen chinesischen Schriftsprache und ihren konfuzianischen Exponenten verknüpft war. Und da seit dem 2. Jahrhundert buddhistische Sutras in so großer Zahl ins Land strömten, bot sich diesen Nomadenherrschern eine Chance zum endgültigen Bruch mit der Han-Vergangenheit. Denn der Buddhismus, dieser Glaube von Wanderpredigern und Außenseitern, der auch alternative Visionen vom Paradies mit sich brachte, eignete sich gut als Ersatz für das gescheiterte irdische Utopia des Konfuzianismus. Aristokraten, die das Geschehen vor ihren Augen das Fürchten lehrte, fanden in den buddhistischen Visionen von einem Leben nach dem Tode Trost; Bauern erhofften sich vom Buddhismus eine Erlösung von ihren irdischen Übeln.

Der neue Glaube wurde ins Leben gesprochen, denn auch seine geschriebenen Wörter waren Aufzeichnungen in der lebendigen Sprache des Volkes und keine Repetitionen erhabener alter Überzeugungen in einer archaischen Schriftsprache. Vom Moment an, als das buddhistische Denken auf chinesischem Papier festgehalten wurde, drückte es dem gesprochenen Erbe durch die Verwendung von mehrsilbigen Wörtern und einer Grammatik, die meist ebenfalls der gesprochenen entsprach, seinen eigenen Stempel auf. Aber der Buddhismus förderte nicht nur die Alltagssprache des chinesischen Volkes, indem er sie mit Tusche zu Papier brachte, er mengte ihr auch neue grammatikalische Wendungen und Wörter aus dem Sanskrit bei, denn die Mönche, die ihre heiligen Schriften aus der Fremde nach China brachten, verstanden weder viel von der chinesischen Schriftsprache, noch brachten sie ihr besondere Achtung oder Wertschätzung entgegen.

Der neue geschriebene Sprachstil war zwar noch zu keiner in Tusche gekleideten gesprochenen Sprache geworden, verwendete aus rein phonetischen Gründen jedoch bereits wesentlich mehr Schriftzeichen als die Autoren und Herausgeber der Texte in der geronnenen Sprache des Konfuzianismus, die sich nie mit der Umgangssprache weiterentwickelt hatte. Erst im Zuge der importierten und übersetzten Sutras wurden auch die Laute, die im Augenblick des Aussprechens eines Wortes erklingen, in der chinesischen Schrift eingefangen – so, wie man Mönche Psalmen skandieren oder laut aus einer Handschrift ablesen hörte. Und da es in diesen Psalmen oft um die Entrechteten und Außenseiter ging – um Menschen also, die in der patriarchalischen konfuzianischen Hierarchie das geringste Ansehen genossen – und arkane erhabene Schriften gewiss nicht das täglich Brot von Witwen und Waisen waren, freundeten sich gerade die Angehörigen von Gruppen auf den untersten Stufen der sozialen Leiter in Scharen mit der neuen Lingua franca des Buddhismus an.

Dieser Wechsel zu einer auf Papier festgeschriebenen Umgangssprache sorgte aber nicht nur dafür, dass der Inhalt von

Schriften auch Menschen niederen Standes zugänglicher wurde, ihm war auch zu verdanken, dass der Buddhismus und das Papier in anderen Regionen Asiens Fuß fassen konnten, angefangen bei Korea, Japan und Vietnam. Diese Odyssee des Beschreibstoffes in Richtung Ost- und Südostasien, zu der Buddhisten wie Populisten angespornt hatten, war ein entscheidender nächster Schritt auf dem Weg zu seinem weltweiten Siegeszug. Denn dieser Teil der Geschichte des Papiers ist untrennbar mit der Geschichte all der neuen asiatischen Dynastien, Kulturen und Invasoren verknüpft, die nun von Tibet über die Mongolei bis nach Vietnam die Praxis des Beschreibens von Papier übernahmen und im Zuge dieser schriftlichen Fixierung ihrer Sprachen – und damit oft auch ihrer eigenen Identitäten – schnell entdeckten, dass sich auch politische Ideen wesentlich deutlicher darauf zementieren ließen. Die Beiträge, die dieser Beschreibstoff zu den bevorstehenden gesellschaftspolitischen Umbrüchen leistete, treten oft in den Hintergrund, verglichen mit der Rolle, die andere, offensichtlichere Faktoren gespielt haben. Man denke nur an den Akt des Schreibens per se, den Buddhismus, den Handel mit Schriftrollen, den kulturellen Austausch, die chinesischen Klassiker und die Erfindung neuer regionaler Schriften. Und das trifft auf Regionen jenseits der chinesischen Grenzen ebenso zu wie auf die Hoheitsgebiete der chinesischen Dynastien, die sich von den Han abheben wollten (die Xianbei-Dynastie im 5. Jahrhundert, die Liao-Dynastie vom 10. bis zum 12. Jahrhundert, die anschließende Jin-Dynastie, die Yuan-Dynastie im 14. und 15. Jahrhundert und die Mandschu vom 17. bis zum 20. Jahrhundert).

Es war das Papier, das ihnen dabei als gefügiger Mittler diente. Sogar in den ersten Jahrhunderten nach der Zeitenwende wurden die chinesischen Klassiker noch ganz und gar mit den Bambustäfelchen der Han-Periode in Verbindung gebracht, was diese natürlich höchst ungeeignet machte, um andere Identitäten als die der Han zu fördern. Aber auch die Tatsache, dass die ins umgangssprachliche Chinesisch übersetzten buddhistischen Sutras

Lehnwörter aus mehreren Sprachen enthielten und auf preiswerterem Papier geschrieben waren, trug zur Entwicklung von Schriftsprachen in Ostasien bei, die jeweils auf einer Alltagssprache beruhten oder aus dem chinesisch-buddhistischen Original herausgemeißelt wurden. Im Verbund mit seinem neuen religiösen Bündnispartner Buddhismus war Papier zu dem Motor geworden, der überall neue Bewegungen antrieb. Wäre dieser Beschreibstoff außerhalb von China nur als eine Möglichkeit genutzt worden, die chinesische Kultur nachzuahmen, wäre seine Verbreitung vermutlich nie mit einem derart bemerkenswerten Wandel einhergegangen.

Aber die Reise des Papiers durch Ostasien *war* der Vorbote einer großen Veränderung. Zwar kreisten all diese Länder noch im kulturellen Orbit von China (in bestimmten Perioden betrachteten die Chinesen Korea, Japan und Vietnam tatsächlich sogar als Teile »Großchinas« oder zumindest als Vasallen), doch als sie dann die chinesische Methode der Papierherstellung übernahmen, adaptierten sie nicht auch automatisch die Schriftkultur Chinas. Vielmehr nutzten sie ihr neues Wissen auf eigene Weisen und begannen auf Papier jeweils den Weg einzuschlagen, der die Heranbildung ihrer eigenen Identitäten am besten förderte. Manchmal war es nur das physische Erscheinungsbild eines Textes, das sich im Zuge dessen zu unterscheiden begann, sei es wegen einer anderen Papierqualität oder durch andere Vorlieben bei der Seitengestaltung. In anderen Fällen begannen sich jedoch auch die Inhalte des Geschriebenen zu verändern, was natürlich von weit größerer Bedeutung war. Die importierte Schrift war prinzipiell die chinesische, doch infolge der neuen buddhistischen Einflüsse aus China begann sie sich zu einheimischen Schriften weiterzuentwickeln. Nun war Papier kein chinesisches Produkt mehr, auf dem nur die Ziele und Ideen Chinas festgehalten wurden. Und damit setzte die Entwicklung ein, die diesem Beschreibstoff seine grandiose Zukunft bescheren sollte.

Ihren Anfang nahm diese Zukunft in Korea, wo der chinesische Einfluss besonders stark war. 1931 gruben Archäologen eine koreanische Grabstätte aus der Naknang-Periode aus (108 v.d.Z.–313. n.d.Z.), in der das bis dato älteste Stück Papier auf der koreanischen Halbinsel entdeckt wurde. Demnach scheint man in dieser Region bereits im frühen 4. Jahrhundert n.d.Z. mit der Herstellung von Papier begonnen zu haben. Dieser vergleichsweise frühe Zeitpunkt ist allerdings nicht überraschend, denn im Jahr 108 v.d.Z. hatten chinesische Han-Armeen die Residenzstadt der nordkoreanischen Herrscherdynastie erobert und dort vier militärische Kommandozentralen eingerichtet; und eine davon sollte bis zum 4. Jahrhundert in chinesischer Hand bleiben, wodurch natürlich auch Handelswaren und kulturelle Einflüsse aus China die Grenze überquerten.

Koreanisches Papier wurde aus Hanf, Rattan, Maulbeerbast, Bambus, Reisstroh oder Seetang gefertigt, die Siebe bestanden aus Bambus oder Zoysia-Gras, und der Stoff, den die dortigen Hersteller daraus entwickelten, war fester als der chinesische und wurde zum Beispiel auch für Regenmäntel, Fensterrollos und zur Buchbindung verwendet oder in mehreren geölten Schichten zu Bodenmatten gepresst. Einzelblätter wurden in Fensterrahmen eingesetzt, eine besonders starke Variante verwendete man als Zeltplane.

Ondol-Papier (*ondol* bedeutet »warmer Stein«), das durch mehrere verleimte und anschließend in Raps- oder Sesamöl getauchte Papierschichten aus Maulbeerbaumrinde entsteht, bedeckt bis heute die Fußböden traditioneller koreanischer Häuser, die beheizt werden, indem man den Rauch aus einem Ofen durch Röhren ableitet, die unter der Bodenschicht verlegt wurden. Das Papier verhindert, dass Feuchtigkeit durch den Boden aufsteigen kann, und ist jahrzehntelang haltbar. Doch das beste koreanische Papier war *Hanji*, hergestellt aus der inneren Borke des Maulbeerbaums. Es wird bis heute für Laternen, Papierblüten und als Beschreibstoff verwendet.

In Korea war es im Wesentlichen der aus China importierte Buddhismus gewesen, der zur Papierherstellung angeregt hatte. Die Folgen dieses Technologietransfers lassen sich nur als seismisch bezeichnen, doch die bedeutendste unter ihnen dürfte die Entwicklung einer eigenen koreanischen Schrift gewesen sein, denn diese wurde zu einem Schmelztiegel für all die neuen Ideen, die zur Heranbildung einer koreanischen Identität führten. Und die Gründung einer eigenen Papierproduktion sollte einen so bahnbrechenden Einfluss auf die Entwicklung der neuen koreanischen Schriftkultur ausüben, dass papierne Dokumente bis zum 10. Jahrhundert, als das Land vereint wurde, längst schon auf der gesamten Halbinsel zum Werkzeug von Verwaltung und Kultur geworden waren.

Im Kielwasser der Eroberung durch die Truppen des chinesischen Kaisers Ming im Jahr 108 v.d.Z. und der Errichtung besagter Kommandozentralen im Norden der Halbinsel waren auch chinesische Migranten eingetroffen, die zweifelsohne chinesische Texte auf Bambus- oder Holztäfelchen und vielleicht sogar einige auf Seide im Gepäck gehabt hatten. Bis zum 1. Jahrhundert n.d.Z. hatten sich die chinesische Sprache und ihre Schriftzeichen dann auf der gesamten koreanischen Halbinsel verbreitet – bis koreanische Heere im Jahr 74 drei der vier chinesischen Kommandozentralen einnahmen (die vierte wurde bis 313 gehalten), hatte China bereits unauslöschliche Spuren hinterlassen (wie frühe, auf Steinplatten erhaltene Schriftbeispiele beweisen). Der entscheidende Wendepunkt kam im Jahr 372, als der Herrscher des Früheren Qin-Reiches – einer der Staaten zur Zeit der Spaltung Chinas in mehrere Reiche – einen buddhistischen Mönch auf die koreanische Halbinsel entsandte.

Der Missionar Sundo traf mit Ikonen und papiernen Sutras im Gepäck im nördlichen Königreich Goguryeo ein. Möglicherweise hatte es zu diesem Zeitpunkt bereits ein paar Papiermacher an den Rändern der Gesellschaft auf der Halbinsel gegeben, doch erst Sundo sollte Goguryeo den Anstoß zu einer Papierproduktion in einem Ausmaß geben, das sich auf die gesamte Gesellschaft auswirken konnte. Doch Sundo hatte nicht nur Geschenke, sondern auch die Nachricht des Qin-Herrschers im Gepäck, dass der Buddhismus den Staat vor fremden Armeen ebenso bewahren könne wie vor einheimischen Rebellen.

So kam es, dass Goguryeo den synkretistischen Buddhismus übernahm, der im Norden Chinas domestiziert und nationalisiert worden war, ihm jedoch noch das Patchwork an Sutras und Magien des chinesischen Okkultisten Fo Tu Deng beimengte und auch den alten koreanischen Göttern und Geistern einen Platz in diesem neuen buddhistischen Pantheon einräumte. Am Ende des 4. Jahrhunderts traf der chinesische Mönch Tan Shi samt einer großen Zahl von buddhistischen Texten in Goguryeo ein, andere folgten ihm. Aber eine Wanderschaft der Mönche fand mittlerweile auch in die Gegenrichtung statt: Anfang des 6. Jahrhunderts machte sich der hochrangige koreanische Mönch Sungnang auf den mehr als fünfzehnhundert Meilen langen Weg von Goguryeo nach Dunhuang, nur um die Schriften der buddhistischen »Drei Traktate«-Schule zu lesen.

Auch im Südwesten der Halbinsel begann der Buddhismus bald zu erblühen, dort vor allem dank der Ankunft eines indischen Mönchs namens Maranata, der im Jahr 384 im Königreich Baekje eingetroffen war. Schon im darauffolgenden Jahr wurden in der Hauptstadt von Baekje zehn buddhistische Klöster errichtet und von Mönchen bezogen. Die Mönche dieser Klöster waren es auch, die im 6. Jahrhundert auf der Suche nach weiteren Sutras den Weg in Richtung Westen antraten. Einer von ihnen, Kyomik, kehrte im Jahr 526 mit fünf Versionen des buddhistischen Ordensgesetzes und den Texten eines der drei »Körbe« des Pali-Kanons – der ältesten niedergeschriebenen buddhistischen Lehren – aus Indien nach Baekje zurück. (»Körbe« nimmt Bezug auf die Art und Weise, wie diese Texte gelagert wurden, das moderne Äquivalent wären »Bände«.) Gemeinsam mit achtundzwanzig seiner Glaubensbrüder sollte Kyomik dann siebzehn Bände des Ordensgesetzes übersetzen; zwei andere Mönche aus Baekje fügten dem später noch einen sechsunddreißig Rollen langen Kommentar an. Mönche aus Baekje reisten auch relativ regelmäßig in die chinesische Hauptstadt, während dortige Buddhisten, darunter Maler und andere Künstler, die Reise in die umgekehrte Richtung antraten.

Beide Königreiche, Goguryeo wie Baekje, förderten die Schriftkultur Chinas und des Buddhismus auf der koreanischen Halbinsel, aber Koreas politische Zukunft wurde schließlich von keinem der beiden bestimmt. Die Vereinigung des Landes erreichte vielmehr das dritte Reich auf der Halbinsel, das abgelegene kleine Silla im Südosten der Landzunge. Es hatte sich im Jahr 527 als letzter der drei Staaten offiziell dem Buddhismus zugewandt, auch schriftliche Aufzeichnungen wurden dort erst seit 545 angefertigt. (Beide anderen Staaten dokumentierten ihre Geschichten zu dieser Zeit längst schon auf Papier.) Der Legende nach waren es einflussreiche Gegner des Buddhismus gewesen, die für diese späte Konversion von Silla gesorgt hatten. Schließlich soll ein Mönch und Berater namens Ichadon dem König prophezeit haben, dass selbst diese Männer bekehrt sein würden, wenn er ihn, Ichadon, hinrichten lasse, denn sein Tod werde ein Wunder bewirken. Der Mönch beschwor den zögernden König, dieses Opfer von ihm anzunehmen (als offizielle Begründung für die Hinrichtung sollte er vorgeben, Ichadon habe ohne seine Zustimmung einen Tempel errichtet). Und so geschah es. Sofort nach der Hinrichtung konnte die Nachricht verbreitet werden, dass sich das Blut des Mönchs im Moment des Todes weiß gefärbt habe und sein Kopf auf eine Bergspitze emporgeschwebt sei. Die Widersacher waren bekehrt.

Somit hatte der König, dem die Lehren des Buddha gut gefielen, die nötige Rechtfertigung für eine Konversion seines Reiches. Er selbst sollte schließlich zu einer »Buddhahäufung« (eine Art Doppelgänger) werden. Im Jahr 551, bei der ersten »Versammlung der hundert Stühle« nach der Konversion, rezitierten Mönche zur Verklärung des Herrschers aus den Sutras vom Goldenen Licht und von den Barmherzigen Königen. (Es fanden noch mehrere politische Versammlungen statt, die jedoch nur dazu dienten, diese beiden Sutras zu verlesen und zu erläutern.)

In der Folge überschwemmte der Buddhismus Silla wie eine Sintflut. Im Jahr 565 kehrte der Mönch Myonggwan mit 1700 buddhistischen Schriftrollen nach Silla zurück, etwas später wurde eine bronzene Buddhastatue importiert, 576 traf eine Gruppe chinesischer und indischer Mönche mit Mahayana-Sutras und Reliquien ein. Silla war der Lehrling, dem Meisterwerke anvertraut wurden. Und Sutras wurden dort nicht nur kopiert – sie wurden mit Gold verziert und mit vielfarbigen Bildern vom Reinen Land der Höchsten Glückseligkeit – einem buddhistischen Himmel – geschmückt. Auch Girlanden und Sonnenschirme trafen aus dem Ausland ein. Buddhistische Kunst, Ikonen und Schriften wurden landesweit verehrt und als Familienerbstücke behandelt, an deren Besitz man sich erfreute und die man an seine Nachkommen weitergab. Auch unter den Aristokraten fühlten sich nun viele zu der Idee eines Glaubens hingezogen, welcher Ordnung, Bildung, Schönheit und Kultur versprach und die vielen, über die ganze Halbinsel verstreuten altersgrauen Mythen und schamanistischen Religionen ersetzen konnte.

Sol Chong, ein buddhistischer Priester und wie andere buddhistische Meister ein Kenner der klassischen chinesischen Schriftsprache, wurde zum bedeutendsten koreanischen Lehrmeister chinesischer Klassiker (schon sein Vater, ein Übersetzer, hatte ein koreanisch-buddhistisches Dogma geprägt). Man geht allgemein davon aus, dass er auch einen entscheidenden Anteil an der Entwicklung einer koreanischen Schriftsprache hatte, die dem adaptierten buddhistischen Glauben des Landes angemessener war: Er normierte die aufkeimenden *Idu*- und *Gugyeol*-Schriften, die ersten beiden Schriftsysteme, die die koreanische Sprache in chinesischen Schriftzeichen darstellten, hatte sich aber nicht allein ihres Sinngehalts, sondern auch ihrer Phonetik wegen für sie entschieden. Und ebendiese Schrift sollte nach der koreanischen Vereinigung im Jahr 668 unter der Ägide des Silla-Reiches vom ganzen Land übernommen werden.

Der Buddhismus hatte dem Papier also auch in Korea den Weg bereitet, doch unter den Aristokraten des Landes waren konfuzianische und daoistische Texte ebenso populär gewesen. 682 begründete Silla eine nationale Schule der drei Lehren (der konfuzianischen, buddhistischen und daoistischen). Die Auseinandersetzung mit klassischer chinesischer Literatur war jedoch nicht nur eine Freizeitbeschäftigung, sondern der zentrale Schwerpunkt koreanischer Hochkultur und jahrhundertelang hoch geachtet. (Sogar im 19. Jahrhundert umfasste die chinesische Literatur in Korea noch rund zehntausend Anthologien und zweihunderttausend Bücher.) Ein Koreaner war überzeugt, dass erst die Kenntnis der klassischen chinesischen Literatur und die Fähigkeit, selbst einen Text in ihrem Stil zu komponieren, von wahrer Bildung zeugten. Silla hatte das Papier nicht nur in den Dienst des Staates, sondern auch in den der Gelehrsamkeit gestellt.

Auch Koreas Vorliebe für Papierbücher begann sich bald zu etablieren. Im 8. Jahrhundert endete die Silla-Herrschaft, doch auch unter der späteren Goryeo-Dynastie, die im Jahr 918 die Macht übernahm, blühte und gedieh die Schriftkultur, da der Buddhismus in dieser Periode einen zweiten koreanischen Frühling erlebte und erstmals auch das kodifizierte Recht schriftlich fixiert wurde. Der Konfuzianismus war chinesisch und konservativ, der Buddhismus passte sich den lokalen Gegebenheiten an. Bis zum 14. Jahrhundert hatten die Präpositionen, Konjunktionen und Hilfsverben der koreanischen Alltagssprache sowohl in Form der chinesischen als auch der neu entwickelten koreanischen Schriftzeichen Eingang in die Schriftsprache gefunden; in einigen koreanischen Texten wurden sogar erstmals Interpunktionszeichen verwendet. All das war durch das Format, die Verfügbarkeit und die geringen Kosten von Papier möglich geworden.

Als 1392 eine neue Dynastie die Macht übernahm, verlagerte

sich der Fokus vom Buddhismus auf den Neokonfuzianismus. Das heißt, die koreanische Schriftkultur setzte ihre Blüte aus ganz anderen Gründen fort – nun wurden konfuzianische Texte kopiert, studiert und kommentiert. Aber auch sie auf Papier

Im frühen 15. Jahrhundert wurde in der Hauptstadt ein Amt für Papierherstellung eingerichtet, dem rund zweihundert Papiermacher, Siebmacher, Zimmerleute und andere Handwerker unter drei Aufsehern dienten. Auch den Politikern war bewusst geworden, wie nützlich Lektüren für das Volk sein konnten – ein koreanischer König hielt in diesem Jahrhundert sogar schriftlich fest, dass ein jeder landauf, landab Bücher lesen musste, wenn der Staat denn effektiv sein wolle (zweifelsohne war er gut mit den konfuzianischen Werken und Werten vertraut). Auch solche Blütenträume von landesweiten literarischen Erfolgen konnten nur im Papierzeitalter entstehen, denn zu den Zeiten von Bambus und Holz als den preiswertesten Beschreibstoffen wäre so etwas natürlich undenkbar gewesen. Papier war das Mittel, mit dem man wichtige Schriften bis in jeden Winkel des Landes verbreiten zu können hoffte.

Mitte des 15. Jahrhunderts erschuf Sejong, König der Choson-Dynastie (die nach dem Ende der Mongolenherrschaft im Jahr 1392 die Macht übernahm), ein koreanisches Alphabet, *Hangul* genannt, das dank der Klarheit und Einfachheit seiner Zeichen bis heute eines der effizientesten der Welt geblieben ist – ein entscheidender Fortschritt, nachdem das Papier die Lesestoffe auf der Halbinsel bereits preiswerter, tragbarer und leserfreundlicher gemacht hatte. Denn mit dem Hangul war ein Alphabet erfunden worden, das nicht nur den Schreibern die Arbeit erleichterte (weil es die zum Schreiben nötige Zeit verkürzte), sondern deren Texte auch wesentlich zugänglicher machte (weil es so viel einfacher zu erlernen war). Hangul-Buchstaben werden silbenweise zu einem Block zusammengefasst und können sowohl horizontal als auch vertikal geschrieben werden, was sie sogar noch schneller lesbar macht als das römische Alphabet. (Denkbar, dass diese

Zeichen als Nachbildungen der Lippenformungen und Zungenpositionen beim Aussprechen einzelner Silben begannen.) Jedes Hangul-Zeichen bildet ein imaginäres Quadrat, ähnlich wie im klassischen Chinesisch, nur einfacher. Sie wirken eher wie ordentlich über die Seite verteilte Schrauben und Muttern oder wie die Bauklötze eines Kindes als wie dahinfließende Zeichen:

한글

Als Grundlage für die Schrift, in der die koreanischen Fassungen der neokonfuzianischen Texte geschrieben wurden, die Sejong aus China hatte kommen lassen, diente die mongolische *Phagspa*. Ein älteres koreanisches Alphabet als das Hangul wurde nie gefunden: Das 15. Jahrhundert war Koreas goldenes Zeitalter der Forschung und Erfindungen.

Aber auch das nationale Wir-Gefühl hatte seinen Anteil an der Entwicklung dieses neuen Alphabets, denn auf diese Weise entging man der Zensur der konfuzianischen Bürokraten, die das Lesen und Schreiben als ein Vorrecht der Elite bewahren wollten. Hangul war einfach und zweckmäßig, ein Alphabet, das den Bedürfnissen, die durch den Buddhismus und den landwirtschaftlich geprägten Alltag entstanden, besser entsprach als die chinesischen Schriftzeichen, die das traditionelle Handwerkszeug der Staatsverwaltung und des Konfuzianismus waren. Parallel zu den Texten, die aus China eintrafen, wuchs auch der koreanisch-buddhistische Kanon: 5048 Schriftrollen im Jahr 730; 6197 im Jahr 1027. Im Jahr 1087 publizierte Korea einen *Tripitaka* (buddhistischen Kanon), der 6000 Bücher umfasste. Bereits 946 hatte das koreanische Königreich Goryeo 50000 Sack Reis zur Finanzierung und Förderung des Buddhismus beiseitegelegt. Jeder buddhistische Tempel im Land hatte den Auftrag, eine Sutra-Schatzkammer anzulegen.

Natürlich wurden auch die meisten dieser Texte auf Papier

geschrieben. Der Buddhismus hatte der Halbinsel den Weg gewiesen. Nur noch einmal sollte eine vergleichbare Bewegung in Korea entstehen, in der zweiten Hälfte des 19. Jahrhunderts, als von Missionaren ins Koreanische übersetzte Bibeln zur geistigen Unterfütterung des Landes dienten, das sich gerade der Bedrohung durch größere Mächte ausgesetzt sah. Und wieder war Papier das Medium der Schriften, die die Halbinsel erneut umgestalteten.

Selbst wenn man Papier als einen reinen Beschreibstoff ohne jeden Zierrat vor Augen hat, kann es die unterschiedlichsten Assoziationen hervorrufen. Im Gegensatz zum Bambus, auf dem der chinesische Hochkonfuzianismus in Mandarin festgehalten worden war, war Papier von jeher mit einer Massenproduktion, einer importierten Religion, einer wesentlich breiteren Leserschaft, einem vielfältigeren Alltagsgebrauch (medizinische Etiketten) und zahlreichen anderen Verwendungsmöglichkeiten verbunden, die mit Schreiben nichts zu tun haben (Toilettenpapier). Das heißt, in China war das Ansehen von Papier im Laufe der Jahrhunderte zwar gestiegen, dennoch blieb es dort der Beschreibstoff, der in eine Welt eingedrungen war, die Bambus und Seide verehrte. China wird man kaum unter den Herstellern der weltweit feinsten Papiere angeführt finden.

In Japan traf das Papier (und das erforderliche Know-how seiner Herstellung) im frühen 5. Jahrhundert vermutlich über den Umweg Korea ein. Japaner waren bereits im Jahr 57 v.d.Z. in einer dynastischen Geschichtsschreibung Chinas erwähnt worden. Das *Buch der Späteren Han* nennt sie das »Volk von Wa« und verzeichnet, dass sie regelmäßig nach China kamen, um dem chinesischen Kaiser Tribut zu zollen. Solche Besuche scheinen weiterhin stattgefunden zu haben, und noch vor dem Untergang der Han-Dynastie im frühen 3. Jahrhundert hatten auch Chinesen begonnen, die Reise nach Japan anzutreten – wo sie ein Volk vorfanden, das, wie sie damals schriftlich festhielten, rohen Fisch aß und bei seinen Tempelzeremonien in die Hände klatschte. Wie in Korea wurde die Papierherstellung auch in Japan begeistert übernommen, nur dass dieser Stoff dort zu einem Medium für eine Menge lokal unterschiedlich geprägter Schrift- und Ausdrucksformen wurde. Aber auch dort war es das Papier, das schließlich die Entwicklung einer nationalisierten Schrift ermöglichte.

Die Japaner schrieben ebenfalls nicht ausschließlich auf Papier und verwendeten noch Holztäfelchen, die sie *Mokkan* nannten. Diese Praxis könnte natürlich von der Verwendung des Bambus in China herrühren, doch im Gegensatz zu China wurden die Täfelchen in Japan nur für Verwaltungszwecke und nicht auch zur Niederschrift von großen philosophischen Traktaten, Prosatexten oder Dichtungen verwendet. Darin könnte eine erste Antwort auf die Frage liegen, warum Japan wie kein zweites Land zu irgendeiner Zeit und über so viele Jahrhunderte hinweg derart bezaubert war vom Papier und es mit einer solchen Hingabe und exquisiten Kunstfertigkeit herstellte. Es ist wirklich ein Fehler, Papier, das beschrieben oder bedruckt werden soll, bloß als ein leeres Blatt zu betrachten, dessen einziger Einfluss aus den Wörtern bestünde, die es übermittelt. Diese Lektion wird uns bis heute von Japan erteilt, dessen Papiermacher sich seit Jahrhunderten so hingebungsvoll mit der Frage von Form, Qualität und Schönheit befassen.

Als man 1919 in Versailles debattierte, welches Papier für die endgültige Fassung des Friedensvertrags verwendet werden solle, entschied man sich für japanisches. Die Chinesen haben das Papier erfunden und benutzt, die Japaner haben es gehegt und verehrt. Handgeschöpftes Papier war allgegenwärtig auf dem japanischen Archipel, sogar im 20. Jahrhundert noch. In Okamoto steht ein Schrein, der Gott Mizuha-Nome-no-Mikoto geweiht ist, aus Dankbarkeit, weil er Japan vor Urzeiten die Vision von der Kunst des Papiermachens geschenkt habe. Japanische Papiere allerkunstvollster Arten haben ihren Weg in die ganze Welt gefunden.

Ende 1944 erblickte eine Handvoll Amerikaner Heißluftballone am Himmel über ihren Häusern in den Vereinigten Staaten. Über ganz Amerika, ob über den Aleuten, New Mexiko oder Michigan, regnete es Papierballone. Alle waren weiß, alle hatten einen Durchmesser von neun Metern. Doch dort, wo üblicherweise der Korb hängt, befand sich jeweils ein Sprengstoffpaket. Sechs Menschen starben, als ein dreizehnjähriges Mädchen, das in der Nähe von Bly im Staat Oregon mit seiner Sonntagsschulklasse einen Picknickausflug machte, einen dieser Ballone von einem Baum herunterziehen wollte.

Niemand sonst wurde getötet. Aber die Ballone waren ein Rätsel – ein Papierregen, Absender unbekannt. Ein *Newsweek*-Journalist spekulierte, dass sie von feindlichen U-Booten vor der amerikanischen Pazifikküste abgeschickt worden sein könnten. Andere vermuteten, dass deutsche Kriegsgefangene sie aus den Lagern auf US-amerikanischem Boden hatten steigen lassen, oder dass japanische Amerikaner sie in den Internierungslagern gebastelt hätten, in die sie von der »War Relocation Authority« gepfercht worden waren. Immer mehr Ballone regneten auf den Kontinent herab, ob über Texas, British Columbia oder den Vororten von Detroit.

Auch ein paar Sandsäcke fielen vom Himmel, während die Ballone über das Land schwebten. Eine geologische Einheit des US-Militärs sammelte sie auf, um die mineralische Zusammensetzung des Sandes zu ergründen, und identifizierte schließlich den Strand, von dem er stammte. Wie das Papier, aus dem die Ballonhüllen bestanden, war auch der Sand *made in Japan*. Die Ursprünge dieses seltsamen Angriffs reichten auf eine bedeutende Entdeckung zurück, die ein Japaner fast fünfundzwanzig Jahre zuvor gemacht hatte.

Um 1920 herum hatte ein japanischer Meteorologe in der Nähe des Fujiyama beobachtet, wie seine Pilotballone in den Himmel stiegen. Dabei stellte er eine Veränderung ihrer Geschwindigkeit fest, die ihn auf ein bis dahin unbekanntes Phänomen aufmerksam machte: Ein paar Meilen über der Erdoberfläche bewegt sich die Luft schneller. Er hatte den Jetstream entdeckt.

Zwei Jahrzehnte später orderte das Technische Forschungslabor der 9. Japanischen Armee zehntausend Heißluftballone aus Papier. Papiermacher auf dem ganzen japanischen Archipel testeten monatelang verschiedenste Fasermischungen, bis schließlich Papierbahnen für die Regierung hergestellt, gepresst und getrocknet werden konnten, die über die erforderliche Festigkeit und Widerstandsfähigkeit verfügten. Backfische mit zarten, behänden Fingern saßen in Theatern und Sumo-Hallen, die zu Montagehallen umfunktioniert worden waren, und klebten jeweils drei bis vier dieser Bahnen mit »Teufelszungenpaste« zusammen (eine essbare Paste, die aus der Konjakwurzel gewonnen wird). Doch weder die Papiermacher noch die Pastenmischer wussten, wozu sie da beitrugen.

Im November 1944 ließ man schließlich die ersten der insgesamt neuntausend Wasserstoffballone, die bis April 1945 hergestellt werden sollten, in den Jetstream aufsteigen und über den Ozean driften, in der Hoffnung, dass sie amerikanische Zivilisten töten, Verwüstung in amerikanischen Städten anrichten, Waldbrände auslösen und der amerikanischen Infrastruktur Schaden zufügen würden. Doch nur rund tausend Ballone erreichten die Vereinigten Staaten, und die Zahl der Todesfälle sollte besagte sechs nie übersteigen. Dieses ganze Projekt der japanischen Kriegsproduktion, das zwei Jahre der Planung und für die Herstellung benötigt und mehr als zwei Millionen Dollar verschlungen hatte, richtete Schaden nur unter den Teilnehmern des Picknicks einer kleinen Kirchengemeinde an. 1945 stellte Japan die Produktion ein.

*Washi*, das Papier, das für diese Ballonhüllen verwendet worden war, hatte schon seit Beginn des japanischen Papierzeitalters als das Material für Bücher, Kalligrafien, Briefe, Briefumschläge, Taschen, Schirme, Laternen, Schiebewände, Kleidungsstücke, Toilettenpapier und sogar für eine Kanone gedient. Man nennt es schlicht »Japanpapier« (wenngleich es ganz und gar nicht das einzige Papier ist, das Japan produziert). Japan hatte eine chinesische Tradition und Technik übernommen, es hatte sie studiert, verfeinert, verbessert und standardisiert und sie dann durch ein engmaschiges Netz an Qualitätskontrollen geschickt. Japanpapier ist das einzige, das Kuratoren zur Versteifung wertvoller alter Handschriften zu verwenden bereit sind. In der Londoner British Library zum Beispiel werden beschädigte Ecken und Ränder alter Manuskripte mit Weizenpaste bestrichen und dann mit sandfarbenem *Kozo*-Papier hinterlegt, das aus der inneren Rinde des Maulbeerbaums gewonnen wird. Japan mag das Papier zwar nicht erfunden haben, aber es hat es auf eine Weise kultiviert wie keine andere Kultur davor oder seither.

Bevor Papiermacher und Schriftgelehrte vom asiatischen Kontinent eingetroffen waren, hatten die Bewohner des japanischen Archipels ihre alten, auf animistischen Mythen beruhenden Geschichten den *Kataribe* (Geschichtenerzählern) anvertraut, die sie dem chinesischen *Buch von Sui* zufolge (das um 630 herum abgeschlossen wurde) mithilfe von zwei Systemen aufzeichneten: durch Kerben, die sie in Stöcke ritzten, oder durch Knoten, die sie in Seile schlangen.

Angeblich haben Japans Kontakte zu China und Korea mit geschenkten Sklaven und einer koreanischen Invasion begonnen, beides im 2. Jahrhundert n.d.Z., aber das sind unüberprüfbare Legenden. Sicher ist, dass im 4. Jahrhundert koreanische Kunsthandwerker auf den japanischen Archipel auswanderten und Japan koreanisches Eisen ankaufte, um daraus Eggen und Pflüge zu schmieden. Den japanischen Überlieferungen zufolge traf im Jahr 404 schließlich ein Mönch namens Atogi aus dem koreanischen Königreich Baekje ein, um den japanischen Kronprinzen die chinesischen Klassiker zu lehren; 406 ließ Atogi nach Wani schicken, ebenfalls Mönch in Baekje, der von da an seine Aufgaben als Lehrmeister übernehmen sollte.

Diese beiden buddhistischen Gelehrten eröffneten dem japanischen Hof die Welt der Klassiker und gewannen den japanischen Herrscher für die Kultur Chinas. Wani soll (höchst unwahrscheinlich) mit einer zehnbändigen Ausgabe der konfuzianischen *Analekten* und einer Abschrift des *Tausendzeichenklassikers* eingetroffen sein, einem chinesischen Gedicht aus dem 6. Jahrhundert n. d. Z., beides mit Sicherheit auf Papier geschrieben. Die Japaner nannten ihn »den Schreiber«, der Japan die Schriftkultur von ihrer Geburtsstätte jenseits des ostchinesischen Meeres überbracht habe.

Demnach wären Konfuzius und Buddha praktisch gleichzeitig in Japan eingetroffen. Als China im 3. Jahrhundert im Krieg versank, wurde Korea zum Lehrmeister Japans. Im Jahr 522 entsandte der König von Baekje sieben Mönche, um die Japaner die acht chinesischen Schulen des Buddhismus zu lehren; 588 trafen zwei buddhistische Maler und zwei buddhistische Baumeister aus Baekje ein, um ein Kloster auf dem Archipel zu errichten. Dreizehn Jahre später erreichte der koreanische Mönch Kwalluk samt einer tragbaren Bibliothek mit Schriften über Astronomie, Geografie und die Kunst der Unsichtbarkeit sowie diversen Kalendarien den Archipel. Sein Name ging als der des Gründers der japanischen Medizin in die Geschichte ein.

Doch der bekannteste aller Emissäre war Tamjing. Das koreanische Reich Goguryeo hatte zwar schon vor ihm Mönche nach Japan entsandt, doch es war Tamjing, der im 7. Jahrhundert in der südjapanischen Stadt Nara eintraf und der *Chronik Japans* (8. Jahrhundert) zufolge das Land mit den fünf konfuzianischen Klassikern sowie der Tusche-, Papier- und Pinselherstellung bekannt machte. Von ihm sollen auch die Wandmalereien in der Goldenen Halle des »Tempels der Lehre Buddhas« in Nara gestammt haben (vermutlich Szenen vom buddhistischen Paradies), der jedoch bald schon einem Feuer zum Opfer fiel. Die Tempelanlage wurde wieder aufgebaut – auf ihrem Gelände stehen heute die ältesten erhaltenen Holzgebäude der Welt; die paradiesischen

Szenen an ihren Wänden könnten noch das Werk von Tamjings Schülern gewesen sein.

Nach dem chinesischen *Buch der Sui* wurde der »Papierbuddhismus« nun auch in Japan zum Wegbereiter der Alphabetisierung. Im Jahr 513 rief die Regierung ein Programm zur Lehre der chinesischen Kultur und des chinesischen Buddhismus ins Leben und schickte Studenten aufs Festland, die dann mit Büchern, Statuen und Gemälden im Gepäck in ihre Heimat zurückkehrten. Und da der Staat seine Innenpolitik und Diplomatie zu diesem Zeitpunkt bereits auf Papier zu dokumentieren begonnen hatte, wissen wir, dass ein Drittel aller aristokratischen japanischen Familien im 7. Jahrhundert ihre Herkunft vom Festland ableiteten und diese neu eintreffenden Kulturgüter oder eingewanderte Kultur nicht nur mit offenen Armen empfingen, sondern auch zum Anlass nahmen, die eigene zu überdenken. Ihre Mäzene fanden sich selbst auf höchsten Ebenen, und zwei von ihnen sollten schließlich entscheidend zur Verbreitung des Papiers und des Buddhismus in Japan beitragen: die Prinzen Shotoku und Temmu.

Shotoku, der seine Regentschaft im frühen 7. Jahrhundert antrat, hatte einen Traum, in dem es um die Frage ging, was der Buddha für Japan und was Japan für den Buddha tun konnte. So tief überzeugt hatten ihn die buddhistischen Schriften, dass er sogar einen eigenen Kommentar zum Lotus-Sutra verfasste (auch das älteste staatsrechtliche Dokument Japans, die *17-Artikel-Verfassung* aus dem Jahr 604, wird ihm zugeschrieben). Doch da er die Lehren Buddhas in einem Land verbreitete, das noch von Klanggöttern und dem Shintoismus beherrscht wurde, begannen sie zu verwässern und lokale Färbungen anzunehmen. Shotoku soll den alten japanischen Überlieferungen nach auch sämtliche chinesische Sitten und Gebräuche eingeführt haben, die Japan vor dem Jahr 1000 übernahm, darunter den Gebrauch von Essstäbchen. Doch sein wahres historisches Vermächtnis waren die von ihm gesammelten konfuzianischen und buddhistischen Schriftrollen.

Der zweite große Förderer des »Papierbuddhismus« in Japan war Prinz Temmu, der den Chrysanthementhron im Jahr 672 bestieg und nicht nur einen Bürgerkrieg beendete, sondern auch die regelmäßige Rezitation buddhistischer Schriften in seinem neuen Tempel Kawaradera befahl. Im Jahr vor seinem Tod befahl er allen aristokratischen Häusern des Landes die Errichtung von buddhistischen Schreinen zur Behausung der Bildnisse und Sutras des Buddha, auf dass ihm tagtäglich gehuldigt werde. Nicht zuletzt dank Temmus Beschlüssen wurde aus Shotokus staatlich gefördertem Buddhismus schließlich auch die Religion der Kaiser, und die Papierkultur konnte sich derart im Land ausbreiten, dass papierne Texte Bibliotheken auf dem ganzen Archipel zu füllen begannen. Es war die Kombination aus buddhistischer Gläubigkeit und imperialer Entschlossenheit, die das Papier zu einer Säule der japanischen Kultur machte. Und da ihr Erblühen im 6. Jahrhundert nicht nur eine bessere Organisationsstruktur der Verwaltung nach sich zog, sondern auch das Erziehungssystem prägte und zur religiösen Vereinheitlichung des Landes beitrug, nahm Papier als Beschreibstoff eine immer zentralere Rolle ein, was wiederum dem Buddhismus zugutekam: 673 wurde im kaiserlichen Tempel Kawaradera die Abschrift des vollständigen buddhistischen Kanons vollendet.

In der ersten Hälfte des 8. Jahrhunderts, nachdem im Jahr 702 die erste Bibliothek und Ende der 720er Jahre ein staatliches Skriptorium eingerichtet worden waren, intensivierte sich das Bemühen Japans, alle zur Verfügung stehenden Lehren aufzuzeichnen. Die Bibliothek legte Sammlungen konfuzianischer und buddhistischer Schriften an und begann nun auch die eigene Staatsgeschichte zu archivieren. Im 9. Jahrhundert zählten vier Papiermacher, zehn Pinselmacher, vier Tuschemacher und zwanzig Kopisten zu ihrem Stab. Ende des 9. Jahrhunderts produzierte sie zwanzigtausend Blatt Papier pro Jahr; im 10. Jahrhundert orderte sie Papier aus zweiundvierzig der sechsundsechzig japanischen Provinzen. Das kaiserliche Skriptorium verfügte mittlerweile über hundert Schriftgelehrte und war zu einem gewaltigen Kopierzentrum geworden, das nicht mehr nur Schreiber für die Texte, sondern auch Titelkalligrafen und Korrektoren beherbergte. Ein geübter Kopist konnte sieben Blatt Papier mit rund dreitausend Schriftzeichen pro Tag beschreiben.

Parallel dazu wurden aus mehr als fünfhundert Tempeln im ganzen Land Sutras zusammengetragen und kopiert, was der Staat den Mönchen auch hier mit Steuererleichterungen dankte. Von vielen Sutras, zum Beispiel dem vom Goldenen Licht und dem von den Barmherzigen Königen, wurden Abschriften gemacht, die allein dem Schutz des Staates dienen sollten:

*Die vier [...] Devas, Wächter der Welt, versprechen ihrer zahlreichen Gefolgschaft [den Geistern], alle Könige zu beschützen, die diesem Sutra aufmerksam Gehör schenken und den Empfang dieser heiligen Schrift mit deren Behütung und ihr ehrerbietig dargebrachten Opfergaben vergelten.*[2]

Die wachsende Zahl und das steigende Ansehen solcher Sutras regte zu immer mehr Monumentalkunst an, und auch die japanischen Klöster und Tempel richteten nun eigene Skriptorien ein und stellten diese ins Zentrum ihrer architektonischen Puzzles und täglichen Arbeit. Bald wurden die Sutra-Repositorien der Klöster von ihren eigenen Bibliotheken in den Schatten gestellt, während das knappe Angebot an Texten die Kalligrafen und Kopisten auf Trab hielt, die ohne das Produkt der Papiermacher auf dem Archipel praktisch arbeitslos gewesen wären.

Während des längsten Teils der Geschichte war die Herstellung von Papier eine jeweils lokale Angelegenheit gewesen, abhängig von den regionalen Pflanzen, der regionalen Wasserversorgung und den regionalen jahreszeitlichen Bedingungen, die allesamt ihren Teil zur Dauer des Herstellungsprozesses und daher auch zur jeweiligen Produktivität beitrugen. In Japan war der Dezember traditionell die beste Zeit für einen Bauern, um seine Papiermaulbeerbäume mit einem Messer knapp über den Wurzeln abzusägen. Dann zerschnitt er die Äste, schnürte sie zu kleinen Bündeln und dämpfte sie zwei Stunden lang in einem Kessel, der mit den Seilen, die den Deckel verschnürten, über ein Holzfeuer gehängt wurde. Anschließend bohrte er alle makelhaften Stellen aus dem Holz heraus, spliss die Fasern ab und legte den Bast (den holzigen Teil der inneren Rinde) in eine Bütte, die mit einem Gemisch aus Wasser und einer klebrigen stärkehaltigen Substanz (aus Baumwurzeln und Eibischfasern) gefüllt war – die Stärke sollte verhindern, dass das Papier sich später mit Tusche vollsog. Der Winter war die beste Jahreszeit dafür, weil die kühle Luft die Stärke bindefähiger machte und nicht auf den Grund des Bottichs absinken ließ.

Schließlich griff der Papiermacher zu einem Sieb, dessen Gaze er meist aus den Gräsern seiner Umgebung geflochten hatte. Es war in einen Holzrahmen eingespannt, an dem mit einem Scharnier ein Deckel befestigt war, den er herunterklappte, damit der Faserbrei nicht von der Gaze abrutschte. Er tauchte es in den Bottich und ließ den Brei darauf einmal auf sich zu und dann von sich weg fließen. Das wiederholte er ein, zwei Mal, dann rollte er das Papier mit einem Stab vom Sieb und entrollte es auf einem Stapel trocknender Papiere.

Hatte dieser Stapel die Höhe von mehreren hundert Blättern erreicht, beschwerte er ihn mit einem Holzbrett und Steinen. Nach einigen Stunden schälte er Blatt für Blatt von diesem Stapel, legte ein jedes separat auf ein Ginkgobrett und überließ es dem natürlichen Trocknungsprozess. Üblicherweise pflegte er sich im Frühwinter zwei Wochen lang von Familienmitgliedern und Freunden bei dieser Arbeit helfen zu lassen. Im 19. Jahrhundert gab es Zehntausende bäuerlicher Betriebe in Japan, die auf diese Weise Winter für Winter *Washi* herstellten.

Aber es gab auch professionellere Papiermacher, die mit unterschiedlichen Pflanzenfasern experimentierten und luxuriöse, eingefärbte oder verzierte Papierblätter herstellten. Im 11. Jahrhundert tauchten die ersten Läden auf, die ausschließlich wiederverwertetes Papier verkauften, das üblicherweise mit Tuschflecken übersät war. Während chinesische Papierhersteller vor allem auf die Kosten und Effizienz des Herstellungsprozesses achteten, entwickelte sich das japanische Papier zum feinsten, das erhältlich war. Im 15. Jahrhundert wurde eine Papiermacher-Gilde ins Leben gerufen, im 17. Jahrhundert waren allein in Kyoto 121 Papiermacher ansässig.

Im Laufe der zweiten Hälfte des ersten Jahrtausends stieg die Nachfrage nach Sutras und konfuzianischen Klassikern, aber auch die anschwellende Flut an Regierungsdokumenten sorgte für ein immer stärkeres Wachstum der Papierindustrie auf dem japanischen Archipel. Manche Kulturen nutzten Papier vornehmlich funktionell, als Fensterschutz zum Beispiel, oder als unverschönten Beschreibstoff. Nicht so in Japan. Dort wurden papierne Sutras zu regelrechten Kunstwerken gestaltet. Zwar spielten magische Aspekte dabei noch die gleiche Rolle wie bei den ersten Sutras, die auf dem chinesischen Abschnitt der Seidenstraße verkauft worden waren, doch in Japan diente jedes Blatt Papier mindestens so sehr der Ästhetik wie der Grammatik und der Spiritualität.

Im 12. Jahrhundert ließ der Samurai-General Taira no Kiyomori zum Dank für den Wohlstand seiner Familie drei Sutras anfertigen, die er 1164 dem Itsukushima-Schrein auf Miyajima, einer Insel vor Hiroshima, widmete. Das Lotus-Sutra bestand aus insgesamt dreiunddreißig bronzenen Rollenbehältnissen, die ihrerseits in einer mit Filigranarbeiten aus goldenen und silbernen Drachen und Wolken ausgekleideten Bronzeschatulle verwahrt wurden.[3] Auch die Papierseiten waren mit Gold und Silber verziert, während die Schrift darauf von floralen Arabesken und textbezogenen Malereien durchzogen war und zickzackartige Linien oder wolkenartige Gebilde die Kolumnen mit den chinesischen Schriftzeichen umrandeten. Das waren Sutras, die gesehen werden sollten und mit denen man gesehen werden wollte, Besitztümer, die den hohen Stand ihrer Eigner bescheinigten und sie mit der Aura von Hochkultur umgaben.

In Japan war ein sichtbarer, greifbarer und reicher Buddhismus entstanden. (Bis zum 12. Jahrhundert hatten sich Sutra-Verzierungen zu einer eigenen Kunst entwickelt.) Auch auf die Kalligrafie legte man großes Gewicht. Im 8. Jahrhundert begannen die sogenannten *Sanpitsu,* drei berühmte Kalligrafen, individuelle Schreibstile als Hinweise auf die innere Einstellung, Sittlichkeit und Persönlichkeit des jeweiligen Schreibers zu betrachten: Papier und Tusche gingen mit den Vorstellungen und Gefühlen des Schreibers eine Partnerschaft ein, gemeinsam erschufen sie den gestaltgewordenen Gedanken. Schließlich wurde die Kunst der Kalligrafie derart verehrt, dass ihretwegen sogar die Lesbarkeit der Zeichen in den Hintergrund rückte – wie es ja wegen der Faserstruktur des Papiers und der Seitenverzierungen bereits zum Schicksal ganzer Texte geworden war. Das Wort verschmolz mit Bild und Faser zu einer neuen Einheit. Ein japanischer Mönch aus dem 9. Jahrhundert versah die Elemente des Schreibens sogar mit einer eigenen Macht über alle Dinge:

> *Berge die Pinsel, Ozeane die Tusche.*
> *Himmel und Erde behüten Sutras.*
> *Im Zeichen aber: das Universum.*[4]

Roben, Gesänge, Räucherwerk, Prozessionen, buddhistische Malerei und Bildhauerei – die neue künstlerische Eloquenz Japans wurde zur Schau gestellt und von Höflingen finanziert. Es war ein regelrechtes ästhetisches Bombardement, das nun dafür sorgte, dass Sutras nicht nur als Symbole von Glauben und Bildung verehrt, sondern auch als Reliquien und Talismane verwendet wurden, denen man eigene Zauberkräfte zuschrieb oder die man als Mikrokosmen des *Dharma*-Reiches betrachtete und insofern selbst als die Verkörperung der Gesamtheit aller Natur.

Da sie jedoch sprachlich so antiquiert und schwer verständlich schienen, bedurfte es immer weiterer Kommentare zu ihrer Entschlüsselung. Viele wurden gar nicht erst gelesen, sondern sofort in Buddhastatuen verwahrt oder vergraben, oder als Medium für das individuelle Gespräch mit den Göttern genutzt. Ab dem 8. Jahrhundert stellte man Sutras auch als Wächtergötter in Schreinen auf, manchmal sah man sie sogar als »Häufungen« (Doppelgänger) ihrer Schreiber an, vor allem, seit immer mehr Geschichten über die von ihnen vollbrachten Wunder die Runde machten. Allerdings konnten in einem Kontext, in dem heiligen Schriften eigene spirituelle Kräfte zugeschrieben wurden, selbst textliche Ungereimtheiten oder fehlerhafte Abschriften irrelevant werden. Später galt es als strafbare Handlung, gedruckte Sutras unwürdig zu behandeln, etwa, sie auf den Boden zu legen oder mit den Füßen in ihrer Richtung zu schlafen. So gesehen übte sogar das Papier selbst eine physische Macht aus, sofern es die richtigen Inhalte auf seiner Oberfläche trug.

Die chinesischen Schriftzeichen haben die Reise nach Japan nicht so gut überstanden wie das Wissen um die Papierherstellung. Im Chinesischen werden einsilbige Wörter nach ihren Bedeutungen innerhalb des Satzes geordnet; die japanische Sprache verwendet hingegen komplexe Postpositionen (wie im Englischen zum Beispiel das *ward* in *skyward* oder im Deutschen das *nach* in der Wendung *meiner Meinung nach*). Und im Gegensatz zu chinesischen Wörtern agglutinieren die japanischen (ein syntagmatisch benachbarter Laut wird eingegliedert). Außerdem kann das Chinesische japanische Laute nicht exakt darstellen – kein Wunder, die beiden Sprachen gehören ja auch unterschiedlichen Sprachfamilien an.

Den Chinesen und Koreanern hatten buddhistische Texte die Möglichkeit der phonetischen Erweiterung eines Schriftzeichens aufgezeigt, japanische Kopisten stellten hingegen die Wörter und Sätze dieser Texte so um, dass sie ihrer eigenen Leserschaft verständlich wurden. Als die Alphabetisierung im Laufe des 7. Jahrhunderts dann um sich zu greifen begann, wurden jedoch viele japanische Wörter trotz ihrer anderen Phonetik der besseren Lesbarkeit halber mit chinesischen Schriftzeichen geschrieben; und da die japanische Sprache nur über ein begrenztes Vokabular verfügte und ihre einzelnen Wörter deshalb eine noch weit größere Bandbreite an phonetischen Möglichkeiten als das Chinesische hatten, bedurfte es oft mehrerer chinesischer Schriftzeichen für ein einziges japanisches Wort.

Dieser Umstand führte schließlich zur ersten Schrift Japans, genannt *Manyogana* (»Geliehene Namen«), mit der die chinesischen Schriftzeichen auf ihre Lautwerte reduziert wurden. Ihren Namen erhielt sie durch das *Manyoshu*, die *Sammlung der Zentausend Blätter*, einer Anthologie aus mehr als 4500 japanischen Gedichten, die mit einem Poem aus dem Jahr 759 beginnt und sich in der Zeit zurückarbeitet, bis hin zu einem, das vermutlich Mitte des 4. Jahrhunderts n. d. Z. entstanden war. Die meisten Gedichte sind in japanischer Sprache (einige aber auch auf Chinesisch verfasst), und alle stammen von den 530 Dichtern, die namentlich in der Anthologie aufgeführt werden, darunter Bauern und Könige aus allen Regionen, von Tsushima im Japanischen Meer bis zum Pazifik. Die Anthologie selbst wurde in der aufkeimenden japanischen Schrift verfasst und stellte Japan zum ersten Mal in geschriebenen Versen dar – das papierne Bild von einem Land, das erwachsen geworden war.

Die Manyogana wurde als die »Schrift des Menschen« bezeichnet, war jedoch mühselig und sperrig und wenig geeignet für ein Zeitalter stetig wachsender Leserkreise. Und weil inzwischen immer mehr Wörter entlehnt worden waren, entwickelten japanische Schriftgelehrte schließlich zwei Silbenschriften, die abgerundet kursive *Hiragana* und die besonders einfach geformte *Katakana*, welche jeweils nur noch Elemente von chinesischen Schriftzeichen für die einzelnen Silben japanischer Wörter verwendeten. Doch eine vollständig eigene Schrift wurde nie entwickelt, bis heute ist die japanische Schrift eine Mixtur aus chinesischen Schriftzeichen und diesen beiden Silbenschriften.

Seit die japanische Dichtung immer stärker von Frauen dominiert wurde (für die das Chinesischstudium als unschicklich galt), bezeichnete man die Hiragana auch als »Frauenschrift« oder »Kinderschrift«. Gegen Ende des 9. Jahrhunderts wurde Lyrik zu einem regelrechten Wettstreit der Gebildeten: Richter fällten Urteile in wohllautenden Versen; jedes Ereignis, sei es die Geburt oder der Tod eines Menschen, wurde in Reime gekleidet; auch wer in der Natur verweilte, tat es, um sie zu besingen; man buhlte um die Aufmerksamkeit des Kaisers mit einem *Waka*, dem »Japanischen Gedicht« aus exakt einunddreißig Silben; und auch wenn ein Liebespaar die Nacht zusammen verbracht hatte, wurde ein Gedicht erwartet.

Solche Verse waren noch bis ins 20. Jahrhundert üblich, doch zwischen dem 9. und 12. Jahrhundert waren sie die Domäne von Frauen gewesen. Und da sie keine reinen chinesischen Schriftzeichen verwendeten, waren sie es auch, die mehr als alle anderen Gruppen zur Evolution einer nationalen Schrift und zur Domestizierung der chinesischen Schriftzeichen beitrugen. Die Hiragana steigerte die allgemeine Lese- und Schreibkundigkeit, spornte zum Schreiben von Unterhaltungsliteratur, Tagebüchern, Essays und Gedichten an und begünstigte somit auch die Entwicklung einer nationalen Identität.

Ungeachtet seiner Schönheit ist das japanische Schriftensystem jedoch das vielleicht gewundenste und am schlechtesten durchdachte der Welt, geschrieben allerdings auf einem Papier von einer Feinheit, die ihresgleichen sucht. Ja, Papier *hatte* wichtigere Bündnispartner in seiner Geschichte, und keine einzige unter all den Ideen oder Religionen, die dem globalen Vormarsch dieses Beschreibstoffes so gute Dienste geleistet haben, wurde in Japan geboren. Und doch hat Japan einen außerordentlichen Beitrag zur Geschichte des Papiers geleistet. Denn wiewohl es schon seit dem 1. Jahrhundert n.d.Z. in China verwendet wurde und wiewohl es *dort* zum Beschreibstoff exquisiter Kalligrafen und zum Inspirator künstlerischer Schaffensprozesse geworden war, lange bevor mit der Papierherstellung in Japan auch nur begonnen wurde, war es doch Japan, das diese hingebungsvolle Liebe zu diesem Beschreibstoff entwickelte und ihn mit ganz neuen Möglichkeiten ausstattete. Nicht nur die Herstellung von Papier wurde in Japan zu einer Kunst für sich, auch seine Wertschätzung als etwas, das Schönheit verkörpert, fand dort ihren bemerkenswertesten und frühesten Ausdruck. Dieser hingebungsvolle Umgang mit Papier hat die Jahrhunderte überdauert, vom *Origami* (der Kunst des Papierfaltens) bis zum *Suminagashi* (der Marmorisierung von Papier), von der Kalligrafie bis hin zu den mit Sprengstoff beladenen Heißluftballons, die über den Pazifik drifteten.

*Man glaubt, dass man eine Reise machen wird, doch bald stellt sich heraus, dass die Reise einen macht – oder kaputt macht.*[5]

Die Spuren des Papiers verlaufen von China aus in Richtung Süden in das historische Annam, in Richtung Westen nach Tibet und den chinesischen Teil von Turkestan, und in den Norden in Richtung Steppe. Was China gesät hatte, wurde in Ländern der ganzen Region geerntet. Doch der Verteilung dieser Ernte waren Grenzen gesetzt. Der Hinduismus zog nach wie vor die Rede der Schrift vor – bei der mündlichen Überlieferung der Veden lag der Schwerpunkt nicht nur auf dem Wortlaut, sondern auch auf der rezitativen Lautmalerei und somit nicht nur auf dem Inhalt, sondern auch auf der menschlichen Stimme als dessen Medium. Sogar heute noch betrachtet der Hinduismus Druckausgaben der Veden als bloße Schatten ihrer skandierten Versionen. Außerdem wurden auf dem indischen Subkontinent schon seit dem 5. Jahrhundert v.d.Z. Talipat-Palmblätter als Beschreibstoffe für buddhistische und jainistische Texte verwendet. Obwohl sich das Wissen um die Papierherstellung bereits im 7. Jahrhundert nach Indien verbreitet hatte (vermutlich im Zuge des Austauschs von diplomatischen Depeschen), begann man es erst nach der Ankunft des Islam Jahrhunderte später auch auf dem Subkontinent zu verwenden. Die dortigen Schriftreligionen nutzten sogar noch bis zum Ende des 16. Jahrhunderts Palmblätter, und auch in Teilen von Südostasien schrieb man dank der buddhistischen Einflüsse aus Indien weiterhin auf Talipat, vor allem im heutigen Myanmar, Laos, Kambodscha und Thailand.

Annam (das heutige Vietnam) hingegen zeigte sich für das chinesische Papier ebenso empfänglich wie für die chinesische Kultur. Da das Land im Jahr 111 v.d.Z. vom chinesischen Reich geschluckt worden war und ein Jahrtausend mehr oder weniger unter dessen Herrschaft stand, übernahm es im 3. Jahrhundert n.d.Z. auch dessen Schriftzeichen und die Technik der Papierherstellung, obwohl der Buddhismus dort schon mindestens ein Jahrhundert früher präsent gewesen war. Annam war von der chinesischen Tang-Dynastie (618–907) als eine Provinz für nichtchinesische Völker ins Leben gerufen worden, doch ihre Verwaltung hatte man mit den regionalen herrschenden Klassen besetzt. Als sich der Einfluss der Tang abzuschwächen begann, lockerte Annam seine Verbindungen zu China, um sich bis zum frühen 11. Jahrhundert schließlich in einen zentralisierten Staat mit einem eigenen Herrschersitz in Hanoi zu entwickeln. Im späten 10. Jahrhundert hatte König Dinh Bo Linh Mönche als Druckmittel benutzt, um sich die Kontrolle zu sichern. Sie – und ihre Schriften – halfen ihm, sein Verhältnis zu China, zur Arbeitskraft und zum nationalen Geldadel zu gestalten und die öffentliche Meinung zu beeinflussen. Sein Nachfolger passte die politische Theorie Chinas dann dem vietnamesischen Geschmack an, und die damit einhergehende Entwicklung einer eigenen nationalen Identität führte schließlich auch zu einer vietnamesischen Schrift. Der Saga nach soll sie von einem Dichter im 13. Jahrhundert erfunden worden sein, tatsächlich ist sie jedoch sehr viel älter. In jedem Fall trug sie viel zur Entwicklung von Vietnams eigener Identität bei.

Zentralasien im Westen Chinas war derweil zu arm und zu fragmentiert geblieben, um sich ernsthaft mit der Papierherstellung zu befassen. Der Zusammenbruch des Kuschanreichs im 3. Jahrhundert n. d. Z. war der Vorbote vom Ende der Einheit dieser Region gewesen. Bis zur Ankunft des Islam blieb Zentralasien zwischen größeren Reichen oder lokalen Fürstentümern aufgespalten. Und in dieser Periode muss das Wissen um die Papierherstellung auch in diese Region eingedrungen sein, denn in Gilgit (heute Pakistan) fand man Papierdokumente aus dem 6. Jahrhundert, und auf dem Berg Mug in Tadschikistan papierne Schriften aus dem frühen 8. Jahrhundert. Doch zwischen 220 und 589 war auch China gespalten und häufig von Kriegen heimgesucht worden. Und diese politische Gemengelage, plus all den Entfernungen und dazwischen liegenden Wüsten, erklärt vielleicht, warum sich die Papierherstellung in dieser Periode nicht weiter in den Westen verbreitet hat. Da Zentralasien ohnedies schon über eigene Schriften und andere Beschreibstoffe verfügte, dürften die chinesischen Schriftzeichen dort auch nicht den gleichen Anreiz geboten haben wie beispielsweise auf dem japanischen Archipel, wo sie auf eine analphabetische Kultur gestoßen waren.

Tibet hatte bereits im 7. Jahrhundert mit einer eigenen Papierproduktion begonnen, nachdem eine einfache, gut lesbare Schrift aus Indien dort eingetroffen war (bis heute ist umstritten, um welche es sich dabei handelte) und Klosterschreiber begonnen hatten, alte Texte zu kopieren, ihnen eigene Gedanken anzufügen und auf diese Weise einen Hochland-Buddhismus ins Leben zu rufen, der bis weit in die mongolische Steppe hinein Anklang fand. Tibetische Klöster fertigten auch die *Tsatsas* genannten tönernen Halbrelief-Votivtafeln. Der Name leitet sich von einem Sanskritwort für »Kopie« ab – und kopieren war genau das, was die Schreiber dort taten, all diese Männer und Frauen, die durch die Nachbildung eines Heiligenbilds oder mithilfe der Abschrift eines heiligen Textes spirituelle Verdienste zu erwerben hofften. Allmählich begann sich die Macht der lokalen Aristokratie auf den buddhistischen Klerus zu verlagern, und während tibetischbuddhistische Mönche begannen, die Geschichte ihres Landes zu erzählen und aufzuzeichnen, haben sie vermutlich viele ältere Texte ausgemerzt. Auch eine neue Art der Papierherstellung verbreitete sich über das tibetische Hochland. Man verwendete dazu die Wurzel eines chinesischen Seidelbastgewächses, die giftig genug ist, um Motten, Mäuse und Buchwürmer (zum Beispiel den Bunten Klopfkäfer) fernzuhalten. Und dieses haltbare, leichte und biegsame tibetische Papier wurde dann zu dem Kitt, der eine belesene buddhistische Gemeinschaft im Hochland und darüber hinaus zusammenhielt. Tibetische Mönche sollten sogar wichtige innen- und außenpolitische Rollen spielen.

Nachdem die turksprachigen Uiguren Mitte des 9. Jahrhunderts Städte entlang der Seidenstraße im Tarimbecken erobert und ihre Hauptstadt Ordu Baliq (heute Khar Balgas) in der nördlichen Steppe verlassen hatten, bekam Tibet im Norden einen neuen Nachbarn. Über eine Schrift hatten die Uiguren bereits verfügt, doch erst nachdem sie um 840 herum im heutigen Nordwestchina eingetroffen waren, erlernten sie auch die Kunst des Papiermachens. Mittlerweile waren sie sesshaft geworden, doch die ungewöhnliche Rolle, die sie in der Geschichte des Papiers spielen, war dem Einfluss zu verdanken, den sie nach wie vor auf ein anderes Nomadenvolk aus der Steppenregion ausübten, welche sie selbst ein paar Jahrhunderte zuvor verlassen hatten. Auch wenn sich diese Entwicklung mehrere Jahrhunderte nach der Zeit abspielte, in der sich die Kunst der Papierherstellung westlich der Grenzen Chinas über Ostasien hinaus verbreitet hatte, ist sie doch Bestandteil dieser ostasiatischen Geschichte. Und deshalb sollten wir hier für einen Moment die Chronologie verlassen und einen Sprung nach vorn ins 12. Jahrhundert machen.

Wenn man auf die einstige mongolische Hauptstadt zufährt, taucht in der Ferne ein Quadrat aus gleichmäßig verteilten weißen Hauben auf, die wie Möwen auf einer Mole hocken. Es sind die hundertacht Stupas in der Mauer der heutigen Klosteranlage von Erdene Zuu, die einstmals Karakorum, die erloschene Hauptstadt des Mongolenreichs, umgab. Im Inneren des Gevierts haben sich ein paar Tempel erhalten, doch es bleibt der Eindruck einer großen Leere an der Stelle, auf der einmal eine Zeltstadt gestanden hatte. Wandert man darin herum, betritt man bloß noch die ausgetretenen Pfade von Pilgern aus ganz Asien oder von Touristen aus so weiter Ferne wie Westeuropa. Abgesehen von einigen wenigen Mönchen, die man Sutras skandieren hört und Gebetsfahnen berühren sieht, sind kaum noch irgendwelche Anzeichen von der einstigen Glorie dieser Stadt aus dem goldenen Zeitalter des Mongolenreichs vor siebenhundert Jahren zu sehen. Karakorum erzählt eine ähnliche Geschichte wie Percy Bysshe Shelley in seinem Sonett »Ozymandias«.

Die alte Hauptstadt Ostasiens war nicht bloß eine Stadt der Zelte, sondern auch der Beamten gewesen. Im 13. Jahrhundert benötigte jeder Minister einen Schreiber, der in der Lage war, Dekrete in den verschiedenen Hauptsprachen des Reiches zu schreiben – auf Chinesisch, Tibetisch, Uigurisch, Tangut, Persisch und Mongolisch. Es gab Ämter für Opfergaben und für Schamanen, für Händler, für die Poststationen und für die kaiserlichen Schatzkammern und Arsenale. Sie alle unterstanden dem zweithöchsten Minister, einem nestorianischen Christen namens Bulghai. Hochrangige Beamte waren üblicherweise Mongolen, doch das Personal dieser Ämter stammte oft aus anderen Regionen, und ein Drittel von Karakorum stand allein diesen Verwaltern zu Diensten. Im Laufe von nur einem halben Jahrhundert hatten sich die Mongolen von einem ungebildeten Stamm aus der östlichen Steppe in die Wächter eines Weltreichs verwandelt, das sich fast vollständig mithilfe von Papier verwaltete, welches in mehreren Schriften und Sprachen beschrieben wurde.

Begonnen hatte alles mit einem Mann namens Temudschin, der sich die längste Zeit seiner Jugend auf der Flucht befunden und um die Familie gekümmert hatte, die ihm sein Vater nach dem Tod hinterlassen hatte. Seine Ausbildung beschränkte sich auf die Kunst der List, der Tücke und der guten Angriffsstrategie. Ständig in Nöten, stahl er Pferde und kämpfte sich so lange nach oben, bis er bei einer Großen Versammlung der Steppenstämme schließlich die Herrscherstandarte, die Yakschwanz-Flagge, hissen konnte. Die Stammesfürsten ernannten ihn zum »Dschingis Khan«, dem Großkhan aller Mongolen, und bedachten ihn mit dem Titel eines »Ozeangleichen Herrschers« über das Mongolenreich fern jedes Ozeans.

Dschingis Khans Ambitionen führten ihn – um eine lange Geschichte kurz zu machen – nach Korea, Nordchina und in fast alle Regionen von Turkestan. Er eroberte das strahlende Samarkand; er schenkte (einem bedeutenden zeitgenössischen persischen Historiker zufolge) Katzen und Schwalben die Freiheit; er ließ seinen Sohn Tolui das persische Nischapur plündern und brandschatzen; er stellte sich auf die Treppen der (nicht mehr erhaltenen ersten) Freitagsmoschee in Buchara und erklärte sich dort zur Geißel Gottes; er schlachtete die Bewohner von Beijing ab und zerstörte die Gebäude der Stadt. Dann setzte er so lange Schah Muhammad nach, seinem letzten Rivalen in Zentralasien, bis dieser schließlich vor Erschöpfung auf einer Insel im Kaspischen Meer starb. Dschingis' Dynastie eroberte Persien und gliederte den Süden Chinas in ihr Reich ein, brach einen Seekrieg gegen Japan vom Zaun, machte sich Tibet untertan, fegte durch Kleinasien und den Mittleren Osten und stand schließlich vor den Toren Wiens. Die neue Pax Mongolica, die im 13. Jahrhundert ganz Asien überspannte, ermöglichte Waren und Religionen weitere Reisen als jemals zuvor.

Doch die Reisen des Temudschin waren auch eine Rückkehr. Als er die Oasenstädte im chinesischen Turkestan erreichte, fand er das Volk der Uiguren über die ganze Region verstreut vor und bereit, sich in das Mongolische Reich eingliedern zu lassen. Die Uiguren waren sesshaft geworden und hatten geordnete Strukturen aufgebaut. Ihre kluge Verwaltung beeindruckte den neuen

Herrscher. (Ein chinesischer Beamter hatte ihn bereits überzeugt, dass ihm seine neuen chinesischen Untertanen als Steuerzahler mehr nützen würden denn als Leichen.) Und je länger Temudschin bei den Uiguren blieb, umso stärker beeindruckte ihn deren Alphabet. Also befahl er ihren Schriftgelehrten, eine Variante davon für die mongolische Sprache zu entwickeln. Es wurde die erste Schrift der Mongolen.

Während das Mongolische Reich weiter auf dem Vormarsch war, adaptierte es die uigurische Tradition des Kanzlei- und Verwaltungswesens samt deren Schreibern für sein Regierungssystem. Kommunikation war die große Stärke der Pax Mongolica. Entlang der wichtigsten Handelsrouten wurden jeweils im Abstand von einer Tagesreise – laut Marco Polo alle fünfundzwanzig bis dreißig Meilen – Poststationen eingerichtet, die über Ställe und Futter verfügten, sodass ein Bote, der über die nötige Vollmacht verfügte, bei Bedarf jederzeit die Pferde wechseln konnte. Ein Eilbote konnte mehr als zweihundert Meilen am Tag zurücklegen. Aber die schriftlichen mongolischen Botschaften, die auf diese Weise kreuz und quer durch Asien überbracht wurden, waren nur dank einer Handvoll uigurischer Schriftgelehrter möglich geworden.

Ohnedies hatte Temudschins Reich eine Menge seines Erfolgs dem zu verdanken, was es von anderen Völkern übernommen hatte: das Schriftsystem von den Uiguren, das Postsystem von den Kitan, die Regierungsstrukturen von China und anderen Staaten. Temudschin verhängte keine mongolische Lebensweise – er reformierte sie. Und das tat er vor allem durch sein Streben nach einer mongolischen Schrift. Denn mit ihr bewaffnet konnte er sicherstellen, dass der Gründungsmythos seines Reiches und die Geschichte seiner Sippe und des mongolischen Volkstums in dessen eigener Sprache zu Papier gebracht wurden: *Die Geheime Geschichte der Mongolen* (sie erschien allerdings zuerst auf Chinesisch). Dieser Mythos war entscheidend für das Überleben des Mongolenreichs, da der Staat ja ein Amalgam aus den verschiedensten Stämmen war. Das Dokument ist erhalten geblieben und legt bis heute Zeugnis ab von der Macht, die dem Papier, der Tusche und der Schrift beim Schmieden jenes mongolischen Volkes zukamen, welches halb Eurasien erobern sollte.

Auch die fremden Dynastien, die seit dem frühen 10. Jahrhundert – vor den mongolischen Überfällen – über China geherrscht hatten, entwickelten ihre jeweils eigenen Alphabete, damit sie Papier mit ihren Dekreten, Geschichten, Gedichten, Sagas und Ideen beschreiben konnten. Unter der Jin-Dynastie, die vom frühen 12. bis zum frühen 13. Jahrhundert im Norden Chinas herrschte und vom Volk der Jurchen aus der Mandschurei begründet worden war, entwickelte sich das Ideal des edlen gelehrten Herren, der seine autodidaktisch erworbene literarische Bildung mit dem kunstvollen Einsatz des Pinsels zu verbinden verstand und sich nicht zu so niedrigen Dingen wie der Bemalung einer Wand herabließ. Er beschrieb ausschließlich Seide oder Papier. Auch der Buchdruck (auf den wir noch zurückkommen werden) expandierte unter den Jin, was schließlich jedoch in einer Inflation mündete, da die Dynastie zum Ausgleich ihrer Defizite einfach mehr Papiergeld zu drucken begann. Als die Mongolen 1206 in China einfielen, druckten die Jin zur Kriegsfinanzierung noch mehr Geld, was den weiteren Verfall der Währung zur Folge hatte. Nach der Eroberung Chinas behielten die Mongolen zwar einige ihrer alten hierarchischen Strukturen bei, kehrten aber nie wieder vollständig zu den alten Steppentraditionen zurück und machten Chinas schriftliche Verwaltungsstrukturen zur Grundlage ihrer eigenen Kontrolle über das Land.

In der zweiten Hälfte des 13. Jahrhunderts beschloss Kublai Khan, Dschingis' Enkel und Gründer der Yuan-Dynastie (von Samuel Taylor Coleridge in seinem Gedicht »Kubla Khan« besungen), seinen Hauptsitz von Karakorum nach Beijing zu verlagern, ab sofort chinesische Gewänder anzulegen und die chinesische Lebensweise samt ihrer Bücher und Schriften und Verwaltungsdokumentationen zu übernehmen. Damit setzte er eine kulturelle Entwicklung in Gang, von der die gesamte Herrschaftszeit der Yuan-Dynastie geprägt bleiben sollte. So wurde im frühen 14. Jahrhundert beispielsweise eine Akademie ins Leben gerufen, genannt »Pavillon des Sternbilds der Literatur«, die zu einem Zentrum und Förderer von Kunst und Literatur wurde. Der spätere Yuan-Kaiser Toghun Timur sollte dort Stunden mit kalligrafischen Übungen oder in die Betrachtung seiner Kunstsammlung versunken verbringen.

Im frühen 14. Jahrhundert veröffentlichte die Dynastie viele Bücher, darunter ein Kompendium über die Song, zwei Werke über den alten Kaiser Taizong, das gewaltige Geschichtswerk *Zizhi Tongjian* (»Zusammengefasster Zeitspiegel zur Hilfe in der Regierung«), das *Shujing* (eine Sammlung von Reden aus den Shang- und Westlichen Zhou-Perioden, die einer der fünf konfuzianischen Klassiker war), *Daxue Yanyi* (»Das Große Lernen«), das konfuzianische *Xiaojing* (»Buch der kindlichen Pietät«), das *Lienu Zhuan* (»Biografien beispielhafter Frauen«), diverse Studien über das *Chunqiu* (die *Frühlings- und Herbstannalen*) sowie die von einem Yuan-Beamten verfasste Geschichte *Nongsang Yi Shi Cuo Yao* (»Wesentliches über Ackerbau, Seidenraupenzucht, Kleidung und Ernährung«). In mongolischer Schrift wurden konfuzianische Grundsätze dargelegt und die mongolischen Beamten in die Verwaltung eines Reiches eingeführt, dessen administrative Infrastruktur vom Papier beherrscht war. Während sich die Yuan-Dynastie etablierte, begannen Oper und Drama zu erblühen, und da ihre Herrscher nicht nur an den Eliten, sondern auch am Volk interessiert waren, waren sie es auch, die den Weg für die Anfänge des chinesischen Romans und neue Themen in Dichtung und Literatur ebneten. Die Kunst des Schreibens verlangte nach neuen Stoffen.

Von den Mongolen hätte man am wenigsten erwartet, dass sie sich dem Papier unterwerfen würden. *Dass* sie sich diesen Beschreibstoff aneigneten, ist denn auch weniger ein weiteres Kapitel in der Geschichte von der Bekehrung Ostasiens zum Papier als ein Postskriptum zu einer späteren Phase dieser Historie. Denn sie sollten sich dem Papier ja erst Jahrhunderte später zuwenden, und das auch nur, weil sie durch ihre neue Lebensweise in der Sesshaftigkeit eines eigenen Kaiserreichs von den Tugenden dieses Beschreibstoffes hatten überzeugt werden können. Aber Papier *hat* sie überzeugt. Selbst Nomaden konnten erkennen, welche Vorteile dieser Stoff bot, wenn man ein ganzes Reich legitimieren und kontrollieren wollte. Die Mongolen bewiesen, dass sich sogar Mächte, denen die ureigentlichen Zwecke dieses Beschreibstoffes völlig fremd gewesen waren, von dessen außerordentlichen Möglichkeiten angetan sein konnten. So betrachtet, sind sie ein besonders eindrucksvolles Beispiel für den Siegeszug, den das Papier in den mittleren Jahrhunderten des ersten Jahrtausends n.d.Z. in ganz Ostasien angetreten hatte. Denn es war diese Periode, in der das Papier Einzug in sämtliche Länder »Großchinas« hielt, ergo halb Asien für sich gewann und lokalen Völkern oder Ethnien dazu verhalf, eigene Schriften zu entwickeln, in denen sie dann ihre eigenen Identitäten auf dem neuen Beschreibstoff verewigen konnten. Und während sich auf Papier verfasste Texte zu mehren begannen, schritt auch die Entwicklung der Schreibtechniken, Schriftzeichen, Alphabete, Pinsel und Tuschen (bis hin zur Entwicklung des Holztafeldrucks) in ganz Ostasien und seinen Grenzregionen voran, um dort dann jeweils ihre eigene Gestalt anzunehmen. Was als der Versuch begonnen hatte, den chinesischen Weg zu exportieren, war zum Wohle der Ziele anderer Glauben und Völker weiterentwickelt worden, angefangen beim Buddhismus bis hin zu den diversen lokalen Unabhängigkeitsbestrebungen. Papier war kein chinesisches Phänomen mehr. Sein Siegeszug um die Welt hatte begonnen.

# 7

# Die Papierokratie

> Kein Dichter der Welt kann jemals populärer unter seinen
> Zeitgenossen gewesen sein als Po.
> ARTHUR WALEY, Bai [Po'] Juyis englischer Übersetzer
> und Biograf aus dem 20. Jahrhundert.[1]

Im 8. Jahrhundert war Chinas kaiserliche Hauptstadt Chang'an die beeindruckendste Stadt Asiens, wenn nicht der Welt gewesen. Das heutige Xi'an, eine perfekt schachbrettartig angelegte Großstadt, wie einer ihrer Dichter schwärmte, beherbergte eine Million Einwohner und war von dem Reichtum, der Pracht und Schönheit, den Intrigen, dem Kommerz und dem Lärm einer kultivierten kosmopolitischen Metropole geprägt, mit der es nur noch Konstantinopel und Bagdad aufnehmen konnten.

Mit der Wiedervereinigung des Nordens und Südens Chinas war im Jahr 581 ein Zeitalter des Wohlstands angebrochen, und in Chang'an, wo es nur so wimmelte von Händlern, schlug das Herz dieser Ära. Die Märkte waren über neun Stadtteile verstreut, allein der östliche Markt zog sich über zweihundertzwanzig Gassen hin, jede einem eigenen Produkt gewidmet, vom Fleisch über Eisen, Gewänder, Dampfbrötchen, Fisch bis hin zu Zaumzeug und Sätteln und Goldschmuck. Persische Händler boten Halbedelsteine, Edelmetalle, Elefantenstoßzähne, Gemmen, Perlen und

Reliquien an, und wie die Kaufleute aus Buchara zollten auch sie mit ihren Teppichen der Pracht des Kaiserhofs Tribut. Eine Tang-Kaiserin erwarb eine mit Zobelfell bedeckte Liegestatt aus Elfenbein für den Palastgarten, überdacht von einem Zelt, das mit Gold, Silber, Perlen und Jade geschmückt auf einem Gestänge aus Rhinozeroshorn ruhte und mit »Drachenbart«- oder »Phönixfeder«-Schilfmatten ausgelegt war.

Auf den Märkten wurden vielfarbig bedruckte Gewänder, Gewürznelken gegen schlechten Atem und Mittel gegen »barbarischen Körpergeruch« angeboten. Frauen konnten Körperpeelings, Salben gegen unreine Haut, Gesichtscremes, Feuchtigkeitscremes, alle möglichen Kosmetika und Schönheitsflecken in den Formen eines Vogels oder Mondes erstehen. Sie zupften ihre Augenbrauen und zogen sie mit Tinkturen nach, legten Rouge auf und malten die Lippen mit Zinnoberglanz aus. Kosmetika, Schmuck und Kleidung für Frauen waren gesellschaftlich derart hoch angesehen, dass sechs Göttinnen über sie wachten, jeweils eine für Salben, für Brauenfarben, für Gesichtspuder, für Glanzcremes, für Juwelen und für Gewänder.

Bis zur Mitte des 8. Jahrhunderts waren achtundzwanzig staatliche Fest- und Feiertage plus weitere achtundvierzig dienstfreie Tage für Beamte eingeführt worden. Zum Freizeitangebot an solchen Tagen gehörten festliche Zirkusveranstaltungen: In der Manege tänzelten Seilakrobaten, einer auf dem anderen zur Pyramide gestellt, derweil andere mit Schwertern oder perlenbestickten Kissen jonglierten und ein Akrobat auf einem Querbalken an der Spitze einer zwanzig Meter hohen Stange, die ein weiterer Körperkünstler auf dem Kopf durch die Manege balancierte, Kunststücke vorführte. Daoistische Priester hielten hohe Leitern, die sie dann wechselweise barfuß erklommen, um von hoch droben sämtlichen Epidemien mit dem Schwert zu drohen – der Versuch einer spirituellen Massenimpfung – oder ihre Tänze aufzuführen. Am »Tag der Kalten Speisen« (5. April) spielten Palastdamen mit Absolventen der neuen Beamtenhochschule ein

Spiel, das unserem Fußball ähnelte. Ein Kaiser hatte eigens den Ahnentempel der Tochter eines Vorgängers abreißen lassen, um Platz für ein »Fußballfeld« zu schaffen. Sport mit Lederbällen trieben sonst meist nur die Angehörigen des Militärs, und Polo war damals wie heute ein Elitensport, nur dass in China jedes Team über sechzehn Reiter verfügte und das Match üblicherweise von einer Musikkapelle begleitet wurde.

Allgegenwärtig, ob bei solch glamourösen Veranstaltungen oder im Alltagsleben, war das Papier. Göttliche Torwächter wurden auf Papierbogen gemalt, die dann zum Schutz vor bösen Geistern über dem Türsturz angebracht wurden; wo Seide zu teuer war, spannte man geölte Papiere in die Fensterrahmen ein; auch die Laternen aus feinen Bambusstäben wurden mit Papier vertäfelt. Während des dreitägigen Laternenfestes war die nächtliche Ausgangssperre aufgehoben, damit das Volk unter dem Vollmond lustwandeln konnte. Alle wohlhabenden Bürger leisteten sich Geltungskonsum, aber wohl kaum einer gab dafür so viel Geld aus wie der Kaiser, der im Jahr 713 zum Beispiel eine sechzig Meter hohe, mit Brokat- und Seidenstoffen verzierte Papierlaterne vor einem der Stadttore anbringen ließ. Papier hatte auch die traditionellen Toilettenstöckchen (zur Reinigung nach dem Stuhlgang) zu ersetzen begonnen, und nachdem im Jahr 767 eine Gegend östlich der Hauptstadt von den Truppen eines heimkehrenden Militärgouverneurs geplündert worden und praktisch nichts mehr übrig geblieben war, mussten selbst die lokalen Mandarine Papierkleidung tragen.[2]

Doch im Zentrum von Chinas goldenem Zeitalter der Gelehrsamkeit stand das Schreibpapier. Sogar zu Kriegszeiten pflegten die Gebildeten von Literatur zu zehren, um ihre Nöte zu lindern, und waren um jeden Preis bereit, diese Werke zu schützen. Hohe Beamte und Bücherwürmer profitierten gleichermaßen vom Papier, die öffentliche Verwaltung ebenso wie der einzelne Poet. (Mehr als viertausend Gedichte aus den Pinseln von mehr als zweitausend Dichtern der Tang-Periode haben bis heute überlebt. Für Ezra Pound, den Vater der Imaginistenbewegung des

*Abb. 10: »Der Akt des Schreibens« (Yan Liben, 11. Jahrhundert): Diese Darstellung von Gelehrten aus der Nördlichen Qi-Dynastie beim Kollationieren von Texten ist das außergewöhnliche Beispiel einer frühen figurativen chinesischen Malerei und eine ungewöhnliche Kombination aus der eleganten Gestaltung eines Moments der Ungeschicklichkeit im Augenblick eines sich anbahnenden Unfriedens in einer ansonsten friedvollen Stimmung (der Gelehrte vorne in der Mitte scheint sich plötzlich zum Gehen entschieden zu haben und wird von einem Kollegen festgehalten, der dabei sein Schreibgerät zu Boden fallen lässt und einen Teller mit Speisen auf dem Tisch umkippt). Das Gemälde gedenkt des Jahres 556, als Kaiser Wenxuan zwölf konfuzianische Gelehrte (Yan Liben hielt nur fünf von ihnen fest) mit dem Kollationieren und der Abschrift der chinesischen Klassiker beauftragte, die der Kronprinz studieren sollte. Der Gelehrte zur Rechten trägt ein rotes Nomadengewand und sitzt auf einem »Nomadenschemel«. Die Diener um ihn herum erfüllen unterschiedliche, für den Akt des Schreibens nötige Pflichten: Einer sortiert die Papiere, einer bereitet einen frischen Pinsel vor, ein Dritter hält eine frische Rolle Papier bereit, der Vierte liest Korrektur, und eine Dienerin bringt dem gelehrten Schreiber den Gürtel (das offizielle Symbol seines Ranges). (Museum of Fine Arts, Boston)*

20. Jahrhunderts, wurde die Schlichtheit von Form und Stil, welche die Tang-Dichter zu einer solchen Kunst erhoben, *das* Vorbild.) Dank der Wiedervereinigung von 581 genoss China Frieden, konnte seinen Wohlstand stetig mehren und seiner Literatur wie seinen Literaten eine Blütezeit bescheren (während alle davon profitierten, dass Briefe nun über noch größere Entfernungen hinweg ausgetragen werden konnten).

Zum ersten Mal war Papier, das größtenteils in und um Chengdu im Südwesten Chinas hergestellt wurde, auch preiswert genug für private Nutzer, weshalb immer mehr Menschen das eigene Leben und ihre persönlichen Gedanken darauf festhielten. Und uns ist dank dessen selbst so viele Jahrhunderte später noch die Gelegenheit gegeben, den Spuren einzelner Menschenleben zu folgen und Einblick in die intimsten Details eines Alltags oder der Innenwelten eines Individuums aus diesem frühen Papierzeitalter zu erhalten. Natürlich bleibt der Zugang begrenzt, außerdem hat überhaupt nur eine Handvoll von Personen eine solche papierne Spur aus so tiefer chinesischer Vergangenheit hinterlassen. Doch allein schon die vorhandenen Beispiele verschaffen uns außerordentliche Möglichkeiten, die persönlichen Erkenntnisse von Menschen lesen zu können, die vor zwölf Jahrhunderten in China gelebt haben.

Vor allem ein Mann, der auf diese Weise aus der Vergangenheit hervortritt, ist einer genaueren Betrachtung wert. Er hat uns sein Leben in der Form von Dichtung und Gedanken über die Politik, die Religion, die Staatsverwaltung oder als Briefe auf Papier hinterlassen. Angesichts seiner politischen Berufung, seiner privaten Lieblingsbeschäftigungen, seiner Freundschaften, seines außerordentlich scharfen Geistes, seiner sozialen Anliegen und seiner Dichtkunst spiegelt sich in seinem Leben die Allgegenwart von Papier im Alltag der gebildeten chinesischen Elite des 8. Jahrhunderts wie in kaum einem anderen. Und dieses Leben beweist, dass Papier nicht nur zu so funktionellen Zwecken wie der Verwaltung des Staates, Beamtenprüfungen oder behördlichen Korrespondenzen verwendet wurde. Durch seine Briefe, Gedichte und Tagebücher sind wir zur Teilhabe an persönlichen Lebenserfahrungen eingeladen, ob es dabei um die Trauer und den Schmerz angesichts des Verlusts eines geliebten Menschen geht, um die Intimität einer engen Freundschaft, um Zorn über die Korruption in der Regierung oder die extrem ungerechte Wohlstandsverteilung, um spirituelle Epiphanien oder um Augenblicke des innigen Einsseins mit der Natur. Der schiere Umfang seines schriftlichen Nachlasses, die Bandbreite der Themen, mit denen er sich auseinandersetzte, seine oft so expressiv festgehaltenen Stimmungen und seine Gedanken über die Risiken, die er einging, wenn er Kritik an der Politik übte, haben uns etwas wahrhaft Einzigartiges hinterlassen, das aus keiner früheren chinesischen Periode zur Verfügung steht. Und dieses Vermächtnis blieb uns nur dank des Papiers erhalten.

Bedenkt man die Interessen, die sein Leben prägten, wurde Bai Juyi eigentlich sechzig Jahre zu spät geboren. Denn im Jahr seiner Geburt, 772, wurde das goldene Zeitalter Chinas gerade von Kriegen zunichte gemacht. Die Bevölkerung, die sich nur zwei Jahrzehnte zuvor noch auf fünfzig Millionen belaufen hatte, war bis 764 auf siebzehn Millionen geschrumpft; die restlichen Jahre des Jahrhunderts wurden von einem Aufstand, Hungersnöten und Invasionen im Norden und Süden des Landes in eine einzige Mühsal verwandelt. Auf dem Land lauerten überall Gefahren, während die Regierung sogar buddhistische Ordinationslizenzen und Beamtenprüfungsurkunden verkaufen musste, um ihre leer gefegten Kassen und Amtsstuben wieder zu füllen.

Bai Juyi stammte aus einer alles andere als wohlhabenden Familie gelehrter Beamter aus dem alten Kernland Chinas. Er und sein Bruder waren von der Großmutter mütterlicherseits aufgezogen worden, die ihnen, wie Bai behauptet, bereits im Kleinkindalter Schriftzeichen beigebracht hatte. Mit fünf oder sechs komponierte Bai Verse, mit neun beherrschte er die Kunst des

Reimens und der Lautmalerei. Jahre später hielt er in einem Brief auch seine Nichten und Neffen zur Gelehrsamkeit an:

> *Die Welt täuscht den der des Lesens nicht fähig;*
> *Ich meisterte Schrift und Pinsel mit Freuden.*
> *Die Welt täuscht den der kein Amt versieht;*
> *Ich bin mit einer amtlichen Stellung gesegnet.*[3]

Im Jahr 783 vertrieben aufständische Armeen den Kaiser aus der Hauptstadt, doch bis zum Herbst 784 war die Tang-Dynastie wieder in Amt und Würden. Im Jahr darauf trocknete die Hitze die Brunnen der Hauptstadt aus, und eine Dürre ließ die Felder verdorren, die die Stadt mit Nahrung versorgten.

Die Geschichte Chinas könnte auch als eine Geschichte des Wassers erzählt werden. Sie beginnt mit den Göttern, die das Wasser vom Land trennten, setzt sich fort zu den Anfängen einer künstlich bewässerten Landwirtschaft, weiter zur daoistischen Geomantie (*feng shui*, wörtlich »Wasser-Wind«), dann zum Kaiserkanal, auf dem Produkte aus dem Süden in den Norden des Landes verschifft wurden, weiter zu den Problemen, die durch die trockenen Wüstengebiete um Beijing verursacht werden, zu den Staudämmen, die die Kommunisten im 20. Jahrhundert errichtet haben, bis hin zu dem herkulischen Süd-Nord-Wassertransferprojekt in unserem 21. Jahrhundert.

Bai Juyis Familie wurde durch die Aufstände, die im Zuge der Dürre im Norden ausbrachen, auseinandergerissen und an verschiedene Orte im Yangzi-Delta im Südosten des Landes vertrieben. Sein erstes datiertes Gedicht, das er, wie er in der letzten Zeile durchblicken lässt, auf billigem Papier verfasste, stammt aus dieser Zeit und befasst sich mit dem alten chinesischen Thema der Abwesenheit:

> *Verstoßen aus meiner Heimat, Sehnen ohne Sinn,*
> *Zwischen uns die Wasser des Chu und Hügel von Wu.*

*Ein gütiger Freund bringt meinen lieben Brüdern
Sehnsüchtge Reminiszenzen auf Streifen Papier.*

Im Jahr 788 sandte Bai einige seiner Gedichte an Gu Kuang, dessen Verse in ganz China berühmt waren. Aber er konnte es sich nicht leisten, immer nur zu dichten, er musste arbeiten, vermutlich als Schreiber oder Kopist in einem örtlichen Amt, denn seine Familie wurde von immer größerer Armut geplagt. Als sein Vater, ein kleiner Beamter, im Jahr 794 starb, sah Bai sich gezwungen, die Beamtenprüfung zu verschieben, weil er, der konfuzianischen Tradition gehorchend, drei lange Jahre trauern musste, bevor er wieder einer Arbeit nachgehen durfte.

799 reiste er in die östliche Hauptstadt Luoyang, um seiner kranken Mutter Geld zu bringen. Doch bevor er ans Nordufer des Yangzi übersetzte, machte er halt in einer Kleinstadt, um dort seine Provinzbeamtenprüfung abzulegen. Die Gedichte, die dabei aus seinem Pinsel flossen, bestätigten den Prüfern nicht nur seine Kenntnisse der Klassiker, sondern auch seine Kunstfertigkeit als Wortschmied, und so bestand er ein Examen ums andere und durfte im anschließenden Frühjahr an der letzten Prüfungsrunde in der Hauptstadt teilnehmen. Im Jahr 800 legte der achtundzwanzigjährige Bai als Viertbester von neunzehn frisch gebackenen Höheren Gelehrten das bedeutendste Examen Chinas ab.

Diese Beamtenprüfungen waren in der Tang-Periode Ende des 7. Jahrhunderts unter Kaiserin Wu Zetian zur Reife gelangt. Die Prüfer aus dem Personalministerium wurden mächtige Beamte, da diese Examina ja zugleich den Versuch darstellten, dem Stillstand im Klassensystem der Hauptstadt Paroli zu bieten. Doch 737 übernahm das Ritenministerium die Zuständigkeit, und die alten Prüfer begannen ihre Macht zu verlieren. Hochrangige Beamte zählten zu dieser Zeit üblicherweise nicht zu den Topabsolventen – selbst wer gut abgeschlossen hatte, verdankte seine Bestnoten meist nur einem einflussreichen Patron, der sich bei den

Prüfern für ihn verwandt hatte. Auch Bai hatte mit diesem Ziel vor Augen einen unterwürfigen Brief an den für die kaiserlichen Grabstätten zuständigen Beamten geschickt, aber keine Antwort erhalten. Das heißt, er muss sich zumindest in den vier wichtigsten Disziplinen aus eigener Kraft hervorgetan haben: Umgangsformen, Redegewandtheit, Kalligrafie (wiewohl er in seinen Briefen selbst behauptete, dass er von Kalligrafie nur wenig verstehe) und Recht.

Beim Abschlussexamen konnten die Kandidaten zwischen einem klassischen und einem literarischen Thema wählen, mit dem sie unter Beweis stellen sollten, dass sie die sittlich-moralischen Grundsätze des Konfuzianismus mit der Pragmatik der Politikgestaltung in Einklang bringen konnten. Das Klassikerexamen beinhaltete letztendlich nur die Abfrage von Auswendiggelerntem und war somit eher eine Prüfung des Gedächtnisses, die vom Kandidaten lediglich das mechanische Abspulen staatlich sanktionierter Auslegungen der Klassiker erforderte. Bai wählte das Literaturexamen, das im Zuge des neuen Zeitalters schöngeistiger Literatur im letzten Jahrzehnt des 7. Jahrhunderts eingeführt worden war und vom Kandidaten die Beantwortung aller Fragen in Form von Elogen, gereimter Prosa oder Dichtung verlangte. Die erfolgreichsten Männer im Kaiserreich waren Wortschmiede, und dieses Examen diente dem fortschrittlichsten Regierungssystem der Welt zur Talentsuche. Bai legte die Prüfung zufälligerweise in dem Jahr ab, in dem ein Reformer gerade die Korruption in diesem Prüfungssystem angeprangert hatte. So pinselte er sich seinen Weg zum Ruhm mit gereimten Antworten auf Fragen über die Konfuzius-Laozi-Paradoxa und die Funktionsweisen der Natur, aber auch mit einem Vorschlag zur Wiederbelebung des Prinzips der harmonisierten Beschaffung, um den Kornmarkt zu stabilisieren. Wenige Wochen später musste er abreisen, um den Tod seiner Großmutter in Luoyang zu betrauern. Aus diesem Anlass komponierte er das Gedicht »Abschied von meinen Mitkandidaten«:

*Zehn Jahre nichts als Bücher;*
*Nunmehr endlich Lob und Ehr.*
*Erfolg ist mir kein hoher Lohn;*
*Freude der Eltern ist mein Stolz.*
*Studienkollegen, sechs oder sieben,*
*Winken mich zum Stadttor hinaus.*
*[...]*
*Abschiedstöne von Flöten und Saiten.*
*[...]*
*Wein verkürzt den langen Weg.*
*Pferdehufe eilen voran,*
*Heim durch den Frühling.*

Als Bai neunundzwanzig wurde (dreißig nach chinesischer Rechnung), war er arbeitslos und vermerkte verdrossen, dass dreißig schon fast ein drittel von hundert sei. Er setzte seine ganze Hoffnung auf den Einstellungstest für Beamte, bei dem er seine Antworten in stilisierter Form formulieren musste. Seine Vorschläge zur Lösung von sozialen Unruhen und Ungerechtigkeiten waren voller Anspielungen auf die Klassiker und bedienten sich vieler alter Idiome. Er bestand die Prüfung neben sieben weiteren Kandidaten und erhielt eine Arbeit als Katalogisierer in der Palastbibliothek.

Damit war er nun zu einem kleinen Beamten geworden, doch die Arbeit nahm ihn nur zwei Tage pro Monat in Anspruch, und er konnte ein beschauliches Leben mit regelmäßigem Einkommen führen. Nach einer Weile kehrte er sogar in seine Heimat zurück, um sich am Fluss Wei niederzulassen und nur noch ein, zwei Mal im Monat in die Hauptstadt zurückzukehren. Doch die Palastbibliothek muss ihn ständig daran erinnert haben, dass Papier und Tusche das Herz des chinesischen Reiches waren. Jeder, der im Beamtenapparat aufsteigen wollte, musste Organisationstalent und den guten Umgang mit behördlichen Papieren beweisen. Doch wäre Papier nicht auch mit Klassikern beschrieben und zur

Kalligrafie genutzt worden, hätte die Zukunft dieses Beschreibstoffes anders ausgesehen, denn beides begann nun auch in den Segmenten der Gesellschaft an Popularität zu gewinnen, die zuvor keinen Zugang zu ihnen gefunden hatten.

Bildung war ein allgegenwärtiges Thema in der Hauptstadt, sogar die Frauen des kaiserlichen Harems lernten Lesen und Schreiben, studierten die Klassiker, das Recht, die Dichtung, die Mathematik und erlernten das Schachspiel. Sie ließen Maulbeerbäume zur Papierherstellung für den Eigenbedarf anpflanzen und Seidenraupen züchten, um den Palast auch mit der nötigen Menge an diesem Stoff zu versorgen. Auf gelbem Papier verfasste kaiserliche Dekrete wurden in alle Landesteile verschickt, wo Armeeoffiziere dann jeweils ein Pult mit einem purpurnen Tuch bedeckten, auf dem ein Magistrat das Dekret platzierte, damit zwei Rechtsmandarine es abwechselnd verlesen konnten. (Während der Sui-Dynastie im 6. Jahrhundert hatte die Verwaltung beispielsweise dreihunderttausend Abschriften eines Edikts zur öffentlichen Verlesung anfertigen lassen, mit dem der Kaiser seinen Rivalen verurteilte.) Doch selbst in den entlegensten Ecken im Nordwesten des Reiches erstellten die lokalen Behörden mittlerweile ihre jeweils eigenen Papierdokumente.

Auch immer mehr Bibliotheken wurden ins Leben gerufen. Die Palastbibliothek verfügte über mehr als zweihunderttausend Schriften, die eine Vielfalt an Meinungen und Glaubensweisen repräsentierten. Zu Bais Zeiten enthielt sie bereits Übersetzungen von christlichen Werken, darunter das *Sutra von Jesus dem Messias*, welchem zu entnehmen war, dass das Christentum keine Bedrohung für die chinesische Kultur darstelle und sich Jesus als der Erlöser aller Völker verstanden habe, was Kaiser Taizong prompt dazu anregte, eine nestorianische Kirche samt Kloster in der Hauptstadt errichten zu lassen.

Im Jahr 806 musste Bai Juyi erneut für ein kaiserliches Examen lernen (mittlerweile hatte ein neuer Herrscher den Thron bestiegen). Wie bei den vorangegangenen Prüfungen bereitete er sich auch diesmal darauf vor, indem er sich in die Klassiker vertiefte, Kommentare über sie las und sich die dynastischen Geschichtsbücher zu Gemüte führte. Doch dieses Mal tat er es in der Bibliothek von Huayang, einem buddhistischen Kloster. Die Blüte, die der Buddhismus zu Zeiten der Tang-Dynastie erlebte, hatte auch für neue Bibliotheken in den Klöstern und Tempeln gesorgt, was nicht nur Zeugnis von der wachsenden Rolle ablegt, die das Papier im religiösen Leben spielte, sondern auch von dem Einfluss, den das allgemeine Schriftgelehrtentum seinerseits auf die religiöse Kultur und deren Prioritäten ausübte. Bai studierte dort neben seinem engsten Freund Yuan Chen. Bei ihren Prüfungen wurden dann von beiden eine Erklärung für den Niedergang von Dynastien und Lösungsvorschläge für die Verhinderung einer solchen Entwicklung gefordert. Bai sprach sich für niedrige Steuern aus und driftete dann ins Allgemeine ab, beispielsweise mit Vorschlägen, wie ein moralisch-sittlicher Staat Aufständische überzeugen könne, ihre Waffen niederzulegen.

Yuan Chen schlug hingegen ein neues Beamtenprüfungssystem als Lösung vor: Zuerst sollte man ein Examen über die Gesetze der Dynastie und die Klassiker ablegen, dann ein zweites, welches Antworten in Form von schriftlichen Prosagedichten und Poemen – in stilisierter Form – verlangen würde, die sich zur persönlichen Einschätzung des Kandidaten eigneten. Der Abfrage von Auswendiggelerntem im ersten Examen sollte im Notensystem ein niedriger Wert zukommen, wohingegen beim zweiten Examen berücksichtigt werden sollte, dass der Kandidat mit dieser Prüfung nur seine literarischen Fähigkeiten, aber keine politischen Kenntnisse oder Fähigkeiten als Mandarin unter Beweis stelle. Eine zusätzliche Einstellungsprüfung, um einschätzen zu können, welche Positionen für den Absolventen geeignet wären, sollte es nicht mehr geben. Kurzum, Yuan setzte sich für eine Meritokratie ein, die unbelastet war vom klassischen Gedankengut und dessen Systemen. Damit erwarb er sich zwar die Bestnote unter allen Prüflingen, doch seine Vorschläge sollten das Papier, auf denen er sie formuliert hatte, nie verlassen. Bai wurde Zweitbester.

Beide hatten in der buddhistischen Bibliothek die Werke von Konfuzianern, Legalisten, Buddhisten und Daoisten studiert. Doch je älter Bai wurde, desto deutlicher begann sich sein Konfuzianismus aufzulösen und sein Interesse dem Buddhismus und dessen Sutras zuzuwenden:

> *Es lebte ein Priester der Sutras schrieb,*
> *Rein der Körper, das Ziel vor Augen.*
> *[...]*
> *Das Sutra vollendet,*
> *Er »Heiliger Mönch«.*
> *[...]*
> *Ein weißes Blatt,*
> *Herrn Chus Kalligrafie.*
> *Schwarz die Farbe, wie soeben getrocknet.*

Zu Bais Lebzeiten war der buddhistische Klerus Chinas bereits zur bedeutendsten Elite neben der säkularen Staatshierarchie geworden. Er hatte eigene Schriftgelehrte hervorgebracht, die Bildung in den eigenen Kreisen verbessert und auch zur Alphabetisierung der buddhistischen Laienkreise angeregt; er genoss Steuerfreiheit, enthob Menschen ihrer familiären Verpflichtungen, untergrub die alten Klassenunterschiede und sogar den herrschenden Sinozentrismus; und er gestattete Frauen die Teilnahme an seinen Zeremonien. Trotzdem zeigte sich der Staat in der ersten Hälfte der Tang-Periode ausgesprochen beflissen, ihn in die chinesische Kultur einzubinden.

In dieser Periode besaßen buddhistische Klöster die größten Bibliotheken Chinas außerhalb der Großstädte. Ihr Klerus zählte zu den gebildetsten Gruppen der Gesellschaft – in der mittleren Tang-Periode dürfte es rund eine Million buddhistische Kleriker gegeben haben, und das waren gewiss nicht nur heilige Männer und Frauen, die von der Außenwelt abgeschottet in Klöstern lebten. Viele nahmen ausgesprochen engagiert – und marktorientiert – am sozialen Leben teil. Tatsächlich waren buddhistische Institutionen häufig sehr wohlhabend, unterhielten Leihhäuser, genossen Steuerbefreiungen, erhielten Landschenkungen und betrieben kommerzielle Kreditgeschäfte (auf dem Höhepunkt der späteren Buddhistenverfolgung, die im Jahr 845 unter Kaiser Wuzong einsetzte, sollte der Staat dann allerdings alle Klostergüter konfiszieren, rund 150000 Buddhisten als Sklaven verkaufen oder Beamtenfamilien überlassen oder in die Armee einziehen).

Im Jahr 705 hatte der Kaiser Prüfungen auch für buddhistische Kleriker eingeführt. Sie mussten bestimmte Fragen beantworten und Passagen aus diversen heiligen Schriften wie zum Beispiel dem Lotus-Sutra auswendig aufsagen. Der Aufstand von 758 bewegte ihn dann dazu, einen »Schutzwall« aus buddhistischen Tempeln auf den fünf heiligen Bergen Chinas zu errichten und höchstselbst auszuwählen, wer dort zum Mönch ausgebildet werden sollte. Jeder dieser Kandidaten musste mindestens fünfhundert (einigen Quellen zufolge sogar siebenhundert) Seiten buddhistischer Texte auswendig kennen. Im späteren 8. Jahrhundert wurden diese Klerikerprüfungen dann in einzelne Disziplinen unterteilt und neben dem Memorieren auf die Hermeneutik ausgeweitet. (Seit mindestens dem 4. Jahrhundert hatten auch die Mönche in ihren Klöstern konfuzianische Texte studiert und die Kunst der Kalligrafie erlernt.)

Sogar blutjunge Mönche mussten Texte lesen und auswendig lernen, und schon den Jüngsten, den sechsjährigen »Krähenjägern«, wurde das Lesen beigebracht, da die Mahayana-Sutras ja zum stetigen Lesen, Rezitieren, Studieren und Kopieren der heiligen Schriften aufforderten. Am Ende des 7. Jahrhunderts waren in einem Tempel im Nordwesten Chinas fünfundfünfzig Kopisten am Werk, in den vielen Klöstern der Hauptstadt müssen mehrere Tausend mit Abschriften befasst gewesen sein.

Die Angehörigen der Oberschichten (aber auch ärmere Beamtenfamilien wie Bai Juyis) erhielten eine konfuzianische Ausbildung, wohingegen sich Buddhisten vermutlich eher auf Ausbildungsangebote konzentrierten, die dem Landvolk angemessener waren. So mancher Junge blieb dann im Kloster, um sich weiterzubilden, während die Mönche in den Dörfern Wandgemälde anfertigen ließen, um durch Bilder auch den analphabetischen Massen die buddhistischen Lehren nahezubringen.

Währenddessen sorgte ein stetiger Strom von Sutras aus Indien für einen stetigen Nachschub in den Regalen der Klöster, die jedoch auch eigene Texte produzierten. Viele Mönche übernahmen Doppelaufgaben, einerseits als Kopisten und Schreiber, andererseits als Empfänger von staatlichen Förderungen für die Produktion großer Textsammlungen. Denn abgesehen von den Sutras fertigten sie auch Geschichtswerke über ihre jeweiligen Orden sowie Abschriften von säkularen Texten an, einige davon schlicht und einfach, um dann Argumente gegen sie ausformulieren zu können. Und da der Hof anlässlich des kaiserlichen Geburtstags oft Vorträge über die drei Lehren (Konfuzianismus, Buddhismus, Daoismus) mit anschließenden Debatten zu veranstalten pflegte, erzeugten die Mönche auch dafür eigens Schriftrollen. Im frühen 7. Jahrhundert waren im Laufe von rund fünfzehn Jahren fast eine Million Abschriften auf Befehl des Kaisers in den Klöstern erstellt worden.

So mancher zog sich in eine Klosterbibliothek zurück, um einige der zu Tausenden dort verwahrten Rollen zu studieren und sich damit – wie Bai im Jahr 806 – auf seine Beamtenprüfung vorzubereiten. Allein in Chang'an gab es im 8. Jahrhundert einundneunzig buddhistische Klöster, fast ein Drittel davon für Nonnen. (Selbst Klosterbibliotheken in Japan verfügten im 7. und 8. Jahrhundert neben den Tausenden von chinesisch-buddhistischen Sutras und Kommentaren bereits über eine Reihe von konfuzianischen Werken.) Bai sollten die buddhistischen und daoistischen Sutras in den letzten Jahren seines Lebens allerdings wesentlich mehr am Herzen liegen als die konfuzianischen Klassiker:

*Ich schlendere müßig dahin*
*Mit meinem grünen Bambusstock,*
*Das Sutra vom Gelben Hofe murmelnd.*

Das größte Geschenk, das der Buddhismus der Bildung in China machte, waren jedoch weder seine Bibliotheken noch seine Schulen, sondern seine Reproduktionen. Allerdings stellten diese Kopiertätigkeiten die Klöster auch vor ein Problem, denn angesichts der Komplexitäten der chinesischen Schrift konnten sie ihre Abschriften von buddhistischen Texten schlicht nicht im gebotenen Tempo anfertigen. Da kam es zupass, dass auch Händler in den Städten Sutras kopierten, um sie dann neben kleinen Statuen an buddhistische Laien zu verkaufen – oder dass der Buddhismus, anders als der Konfuzianismus, von jeher wesentlich mehr Wert auf die Übermittlung des Wortes als auf dessen Kalligrafie gelegt hatte.

Bais Kenntnisse der konfuzianischen Klassiker, seine Liebe zum Buddhismus, seine Dienste für den Kaiserstaat und die kaiserliche Bibliothek sowie seine eigene Dichtung machen ihn zu einem außerordentlichen Protagonisten der Papierkultur in Chinas goldenem Zeitalter. Seine Beziehung zum Papier war nicht nur eine der produktivsten dieser Ära, sondern blieb auch eine der erhellendsten und fesselndsten. Da Bai weder ein Kaiser noch ein Historiker seiner Dynastie war, ist es allein dieser besonderen Mischung aus seinem Insiderwissen und seinen individuellen Reflexionen zu verdanken, dass sein Name über Jahrhunderte hinweg erhalten blieb. Nur sehr wenige Lebensläufe außerhalb einer Kaiserfamilie wurden in solchen Details aufgezeichnet, und praktisch keines mit solcher Offenheit und emotionalen Intelligenz. So betrachtet bietet Bai das außergewöhnliche frühe Beispiel eines Autors, der Papier nutzte, um sein Innenleben und viele Details aus seinem täglichen Erleben aufzuzeichnen. Andere vorhandene Beschreibstoffe waren zu teuer, erforderten eine zu rigide Anlehnung an ihre Formate und waren zu eng mit alten Themen verflochten, um solche neuartigen schriftlichen Äußerungen erblühen lassen zu können.

Bais große Liebe zur Literatur zog allerdings keine ebenso positiven Gefühle gegenüber der wichtigsten Partnertechnologie des Papiers nach sich – das noch zu seinen Lebzeiten aufkommende Druckverfahren. Er glaubte schlicht nicht, dass es sich in irgendeiner grundlegenden Weise auf sein Leben auswirken könnte. Aber auf das Schicksal des Papiers sollte diese neue Technik noch während seines Lebens ganz entscheidenden Einfluss haben.

Siegel waren zu diesem Zeitpunkt bereits seit mindestens zwei Jahrtausenden die Kennzeichen von Autorität und Identität in China gewesen. Der »Erste Kaiser« Shi hatte erstmals einen in Jade geschnittenen Stempel als kaiserliches Siegel verwendet (*Baiwen*, »weißes Schriftzeichen«: Das Bild oder Zeichen wird in die Fläche eines Steins oder Holzes eingeschnitten, sodass die erhöhte Fläche farbig und die Einschnitte auf dem Abdruck weiß erscheinen). Daoisten pflegten seit jeher Amulette aus Holzblöcken herauszuschneiden und sie in Sand oder Lehm zu pressen, um böse Geister zu vertreiben. Aber schon zu Bais Lebzeiten wurden nicht mehr nur Baiwen-, sondern auch *Zhuwen*-Stempel hergestellt (»Rotes Schriftzeichen«: Die Fläche um das Bild oder Zeichen wird herausgeschnitten, sodass diese erhaben sind und auf dem Abdruck wie von einem Holzdruckstock aufgeprägt farbig auf weißem Hintergrund erscheinen).

Auch Bai dürfte seine Dichtung zum Zeichen der moralischen Autorität einer von ihm produzierten Textseite gestempelt haben, und auch Daoisten und Buddhisten – Bai wusste eine Menge über beide – pflegten ihre Schriften auf diese Art zu besiegeln. Aber auch Abriebe oder Durchpausungen hatte Bai gewiss viele zu Gesicht bekommen, denn im Laufe der chinesischen Geschichte waren Hunderttausende von Schriftzeichen in Stein gemeißelt

Abb. 11: *Yang Xins persönliches Siegel, wie es auf all seinen Werken abgebildet ist. Der Prozess des Stempelns war ein entscheidender Schritt hin zur Entwicklung des Buchdrucks.*

worden und dann – manchmal sofort anschließend, manchmal erst Hunderte Jahre später – mit Tusche auf Papier abgerieben worden, sodass ein Negativbild des Textes entstand.

Reproduktionen haben eine lange Geschichte in China, von den Bronzen der Shang-Dynastie über die von Kaiser Shi standardisierte Schrift und dem serienmäßig produzierten Ming-Porzellan bis hin zu den Fließbandproduktionen der heutigen Fabriken Chinas.[4] Doch Massenreproduktionen waren nicht Bais Sache, selbst wenn er sie überall vor Augen gehabt haben mochte. Bai war ein Dichter, daher war Schreiben für ihn gleichbedeutend mit der Handhabung des Pinsels und ergo mit einer Kunst, die der Körperlichkeit und einer großen Empfindsamkeit bedurfte, um die Stimmung des Meisters im Schriftzeichen zum Ausdruck bringen zu können. Es war eine ambitionierte Kaiserin nötig gewesen, um die Zukunft des mechanisierten Kopierens einzuläuten.

Die erste vollständige Druckauflage könnte von Buddhisten hergestellt worden sein, denn nachdem im 9. Jahrhundert alle buddhistischen Sklaven wieder freigelassen worden waren, war es kaum noch denkbar, dass man die hohe Nachfrage nach Texten allein mithilfe von mönchischen Kopisten würde stillen können. Das Projekt der Kaiserin Wu Zetian, die lange vor dieser

Zeit herrschte (690–705), hatte jedoch gar nicht dem Wohl von Lesern, sondern ihrer eigenen Vergötterung dienen sollen, was Bai Juyi vermutlich ebenso wenig beeindruckt hätte wie das Prinzip des Druckens selbst. Und doch war es dieses Projekt, das China (neben Japan und Korea) schließlich zum Zentrum des Buchdrucks machte, der Bai noch zu Lebzeiten eine so große Leserschaft bescheren sollte.

Kaiserin Wu hatte die Idee gehabt, Sutras nicht als Schriften für das Volk kopieren zu lassen, sondern sie ihm als Talismane zum Geschenk zu machen, um damit ihr eigenes Image aufzupolieren. Zu diesem Zweck hatte sie den Klöstern auf ihren favorisierten heiligen Bergen buddhistische Texte überbringen lassen, die der Überlieferung nach Zauberkräfte besaßen, und dort neben fünftausend Schmuckabschriften von Sutra-Rollen und mehr als zwanzigtausend Karma-Rollen für ihre verstorbenen Eltern auch mehrere Millionen Sutra-Amulette in Auftrag gegeben. Zufällig hatten Palastfrauen aus der mächtigen Liu-Familie – die gerade begonnen hatten, Stoffe mit filigranen farbigen Mustern zu bedrucken – der Kaiserin just in dem Moment, als sie Sutras en masse produzieren lassen wollte, eine besonders prächtig gestaltete Robe überreicht. Und dieses Geschenk dürfte sie dann auf den Gedanken gebracht haben, dass man nicht nur Textilien mit Mustern, sondern auch Papier mit Texten bedrucken könnte, womit sie ihren Plan natürlich sehr viel schneller in die Tat umsetzen konnte.

Das weltweit älteste bedruckte Papier, das bisher entdeckt wurde, war ebenfalls nicht primär zum Lesen gedacht gewesen, sondern eine chinesisch-daoistische Invokation. Es stammt aus dem Jahr 751, wurde vermutlich in China, jedoch auf koreanischem Papier, gedruckt und war ganz eindeutig nicht nur als der Übermittler heiliger Worte, sondern ebenfalls als spiritueller Talisman genutzt worden. Und auch der erste bekannte Massendruck war das Ergebnis eines politischen Kunstgriffs gewesen: Im Jahr 770 hatte die japanische Kaiserin Shotoku angeblich (vielleicht auch tatsächlich) eine Million Kopien eines buddhistischen Wortamuletts auf winzigen Blättern weißen Hanfpapiers geordert. Ein jedes wurde in einer ebenso winzigen Stupa verwahrt und zur Segnung ihrer Regentschaft an Schreine im ganzen Land versandt. Bai, der Beamte, wäre davon unbeeindruckt gewesen, wohingegen Bai, der Poet, vermutlich sogleich ein Gedicht über so viel Eitelkeit komponiert hätte. Aber Bai war letzthin auch Buddhist, weshalb ihn das erste im Blockdruckverfahren produzierte Buch, das nur zwanzig Jahre nach seinem Tod erschien, vermutlich beglückt hätte. Denn das war nun wirklich dazu gedacht, gelesen zu werden.

Die chinesischen Schriftzeichen dieses Diamant-Sutras aus dem Jahr 868 wurden seitenverkehrt aus Holztafeln herausgeschnitten, dann wurden die Blöcke mit Tusche eingefärbt und auf mehrere feuchte Papierblätter gepresst. Das erste Blatt wurde mit einer Holzschnittillustration des Sakyamuni Buddha bedruckt, umgeben von einer bunten Jüngerschar. Und da der Drucker den linken Rand dieses Deckblatts mit der ersten Textseite verleimt hatte, las sich die Rolle von rechts nach links.

Nach der Herstellung des Papiers wurden die einzelnen Blätter in Berberin getaucht (die Substanz, die sie gelblich färbte und gegen Ungeziefer wirkte), anschließend mit einer dauerhaften, kohlenstoffhaltigen Tinte bedruckt und schließlich zu der Rolle verleimt, die bis heute überlebt hat. Ausgerollt beläuft sich dieser Sutra-Druck auf fast fünf Meter. Und natürlich war das ein ganz entscheidender Fortschritt gegenüber der handgeschriebenen Rolle, die ja nie vollständig unabhängig vom Schreibstil ihres Schöpfers gelesen werden konnte. Doch letztendlich war die Entwicklung dieses Druckverfahrens den gleichen Leidenschaften zu verdanken gewesen, die schon für eine so weite Verbreitung von Handschriften (Staatsdokumente, religiöse Instruktionen, philosophische Gedanken, Dichtungen) in der Tang-Gesellschaft gesorgt hatten – der Liebe zum paginierten Wissen und der Vorliebe für die Reflexion.

Der Buddhismus führte zwar den Buchdruck in Ostasien ein, konnte dessen Potenziale aber nie ganz ausschöpfen, da es Mitte des 9. Jahrhunderts bergab ging mit ihm in China und er volksnationalistischen und xenophoben Wellen zum Opfer fiel. Der Staat begann Buddhisten zu verfolgen, ließ ihre Klöster zerstören und hob ihre Steuerbefreiung auf. Deshalb war es nun an den Bürokraten, sich weiter mit der neuen Drucktechnik zu befassen – und das war auch nötig gewesen, da sich die kaiserliche Staatskanzlei zunehmend vergrößert hatte und laufend mehr Dokumente produzierte. In der Tang-Periode hatten die Mandarine ohnedies schon über sich hinauswachsen müssen, um die Massen an Texten noch bewältigen zu können. Und nun, mit der neuen Drucktechnik, sollte sich der staatliche Produktionsausstoß noch einmal kräftig steigern. Doch erst die Song-Dynastie, die der Tang-Periode im frühen 10. Jahrhundert folgte, profitierte erstmals wirklich von dieser Möglichkeit des Druckens.

Aber schon bevor die vollen Auswirkungen des neuen Papierdrucks spürbar wurden, hatte die Masse an Papieren, die ein Beamter zu bewältigen gefordert war und selbst beschreiben sollte, die zentrale Rolle in seinem Leben gespielt. Im Jahr 808 berichtete Bai Juyi einem staatlichen Archivar von der Menge an Papier, die allein er allmonatlich verbrauchte – zweihundert Blatt für ein Gedicht aus tausend Schriftzeichen zum Beispiel, das er wie trunken mit »rasendem Pinsel« geschrieben habe:

*Zeitweilig zweihundert Blatt Papier zur monatlichen Unmutsbekundung, beschämt über mein Salär von dreihunderttausend.*

Zwei Jahre zuvor hatte er noch den Posten des Verwaltungsleiters einer Provinzstadt in Nordchina innegehabt, 807 wurde er Korrektor in der »Halle der Versammelten Würdigen«, wo er Synopsen der Klassiker schrieb und Kommentare über sie kompilierte. Es war kein bedeutendes Amt, dennoch begann der Kaiser auf ihn aufmerksam zu werden. Noch im selben Jahr kam ein Eunuch in

Bais Haus und eröffnete ihm, dass er als Gelehrter in die *Hanlin* (»Pinselwald«)-Akademie aufgenommen worden sei. Etwas Prestigeträchtigeres hatte der Hof nicht zu vergeben.

Der Hanlin-Gelehrte Bai diente dem Kaiser als Privatsekretär. Er formulierte und schrieb Dokumente, die sein Herr lesen und, so er sie billigte, mit seinem Zinnobersiegel versehen sollte. Von diesen Papieren haben mehr als zweihundert überlebt. Mit einigen seiner Gleichgestellten, die ebenso ihrer Wortkünste und redaktionellen Fähigkeiten wegen erwählt worden waren, schloss Bai enge Freundschaften. Zur Zeit seiner Aufnahme war die Hanlin-Akademie gerade zwischen einer Gruppe von Neuerern, die die Macht der Eunuchen beschneiden wollten, und all den Übrigen gespalten gewesen, die sich auf einen solchen Kampf nicht einlassen mochten. Bai zählte zu den Reformern, die ungeduldig darauf warteten, dass die Macht der Eunuchen wieder auf berufenere Personen übergehen würde.

Ebenfalls im Jahr 808 wurde Bai zu einem der sechs Mitglieder des Linken Zensorats in der kaiserlichen Kanzlei ernannt (das Linke Zensorat überwachte die Beamten und die Militärbehörde in der Hauptstadt, das Rechte Zensorat die Zivilisten und Militärbehörden in den Provinzen). Diese Position war zwar nicht besonders hochrangig (er gehörte damit der dritten Klasse des achten Ranges unter den neun Rängen an, in die die Beamtenhierarchie gegliedert war), aber doch ausgesprochen privilegiert. Sie ermöglichte es Bai nicht nur, Memoranden, wie wir heute sagen würden, für den Kaiser zu verfassen, er durfte ihn auch direkt ansprechen, um seine Handlungen, Worte oder Proklamationen zu kritisieren oder ihm Reformen im Staatswesen vorzuschlagen. Näher sollte Bai der Welt der Politikgestaltung nie wieder kommen. Er war überzeugt gewesen, dass ihn der Kaiser seiner Dichtung wegen mehreren Gleichgestellten vorgezogen habe, vor allem aber war er überzeugt, dass es dem Kaiser möglich war, das Leben der Armen zu verbessern. Allerdings scheint sein Herr dann manchmal reichlich spät eingeschritten zu sein:

*Der weise Kaiser erließ auf weißem Leinenpapier:*
*Die Hauptstadt werde ein Jahr von Steuern befreit.*
*Neun von zehn Familien hatten sie bereits entrichtet.*

Bai war es nur erlaubt, die persönlichen Entscheidungen des Kaisers zu kritisieren, doch er hatte nicht nur bettelarme Bauern im Norden des Landes gesehen, sondern auch die Korruption erlebt, die im Palast unter den Eunuchen, Mandarinen und kaiserlichen Nebenfrauen herrschte. Und da ihm seine neue Position Immunität gewährte und er seine Berichte durch keinerlei Nachweise stützen musste, schrieb er prompt ein Gedicht über hinterlistige Frauen und doppelzüngige Minister, die sich wie schöne Glyzinien sanft um einen Baum winden, bevor sie ihn strangulieren. In einem anderen Poem bezeichnete er gute Beamte als Lotusblüten in einem Teich, der so trübe ist, dass sie nicht einmal mehr ihren Duft verströmen können. Bai hatte sich schon jahrelang als aktiver politischer Reformer hervorgetan, nun hoffte er, den Kaiser endlich auf die wahren Probleme jenseits der Palastmauern aufmerksam machen zu können. 809 erläuterte er seine Rolle in einem Vers. Nach der Erklärung, dass Schreibpinsel aus Xuancheng ganz besondere seien, weil ihre Hersteller nur »ein Büschel unter tausend« aus dem Fell der Hasen wählten, die sie zu diesem Zweck einfingen, fuhr er fort:

> *Für den Hof gefertigt darf niemand*
> *Sie nur beiläufig zum Einsatz bringen,*
> *Weder Kaiser noch Minister.*
> *Am besten liegen sie in der Hand*
> *Von Zensoren und Historikern,*
> *Um Niedertracht auszurotten*
> *Und das Geschehen aufzuzeichnen.*
> *Für sie sind die Pinsel reines Gold,*
> *So nicht nur zur Zensur kleiner Fehler*
> *Oder für die sinnentleerten Phrasen*
> *Kleingeistiger Führer verwendet.*

Im gleichen Jahr riet Bai dem Kaiser, die alte Gepflogenheit des Sammelns von Volksliedern wiederzubeleben. Ein Jahrtausend zuvor, zu Zeiten der Zhou-Dynastie, pflegten Liedersammler durchs Land zu reisen und die populärsten aufzuschreiben, damit die Stimmungen im Volk auch den Thron erreichten:

> *[...] Die derzeit gesungenen Lieder*
> *Lobpreisen den Kaiser vorm Altar.*
> *Gedichte, Schriften, alle glorifizieren,*
> *Guter Rat und Kritik sind Mangelware.*
> *Die Beamten, berufen zu beraten,*
> *Halten die Lippen verschlossen.*
> *Sie sagen nichts und tun nichts.*
> *Die Große Trommel der Klagen,*
> *Die ein jeder schlagen konnte,*
> *Hängt heute außer Reichweite.*
> *Ich hoffe der Kaiser hört mich klagen.*
> *Will er die Gedanken und Gefühle*
> *Des Volkes kennen, dann sollte er*
> *Die Kritikfähigen dazu auffordern,*
> *Ihre Gedanken in Poesie zu kleiden.*

Und genau das tat Bai. Er warnte den Kaiser, dass die Manipulationen der Palasteunuchen, die vorsätzliche Untreue seiner Gouverneure und die von ihnen verursachte Armut auf dem Land zum Niedergang der Tang-Dynastie führen würden; er erklärte ihm, dass der Wert einer Kupfermünze höher sei, wenn man sie einschmolz und nicht als Geld in Umlauf brachte; er riet ihm, alle Kupferbehältnisse zu konfiszieren, um den Geldpreis zu kontrollieren, weil Fluktuationen bei der Kaufkraft den Armen schadeten. Doch seine Vorschläge wurden ignoriert. Als dann die Preise von Agrarerzeugnissen fielen, aber parallel dazu nicht auch die Landwirtschaftssteuern, klagte Bai gegenüber einem Freund über die wachsende Not der armen Landbevölkerung. Er schrieb sogar ein Gedicht, in dem er den jährlichen Tribut verurteilte, den die Verwalter von Hunan weit unten im Süden alljährlich in der Gestalt von Zwergen an den Hof entrichteten. (Tributleistungen von Vasallenstaaten waren Teil des Patronatssystems und beinhalteten häufig Produkte, für die eine Region bekannt war, so wie der Süden für seine »Zwerge« – menschliche Kuriositäten zum Amüsement des Kaisers.)

Es waren die politischsten und patriotischsten Jahre von Bai, und über all diese Zeit hinweg brachte er unverblümt seine Meinungen und Stimmungen zu Papier. Er war nun siebenunddreißig und wohnte mit der Frau, die er im Jahr zuvor geheiratet hatte, in einem stillen Viertel der Hauptstadt. In einem Gedicht schildert er seinen typischen Tagesbeginn. Er stand vor Sonnenaufgang auf, um rechtzeitig den Kaiser begrüßen zu können, spazierte dann durch eines der Stadttore, bestieg ein Pferd und ritt im bitterkalten Wind drei Meilen den sich schlängelnden Fluss entlang gen Norden, wo er, während Eis sich in seinem Bart zu sammeln begann, auf das Schlagen der Wasseruhr vor dem Stadttor wartete. Das Gedicht endet mit einer Art Vorschau auf seine eigene Zukunft: Er stellte sich vor, wie sein Freund Chen bis Sonnenaufgang noch tief in seine Felle vergraben schlief.

Bai genoss aber nicht nur das Vertrauen des Kaisers, auch der Mann, der 808 zum Ersten Minister ernannt worden war, lieh ihm sein Ohr. Und dieser Staatsmann hatte nun auch Bais Freund Yuan Chen auf einen hochrangigen Posten berufen. Fast alle Gedichte, die Bai im Jahr 809 schrieb, drehten sich um Politik, und die wenigen, in denen es um Persönliches ging, waren für gewöhnlich Yuan Chen zugedacht oder hatten ihn zum Thema. Eines Tages begegnete er ihm unerwartet auf dem Weg durch die Stadt: Yuan war soeben seines Amtes enthoben worden. Er hatte einen kurz zuvor verstorbenen, beliebten Beamten der Steuerkorruption und illegaler Vermögenseinziehungen beschuldigt und sich damit den Zorn anderer Beamter zugezogen. Also begleitete

Bai seinen Freund ein Stück hinaus aus der Stadt, derer er verwiesen worden war, musste aber bald kehrtmachen. Kurz darauf nutzte er den staatlichen Kurierdienst (der im Laufe der Tang-Periode das ganze Reich auf Land- wie Wasserwegen zu bedienen begann), um seinem vertriebenen Freund eine Rolle mit zwanzig neuen Gedichten überbringen zu lassen. Doch seine Protestschreiben an den Thron konnten an Yuans Exilierung nichts ändern.

Auch Bai machte sich nun schnell Feinde unter den Eunuchen und älteren Beamten, ging aber weiterhin das Risiko ein, dem Kaiser unpopuläre Ratschläge zu erteilen. Wenn ein Thema sogar ihm ein zu heißes Eisen schien, um es direkt anzusprechen, verfasste er ein anonymes Gedicht darüber und verteilte es in der Stadt, in der Hoffnung, dass es populär genug würde, um schließlich auch dem Kaiser zu Ohren zu kommen. (Sein berühmtester englischer Übersetzer Arthur Waley nannte solche Gedichte Bais »Leserbriefe an die *Times*«.) In einem davon schilderte er ein fröhliches Beisammensein der Männer aus der Kommission der Strafen und dem Justizministerium, derweil sich die Insassen ihrer Gefängnisse zu Tode froren.

In gewisser Weise war Bai nur einer von vielen gelehrten Beamten gewesen, die nach Möglichkeiten suchten, die kaiserliche Politik zu kritisieren, ohne dabei ihren Posten oder gar ihren Hals zu riskieren. Die beliebteste Hintertür dafür waren über die gesamte chinesische Kaisergeschichte hinweg Gedichte gewesen. Alles, eine Blume in voller Blüte oder ein Kaiser aus alten Zeiten oder eine Wetteränderung, konnte dabei der politischen Satire dienen. Die gebildete Klasse wartete stets begierig auf Bais nächstes Gedicht, doch es blieb ein Spiel mit dem Feuer.

Die dreitausend Gedichte, die uns von Bai erhalten blieben, scheinen das Werk eines Jedermanns zu sein – jedoch eines, der sich um das Wohlergehen der Kleinbauern sorgte und vor allem bei ihnen Anklang finden wollte. Der Aussage eines späteren Lyrikers zufolge pflegte Bai jedes Gedicht seiner Waschfrau vorzulesen, bevor er es veröffentlichte, um sicherzugehen, dass es auch richtig verstanden würde. Wenn es um den Beamtenapparat ging, waren seine Bilder oft vernichtend, so wie in einem Gedicht, das er 809 über die Mühen schrieb, die Beamte auf sich nahmen, um die schönsten Teppiche weit und breit für den Kaiser zu finden, damit sie ihn für sich einnehmen und gnädig stimmen konnten:

> *Ein Meter dieses Teppichs*
> *Verbraucht tausend Unzen Seide.*
> *Der Boden fühlt die Kälte nicht.*
> *Stiehl nicht die Kleidung*
> *Von der Menschen Rücken*
> *Um den Boden zu bedecken.*

Im Jahr 810 bat Bai um die Versetzung in eine besser dotierte Position, damit er seine kranke Mutter unterstützen konnte. Im Herbst meldete er sich selbst krank und blieb der Arbeit bis zum Ende des Winters fern. Während dieser Zeit in den Hügeln begann er sich zu fragen, ob er nicht viel eher zu einem ländlichen Leben im Einklang mit der Natur berufen sei. Als seine Mutter im anschließenden Jahr in einen Brunnen fiel und ertrank, verließ er seinen Posten, um die dreijährige konfuzianische Trauerzeit einzuhalten. 811 kehrte er der Hauptstadt den Rücken. Seinen Briefen aus dieser Zeit ist zu entnehmen, dass die Hoffnungen, die er in seine politische Arbeit gesetzt hatte, zu schwinden begannen – er sprach bereits in der Vergangenheitsform von seiner Karriere.

Im selben Jahr starb auch seine Tochter Goldglöckchen im Alter von drei Jahren. Zu dieser Zeit lebte er mit seiner Familie nahe eines westlichen Zustroms zum Gelben Fluss. Bais konfuzianisiertes Frauenbild scheint wie aus den Fugen geraten, als er über den Tod seines Kindes schrieb:

> *Eine Tochter rührt dein Herz,*
> *Vor allem, bist du ohne Sohn.*
> *Die Kleidung noch am Haken,*

*Die nutzlose Arznei neben dem Bett.*
*Wir geleiten dich die Dorfstraße hinab,*
*Sehen sie das Hügelchen häufen überm Grab.*
*Sagt nicht es läge nur eine Tagesreise entfernt.*
*Zwischen uns die Ewigkeit.*

Im Jahr 814 kehrte Bai als Berater des Kronprinzen in die Hauptstadt zurück, doch im anschließenden Jahr wurde er zweier Gedichte wegen verbannt, denen es angeblich an Respekt gegenüber den Eltern – eine der grundlegenden konfuzianischen Tugenden – gemangelt habe. Entscheidender noch aber war, dass er in den politischen Gedichten aus seiner Sammlung »Neue Musikamtslieder« *(Xin Yuefu)* zu viele hochrangige Beamte kritisiert und damit indirekt zugleich einen negativen Kommentar über den Kaiser abgegeben hatte. So hatte er zum Beispiel den Kunstgriff angewandt, über den kaiserlichen Harem zu lamentieren, der fünfzig Jahre zuvor existiert hatte, um die Größe des gegenwärtigen zu kritisieren. Bai gefiel ganz und gar nicht, dass Konkubinen in einem Harem weggesperrt wurden und dort ein Leben ohne jede eigene Zukunft oder Aussicht auf einen Ehemann und eine eigene Familie führten. Dementsprechend hatte er dem Kaiser vorgeschlagen, nicht nur die Höhe der Steuern, sondern auch die Zahl der Konkubinen zu senken. Der Kaiser stimmte beidem zu – er hatte die extremen Niederschläge, die sofort nach Bais Intervention eingesetzt hatten, als Omen für die konfuzianische Rechtschaffenheit seiner Vorschläge gedeutet.

Im selben Jahr schrieb Bai an Yuan Chen, dass er die Worte zurzeit nur so aus dem Handgelenk schüttle im Gedenken an die innige Verschmelzung ihrer beider Herzen während ihrer Gespräche über das Schreiben. Ein Jahr später, 815, schickte er seinem alten Freund einen dreißigseitigen Brief über die Dichtkunst – ein erneuter Beweis, welche Möglichkeiten, das Innerste zum Ausdruck zu bringen, Männern wie ihnen durch das Papier geschenkt worden waren. (Expressive Briefe waren ein bemerkenswertes

Kennzeichen der Tang-Periode, ob unter Beamten oder Literaten. Auch diese Entwicklung war nicht zuletzt dem Kurierdienst zu verdanken – der sich natürlich ebenso entscheidend auf den Bekanntheitsgrad eines Gedichts auswirkte, weil er es den Poeten ermöglichte, ihre Werke sogar in entlegenen Regionen zu verbreiten, was wiederum zur landesweiten Entstehung von Dichtergruppen beitrug.[5])

In diesem langen Brief berichtete Bai, dass er sechsundzwanzig Rollen von Yuans Schriften erworben habe und es ihm beim Lesen so vorgekommen sei, als habe sein Freund direkt neben ihm gesessen. Die konfuzianischen Klassiker, schrieb er ihm, seien Sonne, Mond und Sterne des Menschenlebens, angeführt vom *Buch der Lieder*, das die menschlichen Gefühle zu Versen verdichtet habe. Doch seither seien nur die schlechten Ernten von Dichtern eingefahren worden, die die Natur ihrer selbst wegen besängen und dabei jede politische Rolle der Dichtkunst ignorierten. Sogar Li Bai und Du Fu, zwei der größten Dichter, ließen sich nur gelegentlich dazu herab, über Politik zu schreiben:

*Und da kam ich zu der Erkenntnis, dass es die Pflicht der Literatur ist, sich in den Dienst der Generation des Schriftstellers zu stellen, so wie es die der Dichtung ist, Einfluss auf öffentliche Angelegenheiten zu nehmen.*

Bai erzählte dem Freund in diesem Brief auch, dass viele Menschen, denen er auf seinen Reisen begegnete, seine eigene Dichtung kannten: junge Sängerinnen und Schulmeister, buddhistische Priester und Staatsbeamte. Er habe seine Gedichte auf die Wände von Gasthäusern und die Seitenplanken von Schiffen geschrieben gesehen und von Mandarinen, Mönchen, alten Witwen und jungen Frauen rezitiert gehört. Solcher Ruhm habe sein Leid aufgewogen. Nun aber konzentriere er sich darauf, seine Gedichte in didaktische, besinnliche, betrübte und sonstige zu sortieren (dabei klagte er, dass die Menschen immer nur die vierte Art im

Gedächtnis behielten). Dann erinnerte er Yuan (den er Weizhi nannte) noch daran, dass auch ihre Freundschaft in Versform weiterblühe (er hätte noch hinzufügen können, »auf Papier«), bevor er den Brief schließlich mit innigen Worten und mit seinem vertraulichen Namen Letian (was in etwa »Luftikus« bedeutete) endete:

*Stelle Dir mich am heutigen Abend vor, wie ich, den Schreibpinsel in der Hand und vor mir das ausgebreitete Papier, neben der Lampe sitze. Stille umgibt mich. Die Gedanken beginnen sich zu materialisieren, und ich schreibe sie auf, ohne den Versuch, sie zu ordnen. Das Ergebnis ist dieser lange und wirre Brief... Weizhi, Weizhi, Du kennst mein Herz gut! Letian verneigt sich zwei Mal.*

Im Jahr 817 errichtete Bai eine kleine Kate unter dem Weihrauchgefäßgipfel nahe der Waldtempel auf einem der fünf heiligen Berge Chinas, in der er sich dann auf vier Holzpritschen, zwei Wandschirme und eine kleine Sammlung von konfuzianischen, daoistischen und buddhistischen Büchern beschränkte. Er begann sich auf ein Leben in der Stille einzurichten. Als Yuan Chen ihm mehrere Hundert Gedichte dorthin schickte, beschloss er, sie sich auf einen Paravent zu kopieren:

*An dich denkend erwähle ich*
*Deine Gedichte zum Wandschirm.*
*Ich schreibe und erforsche sie,*
*Nichts lenkt mich davon ab.*
*Ist der Schirm erst vollbracht,*
*Wird ein jeder ihn kopieren,*
*Und der Preis von Papier*
*Wird steigen in Nanzhong.*

*Vor Langem versiegelte ich einen Brief,*
*An dich geschrieben des Nachts*

*Hinter der Goldenenglockenhalle*
*Als der Tag den Himmel färbte.*
*Heute versiegle ich einen Brief*
*In einer Hütte am Berge Lu.*

Wenige Jahre später wurde Bai aus seinem Exil zurückberufen in die Hauptstadt, wo er dann ein hohes Amt nach dem anderen bekleiden sollte. Auch sein Freund Yuan kehrte ein Jahr nach ihm aus dem Exil zurück und wurde zum Leiter der Hanlin-Akademie ernannt (es sollte allerdings ein kurzlebiger Posten sein). Derweil wurde Bai als Gouverneur nach Hangzhou nahe dem Yangzi-Delta versetzt. Als Yuan Chen ihn dort besuchte, war ihre Freundschaft bereits derart berühmt (im Wesentlichen dank Bais Gedichten), dass sich ganze Massen versammelten, um sie beim gemeinsamen Spaziergang zu beobachten. (Die Gedichte der beiden sollten zu den ersten zählen, die in hohen Auflagen mechanisch gedruckt wurden.) Als Gouverneur von Hangzhou half Bai vor allem den Bauern, zum Beispiel, indem er einen Hochwasserschutzdamm errichten ließ. Als er diesen Posten im Jahr 824 wieder verließ, erklärte er, dass dies das einzig Gute gewesen sei, das er dort vollbracht habe. Doch die trauernden Anwohner säumten zum Abschied die Straßen, um ihm ihren Respekt zu erweisen. Nachdem er in Luoyang eingetroffen war, um ein neues Amt im Dienste des Kronprinzen anzutreten, schrieb er, dass er alt zu werden beginne, und überschlug, dass er mehr als tausend Gedichte über die Natur und die Zustände im Land geschrieben habe. Dann stellte er fest, dass er noch immer so besessen von der Dichtkunst sei wie eh und je.

Bai hatte das Exil, das Alter und seine Gegner an seinen politischen Ambitionen nagen sehen. Ein Jahrzehnt lang hatte er die papiernen Handschriften der Klassiker studiert, damit er in den Beamtenstand eintreten konnte. Zwei weitere Jahrzehnte lang hatte er in der Verwaltung eigene Dokumente verteilt und Gedichte gegen die Korruption am Hof und das Leid der Bauern zu Papier gebracht. Bai war sozusagen die Personifizierung seines Zeitalters – eine von Kunst, Bildung und Wohlstand überquellende Ära, die jedoch von Aristokraten und Beamten in Beschlag genommen wurde. Allenthalben meißelte die Korruption Brocken aus den Säulen des Staates heraus, und nirgendwo im Land hatten die Armen eine Möglichkeit, vom Erfolg der Tang zu profitieren. Schließlich war Bai des Beamtendaseins überdrüssig. Sein Exil, das vielleicht bedeutendste Thema der klassischen chinesischen Dichtung, hatte ihn zur Natur bekehrt, wo Müßiggang für ihn gleichbedeutend war mit der Komposition von Gedichten und Briefen, vor allem mit Briefen an seinen geliebten Yuan Chen.

> *Roter Titel, weißes Papier.*
> *Zwei oder drei Bände,*
> *Halb Deine Dichtung,*
> *Halb Deine Kalligrafie.*
> *Ein Jahr der Krankheit,*
> *Nun schlage ich sie auf:*
> *Buchwürmer fraßen sie.*

Yuan hatte mit ihm graduiert, war wie er Beamter gewesen und wie er ein Dichter, dessen Karriere vermutlich ebenso wie die von Bai unter der Unverblümtheit seiner Gedichte gelitten hatte. Bai wandte sich oft den Rollen mit Yuans Gedichten zu, wenn er sich allein und einsam fühlte, so wie im Jahr 815, als er in einem Boot auf dem Weg nach Jiangzhou war, dem Ort seines Exils:

> *Ein Griff nach deiner Rolle,*
> *Lesen im Kerzenschein;*
> *Gedichte zu Ende,*
> *Kerze niedergebrannt,*
> *Die Nacht schwarz.*
> *Die Augen schmerzen,*

*Ich lösche das Licht,*
*Ich sitze im Dunkeln;*
*Wind bauscht Wellen auf,*
*Wellen peitschen das Boot.*

Ihre Trennung war unvermeidlich gewesen. Chinesische Beamte wurden nach ihrer Prüfung kreuz und quer übers Land verteilt und pflegten sich nur sehr selten jemals wiederzusehen. Dennoch wurde solchen Freundschaften aus gemeinsamen Studientagen ein höherer gesellschaftlicher Wert als allen anderen Beziehungen beigemessen. Und für die Freunde Bai und Yuan waren die Gedichte des jeweils anderen zu einem Ersatz für dessen reale Gesellschaft geworden.

*Du pinselst meine Gedichte auf Tempelmauern,*
*Ich pinsele die deinen auf Wandschirmpapier.*
*Lieber Freund, wer weiß wann wir uns wiedersehen:*
*Zwei Wasserlinsen treiben auf dem großen Meer.*

Die Bandbreite an Lebenserfahrungen (Zensur, Verlust, Erfolg, Liebe) und Rollen (Beamter, Dichter, Exilant, Freund, Trauernder), die Bai zu Papier brachte, erscheint selbst dem modernen Leser bemerkenswert. Die chinesischen Schriftzeichen waren ihm zu Übermittlern von Sinn und Bedeutung geworden, und Bai hatte sie schon in seiner Kindheit zu beherrschen gelernt; die konfuzianischen Klassiker waren der einzige Weg in den Staatsdienst gewesen, und Bai hatte sie en détail auf Papierrollen studiert. Einen Großteil dieser Studien hatte er in einem buddhistischen Kloster absolviert, während der Buddhismus die Alphabetisierung des Volkes vorangetrieben und eine Möglichkeit des Drucks auf Papier entwickelt hatte. Bai hatte in kaiserlichen Bibliotheken gearbeitet, die Klassiker kollationiert, Kommentare gesammelt und Synopsen geschrieben; er hatte nicht nur die Armut und das Leid der Bauern, sondern auch die Korruption bei Hofe gesehen und versucht, mit schriftlichen Beschwerden an den Kaiser für Abhilfe zu sorgen; er hatte sein Herz ausgeschüttet in Briefen an enge Freunde und vor allem in Tausenden Gedichten, die ihren Lesern Einblick in ein Leben gewährten, so, wie es auf Papier zum Ausdruck gebracht wurde.

> *Im Leben sind Reichtum und Ehre nicht mein Los,*
> *Doch meine Bücher werden leben, wenn ich tot bin;*
> *Verzeih mein närrisches Prahlen, heute jedoch*
> *Fügte ich Band fünfzehn meinen Werken an.*

Im Alter lernte Bai den Müßiggang schätzen. Sein Diener pflegte ihm Schüssel und Kamm ans Bett zu bringen, seinen Stuhl ins Sonnenlicht zu rücken und warmen Wein neben die Gedichtbände auf den Tisch zu stellen, anschließend unternahm er lange Spaziergänge in den Bergen. Nachdem er 839 einen Schlaganfall erlitten hatte und sein linkes Bein nicht mehr bewegen konnte, unterzog er seine Sammlung einer Revision. Mittlerweile umfasste sie rund 3500 Gedichte und Prosastücke. Er sandte Kopien an fünf Klöster und bat um Verzeihung wegen dieser ungebührlichen Entweihung ihrer Bibliotheken.

Bai überlebte fast alle seine Freunde. Im Jahr 831 starb sein engster Freund Yuan Chen an einer Krankheit, die ihn erst am Vortag befallen hatte. Neun Jahre später fühlte Bai sich auf überraschende Weise an ihn erinnert:

> *Seine Gedichte liegen längst begraben*
> *Am Grunde von Schachteln und Kästen.*
> *Doch jüngst, als jemand sang,*
> *Kam mir ein Vers zu Ohren.*
> *Bevor ich den Worten lauschte*
> *Stach ein Schmerz mir ins Herz.*

Auch wenn Bai den Müßiggang und die Flucht in den Ruhestand genoss, kümmerte er sich sogar mit dreiundsiebzig noch um die Reinigung eines öffentlichen Wasserweges, der zu einer Gefahr für die Fischer und ihre Boote geworden war. Gedichte zu schreiben, bezeichnete er als sein Leiden, seine Besessenheit, seinen Trieb. Vielleicht waren sie seine Möglichkeit, die Welt so zu gestalten, wie sie hätte sein sollen. Selbst im letzten Gedicht, das aus dem Jahr 846 überlebt hat, in dem Bai bereits das Bett hüten musste, spricht er noch von seiner geliebten Dichtkunst:

*Sie haben den nackten Schirm neben das Bett gestellt,*
*Sie haben den Ofen vor den blauen Vorhang geschoben.*
*Ich höre den Enkel aus einer Rolle lesen;*
*Ich sehe den Diener die Suppe wärmen.*
*Mit eiligem Strich beantworte ich der Freunde Gedichte,*
*Ich greife in die Tasche nach dem Geld für die Arznei.*
*Die Pflichten von Belanglosigkeiten erledigt,*
*Bette ich mich aufs Kissen, Blick gen Süden.*

8

# Der Wissenstransfer

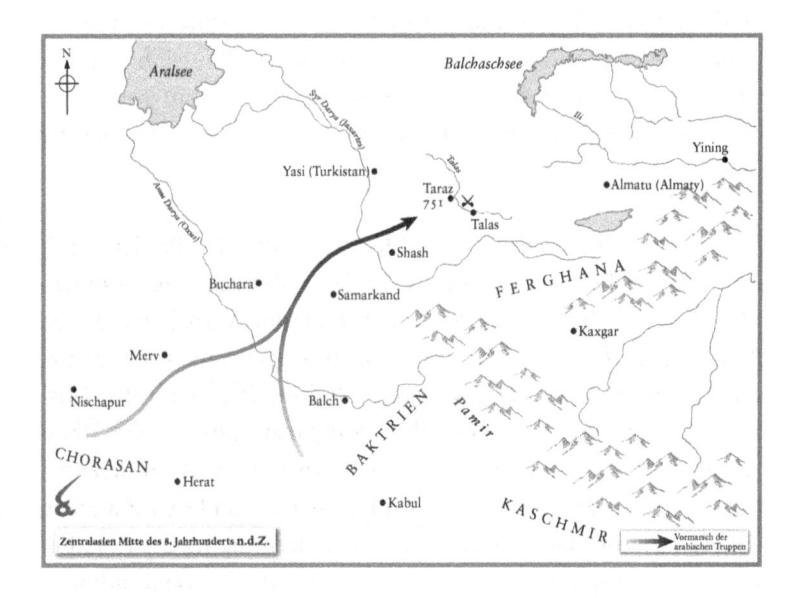

Abb. 12: *Zentralasien zur Zeit der Schlacht am Talas. Wo genau sie stattfand, ist umstritten, jedenfalls war es in der Nähe der beiden modernen Städte Taras und Talas in dem Korridor, der China mit Zentralasien verbindet.*

Bai Juyi und seine Zeitgenossen hatten zu der großartigen Blüte beigetragen, die die chinesische Papierkultur dank der Produktivität von kaiserlichen Beamten und Gelehrten, Dichtern, Buddhisten und dem Markt erlebte. Es waren ihre Leistungen, die der Papierkultur in China zu ihrem Höhepunkt verholfen hatten, und es sollte die Tang-Dynastie sein, auf die die Chinesen in den kommenden Jahrhunderten zurückblickten, wenn sie vom goldenen Zeitalter ihrer Kaiserzeit sprachen. Vor allem künftige Dichter hatten es schwer, aus den Schatten solch großer Tang-Vorgänger wie den nach wie vor beliebtesten Poeten Bai Juyi, Li Bai und Du Fu zu treten. Natürlich gab es auch unter späteren Dynastien »Papierdisziplinen«, die zu Hochformen aufliefen, man denke nur an die Landschaftsmalerei, deren Blütezeit in etwa vom Ende der Tang-Dynastie (907) bis ins frühe 12. Jahrhundert währte. Doch es ist die Tang-Periode, die allen künftigen Generationen ihrer Dichtung und Kalligrafie wegen in Erinnerung blieb.

Seine vormoderne chinesische Identität hatte das Papier somit im Wesentlichen bis zur mittleren Song-Periode angenommen (die Dynastie herrschte von 960 bis 1279). Man hatte diesen Beschreibstoff gründlich genug erprobt – sei es als das Medium für Kalligrafie, Dichtung, Malerei, religiöse Schriften (plus Missionierungen) oder den Verwaltungsapparat –, um zu der Überzeugung zu gelangen, dass es keinen ernsthaften Konkurrenten für ihn gab. Natürlich wurde Papier auch zu anderen Zwecken eingesetzt, von der Toilettenrolle über die Flugdrachen bis hin zur Fensterbespannung, aber sein entscheidender Verwendungszweck im vormodernen China blieb der als Beschreibstoff, und daran gab es nun kaum noch etwas zu rütteln. Erst in der Neuzeit wurde Papier weiteren Zwecken zugeführt – gegen Ende der Qing-Dynastie (1644–1911), als die revolutionären Zeitschriften und Zeitungen erschienen, die schließlich zum Sturz des zweitausendjährigen chinesischen Kaisersystems beitrugen. Denn durch sie erkannte die urbane Leserschaft, dass politische Debatten auch öffentlich geführt werden können und das Volk sogar über politische Entwicklungen im Ausland informiert werden kann. Seinen bedeutendsten Ausdruck fand das chinesische Papier in dieser neuen Rolle 1919 mit der Bewegung des Vierten Mai, benannt nach dem Tag, an dem die Studenten gegen die Regierung der neuen Republik China demonstrierten, weil sie den Vertrag von Versailles unterzeichnet hatte, der Japan unter anderem die Kontrolle über die Provinz Shandong (südlich von Beijing) gewährte. Der Verlust von Shandong hatte den Massenprotest zwar ausgelöst, aber die Demonstranten verfolgten auch noch andere Ziele: Sie verlangten die Modernisierung ihres Landes und wollten eine Ära der Gleichheit und gleichen Chancen für alle einläuten. Dreitausend von ihnen marschierten auf der Straße, um die Massen aufzurütteln, und verteilten dabei großformatige Flugblätter mit dem Aufruf an jeden Chinesen, sich dem Protest anzuschließen. Die Nachricht verbreitete sich im ganzen Land. In Shanghai legten sechzigtausend Arbeiter ihre Werkzeuge nieder und verließen die Fabriken.

So mancher unter den gebildeteren Demonstranten hatte zu dieser Zeit bereits moderne westliche Dramen gelesen oder sogar schon auf der Bühne gesehen (zum Beispiel grassierte gerade eine regelrechte Ibsen-Manie). Man träumte von der Befreiung aus den Ketten des Kolonialismus, der Klassen und der Geschlechter. Dementsprechend wurden nun auch alle Journale und Flugblätter, Artikel und Essays in Umgangssprache geschrieben. Das Publikum der Protestbewegung war das chinesische Volk, und ein ausdrückliches Ziel der Studenten war es deshalb, die Umgangssprache zu Papier zu bringen. Unterstützt wurden sie dabei von Intellektuellen wie dem Philosophen und Linguisten Hu Shi (später Botschafter der Republik China in den Vereinigten Staaten und bei den Vereinten Nationen), der erklärte, dass eine tote Sprache unmöglich eine lebendige Literatur hervorbringen könne.

Ein anderer Gelehrter, der fand, dass die klassische Schriftsprache in zeitgenössischer Literatur nichts zu suchen habe, war der Linguist, Dichter und Übersetzer Liu Bannong. Seinem Einfluss ist es zu verdanken, dass schließlich vereinfachte Schriftzeichen in China eingeführt wurden – ein entscheidender nächster Schritt, um die chinesische Schrift auch den Unterprivilegierten zugänglich zu machen. 1918 erschien in dem einflussreichen Journal *Xin Qingnian* (»Neue Jugend«) Lius Übersetzung eines Liedtextes, dem er nach dessen erster Zeile den Titel »Ich laufe im Schnee« gegeben hatte. Im Vorwort dazu erklärte Liu, dass er verschiedene Übersetzungstechniken ausprobiert habe, ihm aber der buddhistische Ansatz am meisten geholfen habe:

*Nachdem ich dieses Gedicht vor zwei Jahren in* Vanity Fair *gelesen hatte, versuchte ich es in alle traditionellen Dichtungsformen zu übertragen, hatte jedoch gegen die engen Grenzen zu kämpfen, die mir von Stil und Form gesetzt wurden [...]. Jetzt konnte ich es beenden, weil ich mich dem Stil zuwandte, in dem unsere Vorväter die Sutras übersetzten, das heißt, indem ich direkt und wortwörtlich den jeweiligen Sinngehalt übertrug...*

Liu und die studentische Reformbewegung gewannen den Kampf um die Modernisierung der Schriftsprache. Am Ende der Zwanzigerjahre des 20. Jahrhunderts waren das Konfuzianische in den Hintergrund gerückt und die Formulierungen und Satzbauten der chinesischen Alltagssprache auf Papier akzeptiert. Ob Bücher, Rechts- und Verwaltungsdokumente oder Zeitungen – fast alles erschien nun in schlichter Alltagssprache. Der Trend dazu hatte, wie auch Liu bewusst gewesen war, bereits in den ersten Jahrhunderten n. d. Z. eingesetzt, als buddhistische Übersetzer alltagssprachliche chinesische Formulierungen und Satzbauten verwendet hatten, um ein breiteres Publikum ansprechen zu können. Wie damals wurden Wörter und Begriffe auch nun wieder ihren direkten Bedeutungen nach aus anderen Sprachen ins Schriftchinesische übertragen, und viele Revolutionäre, die im 20. Jahrhundert westliche Romane, Gedichte und akademische Schriften übersetzten, verwendeten dazu die alte buddhistische Methode. So gesehen waren sie nicht nur die Erben der modernen europäischen Revolution, sondern auch die der weit älteren Schriftrevolution des »Papierbuddhismus«.

Im Laufe des 19. Jahrhunderts wurden in China immer mehr europäische Bücher publiziert oder Zeitungen im westlichen Stil gedruckt. Und mit dieser Welle westlicher Einflüsse hatte sich ein Kreis geschlossen: China, das dem Rest der Welt das Papier beschert hatte, wurde nun selbst von importierten Papieren aus Europa und Nordamerika umgestaltet.

Deshalb wird es nun im Rest dieses Buches gewissermaßen um die Frage gehen, wie es zu dieser historischen Wende kam. Das China der Tang-Periode war geografisch größer gewesen als unter jeder anderen Dynastie der chinesischen Geschichte und konnte sich eines präzedenzlosen Einflusses auf das Ausland rühmen. Doch selbst die Tang-Grenzen verliefen noch Tausende Meilen von Europa entfernt, und es bestanden keinerlei direkte Kontakte zwischen den beiden Kontinenten. Dennoch geschah es im goldenen Tang-Zeitalter, dass sich das Wissen um die Papierherstellung – offensichtlich ohne Kenntnisse des Kaiserhofes – aus Ostasien auf den Weg machte. Und dieser Wissenstransfer begann mit einer militärischen Schlacht an der Peripherie des chinesischen Reiches, die von einem der bedeutendsten muslimischen Historiker geschildert wurde.

Der Talas entspringt im Kirgisischen Gebirge rund zweihundert Meilen westlich des heutigen chinesischen Grenzverlaufs und versiegt nach einer Schleife in der kasachischen Wüste Mujunkum auf dem Gebiet des einstigen Turkestan, dem »Land der Türken« beziehungsweise der Turkvölker. Dieses alte Turkestan erstreckte sich vom Kaspischen Meer bis rund zweihundert Meilen vor das westliche Teilstück der Chinesischen Mauer in den Osten. Im Laufe der Jahrhunderte sollten die Wüsten, Bergketten und Handelsrouten in dieser Region immer wieder neu unter den Staaten aufgeteilt werden, so wie in jüngerer Zeit auch die dort vorhandenen Bergwerke, Ölquellen und Gasvorkommen.

Im 7. Jahrhundert war das Göktürkenreich die einzige Macht in der Region gewesen, wenngleich die islamischen Armeen bereits vom Süden her anrückten. Als im Jahr 734 der Khagan der Göktürken vergiftet wurde, war die Auflösung des Großreichs programmiert, doch ein Knotenpunkt war Turkestan bereits seit fünf Jahrhunderten gewesen. Es verfügte schon seit Langem über ein Straßennetz, das von China, Indien, Persien und dem Römischen Reich genutzt wurde, zum Beispiel, um Seide gen Westen und Gold oder Wolle in den Osten zu transportieren. Edelsteine, Krankheiten, Satinstoffe, Religionen, Pferde, Sprachen, Sklaven, Schriften, Ideen – alles bahnte sich seinen Weg auf diesem Straßennetz quer durch Eurasien, und die Göktürken waren die Zwischenhändler auf dieser globalen Handelsroute, die Chang'an mit Rom verband und als Seidenstraße bezeichnet wurde.

Doch dann sollte es ein begrenztes militärisches Scharmützel im Niemandsland sein, das den Damm brechen ließ, der das Wissen um die Papierherstellung jahrhundertelang in Ostasien zurückgehalten hatte. Im 7. Jahrhundert war Papier zwar schon einige Male als ein Luxusgut von Zentralasien und dem persischen Sassanidenreich importiert worden, doch eine eigene Papierherstellung begann in Zentralasien erst nach der Schlacht, die 751 an den Ufern des Talas ausgetragen wurde. Ein paar Bündel Luxuspapier waren für die Empfängerkultur natürlich von weit geringerer Bedeutung gewesen als der Transfer des kompletten Wissens um dessen Herstellung. Gewiss hatten sich einige Segmente der Gesellschaft an der begrenzten Einfuhr eines teuren chinesischen Papiers erfreuen können, doch zu einem integralen Bestandteil einer ganzen Kultur konnte dieser neue Beschreibstoff erst werden, als diese auch über das Wissen um seine Herstellung verfügte und der Stoff auf breite Zustimmung in der Gesellschaft gestoßen war.

Im Gegensatz zu den verkauften Waren legten deren Händler selbst nur selten weite Strecken auf der Seidenstraße zurück. Üblicherweise wurden die Güter von einem Händler an den nächsten verkauft, was das Prozedere sehr viel einfacher machte, den Transfer von Ideen und technischem Wissen jedoch behinderte (es sei denn natürlich, solche Ideen und solches Wissen waren zu Papier gebracht worden). Und angesichts dieser Warenbeförderung von Hand zu Hand lässt sich der rapide Transfer des Wissens um die Papierherstellung von Großchina über Zentralasien nach Persien kaum erklären. Fest steht nur, *dass* dieser Prozess der frühesten überlieferten Schilderung nach (sie stammt aus dem 11. Jahrhundert) ein sehr plötzlicher und ungemein entscheidender gewesen war.

Bedenkt man, dass es sich um ein so kleines Scharmützel handelte, hätten die kämpfenden Parteien nicht großmächtiger sein können: Die Gegner waren das islamische Abbasidenkalifat und die chinesische Tang-Dynastie. Im Jahr 750 hatten die Abbasiden den Widerstand der Umayyaden gebrochen und damit ihr »Islamisches Imperium« begründet, das in seiner Blütezeit von seiner Hauptstadt Kufa am Euphrat aus über Mesopotamien, Syrien, Teile des einstigen Byzantinischen Reiches, die Arabische Halbinsel, Nordafrika, das einstige Perserreich und einen Großteil Zentralasiens herrschte. Und während dieses Kalifat seinen Machtbereich vom Mittelmeerraum aus zu erweitern begann, löste es eine der größten Migrationsbewegungen der Menschheitsgeschichte aus (die islamische Besiedlung des *dār al-islām'* des »Hauses des Islam«), die eine einzigartige Blütezeit der Kunst und grandiose naturwissenschaftliche Fortschritte nach sich zog. Doch das Kalifat hatte einen mindestens so beeindruckenden Feind im Osten.

Um die Mitte des 7. Jahrhunderts betrug die Weltbevölkerung rund fünfhundert Millionen Menschen, wozu allein China fünfzig Millionen beisteuerte. China kontrollierte den östlichen Teil der Seidenstraße, pflegte gute Beziehungen zu seinen wichtigsten nomadischen Nachbarn, unterhielt große Armeen, schöpfte aus einem Steuerregister, in dem mehr als achthunderttausend Familien aufgeführt waren, und betrieb auf dem See- wie dem Landweg Handel mit ganz Ost-, Süd- und Südostasien. Im eigenen Land transportierten Schiffe auf dem bereits erwähnten, tausend Meilen langen Kanal, der den Norden Chinas mit dem Süden verband, einen stetigen Strom an Korn, Kleidung und Geld in die Hauptstadt. China in der Mitte von Ostasien bot ein Bild der Eintracht und Macht, des Wohlstands und der künstlerischen Brillanz.

In der ersten Hälfte des 8. Jahrhunderts machten sowohl China als auch das Islamische Kalifat Anstalten, ihre Kontrolle auf Turkestan zu erweitern. China nutzte dazu Grenzgarnisonen und Protektorate in Zentralasien, wodurch es dem Kaiserreich bis 750 gelang, seine Herrschaft über das Tarimbecken und die Täler in der Yssykköl-Region auszuweiten (beide reichen heute an die Grenzen Chinas heran). China war der Oberkommandierende des Pamirtals, der Schutzherr von Baktrien (des Nordens von Afghanistan und der anschließenden Grenzregionen) und der Herrscher über Kabul und Kaschmir.

Die Abbasidenarmeen hatten hingegen einen Großteil von Transoxanien eingenommen und auf ihrem Vormarsch in den Osten Turkestans auch begonnen, sich der einen oder anderen chinesischen Garnisonsstadt zu bemächtigen. Entscheidender aber war, dass mittlerweile fast ganz Turkestan zum Islam bekehrt worden war – mit einer Mischung aus Gewalt, diskriminierenden Arbeitsverboten und Steuerbelastungen, der Wahl von Tod oder Exil für Polytheisten und Atheisten, sporadischen Verfolgungsmaßnahmen, der Zerstörung von alten Tempeln und Götterstatuen und einem beeindruckend konsequenten Missionierungsprogramm.

Es wurde immer schwerer, der Herrschaft des Kalifats Widerstand zu leisten.

An diesem Punkt beging Kao, der in Korea geborene kommandierende General der chinesischen Westarmee, einen schweren Fehler. Es gibt unterschiedliche Versionen von der Geschichte, wie es dazu kam, dass er den Fürsten von Shash (dem heutigen Taschkent), der ein bedeutender Regionalherrscher war, gefangen nahm. Verbrieft ist einzig, dass er ihn in die chinesische Hauptstadt verbringen ließ (vermutlich, nachdem er ihm zugesichert hatte, er würde verschont, wenn er sich ergab), wo er dann prompt hingerichtet wurde.

Die Folge war, dass der Sohn des Fürsten die Abbasiden um Hilfe bat, um den Tod seines Vaters zu rächen. Und so kam es, dass Abu Muslim, der Gouverneur der Ostprovinzen des Abbasidenreichs, seinen besten General schickte, um gegen die chinesischen Armeen zu kämpfen. Der trauernde Sohn hatte ihn noch beschworen, nicht gen Ferghana zu ziehen, den wichtigsten Bündnispartner der Chinesen in der Region, sondern stattdessen vier entscheidende Städte in Ostturkestan einzunehmen – Kuche, Khotan, Kaxgar und Karashahr –, weil sie es waren, die China eine Schneise in die gesamte Region schlugen. Doch die Abbasiden hatten ohnehin vorgehabt, Ferghana links liegen zu lassen. Sie wussten, wenn es ihnen gelänge, die Chinesen weiter östlich zu schlagen, wäre Ferghana abgeschnitten und würde ihnen sowieso kampflos in die Hände fallen. Nein, sie hatten sich für Talas entschieden.

Im Jahr 751 stießen die chinesischen und abbasidischen Heere an den Ufern des Talas aufeinander. Der Fluss, der wie gesagt im Kirgisischen Gebirge entspringt und sich über mehr als 250 Meilen in westliche Richtung zieht, mäandert bis zur Grenze nach Kasachstan zwischen 2500 Metern hohen Bergen auf der nördlichen Seite und 2000 Metern hohen am südlichen Ufer. Doch es gibt ein paar Flecken, wo das Tal breit genug wird, um Tausenden

Männern Lagerplätze zu bieten. Und in einer dieser Ebenen versammelten sich nun die beiden Heere.

Die Chinesen waren ihrer eigenen dynastischen Geschichtsschreibung zufolge mit dreißigtausend Mann angerückt (laut den Annalen der Abbasiden waren es siebzigtausend, doch übertriebene Zahlen finden sich in vielen frühislamischen Historien). Zwanzigtausend Soldaten waren Chinesen, die übrigen waren Hilfstruppen von Turkstämmen. Auch Soldaten aus Ferghana hatten sich den chinesischen Truppen angeschlossen, doch bereits bis zum Treffpunkt zu Fuß oder zu Pferde eine Wegstrecke von fast zweihundert Meilen zurücklegen müssen und eine Ruhepause bitter nötig. Das Heer der Abbasiden belief sich auf vierzigtausend Mann. Das Kräfteverhältnis war also ziemlich ausgewogen.

Die Fußsoldaten der Abbasiden waren ausgeruht und ihre Kavalleristen exzellente Reiter, außerdem wurden auch sie von Truppen aus Shash und Umgebung verstärkt. Für die chinesische Infanterie und Kavallerie sprachen ihre Ausdauer und Professionalität, und die berittenen Bogenschützen der Turk-Hilfstruppen waren die besten weit und breit. Beide Armeen kämpften mit Pfeil und Bogen, Speeren und Schwertern, geschützt vermutlich von blasonierten Schilden. Chinesische Soldaten trugen zudem oft Rüstungen aus gehärtetem Leder.

Chinas General Gao Xianzhi galt als ein ebenso glänzender Militär wie sein Gegenpart Zayid ibn Salih. In den Jahren 747 und 750 hatte er große Feldzüge geführt, die allerdings vermutlich nur deshalb erfolgreich ausgegangen waren, weil der Kaiser die Strippen gezogen hatte.

Die Schlacht dauerte fünf Tage. Während Infanteristen den Gang der Dinge abwechselnd mit Angriffs- und Verteidigungsstrategien lenkten, stürmte die Kavallerie das Feld, forschte die Schwachpunkte des Gegners aus, ließ Pfeile herniederprasseln und machte sich kleine Teilsiege zunutze. Es sah ganz so aus, als würde das Aufeinandertreffen der beiden großen Imperien Asiens in einem Waffenstillstand verpuffen oder unentschieden abgebrochen werden müssen. Doch dann griffen die bis dahin mit China verbündeten Karluken das chinesische Heer aus dem Hinterhalt an. Die Karluken waren eine mächtige Stammesföderation türkischer Steppennomaden, die sich in der Region am Balchaschsee (im heutigen Kasachstan) niedergelassen hatten. Und vermutlich hatten ihre Truppen, die sich der chinesischen Armee vor dieser Schlacht ebenfalls als Hilfsheer angeschlossen hatten, wegen des Verrats von General Gao am Fürsten von Shash, dessen Regentschaft die Karluken unterstützt hatten, die Seiten gewechselt und waren zum Abbasidenheer übergelaufen. Rund zwanzigtausend chinesische Soldaten wurden getötet, und General Gao musste sich mit ein paar Hundert Mann einen Weg durch die Fliehenden schlagen, um selbst entkommen zu können.

Die Abbasiden hätten nun entscheiden können, diesen Sieg zu nutzen und weiter voranzupreschen, aber auch sie waren geschwächt. Erst jüngst hatten sich die Bewohner von Buchara gegen ihre Herrschaft erhoben, außerdem fürchtete man, dass die chinesischen Bewohner der Städte tiefer im Osten ein Problem darstellen könnten. Also kehrten die Kalifatstruppen in ihre zentralasiatischen Heimatorte zurück.

Diese Schlacht am Talas wird häufig als der Grund für die Bekehrung Zentralasiens zum Islam angeführt. Und China sollte nun fast tausend Jahre lang keine Territorialansprüche mehr geltend machen, die über das heutige Xinjiang hinausreichten. Doch in vielerlei Hinsicht hatte sich nichts verändert. Die Chinesen hatten zwanzigtausend Mann verloren, aber die vier entscheidenden Städte im Östlichen Turkestan unter ihrer Kontrolle behalten. Dass es ihnen in den kommenden Jahrhunderten nicht gelang, tiefer nach Zentralasien vorzustoßen, hatte wohl mehr mit den Aufständen, Spaltungen und Invasionen im eigenen Kernland als mit ihrer Niederlage am Talas zu tun. Und was die Abbasiden angeht, so hatten diese mit ihrem Sieg bloß die breite Pufferzone zwischen ihrem und dem westlichsten Einflussbereich Chinas bewahrt. In militärischer Hinsicht war diese Schlacht also eher ein kurioses Scharmützel als ein Wendepunkt gewesen.

Doch dann machten die Soldaten der Abbasidenheere auf ihrem Heimweg Gefangene. Die meisten verschleppten sie samt Beute nach Samarkand, die Stadt, die Alexander der Große als die schönste auf Erden bezeichnet hatte. Und diese Sklaven brachten nun auch ihr chinesisches Wissen und Geschick in die Häuser ihrer neuen Herren ein, darunter, wie der islamische Historiker al Tha'labi im 11. Jahrhundert verzeichnete, ihre Kenntnisse über ein Verfahren, dessen Geheimnisse jahrhundertelang in den Regionen von Ost- und Südostasien gewahrt geblieben waren: Sobald diese Sklaven in den Städten von Transoxanien Fuß gefasst hatten, lehrten sie die Abbasiden die Herstellung von Papier. Und dieses Wissen muss in Samarkand auf besonders fruchtbaren Boden gefallen sein. Xuan Zang, ein buddhistischer Pilgermönch aus China, berichtete im 7. Jahrhundert, dass den Jungen dort bereits im Alter von fünf Jahren Lesen und Schreiben beigebracht wurde.

Papier war in Zentralasien zwar wie gesagt schon einige Zeit vor der Schlacht am Talas aufgetaucht (nur wenig davon hat überlebt), doch dabei scheint es sich immer um Importe aus China gehandelt zu haben. Das erste arabische Wort für Papier, *kaghad*, ist aus zentralasiatischen Regionalsprachen abgeleitet (dem Sogdischen und Uigurischen). Und eben *weil* die Papierkultur erst nach der Schlacht am Talas zu solcher Blüte in Zentralasien kam, fällt es schwer, die Theorie von al Tha'labi, immerhin einem der bedeutendsten islamischen Historiker, einfach von der Hand zu weisen. Es ist jedenfalls die beste Erklärung, die wir haben. Selbst wenn sie nicht in allen Details stimmen mag (wie so mancher moderne Historiker behauptet), leuchtet sie doch sehr ein, sobald man sie im konkreten zeitlichen und geografischen Zusammenhang betrachtet. Al Tha'labi selbst hegte jedenfalls keinerlei Zweifel, dass es die Schlacht an den Ufern des Talas war, dieser einsame Waffengang zweier riesiger Imperien, deren

Hauptstädte fast 4500 Meilen voneinander entfernt lagen, welche den Wissenstransfer um die Papierherstellung nach sich zog und infolgedessen dafür sorgte, dass sich dieser Beschreibstoff in ganz Asien und schließlich auf der ganzen Welt durchsetzte.

# 9
# Büchernarren

> Ich wünschte, die Zandîken (d. i. Manichäer) wären nicht so verpicht darauf, theures Geld auszugeben für sauberes weisses Papier und für die Anwendungen von glänzend schwarzer Tinte, und dass sie nicht so hohen Werth legten auf die Schönschrift, und weniger die Schönschreiber zum Eifer anspornten; denn fürwahr, kein Papier, das ich noch sah, ist mit dem Papier ihrer Bücher zu vergleichen, und keine Schönschrift mit der die in jenen angewandt ist.
>
> Der islamische Gelehrte al-Gahiz (gest. 868), seinen Freund Ibrahim al-Sindhi zitierend.[1]

Als die Kunst des Papiermachens die Grenzen von Großchina überschritt, bedurfte sie neuer Mäzene. Und einen gewann sie in einer Glaubensgemeinschaft, die fasziniert vom künstlerischen Potenzial des Papiers war, wiewohl es sich um einen Turkstamm (die »Türken des Westens«, wie die Chinesen sie nannten) mit einer völlig anderen Geschichte, völlig anderen Lebensanschauung und völlig anderen Kultur als die der Han-Chinesen handelte. Und doch, oder vielleicht gerade deshalb, haben sich Chinesen in der frühen Tang-Periode geradezu besessen mit diesem Turkvolk beschäftigt.

Im Jahr 630 hatte sich Chinas Kronprinz Li Chengqian ein Zelt im Park seines Palastes in Chang'an aufstellen und fünf Wolfskopf-Banner davor einpflocken lassen. Dann bezog er es. Als Bedienstete hatte er sich ausschließlich Männer vom Aussehen der Uiguren ausgesucht, eines Turkstammes, der in Chinas Nordwesten ansässig geworden war. Er begann die uigurische Sprache zu lernen, ließ sich vor seiner Jurte Lämmer am Spieß rösten, säbelte das Fleisch mit der Klinge seines Schwertes von den Knochen und hieß seine Diener, ihre Haare zu Zöpfen zu flechten, Schaffelle zu tragen und in den Palastgärten Schafe zu hüten. Einmal stellte er sogar das Begräbnisritual dieses Turkvolkes nach, indem er sich auf die Erde legte und sich tot stellte, während seine Diener im Kreis um ihn herum reiten und schmerzerfüllte Schreie ausstoßen mussten. Der Erbe der sesshaftesten Zivilisation auf Erden hatte sich zu einem Turk-Khan erklärt und beschlossen, in einer Jurte zu hausen.

Die Uiguren waren den Chinesen das, was Europäern einmal die »Zigeuner« waren. Dementsprechend bestaunt wurden sie in der frühen Tang-Periode. Auf den Märkten von Chang'an bekam man fremdländische Kleidung und Kuriositäten praktisch nachgeschmissen: Persianerkappen aus Zentralasien neben Herrenhüten aus Leopardenfell und Haarnadeln mit klirrenden Anhängern für die Damen. Chinesinnen begannen sich vor allem für die Stammesbekleidung der Nomaden zu begeistern und ließen sich Gewänder mit den typisch eng anliegenden Krägen und Ärmeln anfertigen. Im 8. Jahrhundert begannen sie sogar die Männerkleidung der Nomaden aus Chinas Nordosten anzulegen. Turkmusiker zupften am Kaiserhof ihre Winkelharfen, und wiewohl Chinesen unter mehreren eigenen Kalligrafien wählen konnten, weckten besonders die fremdartigen Schriften und Bücher auf den Märkten ihre Neugier, vor allem immer dann, wenn sie vom Turkvolk im Nordwesten ihres Landes stammten.

Die äußerste nordwestliche Ecke des heutigen China wird Xinjiang (»Neues Land«) genannt. Im Jahr 840 waren die Uiguren von der Steppe in diesen hohen Norden gezogen, und dort sind sie seither geblieben. Wenn die Tang nicht genügend Soldaten zu ihrer Verteidigung hatten, wurden Uiguren als Hilfstruppen eingezogen, im Gegenzug erhielten sie besondere Handelsrechte. Und eben dank dieses Handels begannen im Laufe der Zeit viele, vor allem persische und zentralasiatische Bewohner der chinesischen Hauptstadt, uigurische Kleidung zu tragen oder die Haartracht der Uiguren nachzuahmen.

Die meisten Schänken in der Hauptstadt wurden von Ausländern betrieben (und von Dichtern geliebt). Sie reihten sich am Südostteil der Stadtmauer entlang, und zu ihrem Personal zählten blonde, grünäugige und weißhäutige Frauen aus Zentralasien, die dort tanzten und sangen, um den Verkauf von Bier und Wein anzukurbeln. Doch wie sich im Laufe der Jahre erweisen sollte, tranken die Uiguren einfach zu viel und waren viel zu ausgelassen für den Geschmack urbaner Chinesen.

Uiguren waren Reiter, Trinker, Kämpfer und Vagabunden, nichtsdestotrotz hatten sie ihre Liebe zu Büchern entdeckt, was vor allem den Einflüssen des Manichäismus zu verdanken war, einer Offenbarungsreligion, die vom Westen der chinesischen Grenzen ins Land eingedrungen war. Mit der Zeit wurden sie regelrecht versessen aufs Lesen und Schreiben und Kopieren. Sie liebten die Künste der Kalligrafie und Buchmalerei und eigneten sich schnell das Wissen um die Papierherstellung und Buchbindung an. Zum Teil war diese Entwicklung ihrer Rolle als Zwischenhändler auf dem asiatischen Markt zu verdanken – ein Nutzen, den sie aus ihrer Wanderschaft in den Nordwesten Chinas gezogen hatten, denn durch diese Region verliefen die Handelsrouten von Ost nach West, damit die Händler die Bergketten im Süden und die unerforschten Stammesgebiete im Norden umgehen konnten. Seit die Uiguren sich dort niedergelassen hatten, waren sie zu Wohlstand gelangt und hatten von den Ideen und Religionen profitiert, die aus fernen Ländern in ihre Städte geschwemmt wurden. Und weil sie für den Beschreibstoff Papier ebenso empfänglich gewesen waren wie für so vieles andere, waren Bücher bei ihnen ungemein beliebt – sie wurden im Laufe der Zeit sogar etwas regelrecht Heiliges, das unter allen Umständen ehrfürchtig beschützt werden musste. Selbst im ersten Jahrzehnt des 20. Jahrhunderts stellten russische Geologen, die im chinesischen Turkestan arbeiteten, noch fest, dass die dort ansässigen Uiguren jedes beschriebene Blatt Papier in einem kleinen Behältnis verwahrten, damit es nicht zu unreinen Zwecken verwendet werden konnte.

In dieser Region, in der es sogar Mitte des 20. Jahrhunderts noch viele Analphabeten gab, waren die meisten Uiguren zum Islam konvertiert (in anderen Regionen hingegen Buddhisten oder Manichäer geblieben), weshalb sie das geschriebene oder gedruckte Wort noch hingebungsvoller verehrten. Wörter besaßen für sie Zauberkräfte – für einige von ihnen sogar das Wort Gottes, der Koran selbst. Wahrsager nutzten ihn zu ihren Zwecken, andere nahmen ihn – aber nicht nur ihn – zu Hilfe, um gute Geschäfte zu beschwören, Krankheiten zu heilen, Wohlstand zu erflehen oder Liebe in einer Person zu wecken, die sich gleichgültig zeigte (man nannte das *isitma*: Erhitzung; man konnte auch das Gegenteil erflehen, *sogutma*: Abkühlung). Oder man schrieb Beschwörungsformeln auf ein Stück Papier, befestigte es an einer Schnur und vergrub es auf einem Friedhof, auf dass an dieser Stelle bald der Rivale liegen würde. Papier wurde *das* Mittel zum Zweck, um etwas zu verkaufen, jemanden von etwas zu überzeugen, etwas zu verteidigen, jemanden zu verfluchen oder jemanden zu segnen. Papier war nicht einfach nur eine Oberfläche für das geschriebene Wort, es war, sofern es die richtigen Worte barg, von spirituellen Kräften durchdrungen.

Uiguren waren nie Konfuzianer gewesen, und auch das Erbe ihrer eigenen Vergangenheit als nomadisches Hirtenvolk barg wenig, das ihnen eine Zukunft als Büchernarren prophezeit haben könnte. Dennoch wurde ihre Kultur zum Auslöser der Wanderung des Papiers gen Westen. Und auf diese Entwicklung hatte weder ein konfuzianischer chinesischer Gelehrter noch ein zentralasiatischer buddhistischer Missionar eingewirkt, sondern ein Perser namens Mani, der eine eigene Botschaft an die Welt hatte.

Mani wurde Anfang des 3. Jahrhunderts – das Neupersische Reich der Sassaniden (224–651) war gerade im Aufstieg begriffen – in der Nähe von Seleukia-Ktesiphon am Tigris geboren. Er behauptete, in einer Höhle die Vision von einem engelartigen »Gefährten« gehabt zu haben, den er als seinen »unzertrennlichen Zwilling« betrachtete und der ihm gesandt worden sei vom »Herrn«, die »frohe Botschaft der Wahrheit« zu verkünden. Manis Lehre zufolge war der Jude Jesus die Lichtgestalt des Christentums (jedoch nicht der fleischgewordene Christus), Zarathustra der altiranische Prophet und Buddha der Prophet Indiens gewesen, seine eigene Religion der christlichen, zoroastrischen und buddhistischen jedoch überlegen, da sie alle Kulturen transzendierte. »Meine Kirche jedoch wird sich in allen Städten ausbreiten, mein Evangelium jedes Land erreichen«, lehrte er und in der Tat sollte der Manichäismus, der sich mit solcher Geschwindigkeit so weit verbreitete, später als die erste Weltreligion bezeichnet werden.

Mani übernahm zwar Geschichten und Theologien aus den jüdischen Apokryphen wie den gnostischen christlichen Evangelien, doch der Kern seiner Lehre lautete, dass das Universum von zwei gleich starken Kräften beherrscht werde, die ihre Kämpfe in der Seele des Menschen austrügen – ein Dualismus, der vermutlich dem persischen Zoroastrismus entnommen wurde. Mani zufolge waren die guten spirituellen Teile des Universums von den bösen materiellen eingeschlossen worden und bedurften deshalb der Befreiung. Der Göttliche Geist *(Nous)* erleuchte die Menschheit und biete ihr die Erlösung. Alle großen Lehrer, von Abraham über die zwölf Apostel bis hin zu den drei großen Religionsstiftern Buddha, Zarathustra und Jesus, seien Manifestationen dieses Nous gewesen. Doch den Gipfel dieser Offenbarungskette stelle

Mani selbst dar, da er die Vision von seiner Lehre unmittelbar von Jesus dem Licht erhalten habe.

Unter Mani standen seine Jünger, aufgeteilt in einen inneren Kreis der Erwählten, die die extreme Askese lebten, und die Hörer, die ein normales, erfüllendes weltliches Leben führten. Die Erwählten kamen nach dem Tod direkt in den Himmel, die Hörer durchliefen erst einen Zyklus der Wiedergeburten. Alle anderen, deren Seelen noch nicht vom göttlichen Nous erleuchtet worden waren, mussten bis zu ihrer ewigen Verdammnis qualvolle Reinkarnationen in den Seelen von Bestien durchlaufen. Den Erwählten waren drei »Siegel« auferlegt: das des Mundes (auf dass sie nicht lügen oder Fleisch essen), das der Hände (auf dass sie keinen Menschen und kein Tier töten) und das der Brust (auf dass sie kein »Werk des Fleisches« vollbringen, womit nicht nur die sexuelle Enthaltsamkeit, sondern auch das Pflücken von Früchten oder Ernten von Pflanzen gemeint war). Nur wenn diese »Siegel« unversehrt blieben, konnten die Erwählten das eingeschlossene Licht verströmen, das im Verdauungsprozess von der Finsternis geschieden wurde – Lichtteilchen wurden beispielsweise freigesetzt, wenn man ins Gebet versunken rülpste. Der Verdauungsprozess war dem der Eucharistie geistesverwandt.

Das auferlegte Verbot, körperlicher Arbeit nachzugehen oder sich seinen Lebensunterhalt zu verdienen, schenkte den Erwählten freie Zeit, die sie jedoch nicht mit Essen, Beten und Schlafen verbringen durften. Damit blieb als einzige nützliche Betätigung das Schreiben – der heiligste Akt im Manichäismus. Ein manichäischer Schreiber konnte gut und gerne einen ganzen Tag mit dem Beschreiben von nur einer einzigen Seite verbringen.

Für Mani waren Papyri und Alphabete *die* Möglichkeit, die Welt zu erreichen. Und die Überlegenheit seines Glaubenssystems gegenüber den drei anderen großen Religionen sah er nicht zuletzt in dem Umstand, dass er, im Gegensatz zu Zarathustra, Buddha und Jesus, all die Texte, die ihm von seinem göttlichen Zwilling eingegeben wurden, höchstselbst niedergeschrieben hatte.

Dieser Anspruch auf das Primat kommt auch in der Aussage einer mitteliranischen manichäischen Handschrift zum Ausdruck, die in der Oase Turfan im Nordwesten Chinas entdeckt und Mani zugeschrieben wurde:

> *Die Offenbarung der beiden Lehren und meine lebendigen Schriften, meine Weisheit und mein Wissen sind umfassender und besser als die vorangegangener Religionen.*

Doch für die Verbreitung seines Glaubens zog Mani bildliche Darstellungen und Narrationen der Argumentation vor. Und zum Übermittler erwählte er das Papier.

Er schrieb seine Botschaften selbst nieder, um sicherzustellen, dass sie nicht verfälscht wurden, und verfasste sieben kanonische Werke: »Das lebendige Evangelium«; »Der Schatz des Lebens«, die »Pragmateia«; »Das Buch der Mysterien«; »Das Buch der Giganten« (das auf eine jüdische Fabel über die Zeit vor der großen Flut zurückgriff); die »Briefe«; die »Psalmen und Gebete«, plus das *Shābuhragān*, eine König Schapur I. gewidmete Missionsschrift in mittelpersischer Sprache, die jedoch nicht zum manichäischen Kanon zählt.[2] Die übernommenen christlichen Ideen – beispielsweise den aus dem Geist geborenen Geist und das aus dem Fleisch geborene Fleisch, wie Apostel Paulus es formuliert hatte, oder die Harmonien aus den Evangelien – verwandelte er in seine eigenen gnostischen Theologien. Auch aus dem Tanach (der Hebräischen Bibel) entlieh er sich so manches, wiewohl er zugleich gegen ihn polemisierte.

Manichäische Schriftgelehrte haben ihren Glauben nicht nur propagiert, sondern auch selbst gepredigt. Doch die Schrift, in der sie ihre Glaubenstexte niederschrieben, war nicht wie behauptet von Mani erfunden worden. Einst ging man davon aus, dass es sich dabei um eine Variante jenes syrischen Alphabets aus dem östlichen Mittelmeerraum gehandelt habe, welches in spätantiken christlichen Texten verwendet worden war. Aber diese Datierung bringt keine Übereinstimmung. Möglicherweise entstand die manichäische Schrift aus dem Alphabet, das in der antiken syrischen Oasenstadt Palmyra in Gebrauch war.[3] Und da Palmyra Mitte der Siebzigerjahre im 3. Jahrhundert zerstört wurde, könnte sie in diesem Fall nicht später als zu Beginn dieser Dekade entstanden sein. Jedenfalls wurde die phonetische »manichäische« Schrift für die Aufzeichnungen von Manis Lehren in den Sprachen Persiens und Zentralasiens verwendet. Somit *hatte* das Wort Gottes unabhängig von der Sprache, in der es festgehalten wurde, eine spezifisch »manichäische« Gestalt, eine unverkennbar eigene schriftliche Identität angenommen, die alle Sprachgrenzen überwand.

Die Liebe zum geschriebenen Wort ließ die Schriftgelehrten der Manichäer an die Spitze ihrer Glaubensgemeinschaft aufsteigen. Denn wenn die Kalligrafie schön war, dann, weil die Seele des manichäischen Schreibers schön und damit letztendlich göttlich war. Die Schriftgelehrten des Manichäismus waren Gottes eigene Prediger; was sie niederschrieben, brachte den Leser Gott nahe, deshalb musste das Geschriebene so schön und leuchtend sein wie die Güte und die Tugend selbst, als sei es der Spiegel jenes göttlichen Lichtes, das Manis Lehre zufolge jeder Mensch in sich trug – in einem schönen Text offenbarte sich der göttliche Funke, der den Leser erleuchtete.

Ein manichäischer Schreiber musste Gott um Vergebung bitten, wenn er seine Kalligrafie vernachlässigt hatte und einen beschädigten Griffel oder Pinsel, eine kaputte Tafel, ein unvollkommenes Papyrus, eine schadhafte Seide oder (später) ein eingerissenes Papier verwendet hatte. Sogar die Utensilien eines Schreibers waren heilig. Ein sogdischer Manichäer flehte zum Beispiel einmal um Vergebung, weil er der Faulheit gefrönt und das Schreiben vernachlässigt hatte.[4]

Selbst wenn der Fokus bei Manichäern auf dem Kopieren lag, fertigten sie ihre Abschriften nicht an, um wie Buddhisten durch die disziplinierte Replikation spirituelle Verdienste anzusammeln, sondern um mit ihren Schreib- und Malutensilien göttliche Schönheit und das göttliche Licht einzufangen. Das erhaltene Fragment einer manichäischen Malerei aus dem 9. oder 10. Jahrhundert zeigt in wunderschön satten Farben eine Reihe von Erwählten, die tief gebeugt schreibend – einige mit Schreibgeräten in beiden Händen – unter einem Baum sitzen, emblematisch flankiert von langen Traubenrispen, die den Manichäern besonders heilig waren. Der Eindruck, den diese Komposition hinterlässt, ist der von malerischer höchster Heiligkeit.

Je erfahrener und versierter die manichäischen Schreiber wurden, desto winzigere Schriften gelangen ihnen. Einer zum Beispiel brachte es fertig, achtzehn Zeilen klar lesbarer Schriftzeichen auf den Seiten eines Gebetbuchs von den Maßen 6,3 mal 2,5 Zentimeter unterzubringen. In einem manichäischen Buch aus Nordwestchina finden sich sogar neunzehn Zeilen auf Seiten von jeweils nur 5 Zentimetern Höhe. Der sogenannte Kölner Mani-Kodex aus Ägypten ist ein 3,5 mal 4,4 Zentimeter kleiner Pergamentkodex aus dem 5. Jahrhundert (in griechischer Sprache und Schrift) und damit eines der kleinsten Bücher, das aus dem Altertum erhalten blieb. Fast jede Seite ist mit dreiundzwanzig Zeilen beschrieben.

Häufig wurden Passagen eines Textes abwechselnd mit roter und schwarzer Tinte geschrieben; alternativ dazu wurde Rot auch verwendet, um eine Passage einzuleiten oder abzuschließen. Auch der deutsche Archäologe Albert von le Coq, der im frühen 20. Jahrhundert (nachdem seine Pläne Aurel Stein veranlasst hatten, nach Dunhuang zu eilen) die besterhaltenen manichäischen Dokumente aus Nordwestchina nach Berlin brachte, notierte in sein Tagebuch, dass sich Manichäer nicht einfach damit begnügten, einen Text mit schwarzer Tinte zu schreiben: Sie malten Überschriften farbig aus und zogen sie über mehrere Seiten in die Länge, umrahmten sie mit Blumen und Ornamentik und kontrastierten schwarze Textzeilen mit andersfarbigen.

Die Schönheit eines manichäischen Textes beschränkte sich also nicht nur auf die Kalligrafie. Jede Textseite verschmolz auf fast schon natürliche Weise mit bildlichen Motiven und Ornamenten, und um alle Überschriften rankten sich florale Arabesken. Der englische Dichter Philip Larkin schrieb einmal, wenn er eine Religion stiften müsste, würde er sie auf Wasser gründen. Mani gründete sie auf Farbe und verwandelte ein Buch (von der Papierherstellung über die Kalligrafie bis hin zur Illustration) in ein Kunstwerk, das das Auge sofort fesselt. Kein einziger anderer Stifter einer multikulturellen Religion hat sich jemals einer solchen Ästhetik für seine Botschaft bedient. Nicht ohne Grund lamentierten christliche und islamische Gelehrte über die atemberaubende Anziehungskraft, die von manichäischen Büchern ausging – von diesen Objekten des Schönen, weil sie Erscheinungsformen von Manis Verbindung zum inneren göttlichen Licht waren.

Mani erschuf sogar eigens ein »Bilderbuch«, *Ardhang*, um die Kosmologie seines »Lebendigen Evangeliums« aufs Schönste zu illustrieren. In Persien bezeichnete man ihn als »Mani den Maler«; seinen persischen Biografien zufolge pflegte er auch seine Missionare immer nur in Begleitung eines Illustrators auf ihre Reisen durch den Mittleren Osten, Persien und Zentralasien zu schicken. Mani selbst gehörte vermutlich der parthischen Kultur an (das Kerngebiet des Partherreichs lag im nordöstlichen Iran), welche wie die jüdische Kultur Buchmalereien bereits gekannt hatte. Das heißt, man kann einigermaßen sicher davon ausgehen, dass er die illuminierten Texte der Angehörigen beider in seiner mesopotamischen Heimat ansässigen Kulturen gesehen hatte.

Doch wenn man nach dem Grund für den außerordentlich großen Wert sucht, den Mani auf seine Schriften und vor allem auf wunderschön dargestellte, geschriebene, gebundene und ornamentierte Texte legte, dann steht man vor keiner einfachen Aufgabe. Denn es haben so wenige überlebt oder solche Verfalls- und Vernichtungsprozesse stattgefunden, dass diese Religion letzthin zu einem Waisenkind wurde. Die einzig erhaltenen manichäischen Dokumente sind die bereits erwähnten Schriften aus Ägypten und Turfan. Manichäische Gruppen lebten in ganz Zentralasien, Persien und Vorderasien verstreut, doch bisher hat die Erde in keiner dieser Regionen auch nur eine einzige ihrer Schriften freigegeben. Hinzu kommt, dass sämtliche erhaltenen manichäischen Texte rein religiösen Inhalts sind, weshalb wir auch über keinerlei Schilderungen alltäglicher manichäischer Lebensweisen verfügen. Ein weiteres Problem ergibt sich durch die Tinte, die in diesen Schriften verwendet wurde, denn sie enthielt keine Metalle. Aber die sind es, die üblicherweise selbst dann ihre Spuren hinterlassen, wenn die sichtbare Farbe längst verblasst ist oder verwischt wurde.

Kurzum, es ist schwierig, die literarischen Wurzeln des Manichäismus auszugraben und ein genaues Bild von dieser Glaubens- und Schriftkultur in dem Teil Asiens zu erhalten, in dem sie entstanden war. Das Problem betrifft zwar alle Religionen dieses Zeitalters, stellt wegen des kaum erhaltenen schriftlichen Erbes beim Manichäismus jedoch vor besondere Herausforderungen. Die Spätantike war eine Zeit außerordentlicher religiöser Vielfalt in West- und Zentralasien gewesen, denn dort wurden nicht nur der Buddhismus, Judaismus, Mithraismus, Manichäismus, das Christentum, der Gnostizismus, der Zoroastrismus und schon bald auch der Islam praktiziert, sondern auch noch diverse weniger religiös ausgerichtete Philosophien. Aber es ist schwierig, die jeweiligen Beziehungen zwischen diesen Glaubenssystemen präzise darzustellen. Es gibt Nachweise für Interaktionen, aber eben nicht genügend, um konkret nachvollziehen zu können, was Ursache und was Wirkung war. Wenn man sich jedes Glaubenssystem als eines von mehreren Rädchen in einem Getriebe vorstellt, dann könnte man vermutlich behaupten, dass der Manichäismus mit allen von ihnen in Zusammenhang stand. Doch heute fehlen all diesen Rädchen die Zähne, und so lässt sich schlicht nicht mit Gewissheit sagen, wie die Religionen ineinandergegriffen und sich gegenseitig beeinflusst haben.

Es sind die Beschreibstoffe, die wenigstens einige Rückschlüsse auf die Ideen zulassen, die den Manichäismus am stärksten beeinflusst haben: Bis ins 5. Jahrhundert waren manichäische Texte aus Ägypten auf Papyrus geschrieben worden, wohingegen man im Mittleren Osten und Vorderasien generell bereits im 4. Jahrhundert vom Papyrus zum Pergament übergegangen war. Dass der »westliche« Manichäismus im Mittelmeerraum erst später als der »östliche« im asiatischen Raum auf Pergament umstellte – beziehungsweise diesen Beschreibstoff überhaupt übernahm, obwohl Manichäer keine Tiere töten durften, Pergament aber aus Tierhäuten hergestellt wird –, lässt uns mit so mancher Frage zurück. Zumal Mani, der von jeher auf die Eliten abgezielt hatte, Papyrus vermutlich enger mit altem Wissen verknüpft und deshalb auch mit mehr Ehrfurcht behandelt haben dürfte. Das prosaischste Motiv könnte aber natürlich schlicht die Tatsache gewesen sein, dass in Ägypten Papyrus wuchs.

Die in Turfan entdeckten manichäischen Dokumente waren hingegen auf chinesischem Papier geschrieben, das umso dicker und gröber ist, je später ein Text verfasst wurde (was ganz allgemein auf die in Zentralasien aufgefundenen Papiere zutrifft). Das legt nahe, dass der östliche Manichäismus einer Handschriftenkultur angehörte, deren Drehkreuz China gewesen war. In späteren Zeiten bezeichneten die Perser Mani auch als den »Maler aus China«, so, als wären sie überzeugt gewesen, dass eine solche Buchkultur nur aus China stammen könne. Eher unwahrscheinlich aber ist, dass Manichäer auch nach Art der Chinesen mit dem Pinsel schrieben. Es mag zwar für die eine oder andere Handschrift ein Pinsel verwendet worden sein, aber das ist schwer nachzuweisen – zumindest lässt sich auf keinem der erhaltenen Texte ein unterschiedlich starker Tuschauftrag erkennen, wie er typischerweise bei längeren Pinselstrichen zurückbleibt. Sicher ist, dass für manichäische Schriften häufiger Papier aus Chinagras (Ramie) als aus Hanf verwendet wurde. Falls dies tatsächlich als ein Hinweis auf die Herkunft des Papiers gedeutet werden kann, dann wäre das zumindest keine große Überraschung, denn letztlich würde sich darin ja nur der Weg spiegeln, den die Papierkultur von China aus in Richtung Westen eingeschlagen hatte, bevor sie endgültig aus dem chinesischen Einflussbereich verschwand.

Doch während Buddhisten in Zentralasien und China oft auch die Rückseiten von Papier beschrieben und sogar bereits beschriebene Seiten neu verwendeten, indem sie die alten Texte so gut wie möglich abschabten, abwuschen oder abrieben (solche Blätter bezeichnet man heute als Palimpseste), waren manichäische Schreiber augenscheinlich weit weniger bereit, ein Blatt zwei Mal zu verwenden. Auch darin äußert sich gewiss die außerordentliche Ehrerbietung, die Manichäer dem geschriebenen Wort erwiesen.

Beim ägyptischen und mesopotamischen Manichäismus sind ebenfalls deutliche regionale Einflüsse spürbar. So übten zum Beispiel die Hymnen von syrischen Christen (oder zumindest die syrische »Häresie«) beträchtlichen Einfluss auf den Inhalt der manichäischen Schriften aus, die in dieser Region entstanden – beispielsweise die frühesten häretischen syrischen Hymnen aus dem 2. Jahrhundert n.d.Z., die das Werk des gnostischen Dichters und Philosophen Bardesanes waren, oder die Hymnen der Kirchenlehrer, vor allem die von Ephraem dem Syrer, der im 4. Jahrhundert wirkte und, um das Herz der Menschen zurückzuerobern, zu Melodien zurückgekehrt war, die von der Kirche geschmäht wurden.

Der westliche Manichäismus hatte sich demnach Inhalte bei einigen Quellen (wie Bardesanes) entliehen, auf die sich auch das syrische Christentum berief. Doch seine Buchformate hatte er sich auf sehr viel direkterem Wege angeeignet. Die ältesten erhaltenen manichäischen Schriften sind griechische und koptische Texte aus dem 5. Jahrhundert im größten Buchformat, das aus dem Altertum erhalten blieb (es entspricht fast dem heutigen DIN-A4-Format – während Papyrus die Größe beschränkte, ließ das Pergament mehrere Formate zu). Wie die syrischen Schriften wurden auch diese westlich-manichäischen Texte meist in zwei oder drei Kolumnen geschrieben, erst im Laufe der Zeit und geografisch weiter östlich begann man mit weniger Kolumnen zu arbeiten. Mehrere Kolumnen brachten mehr Leerraum mit sich und gestatteten somit eine elegantere Seitengestaltung; und Experimente mit dem Layout ließen sich auf Papier besser machen als auf Pergament, da es länger, breiter und feiner hergestellt werden konnte und trotzdem weit billiger war. Auch die gestalterischen Vorstellungen westlicher Manichäer ließen sich wesentlich besser auf dem vom östlichen Manichäismus bereits präferierten Beschreibstoff Papier verwirklichen.

Auf einem manichäischen Papierfragment aus dem 11. Jahrhundert, das aus Nordwestchina stammt und heute im Berliner Museum für Asiatische Kunst verwahrt wird, befindet sich ein Bild im rechten Winkel zum flankierenden Text – ein Layout, das auch in den Schriften syrischer Christen üblich war. Also haben Manichäer zu der Zeit, als sie die künstlerischen Möglichkeiten erforschten, die ihnen die verschiedenen Beschreibstoffe boten, wie so vieles andere auch diese Idee vom syrischen Christentum übernommen. Dazu zählte zum Beispiel die Vorstellung, dass ein Bild keinen unmittelbaren Zusammenhang mit dem Text zu haben bräuchte, auf dessen Seite es erschien – ein typisches Merkmal auch anderer erhaltener manichäischer Bücher, was erneut verdeutlicht, dass bildliche Darstellungen als eigenständige Kommunikationsformen wertgeschätzt wurden. Eine Bebilderung war aus Manis Sicht von elementarer Bedeutung, aber auch diese Vorliebe hatte er möglicherweise durch die Handschriften und Devotionalien syrischer Christen entwickelt. Als sein Bilderbuch *Ardhang* China erreichte, sprach man dort von Manis »Großer Zeichnung« – vermutlich, weil dieser Band überhaupt keinen Text mehr enthielt und Manis Kosmologie allein mithilfe von Bildern verdeutlichte. Sogar seine Offenbarungen in der Höhle hatte er in Bildern festgehalten. Kurzum, Mani nutzte Papier, um seinen Glauben auf eine erfrischend neue Weise attraktiv zu machen.

Auch wenn die manichäische Liebe zu Büchern also nicht allein aus dem eigenen Glaubenssystem heraus entstanden sein mag, waren es doch Manis eigene kulturelle Ambitionen, die entscheidend zu der erfolgreichen und rapiden geografischen Verbreitung seiner Botschaft beitrugen. Bildliche Darstellungen waren eine der besten Möglichkeiten, sich nicht auf die Popularisierung in einer einzigen Sprache beschränken zu müssen, obgleich Mani durchaus entschlossen war, seine Religion in so vielen Schriftsprachen wie nur möglich zu verbreiten. Der Manichäismus selbst war ein staatenloser Glaube, was nicht nur den kontinentalen Ambitionen ihres Stifters, sondern auch seinen überweltlichen asketischen Prioritäten entsprach. Aber selbst ein solcher Glaube bedurfte der Förderung durch Fürsten und Könige, und so war es schließlich Zentralasien, wo er sesshaft zu werden begann. Erst als er sich dort mit lokalen Herrschern verbündete, fand er eine Heimstatt. Die Anziehungskraft der manichäischen Bücher war umso stärker geworden, je weiter sie sich von Ägypten in Richtung Osten entfernt und je mehr hinduistische Götter, buddhistische Ikonen und (vermutlich persische) florale Ornamentik oder bildliche Darstellungen von Blumen und Gärten sie sich auf dieser Reise einverleibt hatten. Sogdische Händler nahmen diese multikulturelle Botschaft jedenfalls mit einer solchen Begeisterung an, dass der Glaube noch zu Manis Lebzeiten lokale Konvertiten in Zentralasien finden konnte. Vor allem die Stadt Samarkand, wo das Herz des regionalen Handels am kräftigsten schlug, sollte zu einer Hochburg des religiösen Neulings werden.

Um das 5. Jahrhundert begann der Manichäismus auch unter den buddhistischen Gemeinden in den Oasenstädten des Tarim-Beckens (im fernen Nordwesten Chinas) Anhänger zu finden; und im 7. Jahrhundert trafen im Gefolge der islamischen Eroberer immer mehr Manichäer in Zentralasien ein. Als die Uiguren um 840 herum aus ihrer alten Hauptstadt Karabalgasun ins Tarim-Becken flohen, waren sie noch mehrheitlich Buddhisten gewesen, aber das änderte sich schnell, als ihr neuer König in Qocho den Manichäismus zur Staatsreligion erkor. Seither begannen sie sich bei Einbruch der Dunkelheit oft zu Hunderten im Haus eines manichäischen Priesters zu versammeln, um gemeinsam aus ihren heiligen Schriften zu rezitieren und den Herrscher zu segnen, der am uigurischen Hof mittlerweile eigens Säle für die Schreiber von manichäischen Büchern und die Maler von Miniaturen hatte einrichten lassen und sein Volk um Spenden gebeten hatte, um genügend illuminierte manichäische Bücher herstellen zu können. Die Uiguren übersetzten ihre Glaubenstexte auch in andere Sprachen und gewannen damit weitere Konvertiten in ganz Asien, und nun, da ihr Glaube auch eine eigene Heimstatt gefunden hatte, konnten sie ihre ganze Aufmerksamkeit und Ressourcen auf ihre Bücher lenken: Im uigurischen Zentralasien begannen sich die Manichäer erstmals intensiv mit den Möglichkeiten zu befassen, die der Beschreibstoff Papier der Ausschmückung ihrer heiligen Schriften bot.

Die Herstellung von Büchern teilte sich bereits bei den Uiguren in vier Stadien auf. Zuerst wurden die Seide, das Pergament oder das Papier – gewöhnlich aus Ramie, manchmal auch aus Hanf – vermessen und zugeschnitten. Seit den Zeiten, als der Buddhismus in China die Nachfrage nach Papier in die Höhe hatte schnellen lassen, sorgten sogdische Papierhändler für deutliche qualitative Verbesserungen, was den Manichäern, die ja ständig auf der Suche nach ästhetisch zufriedenstellenden Materialien waren, ausgesprochen zugutekam. Und da sie sich weigerten, einmal beschriebenes Papier wiederzuverwerten, waren sie es nun, die die Nachfrage nach diesem Stoff immer weiter ankurbelten. Für den Import von Papier und Tusche aus China gaben uigurische Manichäer gewaltige Summen aus.

Der Multikulturalismus der Manichäer spiegelte sich nicht nur in den Schriftsystemen, die sie in Zentralasien verwendeten (die syrische Estrangela, die sogdische Schrift, Turk-Runen und chinesische Schriftzeichen), sondern auch in ihren Buchformaten: Manichäische Schriften waren entweder auf traditionell chinesische Weise gerollt oder wurden nach indischer Art Blatt für Blatt mit einem Faden in der Mitte zusammengeheftet; und je näher man dem Mittelmeerraum kam, desto häufiger hatten sie das Format des linksseitig gebundenen westlichen Kodex. Gedruckte manichäische Bücher gibt es nicht, aber die erhaltenen illuminierten Handschriften beweisen, dass Manichäer bei der Gestaltung nie nur deren Funktion (als Predigtschriften) vor Augen hatten, sondern immer auch ihre Schönheit (selbst bei winzigen Formaten fand sich noch eine vergoldete Ornamentik oder bildliche Darstellung auf dem Deckblatt).

Das zweite Stadium der manichäischen Buchherstellung oblag den Erwählten: die Kalligrafie. Wie die Funde aus Turfan beweisen, pflegten die Schriftgelehrten kalligrafische Titelzeilen über zwei gegenüberliegende Buchseiten auszudehnen, einfach, indem sie bestimmte Buchstaben streckten. Manchmal wurde die gesamte Kopfzeile vielfarbig, manchmal nur in grüner oder purpurner oder blauer Schrift gestaltet. Tinten standen in sechs Farben zur Verfügung. Einige Buchstaben wurden monochrom, andere polychrom umrandet, manchmal waren Texte mit kalligrafischen Buchstaben durchsetzt, und manchmal wurden Interpunktionen oder Hilfszeichen durch kleine Muster ersetzt. Die Schreiber lernten, florale Motive in die Texte einzupassen, und oft ließen sie Lücken (vielleicht für Kommentare). Falls ein Text skandiert werden sollte, teilten sie die Wörter in ihre einzelnen Komponenten oder Silben auf.

Das dritte Stadium bestand aus der Illumination, und hier war nun entscheidend, welches Budget zur Verfügung stand, da für die bildliche Darstellung oft chinesische Maler bezahlt und Gold oder Lapislazuli aus Zentralasien verwendet wurden. Die Buchmaler füllten die kalligrafischen Überschriften mit Menschen, Tieren und Pflanzen, wobei sie die Wahl zwischen zwei westasiatischen und zwei chinesischen Stilen hatten. Für solitäre Bebilderungen verwendeten sie das bestmögliche Papier, auf das sie üblicherweise zuerst eine Grundierungsfarbe auftrugen, bevor sie die Konturen zeichneten, dann übermalten und schließlich mit den relevanten Farben in mehreren Schattierungen von Blau, Rot, Gelb und Grün ausmalten. Oft wurde dem Bild am Ende mit Blattgold noch ein besonderes Funkeln verliehen.

Im letzten Arbeitsgang schließlich wurden die Papiere zu einer Handschrift gebunden oder zu einer Rolle verklebt. Manichäische Rollen waren üblicherweise rund 10 bis 25 Zentimeter breit und 2,5 bis 4 Meter lang, die illuminierten Kodizes rangierten in den Größen von ca. 15 mal 7 bis 50 mal 20 Zentimetern. Erhaltene bildliche Darstellungen legen nahe, dass viele Texte in Leder gebunden waren, aber von den Einbänden selbst hat keiner überlebt. Vielleicht waren sie von so hoher Qualität und solcher Schönheit gewesen, dass man sie für andere Bücher wiederverwendete, vielleicht wurden sie später auch zweckentfremdet oder verkauft.

Diese bemerkenswerten Produkte sollten den Leser ganz eindeutig nicht nur durch ihre Inhalte erreichen, sondern ihn auch durch ihre Materialen, die Gestaltung der Wörter, den künstlerischen Seitenaufbau und die Feinheit der Bilder und Ornamentik ansprechen. Daher spielte der Beschreibstoff natürlich eine große Rolle: Farbe ließ sich auf alle geläufigen Oberflächen auftragen, doch auf keine in derart feinen Details und mit solcher Präzision wie auf Papier.

Der Manichäismus breitete sich in den Westen bis nach Algerien und in den Osten bis an die Südküste Chinas aus. Er wurde auf Papier, Papyrus, Seide und Pergament verbreitet, und das in vielen Sprachen, jedoch meist (im Osten) in der Schrift, die die Manichäer ihrem Religionsstifter Mani selbst zuschrieben. Manchmal wurde der Text in der Form eines Kodex gebunden, manchmal in der eines indischen Blattbuches und manchmal zu einer traditionellen Schriftrolle verklebt. Manichäer übernahmen Geschichten und Glaubensweisen von unterschiedlichen Kulturen und unterwarfen diese dann ihrer eigenen göttlichen Offenbarungslehre.

Es war eine Religion der Künstler und Kalligrafen und das erste Glaubenssystem, das die Menschen nicht nur durch die Wörter auf seinen geschriebenen Seiten, sondern auch durch die Schönheit dieser Seiten gewinnen wollte. Im Südosten Chinas überlebte der Manichäismus in der Form von Geheimgesellschaften bis ins 16. Jahrhundert.

Der Multikulturalismus dieses Glaubens wurde vom frühen Christentum wie vom frühen Islam als eine Bedrohung empfunden und zog sich den Unmut, den Neid und die Kritik vieler zu. Sein berühmtester Kritiker war der nordafrikanische Gelehrte Augustinus von Hippo, selbst einst neun Jahre lang Manichäer, bevor er sich zum Christentum bekehrte.[5] Augustinus schrieb und debattierte immer wieder gegen den Manichäismus an. Er wusste um die Macht, welche die Schönheit der Bücher dieser Religion auf so viele Menschen ausübte, die mit ihnen in Kontakt gekommen waren. Sogar die meisterhaften Verzierungen der manichäischen Bucheinbände erwähnte er, allerdings nur, um sie als reinen Putz abzutun. In seiner umfangreichen Polemik *Wider den Manichäer Faustus*, ungefähr aus dem Jahr 400, legte er seinen Standpunkt dar, indem er sich unter anderem über die manichäische Ideologie des bösen Körpers hermachte, der die tugendhafte Seele umgarnt: Faustus möge doch seine gesamten Pergamente samt ihrem ganzen Zierrat verbrennen, um sich von dieser nutzlosen Last zu befreien und seinen darin gefangenen Gott zu befreien.[6]

Islamische Gelehrte sahen im Manichäismus hingegen einen Rivalen um die Gunst der Seelen der zentralasiatischen und persischen Völker, eine konkurrierende Kraft, die nicht allein ihrer Lehren und Ethiken, sondern auch der Schönheit ihrer Bücher wegen Konvertiten für sich zu gewinnen verstand. Der persische Historiker Miskawayh Ahmed ibn Muhammad schrieb, dass die Anhänger des großen persischen Sufi und Mystikers al-Halladsch die Aufmachung der manichäischen Bücher kopiert hätten, indem sie mit Gold auf chinesisches Papier schrieben, die Bücher dann mit Seiden und Brokaten verzierten und sie in teures Leder banden – wenn es die Schönheit der manichäischen Bücher war, die diese Religion so attraktiv machte, dann konnte man das ja einfach nachahmen.

Welchen unmittelbaren Einfluss der Manichäismus auf den Islam ausübte, ist ungeklärt. Die frühe islamische Buchkultur war im Allgemeinen zwar eher an syrische und hellenistische Vorbilder angelehnt, doch es gab auch muslimische Historiker und Kommentatoren, wie zum Beispiel im 10. Jahrhundert den Bagdader Gelehrten, Bibliografen und Buchhändler Ibn al-Nadīm, die sich mit manichäischen Büchern befassten. Aber Mani hatte sein Wissen als ein exklusives bezeichnet, und eine solche Behauptung war tendenziell höchst unpopulär bei anderen religiösen Gruppen. Dass der Manichäismus so einflussreich geworden war, hatte mit Sicherheit mehr mit seiner materiellen Kultur und deren Ausgestaltung als mit seinen Ideen zu tun, von denen es heute kaum noch lebendige Spuren gibt.

In der chinesischen Hauptstadt hatte ein Tang-Kaiser eine manichäische Kirche errichten lassen, doch schließlich wurde dieser Glaube der breiten Masse in China von einer Regierung vergällt, die voll des Zornes war über das schlechte Benehmen der Uiguren – allmählich betrachteten Chinesen jeden Uiguren als einen ungehobelten und ständig betrunkenen Tunichtgut. Im Abendland sollte der Manichäismus zu einem Synonym für Häresie werden, in Persien und Zentralasien überlebte er länger. Doch die arabischen Eroberungszüge, die Überfälle von Dschingis Khan und die graduelle Konvertierung der Region zum Islam versetzten ihm schließlich den Todesstoß.

Mani hatte seine Lehren von Anfang an selbst niedergeschrieben, auf dass sie vollkommen unbefleckt bleiben und die Welt in ihrem Urzustand erobern konnten. Aber es blieben nur wenige seiner Schriften erhalten. Heute lebt der Manichäismus bloß noch in den Geschichtsbüchern. Doch er *hat* leere Papierblätter mit einer neuen Welt an Texten, Bildern und Ornamenten gefüllt. Und diese einzigartige Gabe, die schönsten Bücher auf Erden herzustellen, blieb weder von den Persern noch von den Muslimen im Mittleren Osten unbemerkt.

Die Glaubenssysteme im späten Altertum waren den Linien eines geografischen Puzzles durch West- und Zentralasien gefolgt, und der Manichäismus war nur eines unter vielen Puzzlestücken gewesen. Doch seine Bücher waren große Kunstwerke, die er entsprechend ehrerbietig behandelte, und das war nicht nur eine Pionierleistung, sondern auch ungemein populär gewesen – wie der Zorn und Neid von christlichen wie muslimischen Schriftgelehrten bezeugt. Aber während die manichäische Botschaft allmählich in Vergessenheit geriet, wurden illuminierte Textseiten zu neuem Leben erweckt. Diesmal allerdings von einer Religion, der ein weit bedeutenderes Schicksal beschieden war. Der Manichäismus hatte schlicht den Weg gewiesen.

# 10

# Bücherbauten

Der Tod kennt keinen Frieden tiefer und hehrer
Als, geborgen im warmen Sand vom Morgenland,
Die strahlende Schönheit des Glaubens all derer,
Die auf der Goldenen Reise nach Samarkand.

JAMES ELROY FLECKER[1]

Das Ili-Tal windet sich vom äußersten Nordwesten Chinas nach Kasachstan. Um in den Norden des Tals zu queren, wandert man über Weinberge, vorüber an Baumwollfeldern und kupferfarbenen pyramidenförmigen Hügeln, gekrönt von schwarzen Grabsteinen, die wie verbrannte Brotscheiben aus einem Toaster herausragen, vorbei an Heuhaufen, Apfelhainen, Silberbuchen und dem gelegentlichen Obstverkäufer, der ein paar Meter vor seiner Kate an einem kleinen Tisch sitzt. Hie und da überholt ein bergauf schnaufender Kohlenlaster einen Hirten und seine Herde. Lässt man das Tal schließlich hinter sich, öffnet sich der Wolkenkranz über dem Norden und gibt den Blick auf blauschwarze Berge mit weißen Schneehauben frei, zu ihren Füßen Felder in einem schmutzigen Grün und verwaschenen Gelb. Unweit der Stadt Huocheng erreicht man einen eingefriedeten Garten, schlendert den Weg noch ein Stück zwischen Apfelbäumen neben einer Weide mit einer Handvoll Schafen und Kühen bergab und steht schließlich vor einem Flügelgatter zwischen zwei hohen Espen.

Ein paar Meter dahinter thront das Mausoleum. Es ist fast exakt würfelförmig und lenkt den Blick des Betrachters sofort auf das Spitzbogenportal, das mit einem weißen Schriftband auf türkisfarbenem Untergrund eingefasst ist. Beiderseits der Bogenspitze vervollständigt ein lichtblaues Mosaik mit kleinen weißen Medaillons den oberen Teil des Portals zu einem optischen Orthogon, um dann wie ein drapierter Vorhang rechts und links davon herabzufallen. Eingerahmt wird das ganze Ensemble von zwei breiten, säulenartig emporragenden blaugrünen Reliefbändern, in denen sich zwischen zwei schmalen floralen Linien Schriftzeichen aneinanderreihen, als seien es die Noten einer vertikalen Partitur.

Die innere Schmuckfläche des Bogenportals, das Tympanon, ist mit einem Irrgarten an mäandernden Linien ausgefüllt, in der Mitte eine kleine rechteckige Nische mit einem Metallgitter davor. Gekrönt wird der Quader von einer weißen Kuppel, die sich vielleicht zwei Meter hoch von der Mitte des Flachdachs erhebt. Am unteren Teil der Fassade ist die Farbe bis auf rund drei Meter Höhe abgeblättert und nur noch der Stein zu sehen. Im Hintergrund erheben sich die blauschwarzen »Himmlischen Berge« mit ihren weißen Gipfeln.

Das Mausoleum liegt auf der Wegstrecke zur Westgrenze Chinas und liefert die ersten Hinweise auf die fremde Sprache eines fremden Glaubens. Es ist der erste Vorbote einer Zivilisation, die einst Zentralasien beherrscht und viele ihrer Gedanken und künstlerischen Ideen dem Papier anvertraut hat. Die Identität des Mannes, für das es erbaut wurde – Tughluq, ein Konvertit zum Islam, der im 14. Jahrhundert über »Mogolistan«, das »Land der Mongolen« im Nordwesten Chinas, herrschte –, ist von weit geringerer Bedeutung als das, was dieses Gebäude repräsentiert. Denn auf Tughluqs Mausoleum finden sich in *Naskh*, einer arabischen Schrift aus dem 10. Jahrhundert, die ersten regionalen

Anzeichen für die Kultur, die er einst angenommen hatte: Die Texte in den säulenartigen Bändern rechts und links des Portals sind hingegen in einer Konsonantenschrift aus dem 11. Jahrhundert, *Thuluth*, wörtlich »ein Drittel«, was sich auf das Verhältnis von Geraden und Bogen in jedem Schriftzeichen bezieht – das heißt, ein Drittel jedes Zeichens fällt nach unten ab, als würde es von einem Erdrutsch mitgerissen.

Dieses Epitaph aus Stein ist eines von Hunderten, die die Landschaften des muslimischen Zentralasiens überziehen. Es wurde im Jahr 1363 errichtet, zählt zu den ältesten islamischen Mausoleen in der Region und stellt nicht nur eine Art von östlichem Tor zu der neuen Kultur, sondern auch eines der frühesten Anzeichen für ihren Aufstieg dar. Sieben Jahre nach seiner Errichtung erklärte sich ein Mann namens Timur zum Herrscher eines Imperiums, das schließlich ganz Zentralasien sowie Teile von Klein- und Vorderasien umfasste. Im Abendland nannte man ihn Tamerlan (in England wurde er durch Christopher Marlowes Drama als »Tamburlaine« und durch Edgar Allen Poes Epos als »Tamurlane« unsterblich gemacht).

Im 14. Jahrhundert unterwarf Timur die Länder vom Nordwesten Chinas bis zum Zweistromland und in südöstlicher Richtung bis zum Indus. Er behauptete, Nachfahre von Dschingis Khan zu sein, und wollte das Mongolenreich wiedererstehen lassen. Doch in Wirklichkeit war Timur persischer Herkunft und mit einer ganz anderen Begabung gesegnet als sein Vorbild: Er verschmolz seine mongolischen Ambitionen mit persischer Finesse. Überall in seinem Herrschaftsgebiet ließ er Moscheen, Madrasas und Mausoleen errichten: seine in Ziegel und Kachel und Stein gekleideten Visionen von einem geeinten Reich. Zwar verbreitete auch er oft Angst und Schrecken (einmal ließ er vor den Toren Bagdads eine Pyramide aus neunzigtausend abgeschlagenen Köpfen aufschichten), verstand sich aber ebenso gut darauf, die Künste für seine imperialen Ambitionen einzuspannen.

Die Architektur der Timuriden-Dynastie ist islamisch, doch

auf eine ganz eigene Art. Denn diese auf Sand oder festgebackenen Lehmböden (manchmal auch Grasland) errichteten Gebäude sind steinerne theologische Selbstzeugnisse, die eine Art kulturelle Brücke schlagen: Ihre blassgelben Grundmauern verschmelzen mit den Farben der Böden, auf denen sie stehen, während ihre azurfarbenen Zwiebelkuppeln wie verschweißt mit dem Himmel scheinen, der Muse der Turkvölker, dessen wie deren schönste Farbe »Türkis« war. In diesen Bauten spiegelt sich der alte Glaube dieser Völker an einen Himmelsgott, womit möglicherweise der zoroastrische Schöpfergott Ahura Mazda gemeint war, welcher der Himmel selbst war. Timur hatte diese Gebäude als multikulturelle Monumente errichten lassen, aber sie waren mehr als das, denn sie haben nicht nur die Turkvölker mit iranischen Völkern geeint, sie haben auch die neue Timuriden-Politik mit dem Himmel verschmolzen.

Die größte Kuppel der Timuriden-Architektur krönt das Mausoleum von Khoja Ahmed Yasawi am südöstlichen Rand der kasachischen Steppe. Sein rechteckiger Grundriss misst 46 mal 63 Meter, umspannt 18 Meter in der Breite und rund 28 Meter in der Höhe. Gen Osten ausgerichtet befindet sich der riesige *Iwan*, jene dreiseitig geschlossene Versammlungshalle, welche sich hinter der tiefen Portalnische öffnet und so typisch für die islamische Monumentalarchitektur ist. Die Portalseite wird von zwei runden Türmen flankiert, die sich, leicht nach innen geneigt, von hohen achteckigen Sockeln erheben. Von den Nischen des großen Iwan gehen zwei kleinere Hallen ab, der Blick durch die Fenster der kleinsten lässt eine weiße kufische Beschriftung mit blauer Umrandung auf sandfarbenem, mit Malachitornamenten verziertem Hintergrund erkennen. In dem etwas unheimlichen Innenhof flattern Vögel von Stein zu Stein und machen ein gewaltiges Geschrei.

 In der Mitte der großen Versammlungshalle steht ein riesiger Bronzekessel für spirituelle Riten, in dem mehrere Personen Platz finden. Er trägt eine mit ornamentalen Blättern verwobene Aufschrift aus einer anderen Schrift – weiß und starr aufgerichtet zieht sie sich über das Band aus Lehmziegeln, auf dem der Kessel ruht. Hoch darüber befindet sich ein riesiges Kraggewölbe *(Muqarnas)*, das aussieht, als wüchsen Stalaktiten aus ihm herab, auch über den beiden seitlichen Iwans findet sich dieses Stilelement wieder. Im rückwärtigen Iwan, wo die aquamarinfarbenen, von floraler Ornamentik umgrenzten Kacheln bis auf eine Höhe von rund zwei Metern reichen und noch die mit Fayencemosaiken verkleideten Eckpfeiler stehen, sind auch die Holztüren noch erhalten geblieben. Über ihren Stöcken weichen die floralen Muster schließlich der Kalligrafie.

Die Kuppel und die Umrisse des Gebäudeteils, das den Iwan beherbergt, beherrschen die Skyline der alten Stadt Turkistan, als seien es die Wachposten von Timurs neuer Weltordnung. Überall in der Region ragen seine grandiosen Bauten mit ihren Obelisken und Türmen und Säulen und Minaretten in den Himmel wie Fingerzeige zum Spirituellen. Kaum ein anderer Herrscher über Khurasan, Transoxanien oder Persien hat derart monumentale Grabmoscheen hinterlassen – Timur hat sie gleich quer durch alle drei Regionen errichtet.

Und all diese Bauten sind mit Suren des Koran übersät. Über die gekachelten Mauern sämtlicher timuridischer Monumentalbauten tanzen Schriftbänder wie Arabesken. Die Frontseite des *Pishtaq* (des Mauerelements vom Portal zum Iwan) der Grünen Moschee von Balch im Norden Afghanistans wird von gedrehten Säulen flankiert und vom breiten Band einer kufischen Schrift umrahmt, die selbst derart in die Breite gezogen wurde, dass sie eher wie ein geometrisches Muster wirkt: Schrift als Kunst am Bau. Um die Trommel – den steinernen Ring, der die geriffelte Kuppel trägt – zieht sich weiß auf grünblauem Hintergrund ein zweizeiliges Schriftband, das untere mit einer weich gebogenen, das obere mit einer knochensteif aufragenden Schrift. Auf dem Gebäude der Madrasa, die der Timuriden-Herrscher Ulugh Beg im 15. Jahrhundert in Samarkand errichten ließ, fließen um sämtliche Portale, Nischen sowie die Säulen rechts und links des Pishtaq Bänder mit kufischen Texten, weiß-gold auf blau. Rund hundertdreißig Meilen westlich steht die Kalon-Moschee von Buchara (die allerdings erst ein Jahrhundert nach Timur errichtet wurde): Breite Schriftbänder ziehen sich über die gesamte Länge der drei Wände des Iwan und dominieren auch die rückwärtige Halle.

Timurs eigenes Mausoleum, das Gur-Emir in Samarkand, wirkt mit seinen goldenen, silbernen und blauen Mosaiken und komplexen Muqarnas-Gewölben geradezu barock. Auch hier zieht sich um die Kuppeltrommel ein kufisch beschriftetes Kachelband, das je nach Perspektive mit den Arabesken und geometrischen Formen, die sich spiralförmig um die beiden flankierenden Schmuckminarette ziehen, zu verschmelzen scheint – eine angemessene Ruhestätte für einen Mann, der Schrift in die Sprache von Architektur verwandelt hat.

Doch es ist die zehntausend Gläubige fassende Bibi-Khanum-Moschee, die die Verbindung zwischen einem Bauwerk und der beschriebenen Seite Papier am deutlichsten zum Ausdruck bringt. Zwar zelebrieren all diese Monumente das Wort des Koran, und für alle wurde es vom Papier auf den Bau übertragen, um es in dessen architektonische Formen zu integrieren. Doch für die Bibi Khanum wurde das Wort sogar vom Papier auf Monumentalpapier übertragen: Timur gab für diese Moschee einen Koran in Auftrag, der im geöffneten Zustand die Ausmaße von 3,35 Quadratmetern hatte und daher eines gewaltigen mamornen Koranständers bedurfte. Jede seiner Seiten maß 2,13 mal 1,52 Meter, für seine Herstellung waren 1600 Blatt oder 2694 Quadratmeter Papier nötig gewesen, das Äquivalent von mehr als einem Dreiviertelmorgen. Hier, in Timurs größter Moschee, diente das Papierblatt nicht nur dem gestaltgewordenen Gotteswort, sondern wurde auch zu einem Symbol irdischer Macht.[2] Es war nicht das einzige Mal, dass Timur Papier zu diesem Zweck nutzte: Einmal hatte er zum Zeichen seiner Macht ein über 15 Meter langes Blatt

Papier herstellen lassen. Wie Timurs gesamte Bibliothek, so hat auch dieses Exemplar nicht überlebt, doch seine Bauten erzählen uns alles, was wir wissen müssen.

Die Kalligrafie, die sich über die Monumente Zentralasiens zieht, liefert uns einen Hinweis auf die nächste Station, die das Papier auf seiner Reise einlegte. Es sind Bauten, die uns heute durch die Jahrhunderte zurück in das Zeitalter katapultieren, in dem bereits eine ganze Region dem geschriebenen Wort des Islam hörig gewesen war. Die Feier des Koran hatte viele Formen angenommen: Er wurde mit floraler Ornamentik verwoben, in strenge geometrische Formen eingepasst oder zu geschriebenen Wächter-Suren über den Hauptportalen. Doch begonnen hatte diese Freude am geschriebenen Wort auf Papier und nicht auf Kacheln – mit den Seiten eines Buches und nicht mit den Mauern von Moscheen und Madrasas. Es waren von Papier abgeschriebene Wörter, die Timur auf die Monumente seines Reiches übertragen ließ, um dessen Landschaften mit heiligen Suren zu übersäen – ein kalkulierter Schritt, um politische Macht mit religiöser Legitimität zu versehen, das ja, aber es zeigt auch, in welchen Maßen der Islam mittlerweile selbst zu einer Religion des geschriebenen Wortes geworden war und eine Identität angenommen hatte, die er im Wesentlichen mithilfe von Papier entwickelt hatte.

Einem arabischen Sprichwort zufolge stammt alle Kultur von den Persern ab – und diese Kultur war es nun auch, die mithilfe von Papier im gesamten Kalifat verbreitet wurde. Je weiter die Armeen des Islam von der Arabischen Halbinsel und dem Fruchtbaren Halbmond vorstießen, desto mehr begann ihr Interesse an den Künsten zu wachsen. Denn auf ihren Feldzügen begegneten sie Kulturen von großem künstlerischem Geschick und mit blühenden Kunsthandwerken. Und sie lernten von ihnen. Aber vor allem lernten sie von den Persern.

Von Ibn Khaldūn, dem in Tunesien geborenen großen Philosophen und Historiker aus dem 14. Jahrhundert, wissen wir, dass

Perser die arabische Grammatik begründeten. Und vorrangig Perser waren es, die sich der Erforschung der *Hadithe* – der überlieferten Aussprüche und Handlungen des Propheten – widmeten. Aber auch die großen Rechtsgelehrten, Theologen und fast alle Korankommentatoren der Zeit waren Perser. Das Geistige war der Besitz von Persern. Und unter den Muslimen in den ersten Jahrhunderten des Islam waren es die Perser, die ihr Wissen am umsichtigsten bewahrten und ordneten. (Selbst der heutige Iran steht noch ziemlich allein unter den islamischen Staaten, was die Bewahrung seiner alten, vorislamischen Geschichte betrifft.) Ibn Khaldūn zitierte sogar den Spruch des Propheten: Selbst wenn Gelehrtheit nur im höchsten Himmel zu finden sei, würden die Perser zu ihr aufsteigen.

Persische Gruppen hatten seit mehr als zweitausend Jahren den Iran, Afghanistan und andere Regionen Zentralasiens besiedelt. Das im 6. Jahrhundert v.d.Z. gegründete »Erste« Altpersische Großreich der Achämeniden, welches Teile von Asien, Afrika und Europa umspannte, war das mächtigste und strahlendste Imperium seiner Zeit gewesen. Doch nachdem die arabischen Armeen der Umayyaden im 7. Jahrhundert n.d.Z das »Zweite« Persische Großreich der Sassaniden erobert und schlicht die lokalen Staatsroben angelegt hatten, um dann ihrerseits wieder von der Abbasidendynastie abgelöst zu werden, schwärmten die Iraner in alle Richtungen aus, vom Zweistromland bis nach Transoxanien, wo sie peu à peu die neuen islamischen Verwaltungen besetzten und Staatsämter übernahmen. Als der Einfluss der Bürokraten dann schwand und Imame oder Schriftgelehrte in den Vordergrund traten, gingen die Staatsämter zwar an die Eroberer über, aber die Führungs- und Verwaltungstheorien, nach denen diese handelten, waren durch und durch persisch. Und diese Theorien betonten nicht nur die Rolle der gebildeten und religiösen Klassen in der Staatsverwaltung, sie sorgten auch dafür, dass deren Schriften auf Papier verfasst wurden.

Doch es war nicht so, als hätte der Islam nun einfach eine

persische Identität angenommen. Vielmehr haben sich die neuen Herrscher und die Perser mit ihren jeweiligen Ideen gegenseitig befruchtet und auf diese Weise gemeinsam eine wesentlich universellere Religion erschaffen. Arabisch blieb zwar die Sprache des Islam, doch seine Gelehrten waren Perser. Das Sassanidenreich hatte den islamischen Eroberern weichen müssen, aber auch die Kunst des Perserreichs war auf einen fruchtbaren islamischen Boden gefallen, und da die persische Malerei, persische Ornamentik und persischen Symbole frei genug waren von allem Religiösen (und daher auch von jeglicher Häresie), konnten sie vom Islam ebenfalls ikonisiert werden.

Das erste Kalifat der Umayyaden war an einer Konversion fremder Völker nicht interessiert gewesen. Kalif Umar hatte im 6. Jahrhundert sogar versucht, sie offiziell nur auf Araber zu beschränken, denn Konvertiten bedeuteten auch mehr Soldaten, unter denen man dann die Beute aufteilen musste, mehr Pensionen, die ausbezahlt werden mussten, und weniger Kopfsteuern, die man einziehen konnte. Einmal wurden in einer Region sogar bereits versprochene Steuererleichterungen widerrufen, weil einfach zu viele Bewohner konvertiert waren. Prompt folgte ein Aufstand. Das erste Islamische Kalifat endete im Jahr 750, zu Fall gebracht, weil es ihm nicht gelungen war, den Islam von der arabischen Kultur auf andere Kulturen zu übertragen. Das Nachfolgekalifat der Abbasiden war hingegen um Konvertiten ebenso bemüht wie um Wohlstand. Und kaum hatte es den nomadisch-arabischen Islam in den fruchtbaren Boden iranischer Kulturen eingepflanzt, begann eine neue Form des Glaubens Wurzeln zu schlagen und zu erblühen.

Iraner übernahmen von Arabern die Beduinendichtung, gestalteten sie jedoch nach ihrem eigenen Geschmack um und brachten damit neue poetische Formen hervor. Diese Dichtkunst selbst war zwar in arabischer Sprache, fand aber weit über deren Sprachgrenzen hinaus Anklang. Parallel dazu hatten viele Iraner begonnen, sich dem Studium des Islam und damit zugleich der arabischen Sprache zu widmen. Ein iranischer Religionsgelehrter pflegte Mitte des 9. Jahrhunderts aus dem Koran vorzutragen, indem er den Arabern zu seiner Rechten die Suren in arabischer Sprache und den Persern zu seiner Linken in persischer Sprache auslegte.

Iraner, die ja längst eine große Liebe zu Bildung und Literatur entwickelt hatten, studierten auch in den Madrasas und wandelten sich bald zu den bedeutendsten Schriftgelehrten des Kalifats. Zwei von ihnen, Ibn al-Muqaffa und Abd al-Hamid al-Lahiqi, wurden zudem Pioniere der arabischen Prosaliteratur. Iraner lebten in arabischen Gemeinden, so wie Araber in iranischen Gemeinden heimisch waren. Das Imperium begann bilingual zu werden, doch sein Fokus lag auf dem arabisch geschriebenen Wort, und zusammengehalten wurde es von der einen gemeinsamen Religion. Aber damit eine Religion des geschriebenen Wortes ihr Potenzial ausschöpfen konnte, bedurfte es des Papiers. Bis zum 15. Jahrhundert waren iranische Papiermacher schließlich in der Lage, Blätter von jeder beliebigen Größe, Dicke und Textur herzustellen.

Araber hatten den Islam unter dem Banner des Heiligen Krieges und der Eroberung verbreitet; Perser stellten sicher, dass sich dieser Glaube in den fremden Ländern auch akklimatisieren konnte. Ein genauerer Blick auf die großen persischen Gelehrten, Kommentatoren, Naturforscher, Erfinder und Kalligrafen im frühen islamischen Imperium wartet allerdings mit einer Überraschung auf: Diese Männer stammten gar nicht aus dem Westen Persiens oder aus Mesopotamien, wo der Islam erstmals auf das dahinscheidende Persische Reich gestoßen war, sondern von weiter her, nämlich aus dem fernen Osten Persiens, aus Khurasan und den Ländern südlich des Oxus bis Nordafghanistan. (Khurasan umschloss Teile des heutigen Afghanistan, Iran, Turkmenistan, Usbekistan und Tadschikistan.) Und während im Westen Persiens und dem Zweistromland die meisten Muslime Schiiten waren, herrschte weiter östlich der sunnitische Islam vor.

Die Städte Buchara und Nischapur brachten die beiden bedeutendsten Hadithensammler hervor, Muḥammad ibn Ismāīl al-Buchārī und Muslim ibn al-Ḥajjāj. Doch in ganz Khurasan studierten Gelehrte nun emsig das reine Hocharabisch und wurden schon bald ihres gesprochenen Koran-Arabisch wegen berühmt. Der Geograf Muḥammad ibn Aḥmad al-Muqaddasī erklärte im 10. Jahrhundert, dass die Khurasaner das reinste Arabisch sprächen, weil niemand es so gewissenhaft studierte wie sie. Den Annalen zufolge wurde das erste arabische Wörterbuch im 8. Jahrhundert in Khurasan geschrieben. Khurasan und Transoxanien stellten auch einen Großteil der Seiden, Felle, Textilien und Silberobjekte her, die auf den Märkten von Bagdad angeboten wurden. Die Anhänger von Zoroaster waren aus Zentralpersien in die Städte beider Regionen geflohen, aber auch arabische Neusiedler wurden von dem wachsenden Wohlstand und Wissen dort angezogen und brachten dann das Ihre in dieses neue Zeitalter der Gelehrsamkeit und des so überreichen Einfallsreichtums ein.

Auch die neupersische Sprache entwickelte sich durch die Praxis in diesen beiden Regionen. Geprägt wurde die junge Sprache zwar von persischen Dichtern, die viele Wörter aus dem Arabischen entlehnten, doch im Alltag gebräuchlich wurde sie im Osten des Kalifats, wo die Bevölkerung gemischter war. Khurasan war sozusagen die Fabrik der islamischen Zivilisation, und auch diese sprachliche Entwicklung dürfte in keiner anderen Region möglich gewesen sein. Denn nur in diesem östlichen Schmelztiegel konnte es problemlos funktionieren, dass Gelehrte und Literaten das Arabische als Schriftsprache übernahmen, während die Bevölkerung Persisch als Umgangssprache pflegte. Seit dem Sturz des Achämenidenreichs im 4. Jahrhundert v.d.Z. waren Iraner nicht mehr so geeint gewesen.

Diese junge muslimisch-persische Kultur nährte sich aber auch von anderen alten Kulturen. Es waren die chinesische Malerei und die manichäischen Schriften, die zur Entwicklung der persischen Miniaturen beitrugen. Entsprechende Malschulen schossen wie Pilze aus dem Boden, sei es in Herat, Schiras oder Täbris. Das neue islamische Kraftwerk sorgte überdies für eine ökumenischere Religion, welche die Menschen nicht nur durch Gewalt, Drohungen oder solche Verlockungen wie das Angebot von Steuererleichterungen, sondern auch durch Überzeugung für sich zu gewinnen verstand. Gegen Ende des 9. Jahrhunderts brachte das Imperium schließlich neue Krieger hervor, wild entschlossen, die Grenzen der islamischen Geografie auszudehnen. Doch selbst sie hatten mittlerweile eine Bildung genossen, die ihnen eine multikulturellere Vision vom Islam eingeprägt und die Vorstellung ermöglicht hatte, dass sich arabisches Wissen durchaus mit dem hellenistischen und iranischen verschmelzen ließ.

Die Madrasa, was »Ort des Studiums« oder schlicht »Schule« bedeutet, erblickte ebenfalls unter den Abbasiden in Khurasan und Transoxanien das Licht der Welt. Das Koranstudium, die islamische Theologie und das islamische Recht wurden im Abbasidenkalifat (das wie gesagt 750 das Umayyaden-Kalifat abgelöst hatte – die Schlacht am Talas war einer der ersten Siege der Abbasiden gewesen) zu gleichwertigen Elementen der religiösen Bildung. Muslimische Rechtsgelehrte gewannen immer mehr Ansehen in Zentralasien (noch heute besetzen sie im Iran jene Prüfungskommissionen, welche die demokratischeren Institutionen des Landes in eine schwierige Lage bringen). Erst um das 10. Jahrhundert begannen die Madrasas unabhängiger von den Moscheen zu werden. Bald wurden in allen Städten der Region nichtklerikale professionelle Vorleser ausgebildet, auf dass das Volk immer und überall dem Koran lauschen konnte – allein in der tadschikischen Stadt Khujand (Chudschand) gab es im 9. Jahrhundert bereits über siebzig Vorleser.

Im 10. Jahrhundert hielt der Geschichtsschreiber Muhammad ibn Isḥāq fest, dass das Papier aus Khurasan aus Leinpflanzen gefertigt wurde. Somit hätte es bereits damals mit dem besten zur Verfügung stehenden Papier aus China konkurrieren können.

Zum neuen Mäzen dieses Beschreibstoffes war der Islam bereits geworden, nun begann er auch die Kalligrafie zu einer hohen Kunst zu entwickeln. Die Perser hatten sowohl Pergament als auch Papyrus verwendet, Ersteres üblicherweise für Briefe und Dokumente. Aber die Sassaniden-Perser hatten sogar im eroberten Ägypten Papyrus verschmäht und lieber auf die Häute von Kühen, Schafen und Büffeln geschrieben. Für königliche Dokumente wurde neben Pergament auch parfümierte Seide verwendet, die dann in vielfarbigen Damasthüllen versiegelt überbracht und verwahrt wurde. Nahe dem Berg Mug in Tadschikistan haben sowjetische Wissenschaftler 1933 einen archäologischen Schatz von achthundert Briefen aus der Zeit gehoben. Die meisten waren in sogdischer Schrift auf Holz oder Seide geschrieben, einige wenige auch auf Pergament und chinesischem Papier. Aber das hatte man bald nicht mehr nötig, denn es sollte nicht lange dauern, bis Samarkand von seiner eigenen Papierindustrie profitieren konnte.

Ende des 10. Jahrhunderts notierte der gelehrte Bagdader Bibliograf und Buchhändler Ibn al-Nadīm, dass die Chinesen einen Stoff aus »einer Art von Gras« beschrieben und dieses Material inzwischen auch Samarkand hohe Einnahmen garantierte. Dann stellte er noch fest, dass die arabischen Papiermacher ihr Handwerk ursprünglich von den chinesischen Gefangenen in der Stadt gelernt hätten – und diese Behauptung wiederholte er in seinem großem Werk *Kitāb al-Fihrist*, einem Kompendium aller existierenden Bücher in arabischer Sprache (ein solches Werk hätte auch kaum unerwähnt lassen können, welcher Beschreibstoff der Buchkultur zu einem solchen Aufschwung verholfen hatte). Der Islam hatte das Schriftenbabel Zentralasiens auf vornehmlich eine Schrift reduziert (die arabische) und das Augenmerk auf vornehmlich ein Buch gelenkt (den Koran). Und mit dieser Fokussierung begann man sich nun in der gesamten islamischen Region erstmals professionell mit Büchern zu befassen. Die Fertigkeiten der Papierherstellung, Buchbindung, Illumination und Kalligrafie entwickelten sich zu Gottes eigenen Künsten.

Schafe grasen zwischen den Mauern und Gräben der alten, auf einem Plateau thronenden Stadt Marakanda, die vor über 2700 Jahren gegründet und 329 v. d. Z. von Alexander dem Großen erobert worden war. Seit den islamischen Feldzügen waren Araber und Turkvölker in so hoher Zahl dorthin gezogen, dass die Stadt, die so viele Künstler hervorbringen sollte, immer wohlhabender wurde. Von dem Marakanda-Plateau aus betrachtet, erstrahlt das darunter liegende Samarkand in einem warmen Licht. Grandiose Iwan-Bauten und Minarette ragen über der Stadtlandschaft auf. Sie stammen aus Timurs Zeiten, nachdem die Mongolen die alte Stadt zerstört hatten, und sind von einer fruchtbaren Landschaft umrahmt, die aussieht, als sei sie mit einem grünen Teppich ausgelegt (was nur Jahrhunderte der stetigen Bewässerung vollbringen können). Marakanda war von jeher eine Stadt der Gärten inmitten von Feldern gewesen. Auch die Papierherstellung braucht Wasser, und da es dort ausreichend vorhanden war und obendrein Flachs und Hanf in Hülle und Fülle wuchsen, war ihr eine blühende Papierindustrie garantiert. Neben Herat sollte Samarkand schließlich zum Zentrum der Produktion des Stoffes werden, dem in so hohem Maße die Konvertierung Zentralasiens zum Islam zu verdanken war.

Das neue Produkt verbreitete sich schnell. Schon im 8. Jahrhundert verwendete Persien Papier aus Khurasan, doch seine Herstellung war in Zentralasien nur die erste Stufe eines weit aufwendigeren Prozesses gewesen – der Produktion von Koranen, in deren physischer Schönheit sich die Gleichsetzung dieser heiligen Schrift mit einem »unerschaffenen« Gotteswort spiegelte. Sämtliche Normen hinsichtlich der Dimensionen, Illustrationen, Schriftgrößen, Schriftarten, Randgestaltungen, Überschriften und Miniaturen dieses Buches entwickelten sich aus dem Bedürfnis, die heilige Vision mit ihrer Darlegung auf den Seiten eines Buches zu harmonisieren, dessen Gestaltung von einer ganzen Armee aus Papiermachern, Kalligrafen, Ornamentmalern, Miniaturmalern und Buchbindern abhing. Iranische Papiermacher lernten Dutzende unterschiedlicher Papierarten in verschiedensten Größen, Dicken, Farben und Qualitäten herzustellen, die zwischen dem 13. und 16. Jahrhundert zum Besten zählten, was in islamischen Ländern produziert wurde.

Zentralasien hatte eine Kraft gefunden, die in der Lage war, die Region zu einen. Der Buddhismus hatte den Buchdruck jeder demonstrativen kalligrafischen Kunstfertigkeit vorgezogen; der Manichäismus befand sich bereits auf dem absteigenden Ast; und der Islam, der Arabisch mittlerweile zur einzigen Schriftsprache dieser Region erhoben hatte, begann sein Schwergewicht nun auf die Linienführung der Schriftzeichen dieser Sprache zu legen: Die von einem Pinsel oder einer Feder hinterlassenen Konturen sollten ebenso beredt sein wie die gesprochenen Laute, welche sie darstellten.

Das Ziel des islamischen Kalligrafen war es, wahrnehmbare Balance und Proportionalität herzustellen. Dabei konnte er sich für dicke oder dünne Linien und für breitere oder schmalere Zeichen entscheiden, konnte unterschiedliche Abstände zwischen den einzelnen Schriftzeichen und Wörtern lassen oder aus einer Bandbreite an sich überlappenden und ineinander verschlungenen Schreibstilen wählen. Einige Schriftarten waren gestochen scharf und kubisch, bei anderen bewegten sich die Zeichen so flüssig und biegsam wie Ballerinen über die Seite. Das leere Blatt Papier war das Medium für diese Schriftsprache, die Schrift selbst aber war der Kreativität des Kalligrafen untertan, und beides zusammen ermöglichte dem Künstler eine Vielfalt an stimmungsvollen Ausdrucksweisen. Da nimmt es nicht wunder, dass Schönheit nicht selten über Lesbarkeit triumphierte.

Die Kursivschrift Naskh (auch Nasch oder Naschi) wurde im 10. Jahrhundert standardisiert und breitete sich gen Osten aus, um schließlich auf Timurs Bauten aufzutauchen. (Später setzte sie sich auch im arabischen Buchdruck durch.) Im 12. Jahrhundert verwendeten die Kalligrafen oft zwei verschiedene Kursivschriften in ein und demselben Text, eine für das Wort des Koran und die andere für Kommentare, was dann in ganz Persien übernommen werden sollte. Auch der berühmte Kommentator Abu Bakr 'Atiq al-Sūrābādī aus Nischapur verwendete dieses System für seine farbenprächtigen Geschichten über die biblischen Figuren, die Eingang in den Koran gefunden hatten, wie zum Beispiel Adam, Noah oder Salomon. Der Islam hatte die Schriftgelehrten Zentralasiens nicht nur zur Adaption des arabisch geschriebenen Wortes bewogen, sondern sie auch davon überzeugt, es wie der Töpfer den Lehm in eine Kunst ihrer jeweils eigenen Welten zu verwandeln.

Häufig wurden Bücher doppelt signiert, einmal vom Kalligrafen und ein zweites Mal vom Illuminator, denn man empfand beider Schaffen als gleichermaßen bedeutend. Der Illuminator schmückte das erste und letzte Blatt eines Buches und gestaltete das Layout der Textseite und ihre Umrandung. In die Mitte des ersten Blattes malte er ein großes Medaillon für den Namen des Besitzers, über die gesamte Breite des Frontispizes auf dem zweiten Blatt eine bogenförmige Titelvignette und das *Bismillah*, die islamische Einleitungsformel »im Namen Gottes...«, mit der jede Sure des Koran beginnt, ausgenommen die neunte. Oft war dieses zweite Blatt noch mit einer königlichen Jagdszene oder einem labyrinthischen Muster geschmückt. Solche Frontispize waren Portale in die Welt des geschriebenen Wortes. Im Islam schrieb man nicht einfach Text auf Papier, man baute Bücher mit dem Blick des Architekten.

Blättert man weiter, wird man den Text üblicherweise mit einem goldenen und blauen Rahmen versehen, die Titel der einzelnen Kapitel als Vignetten dargestellt und die Seitenränder mit verschiedenen Mustern, Pflanzen, Landtieren, Vögeln, Arabesken und plastischen Malereien (Inkrustationen) verziert finden. Viele dieser Techniken stammten aus China, insbesondere die Aquarellierung, Marmorierung, Abtönung und Vergoldung. (Es sollte die adaptierte persische Marmorierungstechnik sein, mit der europäische Reisende im 17. Jahrhundert dann die Künstler ihrer Heimatländer bekannt machten.) Oft waren die Ränder auch mit Gold gesprenkelt oder blau, gelb, rot oder orange abgetönt worden. Derart eingerahmt, bewegten sich die Worte des Propheten über die Seite wie Schauspieler vor der gemalten Kulisse einer Bühne.

Auf den Seiten eines mittelalterlichen islamischen Buches gab es weder eine perspektivische noch eine Hell-Dunkel-Malerei (Chiaroscuro), deshalb begannen zentralasiatische Illuminatoren, die sich schließlich auch der Landschaftsmalerei annahmen, kräftig bei den Chinesen abzukupfern. Nachdem die Mongolen unter Dschingis Khan in den Zwanzigerjahren des 13. Jahrhunderts ihren Zug Richtung Westen fortgesetzt hatten, begann auch die chinesische Tuschmalerei, Asien gen Westen zu durchqueren. Die persischen Städte Schiras und Täbris und das westlich gelegene Bagdad entwickelten sich zu bedeutenden Zentren der Miniaturmalerei, und bis um das Jahr 1420 sollte es auch allein in Herat vierzig Meisterkalligrafen neben noch wesentlich zahlreicheren meisterlichen Handschriften- und Miniaturmalern geben.

Die Mongolen teilten ihr Reich in vier Segmente auf. Zentralasien bekam Tschagatai, Dschingis' zweitältester Sohn. In den Ländern unter seiner Herrschaft begannen die Kalligrafen, Illuminatoren und Buchbinder nun auch Korane ganz neuer Art zu erschaffen. Ein Exemplar zum Beispiel, das ein Geschenk an Khan Tschagatai gewesen war, maß rund 51 mal 71 Zentimeter, enthielt jedoch nur fünf Zeilen pro Seite, abwechselnd geschrieben in Schwarz und Gold.

Die Schule der Miniaturmalerei von Herat (im Nordwesten des heutigen Afghanistan) verwendete als Hintergrund sanfte, helle Töne im Kontrast zu den satten und glitzernden Farben der Gewänder, die die Figuren in ihren Bildern trugen. Im Laufe der Zeit wurde diese Malerei immer detaillierter, zu einer miniaturisierten Vielfalt exaktester Darstellungen, ohne dass jedoch etwas Einzelnes die Szenerie dominierte. Für Bücher aus Herat war man hohe Summen zu zahlen bereit, wiewohl sie »nur« aus Papier waren. Im 15. Jahrhundert wurde für eine aufwendige Kopie des persischen *Schāhnāmeh* – das epische »Buch der Könige« aus dem 11. Jahrhundert, an dessen Herstellung Kalligrafen, Illuminatoren, Randgestalter und Maler beteiligt gewesen waren – der enorme Preis von 42 450 Dinar gezahlt. Allein die Kosten für das chinesische Papier hatten sich auf 12 000 Dinar belaufen. Zum Geldwertvergleich: Der Grund und Boden, den der persische Mystiker und Hofdichter Nur ad-Din Jami nahe Herat besaß, erwirtschaftete einen jährlichen Umsatz von rund 100 000 Dinar; der Wert des Anwesens von Scheich Khwaja Ahrar, einem der reichsten Männer seiner Zeit, wurde auf 500 000 Dinar geschätzt.[3]

Im späten 14. Jahrhundert begann Timur immer mehr Kalligrafen und Buchmaler in seine neue Hauptstadt Samarkand zu locken, in der mit der Papierherstellung für die Region begonnen worden war. Sie entwickelten die neue Schreibschrift *Nastaliq* und machten sie zum Medium für persische Dichtung, während die Illustrationen kleiner wurden und weniger mit Details überfrachtet waren. Parallel dazu begannen Kalligrafen in Herat die Bogen und Linien der arabischen Schriftzeichen zu verlängern und wegen des schrägen Zuschnitts ihrer Rohrfedern auch zu verdicken (Füllfedern waren im 10. Jahrhundert in Ägypten entwickelt worden, hatten in Persien oder Zentralasien aber keinen Anklang gefunden). Manchmal setzten sie sogar Découpage-Techniken ein, das heißt, sie schnitten Buchstaben aus Papier aus und klebten sie zu einem Text auf einem Blatt zusammen.

Diese geradezu obsessive Liebe zu den unterschiedlichsten Schreibstilen auf unterschiedlich ausgeschmückten Papierblättern trug eine Menge dazu bei, dass der Islam die Region für sich gewinnen konnte. Es gab zwar wie gesagt auch erzwungene Übertritte zum Islam, jedenfalls insofern, als für Konversionen Steuervergünstigungen oder feste Arbeitsplätze versprochen wurden, und es sollte auch noch Jahre dauern, bis die gesamte Bevölkerung bekehrt war und der Islam sich schließlich von einem arabischen Import in eine Weltreligion verwandeln konnte. Doch lokal hatten die Gelehrten aus Ostpersien und Khurasan den Glauben inzwischen fest verankert, und grundlegend beigetragen dazu hatten vor allem die Kalligrafen und Illuminatoren, Papierhersteller und Buchbinder, die dessen heiliges Buch mit Farben, Bildern und Ornamenten verschönerten. Dank ihres Wirkens wurde das allgemeine Interesse an Korantexten und Kommentaren so gesteigert, dass das Buch schließlich in den Fokus der Hochkultur dieser ganzen Region rückte. Es wurde zu einem Kunstobjekt, welches den neuen Glauben mit einem Maß an Schönheit umgab, das ihm nicht mehr nur seiner Inhalte, sondern auch seiner physischen Gestalt wegen so viele Bewunderer bescherte.

Nachweise für diese timuridische Liebe zum geschriebenen und zugleich schönen Wort haben allerdings im Wesentlichen auf Stein und nicht auf Papier überlebt. Letztendlich *waren* die Bauten dieser Ära Bücher. Und sie zierten die Landschaften des Timuriden-Reichs in Zentralasien nicht nur, sie brachten auch alle möglichen architektonischen Neuerungen mit sich, darunter zum Beispiel die Trompe (den typisch persischen Bogen, eine nischenartige Wölbung zwischen zwei rechtwinklig zueinander stehenden Mauern, durch die das Gewicht einer Kuppel in einen quadratischen Grundriss übergeleitet werden kann). Das alte Samarkand ist das erhaltene Paradestück dieser timuridischen Baukunst – ein ganzes Aufgebot an Rippenkuppeln, geometrischen Mustern, Arabesken, Minaretten, Suren auf Lehmziegeln und Kacheln, Iwanen, Portalen, *Mihrabs* (gen Mekka gerichtete Gebetsnischen), Kraggewölben, Innenhöfen, Pishtaq-Fassaden, silbernen Furnieren, Reliefs, Lapislazuli, Gold und islamischer Kalligrafie in arabischer Sprache auf Stein und Kachel. Vieles davon war zuerst auf Papier entworfen worden – es war ein ganzer Strom an Ornamenten, der vom Papier auf die Gemäuer überfloss. Selbst später noch, und weitab von ihrer Herkunftsregion, übten diese Elemente Einfluss aus, zum Beispiel auf das von Timurs Enkel Babur gegründete Mogulreich, dessen Dynastie in ganz Rajasthan grandiose Bauten in den Traditionen errichtete, die in Zentralasien begründet worden waren. Doch es ist die Stadt Herat, die für sich in Anspruch nehmen konnte, den Koran auf wundervollste Weise in Stein, Lehm und Kacheln zum Ausdruck gebracht zu haben.

Die Häuser von Herat drängen sich rechts und links der breiten Straßen, die von der Freitagsmoschee hinaus bis auf die Felder führen. Rund um die Moschee reihen sich Läden für Stoffe, Grabsteine, Teppiche, Burkas, Kleidung und Gewehre aneinander, Straßenhändler verkaufen Säfte, Schuhe oder Shampoo. Doch das Mausoleum von Agha Gauhar Shad, der Gemahlin eines Timuriden-Herrschers und Persiens großer Kunstförderin, steht am Rand der Stadt in einem vertrockneten Garten und ist in einem erbärmlichen Zustand. Die Kuppel hat fast alle Farbe verloren, lässt ihre einstige Glorie aber noch erahnen. Auch im Doppeloktogon ihres Inneren übertragen Trompen das Gewicht auf quadratische Sockel. Fünf der einst neun Minarette des zerstörten angeschlossenen Madrasa- und Musallakomplexes stehen noch, wenn auch schief und krumm. (Die anderen vier wurden 1885 gestürzt, als die Afghanen sich auf ihren Kampf gegen die Perser und Russen vorbereitet hatten – es war die einsame Tat eines britischen Generals gewesen, der dem Befehl seiner Vorgesetzten zuwiderhandelte.)

Gauhar Shad hatte die Timuriden-Hauptstadt 1405 von Samarkand nach Herat verlegt. Und unter ihrem Patronat sollte dann nicht nur die persische Kultur, sondern auch die persische Sprache dort zu neuer Blüte gelangen. Bis heute ist Herat eine Stadt, die zwischen dem Iran und Zentralasien gefangen ist, wiewohl ihre mehrheitlich persische Bevölkerung seit rund hundertfünfzig Jahren unter afghanischer Herrschaft steht. Ihre kulturelle Vielfalt spiegelt sich aber nicht nur in den Gesichtern und Bärten ihrer Einwohner, sondern vor allem in dem großen Bau in ihrem Zentrum, der Freitagsmoschee.

Der Innenhof ist mit großen weißen Steinplatten ausgelegt, die im Verbund mit den Arkaden eine Atmosphäre heiterer Ruhe verbreiten und damit in starkem Kontrast zu den lebendigen, reichen Verzierungen auf den Pishtaqs und Iwanen stehen. Der zentrale, vom Innenhof aus begehbare Iwan hat eine fast doppelt so hohe Fassade wie die dreibogigen Arkaden rechts und links von ihm, allein seine marmornen Sockelpaneele sind 1,50 Meter hoch. Seine Vertäfelung bildet zusammen mit den Rahmen der Bogengänge ein vielfältiges Mosaikmuster aus Blattwerk, geometrischen Formen und Medaillons – die Komposition wirkt wie ein pointillistisches Gemälde aus blauen und grünen Farbtönen mit gelegentlichen mattgelben Tupfern. Ein breites Schriftband zieht sich zu beiden Seiten über die gesamte obere Länge der Bogengänge hinweg, die weißen Zeichen auf blauem Hintergrund zu verwirbelten Formen verschlungen, als stammten sie von Jackson Pollock. Andere Schriften füllen weiß auf blau aufragend die säulenartig schmalen Wände zwischen den Arkadenbogen und umrahmen den Haupt-Iwan, während über dem West-Iwan eine ockerfarbene kufische Schrift tänzelt. Auf dem gesamten Bauwerk sind Kunst und Kalligrafie ineinander verwoben, das eine, um das jeweils andere in seiner Schönheit zu bekräftigen.

Die ebenso anmutig wie kompliziert ausgeschmückte Moschee schimmert türkis in der Mittagshitze. Auch bei ihr erinnern die vielen unterschiedlichen Schriftbänder auf dem Mauerwerk daran, dass sie Teil einer ganz Eurasien umspannenden Zivilisation war, die auf einem einzigen Buch beruhte. In der Geschichte des Papiers zählen solche Monumente zu den fesselndsten Relikten aus einem Zeitalter, zu dem wir anderenfalls wohl nur noch schwer Zugang fänden oder das wir uns sonst kaum vorstellen könnten. Die Moscheen und Madrasas von Zentralasien stehen jedoch weniger für den nächsten Schritt auf der Reise des Papiers (da sie ja größtenteils erst Jahrhunderte nach dem ersten Transfer des Wissens um die Papierherstellung in diese Region errichtet

*Abb. 13 Die Front der Freitagsmoschee in Herat. Hier wurde der timuridische Monumentalismus am erfolgreichsten einer persischen Ästhetik unterworfen. Die zurückhaltende Form lässt das Gebäude eher schweben als emporragen und lenkt den Blick auf die eleganten Portale, Tormosaike und das verschlungene Blattwerkmosaik der oberen Paneele. Entscheidend für die Errichtung solcher Gebäude waren der architektonische Entwurf und die Berechnung der Geometrien auf Papier.*

wurden), sondern sind vielmehr Zeugen für die vielleicht schönste Blüte der zweiten großen Partnerkultur des Papiers – museale Exponate, die uns den Blick zurück auf das Zeitalter gewähren, in dem Papier diese Region revolutioniert hatte. Papier war nicht nur der Beschreibstoff für die Suren des Koran gewesen, mit denen dann die Mauern und Bogen von Gebäuden geschmückt wurden, sondern auch für die Zeichnungen und mathematischen Berechnungen, die diese Bauten erst möglich machten, und für die Entwürfe der geometrischen Muster und Arabesken, die dazu beitrugen, dass sie bis heute zu den schönsten Monumenten der Welt zählen.

Im timuridischen Zentralasien ergoss sich die Schrift, Geometrie und Kunst vom Papierblatt auf Bauwerke, die bis heute überlebt haben. Papier, das preiswerter und vielseitiger zu verwenden war als alle vorangegangenen Beschreibstoffe, ermöglichte den Kalligrafen und Malern sehr viel freiere Experimente und gestattete ihnen, sich neben der Botschaft eines Textes auch auf dessen Form, Ausschmückung und Bebilderung zu konzentrieren. Die Papierblätter, auf denen die meisten dieser Experimente gemacht wurden, sind mit der Zeit verloren gegangen oder zerfallen, aber die Entscheidung, das Resultat solcher Experimente auf die schönsten Gebäude des Imperiums zu transferieren, hat uns das faszinierende Erbe erhalten. Und diese Monumente sind ein entscheidender Nachweis, dass die Reise des Papiers von Westchina bis ans Mittelmeer eine im Wesentlichen islamische Geschichte gewesen war. Daher wäre es auch unmöglich, den Spuren dieser Reise zu folgen, ohne uns dem einen Buch zuzuwenden, dem dies alles zu verdanken ist, und dem einen Mann, der dessen Autor gewesen war, oder den vielen Gelehrten und Herrschern, die dessen Inhalt finalisiert haben.

Der Koran begann sein Dasein als die ungeschriebene Rezitation einer stolzen Kultur der mündlichen Überlieferung. Und doch begründete er eine Zivilisation, die ganz Eurasien umspannen und Bücher – Papier – zum Kern ihres Daseins machen sollte. Sie weitete die Alphabetisierung bis auf die unteren sozialen Schichten aus, förderte die Künste, trieb die Naturforschung zu bislang ungeahnten Höhen und machte eine gewaltige Papierokratie zum Werkzeug ihrer Herrschaft. Kein einziges anderes Buch hat jemals zur Entwicklung einer solchen Buchgelehrtheit im kontinentalen Maßstab beflügelt – all das initiiert von einem Autor, der sich höchst unwohl bei dem Gedanken gefühlt hatte, seine Lehren schriftlich darzulegen.

Im Nachhinein betrachtet erscheint einem diese Partnerschaft, die das Papier mit dem Islam einging, geradezu unumgänglich.

Papier ermöglichte es dem Koran, weite Distanzen zurückzulegen und sich in so weit voneinander entfernten Städten wie dem spanischen Córdoba und dem indischen Delhi niederzulassen. Doch damit der Islam auch die Jahrhunderte überdauern konnte, war eine Legitimation von Bestand nötig, und die bot ihm sein heiliges Buch. Es dürfte niemandem schwerfallen, zu erkennen, wie förderlich Papier dem Erfolg des Islam und seiner Offenbarungsschrift, dem Koran, gewesen war.

Doch das können *wir* erkennen, die wir mit unseren vom Lesen ermüdeten Augen auf diese Geschichte zurückblicken. Das Arabien des 6. Jahrhunderts, in das Mohammed hineingeboren wurde, war Büchern nicht besonders verbunden gewesen. Die Angehörigen einer Kultur vorrangig mündlicher Überlieferungen erfreuten sich in den Mußestunden ihres Lebens auf stetiger Wanderschaft an vorgetragener Dichtkunst. Da verwundert es nicht, dass Mohammed – der vermutlich weder lesen noch schreiben konnte – am Sinn und Zweck von schriftlichen Aufzeichnungen zweifelte. Wäre diese nüchterne Haltung gegenüber dem geschriebenen Wort geblieben, hätte das Papier auf seiner Reise einen völlig anderen Kurs eingeschlagen. Und es hätte mit Sicherheit sehr viel länger gedauert, bis es sich auch jenseits von Großchina durchgesetzt hätte.

In China waren schriftliche Aufzeichnungen schon Jahrhunderte vor der Ankunft des Papiers eine tragende Säule der Kultur gewesen. Deshalb hatte dieser neue Stoff auch die Chance, Ansehen zu gewinnen, sobald die chinesischen Literaten einen weniger erhabenen Beschreibstoff als die gewohnte Seide und den üblichen Bambus akzeptiert hatten. Weit weniger naheliegend war, dass sich ein arabischer Glaube mit dem Papier verbünden und diesem Stoff damit zu seinem endgültigen weltweiten Siegeszug verhelfen würde. Im Rückblick lässt sich leicht übersehen, *wie* unwahrscheinlich der Gang dieser Dinge tatsächlich gewesen war.

11

# Ein neues Buch

Er überließ sein Wissen einem Stück Papier und vergeudete es.
Wehe dem Mann, der Wissen allein dem Papier anvertraut.
IBN 'ABD AL-BARR (11. Jahrhundert)¹

Alles begann damit, dass Zaid ibn Thābit von seinem Herrn angewiesen wurde, ein paar Konsonanten in den Schulterblattknochen eines Kamels zu ritzen.

Zaids Herr war vermutlich Analphabet. Ihrer beider Heimatort war eine Oase auf der Handelsroute, die vom Jemen über Palästina ins Zweistromland führte. Zu Zaids Lebzeiten (612–659) waren Pferd und Esel, einst die beliebtesten Lasttiere Vorderasiens und Nordafrikas, bereits vom Kamel abgelöst worden. Und weil Zaids arabischer Stamm viele Kamele besaß, kontrollierte er auch immer mehr Handelswege. Doch sein Herr Muhammad ibn Abd Allāh ibn Abd al-Muttalib ibn Hāschim ibn Abd Manāf al-Quraschī hatte das Interesse an einer Karriere als Händler verloren, seit er den Aufstieg von Kaufleuten eines ganz neuen Schlages in der Oase beobachtet hatte, die offenbar bereit waren, guter Geschäfte wegen alle alten Werte über den Haufen zu werfen. Selbstsucht und Ungerechtigkeiten waren ihm zuwider.

Mohammed wurde um das Jahr 570 geboren. Je älter er wurde, desto überzeugter war er, dass Gott die Völker Arabiens nicht einfach sich selbst überlassen würde. Er gehörte dem Stamm der Quraisch an, der über Mekka herrschte und auch den Schlüssel zur dortigen Ka'aba verwahrte, jenem kubischen Granitbau, zu dem die Gläubigen alljährlich von überallher auf der Arabischen Halbinsel pilgerten, weil er das »Haus« Gottes war, in dessen Mitte Himmel und Erde sich kreuzten und dessen Fundamente der Überlieferung nach von Abraham und seinem Sohn Ismael gelegt worden waren. Jedenfalls hat der »Schwarze Stein«, der in der Ostecke der Ka'aba eingelassen ist – er soll aus der Frühzeit des altarabischen Steinkults stammen und ist alles, was von den ältesten Elementen dieser Kultstätte für viele Götter erhalten blieb –, schon Jahrhunderte vor Mohammeds Geburt Pilger angezogen. Bis zu seinen Lebzeiten hatte sich die Ka'aba zwar bereits zum Heiligtum des Einen Gottes gewandelt, aber das konnte den Mann, der nicht nur jüdische Gemeinschaften und ihren Glauben kannte, sondern vermutlich auch christlichen Mönchen und Wanderpredigern begegnet war, nicht zufriedenstellen: Das Volk der Juden und das Christentum hatten ihre biblischen Propheten, die Perser hatten ihren Propheten Zoroaster... warum hatten die Araber keinen?

Wie all seine Zeitgenossen aus der Region war natürlich auch Mohammed schon zur Ka'aba gepilgert, aber besonders liebte er es, sich in eine Höhle am Berg Ḥirā nahe Mekka zurückzuziehen, um dort zu meditieren und der Stadt zu entkommen. Nach einem dieser Rückzüge in die Einsamkeit sollte sich sein Leben, das seines Stammes und schließlich auch das auf der gesamten Arabischen Halbinsel verändern. Denn diesmal war ihm der Erzengel Gabriel in der Höhle erschienen:

»Lies!«

»Ich kann nicht lesen«, antwortete Mohammed.

»Lies im Namen deines Herrn, der erschuf. Er schuf den Menschen aus einem haftenden Tropfen. Lies, und dein Herr ist der Großzügigste, der lehrte mit dem Schreibrohr, lehrte den Menschen, was er nicht wusste.«[2]

Aufgewühlt eilte Mohammed heim zu seiner Frau Khadīja. Die Kauffrau hatte den fünfzehn Jahre jüngeren Mohammed einst damit beauftragt, ihre Karawanen zu führen, und war so beeindruckt gewesen von den Gewinnen, mit denen er zurückkehrte, und von dem Ansehen, das er überall genoss, dass sie ihm die Ehe angetragen hatte. Als er nun aufgeregt und verunsichert von seinem Erlebnis in der Höhle zu ihr zurückkehrte und sich fragte, ob er tatsächlich eine Botschaft von Gott erhalten habe, tröstete sie ihn: Er sei ein guter Stammesbruder, großzügig zu Gästen, fürsorglich gegenüber Schwachen und mildtätig gegenüber Notleidenden, deshalb könne die Botschaft nur von Gott gewesen sein. Khadīja wird als der »Mutter der Gläubigen« und somit erster Muslima gedacht.

Mohammed sollte sein ganzes weiteres Leben lang Offenbarungen erfahren. Drei Jahre nach dieser ersten in der Höhle begann er die neue Botschaft zu verkünden und Anhänger um sich zu scharen, die der islamischen Überlieferung nach ihrerseits bald schon seine Worte aufzuschreiben begannen: auf Kamel-, Schafs- und Eselsknochen, auf Tonscherben und weiße Steine, auf Leder, Dattelpalmblätter, Pergament, Papyrus und Holz. Islamische Historiker haben Mohammed traditionell als schreibunkundig dargestellt und damit das Ihre zum Wundersamen der Offenbarung des Koran beigetragen. Mit Sicherheit *hat* Mohammed sich der »Sekretäre« bedient, doch entscheidender war, dass der Koran als ein anwachsender Fundus von Mohammeds Predigten das Licht der Welt erblickte, an denen seine Anhänger in Mekka ihr Leben ausrichten sollten und die zu rezitieren sie angehalten waren. Zu dieser Zeit haben noch viele Araber dem geschriebenen Wort misstraut, denn ihre Dichter waren Meister des gesprochenen Wortes. Wo immer sie sich im Laufe eines Jahres auf der Arabischen Halbinsel zu Festen zusammenfanden, wurden Dichterwettbewerbe veranstaltet. Auch Mohammed soll bei solchen Ereignissen anwesend gewesen sein, wenngleich nicht als Teilnehmer.

Selbst heute noch erfahren die meisten Muslime den Koran in erster Linie als eine rezitierte und weniger als eine zu Papier gebrachte heilige Schrift. Alle wichtigen Momente im Leben eines Gläubigen werden von Koranlesungen begleitet – der Koran ist eher eine Partitur, die zur Aufführung gebracht wird, als ein Buch, das ein jeder still für sich liest. In der Rezitation wird die Stimme des Propheten wieder lebendig. Und wiewohl Mohammed selbst nur zögerlich der Niederschrift seiner Reden und Sprüche zugestimmt hatte, wurde der Koran zu *der* großen Anthologie von Prosagedichten aus dem 7. Jahrhundert – zu einem Buch, das sich den Gläubigen auf vielfältige Weise erfahrbar macht und sie ihrerseits dazu anregt, sich auszudrücken: Sehen, Fühlen, Hören, Sprechen.

Jedenfalls begründeten Mohammeds Offenbarungen ein ganzes Imperium, dessen Schriftkultur sich von Zentralasien bis nach Spanien ausbreitete. Lange bevor das Abendland Bücher zu drucken begann, hatte sich der Koran bereits einen geografisch einzigartigen Einflussbereich mit einem gewaltigen Hörer- und Leserkreis erobert. Seit der Neuzeit besitzt jedes muslimische Haus und jeder gläubige Muslim ein Exemplar des Koran, welcher seinerseits zu einem Dutzend gelehrter Disziplinen anregte, darunter beispielsweise zur Lexikografie und Grammatik, und dessen Schicksal untrennbar mit dem des Papierblatts verbunden war. Papier wurde *das* Medium des islamischen Imperiums, das es mit der Größe eines jeden vorangegangenen Großreichs aufnehmen konnte – nur mit dem Unterschied, dass es von arabischen Kaufleuten begründet wurde. Sie waren es, die den Koran in einen Magneten verwandelten, der ganze Völker in seinen Bann zog und um den sich eine völlig neue Kultur und Glaubensgemeinschaft heranbildete.

Der Einfluss, den der Koran auf die Geschichte des Papiers nahm, ist wirklich außergewöhnlich. Obwohl er das Licht der Welt als eine Rezitation in einer Gemeinschaft von größtenteils analphabetischen urbanen oder nomadischen Arabern erblickte, die mündlich vorgetragenen Dichtungen dem geschriebenen Wort vorzogen, waren sie es, die diese Rezitationen dann zu Papier brachten und damit dem Buch aus Papier als solchem zu Ansehen verhalfen. Gelehrte Schriften, Bücher, wurden zu einem zentralen Aspekt der arabischen und islamischen Kultur, und es waren ihre Kalifen und Verwalter, die diese Buchkultur in allen Ländern des islamischen Herrschaftsgebiets verbreiteten, das von den Grenzen Chinas im Osten bis zum Maghreb im Westen und schließlich auch in den iberischen Süden Europas reichte. Ganze Völker, die Tausende Meilen voneinander entfernt lebten, wurden durch die Lektüre der gleichen Bücher geprägt und von einer Verwaltung gelenkt, die das Imperium ihrerseits mithilfe von schriftlichen Erlassen regierte und dabei eine immer längere Spur an Dokumenten – seit dem 9. Jahrhundert auf Papier – hinterließ. Und diese Entwicklung, die immer globalere Ausmaße annehmen sollte, hatte mit der Niederschrift des Koran eingesetzt.

Im Jahr 622 beschloss Mohammed, nach Medina (das damalige Yathrib) »auszuwandern«, wo es ihm gelang, die mit ihm mitgezogenen Stammesleute und ihre Gastgemeinde zu einer geeinten Gemeinschaft von Gläubigen zu verschweißen, der er seine Offenbarungen – das »Seil Allahs« (Sure 3, 103) – mündlich übermittelte und die ihn als das Sprachrohr Gottes betrachteten, weil er das Wort unmittelbar vom Erzengel Gabriel empfing.

Diese orale Sequenz ist ein entscheidender Punkt, um zu verstehen, weshalb Mohammeds neue Lehre einen so unverbrüchlichen Verbündeten im Papier finden konnte. Eine der größten Überraschungen in der Geschichte des Papiers ist, dass der Glaube einer zersplitterten Stammesgesellschaft, deren Angehörige meist Analphabeten waren, sich schließlich zu einer Religion entwickeln konnte, die auf einem einzigen Buch und dem ausgiebigen Studium dieses Buches beruht. Der Prozess, bis das Prinzip Bildung zu einem zentralen Element im Leben einer Gemeinschaft werden kann, ist nie einfach nachzuvollziehen, aber noch komplizierter wird es, wenn es sich dabei um eine Gemeinschaft wie

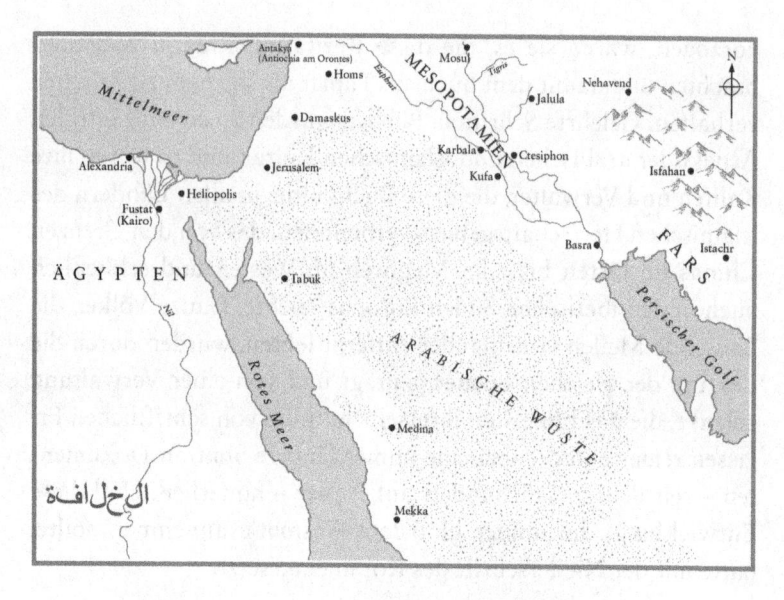

*Abb. 14: Die Städte des expandierenden
Umayyadenkalifats, Mitte des 7. Jahrhunderts n.d.Z.*

die Mohammeds handelte, in der Bildung und Analphabetentum koexistierten, auf die religiöse Einflüsse aus dem Inneren wie von außen einströmten und die nicht einmal eine gemeinsame Sprache hatte, sondern in vielen Zungen redete.

Vor dem Koran hatte es bestenfalls die Anfänge eines nennenswerten arabischen Schrifttums gegeben, auf das die Forschung zurückgreifen kann. Doch Echos von oder Parallelen zu nichtarabischen Kulturen lassen sich auch im Koran selbst finden. Einige Koranforscher haben in der islamischen Hedschra – der »Auswanderung« Mohammeds und seiner Anhänger von Mekka nach Medina – Anlehnungen an die jüdische Geschichte vom Exodus gesehen; das islamische Glaubensbekenntnis, »Es gibt keinen Gott außer Allah«, erinnert an die alte Bekenntnisformel der israelitischen Samaritaner: »Es gibt keinen Gott außer Einem«[3]; in der Feststellung des Koran, dass Jesus »abberufen« worden sei, jedoch nicht am Kreuz starb, spiegeln sich die Lehren der frühchristlichen doketistischen Häresie; einige Geschichten aus dem Koran finden sich auch in den frühen rabbinischen Textauslegungen des Judentums, dem Midrasch, sowie in den jüdischen Apokryphen und in der Genesis; und auch aus den christlichen Evangelien und Apokryphen scheint er eine Menge übernommen zu haben, wiewohl Sidney H. Griffith, ein führender amerikanischer Historiker der semitischen und frühchristlichen Geschichte, nachgewiesen hat, dass die in aramäischer, hebräischer und griechischer Sprache verfassten biblischen Testamente vor dem Aufstieg des Islam nie ins Arabische übersetzt worden waren[4]. Nach den Erkenntnissen des Philologen und Koranforschers Christoph Luxenberg haben vor allem syro-aramäische Einflüsse auf den Koran eingewirkt (so spiegelten sich beispielsweise in vielen Suren syrisch-christliche Hymnen aus dem 5. und 6. Jahrhundert[5]). Letzthin ist das nicht überraschend, denn in allen Schriften kommen Kontakte und Gespräche zum Ausdruck, die über die Grenzen und Glaubensweisen von Kulturen hinweg bestanden und stattgefunden haben. Der Koran nimmt ja sogar selbst Bezug auf andere Schriften – auf den hebräischen Tanach zum Beispiel: »Wahrlich... Wir gaben David einen Psalm« (4, 163) – und geht dabei wie selbstverständlich davon aus, dass die Menschen, an die er sich richtete, vertraut waren mit den Geschichten aus den heiligen jüdischen und christlichen Schriften. Der Erzengel Gabriel, der in der Hebräischen Bibel wie im Neuen Testament vorkommt, wurde an keiner Stelle im Koran als Engel identifiziert, von Muslimen aber dennoch eindeutig als solcher verstanden.

Jede Glaubensschrift ist in gewissen Maßen empfänglich für die Einflüsse anderer Kulturen und Traditionen. Doch islamischen Gelehrten war der Gedanke, dass der Koran von vorislamischen menschlichen Handels- und Denkweisen beeinflusst wurde, von jeher unwillkommen gewesen. Denn die Vorstellung, dass diese Heilige Schrift in irgendeinem entscheidenden historischen oder literarischen Kontext zu stellen sein könnte, ist nach islamischer

Sicht höchst problematisch, da sie ja als die einzigartige und von allem unabhängige Offenbarung Gottes betrachtet wird. Eine solche Einstellung hat die ungehinderte Erforschung der Geschichte und Ursprünge des Koran natürlich ungemein erschwert.

Nichtsdestotrotz beschlossen um 1930 zwei Orientalisten und Philologen für semitische Sprachen, der Australier Arthur Jeffrey von der Columbia University in New York und der Deutsche Gotthelf Bergsträßer, eine kritische Koranexegese vorzubereiten und sich anhand von Referenzen in der gesamten arabischen Literatur mit der Entstehung des Textes und seinen unterschiedlichen exegetischen Lesarten zu befassen. Sie begaben sich auf Reisen, um die frühesten erhaltenen Koranhandschriften in Augenschein zu nehmen, und kehrten mit rund fünfzehntausend Fotografien von ihnen und frühen Hinweisen auf abweichende Lesarten zurück. Bergsträßer, ein entschiedener Gegner des Nationalsozialismus, kam jedoch 1933 unter ungeklärten Umständen bei einer Bergtour am Watzmann ums Leben (ein ägyptischer Akademiker gab offen den Nazis die Schuld an seinem Tod).

Otto Pretzl, ein einstiger Schüler und enger Mitarbeiter Bergsträßers, wurde nach dessen Tod von der Bayerischen Akademie der Wissenschaften mit der Fortsetzung des Koranprojekts betraut. Er war bereits weit vorangekommen mit seinen Studien, als er 1941 bei einem Flugzeugabsturz ums Leben kam. 1946 erklärte Jeffrey bei einem Vortrag in Jerusalem, dass das gesamte Fotoarchiv bei einem Bombenangriff auf München zerstört worden sei und es nun deshalb wohl Generationen dauern werde, bis eine kritische Studie verfasst werden könne. Jeffrey starb 1959. In den Siebzigerjahren bestätigte der Orientalist Anton Spitaler, Pretzls einstiger Kollege an der Münchner Universität, dass die Sammlung vernichtet worden sei. (Vermutlich war es auch Spitaler gewesen, der Jeffrey ursprünglich davon in Kenntnis gesetzt hatte.)

Somit schien dieses Projekt ein Ende gefunden zu haben, zumindest, bis eine neue Forschergeneration erneut Zugang zu den vielen Originalmaterialien bekäme, sofern dafür überhaupt noch einmal Gelder bewilligt würden und genügend politischer Wille aufzubringen wäre. Doch nachdem Spitaler 1978 emeritiert worden war, stellte sich heraus, dass die vierhundertfünfzig Filmrollen überlebt und Spitaler sie seiner ehemaligen Studentin Angelika Neuwirth anvertraut hatte. Sie wurden schließlich zur Grundlage des 2007 begründeten Forschungsprojekts *Corpus Coranicum* der Berlin-Brandenburgischen Akademie der Wissenschaften, das auf achtzehn Jahre angelegt ist und sämtliche Fotografien von den ältesten Koranhandschriften der Welt katalogisieren und digitalisieren will.[6] Auch bei diesem Projekt spielt Intertextualität die Schlüsselrolle – die Beziehungen zwischen dem Koran und den Schriften, die ihn beeinflusst haben könnten. Michael Marx, der Arbeitsstellenleiter des Projekts, betrachtet es als den Versuch der Kartierung des frühesten Koran. »Wir hoffen, diese ungezähmte Bestie Koranforschung damit zügeln zu können«, erklärte er. »Wir wollen die Textgeschichte des Koran aufzeigen, so wie man es bei der Bibel, bei Shakespeare und bei Goethe gemacht hat.«

Es gibt eine Menge Hinweise für dynamische Beziehungen zwischen dem Koran und anderen Schriften, beziehungsweise dem Islam und anderen Religionen und Kulturen. Immerhin hatte man ja auch vor dem Islam schon Pilgerreisen nach Mekka angetreten, wo es unter anderem auch ein christliches Kultobjekt in der Ka'aba gegeben hatte, lange bevor sie zur heiligsten Stätte des Islam wurde.

Einige Elemente aus älteren Glauben adaptierte der Koran, andere lehnte er selbstbewusst ab. Das heißt, manchmal stimmt er mit jüdischen und christlichen Schriften überein, an anderen Stellen hingegen integriert er Elemente aus der Genesis oder den Evangelien nicht, um die alten Darstellungen neu aufzubereiten, sondern nur, um sich gegen sie zu positionieren. Zum Beispiel heißt es zu Beginn des Kindheitsevangeliums des Thomas (einem apokryphen Evangelium aus dem 2. Jahrhundert): »Jesus knetet Spatzen aus Lehm und erweckt sie zum Leben.« Damit wird bereits die Göttlichkeit des Kindes Jesus nahegelegt (was christliche Kanoniker ablehnen). Für den Koran, der ja jede Göttlichkeit Jesu bestreitet, griff man diese Aussage heraus, um zu erklären, dass Jesus Vögeln aus Lehm nur deshalb Leben einhauchen konnte, weil Gott ihm in diesem einen Augenblick die Kraft dazu verliehen habe (Sure 5, 110). Und damit war die christliche Lehre bewusst in ihr Gegenteil verkehrt worden.

Auch bekannte theologische Formeln wie zum Beispiel eine alte syrisch-christliche Variante nahm man sich nur vor, um ihre ursprüngliche Bedeutung umzuinterpretieren. Im Koran steht: »Er ist Allah, der Einzige; Allah, der Unabhängige und von allen Angeflehte. Er zeugt nicht und ward nicht gezeugt...« (Sure 112, 1–3). Auf Grundlage dieser Lehre lehnte der Islam nicht nur die Göttlichkeit Jesu ab, sondern auch die Möglichkeit, dass Gott jemals Fleisch würde. Was nun die literarische Form des Koran betrifft, ist er jedoch weder ein Erbe des jüdischen Tanach noch der christlichen Evangelien oder Briefe im Neuen Testament, sondern etwas radikal anderes. Ungeachtet all dessen, was er sich mit dem Judentum und Christentum teilt, stellt er nicht bloß eine Neukalibrierung ihrer Theologien dar. Michael Marx findet, dass die Novität des Islam oft verloren geht im historischen Vergleich: »Der Islam ist nicht das neunundneunzigste apokryphe Evangelium, er ist etwas Neues. Da gibt es einen Propheten mit einer ganz anderen Idee, der vor dem Hintergrund der Kirchengeschichte und Kulte im späten Altertum eine völlig neue Theologie aufzustellen beginnt.«

Und dieser Hintergrund barg eine Menge, auf das dieser neue Glaube reagieren konnte – nicht nur die blühenden syrisch-christlichen Gemeinden im Osten der heutigen Türkei, dem Zweistromland und Arabien, sondern auch die großen jüdischen Gemeinden auf der Arabischen Halbinsel sowie diverse pagane Kulte, manichäische Gemeinden und noch manch andere Glaubensgruppe. Erhaltene Inschriften aus dem Jemen, der von jeher von Juden besiedelt gewesen war, bezeugen zum Beispiel, dass auch die Könige von Himyar einen Monotheismus angenommen hatten, wenngleich meist die nötigen Details fehlen, um auch den Nachweis erbringen zu können, dass es sich dabei ausschließlich um die jüdische Glaubenspraxis gehandelt hatte. Jedenfalls zählte all das zu dem Kontext, in dem Araber, die vom Judentum und dem syrischen Christentum und ihren vielen Schriften wussten, die Suche nach einer eigenen religiösen Identität antraten – der es dann jedoch noch deutlich an solchen identitätsstiftenden Merkmalen wie einer wohl durchdachten Gotteslehre und einem allgemein akzeptierten Schriftenkorpus mangelte, wie sie das Judentum und das Christentum vorzuweisen hatten. In Anbetracht dessen wäre es leicht vorstellbar, dass Christen und Juden von den Anhängern der neuen Lehre Mohammeds wissen wollten, weshalb sie nicht über eigenen Schriften verfügten.

So gesehen spielen die Beziehungen des Koran zu den älteren heiligen Schriften auch eine ungemein wichtige Rolle in der Geschichte des Papiers und tragen viel zu einer Erklärung bei, wieso ausgerechnet eine stolze Kultur der mündlichen Überlieferung zu einem der engsten Bündnispartner dieses Beschreibstoffes werden und dann selbst für dessen Verbreitung in Asien, Nordafrika und schließlich Europa sorgen konnte. Konkrete Einflüsse lassen sich hier allerdings nur schwer festmachen. Tatsächlich herrscht über die Anfänge des Koran nicht einmal unter Historikern und Korangelehrten in allen Punkten Einigkeit – geschweige denn, dass geklärt wäre, ob er wirklich ausschließlich in der Rezitationstradition wurzelt, wie es die islamische Überlieferung versichert. Die Wörter *quran* (»Rezitation« oder »Lesung«) und *kitab* (»Buch«) tauchen regelmäßig in den hundertvierzehn Suren auf, was ein gewisses Maß an Akzeptanz beider Traditionen nahelegt. Auch andere verwendete Begriffe weisen darauf hin, dass schriftliche Quellen eine Rolle bei der Kompilation des Koran spielten. Das Wort *furqan* zum Beispiel wird im Koran sowohl im Sinne von »Erlösung« als auch im Sinne von »Gebot« verwendet, was zwei Ableitungen zulässt: einmal von *purquana*, dem syroaramäischen Wort für »Erlösung«, und einmal von *puqdana*, dem syrischen Wort für »Gebot«. Die beiden Begriffe klingen zwar unterschiedlich, sehen geschrieben aber sehr ähnlich aus; und *dass* sie im Koran zu dem Wort *furqan* verschmolzen wurden, legt nahe, dass es andere geschriebene Texte waren, die zum Prozess der Niederschrift von Mohammeds Lehre motiviert hatten.[7]

Die islamische Datierung beginnt 622, im Jahr der Hedschra, aber es gibt keine arabische Bezeichnung für »vor der Hedschra« beziehungsweise ein Äquivalent zu »v. Chr.« und somit auch keine Hinweise auf ältere Quellen. Die frühesten Koranhandschriften waren keine Rollen, wie die Schriften der Juden, sondern Kodizes, wie sie bereits im Christentum gebräuchlich waren. Aber natürlich unterschieden sich Korankodizes durch das arabische Schriftbild und die Schriftrichtung von den christlichen; und dass man den Koran schließlich im Breitformat zu binden begann, betonte seine Andersartigkeit noch zusätzlich.

Besser dokumentiert ist in der Islamgeschichte die Kompilation des Koran. Demzufolge starb Mohammed im Jahr 632 (wenngleich zumindest eine Quelle ein späteres Datum angibt). Zu diesem Zeitpunkt war er im Westen und Süden der Arabischen Halbinsel bereits als Gottes Prophet und Gesandter anerkannt gewesen. Doch mit dem Tod des Propheten ergab sich eine neue Herausforderung: Er selbst konnte nicht mehr weitergeben oder bestätigen, was ihm offenbart worden war, und es gab keinen Kanon seiner Lehren. Hinzu kam, ebenfalls der islamischen Überlieferung zufolge, dass noch im Jahr seines Todes viele große Koranrezitatoren neben Männern aus den Oasen Ostarabiens in der Schlacht von Yamama gefallen waren, die ein Konkurrent Mohammeds um das Prophetentum gegen die Muslime angestrengt hatte.

Der Tod so vieler Rezitatoren bekümmerte Abū Bakr, Mohammeds ersten »Stellvertreter« (Kalif), denn damit entstand nun die reale Gefahr, dass dessen Offenbarungen in Vergessenheit geraten oder im Zuge der Überlieferung verwässert werden könnten. So kam es, dass Abū Bakr anordnete, alle Suren des Koran zu sammeln, ob sie nun auf Pergament, Knochen oder Palmblättern verzeichnet oder im Gedächtnis gespeichert waren. Und wiewohl dann alle Sprüche mit der mündlichen Überlieferung des Gottesworts abgeglichen wurden, war dies doch der Beginn eines gewaltigen textuellen Projekts.

Als der Vater des geschriebenen Koran gilt jedoch Mohammeds Schwiegersohn Uthmān, der 644 zum dritten der »rechtgeleiteten Kalifen« gewählt wurde. In mittelalterlichen islamischen Quellen wird er manchmal als der Editor, manchmal als der Kollektor und manchmal schlicht als das Oberhaupt der Kopisten bezeichnet. Doch Uthmān war vor allem eines, nämlich der Kanonisierer des Koran.

Glücklicherweise war er auch ein guter Diplomat, denn bald schon brach im syrischen Homs ein Streit zwischen den syrischen und den irakischen Muslimen wegen ihrer unterschiedlichen Koranversionen aus. (Die verschiedenen Großstädte im Kalifat hüteten auch verschiedene Versionen des Koran hinter ihren Stadtmauern. Jeder *Mushaf* oder Kodex basierte auf der Auslegung eines unmittelbaren Gefährten des Propheten, wobei die Unterschiede zwischen ihnen oft nur in der Phraseologie oder im Satzbau bestanden.) Einer von Uthmāns Generälen hatte die beiden Parteien beschuldigt, sich zu zanken wie ihre ungläubigen Vorfahren, und – alle Stammesregeln missachtend – direkt Uthmān in Medina aufgesucht, um den Kalifen zu überzeugen, dass all diese unterschiedlichen Fassungen dringend in eine einheitliche Form gebracht werden müssten, weil sich Muslime ansonsten untereinander in einen ebenso unbekömmlichen Streit verstricken würden wie Juden und Christen.

Der islamischen Überlieferung zufolge ernannte Uthmān daraufhin Zaid ibn Thābit – den Schreiber, der neben Mohammed sitzend Konsonanten in die Schulterblattknochen eines Kamels geritzt hatte – zum Hauptschriftleiter dieses Standardisierungsprojekts. Ihm zur Seite standen drei weitere Redakteure sowie sämtliche noch lebenden Gefährten des Propheten (denen wegen ihrer persönlichen Beziehungen zu Mohammed eine außerordentliche Autorität zugeschrieben wurde). Zaid war nicht nur der beste Schriftkundige, sondern auch ein besonders sprachbewanderter Mann unter Mohammeds Gefährten, und ihm wurden nun alle von Uṯhmān gesammelten Texte diktiert. Zum ersten Mal begann das geschriebene Wort ernsthaft mit der mündlichen Überlieferung der arabisch-islamischen Kultur zu konkurrieren, denn dieses Projekt beruhte ja nun eindeutig auf der Annahme, dass die beschriebene Seite (zu diesem Zeitpunkt noch Pergament) der beste zur Verfügung stehende Wächter der Genauigkeit sei.

Uṯhmān war ein gründlicher Mann. Er ordnete Abschriften sämtlicher Suren an, die in den regionalen Garnisonen und privaten Bibliotheken der Muslime zwischen Mekka und Medina vorhanden waren. Doch schon, um diese überhaupt einreichen zu können, mussten bestimmte Bedingungen erfüllt sein: Ihre erste schriftliche Niederlegung musste jeweils in der Gegenwart des Propheten stattgefunden haben; es mussten mindestens zwei Zeugen für die entsprechende Rezitation des Propheten vorhanden sein; und wo es Differenzen hinsichtlich des exakten Wortlauts innerhalb des Schriftkomitees gab, musste grundsätzlich der Dialekt von Mohammeds Stamm der Quraisch vorgezogen werden. Der islamischen Tradition nach sollte das Schriftkomitee sicherstellen, dass Uṯhmāns Koran der definitive sein würde, indem es alle Einreichungen begutachtete und dafür sorgte, dass alle Zweifel hinsichtlich des jeweiligen Wortlauts und Satzbaus nur von Personen ausgeräumt werden konnten, die die *ayat* – die »Zeichen« oder Verse der einzelnen Suren – unmittelbar vom Propheten selbst gesprochen gehört hatten. Der Kalif höchstselbst überwachte den gesamten Prozess.

Uṯhmāns Vermächtnis war die Erschaffung eines einheitlichen Korantextes, mit dem alle Zwistigkeiten im Reich des Islam ausgeräumt werden sollten. Er hatte für die Kompilation eines Buches gesorgt, das nun anstelle von Mohammed die Rolle der obersten religiösen Autorität einnehmen sollte. Bis Mitte des 7. Jahrhunderts hatte Uṯhmān der Überlieferung zufolge die mehr als 77 0000 Wörter des Koran zusammengetragen. Sofort begannen die Schreiber den viermonatigen Prozess ihrer schriftlichen Aufzeichnungen zum »Uṯhmānischen Kodex«. Die Urschrift davon verblieb bei Uṯhmān in Medina, vier Kopien (das Pergamentformat war im Einflussgebiet des Islam mittlerweile relativ standardisiert) wurden in alle vier Himmelsrichtungen gesandt: nach Damaskus, Basra, Kufa und Mekka. Alle anderen Korankopien sollten auf Uṯhmāns Anordnung hin verbrannt werden.

Der Uṯhmānische Koran wurde im gesamten islamischen Imperium auf Pergament kopiert. Tierhaut war ein flexibler und haltbarer Beschreibstoff, was den Gläubigen dazu ermunterte, seine heilige Schrift oft und regelmäßig zur Hand zu nehmen, und Pergament so gesehen zu einem angemessenen Beschreibstoff für das Wort Gottes machte. Waren die Pergamente eines Koran alle von gleicher Größe und gebunden, bezeichnete man ihn als *Mushaf*. Und von solchen Mushafs haben Hunderte bis heute überlebt. Im Koran selbst finden sich indirekte Hinweise auf zwei Beschreibstoffe: Pergament und Papyrus. Im Gegensatz zum Pergament musste Papyrus bis zur arabischen Eroberung Ägyptens im Jahr 640 jedoch importiert werden, weshalb der Stoff vor dieser Zeit auch nie verwendetet worden war – der älteste noch erhaltene arabische Text auf Papyrus stammt aus dem Jahr 642. Der große muslimische Sozialhistoriker und Politiker Ibn Khaldūn schrieb im 14. Jahrhundert, dass Pergament in der Frühzeit des Islamischen Kalifats für gelehrte Werke, staatliche Korrespondenzen, Kreditbriefe und andere behördliche Dokumente verwendet worden sei, da die Menschen zur damaligen Zeit im Luxus lebten. Doch mit der Entwicklung der Buchkultur hatten dann schlicht nicht mehr genügend Tierhäute zur Verfügung gestanden.

Ab dem frühen 9. Jahrhundert begann Papier eine immer größere Rolle im Kalifat zu spielen. Der Koran wurde jedoch weiterhin auf Pergament geschrieben, vielleicht, weil das Entscheidende bei ihm die Dauerhaftigkeit, bei anderen Texten hingegen die problemlose Transportierbarkeit war. Papier ließ beides zu. Hinzu kam, dass für einen pergamentenen Koran rund dreihundert Schafshäute nötig waren und das Werk damit zu einem sehr teuren Produkt wurde. Papier war wesentlich preiswerter. Die frühesten erhaltenen arabischen Handschriften, die vollständig auf Papier geschrieben wurden, stammen aus der Zeit um die Wende zum 9. Jahrhundert. Und das war der denkbar beste Moment für diesen Beschreibstoff, sich bemerkbar zu machen, denn ansonsten wäre der Schwemme an literarischen Produkten, die dem Kalifat gerade bevorstand, wegen der hohen Kosten des Pergaments womöglich Einhalt geboten worden. Dass der Übergang von Pergament auf Papier beim Koran zögerlicher vollzogen wurde als bei anderen arabischen Büchern, könnte mit der Tatsache zu tun gehabt haben, dass heiliges Wissen und Offenbarungen seit Jahrhunderten auf dem edleren Stoff festgehalten worden waren und Papier im Vergleich dazu prosaisch wirkte. Doch im 10. Jahrhundert wechselte schließlich auch der Koran zum Papier.

In den frühesten Papierausgaben wurde die Nakshi-Schrift verwendet, deren Gestalt dann auch zur Wiedereinführung des vertikalen Buchformats führte (die vorangegangenen arabischen Schriftarten waren besser für horizontale Kodizes geeignet gewesen). Die einzige Ausnahme von der allgemeinen Transition des Koran zum Papier bildete der Maghreb, wo das Wort Gottes noch bis ins 14. Jahrhundert auf Pergament geschrieben werden sollte.

Die Rolle des Koran in der Geschichte des Papiers ist demnach einzigartig. Er war der Grundpfeiler eines neuen Imperiums und einer neuen Kultur, die bereits einen Großteil von Eurasien umspannte und schließlich dafür sorgte, dass dieser Beschreibstoff im gesamten Kalifat zum Totenglöckchen für Pergament und

Papyrus wurde. Doch der Koran selbst blieb auch als geschriebenes Buch noch ein rezitierter Monolog – die mit der Rezitation einhergehende Gedächtnisleistung und Gestik blieb für seine Identität ebenso wichtig, wie es nun auch Rohrfeder und Tinte waren. Sogar seine Kalligrafie lässt sich letzthin als eine geschriebene Rezitation betrachten, und umgekehrt seine Rezitation als eine orale Kalligrafie (was natürlich das Ergebnis der Wurzeln dieser heiligen Schrift war). Doch je mehr sich das Kalifat geografisch ausbreitete, umso nötiger wurde es, die heilige Botschaft auch den Bewohnern ferner Länder zu vermitteln, ohne im Zuge dieses Prozesses Veränderungen zu riskieren. Und so entstand allmählich die mediale Doppelprägung dieser heiligen Schrift – bis heute gilt das stille Lesen des Koran nur als die zweitbeste Möglichkeit nach der Rezitation seiner Botschaft.

Auch in den ersten Jahrhunderten seiner Existenz wurde der islamische Glaube noch ausschließlich mündlich gelehrt oder rezitiert und das Gehörte von den Schülern im Gedächtnis verwahrt. Nicht einmal nach dem Tod ihres jeweiligen Lehrers pflegten sie dessen Kommentare zu lesen, oft wurden diese sogar verbrannt. Auch ihre Skepsis hinsichtlich schriftlicher Überlieferungen und ihre Vorliebe für die menschliche Stimme als Medium hatten sich die Muslime bewahrt. Doch obwohl das gesprochene Wort von Anbeginn der bevorzugte Vermittlungsprozess dieser Kultur und ihrer heiligen Schrift war und auch wenn der Koran dann noch jahrzehntelang mit Pergament verbunden bleiben sollte, während andere Texte längst auf Papier übertragen wurden, war es die islamische Kultur, die schließlich die Papierkultur ins Leben rief.

Wenn es um die Frage geht, wer die Geschicke des Papiers bis zum Anbruch der Renaissance lenkte, dann lässt sich der Koran nicht einfach nur als ein weiterer großer monotheistischer Text neben die heiligen jüdischen und christlichen Schriften stellen. Ihm kommt in der Geschichte dieses Beschreibstoffes ein wesentlich wichtigerer und zugleich höchst ungewöhnlicher Rang zu.

Denn sowohl die jüdischen als auch die christlichen Schriften waren ja im Gegensatz zum Koran schon Jahrhunderte vor dem Eintreffen des Papiers in Vorderasien und dem Mittleren Osten auf Papyrus oder Pergament festgehalten worden, weshalb der neue Glaube den Übergang zum Papier entsprechend schneller vollziehen konnte. Infolgedessen war er es auch, und nicht das Christentum (das Judentum bleibt von diesem Punkt ausgeschlossen, da es nie missioniert hat), der nach Anbruch des Papierzeitalters einen so großen Teils Asiens für sich eroberte. Der Koran war der bedeutendste Text einer Kultur, die bereits über halb Eurasien herrschte, sich dennoch zu weiteren Eroberungszügen für das Kalifat aufmachte, dabei um Konvertiten zur Religion ihres Buches kämpfte und sich dazu Papier zum Bündnispartner erkor. Das Christentum sollte sich erst Jahrhunderte später zu diesem Beschreibstoff bekehren, aber selbst dann noch keine kulturelle Transformation damit vollziehen, da es Papier vorrangig zu seinen ausgiebigen – internen – theologischen Debatten nutzte. Rom und Konstantinopel gaben sich bis auf Weiteres mit Pergament zufrieden.

*Dass* der Koran so einzigartig machtvoll zum Siegeszug des Papiers im zentral- und vorderasiatischen Raum beitrug, war jedoch nicht nur seiner Rolle als der Primärschrift des Islamischen Kalifats zu verdanken, welches auf seinem Höhepunkt unter der Abbasidendynastie (750–1258) über nahezu zwanzig Millionen Menschen herrschte. Dazu hatten auch die islamisch-theologischen Debatten entscheidend beigetragen. Denn während Tanach und Bibel weder von Juden noch von Christen als Schriften betrachtet werden, die schon immer da gewesen waren, verstehen die meisten islamischen Theologen den Koran seit Langem als ewig und unerschaffen. Doch in seiner Frühgeschichte war die Frage um seine wahre Natur *das* Thema der Debatten unter ihnen gewesen, so wie das Wesen Jesu *das* Thema für frühchristliche Theologen gewesen war. Und während das Christentum Jesus von jeher als das offenbarte fleischgewordene Wort Gottes betrachtete, begannen Muslime erst nach Jahrzehnten der Kontroversen zu ihrer orthodoxen Position (der Koran sei das ewige Wort Gottes) zu finden.

Somit kamen die islamischen Theologen auch zu dem logischen Schluss, dass der Koran, wenn er denn das ewige Wort Gottes war, ebenso unerschaffen sein müsse wie Gott selbst. Diese Lehre setzte sich zwar erst nach heftigen Auseinandersetzungen durch (sie war zum Beispiel ein wichtiges Element in dem Streit zwischen den Mutaziliten und Aschariten) und wurde erst im Laufe des 9. Jahrhunderts als Orthodoxie anerkannt, aber die Folge dieser Doktrin war, dass die Provenienz des Koran nie mehr infrage gestellt werden durfte. Und das zog ein ziemliches Paradox nach sich. Denn zur selben Zeit, als Suren auf Türen und Mauern, Truhen und Teppichen, Schriftbändern und Möbeln im ganzen Islamischen Imperium auftauchten, begann auch eine Flut an Wissenschaften Gestalt anzunehmen, von der Naturlehre über die Sprachlehre bis hin zur Philosophie und Theologie (die das Thema des nächsten Kapitels sein werden) – doch ungeachtet der Tatsache, dass all diese Disziplinen sowohl der Forschung als auch der Kritik offenstanden, durfte einzig und allein der Koran nicht in seinen historischen und intertextuellen Kontexten erforscht werden. Die Antwort einer islamischen Rechtsschule auf jede Art von Frage zum Wort Gottes lautete *bi-la kaifa*, »ohne ein Wie«.

Dieser Doktrin wegen gibt es auch dreizehn Jahrhunderte nach seinem Entstehen noch keine kritische Ausgabe des Koran, in der die Quellenhandschriften angeführt und seine Entstehungsgeschichte wie die von ihm überlieferten Geschichten analysiert werden. Nicht einmal die Ausgabe, die 1924 von der Kairoer Al-Azhar-Universität herausgegeben wurde und heutzutage primär verwendet wird, beruht auf einer textkritischen Auslegung, sondern ist rein kanonisch. Demnach sind es also nicht die frühesten Koranhandschriften, die bestimmen, ob eine Passage oder Formulierung richtig oder falsch ist, sondern nur das, was die Umma, die islamische Gemeinschaft, im Laufe der Islamgeschichte als richtig akzeptierte.

Es haben rund viertausend Korantexte aus den beiden ersten Jahrhunderten des Islam überlebt, die in der frühen *Hijazi*-Schrift geschrieben sind und ihren Textlängen nach das Äquivalent von rund sieben kanonischen Koranen ergeben. Doch alle Versuche, zu diesen frühen Texten zurückzukehren und so die Frühgeschichte der Handschriften zu rekonstruieren, sind gescheitert. In den letzten Jahrzehnten haben Umfang und Logistik eines solchen Projekts natürlich auch noch vor ganz andere Herausforderungen gestellt. Doch die Forschung (islamische wie nichtislamische) wartet auf eine kritische Edition, die den exakten Phrasierungen und Lauten des originalen – oder zumindest frühesten – Koran so nahe wie nur möglich käme. Ein Koranforscher bezeichnete ein solches Projekt als »den innigst gehegten Traum aller, die mit dem Qur'an arbeiten«.[8]

Die unantastbare Autorität des Koran verleiht sogar dem Papier, auf dem er geschrieben steht, eine einzigartige Rolle, denn somit ist es ja nicht nur der Beschreibstoff für das Wort Gottes, sondern sogar für das unerschaffene Wort Gottes – nicht nur für ewige Wahrheiten, sondern sogar für ein ewiges Buch. Und wenn eine solche Doktrin erst einmal zum Bindemittel einer Gesellschaft wurde, lässt sie sich nicht mehr so einfach anfechten oder gar demontieren. Aus der Geschichte des Papiers betrachtet, sorgte diese Lehre jedenfalls dafür, dass einer der bedeutendsten Kulturen der Menschheitsgeschichte die eigene Fortdauer ermöglicht wurde, weil sie das Wort Gottes auf diesem Beschreibstoff festhielt und zum Kern des eigenen Daseins machte. Und das sollte bekanntlich globale Konsequenzen haben.

Aber auch wenn der Koran sich einer akademischen Forschung entzieht, geschieht doch hie und da ein Wunder. So wie im Jahr 1972, als auf dem Dachboden einer alten Moschee im Jemen ein ganzer Schatz an Handschriften entdeckt wurde, darunter 12 000 Pergament- und Papierfragmente, inklusive 926 verschiedener

Koranhandschriften aus dem 7. bis 10. Jahrhundert und sogar einiger, die etwa fünfzig Jahre nach Mohammeds Tod verfasst worden waren. Die Erforschung dieser Handschriften oblag unter anderem dem deutschen Islamwissenschaftler Gerd-Rüdiger Puin und dem Kunsthistoriker und Experten für islamische Buchmalerei, Hans-Caspar Graf von Bothmer. Puin stellte bei seiner orthografischen Analyse der Texte fest, dass sie ausschließlich aus dem *Rasm* bestehen (der »Spur«, das heißt der ursprünglichen arabischen Schrift mit nur achtzehn Buchstaben und ohne diakritische Zeichen). Das brachte ihn zu dem Schluss, dass die aramäischen Lehnworte, die vom Arabischen abweichende Bedeutungen hatten, bei den späteren Textinterpretationen von muslimischen Grammatikern, Philologen und Exegeten meist zugunsten abweichender arabischer »Nahworte« ausgelegt wurden und es deshalb zu diversen Unterschieden in den Korantexten kam. Unter islamischen Korangelehrten ist diese Sicht heftig umstritten. Heute befinden sich die Handschriftenfragmente in Sana'a, wo sie umsichtig verwahrt werden, aber nicht fotografiert werden dürfen. Doch sowohl Puin als auch Bothmer sind überzeugt, dass es sich hier um die frühesten erhaltenen Koranhandschriften handelt. Bothmer glaubt sogar, dass es bereits im ersten islamischen Jahrhundert einen vollständigen Standardtext des Koran gegeben habe.

Solche Entdeckungen sind nicht nur für den Koran selbst, sondern auch für die Geschichte des Papiers von Bedeutung. Denn sie liefern uns nicht nur erste Antworten auf die Frage, ob der Koran wirklich eine eigenständige Erfindung war oder inwieweit sein Zustandekommen der Einflüsse älterer Schriftkulturen bedurft hatte, sie erheben auch Fragen über seine wahre Natur: Ist der Koran eine Rezitation oder ein geschriebenes Buch, eine erschaffene Offenbarung oder das unerschaffene Wort? Debatten solcher Art wurden wie gesagt schon früh geführt, und das vor allem schriftlich, damit man sich im gesamten Islamischen Imperium mit den jeweiligen Positionen vertraut machen konnte. All das, auch diese Auseinandersetzungen, stimmten Mohammeds neue Religionsgemeinschaft auf eine Lebensweise ein, die auf einer gemeinsamen heiligen Schrift beruhte. Doch um Einvernehmen bei den Fragen herzustellen, die sich im Zuge der Standardisierung dieses Textes ergaben, oder um all die Herausforderungen meistern zu können, vor die dessen Kompilation stellte – oder auch, um eine schriftgelehrte Kultur zu den linguistischen Studien zu veranlassen, die im nächsten Kapitel thematisiert werden –, bedurfte es des Papiers.

Zu diesem Zeitpunkt hatte es natürlich noch kein Papierbuch gegeben. Einige Jahrhunderte zuvor, im 4. Jahrhundert, um genau zu sein, hatte Pergament in Vorderasien gerade erst mit dem Papyrus zu konkurrieren begonnen und der Wechsel von der Schriftrolle zum Kodex eingesetzt. Bis dahin war ägyptisches Papyrus der bevorzugte Beschreibstoff gewesen, doch der löste sich schneller auf und eignete sich nicht zur Kodexfaltung, also wurde Pergament der Stoff, auf den die heiligen Texte zur Frühzeit des Islam geschrieben wurden (nachdem sie zu Mohammeds Lebzeiten wie gesagt auf Palmblättern, Leder, Steinen und Knochen festgehalten worden waren). Papyrus blieb generell Rechts- und Handelsdokumenten vorbehalten und wurde meist in Rollen verwahrt. Da war ein Kodex natürlich leichter zu handhaben und zu transportieren. Zudem hatten koptische und syrische Christen bereits eine frühe Form des Kodex für ihre Heilige Schrift zu verwenden begonnen, indem sie Pergamente zwischen zwei Holzdeckeln ineinandersteckten. Erst später wurden für einen Kodex Doppelblätter in der Mitte gefaltet, zusammengeheftet und lagenweise gebunden.

In muslimischen Büchern ist der Text als Block beziehungsweise Einzelkolumne geordnet, was an die Reihen der Betenden in einer Moschee erinnert, wohingegen die Texte der traditionellen europäischen Bibeln in zwei Kolumnen pro Seite geordnet sind, so wie die klassische Anordnung des Kirchengestühls. Für den Koran selbst setzte sich Papier wie gesagt nur mählich durch, doch bis zum 10. Jahrhundert hatte der Wechsel vom Pergament zum Papier dann überall in der islamischen Welt (ausgenommen Nordafrika) stattgefunden.

Koranabschriften wurden oft in dreißig Abschnitte eingeteilt, einen für jeden Tag des Monats. Im 8. Jahrhundert führte man ein System von diagonalen Strichen in die arabische Schrift ein, um das Ineinanderfließen einzelner Buchstaben zu verhindern. Und weil am Uṯhmānischen Koran keine grundlegenden Änderungen vorgenommen werden durften, verwendeten die Schreiber rote oder gelbe Tinte für jede Zufügung, um diese von den schwarztintigen Buchstaben des Gottesworts zu unterscheiden.

Die Geschichte der Koranhandschriften ist zugleich die Geschichte der arabischen Schrift, welche teils aus der syrischen und teils aus der nabatäischen Schrift abgeleitet wurde. Vor dem Islam war sie nur in einer Handvoll Inschriften aufgetaucht, ab dem 7. Jahrhundert begann sie ihre Konkurrenten zu verdrängen und sich weit genug zu verbreiten, um auch regionale Ausprägungen nach sich zu ziehen. Derweil tat die Verwaltungselite des Kalifats alles nur Erdenkliche, um durch eine schriftsprachliche Vereinheitlichung den Zusammenhalt des Imperiums zu fördern. Und genau dieses ehrgeizige Projekt spiegelt sich auch im Koran.

Bald rückten die Schriftgelehrten selbst in den Mittelpunkt der islamischen Kultur. Ein Kalligraf musste sich einer mehrjährigen Ausbildung bei einem Meisterschreiber unterziehen, bevor er ein Diplom erhielt. Der Meister brachte ihm bei, wie man zur Niederschrift von Gedichten das Schilfrohr abkantet, wie man aus dem Ruß verbrannter Kohle oder aus Galläpfeln, die mit Grünsalz verkocht wurden, oder auch aus Gummi arabicum Tinte herstellt und wie man Texte illuminiert. Kalligraf und Illuminator waren oft ein und dieselbe Person oder aber Partner, die das Layout einer Seite gemeinsam entwarfen. Al-Bayhaqi, ein Hadith-Gelehr-

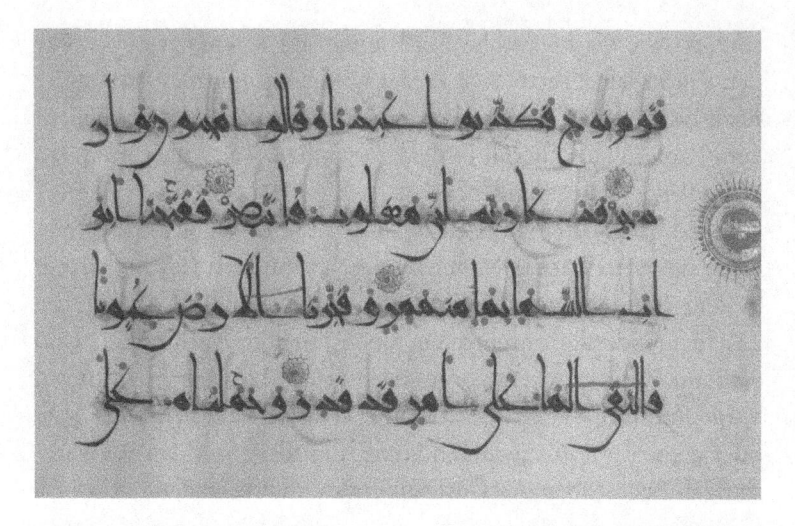

Abb. 15: *Ein früher Papierkoran. Diese nicht illuminierte Handschrift stammt aus dem Jahr 993 (383 nach islamischer Zeitrechnung), wurde im persischen Isfahan hergestellt und misst 24 mal 35 Zentimeter. Der Text wurde mit schwarzer Tinte geschrieben, die diakritischen Punkte in Rot, die Schmuckmedaillons sind goldfarben. Die kufische Schrift ist hier etwas kantiger, als es bei einem Koran auf Pergament üblich gewesen war. Auch die Machart weist darauf hin, dass neue Einflüsse auf die Heilige Schrift des Islam einzuwirken begonnen hatten – keine aus der arabischen Wüste oder dem östlichen Mittelmeerraum, sondern Einflüsse aus den östlichen Regionen des Kalifats. (© 2013, Metropolitan Museum of Art/Art Resource/Photo SCALA, Florenz)*

ter aus Khurasan, berichtete im 10. Jahrhundert, dass Personen, die selbst nicht schreiben konnten, mit einem Stapel Pergamentblätter in die Moschee zu gehen pflegten, in der Hoffnung, dass es dort jemand für sie tun würde. In den Hadithen hieß es sogar, wenn am Tag des Jüngsten Gerichts sämtliche Tinten gewogen würden, die die Schriftgelehrten verbrauchten, würden sie schwerer wiegen als das Blut der Märtyrer.

Wer den Koran aufschlug, der betrat gleichsam ein heiliges Haus. Illuminierte Korane begannen immer mit einer »Teppichseite«, oft mit Hexagrammen und ineinandergreifenden Textarabesken geschmückt. Seit der islamischen Eroberung Ägyptens in den Vierzigerjahren des 7. Jahrhunderts wurden diese Bücher meist umsichtig gebunden und mit Gold verziert – Einflüsse aus Marokko. Die Handschrift offenbarte den Charakter ihres Schreibers – auch in dieser Kultur galt deren Schönheit als das Abbild der Spiritualität ihres Schöpfers. Auf den einzelnen Blättern herrschte die Farbe Gold vor, doch auch Blau-, Rot-, Grün- und Gelbtöne gehörten zur Ausschmückung, manchmal waren darauf noch Sonnen und Bäume verteilt: Ein Baum, der von der Erde in den Himmel aufragt, repräsentierte den Koran selbst und war deshalb von dem Blau und Gold der Farben des Himmelszeltes und seiner Lichter umrahmt.

Im ersten Koran, der im frühen 14. Jahrhundert von der ägyptischen Mameluckendynastie in Auftrag gegeben wurde, fanden sich kunstvolle Kolophone in jedem Band.[9] Der Kolophon für den siebten Band wurde auf ein Wolkenmotiv vor einem Hintergrund rosenfarbiger Blätter geschrieben, flankiert von goldenem Filigranwerk auf blauem Fond. Darin vermerkt waren die Namen des Auftraggebers, des Kalligrafen und des Illuminators. Jeder Band wurde von einem Doppel-Frontispiz oder einer Teppichseite eingeleitet und ausschließlich in Gold geschrieben.

Das Buch war zur Pracht und Herrlichkeit der islamischen Kultur geworden.

Die Schönheit der Kalligrafien und Illustrationen in den Koranen der frühen und mittleren Islamgeschichte ist hypnotisierend. Der Koran war bereits Gottes ewiges Buch, das pergamentgewordene Wort. Als Kalif Uṯhmān ermordet wurde, soll das Blut aus den Wunden, die ihm mit dem Schwert an Hals und Kopf beigebracht worden waren, auf die Seiten seines Ur-Koran getropft sein, den er noch im Tode umklammerte. Doch dieser manchmal fragmentarische und manchmal so unergründliche Text – dessen metrische Rhythmen und Kadenzen mindestens so wichtig genommen werden wie sein Inhalt und dessen Rolle als heiliger Gegenstand ein ebenso hoher Rang eingeräumt wird wie seiner Rolle als Lehrmeister – sollte bald schon über das Pergament hinauswachsen, auf das er bis dahin geschrieben worden war. Und während dieses Wort Gottes den Islam in seiner produktivsten Ära zu naturwissenschaftlichen und anderen Forschungen anregte, läutete es in Asiens westlicher Hälfte das Papierzeitalter ein.

## 12

# Bagdatixon und die Wissenschaften

Meine Söhne! Wann immer ihr am Markt vor einem Laden stehen bleibt, so tut dies vor einem, der Waffen und Bücher führt.

AL-MUHALLABI, 10. Jahrhundert[1]

Keine Profession ist verdrießlicher als die des Bücherschreibens: Ihre Schösslinge und Früchte verheißen Elend. Wer sie ausübt, ist wie einer der die Nadel nutzt, um andere zu bekleiden, selbst aber nackt bleibt.

ABDULLAH IBN SAD IBN ABI SARH, 1121[2]

Hinweise auf die Vielfalt der Produkte, das große Wissen und den Genius der islamischen Kultur finden sich quer durch unsere Wörterbücher. Man glaubt gar nicht, wie viele Begriffe wir aus dem Arabischen übernommen haben. Zum Beispiel für Zitrusfrüchte: Limonen, Limetten, Orangen; oder für Kräuter, Süßes, Gewürze, Farben: Jasmin, Safran, Sorbet, Zucker, Sirup, Marzipan, Lila; oder für Stoffe und Kleidungsstücke: Satin, Damast, Musselin, Gamasche, Joppe. Wir haben uns Tiere wie die Giraffe und das Kamel aus dem Arabischen entlehnt, Getränke wie Alkohol und Kaffee, Musikinstrumente wie das Tamburin und die Laute oder

Gebrauchsgegenstände wie die Karaffe und die Tasse. Es findet sich ein ganzes Arsenal an Lehnwörtern aus dem Arabischen in den europäischen Sprachen, im Deutschen beispielsweise von Amalgam über Benzin, Gaze, Haschisch, Kandis, Lack, Matratze, Razzia, Safari, Schach bis Tarif.

Dieses Wortgestöber erreichte die Küsten Europas als ein Import aus der geistig und wissenschaftlich fortschrittlichsten Kultur der Zeit, dem Abbasidenkalifat, das von seiner Hauptstadt Bagdad aus über das Islamische Imperium herrschte und Schlachten so weit östlich wie am Talas gewonnen hatte. Doch die Glorie der Abbasiden hatte wenig mit Musselin, Tassen und Safaris zu tun. Für sie muss man nach anderen Begriffen Ausschau halten, nach Bedeutungen, für die Europa keine eigenen Wörter hatte, und nach Ausdrücken, die zu Oberbegriffen für den Genius wurden, von dem wir so sehr profitiert haben. In der Mathematik zählten Algebra, Azimut, Algorithmus und Ziffer zu diesen Neuankömmlingen; in die europäischen Erdwissenschaften führten Araber die Begriffe Alchemie, Chemie, Anilin, Karat und Alkali ein, und in die Himmelsforschung noch einige mehr, von Almanach (für die astronomischen Ereignisse eines Jahres) über Nadir bis Zenit.

Nicht alle dieser Wörter, oder zumindest nicht alle Ideen hinter ihnen, waren hausgemacht. Die Algorithmen zum Beispiel hatten die Abbasiden von den Hindus übernommen, so wie die Alchemie von den Griechen. Aber sie haben diese Begriffe domestiziert, sie sich zu eigen gemacht und deren Überleben in vielen Fällen erst damit gesichert. Sie errichteten umfangreiche Bibliotheken, um dort ihr Wissen einzulagern, waren aber weit mehr als reine Kuratoren. Sie haben gelesen, debattiert, Anregungen gegeben, Versuche unternommen, analysiert, geforscht und entdeckt. Die Abbasiden nährten sich von vorhandenem Wissen, aber dann reproduzierten, expandierten und archivierten sie es. Sie kritisierten die Byzantiner, weil diese das Wissen der Griechen ignorierten, und baten sie wiederholt um naturphilosophische griechische Texte, um sie zu übersetzen. Doch dabei übertrugen sie nicht einfach nur Wissen von einer Sprache in eine andere – die abbasidischen Schriftgelehrten transferierten diese griechischen Handschriften zugleich von Papyrus und Pergament auf Papier.

Die Blütezeit der Abbasiden war eines der goldenen Zeitalter der Menschheitsgeschichte. Das Kalifat dieser Dynastie befasste sich mit Philosophie, Himmelsforschung (Astrologie, Astronomie und Kosmologie), Sprache (Dichtung, Linguistik, Grammatik), Erdforschung (Chemie, Botanik, Geografie, Geologie) und Mathematik (Geometrie, Algebra, Dezimale). Aber auch Esoterisches und Besinnliches fand weithin Beachtung, von der Magie über die Alchemie und Theologie bis hin zu solch epikureischen Dingen wie der Kochkunst und den Erotika.

Das klassische Arabisch ist eine schwer erlernbare Sprache. Grammatik, Lexikografie, Etymologie und Philologie, all das hatte sich unter den Umayyaden – der kurzlebigen ersten islamischen Dynastie – und dem anschließenden Kalifat der Abbasiden sozusagen als Nebenprodukt ihrer Koranstudien entwickelt. Ihre linguistischen Wissenschaften waren die ersten Anzeichen eines Zeitalters der Erhebungen und der schriftlichen wissenschaftlichen Aufzeichnungen. Aber der Auslöser für all das war der Koran gewesen.

Die Koranexegese, *Tafsīr*, wurde als eine eigenständige Wissenschaft betrachtet, nicht anders als das Studium des islamischen Rechts. Doch einige Korangesetze gaben wissenschaftliche Rätsel auf. Wie konnte sich der Muezzin zum Beispiel sicher sein, dass er seine fünf täglichen Rufe zum Gebet zur richtigen Zeit machte? Wie konnte der Baumeister überprüfen, ob die *Qibla*-Wand (mit der Gebetsnische Mihrab) in der Moschee genau nach Mekka ausgerichtet war? Nur eine hingebungsvolle, gründliche wissenschaftliche Recherche und mathematische Berechnungen konnten solche Fragen für Orte im gesamten Kalifat beantworten.

In den Großstädten lernten die Muezzins die Einteilung der Zeit durch genaue Sternenbeobachtung, oft mithilfe von Instrumenten, wodurch schließlich einem jeden allerorts im Imperium ein Handbuch für die jeweils lokalen Gebetszeiten zur Verfügung stand. Doch solcher Wissenserwerb war keineswegs nur reaktiv. Die Zahlen zur Bestimmung der Qibla zum Beispiel wurden von Gelehrten berechnet, die bereits vertraut gewesen waren mit Trigonometrie, Astronomie und Geografie. Ihre Resultate brauchten dann nur noch aufgeschrieben zu werden. Doch während sich neben der Mathematik auch die Linguistik, Philosophie, Medizin, Astrologie und Astronomie weiterentwickelten, vervielfachten sich Erkenntnisse und Abhandlungen in so hohen Maßen, dass das begrenzte Angebot von Papyrus und der hohe Preis von Pergament schnell zu einem Problem wurden.

Der Historiker Abd-al Malik ibn Muhammad al-Tha'ālibī erstellte im 11. Jahrhundert eine ausführliche Bestandsaufnahme der Waren, die im Imperium zu beziehen waren, jeweils mit Hinweisen auf deren Herkunft: Baumwolle und Papyrus kamen aus Ägypten; Äpfel, Glaswaren und das Olivenöl aus Syrien; aus dem Jemen wurden Schwerter und Umhänge bezogen; er pries die Teppiche aus Armenien, dem Kaukasus und Persien, den Honig aus Isfahan, die Kleidung aus der Oasenstadt Merv im heutigen Turkmenistan und die Umhänge aus Rayy im persischen Chorasan; aus Tibet kam der Moschus und aus Samarkand das Papier. Der persische Historiker und Geograf Ibn al-Faqīh berichtete im 10. Jahrhundert, das Volk von Khurasan stelle Papier so fachmännisch her, dass man ihr Land für einen Teil Chinas halten könnte. Doch die Papierherstellung sollte nicht lange auf Khurasan und Ostasien beschränkt bleiben. Und das war vor allem den Barmakiden, einer Familiendynastie in Bagdad, zu verdanken.

In die englische Sprache ging sogar der Familienname Barmakid als Lehnwort ein, in der Form *barmecide*, womit etwas Illusorisches oder Imaginäres gemeint ist. Abgeleitet wurde diese Bedeutung aus der »Geschichte des Sechsten Bruders des Barbiers« in *1001 Nacht*, in der »Schakaïk mit der gespaltenen Lippe« im Haus eines »Barmekiden« um Almosen bittet und vom Hausherrn prompt zum Essen geladen wird. Tatsächlich taten die Diener jedoch nur so, als trügen sie ein Festmahl auf, und der Hausherr tat nur so, als bediente er sich aus den vielen Schüsseln und genieße Köstlichkeiten. Schakaïk fand dieses imaginäre Gelage mit imaginären Schüsseln und Tellern ungemein komisch. Und so kam im Englischen die Bezeichnung des Barmakidengelages auf.

Anders als einst die Stammesväter der Abbasidendynastie, waren die Barmakiden Bagdads wohlhabendste und berühmteste Familie. Dass sie ursprünglich aus dem Osten stammte, ist vielleicht nicht überraschend. Über Generationen hinweg hatte sie die Wächter des großen buddhistischen Schreins von Balch in Nordafghanistan gestellt (ein Magnet für buddhistische Pilger und eine der heiligsten Stätten ihres Glaubens), und diese Stadt war auch im Mittelalter noch eine ebenso bedeutende Metropole, wie es das antike Baktra gewesen war.

Um die Mitte des 7. Jahrhunderts hatten Barmakiden in das Königshaus von Transoxanien im Norden eingeheiratet und waren zum Islam konvertiert, was sich als eine politische Entscheidung erweisen sollte, da sie ja die Treuepflicht der Familie gegenüber den Abbasiden nach sich ziehen sollte, als diese im Jahr 750 die Macht übernahmen. Jedenfalls verknüpfte Khālid ibn Barmak sein Schicksal mit dem ihren, indem er hochrangige politische Aufgaben für sie übernahm. Er verwaltete die Finanzen des frühen Abbasidenkalifats und wurde schließlich zum Gouverneur von Fars in Persien ernannt, wo er sich bald großer Beliebtheit erfreute und sich sogar um die Archäologie verdient machte, indem er uralte persische Schätze hoch oben auf einem Berg versteckte, den fremde Heere natürlich nicht angreifen würden. Nach Bagdad zurückgekehrt, überredete er den Kalifen, den Palast von Ktesiphon mit dem später (vermutlich) vom Sassanidenkönig Chosrau I. hinzugefügten großen Bogen nicht zu zerstören. Die Wiederentdeckung des persischen Sassanidenreichs zählte nicht nur zu den treibenden Kräften der Forschung im Kalifat, sie bewog die Abbasiden auch dazu, sich dessen Kosmopolitismus anzueignen. Als Gegengewicht zur Dominanz der arabischen Kultur hatte sich eine regelrecht iranophile Bewegung zu entwickeln begonnen – vielleicht waren auch die Toleranz und Offenheit der Barmakiden letztendlich nur Symptome ihrer Loyalität gegenüber Persien oder gar der Ausdruck gewisser persönlicher Vorbehalte gegenüber dem Islam gewesen (wenn dem so gewesen sein sollte, dann ließen sie es sich allerdings nicht anmerken). In Khālids Haus trafen sich Geistesgrößen und Freidenker aller Couleur, um über Theologie, Linguistik und die Wissenschaften zu debattieren. Er war es auch, der die Schriftrollen bei der Steuerbehörde und in der Militärverwaltung gegen den Kodex ersetzen ließ.

Als Khālid ibn Barmak im Jahr 780 starb, waren seine Söhne bereits selbst zu hochrangigen Staatsdienern aufgestiegen. (Sein Sohn Yahyā soll so beeindruckend klug gewesen sein, dass der Kalif scherzte, derweil ein Mann üblicherweise Söhne zeuge, habe Khālid statt eines Sohnes einen Vater gezeugt.) Yahyā ibn Khālid ibn Barmak wurde von Kalif Hārūn ar-Rašīd (dem pikaresken Helden aus *1001 Nacht*) schließlich zum Großwesir von Bagdad ernannt. Auch dessen Söhne Fadl und Ja'far ibn Yahyā ibn Barmak besetzten wieder hohe Ämter, so hohe sogar, dass die gesamte Abbasidenverwaltung letzthin zu einer Angelegenheit der Barmakiden geworden war. Der Kalif ließ sogar seine persönlichen Angelegenheiten von Yahyā regeln. Die Barmakiden regierten das Imperium so weise und gekonnt und förderten die Künste in solchen Maßen, dass sich der Kalif selbst mit einer mehr oder weniger rein zeremoniellen Rolle begnügen konnte.

Es waren die beiden Söhne Yahyās, die das Papier schließlich ins Zentrum der Abbasidenkultur rückten. Papyrus war zwar schnell eine Partnerschaft mit dem Islam und der arabischen Schrift eingegangen, denn auch unter der islamischen Herrschaft hatte Ägypten seines Bodens und Klimas wegen das Monopol auf die Papyrusherstellung wahren können (sieht man einmal von

Sizilien ab). Doch allein damit konnte das Kalifat seinen Bedarf an Beschreibstoffen nicht decken. Um das Jahr 830 versuchte der Kalif nördlich von Bagdad sogar eine eigene Papyrusproduktion ins Leben zu rufen, blieb mit dem Anbau aber erfolglos. Außerdem eignete sich dieser Beschreibstoff ohnedies nur für Schriftrollen und wegen seiner Brüchigkeit nicht auch für Kodizes (das Kalifat pflegte seine islamische Literatur mittlerweile zwischen zwei Deckel zu binden, ein Usus, den es vom syrischen Christentum übernommen hatte).

Pergament wiederum war nur von Nutzen, solange die Zahl der Schriftgelehrten und Autoren gering blieb. Doch angesichts der Massen an Schriftstücken, die die Verwaltung und die Gelehrten bereits in den ersten fünfzig Jahren des Abbasidenkalifats produziert hatten, war weder genügend von diesem Beschreibstoff aufzutreiben, noch hätte man ihn bezahlen können. Außerdem gab es ein weiteres Problem: Die Abbasiden verwalteten ihr gesamtes Reich mithilfe von schriftlichen Dekreten, aber es bedurfte nur etwas Wasser und eines Tuches, um das Geschriebene spurlos von einem Pergament zu löschen. Und wo Wörter zum Verschwinden gebracht werden konnten, dort konnten sie auch durch beliebige andere ersetzt werden.

Also entschieden die Barmakid-Brüder, dass es an der Zeit für einen Wechsel zum Papier sei. Faḍl war inzwischen Gouverneur von Khurasan, der Provinz von Samarkand und seinen berühmten Papiermühlen. Somit darf man wohl davon ausgehen, dass diese Umstellung seine Idee gewesen war. Doch dann sollte es Ja'far sein, nun seinerseits Großwesir, der die Entscheidung traf, das ganze Imperium auf Papier aus Khurasan umzustellen. Und Ja'far wusste, dass der Katalysator für eine solche Transformation weder allein die Gelehrten oder Buchhändler noch allein die Theologen sein konnten. So etwas konnten nur die Hohepriester der Pax Islamica bewerkstelligen, die Verwalter des Abbasidenreichs.

Ibn Khaldūn, der große islamische Historiker und Politiker aus

Nordafrika, schrieb im späten 14. Jahrhundert, dass Pergament nun eindeutig nicht mehr angemessen gewesen sei, da nicht nur die Verwaltung, sondern auch die Wissenschaften derart expandiert hätten:

> *Papier wurde für Dokumente und Zertifikate der Verwaltung verwendet, aber seit Papierblätter auch für Staatsschriften und gelehrte Abhandlungen benutzt wurden, erreichten seine Produktion und Qualität ungeahnte Höhen.*

Es war zwar nach wie vor möglich, qualitativ hochwertiges chinesisches Papier einzuführen, aber es war zu weich – gut geeignet für die Pinsel Ostasiens, nicht jedoch für die Rohrfedern des Kalifats. Außerdem waren Güter, die über die Seidenstraße transportiert wurden, sehr teuer. Schon Jahrhunderte zuvor hatte Plinius d.Ä. verzeichnet, dass jede Ware, die den Weg von Ost nach West über die Seidenstraße zurückgelegt hatte, bis zu ihrem Eintreffen um das Hundertfache im Wert gestiegen war. Wie zur Bestätigung dieser Aussage wurde der muslimische Kalligraf Ibn al-Bawwāb im 11. Jahrhundert einmal mit einem Satz chinesischen Papiers (vermutlich nicht mehr als zwei- bis dreihundert Blatt) anstelle von hundert Golddinaren und einem Ehrenkleid entlohnt.

Doch auch der Import von Papier aus dem dreizehnhundert Meilen entfernten Samarkand konnte kaum eine langfristige Lösung sein. Glücklicherweise war Bagdad selbst die größte metropolitanische Erfindung des 8. Jahrhunderts, und scheinbar ein jeder dort war bereit, alles zu lernen, was er nur lernen konnte. Die ganze vom Kalifen al-Manṣūr 762 gegründete Rundstadt strahlte Wissbegier aus. Manṣūr hatte nicht nur ein geometrisch angelegtes Symbol der Macht, Ordnung und Bildung im Sinn gehabt, sondern auch beabsichtigt, diese Stadt zur grandiosesten auf Erden zu machen, zu einer Weltmacht des Geistes und der Wissenschaften. Und dieser ehrgeizige Traum sollte sich erfüllen.

In Bagdad wurde die erste arabische Wissenschaftsakademie, das *Bayt al-Hikma* oder »Haus der Weisheit« aufgebaut, dort trug man Bücher aus allen benachbarten Reichen zusammen, und dorthin drängte es Gelehrte und Forscher aus den entferntesten Ländern.

Im Jahr 795 wurde schließlich Bagdads erste Papiermühle errichtet. Nach Jahrhunderten eines abgeschotteten Daseins in Ostasien hatte sich das Wissen um die Papierherstellung über Chinas Westgrenzen nach Mesopotamien verbreitet und dabei in knapp fünfzig Jahren rund vierzehnhundert Meilen zurückgelegt. Und diese Bagdader Papiermühle konnte nun genügend produzieren, um Papyrus und Pergament als die Beschreibstoffe der Verwaltung zu ersetzen.

Die Barmakiden sollten den Beginn der Wissensrevolution, die sie selbst in Gang gesetzt hatten, kaum mehr erleben. Es herrscht bis heute Uneinigkeit, was es war, das sie in Ungnade fallen ließ – es könnte die Entdeckung gewesen sein, dass Ja'far eine Affäre mit der Schwester des Kalifen hatte. Was auch immer die Ursache war, fest steht, dass der Kalif einem seiner Sklaven, Salam al-Abrash, den Befehl erteilte, sämtliche Güter Ja'fars zu konfiszieren. Als Salam vor Ja'fars Haus eintraf, waren die Fensterläden bereits geschlossen. Ja'far sagte, er habe die Apokalypse kommen sehen – schlussendlich wurde er geköpft. Der Sturz der Barmakiden beraubte Bagdad seiner farbigsten und kultiviertesten Familie, weshalb die restlichen sechs Jahre von Hārūn ar-Rašīds Herrschaft auch vergleichsweise glanzlos waren. Aber der Wechsel zum Papier war und blieb eines ihrer größten Verdienste – es sollte sogar ein Papier hergestellt werden, das man als *Jafari* bezeichnete. Auch anderenorts hörte man nun vom Papier aus Bagdad. Byzantinische Autoren nannten es *Bagdatixon*.

Bald wurde Papier aus dem Islamischen Imperium auch in fremde Länder exportiert, sogar nach Europa. Eine der frühesten erhaltenen, auf arabischem Papier verfassten Handschriften – die *Doctrina Patrum*, eine Sammlung frühkirchlicher Lehren – entstand jedoch in Damaskus um das Jahr 800. Das älteste vollständige Buch auf arabischem Papier, das überlebt hat, stammt aus dem Jahr 848 und wurde im ägyptischen Alexandria entdeckt.

Islamisches Papier bestand für gewöhnlich aus einer Mischung aus Leinen und Hanf, die es fest, haltbar und blickdicht machte. (Die frühesten Papiere aus der Region waren noch dick und schwer gewesen, später konnte die Qualität durch einen veränderten Mischprozess verbessert werden.) Lumpen und Stricke wurden zerfasert und durchkämmt, bevor man sie in Kalkwasser einweichte, dann per Hand zu einem Brei zerstampfte und bleichte. Diese Pulpe schmierte man zum Trocknen an eine Wand, wo sie kleben blieb, bis sie von allein abfiel. Anschließend wurde sie mit einer Stärkemischung glatt gerieben, in Reiswasser getaucht, um die Poren zu schließen und die Fasern fester miteinander zu verbinden. Manchmal glättete man nur eine Seite des Blattes zum Beschreiben, um das Papier anschließend verstärken zu können, indem man zwei ungeschliffene Blattseiten miteinander verklebte. Es gab drei Qualitäten, normal, rau und strohig, sowie diverse Polituren, von satiniert über hochglänzend bis glatt.

Wenn der Käufer seine Bestellung erhielt, kam das Papier in der georderten Größe zu Bündeln von jeweils fünfundzwanzig Blatt sortiert bei ihm an, genannt *dast*, persisch für »Hand«, was dann zum arabischen *kaff* und später zum französischen *main de papier* wurde. Fünf Hände bildeten ein *rizma*, aus dem sich unser Papiermaß »Ries« ableitet.

Hatte ein Kalligraf sich für die seinen Zwecken angemessene Papierqualität entschieden, pflegte er es zuerst mit *ahar* zu behandeln, einer Mischung aus zermahlenen Reiskörnern, Quittenkernen, Stärke, Eiweiß und anderen Zutaten, um den Blättern eine glänzende Oberfläche zu verleihen, über die die Rohrfeder gut hinweggleiten konnte. Dann polierte und glättete er sie mit einem Stein. Schließlich legte er ein *mastar* zwischen zwei Blätter (in einen Papprahmen gespannte Seidenfäden zur Linieneinhaltung), und wenn er das Blatt beschrieben hatte, streute er Sand darüber, um die Tinte zu trocknen (was oft mit einem Segensspruch einherging).

Von besonderer Bedeutung war die Wahl der Farbe. Blaues Papier wurde im Trauerfall verwendet, in Ägypten und Syrien auch für die Bekanntmachung von Todesurteilen, Hellrot für festliche Anlässe und Tiefrot für die Korrespondenz zwischen hochrangigen Beamten. In Bagdad wurde Papier sogar bis zu einem Format von 106 mal 74 Zentimeter hergestellt, genannt *Baghdadi*. Die Bandbreite an angebotenen Formaten verringerte sich kontinuierlich, bis hin zum winzigen »Vogelpapier«, das nur knapp 9 mal 6 Zentimeter maß und an einer Brieftaube befestigt werden konnte. (Papier ermöglichte auch den Wechsel zu kleineren, den Bedürfnissen des Individuums besser angepassten Koranen, sogar zu einem Taschenkoran – und so etwas stellt in jeder Buchreligion einen Wendepunkt dar.) Es wurde auf Wunsch sogar Papier hergestellt, das durch die Behandlung mit Safran oder Feigensaft aussah wie altes Pergament.

Die Umstellung auf Papier kam auch dem Profil der Schreiberklasse in der Verwaltung zugute, der »Menschen der Rohrfeder«, die ihre Utensilien in einer umgegürteten Schmuckschatulle immer bei sich trugen. Aber vor allem die Tatsache, dass der Islam die bildliche Darstellung Allahs verbot (und auch generell eine gewisse Abneigung gegen figurative Darstellungen hegte), sorgte dafür, dass der künstlerische Wert von Kalligrafien stieg. Der bedeutendste Kalligraf im Abbasidenreich war Ibn Muqla. Er diente im 10. Jahrhundert drei Kalifen als Wesir und definierte den Kanon der sechs arabischen Schreibstile. Seine politischen Entscheidungen ließen ihn jedoch derart in Ungnade fallen, dass ihm schließlich sogar die rechte Hand abgehackt wurde. Der Legende nach habe er sich daraufhin eine Rohrfeder an den Armstumpf binden lassen und unbeirrt weiterhin so schön geschrieben wie zuvor.

Die Ausbildung zum Kalligrafen bedurfte des monate- oder

sogar jahrelangen Studierens bei einem Meister, bis ein Zertifikat erworben werden konnte, welches es gestattete, das Geschriebene mit dem eigenen Namen zu zeichnen. Der Meister zeigte dem Schüler sogar, in welcher Körperhaltung er schreiben sollte – üblicherweise in der Hocke, manchmal auch mit verschränkten Füßen kniend –, und brachte ihm bei, das Papier auf seine flache linke Hand oder das Knie zu legen, sodass es etwas Spiel hatte, weil die Abschlussrundung eines Schriftzeichens auf diese Weise besser gelang, als wenn das Papier auf einem festen Untergrund lag.

Die Bogen des auslaufenden Buchstabens musste der Schüler so lange üben, bis sie aussahen »wie auf demselben Webstuhl gewebt«. Er lernte das schräge Anschneiden seines Schreibrohrs, konnte aber auch einen Federkiel verwenden. Sobald er sein Zertifikat erhalten hatte, durfte er sich gewiss sein, dass man ihm Respekt entgegenbrachte; doch um sich einen Platz in der Kalifatsbibliothek zu sichern, der ihm den Titel eines »Vorbildlichen Schreibers« oder der »Goldenen Feder« gewährte, musste er schon Außergewöhnliches leisten. Der erste große Abbasidenkalligraf wurde »Der Schielende« genannt, vielleicht wegen der vielen Stunden, in denen er sich mit dem Schreibrohr in der Hand die Augen verdorben hatte. Im 15. Jahrhundert erinnerte sich der große persische Kalligraf Mir Ali an vierzig Jahre, die er mit unentwegtem Schönschreiben verbracht hatte, und klagte, dass man diese mühsam erlernte Kunstfertigkeit sofort wieder verliere, wenn man nicht ständig übe.

Die neue Leidenschaft fürs Schreiben wurde allerdings nicht von zielstrebigen Kalligrafen, sondern von Bürokraten geweckt. Der Abbasidenstaat brauchte Sekretäre, die nicht nur die Grammatik gut beherrschten, sondern auch vertraut waren mit der administrativen Literatur und all ihren technischen Finessen. Dass sie mit Feder und Tinte umgehen konnten und wussten, wie man Dokumente versiegelt und Steuerregister anlegt, verstand sich von selbst. Denn das war die Grundbedingung, um über die Einnahmen und Ausgaben und militärischen Besoldungen des Kalifats Buch führen zu können. Doch dass sie eigens auch stilistisch und orthografisch im bestmöglichen Arabisch geschult worden waren, hatte einen anderen Grund: Sie mussten perfekt bewandert sein in der Sprache, die der Kitt des gesamten Imperiums sein sollte.

Tatsächlich entwickelten die Abbasiden eine geradezu abstruse Verwaltungsstruktur, derart überladen mit Formalitäten und Protokollarischem, dass nur noch wahre Experten in der Lage waren, Staatsdokumente zu komponieren. Hinzu kam, dass die Registraturen und Dokumente für die und in den Provinzen in verschiedenen Sprachen erstellt werden mussten: auf Pahlavi in Mesopotamien und Persien, auf Griechisch und Syrisch in Syrien, auf Griechisch und Koptisch in Ägypten. Kein Wunder, dass die Sekretäre im Abbasidenreich so schnell an Statur gewannen. Und vermutlich wäre außer ihnen auch keiner auf die Idee gekommen, eigens die großformatige Kanzleischrift *Warraq* (wie auch die Buch- und Schreibwarenhändler genannt wurden) zu entwickeln, eine Schrägschrift, die sich besonders für das Beschreiben von Papier eignete und eindeutig eine Erfindung von Personen war, die sich bereits gut mit diesem Beschreibstoff auskannten. Um die Mitte des 10. Jahrhunderts verfassten einige Sekretäre sogar Bücher über ihre eigenen Beiträge zur Entwicklung der Verwaltung (und über deren Helden) oder Ratgeber für ihresgleichen, darunter Titel wie »Die Kunst des Schreibens« oder »Die Ausbildung eines Sekretärs im Staatsdienst«.

Das waren natürlich keine besonders originellen Werke, denn sie befassten sich ja ausschließlich mit den Technikalitäten einer schriftlichen Staatsverwaltung und der Dokumentenerstellung. Doch dass beides zum Usus geworden war, *hat* den Einsatz von Papier um ein Vielfaches gesteigert und obendrein zu einer Vielzahl von neuen Behörden in Bagdad Anlass gegeben. Nun gab es eine Kriegskanzlei, ein Amt für Aufwendungen, ein Schatzamt, ein Amt zur Prüfung der Richtigkeit von Textabschriften, das Amt für Korrespondenz (ein Postamt), das Amt des Kabinetts, ein Siegelamt, das Amt für die Öffnung von eingehenden Schreiben (sozusagen die Inbox des Kalifen), die Kalifatsbank und ein Wohlfahrtsamt.

Glücklicherweise standen reichlich Hanf und Leinen zur Verfügung, um diese neue Kultur papierner Dokumente und Bücher zu füttern, während auch die Bevölkerung in der Lage gewesen sein dürfte, die ständige Nachfrage der Papiermühlen nach Lumpen zu stillen, damit diese genügend produzieren konnten, um die Buchhersteller, Buchläden und Bibliotheken in der Stadt zu versorgen. Bei einem Bummel durch das Bagdad des 11. Jahrhunderts konnte man in mehr als hundert Buchläden stöbern – eine Zahl, die vor dem Wechsel zum Papier ökonomisch nicht machbar gewesen wäre.

Die meisten Buchläden waren im Südwesten der Stadt angesiedelt, um den Papiermarkt *Suq al warraqin*, der den Bedarf an der mittlerweile gefragtesten Handelsware der Stadt sowohl schürte wie deckte. (Inzwischen könnte es sich auch bei mehreren anderen Mühlen entlang des Tigris um Papiermühlen gehandelt haben.) Bis Mitte des 9. Jahrhunderts hatten auch viele gebildete Muslime, Christen und Juden im Abbasidenkalifat begonnen, ihre Briefe, eigenen Aufzeichnungen und selbst angefertigten Kopien von literarischen oder theologischen Werken auf Papier zu schreiben.

Auch der Lesermarkt wuchs, und mit ihm natürlich die privaten Buchsammlungen in ganz Bagdad. Aus dem Zeitalter vor dem Buchdruck haben rund sechshunderttausend Abschriften von arabischen Handschriften überlebt, und selbst das kann nur ein kleiner Teil der tatsächlich handschriftlich hergestellten Texte gewesen sein. Es gab öffentliche Bibliotheken und gebührenpflichtige Lesesäle, denn mit dem Papier waren Bücher zwar preiswerter geworden, aber noch immer nicht so günstig, dass sie sich ein jeder leisten konnte. Davon profitierten natürlich auch die Kalligrafen und Kopisten.

Von Beamten erwartet man für gewöhnlich keine Pionierleistungen. Doch im Abbasidenkalifat waren sie es, die zu der neuen literarischen Kultur antrieben, bis eine gepflegte Ausdrucksweise und eine schöne Handschrift schließlich zu jeder guten Kinderstube gehörten. Das Mudari-Arabisch, eine spät- oder nachklassische Sprache aus Mohammeds Zeiten, hatte ein ganzes Universum an neuen Wörtern und Wortspielen angesammelt, aus denen sich die Gebildeten bedienen konnten. Auch einige Frauen griffen zur Rohrfeder, vor allem solche, die dem Hof angehörten. Und dieser neuen Leidenschaft für die arabische Sprache lag nun nicht mehr allein der Koran zugrunde, die oberste Autorität in Sachen des guten Arabisch. Zu ihr hatten mittlerweile auch die Gelehrten beigetragen, die die arabische Grammatik und das Vokabular aus rein wissenschaftlichen Gründen studierten (Al-Bawardi zum Beispiel, ein 957 gestorbener Philologe, soll dreißigtausend Seiten über linguistische Fragen aus dem Gedächtnis diktiert haben), und aus diesen gelehrten Anfängen heraus begannen sich schließlich sogar literarischere und frivolere Sprachstile zu entwickeln.

Man bewunderte Männer, die in der Lage waren, ihre Gedanken mit ebenso spielerischen wie verschachtelten Formulierungen zum Ausdruck zu bringen, erwartete andererseits aber, dass ihre förmlichen Schreiben Prosalektionen in gereimter Eleganz waren. Jede ernst zu nehmende Komposition enthielt Dichtungszitate und nur für Kenner durchschaubare Anspielungen auf höchstem Bildungsniveau. Beispielsweise erwähnte man etwas aus der Biologie nicht, um sein Wissen auf diesem Gebiet weiterzugeben oder zu erläutern, sondern um seine Leser mit wohlklingenden Phrasen und geistreichen Beobachtungen zu amüsieren. Bei Hofe ging das so weit, dass sogar die Speisen, die bei Staatsbanketten aufgetragen wurden, in gereimter Prosa angekündigt wurden.

Mittlerweile begannen auch Begriffe aus dem Griechischen, diesem mediterranen Wissens- und Ideenspeicher, in die arabische Sprache einzufließen. Und derweil sich Übersetzungen ins Arabische häuften – von griechischer und persischer Philosophie, von indischer Mathematik, von jüdischen und christlichen Schriften und allen möglichen anderen Werken, die ursprünglich in Pahlavi, Griechisch, Sanskrit, Hebräisch oder Syrisch verfasst worden waren –, verwandelten sich die Bücherregale der Abbasiden in umfangreiche Bibliotheken der Ideen und des Wissens aus Asien und dem Mittelmeerraum.

Auch Bagdads Gründer Kalif al-Manṣūr widmete sich hingebungsvoll der Literatur, richtete eigens ein Amt für Übersetzungen ein und sammelte selbst Hunderte von griechischen, persischen und Sanskritwerken über Philosophie, Medizin und Astronomie, um hier nur einige wenige aus der ganzen Bandbreite an Disziplinen anzuführen. Alle wurden ins Arabische übersetzt und fütterten wiederum die privaten Bibliotheken von Bücherliebhabern in der ganzen Stadt. Bücher waren zu einem derart zentralen Aspekt des Lebens geworden, dass man sich sogar den plötzlichen Tod des Gelehrten Amr ibn Baḥr al-Ǧāḥiẓ nur im Zusammenhang mit ihnen erklären konnte, wiewohl er bereits in hohem Alter und halb gelähmt gewesen war: Es hieß in der Stadt, er sei von den Büchertürmen erschlagen worden, die er so hoch in seinem Haus aufgestapelt habe, dass sie schließlich zusammenbrachen. Ein Bagdader Bücherwurm ließ sich extra weite Ärmel an seine Gewänder nähen, damit er auf seinen Wegen durch die Stadt mehr Folianten tragen konnte.

In Bagdad gab es keine professionelle Akademikerschicht nach unserem heutigen Verständnis, doch die Stadt war voller Privatgelehrter, die ständig die Nase in Büchern hatten, Bücher kopierten, mit Büchern handelten oder Hadithe (die Aussprüche des Propheten) sammelten. Der Koran beeinflusste das Leben tiefgreifend: Seine Aufforderung, Kranke zu heilen, setzte die medizinische Forschung in Gang, führte zu einer kostenlosen Gesundheitsversorgung, zur Entwicklung von neuen Medikamenten und zu Fortschritten in der Optik und Chirurgie.

Die erste Wissenschaftsakademie des Kalifats, besagtes »Haus der Weisheit« in Bagdad, eine Kombination aus Bibliothek, Akademie und Übersetzungsinstitut, wurde um das Jahr 830 gegründet. Berichten nach war Kalif al-Ma'mūn, der das Islamische Imperium von 813 bis 833 beherrschte, eines Nachts im Traum Aristoteles erschienen, woraufhin er sofort Schreiben nach Byzanz schickte und um die Übersendung nicht nur seiner, sondern auch der Werke von Platon, Galenos, Hippokrates, Archimedes, Euklid und Ptolemaios bat. Sofort nachdem diese Schriften eingetroffen waren, beauftragte er die erfahrensten Übersetzer seines Reiches, allen voran den Philosophen al-Kindī (der Ibn al-Nadīms berühmtem enzyklopädischem Werk *Kitāb al-Fihrist* zufolge zweihundertsechzig Bücher schrieb), mit der Erstellung der arabischen Fassungen. Im Haus der Weisheit arbeiteten Gelehrte vieler Disziplinen, und seine Bibliothek, die nach persisch-sassanidischem Muster aufgebaut war, beherbergte die Übersetzungen vieler wissenschaftlicher Werke.

Al-Ma'mūn hörte nie auf, seltene Bücher von überallher zu sammeln und zu diesem Zweck Gelehrte nach Ägypten, Syrien, Persien und Indien zu entsenden. Manche reisten auch auf eigene Faust los, da sie ja jederzeit das Reich verlassen konnten und begierig darauf waren, mehr von anderen Kulturen zu erfahren. Ein Büchernarr namens Husain bin 'Isḥāq machte sich zum Beispiel auf den Weg, um ganz Palästina, Ägypten und Syrien nach einem einzigen Buch abzusuchen – am Ende fand er es in Damaskus. Aber auch in umgekehrter Richtung trat man die Reise an, auch in Bagdad trafen ausländische Gelehrte ein. Der Hindu-Arzt Duban zum Beispiel stand Seite an Seite mit Parsen, Christen, Juden und Muslimen in den Diensten Al-Ma'mūns

Es waren auch Kalif Al-Ma'mūns Gelehrte, die mit bemerkenswerter Genauigkeit den Erdumfang berechneten. Nach dem mathematischen Universalgelehrten Al-Khwārizmī leitete das Abendland den Begriff »Algorithmus« ab, und aus dem Titel seines Werkes *al-ǧabr* den der »Algebra«; er führte die indischen Ziffern samt der Null in das arabische (und ergo unser modernes) Zahlensystem ein, was ihn wiederum zum Rechnen mit Dezimalstellen und der Berechnung der Konstante Pi weiterführte. Fünf der sechs trigonometrischen Funktionen (Kosinus-, Tangens-, Kotangens-, Sekans- und Kosekansfunktion) waren arabische Entdeckungen auf Grundlage der Hindukenntnisse von der Sinusfunktion. Und das waren die Bausteine für die mathematische Astronomie.

Bahnbrechend für die Astronomie war die arabische Übersetzung von Ptolemaios' *Almagest* (2. Jahrhundert). Rasch entwickelten sich die Kartografie und die Navigation, wodurch schließlich der Beweis erbracht werden konnte, dass der Indische Ozean nicht landumschlossen ist, was dann indirekt zum abendländischen Zeitalter der Entdeckungsreisen führen sollte. Astronomische Daten, die in Europa noch im Duodezimalsystem der Römischen Brüche gelesen wurden, konnte man im Abbasidenstaat bereits wesentlich exakter in Graden, Minuten und Sekunden berechnen. Das Kalifat förderte die Wissenschaften und ermunterte stets zu weiteren vertiefenden Forschungen. Aber auch diese Suche nach den Gesetzen, die die Natur regieren, war durchaus religiös motiviert, ausgehend von dem Glauben an eine göttliche Ordnung, die nicht nur studiert und verstanden, sondern vom Staat auch zum Wohle des Islam genutzt werden konnte – sei es, um Pilgern auf dem Haddsch die Richtung nach Mekka weisen zu können, sei es, um zum Beispiel Abu Bakr al-Anbari, dem großen Gelehrten aus dem 10. Jahrhundert, das Ansammeln seiner legendären 45 000 Seiten an Hadithen zu ermöglichen.

Die bessere Verfügbarkeit von Papier und seine zunehmende Verwendung trug auch zu seiner Standardisierung bei, die dann ihrerseits Verbesserungen der Notationssysteme in der Mathematik, Geografie und Genealogie nach sich zog. Im Zuge der wachsenden Komplexität wurden auch die schriftlichen Kommunikationsformen fortschrittlicher und gewannen an Deutlichkeit. Papier verwandelte das Handwerk, ob es sich um Metallwerker, Keramiker, Töpfer, Weber und sogar um Baumeister handelte. Denn dank dieses Beschreibstoffes konnte nun überall nach Entwürfen gearbeitet werden, die an Kunsthandwerker in Tausenden Kilometern Entfernung weitergereicht wurden. (Man sagt, dass ohne den kulturellen Austausch, der durch Papier möglich wurde, weder die persischen Miniaturen noch die Orientteppiche oder das Taj Mahal je entstanden wären.[3]) Kurzum, Papier trug zum Entstehen eines Netzwerks an Wissen und Bildung im Kalifat bei, das zum Motor der islamischen Kultur wurde; und die weitreichende Verfügbarkeit von Papier zementierte die Entscheidung des arabischen Islam – der sich einst immerhin ausschließlich auf die mündliche Überlieferung gestützt hatte –, sein gesamtes Wissen auf diesem Stoff zu speichern. Während das späte 8. Jahrhundert den Aufstieg des Papiers im ganzen Kalifat mit sich gebracht hatte, erlebte die islamische Kultur im 9. Jahrhundert dank der zunehmenden Nutzung dieses Beschreibstoffes ein regelrechtes Bildungscrescendo. Das Byzantinische Reich im Norden wechselte erst nach dem Kalifat zum Papier. Möglich, dass es dort schon hie und da im 9. Jahrhundert verwendet worden war, doch von einer breiten Nutzung lässt sich vor dem 11. Jahrhundert sicher nicht sprechen; auch die Wiederverwertung von Pergamenten – Palimpseste – blieb sogar in Konstantinopel noch eine übliche Praxis. Die Byzantiner betrachteten sich zwar als die Hüter des literarischen Erbes der griechischen Antike, waren damit allerdings nur zum Teil erfolgreich. So gibt es zum Beispiel keinen Nachweis, dass ihre Bibliotheken den größten in der Alten Welt auch nur nahe gekommen wären. Eine Bibliothek mit einem Bestand von mehreren Hundert Büchern galt in Byzanz als völlig ausreichend, wohingegen die Bestände der Abbasidenbibliotheken in die Tausende oder Zehntausende gingen. Als Byzanz zum Papier überging, importierte man es aus arabischen Regionen, später dann auch aus Spanien und Italien. Aber selbst nach dem 11. Jahrhundert wurde es dort noch ausschließlich für staatliche Zwecke und nicht auch für Glaubensschriften genutzt. Im Laufe des 13. Jahrhunderts begann man es häufiger zu verwenden, doch zum vorherrschenden Beschreibstoff wurde es erst ein Jahrhundert später. Zu diesem Zeitpunkt waren die Buchbestände dort allerdings schon stark reduziert – aufgrund der Plünderung Konstantinopels während des Vierten Kreuzzugs im Jahr 1204 (als die Osmanen 1453 die Stadt einnahmen, waren nur noch sehr wenige Handschriften übrig[4]). Auch eine eigene Papiermühle wurde in Konstantinopel erst nach dem Untergang von Byzanz errichtet.

In den Ländern südlich und östlich des Byzantinischen Reiches nahm die Verbreitung von Papier eine wesentlich beeindruckendere Eigendynamik an, und über diesen Weg sollte es schließlich auch das Abendland erreichen. Von Bagdad aus fand es problemlos einen Weg nach Ägypten und in den Maghreb. Südeuropa hatte schon vor den Byzantinern großes Interesse an diesem Beschreibstoff gezeigt – das Papier aus Syrien, im Abendland *charta damascena* genannt, hatte sich dort längst einen Ruf erworben. Die Spur, die das Papier in Konstantinopel hinterließ, erweist sich also als eine Sackgasse in der Mittelmeerregion.

Während sich die Bestände der abendländischen Bibliotheken fast im gesamten Hoch- und Spätmittelalter noch auf jeweils ein paar Hundert Bücher beschränkten – selbst die Vatikanische Bibliothek verfügte im 14. Jahrhundert erst über zweitausend (wobei es sich meist um Pergamentrollen handelte) –, beherbergten die Großstädte in den islamischen Ländern längst schon umfangreiche Bibliotheken. Der Bau der 1065 errichteten Madrasa von Bagdad hatte insgesamt sechzigtausend Dinar verschlungen – ihre jährlichen Ausgaben beliefen sich hingegen auf rund sechzig bis siebzig Millionen Dinar (ihr Buchbestand ging schließlich in die Zehntausende). Und nachdem 1228 im Osten von Bagdad eine neue Hochschule errichtet worden war, waren hundertsechzig Kamele nötig, um die seltenen und kostbaren Bücher aus der Kalifatsbibliothek dorthin zu transportieren. Die neue Bibliothek war mit offenen Regalen ausgestattet und ermöglichte den Studenten sogar zu seltensten Handschriften direkten Zugang. Nach sechsjähriger Bauzeit konnte sich die Hochschule diverser Hörsäle für Astronomie und andere Naturwissenschaften sowie für die Lehren Mohammeds rühmen; auf dem Höhepunkt ihres Betriebes verfügte ihre Bibliothek über hundertvierzigtausend Bücher.

Am Ende des 10. Jahrhunderts ließ der Fatimidenkalif al-'Azīz auch in Kairo eine Bibliothek errichten, die im 12. Jahrhundert sogar als eines der Weltwunder galt. Sie verfügte über vierzig Säle für insgesamt 1,6 Millionen Bücher und Schriften, sechshunderttausend davon zu den Themen Theologie, Grammatik, Tradition, Geschichte, Geografie, Astronomie und Chemie; sie besaß allein zwölf Kopien von Al-Tabarīs bahnbrechendem Geschichtswerk sowie zweitausend Koranhandschriften von berühmten Kalligrafen. Auch die Bibliothek der Kairoer Al-Azhar-Moschee verfügte im späten 10. Jahrhundert über einen Bestand von rund zweihunderttausend Werken. Dabei war Papier einem erhaltenen Jahresbudget der Kalifatsbibliothek nach zu schließen mittlerweile zwar schon wesentlich preiswerter als Pergament oder Papyrus, aber nach wie vor nicht wirklich billig gewesen. Ein Budget von 275 Dinaren wurde zum Beispiel (unter anderem) in folgende Posten aufgeschlüsselt:

*Bibliothekarsgehalt 48 Dinar*
*Papier für Kopisten 90 Dinar*
*Papier, Tinte, Federn 12 Dinar*
*Restauration von beschädigten Büchern 12 Dinar 61.*[5]

Als das Kalifat im Jahr 1068 von politischer und wirtschaftlicher Instabilität geplagt wurde (nach mehreren Jahrzehnten, in denen die Abbasiden die Kontrolle zunehmend verloren), wurden fünfundzwanzig Kamelladungen Bücher aus den Beständen dieser Bibliothek für nur hunderttausend Dinar verkauft, um den Sold der Soldaten bezahlen zu können. Später plünderten und vernichteten türkische Soldaten den Rest, einen Teil verbrannten sie, den anderen warfen sie in den Nil (einige Handschriften konnten gerettet werden). Sie zersäbelten Ledereinbände, um sich Schuhe daraus zu machen, und schmissen die Seiten daraus dann auf einen Haufen (die Stelle erhielt später den Namen »Bücherberg«) – Biblioklasmus, für gewöhnlich in Gestalt einer Bücherverbrennung, ist so alt wie das Buch selbst.

Oft wurden Bibliotheken und Papiermühlen zeitgleich gegründet, und die großen Zentren der Papierherstellung im Kalifat waren meist auch die Hochburgen seiner literarischen Kultur und seines Buchhandels: Neben Damaskus, Kairo und Bagdad waren das im Osten des Abbasidenimperiums die blühenden Industrien von Samarkand und Täbris in Persien und von Daulatabad in Nordwestindien; im heute türkischen Teil Vorderasiens Hierapolis; im mittelöstlichen Teil war es Tiberias im heutigen Israel; am südlichen Ende der Arabischen Halbinsel das jemenitische Sanaa und Tihama und in Nordafrika Tripolis und Fes (wo ein arabischer Historiker im 12. Jahrhundert 472 Papiermühlen zählte). Auch im spanischen Xativa wurde Papier hergestellt, doch al-Andalus unterstand dem Umayyadenkalifat und nicht den Abbasiden.

Im 10. Jahrhundert errichtete Kalif Abud ad-Daula aus der iranischen Buyidendynastie (die 945 im südlichen Irak und westlichen Iran an die Stelle der Abbasiden getreten war, jedoch deren Kalifentitel beibehielt) im südiranischen Shiras eine Bibliothek mit einem langen, gewölbten und von Lagerräumen flankierten Saal, in dem sich ein hohes Regal an das andere reihte, ein jedes einem anderen Thema gewidmet. Er stattete sie mit Katalogen zum schnelleren Auffinden der Titel aus und ließ eine Belüftungskammer mit umlaufenden Wasserrohren bauen, was allerdings eine weniger beeindruckende Erfindung war, denn offenbar war es die Feuchtigkeit, die die gesamten Buchbestände vernichtete. Die Bibliothek von Basra im heutigen Südirak, westlich von Shiras, verfügte über fünfzehntausend gebundene Bücher (sowie lose Handschriften). Auch Rayy, Mosul und Mashhad besaßen Bibliotheken mit großen Beständen.

Das Abbasidenkalifat war zu einem Verwaltungskoloss mutiert, es war jedoch auch der Hüter alten Wissens, ein Forum für Autoren und ein Förderer von Philosophie und Forschung. Und der Träger wie Übermittler von Information und Kommunikation war von Indien bis zum Maghreb das Papier.

Im Zuge der mongolischen Invasionen im 13. Jahrhundert entstanden neue Nachrichten- und Handelswege in ganz Eurasien. Mittlerweile hatten arabische Bücher auch das Interesse einer Handvoll wegweisender europäischer Gelehrter geweckt und sie dazu bewogen, diese zu studieren oder ihretwegen sogar selbst ins Abbasidenkalifat oder nach al-Andalus zu reisen. Diese ersten Kontakte am Übergang vom 12. zum 13. Jahrhundert zogen Reisen von immer mehr Gelehrten aus dem Abendland nach sich, welche dann die dort erworbenen Bücher ins Lateinische übersetzten (etwa die Werke von Avicenna oder Averroës, der allerdings zuerst ins Hebräische übersetzt wurde). Die naturphilosophischen Erkenntnisse dieser Werke begannen prompt, die geistige Autorität der Kirche zu untergraben, und erstmals verlagerten sich damit auch die Bildungszentren von den Klöstern auf die Universitäten. Der amerikanische Autor und Journalist Jonathan Lyons beschreibt in seiner Studie *The House of Wisdom* den Weg des »arabischen Aristoteles« (der arabischen Übersetzungen seiner Werke also) zurück ins Abendland – Texte, die maßgeschneidert schienen für den Monotheismus, welchen Juden, Christen und Muslime sich teilten. Was einmal zum aristotelischen abendländischen Schulwissen zählen sollte, waren letzthin also islamische Abwandlungen.

Wo das Papier den nächsten Halt auf seiner Weltreise einlegen würde, deutete sich mit Beginn der fast acht Jahrhunderte währenden islamischen Herrschaft in Spanien an, die Wohlstand in viele Häuser brachte und einen nie gekannten Wissensschatz auf dem europäischen Festland verankerte. Vierundvierzig Jahre nach der ersten Eroberungsphase im Jahr 755 wurde das Emirat von Córdoba gegründet, bis dahin war die Iberische Halbinsel eine ausgesprochen rückständige Region gewesen. Und während jenseits des Mittelmeers die Abbasidendynastie an der Macht war, begann dieses unabhängige umayyadische Exilreich in Literatur und Wissenschaft mit ihr zu konkurrieren. Die Bibliothek, die Al-Hakam II. im 10. Jahrhundert in Córdoba errichten ließ, soll vierhunderttausend Bücher besessen haben – allein ihr Autoren- und Werkindex belief sich auf vierundvierzig Bände von je fünfzig Folios. Auch private Bibliotheken gab es in Córdoba zuhauf, nicht nur muslimische, denn auch die Sammlungen einiger Christen enthielten Werke in arabischer Sprache. Außerdem verfügte die Stadt über einen höchst lebendigen Buchmarkt und beherbergte, ungewöhnlich für diese Zeit, auch weibliche Gelehrte.

Die Einverleibung von al-Andalus in die Pax Islamica machte es zum Ziel ganzer Zuwanderungswellen an Ideen, Künsten, Pflanzen, Erfindungen, kulinarischen Rezepten und Nahrungsmitteln von jenseits des Mittelmeers. Nach den politischen Spaltungen Anfang des 9. Jahrhunderts wurden auch Gelehrte aus Bagdad an die spanischen Küsten geschwemmt. Bis zum 11. Jahrhundert war die Landwirtschaft Spaniens zur ertragreichsten des Abendlands geworden, und auch Spanier hatten mit einem detaillierten Studium der aristotelischen Schriften begonnen. Das Bildungsniveau im Kalifat von Al-Hakam II. war ebenso erstaunlich wie seine Bibliotheken. Allmählich begannen die Übersetzungen, Kommentare und wissenschaftlichen Abhandlungen aus dem muslimischen Spanien wie dem Abbasidenkalifat ihren Weg in einige der ersten Universitäten des Abendlands – Bologna, Paris, Oxford – zu finden.

Wiewohl sich das umayyadische Kalifat von al-Andalus ganz anders entwickelte als das Abbasidenkalifat, war die Geschichte des Papiers und die des darauf festgehaltenen Wissens eine in beiden Kalifaten vergleichbare Fortsetzung der Anfänge in Bagdad. Doch dann sollte es nicht das islamische Spanien sein, welches das Abendland mit Papierexporten transformierte. Dieser Wandel setzte erst lange nach dem beginnenden Untergang von al-Andalus im 11. Jahrhundert ein, wohingegen Bagdad noch das Symbol all dessen geblieben war, was die Abbasiden dort erreicht hatten – eine Stadt, in der abendländisches, asiatisches und mittelöstliches Wissen gesammelt und angewandt wurde. Als die mongolischen Horden im Jahr 1258 vor den Toren der alten Kalifatshauptstadt standen, konnte sich Bagdad dreizehn großer Bibliotheken rühmen, darunter die 1233 gegründete Madrasa-Bibliothek, zu der die Lasttiere des Kalifen achtzigtausend Werke getragen hatten.

Eine Woche lang brandschatzten und plünderten die Mongolen die Stadt, vergewaltigten ihre Frauen und zerstörten ihre Bibliotheken. Die Bücher warfen sie in den Tigris, der sechs Monate lang schwarz vor Tinte gewesen sein soll. Bagdad sollte zwar wieder auferstehen und auch seine Papierindustrie wiederaufbauen, doch seine Blütezeit als Metropole eines geeinten Kalifats war nun ebenso vorüber wie seine bedeutende Rolle als der Popularisierer von Papier.

Die Tinte und die Papierblätter, auf denen altes Wissen und neue Erkenntnisse festgehalten worden waren, trieben flussabwärts in den Persischen Golf. Passender wäre gewesen, sie hätten irgendwie einen Weg ins Mittelmeer gefunden. Denn nach Jahrhunderten im geistigen Schatten des Islamischen Imperiums näherte sich das Abendland nun seiner eigenen großen »papiergemachten« Revolution, die zwar deutlich auf den Errungenschaften beider Islamischer Kalifate aufbaute, aber diese bald schon überflügeln sollte.

## 13

## Ein Kontinent spaltet sich

> [Er] war nicht einfach ein Publizist unter vielen, er war der Publizist. Und er dominierte in einem Maße, wie meines Wissens kein anderer Mensch jemals wieder einen Propagandakrieg und eine Massenbewegung dominiert hat, nicht Lenin, nicht Mao Tse-tung, nicht Thomas Jefferson, nicht John Adams, nicht Patrick Henry.
>
> MARK EDWARDS[1]

Das mittelalterliche Abendland verwendete keine Pflanzen als Grundsubstanzen für seinen Beschreibstoff, sondern Tiere, weshalb seine Bücher nicht nur aufwendig herzustellen, sondern meist auch unhandlich und teuer waren. Die Seiten bestanden aus den Häuten von Kälbern, Ziegen oder Schafen und wurden generell als Pergament bezeichnet, abgeleitet von *charta pergamena*, dem »Papier aus Pergamon«, wiewohl es für die bevorzugte Kalbshaut eine eigene Bezeichnung gab: Velin, vom lateinischen *vitulus* oder dem altfranzösischen *vélin* (Kalb).

Unabhängig davon, welches Tier das Rohmaterial lieferte, wurde immer zuerst das Fell in eine Kalklauge gelegt, um die Haare abzulösen, und anschließend mit einem Schaber von allen Fleischresten befreit. Dann spannte man die Haut mithilfe einer

Schnur, die durch je ein Loch an allen vier Enden gezogen wurde, auf einen Rahmen, schabte sie nochmals mit einer scharfen Klinge und glättete sie so lange mit Bimsstein, bis die Oberfläche fein genug war – ein Prozess, der mehrere Tage dauern konnte.

Auf den zurechtgeschnittenen Pergamenten wurden dann mit winzigen Löchern am Rand die Zeilen und Spalten markiert, damit der Schreiber feine Linien für ein gerades Schriftbild ziehen konnte. Er beschrieb den Stoff mit einem Federkiel, doch der Akt des Schreibens auf einer Tierhaut verlangte außerordentliche Behutsamkeit und höchste Konzentration. Manchmal wurde ein Pergamentbuch noch illuminiert, das heißt sein Inhalt optisch mit der dem Text angemessenen Schönheit aufgewertet. Schließlich ordnete man die Pergamentblätter der logischen Reihenfolge nach und bündelte sie in Lagen mit Kordeln oder Lederriemchen.

Einer vergleichenden Preisstudie zufolge waren solche Bücher im Mittelalter ungemein teuer. Im Jahr 1397 wurde in England eine Kollektion von 126 Büchern verkauft, im Schnitt jeweils fünf für vier Pfund. Die Unterrichtsgebühr einer Klosterschule betrug für das Schuljahr 1392/93 zwei Pfund, ein Ochse kostete durchschnittlich ein Zweidrittelpfund und eine Kuh rund ein halbes Pfund.[2]

Es ist schwierig, über Anekdoten hinauszugehen, wo nur so wenige Zahlen zur Verfügung stehen, doch dass ein Buch im Mittelalter in jeder Hinsicht ein seltenes Luxusgut war und meist mit einer privaten Bibliothek vor Augen gefertigt wurde, legen allein schon seine damals üblichen Formate nahe. Der Niedergang des Römischen Reiches war eine Katastrophe für den europäischen Buchhandel gewesen und dürfte sich in ganz West-Mitteleuropa fatal auf den Herstellungsprozess von Büchern ausgewirkt haben. Doch dann traf Rettung in Gestalt des Klostermönchtums ein. Es begann mit der Gründung des benediktinischen Mutterklosters Montecassino (zwischen Rom und Neapel) im Jahr 529, das sich für seine monastischen Studien, die ausdrücklich von Papst Gregor dem Großen (von 590 bis 604 Bischof von Rom) gefördert wurden, als erstes Kloster eine eigene Bibliothek aufzubauen begann. Einen freien Markt für Bücher gab es nicht.

Im 7. Jahrhundert reiste Benedict Biscop aus Northumbria nach Rom – er hatte im Jahr 674 die Benediktinerabtei Monkwearmouth und 681 das zugehörige Priorat Jarrow im Norden Englands gegründet –, um die Bibliotheken beider Priorate aufzustocken (was dem angelsächsischen Benediktinermönch, Theologen und Geschichtsschreiber Beda Venerabilis dann ausreichend Material zur Verfügung stellte, damit er seine bahnbrechende *Historia ecclesiastica gentis Anglorum*, »Kirchengeschichte des englischen Volkes«, schreiben konnte). Aber nicht nur Monkwearmouth-Jarrow, auch andere Benediktinerabteien wie Luxeuil im Norden von Burgund (gegründet um 590) oder San Colombano von Bobbio in der italienischen Provinz Piacenza (614) wurden zu wichtigen Buchproduzenten. Die bedeutendsten Zentren des nördlichen Klostermönchtums lagen im heutigen Irland, der Zuflucht vieler Gelehrter, die dem Vormarsch der germanischen Stämme auf dem europäischen Kontinent entflohen waren.

Die Buchkultur des späten Mittelalters sollte die der frühen Periode, die noch sehr viel stärker monastisch geprägt gewesen war, zwar bereits weit übertreffen, doch natürlich florierte eine Handschriftenkultur, ungeachtet all der Schwierigkeiten und Kosten, die mit der Niederschrift eines Textes und der Herstellung eines Buches verbunden gewesen waren, auch schon in dieser früheren Zeit (wenngleich ausschließlich im kirchlichen Rahmen). Der Kodex begann sich in der abendländischen Kultur erst im Mittelalter zu etablieren, um schließlich ins Zentrum der Buchkultur zu rücken, wiewohl ihn das Christentum bereits in der Antike erfunden hatte. Aus dieser Periode hat vieles überlebt, aber wahrlich nichts in solchen Mengen wie Bücher, deshalb lassen sich die damaligen Schwierigkeiten der Buchherstellung auch nicht einfach mit einem kulturellen Desinteresse oder einer Indifferenz gegenüber Innovationen auf diesem Gebiet abtun. Im

Gegenteil, die Tausende von erhaltenen Handschriften deuten vielmehr auf eine Kultur hin, die sich *trotz* der vielen Herausforderungen, vor die die Herstellung eines Buches stellte, und *trotz* der hohen Kosten, die damit einhergingen, mit großer Hingabe der Produktion von Texten gewidmet hat.

In China war es eine buchverliebte Bambuskultur gewesen, die dem Papier zum Aufstieg verholfen hatte, obwohl dazu eine gewaltige Umorientierung nötig gewesen war, da ein chinesisches Buch über so lange Zeiten hinweg aus länglichen Täfelchen bestanden hatte, die nur ihrer Form folgend (in ein bis maximal zwei Kolumnen) beschriftet werden konnten, um dann zu einer Rollmatte aufgefädelt zu werden. Das neue Konzept fußte auf Papierblättern, die in mehreren Kolumnen beschrieben wurden und dann miteinander zu einer Rolle verklebt oder zu einem Buch mit einem Rücken gebunden werden konnten.

In Europa hatte das Papier hingegen eine Kultur angetroffen, die nicht nur längst vertraut mit gebundenen Büchern gewesen war, sondern solche auch schon in Formaten besaß, die sich ideal fürs Papier eigneten. Das gedruckte Buch des 15. Jahrhunderts war also keine radikale Neuerfindung gewesen, sondern schlicht und einfach eine Nachahmung des Handschriftenbuches (das es bereits ein Jahrtausend lang im ganzen Abendland gegeben hatte) mit anderen Mitteln. Der neue handgeschriebene und später gedruckte Kodex war allerdings preiswerter als seine Vorfahren, kompakter, konnte (dank seiner größeren Stabilität) umfangreicher sein und eignete sich auch wesentlich besser zur Referenzierung als eine Rolle.

Somit waren die wesentlichen Eigenschaften der abendländischen Handschriftenkultur ungefähr seit der Wende zum 6. Jahrhundert nicht verändert worden, angefangen bei der Verwendung von Pergament über die Praxis der Illumination und die kirchlichen Themenschwerpunkte bis hin zur Präferenz der lateinischen Sprache (oder von lateinischen Alphabetschriften[3]) und der Bindung zum Kodex.

Ungeachtet der bereits vorhandenen Texte auf Blättern, die zwischen zwei Buchdeckel gebunden worden waren, durchliefen jedoch auch die abendländischen Lese- und Schreibkulturen im Mittelalter (und vor allem seit dem frühen 12. Jahrhundert) eine Transformation. Kloster-, Dom- und Hofbibliotheken, die im Besitz von jeweils einigen Hundert Bänden waren, hatte es nun schon mehrere Jahrhunderte lang gegeben, und das im Wesentlichen dank der karolingischen Renaissance, die im 9. Jahrhundert einige römische Klassiker durch Abschriften gerettet hatte. (Ohne diese Wiederentdeckung der römischen Klassiker zur Zeit der Karolinger hätten wir heute bestenfalls noch Zugang zu den lateinischen Schriften von Vergil, Terenz und Livius.[4]) Damals, im 9. Jahrhundert, hatte der Benediktiner und Dichter Walahfrid von der Reichenau, genannt Strabo, erstmals auch ein Buch in Kapitel unterteilt, außerdem waren die Grundlagen für die Indexierung gelegt und ein derartiges Interesse an frühklassischen Handschriften geweckt worden, dass eine regelrechte Massenproduktion von Büchern eingesetzt hatte: 7200 karolingische Handschriften haben aus dem 9. Jahrhundert überlebt.

Um die Wende zum 12. Jahrhundert begannen sich die Dinge zu verändern. Während die aufstrebenden Universitäten von Bologna, Oxford und Paris allmählich eine lesende Öffentlichkeit erschufen (wenngleich in diesem Stadium natürlich erst eine ausschließlich aristokratische), begannen sich auch unabhängige professionelle Schreiber und Illustratoren zu etablieren, wodurch sich das Kopieren und Herstellen von Büchern zunehmend von den Klöstern auf die Städte (meist Universitätsstädte) verlagerte. Auch die Produktionskette des säkularen Buchhandels nahm zu dieser Zeit Gestalt an, da sich Buchhändler und/oder Verleger, Pergamentmacher und Buchbinder jeweils nur noch auf eines dieser Gewerbe zu konzentrieren begannen. Der Aufstieg dieses säkularen Herstellungsprozesses zog dann nicht nur eine wachsende Buchgelehrtheit des Adels, sondern auch die Produktion von ahnenhistorischen Heldenepen und Romanzen nach sich.

Bis Mitte des 12. Jahrhunderts waren dann sogar unter Mönchen bereits so viele Bücher in Umlauf, dass niemand mehr den Anspruch haben konnte, alle zu lesen. Während dieser Entwicklung erschienen die ersten Nachschlagewerke – Wörterbücher, Enzyklopädien, Konkordanzen – und begann sich ein blühender Buchhandel zu entwickeln. Das geschah vor allem im Universitätsviertel von Paris, wo dieser Handel stark von der Unabhängigkeit der Sorbonne profitierte und immer professioneller werden konnte: Uns sind aus dem 13. Jahrhundert achtundfünfzig Buchhändler und achtundsechzig Pergamentmacher aus Paris namentlich überliefert.[5] Aber auch der Buchhandel in Oxford und Bologna bediente nun nicht mehr nur die Universitäten und begann sich auf die lokalen Märkte zu fokussieren. Die ersten Bibeln im Taschenformat tauchten auf und fanden ebenso reißenden Absatz wie die Psalter für Laien und die ersten Bücher in Landessprachen.

Zeitgleich richteten die ersten Universitäten Leihbibliotheken ein, wozu sie das Pecia-System der Universitätsbuchhändler übernahmen: Die wichtigsten Lehrbücher standen ungebunden und in einzelnen »Pecien« zur Verfügung. Mit diesem Begriff waren meist zwei Doppelblätter gemeint, die jeweils einzelnen Studenten zur Abschrift ausgeliehen wurden. Auf diese Weise stand in null Komma nichts die Kopie eines kompletten Werks zur Verfügung, von der dann alle profitierten, vor allem, da dieses Vervielfältigungsprinzip natürlich auch dem neuen abendländischen Trend zum Quellenstudium (oder der Recherche, wie wir heute sagen) entgegenkam. Und damit begann das klösterliche oder kirchliche Skriptorium an Bedeutung zu verlieren: Die unbezahlte Arbeit monastischer Kopisten (deren einziger Lohn der versprochene Sündenablass war) verwandelte sich in die Lohnarbeit nichtmonastischer Schreiber.

Doch ungeachtet dieser buchlastigen Hochkultur hatte dieser Vervielfältigungsprozess auch seine Probleme. Der zeitliche Aufwand für die Produktion einer Handschrift, die Kosten für das

Pergament, geschweige denn für Velin, und die klerikale Kontrolle, die sich sogar auf die Buchproduktionen außerhalb der Klöster erstreckte, erhoben die Frage, wie viele Schreiber und Leser sich auf diese Weise überhaupt gewinnen ließen. Einer Expansion der Buchkultur waren damit jedenfalls deutliche Grenzen gesetzt. Das Buch als solches hatte zwar bereits seine ideale Gestalt gefunden, doch noch war es kein Bündnis mit dem idealen Beschreibstoff, dem idealen Herstellungsprozess und ganz gewiss auch noch nicht mit der Freiheit eingegangen, die für das Schreiben eines jeden Buches unerlässlich ist. Unter diesen Umständen konnten sich Bücher natürlich auch noch nicht zu den Alleskönnern entwickeln, zu denen sie nach und nach werden sollten, seit man vom Pergament abgerückt war. Neue Formate und neue thematische Ziele erblickten erst als Sprösslinge des Papierzeitalters das Licht der Welt.

Mittelalterliche Bibliotheken waren meist noch so schlecht bestückt, dass man vielerorts im Osten Frankreichs, Westen Deutschlands oder Norden Italiens auf besagtes Pecia-System zurückgreifen musste, wenn man die von den Karolingern geretteten lateinischen Texte studieren wollte. Denn deren Verbreitung hatte stark unter den damals verwendeten Beschreibstoffen gelitten. Einige karolingische Schreiber hatten noch Wachstafeln verwendet, auf denen man einen Text problemlos löschen konnte, indem man das Wachs wieder einschmolz. Aber die Arbeit auf dieser Grundlage war ein mühsames Verfahren, da man den Griffel oder Stilus jedes Mal vom Wachs abheben musste, wenn sich die Laufrichtung eines Buchstabens änderte. Abgesehen davon ließ die Größe einer Wachstafel nur kurze Texte zu. Längere Schriften pflegten die Schreiber auf Pergament zu übertragen, das zwar haltbar, aber wie gesagt auch teuer und steif war. Doch solange solche Bücher die Luxusartikel einer kleinen und wohlhabenden Elite gewesen waren, hatten sich daraus keine großen Probleme ergeben. (Im 8. Jahrhundert waren sogar in Europa einige wenige Schriften auf Papyrus verfasst worden, wiewohl Ägypten und

Sizilien bekanntlich die einzigen Produzenten waren.) Doch als die Exklusivität von Büchern und Bildung im 14. Jahrhundert ins Wanken geriet, wurde Pergament schnell zu einem Anachronismus.

Die abendländische Papierherstellung begann im islamisch beherrschten Teil Spaniens, wo 1151 in Xàtiva ein Stampfwerk zum Mazerieren von Lumpen errichtet wurde. Aber nicht nur die Kenntnisse der Papierherstellung waren arabische Exporte nach al-Andalus gewesen, das waren vermutlich auch die wassergetriebenen Hammermühlen, die jenseits des Mittelmeers schon seit Jahrhunderten genutzt worden waren.[6] Handschriften, die im Kloster Santo Domingo de Silos in der Provinz Burgos entdeckt wurden, beweisen, dass Papier in Spanien bereits im 10. Jahrhundert verwendet worden war (vermutlich aus Vorderasien eingeführt) und sich der Herstellungsprozess bis zum Beginn der landeseigenen Produktion kaum verändert hatte: Spanisches Papier wies üblicherweise ein spezifisches Gittermuster auf (die Abdrücke der Gaze) und wurde satiniert – Details, in denen sich deutlich die Präferenzen der mittelöstlichen Papiermacher spiegelten –, und häufig war die Mitte des Blattes etwas dicker, als hätte das Sieb mit der Pulpe darauf etwas durchgehangen. Ein Unterschied zum Herstellungsprozess in Ostasien war, dass europäische Papiermacher statt Bambus und Gräsern für ihre Siebe Metall verwendeten, weshalb die Gitterstruktur im Trocknungsprozess auch deutlichere Wasser- und Kettlinien auf dem Papier zurückließ. Der Papiermühle von Xàtiva folgten bald weitere in Katalonien und Bilbao (sowie 1282 das erste belegte Beispiel einer wassergetriebenen Mühle, wiederum in Xàtiva).[7] Spanisches Papier wurde in den ganzen Mittelmeerraum exportiert, ob nach Marokko, Ägypten, Byzanz oder Italien.

Um die Mitte des 12. Jahrhunderts hatte auch Süditalien Papier aus Vorderasien bezogen, doch letzthin fand es dort kaum Verwendung, bis in den Zwanzigerjahren des 13. Jahrhunderts schließlich auch deutsche Lande mit seiner Einfuhr begannen. Im Jahr 1231 verbot der Staufer Friedrich II. – Kaiser des Heiligen Römischen Reiches, römisch-deutscher König, König von Sizilien, König von Italien, König von Jerusalem, König von Apulien – in Neapel, Sorrent und Amalfi die Verwendung von Papier für Staatsdokumente, weil er es für weniger haltbar hielt als Pergament. Doch unter den amtlichen Schreibern hatte sich bereits eine deutliche Vorliebe für den neuen Beschreibstoff herausgebildet.

Um 1235 gab es in Norditalien erste kleine Papiermanufakturen, große Papiermühlen sollten allerdings erst 1276 in Fabriano in der Provinz Ancona errichtet werden. Ihnen folgte 1293 eine Mühle in Bologna, deren Papier sechs Mal preiswerter war als Pergament. Doch das eigentliche Sprungbrett für die abendländische Papierherstellung waren die Mühlen von Fabriano: Bis 1350 war die Stadt so berühmt für ihr Papier, dass ihre Hersteller es auch auf dem Balkan, in Süditalien und auf Sizilien vertreiben konnten. Bei vielen ihrer Papiermühlen handelte es sich schlicht um umgebaute alte Kornmühlen – ein Grund, weshalb die europäischen Müller so effizient waren: Sie verwendeten deren oberschlächtige Wasserräder einfach weiter, um sich die Schwerkraft zunutze zu machen. Das Wasser prasselte durch eine Rinne aus mehreren Metern Fallhöhe vom Radscheitel in die wasserdichten Radzellen und steigerte so die Aufschlagkraft. (In Fabriano wurde erstmals auch tierischer Leim – Gelatine – anstelle von pflanzlicher Stärke verwendet, was das Papier widerstandsfähiger und geeigneter für die Federkiele machte, die man in Europa verwendete.)

Um das Jahr 1340 begann auch in Saint-Julien (im heutigen französischen Département Aube) die Papierherstellung. Um 1390 soll mehreren Dokumentationen nach die erste Papiermühle Deutschlands von Ulman Stromer bei Nürnberg errichtet worden sein, was Deutschlands Abhängigkeit von Papierimporten aus Italien beträchtlich verringerte. Anfang des 15. Jahrhunderts folgten weitere, zum Beispiel in Marly (1411) und Basel (1440), um die

Mitte des 15. Jahrhunderts in Straßburg, gegen Ende des Jahrhunderts in Österreich, Brabant, Flandern, Polen und England. Zu diesem Zeitpunkt hatte man allerdings schon jahrzehntelang Papier aus dem Ausland importiert, was viele nordeuropäische Staaten (wo weniger Leinenlumpen zur Verfügung standen) auch weiterhin noch taten.

Es waren jedoch die italienischen Papiermacher, die das arabische Papier schließlich verdrängten, denn dank ihrer besseren Mühlen und Süßwasserversorgung konnten sie das preiswerteste Papier weit und breit herstellen. Auch die pflanzlichen Bestandteile waren in Europa billiger als in Vorderasien und dem Mittleren Osten, da im Abendland seit dem Spätmittelalter großflächig Hanf und Flachs angebaut wurden, die bekanntlich vorzügliche Rohmaterialien für Papier sind. Hier mahlte man die Lumpen nicht mit Mahlsteinen zu Brei, sondern stellte die Pulpe mithilfe von eisengespickten Holzstößeln her, die in den Hammermühlen mit Wucht auf die Steinbottiche niederprallten. Die Konsistenz der Pulpe, der die Araber Pflanzenleim zusetzten, wurde in Europa durch die Verwendung von Knochenleim beziehungsweise tierischer Gelatine verbessert. Kurzum, das europäische Papier war sowohl preiswerter als auch qualitativ besser als das vorderasiatische und mittelöstliche.

Staatsdiener, Kleriker, Kaufleute, Literaten – alle profitierten vom Erfolg des Papiers in Europa. Jeder Gelehrte konnte nun sein eigener Schreiber sein und brauchte niemanden mehr mit Abschriften zu beauftragen. Im 12. Jahrhundert begann man den Beschreibstoff in einigen Regionen des Abendlands erstmals für staatliche und kommerzielle Dokumente zu verwenden, im 13. Jahrhundert auch für private Briefe und Bücher. Bis zum späten 14. Jahrhundert hatte das Papier des kontinentalen Hauptversorgers Italien das Pergament schließlich in ganz Europa weitgehend verdrängt.

Abendländische Papiermühlen verwendeten eine ähnliche Technik wie die Mühlen Chinas, Vorderasiens und des Mittleren

Ostens. Wie überall bedurfte es des Zugangs zu genügend Wasser, und da die ersten europäischen Mühlen alte Lumpen als Rohmaterial benutzten, profitierten sie auch von der Nähe zu Leinenmanufakturen, wie es sie zum Beispiel in den französischen Vogesen gab. Zuerst wurden gröbere Gewebeteile aussortiert, dann weichte man die Stoffe ein und überließ sie der Fermentierung. Anschließend wurden sie zur Mühle gebracht, häufig eine umgewidmete Wasser- oder Kornmühle, wo die schweren Holzstößel sie zu Brei stampften. Den kippte man anschließend in einen Bottich mit warmem Wasser und presste ihn schließlich durch ein gerahmtes Sieb. Der Geselle oder sogenannte Gautscher zog den Bogen Papier dann ab und legte ihn auf ein Stück Filz zum Antrocknen, bevor die Restflüssigkeit unter einer schweren Presse herausgedrückt und der Bogen im Trockenraum aufgehängt wurde. Nach dem Trocknen überzog man ihn mit Leim, der die Poren abdichtete, das Papier weich machte und verhindern sollte, dass es saugfähig wie Löschpapier wurde. Dann glättete und polierte man es und bündelte es zu Lagen von je fünfundzwanzig Blatt. Waren zwanzig Lagen fertiggestellt, wurden diese zu marktfertigen Bündeln von je fünfhundert Blatt geschnürt. Der Prozess war also seit dem Verfahren von Cai Lun im Jahr 105 im Wesentlichen unverändert geblieben – abgesehen von solchen europäischen Spezifika wie den besagten eisengespickten Holzstößeln. Die chinesischen Papiermacher hatten ihr Wissen an die Araber weitergegeben, nun hatten die Papiermacher des Umayyadenkalifats über ihre Mühlen in al-Andalus diese Technik dem Abendland beigebracht.

Es waren wiederverwertete Lumpen, die im 14. Jahrhundert das europäische Lesezeitalter einläuteten. Tatsächlich fand Papier mittlerweile so reißenden Absatz, dass einige Länder sogar die Ausfuhr von Lumpen verboten. Erst deren zunehmende Verknappung veranlasste die Papiermacher, Ausschau nach anderen Grundsubstanzen zu halten. (Holz sollte allerdings erst einige Jahrhunderte später zur Verwendung kommen – das erste Buch aus Holzpulpe erschien 1802.) Die Niederlande verwendeten seit Ende des 13. Jahrhunderts Papier in ihrer Verwaltung, England folgte auf dem Fuße. Die Gemeindekontenbücher von Mons und Brügge in Belgien wurden zu dieser Zeit nachweislich auf Papier geführt, auch einige Fürstenhöfe bedienten sich seit 1270 des neuen Beschreibstoffes. Doch angeführt wurde das christliche Abendland in puncto Papier von den norditalienischen Stadtstaaten, die ihre Schriften seit den Achtzigerjahren des 13. Jahrhunderts praktisch nur noch auf diesem Stoff verfassten (die Verwendung von Papier im Bereich der Politik sollte sich als ungemein wichtig für seine weitere Geschichte erweisen).

Beschrieben wurden die europäischen Papiere des 14. Jahrhunderts generell in Latein, nicht in einer Landessprache. Die meisten Texte darauf waren anwendungsorientiert und behandelten solche Themen wie Astronomie und Medizin oder beinhalteten Gesetzestexte, Nachschlagewerke und Wörterbücher in lateinischer Sprache (grundsätzlich war es natürlich ein ungemeiner Vorteil, dass das Abendland über eine gemeinsame Schriftsprache verfügte). Im letzten Viertel des 14. Jahrhunderts begannen auch erste umgangssprachliche Schriften auf Papier aufzutauchen, wobei es sich jedoch fast ausschließlich um christliche Andachtsbücher handelte. Klöster bevorzugten nach wie vor Pergament für ihre Handschriften und verwendeten Papier nur für Erstabschriften, die üblicherweise später vernichtet wurden. Niemand scheint dort davon ausgegangen zu sein, dass Papier besonders haltbar war.

Bis Ende des 14. Jahrhunderts war Papier jedoch im ganzen Abendland fünf Mal billiger geworden als Pergament, außerdem hatte inzwischen auch der Wechsel zu einer Schreibschrift stattgefunden, die den Schriftkundigen eine sehr viel schnellere Fertigstellung ihrer Manuskripte ermöglichte. Das heißt, sie konnten nun zwei bis drei zum Folioformat gefaltete Bogen (jeweils zwei Seiten) pro Tag beschreiben, was wirklich eine gewaltige Verbesserung gegenüber der bis dahin üblichen Rate von nur einem einzigen Folio täglich war. In diesem Wechsel zum Papier spiegelte sich aber natürlich nicht nur der steigende Bedarf von Schreibern, sondern auch die gestiegene Zahl von Lesern. Zwar verwandelten Bücher sich damit noch nicht in alltägliche Gebrauchsgüter, aber nun war aus einem Luxusartikel, der bislang den Reichen vorbehalten gewesen war, zumindest schon einmal eine Ware geworden, die sich beispielsweise auch Kaufleute leisten konnten. Und da Papier im Verbund mit der schnelleren Schreibschrift den Preis von Büchern drückte, erschloss sich ihnen erstmals ein Markt von Lesern, die nur selten über Lateinkenntnisse verfügten, was wiederum zur Folge hatte, dass umgangssprachliche Texte immer üblicher wurden.

Und während immer mehr Schriften in Landessprachen erschienen, begannen auch Einflüsse aus Ländern jenseits der Hoheitsgebiete des abendländischen Christentums auf Kirchenkreise und Gelehrtenzirkel einzuwirken: Im Spätmittelalter trafen ganze Büchersammlungen im Abendland ein, erbeutet von Kreuzrittern, oder auf friedlicheren Wegen aus den Kalifaten der Abbasiden und Umayyaden bezogen.

Nachdem die Pest im 14. Jahrhundert auch ganze Regionen von Italien verwüstet und die mittelalterliche Ordnung ins Wanken gebracht hatte, begann der rasante Aufstieg der Städte Norditaliens. Florenz und Venedig entwickelten sich zu Drehscheiben des Kommerz und zu Ideenbörsen für die Anrainer des Mittelmeers. Das Streben nach Wissen und Schönheit wurde zu einem Selbstzweck, was sich vor allem beim Geschichtsstudium bemerkbar machte. Denn auch Geschichte, die bis dahin vorrangig aus religiösen Perspektiven betrachtet worden war, begann man nun um ihrer selbst willen zu studieren. Und untrennbar verbunden damit war die andere Perspektive der Renaissance auf die Welt: Nun begann man sie nicht mehr nur aus dem Blickwinkel eines Gottes zu betrachten, der auch über die weltliche Geistesgeschichte wacht, sondern zunehmend aus dem des Menschen, der diese Geschichte selbst prägt. Und was für den Betrachter galt, das galt genauso für das Betrachtete. Die Renaissance ermöglichte auch den Künsten, insbesondere Malerei und Literatur, die Auseinandersetzung mit einer sehr viel größeren Bandbreite an Themen. Und damit verlieh sie dem menschlichen Individuum jenes Mehr an Würde und Eigenwert, welches dann so oft mit dem ausschließlicheren spirituellen Blickwinkel kontrastiert werden sollte, den die Kunst über die längste Zeit des abendländischen Mittelalters eingenommen hatte. Und doch: Die Bewegung der Renaissance hatte bereits im Mittelalter eingesetzt und kann nicht getrennt von dieser Periode definiert werden. Man kann sie wohl als eine grandiose Verlagerung von Metanarrationen bezeichnen, aber sie erschöpfte sich keineswegs in einer neuen Bildhauerei, Malerei und Literatur, denn sie war auch in hohen Maßen ein soziales Phänomen und ein gesellschaftlicher Prozess.[8]

Die Frührenaissance wandte sich selbstbewusst zurück an das alte Griechenland und Rom, um vor allem mithilfe antiker Schriften, aber auch der erhaltenen Bauten oder hinterlassenen Ruinen, wieder eine Verbindung zur Klassik herzustellen. Das 15. Jahrhundert erlebte gegenüber dem vorangegangenen Jahrhundert zwar ebenfalls eine rund dreiprozentige Steigerung bei den Abschriften von frühchristlichen Schriften, doch die Reproduktion klassischer Texte stieg parallel dazu um rund 8 Prozent. (Wie derselben Studie zu entnehmen ist, war in keinem einzigen der vorangegangenen neun Jahrhunderte ein erwähnenswerter Anstieg bei Abschriften von christlicher und klassischer Literatur zu verzeichnen gewesen.[9]) Sichtbar wurde diese Rückbesinnung auf die Klassik in den verschiedensten Bereichen, doch nirgends deutlicher als in der Architektur (worauf wir noch zurückkommen werden), der mit Sicherheit beherrschendsten Renaissancekunst, die, wiewohl ihr Endprodukt nicht auf Papier stand, zumindest bei ihren Vorbereitungsprozessen stark mit dem Papier verbunden war. Natürlich war die Bedeutung von Papier auf anderen Gebieten eine unmittelbarere, doch in allen Fällen war es das Interesse an der Antike, an ihren Philosophien, der Übersetzung ihrer Schriften und an ihren Künsten, die das Bedürfnis in der Renaissance nach Lesen und Schreiben so ungemein verstärkte.

Im Jahr 1397 traf der byzantinische Diplomat und Gelehrte Manuel Chrysoloras in Florenz ein, um Vorträge über klassische griechische Schriften zu halten, und verankerte damit das Griechischstudium im fruchtbarsten geistigen Boden des Abendlands. Mittlerweile hatten auch arabische Übersetzungen griechischer Werke ihren Weg in den europäischen Süden gefunden, sei es in die vierhunderttausend Bände umfassende Bibliothek des Kalifen von Córdoba, sei es in die Städte Norditaliens oder in die Pariser Sorbonne, die damals führende Universität des Kontinents. Und während diese Werke nun ins Lateinische und einige sogar in europäische Umgangssprachen übersetzt wurden, trafen nach und nach immer mehr Gelehrte aus Byzanz mit immer weiteren griechischen Texten im Gepäck in den Städten Norditaliens ein.

Im Jahr 1444 öffnete die erste für jedermann zugängliche Bibliothek von Florenz ihre Tore, mit deren Planung Cosimo de' Medici 1441 begonnen hatte. Parallel dazu begann er eine Elite von Lateingelehrten in der Stadt heranzuzüchten, überzeugt, dass sich das verderbte europäische Christentum durch das Studium von Platons Werken läutern ließe. Der von Cosimo geförderte Platon-Übersetzer Marsilio Ficino zum Beispiel, der die Gespräche der sogenannten Platonischen Akademie leitete, aber eine besondere Vorliebe für den griechischen Philosophen Sokrates hatte, erhob diesen schließlich in eine Art von Heiligenstand mit seiner Behauptung, dass Männer wie er oder Pythagoras so sehr im Einklang mit den Moralgesetzen gestanden hätten, dass auch sie durch Jesus Christus erlöst worden seien.

Als die Osmanen 1453 Konstantinopel eroberten und in Istanbul umbenannten, flohen weitere Gelehrte und Kenner des alten Griechenlands in die aufblühenden Städte Norditaliens. (Martin Luther war überzeugt, Gott selbst habe dafür gesorgt, dass das

Wissen dieser Gelehrten von der griechischen Antike wieder ins Abendland zurückfloss.)

Dieser Zustrom an Büchern aus Byzanz und Vorderasien, vor allem von naturphilosophischen Traktaten und klassischer griechischer Philosophie, zog eine nie da gewesene Kopiertätigkeit an den europäischen Universitäten nach sich. Die Gelehrten wollten sich nicht nur die klassische Vergangenheit ihres Kontinents zurückerobern, sie wollten auch dessen Zukunft mit den wiederentdeckten oder neu gewonnenen Erkenntnissen und Ideen gestalten. Und während in den norditalienischen Städten ein reges Kopieren und Tauschen dieser Schriften im Gange war und der literarische Korpus im Zuge dessen stetig anwuchs, steigerte sich auch der Verbrauch des neuen Mediums, welches beides förderte: Papier versprach eine kostengünstigere und schnellere Produktion von Handschriften. Wenn es denn noch einen Engpass bei der Herstellung von Büchern gab, dann lag es an den Schreibern in den klösterlichen Skriptorien und zunehmend auch städtischen Studierzimmern, für deren langsames Vorankommen es trotz ihrer bemerkenswerten Fähigkeiten keine einfachen Lösungen gab.

Mitte des 15. Jahrhunderts benötigte der Florentiner Buchhändler Vespasiano da Bisticci eine Schar von fünfundvierzig Schreibern und ein Zeitfenster von zweiundzwanzig Monaten, um die Abschriften der zweihundert Bücher fertigzustellen, die Cosimo de' Medici bei ihm in Auftrag gegeben hatte. Von der mittelalterlichen Handschriftenkultur wäre das als ungemein schnell empfunden worden, doch im Italien der Renaissance gab es einen Markt an Lesern, die nach Büchern lechzten und ständig auf der Suche nach den neuesten Übersetzungen der Ideen aus dem alten Griechenland waren. Zumindest hatte man die Kanzleischreiber mittlerweile auf eine neue, flüssigere Schreibschrift umschulen können, was im Verlauf des 15. und 16. Jahrhunderts auch das Ansehen eines Schreibmeisters deutlich ansteigen ließ. Denn seit sich Francesco Petrarca[10], Giovanni Boccaccio und andere Schriftsteller und frühe Humanisten im 14. Jahrhundert den karolingischen Handschriften der Klassiker zugewandt und nicht nur deren Prosastile, sondern auch die lesbarere Schrift übernommen hatten – beziehungsweise die Gotische Kanzleischrift durch die schneller schreibbare und besser lesbare Schrägschrift ersetzt hatten, die sie als »Humanistische Kursive« bezeichneten –, waren die Buchstaben mit der fortlaufenden Linienführung mehr und mehr verwendet worden. Im Laufe der Zeit standardisierte man diese Schrift, bis Mitte des 15. Jahrhunderts schließlich auch die päpstlichen Kanzleischreiber sie übernahmen, weil sie ein harmonischeres Schwarz-Weiß-Bild auf der Seite zuließ. Außerdem förderte sie das stille Lesen, da die Buchstaben nicht mehr so unleserlich ineinander verschlungen waren wie bei der Gotischen Schrift. Zu der Zeit bezeichnete man diese Kursive bereits als *Cancellaresca italica* oder »Italienische Schreibschrift«. Der Siegeszug dieser schnell schreibbaren und gut lesbaren Schrift ist zugleich ein Hinweis auf die Fortentwicklung des Buches – auch bei der Buchproduktion lag die Betonung nun immer deutlicher auf dem Autor und seiner Botschaft und immer weniger auf dem Schreiber und dessen individuellem Schönschreibstil.

Doch ungeachtet solcher Fortschritte war der langwierigste Prozess bei der Herstellung eines Buches nach wie vor dessen handschriftliche Abfassung und nicht etwa die Papierproduktion. So gesehen wurde die entscheidendste Innovation in der Geschichte des Papiers auch nicht durch italienische Schreiber, sondern durch einen deutschen Goldschmied eingeläutet – die Druckpresse. Blockdrucke waren seit den Zwanzigerjahren des 15. Jahrhunderts üblich gewesen, ein Verfahren also, bei dem der Text und/oder die Abbildungen, die auf einer Seite erscheinen sollten, seitenverkehrt aus einem Holzblock herausgeschnitten wurden, welcher dann eingefärbt und auf ein feuchtes Blatt Papier gepresst wurde. Es liegt auf der Hand, dass ein Buch, für das Seite um Seite ein neuer Holzblock geschnitten werden musste, einer sehr langen Herstellungszeit bedurfte – da schien es oftmals besser, einen Schreiber mit der Abschrift zu betrauen.

Um das Jahr 1049 hatte der chinesische Beamte Bi Sheng den Druck mit beweglichen Lettern erfunden: Jedes chinesische Schriftzeichen wurde in einen eigenen Tonwürfel eingraviert; vor dem Druckvorgang schob man die Würfel dann der benötigten Reihenfolge nach in einen Metallblock. Auf diese Weise brauchte man nicht für jede Seite eines Buches einen neuen Holzblock zu schnitzen. Das war natürlich eine geniale Erfindung, aber die Verwendung von Ton machte die Würfel zerbrechlich und ungeeignet für die häufige, schnell aufeinanderfolgende Wiederverwendung. (Eine metallene Variante, die im 13. Jahrhundert in Korea entwickelt wurde, eignete sich da schon wesentlich besser.) Doch Bi hatte einfach das Pech gehabt, seine Neuerung für die falsche Schrift zu erfinden. Angesichts der Tausende von chinesischen Schriftzeichen war damit kaum die gleiche Zeitersparnis wie bei einer alphabetischen Schrift mit wenigen Buchstaben gegeben. Bald sollte seine Erfindung nur noch ein historisches Kuriosum sein.

Bei den europäischen Schriften lagen die Dinge anders. Der Druck einer alphabetischen Schrift mit beweglichen Lettern konnte nur von einem dramatischen Erfolg gekrönt sein, bedenkt man, wie sehr sich der Herstellungsprozess damit verkürzen ließ. Und mit genau dieser Idee im Kopf richtete Johannes Gutenberg um das Jahr 1450 in Mainz eine Druckerwerkstatt ein. Als Goldschmied war er natürlich bereits erfahren im Einschmelzen und Formen von Metallen. Denkbar, dass er die beweglichen Lettern aus sich heraus erneut erfunden hatte, möglich aber auch, dass sich dieses Wissen (sei es in praktischer Gestalt oder als Konzept) in den Westen verbreitet hatte, vielleicht im Gefolge der mongolischen Horden, die 1242 vor den Toren Wiens gestanden hatten. Doch was die historische Wahrheit auch sein mag, fest steht, dass Gutenberg diese Lettern Mitte des 15. Jahrhunderts im Abendland einführte. Und nicht weniger entscheidend als sie waren die beiden wesentlichen Bestandteile seines Druckprozesses: eine zähflüssige Emulsion aus Leinölfirnis und Ruß und eine hölzerne Spindelpresse.

Ein Problem für Gutenberg ergab sich aus dem Umstand, dass die härtere Oberfläche des europäischen Papiers zwar gut geeignet war für spitze Federkiele, weniger jedoch für aufgepresste Texte und Bilder. Doch er konnte nicht einfach zu einer Papiermühle marschieren und bitten, ein auf seine Technik zugeschnittenes Papier zu entwickeln, ohne gleich sämtliche Betriebsgeheimnisse seines Verfahrens preiszugeben. Somit hatte er nur eine Möglichkeit, einen klaren Abdruck auf dem harten europäischen Hadernpapier zu hinterlassen: mit beträchtlichem Kraftaufwand. Das heißt, seine Druckmaschine durfte weder einfärben noch walzen noch stempeln. Sie musste pressen.

Die Größe und Effizienz einer Druckpresse wurde auch von den Abmessungen des europäischen Papiers bestimmt. Die Tatsache, dass es (im Gegensatz zum chinesischen) dick war, brachte Gutenberg auf die Idee, es beidseitig zu bedrucken, was dann schnell zum Standard für europäische Bücher wurde. Alle entscheidenden Unterschiede zwischen den Drucken aus Fernost, Vorderasien, dem Mittleren Osten und Europa hatten unmittelbar mit der Art des Papiers zu tun, mit dem die Hersteller von Büchern jeweils zurechtkommen mussten.

Der grundlegende Vorgang des Pressens, Stempelns oder Druckens war natürlich nicht neu gewesen. Seit Jahrhunderten hatten Menschen Muster und sogar Wörter auf Stoffe, Kleidungsstücke und manchmal auch Zimmer- und Hauswände gedruckt oder ihre persönlichen und behördlichen Siegel in Wachs gedrückt und auf Pergament gestempelt. Auch Pressen waren seit Generationen von europäischen Winzern verwendet worden, sogar bei der Papierherstellung wurden sie längst schon zum Auspressen der Blätter nach der Mazeration eingesetzt. Der Druck auf Papier war also nicht deshalb ein so entscheidender Vorgang in der Geschichte des Abendlands, weil das Drucken oder Pressen plötzlich erfunden oder entdeckt worden wäre, sondern weil es für den Druckvorgang auf Papier übernommen wurde, zusammen mit beweglichen Lettern für die alphabetischen Schriften Europas.

Der Druck mit beweglichen Lettern ist eine Technik des Papierzeitalters. Hätte dem Abendland nur Pergament oder womöglich gar nur Papyrus zur Verfügung gestanden, hätte Gutenberg nicht einmal den Hauch einer Chance gehabt, denn es ist natürlich sehr viel schwieriger, eine pergamentene Oberfläche so zu bearbeiten, dass sie glatt und saugfähig genug für den schnellen Druckvorgang wird. Abgesehen davon war Papier auch beträchtlich preiswerter als diese beiden anderen Beschreibstoffe. Was nun folgte, war eine Revolution, die einzig und allein dem Papier zu verdanken war.

Soweit es zu rekonstruieren ist, begann Gutenberg mit diversen Kleindrucken wie Schulbüchern, Kalendern, Ablassbriefen und anderen kirchlichen Schriftstücken. Die Krönung seiner Druckkunst war die zweiundvierzigzeilige lateinische Bibel. Einige Exemplare davon druckte er auf Pergament, doch das Papier, das er für die übrigen verwendete und das offenbar aus Italien stammte (vielleicht aus Caselle im norditalienischen Piemont), war wirklich bemerkenswert. Es existieren noch insgesamt neunundvierzig solcher Exemplare auf Papier wie auf Pergament, man kann sie in verschiedenen Museen und Bibliotheken der Welt betrachten (oder im Internet durchblättern). Es wird sich wohl kaum irgendwo auf der Welt noch ein derart haltbares Papier finden. Zu den Erfindungen Gutenbergs zählte natürlich auch das hölzerne Handgießinstrument mit den beiden metallenen Backen für den Guss der beweglichen Lettern: Zuerst fertigte er eine erhabene seitenverkehrte Form (Patrize) aus hartem Metall von jedem Zeichen, die dann in Kupfer eingeschlagen wurde. Die so entstandene vertiefte Form war das Negativ. In diese Matrize füllte man mit dem Handgießinstrument die flüssige Legierung aus Zinn, Blei und Antimon ein. Nach dem Erkalten, was sehr rasch ging, mussten die Typen nur noch auf gleiche Länge gebracht werden, dann waren sie gebrauchsfertig.

Diese Lettern sortierte man dann in die Setzkästen ein, und diese wiederum in einen Fächerkasten. Der Setzer suchte die jeweils nötigen Lettern heraus und »komponierte« sie mithilfe eines Winkelhakens (einer Schiene mit einem feststehenden und einem verschiebbaren Anschlag) zu den Zeilen, die er anschließend in einem Setzschiff (einer Art Tablett zur Ablage, Montage und zum Transport der gesetzten Zeilen) peu à peu zu einer Negativseite zusammenstellte.

Die Papierbogen waren weit größer als das Buchformat, zu dem sie gebunden werden sollten, weshalb der Drucker sie so lange faltete, bis sie die richtige Größe hatten. Ein ungefalteter Bogen hatte das Atlasformat eines Großfolio, ein Mal gefaltet wurde er zum Folio (zwei Blatt oder vier Seiten), ein zweites Mal gefaltet zum Quart (vier Blatt oder acht Seiten), dieses noch mal gefaltet zum Oktav (acht Blatt oder sechzehn Seiten), und wenn der Bogen schließlich zu sechzehn Blatt oder zweiunddreißig Seiten gefaltet worden war, nannte man ihn ein Sedez. Bedruckt wurden die Bogen aber natürlich vor ihrer Faltung, und gedruckt wurde üblicherweise immer dann, wenn genügend Setzschiffe vorbereitet waren, um einen kompletten Bogen bedrucken zu können.

Eine Spindelpresse konnte fast zwei Meter hoch sein. Bedient wurde sie durch das Drehen der Spindel mit dem sogenannten Pressbengel, der eine Metallplatte, meist aus Bronze oder Messing, herabdrückte, welche die Kraft dann gleichmäßig auf den Druckstock verteilte, unter dem sich ein beweglicher Karren befand – im Englischen *coffin*, »Sarg«, genannt –, in den der Drucker das Papier einlegte.

Zur Bedienung der Presse waren zwei Mann nötig. Einer bestrich den Satz mit zwei Druckerballen – meist mit Hunde- oder Pferdehaaren gefüllte Ledersäckchen –, weil die sich am besten zum gleichmäßigen Verteilen der Druckfarbe eigneten (die hoch konzentrierte Druckfarbe ähnelte vermutlich den Farben, die von den niederländischen Meistern in der Malerei verwendet wurden). Der zweite Mann legte den zu bedruckenden Bogen ein und bediente den Pressbengel. Auf diese Weise konnte man zu zweit bis zu zweihundert Bogen am Tag bedrucken, mit den fortschrittlichsten italienischen Druckpressen bis zu vierhundert, in Sonderfällen gelang es Ende des 15. Jahrhunderts sogar, mit einer einzigen Druckpresse mehr als tausend Bogen an einem Tag zu fabrizieren (so geschehen zum Beispiel beim Druck von Dantes *Göttlicher Komödie* für die Edition von 1481). In den Siebziger- und Achtzigerjahren des 15. Jahrhunderts wurden mehrere Druckauflagen in diesem Tempo produziert – Bibeln in lateinischer Sprache, andere religiöse Texte, ein Kommentar über Avicenna und eine Anthologie lateinischer Gedichte.

Nach dem Bedrucken hing man die Seiten zum Trocknen auf, anschließend falzte man sie jeweils einmal zur Andeutung des Binderückens. Natürlich wurden die Bücher noch gebunden, aber das war ein separater Prozess und zudem immer eine Möglichkeit, ein Buch individuell zu verschönern. Das heißt, der Käufer erhielt nur die bedruckten (oder beschriebenen) Bogen und musste das Binden selbst organisieren. Dabei wurden die Lagen mit starken Heftfäden aus Pergament oder Leder verbunden, indem die Falze jeweils von innen nach außen durchstoßen und dann in Bünden zu einem inneren Rücken vernäht wurden. Anschließend umgab man sie mit einem flexiblen (Pergament) oder festen Stoff (Karton), der mit dem Kapitalfaden durch kleine Löcher mit den bereits verbundenen Lagen zu einem Block geheftet und anschließend mit einem Schweins- oder anderen Lederdeckel verbunden wurde. Den Titel schrieb man üblicherweise nicht auf den Rücken, sondern auf den Vorderschnitt (die dem Buchrücken gegenüberliegende Seite).

Die Einrichtung einer Druckwerkstatt war ein risikoreiches und teures Unterfangen, das sich auf Hunderte von Goldmünzen (Florin) belief. Man brauchte nicht nur die nötigen Räumlichkeiten, Gerätschaften und Papiermengen, sondern auch Arbeitskräfte, einen Vertrieb und manchmal einen Redakteur und Übersetzer. Die Druckpresse selbst verursachte die geringsten Kosten und konnte sogar angemietet werden, aber der Preis von Papier unterlag starken Schwankungen – üblicherweise verschlang es die gleichen Summen wie die Arbeitskraft, die nötig war, um es zu bedrucken. Risiken gab es zuhauf (nicht zuletzt Überflutungen oder Feuer), und für gewöhnlich konnte der Drucker bestenfalls hoffen, seinen lokalen Markt zu bedienen. Und doch begannen ab Mitte der Sechzigerjahre des 15. Jahrhunderts immer mehr Druckwerkstätten aufzutauchen, zuerst zwei weitere in deutschen Städten, dann im Umkreis von Rom und etwas später auch in Venedig. 1470 eröffnete eine Werkstatt in Trevi, im Jahr darauf folgten weitere in mehreren anderen italienischen Städten, und dieser Trend setzte sich bis 1472 fort. Am Ende des Jahrhunderts gab es Druckpressen in fast achtzig Orten Italiens, mehr als in Deutschland oder Frankreich. Doch die meisten davon waren kommerzielle Fehlschläge. Die erforderlichen Vorlaufkosten, die viel zu kleinen lokalen Märkte und die Tatsache, dass dieses Geschäft noch ein solches Novum war (und ganz anderer Vertriebsmodelle bedurfte als die Handschriftenproduktion) sorgte für hohe Verlustraten im Druckgewerbe. Dennoch war 1550 jeder achte italienische Autor zugleich sein eigener Drucker und Verleger. Durch die Möglichkeit des Druckes waren Autor und Markt mit einem Mal sehr viel unmittelbarer verbunden – es waren keine Schreiber mehr zwischengeschaltet, und es musste vorab eingeschätzt werden, welche Druckauflage die herrschende Nachfrage befriedigen würde. Zu den längerfristigen Nutznießern dieses Umbruchs zählten auch Frauen und manchmal sogar Kinder, denn nicht selten gingen sie ihren Ehemännern oder Vätern in der Druckwerkstatt zur Hand und begannen auf diese Weise nicht nur mit dem Herstellungsprozess von Büchern, sondern vor allem mit dem gedruckten Wort als solchem vertraut zu werden. Im Gegensatz zum Skriptorium war eine Druckwerkstatt meist eine Familienangelegenheit.

Der Buchdruck war ein Sprössling der Renaissance – die Technik einer Ära, die fasziniert, sogar regelrecht besessen war vom geschriebenen Wort. Der Buchdruck war natürlich weder der Funke, der über Nacht eine Leserevolution auslöste, noch verbreitete er sich im ganzen Abendland im gleichen Tempo, doch er *hat* den (ohnedies bereits einsetzenden) Trend zu einer wachsenden Leserschaft über die Kreise der kirchlichen und höfischen Eliten hinaus beschleunigt. Immer mehr Menschen versuchten sich nun auch »der Wahrheit« durch das Studium von Schriften – häufig von klassischen Texten – anzunähern, anstatt sich deshalb an eine höhere religiöse Instanz zu wenden. Mittlerweile lagen auch Texte einer großen thematischen Bandbreite in Landessprachen und nicht mehr nur in Latein oder Griechisch vor. Die *Canterbury Tales* von Geoffrey Chaucer (vor allem die Ausgabe von Caxton Press aus den Jahren 1476–78) verkauften sich ebenso gut wie der anonyme spanische Ur-Roman *La Calestina* (Erstveröffentlichung 1499). Aber Verkaufsschlager waren auch diverse Weltgeschichten, darunter die reich illustrierte und großformatige sogenannte Nürnberger Chronik oder *Schedel'sche Weltchronik*, die 1493 gleichzeitig in einer lateinischen und einer deutschen Fassung veröffentlicht wurde; oder *Fasciculus temporum*, die Universalgeschichte des Kölner Kartäusermönchs Werner Rolevinck, die 1474 erschien.

Im Wesentlichen dank der mittelalterlichen Buchkultur, dem Aufkommen der ersten Renaissanceideen im späten Mittelalter und des Buchdrucks um 1450 herum war das 15. Jahrhundert eine wahrlich aufregende Zeit für abendländische Leser. In dieser Zeit besannen sich Humanisten wie Bibelgelehrte darauf, Schriften nicht mehr nur als Texte zu betrachten, die durch umsichtige handschriftliche Abschriften erhalten werden mussten, sondern zunehmend auch als Grundlagen für Studien, Beurteilungen und landessprachliche Übersetzungen. Das traf auf säkulare Stoffe zu, indem man die großen Schriften aus der griechischen Antike wiederbelebte (und oft übersetzte) und der Vernunft mehr Raum einräumte, um die Welt zu deuten und zu verstehen; es traf aber auch auf die religiöse Sphäre zu, indem man den Blick stärker auf die ursprünglichen (beziehungsweise ältesten vorhandenen) Texte lenkte und die Bibel nicht nur in der lateinischen Vulgata-Fassung aus dem 4. Jahrhundert, sondern auch in den erhaltenen hebräischen und griechischen Fassungen las.

Diesen neuen Schwerpunkten implizit war auch der neue Denkansatz im Hinblick auf die so lange schlummernde Frage nach wahrer Autorität. Der Wunsch, zurückzugreifen auf die ältesten erhaltenen Quellen, brachte das Bedürfnis mit sich, diese Urtexte nach Authentizitätsbeweisen zu durchforsten und nicht mehr nur automatisch hinzunehmen, was die etablierten Mediatoren, vor allem die institutionalisierte Kirche, dazu zu sagen hatten.

Im Sommer des Jahres 1521 saß Junker Jörg, der gut über diese »Zurück zu den Quellen«-Bewegung Bescheid wusste, allein in einer kleinen Kammer auf der Wartburg über der Stadt Eisenach und schrieb. Wenn er aus dem Fenster sah, schweifte der Blick über das »Reich der Vögel« in den Thüringer Wäldern. Es war eine grandiose, aber einsame Kulisse, wenngleich vermutlich nicht so einsam, wie Martin Luther selbst (und spätere Romantiker) es dann darlegen sollten. Zwar musste er sich vor den Behörden verstecken (Kurfürst Friedrich hatte ihn nach dem verhängten Bann »entführen« und zum eigenen Schutz auf die Wartburg bringen lassen, wo er bleiben sollte, bis sich der Staub gelegt hätte, und sich, um inkognito zu bleiben, Junker Jörg nannte) und litt unter Schlaflosigkeit, Depressionen, Verstopfung und sexueller Verdrossenheit. Doch er hatte Bücher bei sich, wenngleich nur wenige. Freunden schrieb er, dass er faul und untätig sei. Eine seltsame Faulheit: Er verfasste in dieser Zeit eine Predigt für jeden einzelnen Sonntag des Jahres, Traktate über alles und jedes im Kirchenleben, sei es das Zölibat, das Priestertum oder die Sakramente, und entwickelte theologische Argumente, die er an kollegiale Freunde schickte. Er beherrschte Latein in Wort und Schrift, konnte Griechisch wie Hebräisch lesen und war mit den Schriften und Debatten der abendländischen Gelehrten vertraut. Im Laufe der Monate, die er auf der Burg verbrachte, übersetzte er antike Texte ins Deutsche und produzierte Papiere im Umfang von drei dicken Bänden – das Meer seiner Schriften, Reden und Briefe sollte sich bis zum Ende seines Lebens zu den 127 Quartbänden summieren, aus denen die Weimarer Ausgabe besteht, und ist ein nicht wegzudenkender Bestandteil des neuen abendländischen Papierzeitalters.

Luthers Fokus auf die Urquellen sollte sich am stärksten auf seine Übersetzung des Neuen Testaments auswirken, die er in nur elf Wochen auf der Wartburg anhand der frühesten erhaltenen griechischen Quellentexte erstellte, welche Erasmus 1516 gemeinsam mit seiner lateinischen Übersetzung des Neuen Testaments veröffentlicht hatte. Diese umgangssprachliche deutsche Übersetzung wurde *das* Manifest der Opposition Luthers gegen Rom. Dass sein Studierzimmer über dem Thüringer Wald dann so mythologisiert werden sollte, ist verständlich, denn dort hatte er die Botschaft an das Abendland zu formulieren begonnen, die schließlich zur irreversiblen Spaltung des Kontinents führte.

Am 1. März 1522 hatte Luther genug vom Versteckspiel. Er legte seinen Decknamen ab und wieder seine Mönchskutte an, verließ die Burg und kehrte nach Wittenberg zurück, um sich sofort in der Öffentlichkeit blicken zu lassen und in der Stadtkirche Fastenpredigten zu halten.

Bis 1522 hatte man auf dem ganzen Kontinent den Namen Martin Luther gehört. Er war, ziemlich außergewöhnlich für einen Prediger und Lehrbeauftragten an einer Universität in einer deutschen Kleinstadt, so berühmt wie der Papst und damit sozusagen der erste »Medien-Promi« Europas. Es gab viele Gründe für seinen Ruhm, von seinen Einmischungen in die Politik über seine Übersetzung und Auslegung der Römerbriefe des Apostel Paulus, seine eigene Prosa, seine religiösen Überzeugungen bis hin zu deren Verbreitung in Form von Pamphleten. Doch es ist Luthers eigene Geschichte, die zur Verwerfungslinie all der Erdbeben wurde, welche das Abendland in der ersten Hälfte des 16. Jahrhunderts so erschütterten – Erdstöße, die auch das Buch über die lange währende religiöse und gesellschaftliche Ordnung des Abendlands zuschlugen, manchmal mit der Folge einer gewaltigen ikonoklastischen Zerstörungswut, manchmal einfach nur von völliger Indifferenz gegenüber den religiösen Zugehörigkeitsgefühlen, die durch eine gemeinsame Kirche und gemeinsame religiöse Sprache entstanden waren. Dennoch haben eben diese Erschütterungen zum Entstehen eines Europa beigetragen, das besser gerüstet war, seine Herrscher, seine Institutionen, seine Vergangenheit und sich selbst infrage zu stellen.

Luther wurde 1483 in Eisleben geboren, kurz darauf übersiedelte die Familie nach Mansfeld, weil der Vater, der aus einer Großbauernfamilie stammte, dort als Hüttenmeister ein besseres Auskommen zu finden hoffte (wiewohl seine Frau Margarete, aus einer angesehenen Eisenacher Familie, eine beträchtliche Mitgift in die Ehe eingebracht hatte). Luther selbst erinnerte sich später allerdings, dass die Familie in seiner Kindheit ständig zu kämpfen gehabt habe. Nachdem die Eltern von seinen geistigen Fähigkeiten überzeugt waren, beschlossen sie jedenfalls, in seine Bildung zu investieren. Doch schon auf der Mansfelder Lateinschule machte er Bekanntschaft mit dem armseligen Lehrstandard, der überall in Europa herrschte. Später sollte er über das schlechte Latein klagen, das ihm dort beigebracht wurde. Damals war seine Heimat von Einflüssen der italienischen Renaissance noch unbeleckt gewesen, doch erst die sollten ihn schließlich dazu befähigen, sich auf so machtvolle Weise das Papier zunutze zu machen.

Im Jahr 1505 schickte ihn der Vater zum Jurastudium an die ehrwürdige Universität von Erfurt, wo er dann den eigenen Schilderungen zufolge regelmäßiger Gast in den Schenken und Hurenhäusern war, von seinen Freunden allerdings bald schon »der Philosoph« genannt wurde. Er las viel in der Bibel – einzelne Bücher daraus waren separat zu erwerben und deshalb preiswert genug, um sie sich auch als Student leisten zu können. Schließlich war er überzeugt, seiner Sündhaftigkeit wegen Buße tun zu müssen. Im Sommer 1505 soll er auf der Rückreise nach Erfurt von einem Besuch bei seinen Eltern in einen schweren Sturm geraten sein. Als direkt neben ihm ein Blitz einschlug und ihn zu Boden riss, flehte er eigenen Schilderungen nach die heilige Anna an und gelobte, Mönch zu werden, falls er das alles unbeschadet überstehen würde.

Sein Vater war entsetzt. Mönche waren für Hans Luther faule Parasiten, denen der Ruf vorauseilte, herumzuhuren, zu saufen, unverdiente Reichtümer zu horten und Armut zu predigen, derweil sie selbst im Luxus schwelgten. Doch davon unbeeindruckt, trat der Sohn in das Erfurter Augustinerkloster ein, und wenn er sich denn Exzesse als Mönch erlaubte, dann höchstens in puncto Askese und Fleiß, da er nur auf diese Weise Vergebung für seine Sünden finden und seinen Frieden mit Gott machen zu können glaubte. Und da ihm keines von beidem gelang, geriet er prompt in eine Spirale geistigen Flagellantentums, bis sein Mentor ihm schließlich erklärte, dass ihn seine guten Werke niemals zu Gott führen könnten. Das könne nur Jesus Christus, der für ihn am Kreuze gestorben sei. Er schlug Luther vor, nicht nur die Bibel, sondern auch das Werk des heiligen Augustinus zu lesen.

Luthers Durchbruch kam, als er die Briefe an die Römer las, die Paulus im 1. Jahrhundert geschrieben hatte. Denn während sich die Kirche des Mittelalters ihre eigenen Gesetze gegeben und eigene Mittel und Wege für den Ablass von Sünden erfand, hatte Paulus erklärt, dass der Mensch selbst nichts für seine Erlösung tun könne, da diese ein Geschenk Gottes und nichts sei, das der Mensch erwerben könne:

*Denn im Evangelium wird die Gerechtigkeit Gottes offenbart aus Glauben zum Glauben, wie es in der Schrift heißt: Der aus Glauben Gerechte wird leben. (Römer 1,17)*

Gerecht war also, wer aus dem Glauben heraus als gerecht und daher von allen Sünden frei war oder erachtet wurde. Paulus argumentierte, dass Gott durch Jesus am Kreuz einen Glauben wie keinen anderen erschaffen habe und der Mensch nur gerecht sein könne, weil Jesus ihn gerecht gemacht habe. Oder wie Luther selbst schrieb:

> *Deshalb wirst Du nur in ihm, durch getroste Verzweiflung an Dir und Deinen Werken, Frieden finden. Überdies wirst Du von ihm lernen, daß er, gleichwie er Dich angenommen und Deine Sünden zu den seinen gemacht hat, auch seine Gerechtigkeit zu der Deinen gemacht hat.*[11]

Das Prinzip der Gerechtigkeit, beziehungsweise einer Rechtfertigung »allein aus Glauben«, wie diese Lehre dann auf den Punkt gebracht werden sollte, konnte zwar gerade noch aus den Kirchenlehren herausgelesen werden, die sich im Laufe der christlichen Geschichte des Abendlandes angesammelt hatten, war aber durch andere Lehren verwässert und konterkariert worden und unter diesem Gewicht dann mehr oder weniger zusammengebrochen. Doch wenn es keines Priesters und keiner Sakramente und keines Papstes und nicht einmal mehr der Zugehörigkeit zur Kirche bedurfte, um erlöst werden zu können, dann war Rom auch nicht länger der Hüter der Schlüssel zu Himmel und Hölle. Die Höllengemälde, die sich über den Kirchenportalen im ganzen Abendland fanden, verloren ihren Schrecken und somit auch ihren erhofften machtvollen Einfluss auf Antiklerikale, wenn die Kirche nicht mehr die Exklusivrechte auf den Weg zu Gott besaß.

Luther war nicht der erste Gegner Roms in diesen Fragen gewesen. In den Jahrhunderten vor ihm hatten sich bereits die Waldenser in Frankreich und später Italien oder John Wycliffes Lollarden in England von Rom abgewandt. Außerdem war Luther wie schon Wycliffe nur ein Predigertheologe unter vielen in einer abgelegenen Ecke des ausgedehnten christlichen Imperiums. Gut, er konnte der Kirche widersprechen, konnte ihr sogar offen entgegentreten in Fragen der Kirchenlehre oder der Ausübung des Glaubens. Doch wozu? Opposition bedeutete nichts, wenn die Kirche jede Debatte im Keim ersticken und jeden Abweichler disziplinieren konnte. Luther verfügte weder über eine Armee noch über politische Macht und wirkte in einer unbedeutenden deutschen Kleinstadt. Er war ein Niemand und hatte keine Hebel, die er in Bewegung setzen konnte.

Außer natürlich dem einen. Aber nicht einmal Luther selbst hatte eine Vorstellung von den politischen, religiösen, ideologischen und gesellschaftlichen Erdbeben, die er mit einem kräftigen Zug an diesem einen Hebel auslösen würde.

Der zeitgenössische Gelehrte Erasmus von Rotterdam, die Galionsfigur der Renaissance in Europas Norden, hatte 1509 eine beißende Satire über scheinbar unausrottbare religiöse Irrtümer geschrieben, die 1511 unter dem Titel *Encomium moriae* erschien (übersetzt als *Lob der Narrheit* oder auch *Lob der Torheit*). Darin spottete er unter anderem über die Geldgier und sexuelle Zügellosigkeit der Mönche, die Heiligenverehrung, die scholastische Bildung und die kirchlichen Lehnsherren. Rom ließ ihn gewähren. 1516 gab Erasmus seine neue lateinische Übersetzung des Neuen Testaments aus dem überlieferten griechischen Text heraus – zweispaltig, links der griechische Text, rechts die Übersetzung, welcher er noch vierhundert Seiten Anmerkungen anfügte, in denen er die Fehler der Vulgata verdeutlichte. In seiner Vorrede zur Erstausgabe schrieb er sogar:

*Ich bin ganz und gar nicht der Meinung derer, die nicht wünschen, daß die Heilige Schrift von Laien in der Volkssprache gelesen werde, so als ob Christus so dunkel gelehrt hätte, daß ihn kaum die wenigen Theologen verstehen [...]. Ich wünschte, alle Frauen läsen das Evangelium, läsen die paulinischen Briefe. Wenn sie doch in alle Sprachen übersetzt wären, so daß nicht nur die Schotten und Iren, sondern auch die Türken und Sarazenen sie lesen und verstehen könnten! [...] Mögen sich doch die Gespräche aller Christen darum drehen!*

Erasmus und Luther hatten viel gemein, nicht zuletzt den Fokus auf den griechischen Text. Luthers Wittenberger Universität war die zweite in Europa, die einen Lehrstuhl für Altgriechisch eingerichtet hatte. Und wie Erasmus, so lehnte auch Luther den Ablasshandel ab, jene Kirchenpraxis, welche es dem reuigen Sünder gestattete, gegen einen Geldbetrag die sogenannten »zeitlichen Sündenstrafen« von der Kirche erlassen zu bekommen (was später sogar zu einer Begrenzung der Strafe erweitert wurde, die die Seele im Fegefeuer erwartete). 1515 verkündete Papst Leo X. in einer Bulle (oder Dekretale) den vollständig käuflichen Ablass, damit Geld für die Fertigstellung des Petersdoms in die Kirchenkasse kam. Er wollte den beeindruckendsten Kirchenbau des ganzen Abendlands errichten, doch es mangelte ihm an jeglicher Begabung, haushalterisch mit Geld umzugehen; auch von den Beträgen, die die Kirche daraufhin einnahm, verwendete er einen Großteil zur Finanzierung seines ausschweifenden Lebensstils.

Im Jahr 1517 wurde der Dominikanermönch und Ablassprediger Johann Tetzel zum Generalsubkommissar des Mainzer Erzbischofs Albrecht II. für die Ablasspredigt in der Kirchenprovinz Magdeburg bestellt und traf auf seinem Weg durch die Provinz auch in Jüterborg unweit von Wittenberg ein, um dort Ablassbriefe zu verkaufen. Zu diesem Zeitpunkt hatte Luther bereits monatelang gegen diesen Ablasshandel angepredigt. Seine eigentliche Sorge galt dabei jedoch weniger Rom als solchen Mittelsmännern wie Tetzel, wenngleich er natürlich auch die Vorstellung bekämpfte, auf der dieser Ablass beruhte, nämlich, dass man sich seine Erlösung einfach erkaufen oder verdienen könne. Im Oktober dieses Jahres schickte er eine Liste mit »95 Thesen«, betitelt *Disputatio pro declaratione virtutis indulgentiarum*, an mehrere Theologen. Er war wirklich ein eindrucksvoller und pointierter Wortmaler, allerdings brachte er in These 50 nach wie vor sein Vertrauen in den Papst zum Ausdruck:

*Man soll die Christen lehren: Wenn der Papst die Erpressungsmethoden der Ablaßprediger wüßte, sähe er lieber die Peterskirche in Asche sinken, als daß sie mit Haut, Fleisch und Knochen seiner Schafe erbaut würde.*

Luther hatte den Text auch an Erzbischof Albrecht von Brandenburg geschickt, was schon ein gewagterer Schritt war, hinter dem bereits die Absicht zu erkennen ist, dass er reine theologische Diskussionspunkte in ein Manifest verwandeln wollte. Aber eine Antwort des Erzbischofs auf diese Dreistigkeit blieb aus. Niemand, auch kein Gegner Luthers, trat hervor, um die Thesen zu debattieren. Die einzige Antwort, die er über Wochen hinweg erhielt, war Schweigen. Und das hätte das Ende dieser ganzen Aktion sein können. Doch dann scheint es die Wittenberger Druckpresse gewesen zu sein, die das Schweigen brach, denn mit einem Mal begannen – von Luther nicht abgesegnete – Kopien der Thesen zu zirkulieren. Und vermutlich weil Luther selbst eigene Abschriften an Freunde geschickt hatte, sprang der Funke auch anderenorts über. Jedenfalls waren seine Thesen plötzlich nicht nur in Wittenberg, sondern überall in Deutschland in aller Munde. Binnen Wochen hatte man im ganzen Abendland von ihnen gehört. Üblicherweise hätten solche theologischen Diskussionspunkte nur unter Klerikern Interesse geweckt, doch diese 95 Thesen waren etwas anderes – etwas, das zwischen hochtheologischen Fragestellungen und einem öffentlichen Manifest anzusiedeln war.[12] Dass sie außerhalb der Kirchenelite eine Saite zum Klingen brachten, lag vielleicht daran, dass sie auch etwas mit dem Thema von persönlicher Schuld und Sühne zu tun hatten.

Erasmus zufolge waren bis 1520 bereits drei Ausgaben der lateinischen Originalfassung und eine deutsche Übersetzung der Thesen erschienen. 1521 gab es sechs lateinische und weitere sechs deutsche Ausgaben; bis 1523 war die lateinische Fassung mehrfach nachgedruckt worden, im gleichen Zeitraum waren auch zwei holländische Übersetzungen erschienen; 1525 wurden eine französische Fassung und weitere deutsche veröffentlicht; in der Zeit von 1525 bis 1528 erschien alljährlich eine lateinische Ausgabe; eine spanische kam 1527 auf den Markt, zwei weitere spanische 1528; 1529 erschienen drei lateinische, ein französischer Nachdruck und bald darauf auch eine tschechische Übersetzung. Nichts davon war für den Durchschnittsleser gedacht, aber das Interesse der europäischen Eliten fesselten sie in der Tat. Luther begann nicht nur humanistische Gelehrte, sondern auch Staatsmänner für seine Sache zu gewinnen.

Der englische Staatsmann und führende Humanist Sir Thomas More (Morus) hatte die Thesen bereits 1518 gelesen. (Erasmus hatte ihn in diesem Jahr brieflich auf Luther aufmerksam gemacht.) Der Papst hatte sich zu Beginn dieses Jahres noch mit einer Anweisung an die deutschen Augustiner zufriedengegeben, ihrem Mönch Luther auf ihrem Heidelberger Ordenskonvent im April die Leviten zu lesen. Es war vielmehr der Dominikaner Tetzel (dessen Brüder man als die »Bluthunde Gottes« bezeichnete), der Luther auf dem Scheiterhaufen brennen sehen wollte und prompt »106 Gegenthesen« veröffentlichte, die dann von Luthers Studenten in Wittenberg öffentlich verbrannt wurden. Luther war mit dieser Handlung nicht einverstanden gewesen, beschloss aber im Mai 1518 – noch immer überzeugt, dass der Papst vom Ablasshandel nichts wisse –, eine detaillierte Erläuterung seiner Thesen an Leo X. zu schicken, die mit dem Satz endete: »Widerrufen kann ich nicht...« Und nun war nicht nur Tetzel erzürnt (der wild entschlossen war, dafür zu sorgen, dass Luther verhaftet, vor Gericht gestellt und verurteilt würde), sondern auch der Papst. Mit einem Mal sah sich Luther im Zentrum eines Sturms. Und ganz Europa beobachtete, wie er ihm trotzte.

Die ersten Schreiben, die Luther nach seinem Aufstieg zum Ruhm verfasste, waren nichts Druckreifes gewesen, sondern Korrespondenzen mit Studenten, Gelehrten und Kirchenmännern aus ganz Europa, die den Kontakt zu ihm suchten, um seine Sicht auf die Dinge zu erfahren. Die Möglichkeit des Drucks hatte auch die Nutzungsmöglichkeiten des privaten Postdienstes erweitert. Führende Köpfe aller Bewegungen konnten mit einem Mal ungeachtet großer räumlicher Entfernungen miteinander in Kontakt bleiben, und die Reformatoren machten von diesem Angebot ebenso reichlich Gebrauch wie die Renaissancehumanisten. (Nachdem Maximilian, römisch-deutscher König und der künftige Kaiser des Heiligen Römischen Reiches, bereits die Grundlagen für einen Postdienst geschaffen und die Familie Taxis Ende des 14. Jahrhunderts staatliche Poststafetten im Herzogtum Mailand eingerichtet hatte, schloss Maximilians Sohn Philipp I. im Januar 1505 mit Franz von Taxis in Brüssel einen Postvertrag, der europaweite Routen für Reiterstafetten festlegte.)

Für Luther war diese Art von Öffentlichkeit ein gefährliches Spiel, denn mit jeder seiner Antworten sprach er sich unweigerlich erneut gegen die römische Orthodoxie aus. Im Herbst 1518 kam er bei seinem Verhör durch den päpstlichen Gesandten Kardinal Cajetan in Augsburg gerade noch mit der Aussage durch, dass die Autorität der Bibel über der des Papstes stehe und der Papst somit auch nicht über die Macht verfüge, Sünden zu erlassen. Sicherheitshalber schmuggelten ihn Freunde anschließend aus der Stadt. Als Nächstes erschien er Ende Juni 1519 zur »Disputation von Leipzig«, einem Streitgespräch mit Johann Maier aus Eck, genannt Johannes Eck, Professor der Theologie und Vizekanzler der Universität Ingolstadt. Am 15. Juli hielt der Rektor der Universität Leipzig die Schlussrede. Beide Lager betrachteten sich als Sieger. Auch diese Debatte hatte deutlich gemacht, dass Luther allein die Bibel und weder den Papst noch das Konzil als die höchste Kirchenautorität betrachtete – ganz nach dem reformatorischen Grundsatz *sola scriptura* (»allein durch die Schrift«).

Die protestantischen Hagiografen stellen Luther meist als korpulenten und nie um einen Spruch verlegenen Mann dar. Doch ein

Augenzeuge der Disputation von Leipzig schilderte einen Mann, der kaum mehr als Haut und Knochen war und völlig erschöpft wirkte in dem plötzlichen Rampenlicht und dem Druck, der auf ihm lastete. Hinzu kam, dass bereits aus unterschiedlichsten Ecken und Gründen und teils mit durchaus unlauteren Absichten Anspruch auf Luther erhoben wurde, derweil viele radikale Renaissancehumanisten, die ihn unterstützt hatten, bereits wieder auf Distanz zu ihm gingen, erschrocken über den persönlichen Preis, den ein Verfechter von Luthers Ideen möglicherweise zu zahlen hatte. Luther war nun berühmt in ganz Europa, und Menschen aus den verschiedensten Ländern des Kontinents setzten ihre Hoffnungen und Ambitionen auf den Mann, der sich öffentlich mit Rom und dem Klerus angelegt hatte und gegen deren unkontrollierte Macht, ihre Kirchensteuern und ihren Elitismus wetterte. Viel wurde in Luthers Gegnerschaft zu Rom hineingelesen, doch meist mit einer jeweils eigenen Agenda vor Augen.

Die Jahre 1518 bis 1526 waren die Sturm und Drangzeit der europäischen Reformation, in deren Zentrum Luthers Druckschriften standen. Die Renaissance hatte zur Einführung von Druckpressen mit beweglichen Lettern angeregt, weil sie ihre Ideen effektiver zu Papier bringen wollte; und dieser Technik, die ihrerseits so manches mit den Ideen und Ambitionen der Reformatoren gemein hatte, bediente sich nun auch die Reformation.

Der Buchdruck bedeutete nicht nur, dass man weniger handschriftlich kopieren musste, sondern auch, dass Vielschreiber weniger kopiert werden oder voneinander abschreiben konnten. Außerdem deckte sich die exakte Replikation des Drucks mit dem Streben von Renaissance wie Reformation, alte Texte im buchstäblichen Wortsinne zu interpretieren und zu übersetzen, anstatt sie allegorisch auszulegen. Die gesunkenen Preise für Bücher förderten das Allgemeinwissen und schwächten elitäres Wissen; sie befähigten zum individuellen Lesen und verdrängten Interpretatoren, die sich über alles erhaben fühlten; sie machten die Bibel anstelle des Priesters zum Übermittler von Glaubensinhalten und ermunterten zu Fragen anstatt unhinterfragte Akzeptanz zu fordern; sie brachten den Leser in einen direkteren Kontakt mit dem Autor, dessen Text keiner Vermittler bedurfte; und kein Drucker war versucht, Texte nach eigenem Geschmack zu verschönern, auszulegen oder umzuinterpretieren, wie es die Gepflogenheit von Schreibern und Mönchen war. Beim Buchdruck lag der Fokus (meist, oft aber erfolglos) auf der Genauigkeit der Abbildung eines Originals, wie es auch der bei Übersetzung des Neuen Testaments von den ältesten vorhandenen griechischen Handschriften versucht worden war. Er förderte eine Religion, die man sich selbst erlesen und nicht immer nur aus zweiter Hand erfahren konnte. Und der Buchdrucker arbeitete in der Stadt, deren Markt er selbst bediente, weshalb er viele seiner Kunden kannte, im Gegensatz zu dem Schreiber, der weitab von jeder urbanen Gesellschaft in einem Kloster lebte und arbeitete.

Der Buchdruck förderte auch das Lesen im eigenen Heim, denn die nunmehr kostengünstigeren Texte konnten sich zunehmend mehr Laien leisten, die keinen Zugang zu einer Universitäts- oder Klosterbibliothek hatten. Zur Lektüre in Mußestunden eigneten sich Bücher mittlerweile ebenfalls, da sie nicht mehr so groß und schwer wie die mittelalterlichen Folianten waren, die man oft nur an einem Tisch sitzend lesen konnte. Und weil Bücher billiger und damit per se zu weniger kostbaren Objekten geworden waren, verringerte sich auch die Möglichkeit, sie als Statussymbole oder gar als Gegenstände zu behandeln, die selbst über eine heilige Macht verfügten. Dank des Papierdrucks hatte der abendländische Autor den Schreiber besiegt, und damit hatte auch der Inhalt eines Buches über dessen Schönheit und Kostbarkeit triumphiert. Der Akt des Lesens war vollständig verwandelt worden. Der marktorientierte Druck war eine Attacke gegen die unanfechtbare traditionelle Autorität.

Luther jedenfalls spannte die Möglichkeiten des Buchdrucks in einem nie da gewesenen Maße für seine Zwecke ein und begann seine Predigten, Bücher und Pamphlete in atemberaubenden, geradezu verschwenderischen Mengen drucken zu lassen. Die Literatur, die bis 1519 in Deutschland erschienen war, war nur zu einem Drittel umgangssprachlich gewesen, gegenüber zwei Dritteln lateinischer Titel; 1521 war das Verhältnis genau umgekehrt. Wittenberg, Nürnberg, Augsburg, Straßburg, Leipzig und Basel waren zu den Hochburgen des Reformationsdrucks geworden und belieferten den deutschsprachigen Markt mit einer Flut von Traktaten, Predigten, theologischen Schriften, Sendschreiben und Satiren.

Aber es waren vor allem die Pamphlete, die den Zielen der Reformatoren entgegenkamen. Sie waren einfach zu verstecken, weil üblicherweise im Quartformat von maximal sechzehn Bogen (zweiunddreißig Seiten), und vor allem kosteten sie wenig. (Der Oxforder Patristikforscher Mark Edwards berechnete, dass sie so viel wie ein Huhn oder ein Pfund Wachs oder eine Heugabel kosteten, was bedeutet, dass sie zwar nicht spottbillig, aber doch erschwinglich für den gebildeten Durchschnitt waren.[13])

In einer Studie wurde festgestellt, dass sich der Druck von Pamphleten in Deutschland zwischen 1517 und 1518, dem ersten Jahr der Reformation, um das Fünffache gesteigert hat. Alles in allem erschienen zwischen 1520 und 1526 mehr als sechstausend umgangssprachliche Traktate mit einer mehr als 6,5 Millionen starken deutschen Gesamtauflage im Druck. In derselben Periode stieg die Jahresproduktion von Pamphleten sogar um das Fünfundfünfzigfache an, selbst nach 1524 lag sie noch beim Zwanzigfachen des Ausstoßes vor dem Jahr 1518.[14]

Auch wenn die frühen Reformatoren ihre Rivalen, die Apologeten der etablierten Kirche, in puncto Drucksachen eindeutig ausstachen, konnten selbst Katholiken in Deutschland Publikationserfolge für sich verbuchen. Zwar mangelte es ihnen in einer Reihe von deutschen Staaten am starken Rückhalt Roms, wo es um die Drucklegung ihrer Ansichten ging, doch die sächsischen Katholiken ließen sich davon nicht beirren und riefen prompt einen Krieg der Flugblätter aus. Georg der Bärtige, Herzog von Sachsen, hatte bereits 1511/12 zu diesem Mittel gegriffen, als er die »Ketzer« in Sachsen bekämpfen wollte. Nun ließ er seinen Sekretär und Kaplan Hieronymus Emser (der 1524 die erste Druckerei Dresdens ins Leben rufen sollte) ein Pamphlet gegen Luthers Positionen verfassen und in einer Auflage von tausend Stück drucken und verteilen.

Auch die Bücherproduktion Deutschlands stieg, wenngleich nicht im gleichen Maß: von 416 im Jahr 1517 (davon 110 in deutscher Sprache) auf 1331 im Jahr 1524 (1049 in deutscher Sprache).[15] Mark Edwards fand heraus, dass Luther-Drucke von 87 im Jahr 1518 auf 390 im Jahr 1523 gestiegen waren, bevor sie sich in den späten Zwanzigerjahren wieder auf rund 200 jährlich reduzierten. Es gab 1465 Drucklegungen von Luthers deutschsprachigen Schriften (Erst- und Neuauflagen); bis 1525 waren mehr als 1800 seiner Werke im Druck erschienen, bis 1530 weitere fünfhundert. In den Jahren 1526 bis 1546 wurden im Schnitt drei Nachdrucke von jeder seiner Erstausgaben publiziert. Edwards schätzt, dass Luther zwischen 1518 und 1546 fünf Mal mehr Druckschriften als alle katholischen Publizisten zusammen produziert hatte – selbst wenn man nur die antikatholischen davon zählt, war das Verhältnis noch 5:3 zu seinen Gunsten.[16]

Aber wer las eigentlich Luthers Werke? Immerhin war eine Lese- und Schreibbildung nach wie vor nicht weit verbreitet. Außerdem war die Reformation eine theologische Bewegung, die unter Professoren und Priestern debattiert und – zumindest in deutschen Landen – von Fürsten und Theologen angeführt wurde. Viele von ihnen waren zutiefst von der Wahrheit und, entscheidender noch, der absoluten Autorität der Bibel überzeugt. Wie also konnte die Reformation dann zu einer Volksbewegung werden, es sei denn, sie wurde von oben aufoktroyiert? Selbst wenn sie die Gemüter im Volk erhitzte, war sie doch weit entfernt von einer Bewegung, die sich von allgemein gelesenen Schriften nährte. So betrachtet, war logischerweise auch die Existenz eines »Medien-Promis« im 16. Jahrhundert eigentlich ein Ding der Unmöglichkeit. Der englische Historiker Arthur Geoffrey Dickens scherzte einmal, dass sich die Historiker nur allzu gutgläubig an eine »Rechtfertigung allein aus Druckschriften« klammerten, wenn sie die europäische Reformation zu erklären versuchten. Hat die protestantische Mythologie und Hagiografie die Tatsachen verdreht? Diese Frage treibt Historiker seit einem halben Jahrhundert um.

Niemand kennt die genaue Alphabetisierungsrate im Deutschland des 16. Jahrhunderts. Man schätzt, dass sie unter Männern in Städten um die 30, bestenfalls 40 Prozent betragen habe (wenngleich einige Forscher von höheren Zahlen ausgehen) und der nationale Schnitt bei rund 5 Prozent lag.[17] Kurzum, obwohl eine allgemeine Grundbildung gerade zunahm und die Renaissance zum Lesen ermuntert hatte, gab es doch noch keine allgemeine Leserschaft, die Luther mit seinen Schriften hätte fesseln können. Darum kann die Reformation, wenngleich sie einen so großen Einfluss auf die Glaubensausübung des Volkes, die Bildung und die Politik nahm, doch nur von oben aufoktroyiert worden sein.

Aber das Ausmaß der Drucklegungen in den protestantischen Regionen des 16. Jahrhunderts (oder den europäischen Ländern, die sich in Glaubensfragen toleranter zeigten) wird nicht einfacher zu erklären, wenn man eine breite urbane Leserschicht für die Texte der Reformation ausschließen muss. Mark Edwards zufolge belief sich die gesamte Druckproduktion von Luthers Werken auf 3,1 Millionen Bücher und Flugschriften, ohne Einbeziehung der vielen Voll- und Teileditionen seiner Bibelübersetzungen. Dazu kamen weitere 2,5 Millionen Exemplare von Traktaten aus den Federn von Personen anderer evangelischer Ausprägungen, sowie 600 000 von römischen Katholiken. Mit anderen Worten: Es wurden in Deutschland rund 6 Millionen einzelne Druckschriften für eine Population von 12 Millionen produziert.

Bedenkt man, dass europäische Drucker Geschäftsmänner mit scharfem Blick für den Profit waren und evangelisch Gläubige aller Strömungen so viel mehr Drucksachen produzierten als Katholiken, dann legt das nicht nur nahe, dass die Reaktion Roms auf sich hatte warten lassen, sondern auch, dass es der Markt war, der die Produktion bestimmte. Der vierzigprozentige Anstieg von gedruckten Pamphleten zwischen 1517 und 1524 führte Edwards zu der Frage, ob die konservativen Schätzungen der damaligen Alphabetisierungsrate wirklich den Tatsachen entsprechen könnten. Denn während Luthers gewichtigere Werke oft von Bibliotheken, Fürsten und Klerikern aufgekauft wurden (gelegentlich sogar en gros), waren seine Pamphlete doch sehr viel populistischer und unumwundener, was Inhalt und Stil betrifft. Und die Masse an deren Neuauflagen legt nahe, dass die Nachfrage nach ihnen sehr hoch gewesen sein muss.

Es stehen zwar keine Zahlen zur Verfügung, die die Frage klären könnten, wie viele Menschen Luthers Schriften im stillen Kämmerlein gelesen haben, aber es gibt eine ganze Reihe von Gründen, weshalb man davon ausgehen kann, *dass* die bekannten Publikationszahlen nichts über die wahre Anzahl an Personen aussagen, die Luther mit seinen Werken erreichte – denn das konnte auch auf Umwegen geschehen. Erstens gab es bereits einen großen Markt für gebrauchte Bücher, der die wahren Zahlen verfälschen konnte. Zweitens blieb es noch jahrhundertelang gebräuchlich, im Kollegen-, Freundes- oder Familienkreis vorzulesen (tatsächlich traf das in Europa noch bis ins 20. Jahrhundert zu), wiewohl es schon vor Gutenbergs Erfindung der Druckpresse immer üblicher im Abendland geworden war, still für sich allein zu lesen, was ja auf eine Individualisierung des Akts des Lesens hinausläuft. Der australische Historiker Robert Scribner stellte in seiner Studie über die Lesegewohnheiten im 16. Jahrhundert fest, dass in Deutschland gedruckte populäre Streitschriften sogar bewusst fürs Vorlesen konzipiert wurden. Und da die einzige Zeit zum Lesen die Abendstunden nach getaner Arbeit waren, und da dazu Kerzenlicht vonnöten war, ergab sich automatisch, dass jeweils ein einzelner Leser den anderen Anwesenden vorlas – und dafür war natürlich auch nur ein Exemplar des jeweiligen Werks vonnöten, einmal ganz abgesehen davon, dass man gut daran tat, provokative Texte dem Tageslicht fernzuhalten.[18]

Luther, der stark beeinflusst war von Volksliedern und der vorreformatorischen Kirchenmusik, verfasste auch Dutzende von Kirchenliedern. 1524 erschien das *Achtliederbuch*, das erste protestantische Gesangbuch in deutscher Sprache, das vier seiner Lieder enthielt. Und vermutlich hatten seine Kirchenlieder einen größeren Einfluss auf das Volk als seine Glaubensschriften, jedenfalls blieben sie mit Sicherheit länger ein zentraleres Element im Leben von Protestanten als seine anderen Werke, ausgenommen natürlich seine Bibelübersetzung. Wie so vieles im 16. Jahrhundert, boten Hymnen den Kongregationen einen Leitfaden, doch dass auch jedes Gemeindemitglied jedes Wort ihrer Texte lesen konnte, ist recht unwahrscheinlich. Gesangbücher dürften meist nur als Gedächtnisstützen gedient haben, aber da sie allmählich eine gewisse Vertrautheit mit den gedruckten Wörtern herstellten, haben auch sie vermutlich zur individuellen Alphabetisierung beigetragen. Luther selbst bot die Kirchenmusik nicht nur eine theologische Möglichkeit, die Messe der alleinigen Kontrolle von Priestern zu entziehen und Laien unmittelbarer in den Gottesdienst einzubeziehen, sondern auch die Chance, über einen Umweg die Alltagssprache in die Messe einzuführen, was das Wort Gottes einprägsamer machte und seine Wirkung intensivierte. Aus ebendiesem Grund verteilte er in seiner Wittenberger Kirche sogar Einzelblattdrucke, um Laien mithilfe seiner umgangssprachlichen Liedtexte an die Heilige Schrift und ihre Wahrheiten heranzuführen.

Luthers Katechismen hatten eine andere, aber mindestens so einschneidende Wirkung, denn für sie hatte er die biblische Lehre mit einprägsamen Worten kondensiert. Und da viele Lutheraner überzeugt waren, durch Bildung zu besseren Menschen zu werden, wurde der Katechismus für weniger gebildete Konvertiten die einzige Glaubensquelle, die sie selbst lesen konnten – auch wer kaum lesen konnte, war in der Lage, sich im Laufe der Zeit die sehr einfachen Sätze daraus einzuprägen (die Bibel sollte erst im 18. Jahrhundert den Katechismus als den meistgelesenen Text unter deutschen Lutheranern ablösen).

Mittlerweile gaben auch Beamte und Schulmeister die Ideen der Reformation an ihre Untergebenen und Schüler weiter. Im ganzen Land fanden tagtäglich Gespräche zwischen Gebildeteren und weniger Gebildeten statt, in denen die einen den anderen Luthers Denken und Theologie vermittelten. Und da der Durchschnittseuropäer zu Zeiten, als es noch keine Sonntagszeitungen gab, politische und andere Nachrichten mehr oder weniger nur aus den Sonntagspredigten erfuhr, aber auch die Priester nun Zugang zu mehr Informationen über die politischen und kulturellen Ereignisse in Europa hatten, dürften auch ihre Predigten wesentlich interessanter und aktueller für die Laien geworden sein.[19] Das heißt, die Reformation verlieh dem Akt des Predigens neuen Schwung, und vermutlich kamen die meisten Laien zum ersten Mal mit den Reformationsideen oder Luthers Schriften in Berührung, als sie dem Mann auf der Kanzel lauschten, der sie verbreitete oder aus ihnen vorlas.

Der Buchdruck schuf natürlich ganz neue Möglichkeiten für bildliche Darstellungen, und die Reformation bediente sich nicht nur ausgiebig der Druckpresse mit beweglichen Lettern, sondern auch des Holztafeldrucks, denn ihre Propaganda bestand ja nicht nur aus Buchstaben, sondern ebenfalls aus Bildern. Doch da gab es ein Problem.

Biblische Bilder und Gottesdarstellungen wurden von Protestanten in den ersten Jahren der Reformation zwar noch nicht generell abgelehnt, doch bereits um 1520 herum brachen heftige ikonoklastische Unruhen aus. Und diese organisierte Zerstörung von Ikonen illustriert auch, welche Gefahren eine Papierkultur mit sich bringt, nämlich unter anderem die gute Möglichkeit, das Volk aufzuhetzen und zur Vernichtung und Entweihung von Kulturgütern anzuspornen. Luther missbilligte die Zerstörungswut, die 1522 in Wittenberg ausbrach, doch bei diesem reformatorischen Ikonoklasmus ging es letztendlich um mehr als um die Ablehnung von Kultbildnissen – in ihr kam erstmals eine Gemütsverfassung zum Ausdruck, die sich schließlich sogar auf die unter Protestanten als angemessen empfundene Lebensweise niederschlug und sich dann oft in einem extremen Misstrauen gegenüber der Kunst Bahn brechen sollte.

Aber der Ikonoklasmus war noch auf andere Weise mit dem Papier verknüpft. Auch die traditionelle Rolle des gotischen Doms, diese in Stein gehauene oder in Buntglasfenstern verewigte Enzyklopädie christlicher Geschichten, hatte sich durch die Möglichkeiten verändert, die dem Laientum mit der umgangssprachlichen Bibel gegeben waren; und auch der protestantische Ikonoklasmus stand in einem engen Zusammenhang mit der wachsenden Alphabetisierung, die peu à peu mit den Bibelübersetzungen einherging, denn je mehr Gläubige die gedruckten Wörter der Bibel in einer verständlichen Sprache vor Augen hatten, umso weiter entfernten sie sich von den heiligen Ikonen und Ritualen der Kirche. Und da die Heilige Schrift nun allen Gläubigen zugänglich war, bedurfte es auch keiner bildlichen Darstellungen mehr, um das Wort Gottes verständlich zu machen. Ritual, Hierarchie und sinnlich-religiöses Erleben traten hinter dieser neuen Möglichkeit unweigerlich in den Schatten. Somit war die Lesefähigkeit der Gläubigen entscheidend für den Erfolg der Reformation, denn die Botschaft, die schwarz auf weiß auf Papier nachzulesen war, triumphierte über alle traditionellen und institutionalisierten Vermittlungsformen.

Wer behauptet, dass es keine Leserevolution gewesen sein könne, die Europa im 16. Jahrhundert veränderte, der übersieht schlicht, wie stark der Begriff »Bildung« (oder Alphabetisierung) in diesem Zusammenhang in die Irre führen kann. Denn damit ist ja meist sowohl eine Lese- als auch eine Schreibfähigkeit gemeint. Aber Luthers Publikum benötigte eindeutig nur Erstere, und das nicht einmal auf hohem Niveau. Im 16. Jahrhundert hing in einer deutschen Stadt ein Aushang, der Leseunterricht anbot. Aber wie konnten Analphabeten diese Annonce eigentlich verstehen? Nun, *dass* man überhaupt auf die Idee eines solchen Aushangs gekommen war, legt nahe, dass viele »Analphabeten« bereits über eine rudimentäre Lesefähigkeit verfügt haben, das heißt in der Lage waren, die Buchstaben des Alphabets zu erkennen und somit auch einen gewissen Grundstock an Wörtern zu lesen.

Luthers Flugschriften waren eindeutig an einen volkstümlichen Leserkreis gerichtet, wozu vermutlich viele solcher »Halbgebildeten« zählten, die ein Pamphlet vielleicht mit vereinten Kräften in der Familie oder mit Freunden entzifferten, vielleicht aber auch nur langsamer lasen als andere und dabei das eine oder andere schwierigere Wort einfach übergingen. Bildung ist ja kein Nullsummenspiel, außerdem hatte der Buchdruck schnell zu einer Standardisierung des Schriftbilds geführt und es dem Ungebildeten damit sehr viel einfacher gemacht, einzelne Buchstaben und insofern auch einzelne Wörter zu erkennen. Der Renaissancedruck hatte Bücher und Pamphlete zu etwas Alltäglichem werden lassen; die Reformatoren brauchten das Erreichte nur noch auszubauen, indem sie zu häufigeren Leseversuchen ermunterten. Und je mehr Bücher zur urbanen Landschaft gehörten, desto vertrauter wurden auch deren Schriftbilder, was es dann immer besser ermöglichte, auch deren Inhalte zu erfassen.

Selbst wenn wirklich nur 5 Prozent der Bevölkerung eines der vielen Traktate lesen konnten, die in den beiden ersten Jahrzehnten des 16. Jahrhunderts in allen deutschen Landen gedruckt wurden, war das bereits eine folgenschwere Abkehr von den Exklusivrechten der alten Eliten. Dabei waren es mit Sicherheit weit mehr als 5 Prozent, und gewiss hatte ein noch höherer Prozentsatz den Inhalt dieser Werke aus zweiter Hand erfahren (außerdem konnte man die Bilder darin betrachten, die vieles verständlich machten). Doch während Deutschland im 16. Jahrhundert dank des Buchdrucks diese Revolution erlebte, wurde dort auch die Bühne für den größten ideologischen Disput bereitet, den der europäische Kontinent im Laufe der nächsten Jahrhunderte erleben sollte. Dass beides zusammenfiel, war natürlich kein Zufall.

Im Jahr 1520 publizierte Martin Luther zwei seiner umwälzendsten Traktate: *An den christlichen Adel deutscher Nation. Von des christlichen Standes Besserung* und *Von der babylonischen Gefangenschaft der Kirche*. Die Widmung des ersten Traktats an Nicolao von Amsdorf beginnt mit dem zuversichtlichen Satz:

> Die Zeit des Schweigens ist vergangen, und die Zeit zu reden ist kommen…

Dieser Eröffnung wurde Luther im anschließenden Text dann mehr als gerecht: Er stellte die mittelalterliche Ordnung auf den Kopf, die den »geistlichen Stand« über den »weltlichen Stand« erhob, indem er die säkulare Gewalt, die »so jämmerlich von den Päpsten mit Füßen getreten und gedrückt« worden war, über die kirchliche stellte. Und damit spielte er nicht nur deutschen Nationalisten, sondern auch der antirömischen Stimmung in die Hand. Es war eine seismische Verwerfung, ganz im Einklang mit dem Paulusbrief an die Römer, jedoch ein Angriff auf die Kirche in Rom und gleich im doppelten Sinne antihierarchisch, da Luther damit auch feststellte, dass der Klerus nicht über dem Laientum stehe und somit auch keinen Anspruch auf moralische Überlegenheit erheben könne. Alle Christen seien »wahrhaftig geistlichen Standes«, und es bestehe »unter ihnen kein Unterschied außer allein des Amts halber«. Alle würden »durch die Taufe zu Priestern geweiht« – was dann natürlich auch das Recht beinhaltete, selbst die Bibel lesen zu können. Ergo verfügte der Klerus weder über besondere weltliche Rechte noch über das Monopol auf die göttliche Wahrheit. Er unterschied sich nur insofern, als er »das Wort Gottes und die Sakramente handeln« sollte, so wie »die weltliche Obrigkeit das Schwert und die Ruten in der Hand« habe, um »die Bösen damit zu strafen, die Frommen zu schützen«.

Im zweiten Traktat *Von der babylonischen Gefangenschaft der Kirche* äußerte Luther sich nicht weniger unverblümt. Wäre dieser Text nur ein paar Jahrzehnte früher geschrieben worden, hätte er niemals diese Zugkraft gehabt. Vermutlich wäre Luther auf irgendeine Weise von der Kirche bestraft worden, doch dass die Öffentlichkeit groß davon Notiz genommen hätte, ist sehr unwahrscheinlich. Im Rückblick ist es einfacher zu erkennen, welchen Fehler die Kirche in Rom beging, als sie die Auswirkungen unterschätzte, die der Buchdruck auf das ganze Abendland haben würde. Denn dass sie nun mit härtesten Bandagen gegen eine Figur zu kämpfen begann, die derart populär und deren Medium zugleich das gedruckte Wort war, sollte Luthers Ruhm nur noch mehren. Die Kirche glaubte ihren Krieg gegen Luther nicht mehr im Stillen und mit ihren üblichen ungleichen Mitteln führen zu können. Doch indem sie zum Angriff überging und Luther mit dem gleichen Medium zu vernichten versuchte, das ihm selbst zur Verfügung stand, verwandelte sie einen aufsässigen deutschen Priester in den berühmtesten Mann Europas. Nur wegen der römischen Reaktion auf seine Schriften gelangte Luther zu mehr Ruhm, als er es je von sich aus hätte bewirken können.

Keine theologische Debatte hätte wichtiger sein können als der Streit um die Messe. In seinem Traktat *Von der babylonischen Gefangenschaft der Kirche* stellte Luther nicht nur fest, dass die Messe zu einem reinen Priesteramt ohne Rücksicht auf die Laien oder deren Einbeziehung geworden sei, er stellte auch prompt die Anzahl der sieben römischen Sakramente und deren Rollen für die Messe infrage. Kaum ein Gemeindemitglied konnte verstehen, was dabei in lateinischer Sprache gesagt oder gesungen wurde, der Laie konnte das Geschehen nur miterleben: durch das Abendmahl, den Duft des Weihrauchs, die Begegnung mit dem Nächsten, aber vor allem durch die Erlaubnis, dem Wunder der Eucharistie, der Wandlung von Brot und Wein in den Leib und das Blut Jesu Christi, beiwohnen zu dürfen. Die Messe war *das* Wunder im Kirchenleben des Mittelalters.

Doch es war kompliziert, dieses Wunder zu erklären, da Brot und Wein ja ihre eigentliche Gestalt behielten. Die Kirche hatte sich zur Erklärung für diesen ausbleibenden Gestaltwandel der aristotelischen Unterscheidung von »Substanz« und »Akzidenz« bedient. Seit dem 11. Jahrhundert wurde der Begriff »Transsubstantiation« für dieses naturwissenschaftliche Rätsel verwendet, im Jahr 1215 wurde diese Lehre vom Vierten Laterankonzil schließlich als Orthodoxie festgeschrieben.

Die Frühchristen waren den Evangelien zufolge gemeinsam um den Tisch gesessen und hatten sich Brot und Wein geteilt. Vielleicht unter dem Einfluss vorchristlicher abendländischer Kulte, vielleicht aber auch aus wachsender Ehrfurcht wurden die Speisen und Tische der Frühchristen dann peu à peu gegen Opferaltäre aus Stein ersetzt, während Brot und Wein allmählich ihre kommende Bedeutung annahmen: Der Kirchenlehre nach opfert sich Christus bei jedem Abendmahl erneut für die Anwesenden. Luther erklärte jedoch wieder und wieder, dass ein solches Opfer nicht nur keinerlei Ähnlichkeit mehr mit der »Messe Christi« habe, sondern auch den Opfertod Christi am Kreuze schmälere. Und zur kirchlichen Aneignung der aristotelischen Unterscheidung von »Substanz« und »Akzidenz« erklärte er, es sei »nicht nötig, dass sich das Brot oder der Wein in eine andere Substanz verwandele, sodass Christus unter den Akzidenzien eingeschlossen sei«; er werde jedenfalls nicht dulden, dass den heiligen Worten »Dieses Brot ist mein Leib; dieser Wein ist mein Blut [...] durch menschliche Spitzfindigkeiten Gewalt geschieht und sie umgedeutet werden«. Das Machtvolle dieses Vorgangs liege im Glauben des Christen, nicht in der Handlung des Priesters begründet. Wie schon in anderen Zusammenhängen hat Luther also seine beiden Grundsätze – *sola scriptura* und die Rechtfertigung »allein aus Glauben« – auch auf die Kirchenlehre von der Messe angewandt. Doch damit hatte er die katholische Kirchenautorität mitten ins Herz getroffen. Und es sollte schließlich das Gewicht dieser Autorität sein, mit dem er sich konfrontiert sah, als sich die Ereignisse im Jahr 1521 dramatisch zuspitzten. Denn was nun folgte, hatte den Untergang der Glaubenseinheit des abendländischen Christentums zur Folge.

Im Jahr 1520 wurde Luther in der päpstlichen Bann-Androhungsbulle *Exsurge Domine* (»Erhebe dich, Herr«) in einundvierzig Fällen der Häresie (»Irrtümer«) angeklagt und aufgefordert, diese binnen sechzig Tagen zu widerrufen. Dann wurden seine gesamten Schriften »verdammt, verworfen und verstoßen« und angeordnet, dass sie »öffentlich und feierlich in Gegenwart der Geistlichkeit und des Volkes bei allen und jeder angedrohten Strafe verbrannt werden«. Luther reagierte darauf mit der öffentlichen Verbrennung des Kirchengesetzbuches, der Bücher seiner Gegner und, ganz obenauf, besagter päpstlicher Bulle. Im Januar 1521 verhängte der Papst den Bannfluch über ihn, doch angesichts von Luthers Popularität sah sich der Kaiser gezwungen, ihm eine Anhörung auf dem Reichstag zu Worms zu gewähren. Luther war sich bewusst, dass er verhaftet werden konnte, aber auch der Druck all der Erwartungen lastete schwer auf ihm. Viele seiner Landsleute bewunderten ihn seiner »patriotischen« Haltung wegen, wozu die zahlreichen Druckbildnisse, die ihn wie einen Helden aus der germanischen Mythologie darstellten, gewiss noch das Ihre beitrugen. Einige humanistische Gelehrte befassten sich mit ihm, weil er die mittelalterliche Scholastik geißelte; das Volk mochte ihn, weil er zum Symbol und Ausdruck so vieler ihrer religiösen Frustrationen und seelischen Hoffnungen geworden war. 1520 schrieb der Humanist Georg Spalatin, dass sich nichts auf der Messe der Buchhändler am Frankfurter Kornmarkt so gut verkaufe wie Luthers Schriften. Am 2. April 1521 begab sich Luther auf die Reise nach Worms. Sie wurde zu einem Triumphzug: Überall hatten sich Menschenmassen versammelt, um ihm zuzujubeln, so auch bei seiner Ankunft am 16. April. Luther muss sich gewundert haben über die vielen Wendungen in seinem Leben – er war erst siebenunddreißig Jahre alt.

Bei der Anhörung am 17. April wurde er aufgefordert, seine Schriften und Lehren zu widerrufen. Er erbat sich einen Tag Bedenkzeit, der ihm gewährt wurde. Eigentlich hätte er diese Frage am nächsten Tag nur mit einem Ja oder Nein zu beantworten brauchen, doch der Kaiser erteilte ihm das Wort. Prompt forderte Luther ihn dazu heraus, Partei zu ergreifen und sich zwischen dem Papst und ihm zu entscheiden. Er erkenne nur die Autorität der Heiligen Schrift und der Vernunft an, er »glaube weder dem Papst noch den Konzilien allein« und könne nicht gegen sein Gewissen widerrufen, weil er »die Tyrannei damit geradezu kräftigen« würde. Nun konnte er eigentlich nur noch verhaftet werden. Doch Karl V. brach das Versprechen eines freien Geleits nicht, erließ jedoch ein Edikt, das Luther als Ketzer verurteilte. Luther kehrte nach Wittenberg zurück, wo Kurfürst Friedrich dann seine Entführung inszenierte, damit Luther sich als Junker Jörg auf der Wartburg verstecken konnte.

Luther hatte allerdings wenig von einem Ritter an sich, nicht einmal der Versuch einer Jagd war von Erfolg gekrönt. Doch welche Bedeutung die deutsche Übersetzung des Neuen Testaments, die er in seinem Versteck anfertigte, für seine gläubigen Anhänger in deutschen Landen haben sollte, kann gar nicht genug betont werden. Luther hielt den Buchdruck für ein großes Gottesgeschenk, weil er glaubte, damit könne der einzig wahre Glauben nun bis in jeden Winkel der Erde verbreitet werden – ein wirklich prophetischer Gedanke: Heute liegt die Bibel in über zweitausend Sprachen vor, aber die Eröffnungssalve zu dieser Flut an Übersetzungen war die gedruckte Lutherbibel. Es waren zwar noch eine Handvoll anderer deutscher Übersetzungen erschienen, doch sie waren alle anhand der fehlerhaften lateinischen Vulgata erstellt worden und hatten viele lateinische Wendungen beibehalten. Das heißt, sie waren schlicht unlesbar. Luthers Bibel sollte bereits zum Zeitpunkt seines Todes mehr als vierhundert Mal (in Teilen oder vollständig) neu aufgelegt werden.

Er hatte sich abgerackert mit dieser Übersetzung. Wiewohl

er einen Großteil des Neuen Testaments auswendig kannte und bereits eine Kanonade an Traktaten und Predigten in deutscher Sprache über dieses Thema losgelassen hatte, klagte er, wie höllisch schwierig es sei, das griechische System in seine Muttersprache zu übertragen. Seine Antwort darauf war schließlich die Übersetzung in eine erzählerische Prosa (in der sich sein eigener Charakter spiegelte – von strukturierter Dichte und energetischem Schwung). Die Auswirkungen auf die deutsche Literatur waren ebenso grundlegend wie Luthers Prosa fesselnd. In seiner Übersetzung spiegelte sich der Luther, der seiner Gemeinde mit Verve das Evangelium in deutscher Sprache predigte.

Die Bibel war Europas Buch der Bücher. Ein Jahrtausend lang war sie vom Klerus debattiert und den Laien vorenthalten worden. Selbst wer sich hie und da Zugang zu einem Exemplar verschaffen konnte, musste des Lateinischen mächtig sein und fand sich von einer Masse an scholastischen Kommentaren bestürmt. Nun konnten endlich viele das Buch erwerben, das jeder Christ lesen wollte, weil es nun ein jeder in einer landessprachlichen Prosa lesen konnte, die er verstand. Das Christentum, dem dank des Papierdrucks neue Leserkreise beschert worden waren, war zu einem Gut des deutschen Volkes geworden.

Auch Luther hatte seiner Übersetzung des Neuen Testament eigene Kommentare angefügt. In vielen Fällen war das sicher nötig gewesen, um theologische Begriffe zu erläutern, die er nicht adäquat ins Deutsche übersetzen zu können glaubte, oder um die Gläubigen an die ursprünglichen, von allen lateinischen Konnotationen befreiten griechischen und hebräischen Bedeutungen einzelner Worte heranzuführen. Aber da gab es auch etwas durch und durch Propagandistisches, man denke nur an die vielen Glossen oder Holzschnitte, die den Papst als Antichrist darstellten. Und eine von Luthers Schwächen war, dass er nun selbst alles kontrollieren wollte, nachdem er Rom das Exklusivrecht auf die Veröffentlichung von Glaubenstexten streitig gemacht hatte. Als auch Wiedertäufer und Spiritualisten (»Schwärmer«) die neuen publizistischen Möglichkeiten für ihre Zwecke entdeckten, fürchtete er sofort eine Aufsplitterung der europäischen Protestanten und begann sich entschieden dagegen zu verwenden, dass einfach jedermann an der Bibel herumexegieren könne. Dieser Versuch, die Interpretationshoheit zu wahren, war vielleicht verständlich – doch entweder gab es *sola scriptura,* oder die Bibel bedurfte eines Vermittlers, beides zugleich ging nicht. Und diesen Konflikt konnte Luther nie wirklich lösen.

Zumindest konnte er nun für sich in Anspruch nehmen, die Bibel den Laien in die Hand gegeben zu haben. Nun war es an ihnen, ein Urteil über seine Kommentare zu fällen. Das war ganz zweifellos revolutionär, und die Verkaufszahlen lassen auch keinen Zweifel an der Bedeutung, die das für die Laien hatte. In der gesamten Geschichte des Papiers gab es kein einziges anderes Druckwerk, das auch nur annähernd so schnell derart hohe Leserzahlen erreichte. Die Erstauflage von Luthers deutschsprachigem Neuen Testament erschien im September 1522 (»Septembertestament«) in der beispiellosen Auflage von dreitausend Exemplaren und war so schnell ausverkauft, dass bereits im Dezember des Jahres eine zweite, von Luther nachbearbeitete Auflage gedruckt wurde (»Dezembertestament«). Noch im selben Jahr erschien ein kompletter Nachdruck in Basel.

Bis zu diesem Zeitpunkt waren Neue Testamente noch im Folioformat gedruckt worden, das heißt, sie waren groß und schwer, weshalb es zum Lesen eines Tisches bedurfte; sie waren teuer und oft reich mit Holzschnitten von Lucas Cranach versehen, was die Kosten noch weiter in die Höhe trieb. Kurzum, sie waren eindeutig mit Blick auf wohlhabende Privatkäufer oder Institutionen gedruckt worden. Doch bereits 1523 erschienen elf oder zwölf Nachdrucke, unter denen sich ebenso viele Folio- wie Quartformate befanden (und da dieses Format wie gesagt von der halben Größe eines Folios ist, war es auch entsprechend preiswerter). 1524, im Jahr der meisten Nachdrucke, in dem weitere zwanzig vollständige Neuauflagen von Luthers Übersetzung erschienen, wurden dann die meisten bereits im Oktavformat gedruckt (von der halben Größe eines Quart und mit einer Rückenhöhe, die je nach verwendeter Blattgröße zwischen 16 und 20 Zentimeter betrug). Konservativ geschätzt wurden zwischen September 1522 und Ende 1525 mehr als 85 000 Exemplare gedruckt. Das Neue Testament war zu einem Produkt für den Massenmarkt geworden. Wie populär diese Übersetzung war, lässt sich auch an der Bereitschaft der Drucker ermessen, in Nachdrucke zu investieren. Und das war noch nicht einmal die letzte Formatverkleinerung zugunsten einer noch breiteren Leserschaft.

Luthers Gegnern war schnell klar geworden, welche Bedrohung diese Drucke darstellten. Johannes Cochläus, sein erbittertster Feind unter den katholischen Theologen (den Begriff »römisch katholisch« hatte es vor der Kirchenspaltung natürlich nicht gegeben, noch gab es nur katholische – »allumfassende« – Christen), klagte beunruhigt, dass der Buchdruck Luthers Erfolge immer höher schraube und die Buchhändler dort, wo Luthers Schriften verboten waren, von den Inspektoren vor ihrem jeweiligen Eintreffen sogar gewarnt würden. Selbst Schneider, Schuster, Frauen und das ungehobelte Volk, empörte sich Cochläus, würden nun unter der Anleitung von Priestern, Mönchen und Doktoren lesen lernen. 1529 lamentierte Herzog Georg von Sachsen, ein Cousin von Luthers Patron Kurfürst Friedrich, dass »viele Tausende« Exemplare von Luthers Neuem Testament das Volk in die Insubordination treiben würden.

Allerdings zog die Leichtigkeit, mit der man Papier nun bedrucken und zu Büchern binden konnte, um der ständig steigenden Nachfrage zu entsprechen, ihrerseits neue Probleme nach sich. 1522 wurden siebenundachtzig verschiedene deutschsprachige Neue Testamente außerhalb von Wittenberg gedruckt, ohne dass Luther seine Einwilligung gegeben hätte, wiewohl sämtliche dieser Übersetzungen reine Hybriden seiner eigenen Fassung waren.

Einer Schätzung nach erschienen zwischen 1522 und 1530 vier Mal mehr unautorisierte als autorisierte Fassungen von Luthers Neuem Testament. Und dieses »Copyright«-Problem sollte von Dauer sein, wiewohl Luther die von ihm autorisierten Drucke seit 1524 mit der »Lutherrose« aus Cranachs Werkstatt kennzeichnete. Im Jahr darauf klagte er, dass er seine eigenen Bücher nicht wiedererkenne.

Im Zuge seiner Weiterentwicklung sollte der Buchdruck jedoch nicht nur unter dem Fehlen eines Urheberrechtsgesetzes, sondern auch unter der wachsenden Zahl von Druckfehlern und anderen Ungenauigkeiten leiden. Das heißt, der gewaltige Produktionsanstieg ging eindeutig zulasten der Qualität. Bereits 1521 hatte Luther über die Amateurhaftigkeit der Druckwerkstätten geklagt, angefangen bei den chaotischen Zuständen dort, über die Nachlässigkeit, mit der Texte gehandhabt wurden und Gesellen die Lettern verkommen ließen, bis hin zur schlechten Qualität des Papiers. Ungelernte Arbeiter, schlechte Betriebsführungen und die ständige Eile, um die steigende Nachfrage befriedigen zu können – alles trug zur nachlassenden Sorgfalt bei. Hinzu kam, dass wegen der uneinheitlichen Zensurpolitik in Europa ständig Druckereien schließen mussten und neue gegründet wurden, was der Entwicklung einer guten Arbeitsmoral auch nicht gerade förderlich war. Die Druckwerkstatt im 16. Jahrhundert war gewiss kein idealer Ort für die exakte Reproduktion eines Originals.

Dennoch, trotz der chaotischen Zensurpolitik, des Diebstahls geistigen Eigentums (wie wir es heute nennen) und der lausigen Arbeitsausführung gelangte Luthers Neues Testament in die Hand von unzähligen Lesern. Und auch damit hatte der Wittenberger Theologe seine Produktion von Pamphleten und Sendschreiben ja noch lange nicht eingestellt.

Im Jahr 1531 schaltete er sich schriftlich in eine bizarre Debatte über die Auslegung zweier Verse aus dem dritten Buch Mose (Leviticus) ein, die schließlich einen der mächtigsten Könige Europas zum Bruch mit Rom bewegen und der Reformation, die mit Luther begonnen hatte und auf Papier gewachsen war, neue Impulse geben sollte.

# 14

## Das Abendland übersetzt sich

> Ich möchte schreiben und weiß nicht was und wem, Und – oh eisernes Verlangen! – Papier, Feder, Tinte und Nachtwachen sind mir lieber als Schlaf und Ruhe. Was soll's? Ich quäle mich immer und langweile mich, ausser während ich schreibe...
>
> FRANCESCO PETRARCA[1]

Martin Luther und König Heinrich VIII. von England hatten sich bereits über die Sichtweisen des jeweils anderen ausgelassen, und das waren keine freundlichen Worte gewesen. Ein Jahrzehnt zuvor, im Jahr 1520, hatte Luther in seinem Traktat über die sieben Kirchensakramente *(Von der babylonischen Gefangenschaft der Kirche)* erklärt, dass »das Wort und Beispiel« Christi nicht allein für die Priester gelte. Heinrich hatte 1521 mit dem Traktat *Assertio Septem Sacramentorum adversus Martinum Lutherum* (»Verteidigung der Sieben Sakramente gegen Martin Luther«) darauf reagiert, den er mithilfe seines Beraters Thomas Morus verfasst hatte und für das ihm der Papst den Titel *Fidei defensor* (»Verteidiger des Glaubens«) verlieh. Darauf reagierte 1522 wiederum Luther mit der beißenden Flugschrift *Antwort deutsch Mart. Luthers auf König Heinrichs von England Buch*, in der er ihn als »Heintz Lügner« bezeichnete. Trotz alledem wandte sich der König an Luther, als er nun die Scheidung von seiner ersten Frau Katharina von Aragon bewirken wollte. In Wahrheit dürfte Heinrich trotz seiner Verteidigung der sieben Sakramente weit weniger beunruhigt wegen einer Verletzung des Ehesakraments gewesen sein, als er vorgab: In seinem Messbuch lassen sich die koketten Botschaften nachlesen, die er während der Messe an Anne Boleyn geschrieben hatte. Aber vielleicht würde ihm ja die Bibel selbst eine Rechtfertigung für die Scheidung von Katharina bieten, damit er Anne heiraten konnte? In Levitikus 18,16 steht geschrieben: »Die Scham der Frau deines Bruders darfst du nicht entblößen; denn sie ist die Scham deines Bruders.« Da Katharina zuvor mit Heinrichs älterem Bruder verheiratet gewesen war, gedachte der König dieses Gesetz als Begründung zu nutzen, um von Rom die Annullierung seiner Ehe zu bewirken.

Im Jahr 1528 ließ Heinrich sich rund hundert Bücher zusammensuchen, die von Relevanz für seinen Fall sein konnten, und bestimmte siebenunddreißig davon für die königliche Palastbibliothek – eine Galerie schönster Handschriften, die er nun in eine Forschungsbibliothek für die Rechtsgelehrten und Theologen verwandelte, welche für ihn die Plädoyers für eine Annullierung der Ehe ausarbeiten sollten.

Bibliotheken solcher Art wurden immer üblicher in England. In der ersten Hälfte des 16. Jahrhunderts gab es mindestens 244 bedeutende Bibliotheken im Land, fast die Hälfte davon in Privatbesitz. 1535 hatte die königliche Palastbibliothek in Richmond nur 150 Werke besessen, ein Jahrzehnt später verfügte die Upper Library im (nicht mehr erhaltenen) alten Teil von Westminster Palace, dem Sitz von Politik wie Kirche, laut Bestandsverzeichnis über 1450 Bücher. (Die Universitäten von Oxford und Cambridge besaßen jeweils nur eine kleine Bibliothek, Oxford seit dem 14. und Cambridge seit dem 15. Jahrhundert, die dann peu à peu erweitert wurden, in Cambridge allerdings erst im 16. Jahrhundert.) Kurzum, die Buchbestände Englands waren im 16. Jahrhundert noch sehr begrenzt gewesen – die königliche

Bibliothek in Fontainebleau vor den Toren von Paris verfügte bereits über dreitausend Titel.

Als Heinrich Rom nicht überzeugen konnte, wandte er sich zur Unterstützung seines Annullierungswunsches an Luther. Und wie er gehofft hatte, zog der Priester sogleich die Bibel zurate, lieferte ihm dann aber die »falsche« Antwort. Tatsächlich hielt Luther den englischen König für einen respektlosen, wankelmütigen und eigennützigen Selbstdarsteller. Nachdem nun also weder vom Papst noch von Luther die erwünschte Vollmacht zu erhalten gewesen war, beschloss Heinrich 1533, dem Papst das Recht auf Widerspruch zur Heiligen Schrift abzusprechen, und im Jahr darauf, sich vom Papsttum loszusagen, besiegelt durch die Suprematsakte, mit der das Parlament den König zum Oberhaupt der Kirche von England erklärte. Doch es war der Buchdruck, nicht allein die Politik, der diesem Schritt dann die Kraft verlieh, sich auf die gesamte englische Gesellschaft auszuwirken.

In den Zwanziger- und Dreißigerjahren des 16. Jahrhunderts waren es im Wesentlichen religiöse Themen, die zum Druck von Büchern angeregt hatten. Alle führenden englischen Reformer – William Tyndale, Robert Barnes, Thomas Cranmer – waren Lutheraner, mehrere aus ihren Reihen standen mit Luther sogar in direktem Kontakt. Gegen Ende des 15. Jahrhunderts waren englische Gelehrte auf den Kontinent gereist, vorzugsweise nach Florenz, und hatten von dort nicht nur wesentlich bessere Griechischkenntnisse, sondern auch diverse jüngst erschienene Schriften und Übersetzungen samt der neuen Ideen hinsichtlich der wortwörtlichen Herangehensweise an solche Texte mitgebracht. Einige der frühen englischen Glaubenshumanisten, Männer wie John Colet zum Beispiel, hatten sich zwar schon dafür ausgesprochen, zu den Urquellen der biblischen Texte zurückzukehren, waren dabei aber doch entschiedene Anhänger Roms geblieben. Die Reformer in der ersten Hälfte des 16. Jahrhunderts sahen in der Kirche hingegen weniger ein Werkzeug für weitere scholastische Studien oder einen Hort der Korruption, der entrümpelt werden müsste, als den Verursacher von grundlegenden doktrinären Irrtümern, welche die ursprünglichen Darstellungen der Heiligen Schrift verfälscht hatten. Und mit dieser Überzeugung befanden sie sich auf einem noch wesentlich gefährlicheren Konfrontationskurs mit Rom.

Der Gelehrte William Tyndale war in einer wohlhabenden Familie in den Cotswolds aufgewachsen, einer Region, die dank des Erbes von Wycliffes Lollarden bereits eine evangelische Tradition hatte und dank ihres Wollhandels obendrein enge Beziehung zum europäischen Kontinent unterhielt. 1515 begann Tyndale an der Oxford University für seinen Bachelor of Arts zu studieren, war mit seinen Sprachkenntnissen – er beherrschte sieben Sprachen fließend – aber ein Unikum an dieser Hochschule, an die es nur wenige ausländischen Studenten zog. Man nannte ihn dort den Prediger, vermutlich, weil er das Priesteramt anstrebte, vielleicht aber auch, weil er seinen Theorien grundsätzlich das ursprüngliche griechische Neue Testament und nicht die lateinische Vulgata zugrunde legte. Und in genau diesem Zusammenhang stieß er dann auch erstmals darauf, dass Rom die Heilige Schrift schlicht den eigenen Auslegungen unterwarf. 1531 empörte er sich:

> ... unser Heiliger Vater bekundet die Autorität der Heiligen Schrift per eigenem Dekret, denn solange nicht von ihm dekretiert, ist die Heilige Schrift nicht authentisch.

An der Universität von Cambridge, an die Tyndale 1517 wechselte, begegnete er anderen künftigen Reformern wie Thomas Cranmer, Miles Coverdale und Hugh Latimer. Hier debattierten die Theologen auch wesentlich offener über die Ideen Luthers als in Oxford, allerdings empfand so mancher dort Tyndales Bildung als eine Bedrohung. Der ortsansässige protestantische Historiker Richard Webb erinnerte sich, dass in der Diözese von

Gloucestershire, in der Tyndale im Anschluss an sein Studium zwei Jahre lang, von 1551 bis 1553, als Hauslehrer bei einer Familie arbeitete, neun Priester vorgefunden worden seien, die nicht gewusst hätten, wie viele Gebote Moses von Gott erhalten hatte; dreiunddreißig wussten nicht, wo diese in der Bibel zu finden waren (einige glaubten, im Matthäusevangelium); hundertachtundsechzig Priester konnten diese Gebote nicht aufsagen; zehn kannten das Apostolische Glaubensbekenntnis nicht; zweihundertsechzehn wussten nicht, wie es zustande gekommen war, meinten aber mehrheitlich, wenn Rom und der König es verträten, müsste es schon seine Richtigkeit haben; neununddreißig wussten nicht, wo im Neuen Testament das Vaterunser zu finden war, vierunddreißig nicht, wer dessen Autor war, und zehn konnten es nicht einmal aufsagen.

Laien, die kein Latein und daher auch die Bibel nicht lesen konnten, waren natürlich noch wesentlich schlechter in der Lage, sich zu informieren. Seit Jahrhunderten war Latein die einzig akzeptierte Sprache im Kirchenleben des gesamten Abendlandes gewesen. In England drohte Eltern, die ihren Kindern das Vaterunser in der Landessprache beibrachten, wegen solcher Selbstherrlichkeit sogar der Scheiterhaufen. Tyndale fand diese Situation unerträglich. Einmal erklärte er einem Priester, er werde sicherstellen, dass »der Knabe hinterm Pflug« die Heilige Schrift besser kennen würde als sein Priester. Doch wie die Dinge zu diesem Zeitpunkt standen, kannten gewöhnliche Kirchgänger nur die Evangelienharmonien – zusammenfassende Geschichten über das Leben und Wirken Jesu, die kaum konkrete Inhalte aus den Evangelien vermittelten, da sie willkürlich gekürzt oder farbenprächtig ergänzt worden waren. Und Wycliffes Bibelübersetzung aus dem 14. Jahrhundert war in einem unverständlichen Mittelenglisch gehalten. Aber unter dem hohen Klerus herrschte keinerlei Interesse, die Heilige Schrift in eine verständliche Umgangssprache zu bringen, auf dass sie dem Volk zugänglich würde. Auch Tyndale sollte für seinen Plan einer Neuübersetzung keinen öffentlichen Sponsor finden, weder in London noch, wie er später im Vorwort zu seiner englischen Bibelausgabe schrieb, »in ganz Engeland«.

Ein Grund für dieses Widerstreben war die Angst der englischen Kirchenhierarchie vor dem Einfluss Luthers. Um das Jahr 1520 traf eine Flut an lutherischen Büchern und Traktaten aus dem Ausland in London ein, und die kann Tyndale, der 1523 in die Stadt gezogen war, kaum übersehen haben. Es gab sogar Buchhändler, die ausschließlich lutherische Schriften vertrieben. Der Londoner Bischof Cuthbert Tunstall warnte Thomas Morus schriftlich vor der »lutherischen Häresie, dieser Ziehtochter der Wiklifiten« (Lollarden). Prompt folgten ein öffentliches Verbot dieser Schriften und jede Menge Razzien, doch nicht zuletzt dank der alten lollardischen Netzwerke konnten Luthers Werke dennoch verbreitet werden. Allmählich zählten immer mehr Weber, Schneider und Kaufleute zu den Schichten, die des Lesens mächtig waren und begierig darauf warteten, diese Schriften selbst lesen zu können. Viele Kaufleute sollten schließlich des Besitzes einer umgangssprachlichen Bibel – oder ihrer Teilnahme an einer Lesung daraus – angeklagt und einige deswegen sogar auf dem Scheiterhaufen verbrannt werden.

1524 verließ Tyndale England, um ein Jahr in Hamburg zu verbringen und sich anschließend nach Köln zu begeben, wo er den Drucker Peter Quentel auftat, der sofort dessen englische Übersetzung des Neuen Testaments zu drucken begann. Doch gerade als das 22. Kapitel von Matthäus an der Reihe war, sorgte die Prahlerei eines betrunkenen Gesellen für die Aufmerksamkeit der Behörden. Der Rat der Stadt untersagte die Fortführung des Drucks und schrieb Tyndale zur Verhaftung aus. Sofort floh er mit seinem Werk und einem Begleiter rheinaufwärts bis nach Worms. Der begonnene Quartdruck enthielt einen Holzschnitt, der den Apostel Matthäus beim Eintauchen der Feder in ein Tintenfass zeigt – Tyndale muss das Gefühl gehabt haben, dass er selbst nie über diese Phase des Schreibens hinaus und nie zu der lange erwarteten Drucklegung seiner Übersetzung kommen werde. Doch derweil begann sein Prolog, der stark an Luther angelehnt war, in England schon von Hand zu Hand gereicht zu werden. Es war das erste Traktat der protestantischen Reformation Englands.

Im Jahr 1526 fand Tyndale in Worms – genau dort, wo Luther fünf Jahre zuvor den Widerruf verweigert hatte – schließlich einen Buchdrucker, Peter Schöffer d. J., der ihm seine komplette Übersetzung druckte, diesmal im kleineren Oktavformat und in einer schlichten Schrift gesetzt, rund drei- bis sechstausend Exemplare, die überlieferten Zahlen schwanken stark. Im Jahr 1534 erschien eine revidierte Ausgabe mit mehr als fünftausend Änderungen und einer ganzen Palette an Holzschnitten. Es war die erste Ausgabe, die Tyndale mit seinem Namen zeichnete, allerdings nicht, ohne die Leser in seinem Vorwort zu warnen, dass sein Kollege George Joye mehrere unabgesprochene, unkundige (und voreingenommene) editorische Änderungen vorgenommen habe. Später sollte Tyndale diese Untat von Joye mit einem Fuchs vergleichen, der in einen Dachsbau pinkelt. Auch in Antwerpen erschienen mehrere Raubdrucke.

Die Schönheit von Tyndales geschriebenem Englisch lag in seiner Transparenz. Er schenkte der Sprache neue Wörter, Wortstellungen und Formulierungen, die den englischsprachigen Völkern auf dieser Welt dann zur zweiten Natur werden sollten. Seine Wortwahl war derart verblüffend klar und mitreißend, dass sie noch fünf Jahrhunderte später tief im anglophonen Bewusstsein verankert ist. Tyndales oberstes Gebot war Eindeutigkeit und Verständlichkeit. Die Lehren des Apostels Paulus, ein Dreh- und Angelpunkt der europäischen Reformation, sollten ebenso klar verständlich für den Durchschnittsleser sein wie die Evangelien. Das Ergebnis dieser Einstellung war ein wahres Sprachgeschenk an das englische Volk.

Aber noch war es nicht so weit, noch war er in Worms, samt seinem Neuen Testament, dem halbfertigen wie dem fertigen, welches angemessenerweise im Taschenbuchformat gedruckt worden war. Deshalb hatte er ihm auch nur einen kurzen Prolog vorangestellt, der ihm jedoch ausreichte, um sein paulinisches Argument vorzubringen: Der Weg zur Erlösung seien Buße und Glaube, nicht gute Werke. Und damit war die »Rechtfertigung allein aus Glauben« auf dem Weg nach England, und mit ihr das Neue Testament in einer englischen Sprache von verblüffend einfacher Prosa, gedruckt auf Papier und gebunden zu einer Ausgabe, die klein genug war, um sie in der Tasche verstecken zu können.

Im März 1526 begannen Exemplare dieses englischsprachigen Neuen Testaments nur so nach England zu strömen, ungeachtet eines schnell verhängten Verbots und einer öffentlichen Verbrennung der Bücher von Martin Luther in London. Sie wurden in Öl- und Weinfässern eingeschmuggelt, in Korn- oder Mehlsäcken und in den Geheimfächern von Möbelstücken. Ein Oxforder Kirchenhistoriker schätzt, dass »ungefähr 16 000 Exemplare seiner [Tyndales] Übersetzung nach England eingeschleust wurden, einem Land mit lediglich zweieinhalb Millionen Menschen und einem Markt für Bücher, der zu jenem Zeitpunkt noch kaum entwickelt war«[2]. Manche wurden verbrannt, viele gelesen und – beurteilt an den zerfledderten Exemplaren, die erhalten blieben – scheinbar so häufig verliehen, dass sie bereits auseinanderzufallen drohten. Aber Tyndale hatte bekanntlich auch den Knaben hinterm Pflug erreichen wollen. Edward Foxe, der Bischof von Hereford, hatte seine bischöflichen Brüder bereits 1537 gewarnt:

*Macht Euch nicht zum Gespött der Welt; Licht ist emporgeschossen und zerstreut alle Wolken. Das Laienvolk kennt die Heilige Schrift besser als viele von uns.*

Im Jahr 1529 begann schließlich unter den wachsamen Augen von Thomas Morus die Verfolgung: Jeder, der des Protestantismus verdächtig war, wurde ausspioniert. Doch die eigentlichen Zielscheiben waren Verleger und die Vertriebe, die protestantische Werke oder englischsprachige Bibeln lagerten und lieferten. Zwischen

Tyndale und Morus brach ein Krieg der Worte über diese Maßnahme aus. Aus Tyndales Sicht wurde der größte Schaden durch die Bücherverbrennungen angerichtet, die 1527 einsetzten. Selbst Cuthbert Tunstall, der Bischof von London, verbrannte Exemplare dieses englischsprachigen Neuen Testaments mit der Behauptung, dass es dreitausend Fehler enthalte. Es war weit gekommen mit der Kirche – nun verbrannte sie sogar das Wort Gottes.

Tyndale entfloh den Kirchenbehörden zurück auf den Kontinent, wo er Hebräisch lernte und an seiner Übersetzung des »Alten Testaments« zu arbeiten begann, wobei er sich stets auch Luthers deutsche Übersetzung zu Gemüte führte. Wo er diese Lebensphase verbrachte, ist ungesichert, es könnte Hamburg, Antwerpen, Köln, Frankfurt oder möglicherweise auch Wittenberg gewesen sein, wo er gewiss kein Problem gehabt hätte, Kontakt zu Luther aufzunehmen. Immerhin war dieser Ort nicht nur der Hot Spot der europäischen Reformation, sondern auch eine Hochburg von Freidenkern generell. Nicht umsonst ließ William Shakespeare seinen Hamlet und dessen Freunde Horatius, Rosenkranz und Güldenstern an der (1502 gegründeten) Universität von Wittenberg studieren oder Christopher Marlowe seinen Dr. Faustus in Wittenberg residieren. Wo immer Tyndale sich auch aufgehalten haben mag, es dürfte mit Sicherheit eine lutherische Hochburg oder ein Schmelztiegel des neuen abendländischen Denkens der Jahre um 1520 gewesen sein.

1532 begründete Thomas Morus, weshalb er siebzehn Bücher als Häresien verdammt hatte. Sieben davon stammten aus der Feder von Tyndale, darunter auch die Übersetzung des Neuen Testaments und seine Einführung in die paulinischen Briefe an die Römer. Einem Bericht zufolge waren 1530 jedoch bereits dreitausend Exemplare von Tyndales *Practice of Prelates* in England in Umlauf gewesen (darin jede Menge Kritik am Klerus und der etablierten Kirche).[3] In den beiden anschließenden Jahren folgten ein Kommentar und eine Abhandlung. Tyndale war zu einer Berühmtheit in seinem Heimatland geworden.

Im Jahr 1530 war eine Lieferung von neuen Büchern in Taschenbuchgröße in England eingetroffen. Es war Tyndales Übersetzung der Tora, der Fünf Bücher Moses aus der Hebräischen Bibel, gedruckt in der Antiqua-Type. Im Gegensatz zu der Fassung von Wycliffe, der aus der lateinischen Vulgata übersetzt hatte, hatte Tyndale seine Prosa direkt aus dem Hebräischen erarbeitet. (Wo Wycliffe den Lesern zum Beispiel das archaischere *Be made light, and made is light* vorgesetzt hatte, schrieb Tyndale: *Let there be light, and there was light.*)

David Daniell, Leiter der Shakespeare-Forschung am Londoner University College und der Biograf von Tyndale, verfolgte den Einfluss, den Tyndales Übersetzung aus dem Hebräischen auf die englische Sprache hatte. Denn diesmal hatte er nicht nur neue Begriffe eingeführt (wie zum Beispiel *Passover*, abgeleitet von dem hebräischen Passah), sondern auch die althergebrachten englischen Satzbauten, Wortstellungen und Erzähltechniken verändert. Tyndale selbst erklärte, dass er es »tausend Mal besser« gefunden habe, direkt aus dem Hebräischen statt über den Umweg des Latein zu übersetzen, weil dabei oft nichts anderes als eine exakte Übertragung des hebräischen Wortes und Satzbaus notwendig gewesen sei, um sich auch im Englischen wunderbar zu lesen.[4]

Er übersetzte noch die Bücher Josua, Richter, Könige, Jona, Rut und die Chroniken. Sein außergewöhnliches englisches Sprachgefühl, gekoppelt mit seinem tiefen Verständnis für die hebräische Sprache, verwandeln diese Texte in eine einzigartige Lektüre. Den Gipfel seiner Kunst hätte er wohl mit den Psalmen erreicht, wäre es denn dazu gekommen und er nicht von einem Heuerling namens Henry Phillips verraten worden, der ihn 1535 unter einem Vorwand aus seinem sicheren Haus in Antwerpen lockte und an die Behörden übergab. Niemand weiß, in wessen Auftrag Phillips gehandelt hatte, jedenfalls wurde Tyndale der Ketzerei schuldig gesprochen und 1536 in Vilvoorde vor den Toren Brüssels an einen Pfahl gebunden und zu Tode gewürgt, bevor ihn die

Flammen verschlangen. Seine letzten Worte waren: »Herr, öffne dem König von England die Augen.«

Er hätte sich wohl nie träumen lassen, wie schnell sein Gebet erhört werden sollte. 1537 verkündete Heinrich VIII., dass nur noch die Kirchenlehren Gültigkeit besäßen, die eindeutig auf der Bibel beruhten. Sofort begriffen Lord Chancellor Thomas Cromwell und der Erzbischof von Canterbury, Thomas Cranmer, dass damit erstmals englischsprachige Bibeln für alle Bürger des Landes hinreichend autorisiert worden waren. Sie schritten schnell zur Tat. Im selben Jahr war in Antwerpen auf Veranlassung des Kaplans John Rogers eine neue englische Ausgabe gedruckt worden, die im Wesentlichen auf den Übersetzungen von William Tyndale sowie auf Übertragungen von Rogers und dem Kleriker Miles Coverdale beruhte. Und da Rogers – wie einmal auch Tyndale selbst – für diese Ausgabe das Autorenpseudonym Thomas Matthew verwendete, wird sie bis heute als »Matthew's Bible« bezeichnet. Cranmer schrieb an Cromwell, dass er diese englische Ausgabe für die bislang beste hielt, woraufhin Cromwell König Heinrich zu deren Autorisierung bewog. 1539 wurde diese Übersetzung als die *Great Bible* (so genannt aufgrund ihres Großformats) von den Protestanten Richard Grafton und Edward Whitchurch im Londoner Stadtteil Grey Friars gedruckt. In der Ausgabe von 1540 (die auch unter der irreführenden Bezeichnung *Cranmer's Bible* bekannt wurde) ist auf dem Frontispiz Heinrich VIII. abgebildet, wie er Cromwell zu seiner Rechten und Cranmer zu seiner Linken die Bibel überreicht: Symbole einer traulichen Staats- und Kirchenmacht. In dieser Ausgabe fand sich auch ein neues Vorwort, in dem Cranmer erklärte, dass die Heilige Schrift ebenso wenig ungebührlich ausgelegt wie dem Volk vorenthalten werden dürfe, und erkannte erstmals den Beitrag an, den die Lollarden zum religiösen Leben in England geleistet hatten. Es wurde verfügt, dass ein Exemplar dieser *Great Bible* an die Kanzel einer jeden Kirche im Land zu ketten und in jeder Gemeinde ein Leser zu bestimmen sei, welcher den Analphabeten daraus vorzulesen habe.

Die Folgen dieser Entscheidungen waren seismisch und unwiderruflich. Im Jahr 1530 war den englischen Laien der Glaube noch von Priestern eingetrichtert und die Eucharistie (nur in der Form von Brot) im Kirchengestühl von Priestern verabreicht worden, die mit solchen sakramentalen Akten ihre eigene Macht zur Schau stellten. Mit Ausnahme der Gemeinden, in denen bereits im späten Mittelalter landessprachliche Predigten (sogenannte »makkaronische«, eine Mischung aus Latein und Umgangssprache) gehalten und englischsprachige Kirchenlieder gesungen worden waren, pflegte man die Messe, ja sogar Lesungen aus der Bibel, überall in lateinischer Sprache zu halten. Und da auch in England die wenigsten Laien Latein verstanden (abgesehen vielleicht von einigen wenigen oft wiederholten Begriffen), waren die Priester für sie der einzige Weg zu Gott und zur Erlösung. Ein Priester legte die Heilige Schrift aus, und seine Gemeinde hatte kaum eine Möglichkeit zu überprüfen, was er ihnen da vermittelte. Nun wurde dem Volk erstmals ein direkter Zugang zur Bibel gewährt, und damit war die höchste Hürde niedergerissen, die das Laientum von dem Buch getrennt hatte, dessen Wort es gehorchen sollte.

Allein schon die Existenz von gedruckten englischsprachigen Bibeln unterminierte den Autoritätsanspruch des Papstes. Einer konservativen Schätzung nach belief sich die Zahl der landessprachlichen Neuen Testamente oder Gesamtbibeln, die zwischen 1520 und 1649 für den englischen Markt gedruckt worden waren, auf 1,34 Millionen – mehr, als es Haushalte im ganzen Land gab.[5] Und diese unterhöhlten nun auch die Vormachtstellung der Priesterelite im Land, da Laien mit einem Mal sehr viel unmittelbarere Antworten auf ihre Glaubensfragen oder Fragen zu ihrer Lebensführung erhielten. Das hatte natürlich politische Folgen. Denn wenn die Heilige Schrift über dem Klerus stand, dann stand sie auch über dem König.

Und das war noch nicht alles. 1611 sanktionierte die Anglikanische Kirche die *Authorized Version* oder *King James Version* als die Bibel von England, und dieses Supremat sollte sie dann drei Jahrhunderte lang wahren. Neun Zehntel des Neuen Testaments sowie die erste Hälfte des »Alten Testaments« waren schlicht und einfach aus der *Matthew's Bible* übernommen worden – mit der Folge, dass die Wörter, Wendungen, Satzbauten und der Stil dieser früheren Übersetzung zur sprachlichen Einheit im Land und damit auch zu einer nationalen Vereinheitlichung beitrugen. Von da an teilten sich Engländer einen ganzen Köcher an Wörtern, die sie nun alle selbst in Wort und Schrift zu verwenden begannen. Und diese landesweit geteilte Sprache sollte sich so tief in das englische Bewusstsein einprägen, dass sie schließlich identitätsstiftend wurde. Es war das einflussreichste Buch, das jemals in englischer Sprache erschien, aber der Erfinder dieser Sprache, der Mann, der den Großteil dieses Buches übersetzt hatte, war gezwungen gewesen, zu dem Pseudonym Thomas Matthew zu greifen, weil die Offenbarung seines wahren Namens William Tyndale lebensgefährlich für ihn gewesen wäre.

Welche enorme Bedeutung die *Authorized Version* hatte, ist ebenso vorzüglich dokumentiert wie der Einfluss, den sie auf den englischen Parlamentarismus, auf den Sklavenhandel, auf das Erblühen der englischen Literatur im 17. Jahrhundert und auf die Freiheitsideen hatte, die in einigen dieser literarischen Werke vorgebracht wurden, nicht zuletzt in John Miltons *Paradise Lost* oder in seiner *Areopagitica*, in der er die freie Meinungsäußerung in Wort und Schrift forderte. Und zeitgleich mit der Bibelexegese und der Möglichkeit des individuellen Studiums der Heiligen Schrift begannen auch der Empirismus und die wissenschaftliche Erforschung von »Gottes anderem Buch« – dem Buch der Natur – in England zu erblühen.

Wie so viele Jahrhunderte zuvor in China, hatte die Einführung von Papier auch in Europa nicht automatisch den Akt des Lesens popularisiert. Nicht einmal die Erfindung der beweglichen Lettern – eine Geschichte, die untrennbar mit der des Papiers verbunden ist – hatte eine breitere lesende Öffentlichkeit erschaffen können. Papier und Druck hatten nur das Bedürfnis nach *bestimmten* Lektüren verstärkt, sobald diese aus irgendeinem Grund notwendig oder wünschenswert erschienen. Deshalb kann die Ankunft des Wissens um die Papierherstellung im Abendland (ob im 11. Jahrhundert im islamischen Spanien oder im 13. Jahrhundert im katholischen Sizilien) auch nicht als der Höhepunkt oder gar Wendepunkt der Reise des Papiers durch Europa gewertet werden. Es waren vielmehr der Bildungshunger und die wachsenden Leserkreise der Renaissance und der Reformation, die die Schleusen öffneten und den Kontinent mit Papier überfluteten. Denn beides hatte bei Naturforschern wie Theologen den Impuls ausgelöst, zurückzukehren zu den Urquellen, um das eigene Wissen zu mehren und der lesenden Öffentlichkeit die jeweiligen Texte in ihren Landessprachen zugänglich zu machen.

Was umgangssprachliche Bibelübersetzungen betrifft, so hatte es allerdings schon drei Jahrhunderte vor der Reformation einige gegeben. Im 15. Jahrhundert waren nicht nur von Rom landessprachliche Schriften für den religiösen Alltagsgebrauch erstellt worden – Messbücher, Andachtsbücher, Predigtbücher –, auch Bibelübersetzungen waren schon in fast allen Sprachen des Abendlands erschienen: in Deutsch (1466), Italienisch (1471), Niederländisch (1477), Tschechisch (1478), Catalan (1492) sowie Kurzfassungen in Französisch (1474), Spanisch und Portugiesisch (jeweils vor 1500). Und schon 1517 hatten spanische Katholiken das gewaltige Projekt einer Bibelausgabe in deren Originalsprachen vollendet, die *Complutensische Polyglotte,* so genannt, weil sich die Gelehrten zu diesem Zweck an der Universität der Stadt Alcalá de Henares zusammengefunden hatten, deren lateinischer Name *Complutum* war. (Das »Alte Testament« erschien im Dreispaltendruck, rechts Hebräisch, in der Mitte die lateinische Vulgata und links die griechische Septuaginta; das Neue Testament zweispaltig in Latein und Griechisch.)

Aber so zahlreich solche Übersetzungen auch waren, so konnten sie das Abendland doch nicht derart elektrisieren, wie es ihren Nachfolgern im 16. Jahrhundert gelingen sollte. Erstens waren sie größtenteils in einer nahezu unverständlichen Sprache verfasst und ohnedies allesamt aus dem amateurhaften Latein von Hieronymus' Vulgata übersetzt worden. Zweitens waren sie von vornherein nur für die Augen von Klerikern, Höflingen und Universitätsprofessoren samt Studenten gedacht und gewiss nicht übersetzt worden, um auch Laien die Heilige Schrift zugänglich zu machen – was der wolkige Stil, der ihnen allen gemein war, nur bestätigen kann. Die Übersetzer des 16. Jahrhunderts profitierten hingegen bereits von der damals jüngsten Bibelforschung.

Erasmus' Veröffentlichung der frühsten vorhandenen griechischen Texte des Neuen Testaments im Jahr 1516 war die Grundlage, an der sich die Reformatoren orientierten, weil sie den evangelischen Gelehrten die Möglichkeit gab, zur Originalsprache der Texte zurückzukehren. (Diese Tatsache verdeutlicht, wie stark die Reformatoren auf wissenschaftliche Arbeiten katholischer Gelehrter bauten – auch Erasmus blieb sein Leben lang Katholik.) Luther hatte ebenfalls auf Texte anderer evangelischer Abtrünniger von der römischen Kirche zurückgegriffen, etwa auf die Werke des frühen böhmischen Reformators Jan Hus. Doch es war das Erscheinen der lateinisch-griechischen Textausgabe von Erasmus, die es Luther und anderen Übersetzern ermöglichte, ihr Ziel zu erreichen: Bibeln für jedermann, die von allen schwerfälligen und unverständlichen Latinismen der Vergangenheit bereinigt waren.

Nun erschienen in kurzen Abständen weitere neue Übersetzungen: eine dänische Version von Luthers Neuem Testament (1524 veröffentlicht); eine schwedische Bibel, die aus den Originalsprachen übersetzt worden war, 1540/41 (bis dahin hatten beide Staaten die lutherische Kirche bereits zur Staatskirche erhoben). Überall in Europa kamen neue landessprachliche Bibeln heraus: um 1520 (eine niederländische), um 1530 (französische, deutsche, italienische, englische), um 1540 (finnische, isländische). Eine zweite Welle folgte um 1560 und 1590 (polnische, tschechische, walisische, litauische, slowenische, ungarische), 1602 wurde in Irland noch eine gälische veröffentlicht. Europas Buch der Bücher umwarb seine Leser in ihren eigenen Sprachen.

Nachdem einige Jahre nach Luthers Tod Genf zum Nervenzentrum der Reformation geworden war (unter der Führung des französischen Reformators Johannes Calvin), strömten evangelische Schriften auch nach Frankreich ein, und natürlich wurden in Genf selbst – wo es Mitte des 16. Jahrhunderts eine beträchtliche protestantische Exilantengemeinde gab – griechische und fremdsprachliche Neue Testamente herausgegeben und gedruckt, »Genfer Bibeln«, wie man sie nannte (die englischsprachige *Geneva Bible*, die französische *Bible de Genève* und die deutsche *Neue Genfer Übersetzung*). Das *Oxford Compendium to Shakespeare* bezeichnet die *Geneva Bible* angesichts der Bibelzitate, die Shakespeare in seine Werke eingeflochten hatte, als dessen »Primärtext« in Bibelfragen.

Calvin selbst brachte das Kunststück fertig, in nur wenigen Tagen einen Oktavband mit hundert Seiten (oder siebzehntausend Wörtern) zu produzieren, wenngleich er als Seelsorger stärker noch auf das gesprochene Wort setzte, um seine Botschaft zu vermitteln (allein in Genf hielt er mehr als zweitausend Predigten), und Drucker für notorisch unzuverlässig hielt. (Es waren allerdings auch noch andere Risiken mit einer Drucklegung verbunden: Calvins Kommentar zum Zweiten Korintherbrief ging 1546 auf dem Weg zum Straßburger Buchdrucker Wendelin Rihel verloren; wegen des damit verbundenen Zeitaufwands und der beträchtlichen Kosten hatte Calvin keine Abschrift anfertigen lassen.) Von ihm sind 1247 empfangene oder versendete Briefe erhalten; Luthers Freund und Mitstreiter Philipp Melanchthon hatte mehr als 9000 Briefe in seinem Leben erhalten und Luther selbst mehr als 3600. Das heißt, die Korrespondenz, die Calvin auf Papier führte, mag von der seiner Mitreformatoren in den

Schatten gestellt worden sein, aber seine generelle schriftliche Produktion ist legendär.

Sein bedeutendstes Werk *Institutio Christianae Religionis* oder *Unterweisung in der christlichen Religion* belief sich in der endgültigen französischen Fassung von 1560 auf 450 000 Wörter, sein Kommentar zum Römerbrief auf 107 000. Allein für sein exegetisches Werk schrieb er durchschnittlich 65 000 Wörter im Jahr. Addiert man jedes Exemplar eines jeden seiner gedruckten Werke, erhält man eine Summe von nahezu vier Millionen Büchern.[6] Und darin sind seine Predigten, Vorlesungen und seine Korrespondenz noch gar nicht enthalten.

Der Einfluss, den Calvin auf das Medium Papier ausübte, war gewaltig, nicht zuletzt in Frankreich, aus dem er 1534 geflohen war. Auch er veränderte die Sprache, in seinem Fall die Französische, und erwies sich dort, wo seine Mitstreiter ins Weitschweifige abglitten, als ausgesprochen originell. Inzwischen waren seine Ideen jedoch zu einer solchen Bedrohung geworden, dass Frankreich seinen Bürgern 1551 jeglichen Kontakt zu Genf verbot und den Besitz von Büchern, die in Genf veröffentlicht worden waren, zu einem schlüssigen Nachweis für ketzerische Aktivitäten erklärte. (Das calvinistische Genf war natürlich nicht minder skrupellos, wenn es um Gegenlehren ging.)

Das Abendland hatte die Spaltung des Kontinents, die von den politischen Verwerfungslinien noch vertieft wurde, herbeigedruckt und herbeigepredigt. Bis 1545 hing fast ein Drittel Europas einer evangelischen Ausprägung des Christentums an. An einem Punkt sah es sogar so aus, als würde sich selbst Frankreich einer evangelischeren Glaubensform zuwenden. Das Supremat von Rom war nun nicht mehr einfach nur gefährdet – es war beschnitten und auf schärfste Weise öffentlich infrage gestellt worden.

Luther selbst begann sich in seinem späteren Leben unmittelbarer mit der päpstlichen Institution und den Dokumenten zu befassen, auf denen das päpstliche Supremat beruhte. 1440 hatte der Renaissancehumanist Lorenzo Valla mit linguistischen Mitteln nachgewiesen, dass die Behauptung Roms, über eine historisch verbriefte Superiorität über die Kirche des Abendlands zu verfügen, auf einer Fälschung beruhte, der so genannten »Konstantinischen Schenkung«, die zu Zeiten von Papst Gregor IV. Anfang des 9. Jahrhunderts »aufgetaucht« war. Demnach habe Kaiser Konstantin Papst Silvester I. und seinen Nachfolgern um die Zeit, in der er den Beschluss gefasst hatte, die Reichshauptstadt von Rom nach Konstantinopel zu verlegen, die Oberherrschaft über Rom, Italien und die gesamte Westhälfte des Römischen Reiches übertragen. Konstantin soll sich zum Christentum bekehrt und den Bann über den christlichen Glauben im Römischen Reich aufgehoben haben, nachdem ihm 312 vor der Schlacht an der Milvischen Brücke ein göttliches Zeichen gegeben worden war, das ihm den Sieg bescherte.

Valla, der gewiss nicht als Erster die Authentizität des Dokuments angezweifelt hatte, konnte nun jedoch nachweisen, dass diese Schenkung eine Fälschung aus dem 9. Jahrhundert war. Sie zählt zu den *pseudoisidorischen Dekretalen*, einer Sammlung von Papstbriefen, Konzilstexten und Dekretalen früher Päpste, die Roms Führungsanspruch bekräftigt hatten und allesamt selbst Fälschungen waren, deren Authentizität man zu Vallas Zeiten ebenfalls infrage zu stellen begann. Kurzum, sämtliche Belege, die Rom für sein angeblich historisch verbrieftes Recht auf die Oberhoheit über die Kirche des Abendlands geltend machte, wurden erstmals offen hinterfragt. Auch die zunehmende Zentralisierung der institutionellen und politischen Macht der Kirche, die unter Gregor dem Großen (von 590 bis 604 Bischof von Rom) den ersten steilen Aufschwung erlebt hatte, wurde immer offener kritisiert. Der Gipfel des Primatanspruchs Roms war die 1302 von Papst Bonifazius VIII. (1294–1303) erlassene Bulle *Extra Ecclesiam nulla salus* (»Außerhalb der Kirche gibt es kein Heil«), denn damit meinte er natürlich nicht eine oder jede Kirche, sondern einzig und allein die römische.

Im Jahr 1537 attackierte auch Luther die Konstantinische Schenkung – nicht etwa, weil sie einer neuerlichen Hinterfragung bedurft hätte, denn mittlerweile war sie schon seit Jahrzehnten diskreditiert, sondern weil er das Papsttum zum nächsten logischen Schritt zwingen wollte, nämlich zu einer Entscheidung, welche Position dem Papst in der Kirche angemessen sei. Diese Herausforderung Luthers war zwar ungemein ambitioniert, aber zugleich der Beweis, wie weitreichend und schnell das Abendland sich bereits verändert hatte.

Was nun die Geschichte des Papiers betrifft, lassen sich so manche spezifischen Eigenschaften, Vorteile und Nachteile dieses Beschreibstoffs am Beispiel von Luthers Leben vielleicht besser illustrieren als an dem von anderen. Zum einen schuf ihm Papier außerordentliche Möglichkeiten, um mehr Leser erreichen zu können, als es irgendjemandem zuvor gelungen war, ohne sich dabei auf knappe Worte beschränken zu müssen (der Buchdruck mit beweglichen Lettern hat diesen Vorteil natürlich noch verstärkt). Und Luther hatte die Möglichkeit nicht nur ausgiebig genutzt, er ließ sich davon selbst zur Produktivität antreiben. Alle drei Aspekte der Papierkultur – der demokratisierende, der zu Produktivität anregende und der zur Umgangssprache ermunternde – kommen im Leben und Werk des deutschen Mönches klar zum Ausdruck. Aber das trifft auch auf die weniger attraktiven Eigenschaften des Papiers zu. Vielleicht ist es kein Zufall, dass sich die Schwächen dieses Beschreibstoffes mit einigen persönlichen Schwächen Luthers überschneiden: Papier birgt nicht nur das Versprechen, dass ein riesiges Publikum auf einen warte, es ermuntert auch zu Effekthascherei, Bilderstürmerei und Rohheiten (bekanntlich bediente sich Luther häufig einer Fäkalsprache). Und da Papier im Falle eines Erfolgs persönliche Prominenz verheißt, fördert es bis zu einem gewissen Grad auch individualistische Tendenzen. Gefährlicher als das aber ist, dass Papier sich auch den feigsten und schändlichsten Ansichten beugt. Luthers wachsender Antisemitismus, man denke nur an sein Traktat *Von den Juden und ihren Lügen* (1543), zählt mit Sicherheit zu den hässlichsten Bestandteilen seines Schriftwerks.

Dennoch, das Luthertum hatte Raum für einen beispiellosen Dissens und nie da gewesene Opposition geschaffen, und beides wurde in gedruckter Form zum Ausdruck gebracht. Rom war natürlich schon zuvor kritisiert worden, doch die früheren Kritiker hatten sich fast immer im etablierten Rahmen bewegt und letztlich nie versucht, eine Kanzel außerhalb der Kirche zu finden. Als die römische Kirche Luther exkommunizierte, es ihr aber nicht gelang, wieder alle deutschen Lande unter ihre spirituellen Fittiche zu bringen, entstand ein neuer geistiger Freiraum. Und dessen wegbereitender erster Nutzer war Luther der Polemiker, Rebell und Propagandist gewesen

Luther nutzte diesen Raum, um peu à peu alles zu diskreditieren, was er für Erfindungen der römischen Kirche oder für unzulässige Additionen zum frühchristlichen Denken hielt – das Supremat des Papstes, die Transsubstantiationslehre, das Mönchstum, den Ablasshandel, das Fegefeuer. Am entschiedensten aber nutzte er diesen Freiraum zum Protest gegen die Behauptung Roms, dass sich ein Christ mit guten Werken oder durch fleißige Besuche der Messe (geschweige denn durch einen Ablass) Vergebung und Erlösung verdienen könne. Luthers Logik nach bedurfte das Laientum schlicht keiner Institution, die ihm als Mittler zur Erlösung und als Vermittler der Wahrheit diente.

## 15
## Ein neuer Dialog

> Orlando kommt mit einem Blatt Papier
> ORLANDO.
> Da häng, mein Vers, der Liebe zum Beweis!
> Und du, o Königin der Nacht dort oben,
> Sieh keuschen Blicks, aus deinem blassen Kreis
> Den Namen deiner Jägrin hier erhoben.
> O Rosalinde! sei der Wald mir Schrift,
> Ich grabe mein Gemüt in alle Rinden,
> Daß jedes Aug, das diese Bäume trifft,
> Ringsum bezeugt mag deine Tugend finden.
> Auf, auf, Orlando! rühme spät und früh
> Die schöne, keusche, unnennbare Sie!
>
> WILLIAM SHAKESPEARE[1]

Die Alma Mater des Mathematikers, Astronomen, Theologen und Kartografen Georg Joachim Rheticus war die Universität von Wittenberg. Und dort hatte Luthers enger Verbündeter Philipp Melanchthon diesem Renaissancemann mit dem guten Blick für neue Werke, mit deren Hilfe er vielleicht selbst zu Geld und Ansehen kommen konnte, auch zu einer Professur verholfen. Aber es dürften dann vor allem Rheticus' Freundschaften mit diversen Buchdruckern gewesen sein, die ihm vor Augen führten, welch gute Geschäfte sich mit dem Protestantismus machen ließen. Jedenfalls sah er um 1540 eine Gelegenheit dazu gekommen. Bücher und Pamphlete aus Wittenberg waren im ganzen Abendland nachgefragt, andererseits hatte er auch miterlebt, wie sich Luthers Leserkreise von europaweiten auf rein deutsche reduziert hatten – die im ganzen Abendland berühmte deutsche Reformationsbewegung hatte lokale Wurzeln geschlagen; Luthers beispielloser Ruhm unter den europäischen Lesern war von begrenzter Lebensdauer gewesen.

Im Jahr 1539 traf Rheticus aus Nürnberg kommend im polnischen Frauenburg ein, eine Reise von rund vierzehnhundert gewundenen Kilometern mit der Kutsche, um dann bis 1541 bei dem großen Mathematiker und Astronomen Nikolaus Kopernikus zu arbeiten. In die Wege geleitet hatte das Melanchthon, wenngleich auch er, wie so viele andere führende Protestanten, nur Vernichtendes über Kopernikus' große heliozentrische Theorie zu schreiben wusste, da sie allem herrschenden Wissen über das geozentrische Weltbild spottete. Die Erde, sagte Kopernikus, stehe keineswegs im Zentrum des Universums, sondern bewege sich mit den Planeten um eine stationäre Sonne und drehe sich dabei um ihre eigene Achse. Auch die etablierte Kirche lehnte diese Idee strikt ab. Doch Kopernikus hatte sie bereits um 1509 seinem Kollegen Johannes Schöner in Form eines *Commentariolus* zukommen lassen, den dieser dann zirkulieren ließ. Und auch Rheticus hatte bereits das Terrain sondiert, als er 1540 in Danzig einen eigenen Kommentar über Kopernikus' Theorie unter dem Titel *Narratio Prima* veröffentlichte. In Frauenburg überzeugte er den Astronomen nun, seine Abhandlung in voller Länge zu veröffentlichen, und da Kopernikus wegen einiger noch offener Fragen ohnedies im Briefwechsel mit dem lutherischen Theologen und Reformator Andreas Osiander stand (der in der Nürnberger Lorenzkirche predigte), wandte er sich nun auch wegen der Drucklegung an ihn. Osiander versprach, sich darum zu kümmern, derweil Rheticus 1542 eine Professur in Leipzig antrat. Allerdings nahm Osiander dann ohne jede Autorisierung Änderungen vor und stellte dem Werk sogar ein anonymes Vorwort voran, in dem er erklärte, dass ein Astronom sich zu Berechnungszwecken durchaus »beliebige Ursachen oder Hypothesen ausdenken« müsse und es nicht »zwingend« sei, »dass diese Hypothesen wahr sind, nicht einmal dass sie wahrscheinlich sind«[2]. 1543 erschien die Abhandlung in Nürnberg unter dem Titel *De revolutionibus orbium coelestium* (»Über die Umschwünge der himmlischen Kreise«).

Die römische Kirche war nicht prinzipiell gegen naturwissenschaftliche Forschungen, allerdings waren diese im Vergleich zu den fortschrittlichen wissenschaftlichen Erkenntnissen in China oder im Abbasidenkalifat jahrhundertelang ausgesprochen rückständig gewesen, wenngleich Rom mittlerweile seit Jahrzehnten die Astronomie gefördert und sich auch den Argumenten der aristotelischen Lehren nicht generell verschlossen hatte (ausgenommen natürlich Aristoteles' Lehre vom »ungewordenen« und somit logischerweise unerschaffenen Universum). Doch eben Kopernikus' Treue zur aristotelischen Idee, und in diesem spezifischen Fall vor allem zu dem griechischen Mathematiker, Astronomen und Philosophen Claudios Ptolemaios, der im 2. Jahrhundert das geozentrische Weltbild vertreten hatte, sollte sich bei der Konfrontation mit der Kirche als vernichtend für ihn erweisen. Rom hatte von jeher die poetischen biblischen Verse über die Sonne als Nachweise für das eigene geozentrische Weltbild herangezogen. Und das war nun etwas, dem Luther voll und ganz zustimmte. Tatsächlich war dem Protestantismus das heliozentrische Weltbild ebenso wenig willkommen wie dem Katholizismus.

Die Drucklegung von Kopernikus' Werk ging im großen Ganzen ohne Zwischenfälle über die Bühne. Die erste Nürnberger Ausgabe von *De revolutionibus orbium coelestium* (1543) erschien in einer Auflage von vierhundert bis fünfhundert Exemplaren, was zu dieser Zeit ziemlich beeindruckend für eine naturwissenschaftliche Abhandlung war. Eine erweiterte Ausgabe folgte 1566 in Basel, eine dritte 1617 in Amsterdam. Bald stand das Werk in den Regalen aller bedeutenden Astronomen und so mancher königlichen, gräflichen und kurfürstlichen Bibliothek. Die eigentlichen Probleme begannen mit Galileo Galilei, nachdem dieser 1633 von der römischen Inquisition verurteilt worden war, weil er sich für das kopernikanische Weltbild ausgesprochen hatte. Für Galilei war es ein großes Pech, dass seine Ideen ausgerechnet während der Nachwehen der lutherischen Reformation und zur Zeit des Dreißigjährigen Krieges verbreitet wurden, weil sich die Kirche inmitten einer Zeit von Krieg und Verlust in die Defensive gedrängt sah und prompt höchst ungehalten reagierte. Doch auch die ersten protestantischen Reaktionen auf die Heliozentrismusthese waren ablehnend gewesen, erst peu à peu sollten sich andere Meinungen herausschälen. John Milton zum Beispiel – dessen Protestantismus sich bei Weitem nicht allein auf die Opposition gegenüber Rom beschränkte (er lehnte jegliche Art von institutionalisierter Kirche und Kirchenliturgie ab) stattete dem unter Hausarrest stehenden Galilei 1638 in seiner toskanischen Villa einen Besuch ab. Milton hatte ihn unbedingt kennenlernen wollen, bevor er seine *Areopagitica* an das Parlament verfasste, mit der er der Rede- und Pressefreiheit den Weg bereiten sollte. In den protestantischen Niederlanden, wo es für die Drucker weit weniger Auflagen gab als irgendwo sonst in Europa, ging Galileis Werk schließlich in den Druck. Dass der Protestantismus das unantastbare höchste Recht der institutionalisierten Kirche auf die Auslegung der Heiligen Schrift in die Schranken gewiesen und durch die Autorität der Bibel selbst ersetzt hatte, führte nicht nur zum Hintergrundrauschen unterschiedlicher evangelischer Bibelauslegungen, sondern auch zu vielen Debatten und einer Menge Unstimmigkeiten.

Als 1660 anlässlich der Gründung der englischen Royal Society (*The Royal Society of London for the Improvement of Natural Knowledge*, um sie beim vollen Namen zu nennen) die Festreden gehalten wurden, erklärte einer der Honoratioren, dass

Kopernikus und Galilei die Naturwissenschaften ebenso von Verfälschungen gesäubert hätten wie die Protestanten die Heilige Schrift. (Luther hatte zum Beispiel entschieden, alle Schriften, die im Judentum nicht kanonisch und deshalb nicht in den Tanach aufgenommen worden waren, seiner Übersetzung als »nützliche«, aber nicht »heilige« Apokryphen im Anhang beizufügen.) Doch nun begann man immer häufiger auf die Existenz zweier Bücher Gottes zu verweisen – das »Buch der Natur« und das »Buch der Bibel«. Und in beiden Fällen war es dann die empirische Methode, die deren Studium so ertragreich machte. Isaac Newtons private Bibliothek demonstriert das besonders augenfällig: Unter den mehr als zweitausend Titeln dominierten theologische und naturwissenschaftliche Werke.

Die Auflagenhöhen der kopernikanischen Abhandlung konnten zwar nicht mithalten mit den Auflagen von Luthers Traktaten oder mit den Schriften populärer Renaissanceautoren, aber das war auch gar nicht beabsichtigt gewesen. Die Renaissance hatte zwar ein breites Interesse an vielem geweckt und große Leserkreise gewonnen, mit ihren Druckschriften über nichtreligiöse Themen aber ein ganz anderes Ziel verfolgt, nämlich die Etablierung einer europaweiten Wissenschaftsgemeinde. Und dass deren Mitglieder sich nun dank des Buchdrucks problemlos die Werke von Kollegen allerorten beschaffen konnten, war gewiss das größte Geschenk, das das Papier dem wissenschaftlichen Diskurs und der Forschung machen konnte. Der Papierdruck revolutionierte alle Kommunikationsweisen, und das trug nicht nur zur Auflösung der römischen Einheit des abendländischen Christentums bei, sondern hatte auch zur Folge, dass abendländische Denker und Erfinder die Existenz einer Geistesgemeinschaft entdeckten, der sie sich dann freiwillig anschließen oder zugehörig fühlen konnten. Bis heute halten Naturwissenschaftler Ausschau nach einer Handvoll Drucken aus der frühen europäischen Forschungsgeschichte, die noch bis ins 20. Jahrhundert unentbehrliche Daten geboten hatten. Der amerikanische Historiker Adrian Johns führt an oberster Stelle dieser Publikationen Kopernikus' *De revolutionibus* (1543) sowie Galileis *Dialog über die beiden hauptsächlichen Weltsysteme* (1632) an und lässt diesen nur noch vier weitere folgen – die entscheidenden Werke von Newton, Lavoisier, Darwin und Einstein.[3] Alle großen wissenschaftlichen Durchbrüche kündigten sich auf Papier an.

Papier diente der Verbreitung aller Disziplinen, ob es dabei um natur- oder geisteswissenschaftliche ging. Daher sind auch diese untrennbar mit dem Aufstieg der abendländischen Papierkultur verknüpft. Doch wissenschaftliche Nischenthemen allein hätten das Zeitalter der Renaissance niemals hervorbringen können. Die entscheidende Basis dafür war das Netzwerk an Buchdruckern, das sich im 15. Jahrhundert etabliert hatte. Um das Jahr 1500 standen in mehr als zweihundert Städten Druckpressen, verteilt über ein Dutzend europäischer Staaten, die zusammengenommen mehr als zwanzig Millionen Buchbände produzierten. Die meisten dieser Druckwerkstätten erwiesen sich zwar als wirtschaftliche Fehlschläge – was dazu führte, dass sich das Gewerbe auf einige wenige urbane Zentren zu konzentrieren begann –, doch allein diese erste Welle zeugt von dem beispiellosen Ehrgeiz, mit dem der Buchdruck bereits in seiner Frühzeit betrieben worden war, und legt nahe, dass die Drucker schon damals von einer halsbrecherischen Expansion des Buchmarkts ausgegangen waren.[4]

In der Einrichtung so vieler Druckwerkstätten spiegelte sich die Liebe des Renaissancemenschen zum Buch. Und frühe Renaissancebücher waren oft außergewöhnlich schöne Folianten. Das heißt, auch die Autoren und Verleger der Renaissance machten sich das visuelle Potenzial von Papierbüchern zunutze, nur dass die Kalligrafie inzwischen von den beweglichen Lettern des Buchdrucks ersetzt worden war. Auch für sie galt: Form folgt Inhalt. Eleganz, Harmonie, Bildung, Fortschritt, die Liebe zur Klassik (inklusive klassischer Gestaltungsweisen) – all das wurde von der

Formgebung signalisiert. Und die treibende Kraft dafür war das Verlagswesen von Venedig, wo im 15. Jahrhundert ein Viertel mehr Bücher als in der Konkurrenzstadt Paris produziert wurden (ungewöhnlich für diese Zeit war nur, dass die Hälfte der venezianischen Bücher im größeren Folioformat hergestellt wurde). Obwohl die venezianischen Bücher preiswerter als die Produkte aus den Konkurrenzstädten waren, verwendete man in Venedig das bestmögliche Papier, legte größten Wert auf eine beeindruckende Gestaltung und machte bahnbrechende Innovationen in Bezug auf Illustrationen und Indexe. Auch die wirtschaftlichen Komponenten handhabte man dort besser als anderenorts, bedenkt man, dass jede Auflage beträchtlicher Vorleistungen bedurfte und insofern auch mit Risiken verbunden war. Außerdem verstand Venedig den Vorteil seiner Lage für den Vertrieb seiner Bücher im ganzen Abendland und darüber hinaus zu nutzen.

In der Renaissance hatte sich die Papierherstellung vor allem auf Frankreich zu konzentrieren begonnen, und eines der ersten Zentren dafür war Avignon gewesen, die Stadt der »Babylonischen Gefangenschaft« des Papsttums von 1309 bis 1377. (Vielleicht war diese Ortsverlagerung ein weiser Schritt von Papst Clemens V. gewesen, immerhin war er trotz elfmonatiger Tagung des zerstrittenen Konklaves in Perugia nur deshalb mit zehn von fünfzehn Stimmen zum Papst gewählt worden, weil die französischen Kardinäle genügend Druck auf die italienischen ausgeübt hatten.) Jedenfalls war das Interesse der humanistisch beeinflussten Päpste von Avignon an gelehrten Schriften und deren Promotion beeindruckend (zum Beispiel führten sie die beiden Vorreiter der Renaissance, Petrarca und Boccaccio, in Frankreich ein). Bis zum späten 15. Jahrhundert hatten sich jedoch Paris und Lyon als die Zentren des französischen Buchdrucks etabliert, und das nicht nur für Frankreich, sondern auch für das restliche Abendland. Dort wurden mehr Drucksachen produziert als in jeder anderen europäischen Stadt, ausgenommen Venedig.

Während die Renaissance also die Buchproduktion generell

ankurbelte und damit einen breiteren Zugang zu Bildung und neuen Ideen schuf, erkannten die Reformatoren als Erste, welche Möglichkeiten sich mit dem Buchdruck boten. Sie glaubten damit schlicht jeden europäischen Leser und sogar die Menschen erreichen zu können, die selbst nicht lesen konnten, da ihnen allein schon durch die vielen Illustrationen ein unmittelbarer Zugang zu den Texten geschaffen wurde, außerdem gab es ja auch noch die Möglichkeit des mittelbaren Zugangs durch das Vorlesen dieser Texte. (Was kurzfristig betrachtet nicht nur positiv zu werten ist, denn ein ungebildetes Volk lässt sich auf diese Weise natürlich auch besser manipulieren.) Und während die Renaissance mit ihrem Fokus auf der klassischen Bildung nur ein relativ elitäres Publikum erreichen konnte, war von christlichen Themen letztlich fast jeder im Abendland betroffen, weshalb die christliche Theologie im Verbund mit dem Buchdruck auch potenziell ein Massenpublikum erreichen konnte. Erst nachdem die Reformation Fuß gefasst, die Preise für gedruckte Bücher reduziert, neue Vertriebsnetzwerke aufgebaut und sogar Personen, die selbst nicht lesen konnten, ermuntert worden waren, die Bibel in die Hand zu nehmen, wurde es auch für andere Disziplinen ökonomisch machbarer, vom Buchdruck zu profitieren

Bald begannen selbst Disziplinen ihre Texte auf Papier zu verbreiten, die sich diesem Beschreibstoff bis dahin verschlossen hatten. Ein neues und fast das ganze Abendland umfassendes Netzwerk aus Schreibern und Lesern entstand. Nischendisziplinen zielten üblicherweise nicht auf eine derart breite Leserschaft ab, wie Luther sie bei zumindest einigen seiner Texte vor Augen gehabt hatte. Dass auch sie sich nun des Papiers für ihre Schriften bedienten, war aus anderen, in sich sehr unterschiedlichen Gründen von Bedeutung: Erstens begannen sich damit Lesernetzwerke und Märkte nicht nur für Naturforscher und Ingenieure, sondern auch für Komponisten und Musiker, Dramatiker und Maler, Romanciers und Dichter heranzubilden; zweitens zog dieses Netzwerk jene Kultur der gegenseitigen Befruchtungen nach sich, welche seither mit schöner Regelmäßigkeit für immer neue radikale Durchbrüche gesorgt hat.

Wie bedeutsam die Verbindungen waren, die die Künste in der Frührenaissance mit dem Papier eingingen, ist hingegen oft nicht auf den ersten Blick ersichtlich. Nehmen wir zum Beispiel die Malerei: In dieser Periode waren bewegliche Gemälde in den Vordergrund gerückt, vorrangig Altarbilder, aber auch für Privathäuser bestimmte Malereien waren in der Regel Tafelbilder. Daneben herrschte die Freskenmalerei vor, und erstmals wurde nun auch in Italien mit Öl auf Leinwand gemalt, wobei man vor allem »heidnische« Themen umsetzte, während ein völlig neues Verständnis von Licht und Schatten entstand. Verglichen damit scheint die Rolle, die das Papier in der Renaissancekunst spielte, bestenfalls für eine historische Fußnote zu reichen. Aber dieser Beschreibstoff *war* von Bedeutung, denn nicht nur Pergament, auch Papier diente nun allenthalben zu vorbereitenden Skizzen oder Vorzeichnungen.

Der Maler Cennino Cennini verdankt seinen bleibenden Ruhm vor allem der von ihm (nicht später als im frühen 15. Jahrhundert, vielleicht früher) verfassten Handschrift über die Malerei, *Libro dell'arte o trattato della pittura* (*Das Buch von der Kunst, oder Tractat der Malerei*[5]), die erst im 18. Jahrhundert in der vatikanischen Bibliothek wiederentdeckt wurde und nach ihrer Erstveröffentlichung zu *dem* Ratgeber für das künstlerische Handwerk, die Anmischung von Farben und die bildliche Umsetzung von Geschichten geworden war. Cennini bezeichnete Vorzeichnungen auf Papier als unerlässlich und riet seinen Malerkollegen, tagtäglich Skizzenübungen auf Papier, Pergament oder Holztafeln zu machen. Solche Entwürfe sind vor allem bei figurativen Kompositionen von Bedeutung, aber neu war diese Idee natürlich nicht: Schon Petrarca hatte um 1340 hervorgehoben, dass Vorzeichnungen die gemeinsame Quelle von Bildhauerei und Malerei seien. Es ist schwer zu eruieren, ob Papier dazu tatsächlich beträchtlich häufiger verwendet wurde als Pergament oder Holz, denn viele Künstler hielten ihre Skizzen nicht für bedeutend genug, um sie aufzubewahren. Allerdings war Papier im Italien des 14. Jahrhunderts überall verfügbar und vergleichsweise preiswert, was zumindest nahelegt, dass seine Nutzung für Skizzen eine vernünftige finanzielle Entscheidung gewesen wäre. Außerdem schätzten viele Renaissancegrößen Papierskizzen – nicht nur die Künstler, die wir heute am deutlichsten damit in Verbindung bringen (vor allem natürlich Leonardo da Vinci), sondern auch Männer wie Giorgio Vasari, dieser *genius universalis* aus dem 16. Jahrhundert, unter anderem Architekt und Maler, in erster Linie aber der Vater aller Kunsthistoriker, der einer der ersten Sammler von Vorzeichnungen und Skizzen war.

Für Architekten war Papier gewiss noch nützlicher als für Maler, zumindest zu Zeiten der Frührenaissance. Denn nun konnten sich immer mehr von ihnen den Erwerb von Handbüchern mit den neuesten architektonischen Zeichnungen leisten. Manche arbeiteten ihre Entwürfe auf *cartone* aus – der Begriff *Cartoon* leitet sich von diesem italienischen Wort für das »dicke Papier« oder die Pappe ab, die für die Vorzeichnungen von Fresken, Gemälden, Tapisserien und Buntglasfenstern verwendet wurde. Solche Zeichnungen von Künstlern oder künstlerisch begabten Technikern waren nicht nur für die Weiterentwicklung der Architektur, sondern generell für die Umsetzung vieler Renaissancevisionen entscheidend. Und das tritt nirgendwo deutlicher zutage als im Werk des Florentiner Bildhauers Filippo Brunelleschi, der schnell zur Architektur überwechselte. Giorgio Vasari schrieb in seinem großen Werk *Le Vite de' più eccellenti pittori, scultori et architettori* (*Leben der ausgezeichnetsten Maler, Bildhauer und Baumeister*[6]) über Brunelleschi, dass er es nie müde geworden sei, Bauten zu betrachten, um sie in allen Einzelheiten zu skizzieren. Somit studierte er, verbesserte er sich und experimentierte er mithilfe der Imitation auf Papier. Als Architekt war er der Wegbereiter der linearen Perspektive (damals *costruzione legittima* genannt) im technischen Zeichnen und in der Malerei, wodurch erstmals auf einer zweidimensionalen Seite dreidimensionale Objekte dargestellt werden konnten. (Das Konzept per se scheint trefflicherweise der geniale Einfall eines Bagdader Mathematikers aus dem 11. Jahrhundert gewesen zu sein.[7]) Versucht hatte man das schon seit Jahrhunderten, aber erst Brunelleschi war auf die Idee gekommen, mit Spiegeln zu experimentieren, um besser zu verstehen, wie die Linien vor ihrem Verschwinden am Horizont perspektivisch zusammenlaufen. Damit schuf er die technische Voraussetzung für Tiefendarstellungen auf einem zweidimensionalen Beschreibstoff. Brunelleschis bahnbrechende Erkenntnis wurde schnell berühmt in Florenz und sollte, wie auch all seine anderen Darstellungen technischer Prozesse auf Papier, in den kommenden Jahrhunderten Architekten wie Ingenieuren von Nutzen sein.

Während Papier die Baumeister also zum Experimentieren einlud, war es der Buchdruck, der ihnen nicht nur leichteren Zugang zu den Entwürfen ausländischer Kollegen verschaffte, sondern auch selbst einen größeren europäischen Markt für die eigenen Pläne eröffnete. Vasari hatte ihnen mit der Publikation seiner *Vite* (1550, erweiterte Ausgabe 1567), die auch die Biografien mehrerer großer Renaissancearchitekten beinhalten, zweifellos zu mehr gesellschaftlichem Ansehen verholfen, während der Buchdruck sie auch jenseits der eigenen Landesgrenzen bekannt machte, da sich ausländische Architekten und Hommes de lettres solche Werke mittlerweile meist leisten konnten. Dabei strebten auch diese Autoren keinen Massenmarkt an, vielmehr hatten sie die wesentlich begrenztere Leserschaft von potenziellen Mäzenen und anderen einflussreichen Personen vor Augen. Aber kein Architekt der Renaissance sollte mithilfe des Mediums Papier und des Buchdrucks mehr Einfluss gewinnen als Andrea Palladio.

Andrea di Piero wurde 1508 als Sohn eines Müllers in Padua geboren, den Namen »Palladio« – nach Pallas Athene – verdankt er dem Philosophen und Dichter Giangiorgio Trissino (der den jungen Steinmetz nach ihrer ersten Begegnung 1538 unter die Fittiche nahm und ihm auf gemeinsamen Reisen das Studium der zeitgenössischen und römischen Architektur ermöglichte). Zum Anknüpfungspunkt wurden Palladio der römische Architekt Vitruv und die klassische Bauweise. Fast dreihundert seiner Zeichnungen, die einen Bogen über sein ganzes Lebenswerk spannen, haben überlebt. Er verwendete dazu Papier unterschiedlicher Formate – das ursprünglich jedoch immer eine Blattgröße von ca. 55 mal 41 Zentimeter hatte und von ihm dann halbiert oder geviertelt worden war –, auf dem er dann mit einem Stilus die Konstruktionslinien anriss und mit der Feder nachzeichnete. Zu seinem alltäglichen Handwerkszeug zählten hölzerne Lineale zur geraden Linienführung und Messingkompasse zur korrekten Ausrichtung. Dem Architekten und Architekturtheoretiker Vincenzo Scamozzi zufolge, der bei Palladio in die Lehre gegangen war, pflegte der Meister seine ersten Skizzen und Vorzeichnungen mit schwarzer Kreide oder einem Bleistift anzufertigen; wenn er auf der Vorderseite eines Papiers *(recto)* zum Beispiel ein antikes Gemäuer abgezeichnet hatte, dann verwendete er die Rückseite *(verso)*, um die Idee zu skizzieren, die ihm dabei in den Sinn gekommen war.

Aber auf Papier ließen sich natürlich nicht nur Gebäude planen, mit seiner Hilfe konnte man auch den eigenen Ruf und Einfluss im ganzen Abendland und später sogar jenseits des Atlantiks mehren. Palladios theoretisches Hauptwerk *I quattro libri dell' architettura* (*Die vier Bücher über die Baukunst*, samt Holzschnitten seiner Zeichnungen), das 1570 in Venedig publiziert wurde, war ungeachtet der Novität dieses Textes natürlich nie für eine große Leserschaft gedacht gewesen, sondern – typisch für Renaissancekünstler, die stark vom Wohlwollen reicher Mäzene abhingen – deutlich für eine exklusive Leserschaft geschrieben. Allen Nachweisen zufolge fand die italienische Ausgabe dennoch bald ihren Weg nach ganz Europa. Der englische Architekt Inigo

Jones zum Beispiel hatte bereits vor seiner Reise in den Veneto im Jahr 1614 ein Exemplar der Ausgabe von 1601 besessen. Und es waren auch nicht allein seine Zeichnungen, die Palladio im Ausland so berühmt machten: Seine Texte sollten Jahrzehnte später in so viele Sprachen übersetzt werden, dass sie seinen architektonischen Einfluss noch einmal um ein Vielfaches mehrten.

Im Jahr 1645 erschien in Paris eine gekürzte Ausgabe der *Quattro libri*, 1650 gefolgt von einer Gesamtausgabe – die erste Übersetzung aus dem Italienischen. 1663 wurde eine englische Übersetzung des ersten Bandes veröffentlicht, 1715–1720 gefolgt von der Gesamtausgabe; 1698 erschien in Nürnberg eine deutsche Übersetzung der beiden ersten Bücher, eine vollständige jedoch erst 1995 in Basel. In England wurden noch diverse andere Ausgaben publiziert, keine in einer angemessenen Übersetzung und viele mit veränderten Illustrationen, bis 1737 schließlich die Edition von *The Four Books of Architecture* erschien, die für englischsprachige Leser maßgeblich wurde. 1734 kam *Palladio Londinensis* auf den englischen Markt und wurde schnell zum Standardwerk englischer Baumeister. Einige Exemplare der englischen Ausgabe von den *Quattro libri* traten schließlich auch die Reise nach Amerika an, vor allem zu so gut vernetzten und wohlhabenden Lesern wie Thomas Jefferson, der 1816 in einem Brief an einen Freund schrieb: »Palladio ist meine Bibel.«

Doch um die aufwendig gebundenen und auf wohlhabende Käufer abzielenden englisch übersetzten Portfolios der *Quattro libri* wurde in Amerika längst nicht so viel Aufhebens gemacht wie um die architektonischen Musterbücher mit Palladios Entwürfen, die in einem sehr viel preiswerteren Format zu bekommen waren. Solche Bücher hatten sich nicht im Zuge des Buchdrucks mit beweglichen Lettern, sondern Hand in Hand mit dem Block- oder Holztafeldruck entwickelt. Während die beweglichen Lettern den Typendruck verwandelt hatten, profitierte der Blockdruck von der wachsenden Kunstfertigkeit, mit der Illustrationen oder Muster aus den Holztafeln herausgeschnitten wurden.

Es waren die in London gedruckten Musterbücher mit Palladios Entwürfen und Zeichnungen, die ihn unter den Gentlemen, Baumeistern und Kunsthandwerkern in Amerika bekannt machten. Der *Palladio Londinensis* aus dem Jahr 1734 war mittlerweile zum meistgekauften Architekturbuch in den britischen Kolonien geworden (wiewohl man das Thema Genauigkeit beim Umgang mit Palladios Nachlass nicht sehr ernst genommen hatte – zu diesem Zeitpunkt orientierten sich die meisten Verleger sehr viel mehr an den hohen Verkaufszahlen, die dieser gefeierte Künstler einbrachte, als an der getreuen Reproduktion seiner Ideen und Zeichnungen). Inigo Jones und der wohlhabende britische Architekt Richard Boyle (genannt »Apollon der Künste«) waren es, die Palladios Zeichnungen nach England gebracht hatten und ihm damit neue Anhänger bescherten, darunter nicht zuletzt die beiden Architekten Christopher Wren und Nicholas Hawksmoor.

Am Ende wirkte sich Palladios Einfluss am vielleicht dauerhaftesten – und monumentalsten – auf Amerika aus. Thomas Jefferson entwarf die Villa Monticello auf seiner Plantage in Virginia ganz in dem klassischen Stil, den er bei seinem Studium der Werke Palladios lieben gelernt hatte. (Auch der Name »Monticello« – »Hügelchen« – kann nur eine dankbare Anerkennung des Italieners gewesen sein.) Im 18. und 19. Jahrhundert wurden zahllose Plantagenvillen und diverse Universitäten in den Vereinigten Staaten nach Entwürfen von Palladio erbaut. Sein Einfluss sollte sich schließlich sogar auf das wichtigste Gebäude der Vereinigten Staaten erstrecken, mithilfe des irischen Architekten und palladianischen Klassizisten James Hoban, der den Wettbewerb für den Entwurf des neuen Hauses des Präsidenten in Washington, D. C., gewann, genannt das Weiße Haus.

Wie fast alle Renaissancearchitekten hatte auch Palladio zur Planung seiner Kunst Papier verwendet. Auf diese Weise konnte man unbegrenzt Ideen austesten, neue Möglichkeiten der architektonischen Gewichtsverlagerung erforschen und mit dem Lichteinfall spielen, ohne dabei je einen Stein anheben zu müssen. Und im Wesentlichen dank Brunelleschis Entwicklung der linearen Perspektive bot das Papier den Architekten nun auch die Möglichkeit, sich viel ausgiebiger und freier in ihrer Kunst zu üben, als es reale Bauprojekte je gestattet hätten. Aber auch der Druck von Texten über Architektur eröffnete ihnen ganz neue Möglichkeiten, weil er ihnen die Chance gab, sich Hunderte Kilometer entfernt von dem Gebäude, das sie entworfen hatten, einen Namen zu machen. Ihr Vermächtnis sind natürlich ihre Bauten, aber das Papier hat eine Menge dazu beigetragen, dieses Erbe zu erschaffen.

Renaissancearchitekten hatten den großen Vorteil, über genügend erhaltene klassische Bauten und Schilderungen klassischer Architektur zu verfügen, um von ihnen lernen zu können. Und während sie dann das Beste aus der Antike wiederzubeleben suchten, entdeckten sie, dass es in der Tat eine Menge wiederzuentdecken gab. Komponisten und Musiker hatten nicht das Glück, über einen solchen Zugang zu kostbaren Vermächtnissen zu verfügen. Zwar versuchten auch viele von ihnen, wenigstens die Leidenschaft zur Musik wiederzubeleben, die sie klassischen Texten entnommen hatten, doch von der Musik selbst war ihnen nichts geblieben, was sie hätten wiederbeleben können; und die wenigen verbliebenen Spuren verrieten ihnen nicht, wie sich diese Musik angehört hatte oder zu spielen war.

Bis zur Entwicklung der Notenlinien hatten Musiker im europäischen Mittelalter keine detaillierte Notation gekannt (das fünflinige Notensystem tauchte im 13. Jahrhundert in Italien auf). Abgesehen von den Bänkelgesängen, war Musik seit Jahrhunderten letztlich nur in Kathedralen und Kirchen zu hören gewesen. Erst als in der zweiten Hälfte des 15. Jahrhunderts Drucke von musikalischen Notierungen zu kursieren begannen und sich ab dem frühen 16. Jahrhundert verbreiteten, war eine direkte Verbindung zwischen den europäischen Komponisten oder Chorleitern hergestellt. Das heißt, sie konnten die Werke ihrer Kollegen nun lesen und spielen, ohne zu diesem Zweck auf Reisen gehen oder hohe Summen für Handschriften ausgeben zu müssen. Doch der Notendruck stellte vor praktische Probleme, die sich beim Druck von Text nicht ergaben.

Das Hauptproblem war die Frage, wie man Noten auf Notenlinien drucken sollte. Anfänglich wurden nur die Notenlinien gedruckt und die Noten anschließend handschriftlich aufgetragen. Ein Beispiel für diese Vorgehensweise ist der 1457 gedruckte Mainzer Psalter. Obwohl dieses Verfahren natürlich bereits Zeit sparte, blieb die Hauptarbeit noch immer einem Schreiber überlassen; außerdem bedurften nachträglich aufgetragene Noten eines ungemein exakten Vorgehens, was bei Kirchenmusik zusätzlich erschwert wurde, da hier üblicherweise schwarze Noten auf rote Linien aufgetragen wurden. Schließlich begann der venezianische Buchdrucker Ottaviano dei Petrucci um das Jahr 1470 die Blätter erstmals in Reihenfolge zu bedrucken: zuerst mit den Notenlinien, im zweiten Druckvorgang mit den Noten und in einem dritten dann mit dem Text und anderen Details (wie Seitenzahlen) – die Liedersammlungen, die er 1501, 1502 und 1504 druckte, sind gute Beispiele dafür.

Wiewohl Petrucci relativ kunstfertig und zudem der Erste gewesen war, der polyphone Musik mit beweglichen Lettern druckte, war dieses Verfahren angesichts der drei nötigen Arbeitsschritte doch teuer und konnte somit nicht die Vorteile nutzen, die der Gutenberg'sche Druck von alphabetischen Schriften mit sich gebracht hatte. Aber dann kam der Durchbruch – der Notendruck mit beweglichen Metalllettern in einem Arbeitsgang: Jede Notentype wurde zusammen mit einem kleinen Liniensegment gegossen, wodurch die Herstellung des kompletten Druckbilds einer Seite möglich wurde. Italien und Frankreich waren die Hochburgen dieses Notendrucks und der Musikverlage im 16. Jahrhundert, dennoch scheint es ein Engländer gewesen zu sein (der Londoner Verleger, Abgeordnete und Anwalt

John Rustell), der als Erster dieses Verfahren angewandt hatte. Allerdings begann auch der französische Musikverleger Pierre Attaingnant 1528 in Paris Notenhefte in hohen Auflagen mit dieser Methode zu drucken. Bald darauf taten es die venezianischen Buchdrucker ihm nach. Jedenfalls waren Paris und Venedig naheliegendere Zentren des Notendrucks als London, bedenkt man die musikalische Landschaft, die sich im Europa des 16. Jahrhunderts entwickelte. Musikaliendrucker konzentrierten sich auf deutsche Länder, norditalienische Städte sowie auf Paris und Lyon. Doch im weiteren Verlauf des 16. Jahrhunderts sollte Venedig das musikverlegerische Geschäft in Europa immer mehr dominieren – eine logische Folge der von der Renaissance geförderten, ausgeprägten Buchgelehrtheit der Stadt.

Schon im Jahr 1468 hatte Kardinal Basilius Bessarion Venedig angesichts seiner vielen Schriftgelehrten als ein »zweites Byzanz« bezeichnet. In diesem Jahr hatte der Kardinal, der lateinischer Patriarch von Konstantinopel und einer der großen Gelehrten der Frührenaissance war, der Biblioteca Marciana von Venedig rund 750 lateinische und griechische Kodizes sowie 250 Handschriften und Drucke aus dem eigenen Besitz gestiftet, was auf den wachsenden Bedarf hindeutet, den venezianische Gelehrte an solchen Texten hatten. Und diese in der Buchwelt so neue Kombination aus Angebot und Nachfrage legt wiederum nahe, dass mittlerweile genügend Leser über hinreichend Muße verfügten, um eigenen Interessen nachgehen zu können – was einen Trend zur Spezialisierung nach sich zog, den natürlich auch die venezianischen Buchdrucker bemerkten, denn die begannen sich nun schnell anzupassen.

Vor allem der venezianische Drucker und Verleger Girolamo Scotto machte in der zweiten Hälfte des 16. Jahrhunderts gute Geschäfte. Er gab zwar Bücher über eine ganze Bandbreite an Themen heraus, hatte sich letzthin aber auf Musikdrucke spezialisiert, für die sich inzwischen ein eigener Markt entwickelt hatte. Und dieser Aufstieg des Notendrucks in Venedig war natürlich vor allem für Komponisten eine gute Nachricht, denn damit konnten sie den Kreis ihrer Mäzene durch Personen erweitern, die sich keine eigenen Hausmusiker leisteten und sich deshalb auf die Finanzierung von Notendrucken verlegten. Außerdem konnten Komponisten damit selbst die Werbetrommel für sich rühren und ihre Noten und Texte dank des globalen Handelsnetzwerks von Venedig sogar ins Ausland verkaufen (in mindestens einem Fall in ein so weit entferntes Land wie Kolumbien).

Während der Notendruck also gebräuchlicher und bereits immer häufiger ein kompletter Drucksatz für die mittlerweile verbesserten Notationen verwendet wurde, begann sich auch die Musik zu standardisieren[8], was natürlich die Werktreue gegenüber Originalen steigerte. Das heißt, die Möglichkeiten des einzelnen Musikers, ein Stück selbst zu interpretieren, wurden durch die Notation stark eingeschränkt (dieser Trend wurde allerdings auch von anderen Bewegungen in der Musik gefördert). Den größten Beitrag, den das Papier zu diesem Prozess leistete, hing mit der Verbreitung von Musikstücken zusammen. Mit einem Mal wurden den Musikern völlig unterschiedliche Traditionen zugänglich, wodurch sich allmählich eine eng vernetzte Gemeinschaft europäischer Komponisten und Interpreten heranbildete. Und während diese sich über den ganzen Kontinent hinweg gegenseitig befruchteten, profitierten alle gleichermaßen von der nun weit größeren Bandbreite an bekannten musikalischen Stilrichtungen und dem verstärkten Wettbewerb untereinander.

Im Aufstieg der Renaissancemusik spiegelt sich der Einfluss, den das Papier auf einzelne, jeweils über eine nur begrenzte Leserschaft verfügende Fachbereiche ausübte. Die Kostenfrage spielte bei der Publikation von Noten zwar eine geringere Rolle als zum Beispiel beim Druck und Vertrieb von religiösen Traktaten, doch selbst der Druck von Notenblättern in einem Arbeitsgang war noch so teuer (wegen der Komplexität und Vielfalt des erforderlichen Zeichensatzes), dass die Drucker etwaige Fehler lieber von

Hand korrigierten, als ein neues Blatt zu bedrucken. Noten waren die ersten Druckerzeugnisse im 15. Jahrhundert, bei denen Korrekturflüssigkeiten verwendet wurden.⁹

Das so plötzliche Erblühen der Musik im 16. und 17. Jahrhundert zählt zu den spektakulärsten Entwicklungen unter dem Einfluss des europäischen Papierdrucks. Renaissance und Reformation waren wohlüberlegt derivativ agierende Bewegungen, die beide auf alte Quellen (hebräische, griechische, römische) zurückgriffen. Auch die Komponisten des 16. und 17. Jahrhunderts befassten sich auf der Suche nach musikalischen Richtlinien und einer Musikphilosophie mit der Klassik, nur dass ihnen wie gesagt keine Noten aus alten Zeiten zur Verfügung standen, an denen sie sich hätten orientieren können. Deshalb konnte es geschehen, dass die Renaissancemusik so starke religiöse Impulse erhielt – nicht zuletzt die Kirchenspaltung führte zu dem großen europäischen Musikwunder im Druckzeitalter des Abendlands.

Musik wurde ein Mittel zum Zweck der theologischen Bekräftigung und religiös konkurrierenden Selbstdarstellung. Luther spielte selbst Flöte und Laute, schrieb viele deutschsprachige Kirchenlieder und ließ Gesangbücher für die Gemeinde drucken. Das war eine deutliche Abkehr von der traditionell lateinischen Messe, vor allem natürlich durch die Sprache und die Betonung, die durch den gemeinsamen Gesang der Glaubensgemeinschaft auf das Laientum gelegt wurde. Luther spannte Musik also für seine theologische Vision von der spirituellen Gleichheit aller Gläubigen ein. Besonders fasziniert war er vom großen Renaissancekomponisten Josquin Desprez (Josquin des Préz), aber überzeugt war er vor allem von der bemerkenswerten Macht der Musik, Menschen im tiefsten Inneren zu berühren:

*… ich urteile rundheraus und scheue mich nicht zu behaupten, daß es nach der Theologie keine Kunst gibt, die der Musik gleich-*

*gestellt werden könnte. Sie allein bringt nach der Theologie das zuwege, nämlich ein ruhiges und fröhliches Herz.*[10]

Als der Papst auf Luthers Reformation mit der Einberufung des Konzils von Trient reagierte (es tagte von 1545 bis 1563), stand auch die Kirchenmusik im Fokus. Und tatsächlich sollte die Strategie der römischen Gegenreformation (deren Beginn üblicherweise bei diesem Konzil angesetzt wird) auch grundlegend sein für die wachsende Bedeutung, die der Musik im weiteren Verlauf des 16. und im kommenden 17. Jahrhundert beigemessen wurde. Beide Seiten der gespaltenen Kirche verfügten über große Komponisten, aber es war die Gegenreformation, die die wesentliche institutionelle Basis für das Kommende schuf. Denn während die ersten kirchenmusikalischen Strategien Roms noch sehr strikt und einschränkend gewesen waren, war das vom Konzil in der 22. Sitzungsperiode 1562 verabschiedete Dekret erstaunlich milde: Es legte sich im Wesentlichen nur darauf fest, dass Kirchenmusik von allen weltlichen Elementen frei, schlicht und ihre liturgischen Texte wortverständlich sein müssten, ermunterte später ungeachtet dieses Leitfadens aber durchaus zu Neuem und zu musikalischer Schönheit. Was dabei jedoch viele als ein Problem empfanden, fasste Bischof Cirillo Franco im Februar 1549 in einem Brief an Ugolino Gualtruzzi, zusammen[11]:

*... Kurzum, wenn die Messe in der Kirche schon gesungen werden soll, dann, so finde ich, sollte ihre Musik doch in den Rahmen der maßgeblichen Worte eingepasst sein, das heißt aus Harmonien und Rhythmen bestehen, die dazu angetan sind, unsere Liebe zum Glauben zu bewegen und unsere Frömmigkeit zu lenken. Das Gleiche sollte für Psalmen, Hymnen und alle anderen Lobpreisungen Gottes gelten [...]*

*Heutzutage befördern sie jedoch mit aller Emsigkeit und allem Aufwand die Komposition von Fugen, sodass man nun eine*

*Stimme »Sanctus« sagen hört, derweil eine andere »Zebaoth« und eine weitere »Gloria Tua« von sich gibt, und das alles mit einem Geheule und Gegröle und Gestottere, dass es eher wie Katzenjammer im Januar als wie Blumen im Mai klingt.*[12]

Die Folge des Dekrets von Trient war also nicht ein Verbot von Musik bei der Messe, sondern vielmehr das kontinuierliche Erblühen der Kirchenmusik. Hinzu kommt, dass das Konzil die Auslegung und Umsetzung seiner Kirchenmusikpolitik den jeweils örtlichen Entscheidungsträgern überließ.

Einer der katholischen Komponisten, die nun unter dem neuen Musikverständnis Roms zu erstrahlen begannen, war Giovanni Pierluigi da Palestrina (der Nachname bezeichnet den Ort in der Provinz Rom, in dem er um 1525 geboren wurde). Palestrinas große Stärke war die Kombination aus Schlichtheit und Wortverständlichkeit (beides Vorgaben des Konzils, auf dass auch das ungeübte Ohr die Kirchenmusik verstehe) mit der Komplexität seiner Klänge. Er war ein Meister der polyphonen Renaissancemusik, und das kam nirgends deutlicher zum Ausdruck als bei seiner *Missa Papae Marcelli*. Doch die längste Zeit seines Lebens hatte er sich finanziell durchkämpfen müssen. In seiner privaten Korrespondenz spiegeln sich die Probleme, mit denen Komponisten es zu tun hatten, wenn sie ohne die Förderung eines Mäzens über die Runden kommen mussten. Demnach muss die Publikation von Noten nach wie vor ein so großes finanzielles Unterfangen gewesen sein, dass selbst Palestrina, ungeachtet seiner Popularität und der vom Papst verliehenen Ämter in Rom, noch Probleme hatte. Dennoch schaffte er es, Hunderte Kompositionen im Laufe seines Lebens zu veröffentlichen und noch zu Lebzeiten eine Berühmtheit zu werden.

Trotz der hohen Kosten für den Notendruck konnten aber auch andere Komponisten dank eines Drucks ihrer Werke Erfolge verbuchen. Die Werke des spanischen Organisten und Komponisten Antonio de Cabezón (1510–1566) wurden 1578 von seinem Sohn in einer Auflagenhöhe von tausendzweihundert Exemplaren publiziert. Zu dieser Zeit hatten Drucker bereits mit unterschiedlichen Methoden zu experimentieren begonnen. Der Musikverleger Jacques Moderne zum Beispiel (ca. 1500–1560), ein Franzose italienischer Herkunft, war einer der ersten Drucker Frankreichs, der Notenblätter in einem Arbeitsgang herstellte. Er gründete einen Musikverlag in Lyon und scheint dort als Erster Liederbücher in der Stimmenanordnung für mehrere Sänger gedruckt zu haben, sodass sie die Noten von ihren verschiedenen Positionen aus gleichzeitig lesen konnten. Solche Innovationen wirken überraschend, vor allem angesichts der relativ hohen Kosten des Notendrucks. Doch während reine Textbücher mehrfach gelesen werden *konnten*, waren Notenhefte *nie* nur zum einmaligen Gebrauch oder für einen einzigen Anlass gedacht. (Wiewohl ursprünglich nur professionellen Musikern zugedacht, begannen sie im 16. Jahrhundert, als Tausende Sammlungen von kirchlichen und weltlichen Liedern veröffentlicht wurden, auch Einzug in Privathäuser zu halten.[13]) Dass nur so ungewöhnlich wenige Notenbücher aus der Renaissance überlebt haben, dürfte sich mit ihrer häufigen Verwendung und folglich Abnutzung erklären lassen.[14]

Aber der große Star der Notenpublikation im 16. Jahrhundert war der von den Päpsten favorisierte Palestrina, dessen Notationen der päpstliche Schreiber Johannes Parvus für die Sixtinische Kapelle kopierte, wo man sich nach wie vor nur auf handschriftliche Quellen verließ. Selbst zu Zeiten des Konzils von Trient waren dort allen Nachweisen zufolge noch keine Drucksachen zugelassen, was einerseits Parvus mit ungewöhnlicher Macht und großem Einfluss ausstattete, andererseits ein hierarchisches Verständnis vom Buchdruck zum Ausdruck bringt, das sich nicht vom Markt abhängig machte, sondern sich nur der Anleitung von oben unterwarf. Und während Parvus Abschriften von Palestrinas Werken anfertigte, genoss der Komponist selbst ganz offensichtlich die Gunst von Fürsten und Päpsten. Seine Produktivität ist ein früher Nachweis, dass die Gegenreformation der Musik eher neue Möglichkeiten eröffnete, als sie in Zwangsjacken zu stecken.

Auch der Erfolg, den Palestrina noch zu Lebzeiten genoss, hatte (wie das Überleben seiner Musik) mit der Möglichkeit zu tun, Kompositionen auch jenseits der eigenen Landesgrenzen bekannt zu machen. Auf diese Weise blieb er über seinen Tod hinaus einflussreich und bot anderen, noch größeren und noch produktiveren Komponisten, katholischen wie protestantischen, die Chance, aus seiner Musik zu lernen. Zu ihnen zählte der große Barockkomponist Johann Sebastian Bach, der 1685, rund neunzig Jahre nach Palestrinas Tod, in Eisenach geboren wurde.

Bach stand theologisch zwar aufseiten von Martin Luthers Erben, wurde aber vor allem von Palestrinas *Missa Sine Nomine* beeinflusst, die er ausgiebig studierte und selbst zur Aufführung brachte, was sich dann auch unmittelbar auf seine eigene h-Moll-Messe auswirken sollte.[15] Als Thomaskantor und Musikdirektor verantwortlich für die Musik in den vier großen Kirchen der Stadt, hatte er Zugang zu einer guten Bibliothek; vor allem die Thomasschule, in der er unterrichtete, verfügte über eine große vokalpolyphone Sammlung aus dem 15., 16. und 17. Jahrhundert. So war also Palestrinas Musik ungeachtet der Probleme, die er selbst hatte erdulden müssen, seinen musikalischen Erben noch ein Jahrhundert nach seinem Tod weithin zugänglich gewesen.

Doch im Gegensatz zu Palestrina erwarb sich Bach zu seinen Lebzeiten nur einen Ruf als Organist, während seine Kompositionen in der Musikwelt sogar nach seinem Tod im Jahr 1750 noch mehrere Jahrzehnte lang im Großen und Ganzen unbeachtet blieben. Nur wenige seiner Werke waren zu seinen Lebzeiten veröffentlicht worden. Eine dieser Ausnahmen war das *Wohltemperierte Klavier* (eine Sammlung von Präludien und Fugen). Den ersten Teil hatte er 1722, den zweiten zwischen 1740 und 1742 fertiggestellt. Doch nicht einmal diese Sammlung wurde im heutigen Sinn des Wortes »veröffentlicht«, vielmehr zirkulierte sie in Form von Abschriften und sollte erst 1801 gedruckt werden, einundfünfzig Jahre nach dem Tod des Komponisten. Da ist man leicht versucht, dies als eine sträfliche Nachlässigkeit der Druckindustrie zu interpretieren – anders betrachtet lässt sich darin jedoch erkennen, welche Erfolge dem Druck zu verdanken sind. Denn erst er ermöglichte es, das Werk eines Komponisten lange nach dessen Tod wiederbeleben zu können, und letztendlich ist es dem Druck zu verdanken, dass Bach schließlich der dauerhafte weltweite Ruhm zuteil wurde, der ihm zu seinen Lebzeiten versagt geblieben war. Palestrina wurde von den Romantikern des 19. Jahrhunderts wiederbelebt, Bachs Weltruhm wurde von ihnen begründet.

Notendrucke und Papier hatten sich aber nicht nur auf Bachs musikalische Entwicklung ausgewirkt oder ein halbes Jahrhundert nach seinem Tod den Weg zu seiner Wiederentdeckung geebnet, sie hatten ihn auch schon als Kind begeistert: Als Junge soll er heimlich die wertvollen Noten von Komponisten aus dem 17. Jahrhundert kopiert haben, die sein Bruder Johann Christoph in einem Schrank versteckt hatte. Bachs musikalische Vision und Tiefe hatten dem Medium Papier und dem Druck vermutlich nur sehr wenig zu verdanken, doch sein posthumer Ruhm war eindeutig ein Produkt des Druckzeitalters. Erst da war es möglich geworden, die Werke von Komponisten selbst Jahrzehnte oder gar Jahrhunderte nach deren Tod in die Regale und auf die Klavier- oder Notenständer in den Heimen von Millionen Bewunderern in aller Welt zu befördern.

Der Papierdruck vereinfachte es Komponisten und Musikern enorm, Musikstücke zu analysieren, voneinander abzuschreiben, aufeinander einzuwirken und die eigenen Noten zu veröffentlichen. Aber auch öffentliche Informationskampagnen waren eine entscheidende Folge des Buchdrucks und gehörten bald untrennbar zur urbanen Landschaft des Druckzeitalters. Manchmal wurde Papier sogar zur einzigen Möglichkeit, eine öffentliche Krise anzusprechen. In England zum Beispiel versuchte man seit den Siebzigerjahren des 16. Jahrhunderts Pestepidemien zu vermeiden, indem man an allen öffentlichen Plätzen gedruckte Verhaltensmaßnahmen verteilte; und auf Papier gedruckt waren dann auch die Aushänge mit den Sterbestatistiken. Nach dem Pestausbruch von 1603, im ersten Jahr der Regentschaft von James I., ließ der König gedruckte Pestanordnungen aushängen, die dem Volk verdeutlichten, wo es sich aufhalten und welche Orte es meiden sollte, welche Behandlungsmöglichkeiten es gab und welche Arzneien hilfreich sein könnten (sogar Tabak wurde empfohlen).

Erst nachdem diese Epidemie eingedämmt schien, übernahm das Papier wieder eine fröhlichere Rolle: Es wurde nicht mehr nur genutzt, um das leidende Volk über unterstützende Maßnahmen zu informieren, nun erfuhren die Überlebenden auf diesem Weg auch von Vergnügungsveranstaltungen. Ausgebrochen war die Pest 1603 im Londoner Stadtteil Southwark, wo die größten Schauspielhäuser der Stadt angesiedelt waren. Deshalb hatte der König auch als eine der ersten Maßnahmen zur Eindämmung der Seuche – wie schon bei anderen Ausbrüchen geschehen – sämtliche Theater schließen lassen. 1604 kehrte das Leben in der Hauptstadt zur Normalität zurück, und anstelle von Pestwarnungen begegneten den Bürgern nun überall Reklamen für dieses oder jenes Amüsement, darunter auch wieder für Aufführungen in den Londoner Theatern.

Diese *Playhouses* waren zur Zeit der Wende vom 16. zum 17. Jahrhundert ein typischer Bestandteil des Londoner Lebens und der Stadtlandschaft gewesen. Der Meister aller Bühnendichter dieser Zeit, William Shakespeare, war selbst Teilhaber eines Theaters, das man nur »The Globe« nannte. In seinen Stücken standen erstmals Figuren aus dem gesamten sozialen Spektrum auf ein und derselben Bühne, Könige und Totengräber, Bischöfe und Narren. Seine Dramen wirkten auf das Publikum wie Momentaufnahmen der Gesellschaft, sodass ein jeder im Publikum, das ebenso bunt zusammengewürfelt war wie die Gestalten auf der Bühne, sich mit mindestens einer Figur identifizieren konnte. Auf den billigen Stehplätzen im offenen Parkett sahen die »Gründlinge« *(groundlings)*, wie Shakespeare sie nannte, dem Geschehen für nur einen Penny Eintritt zu.

Auch Shakespeare lebte bereits in einer Papierkultur und profitierte von ihr. Papier hat viele Auftritte (und Abgänge) in seinen Stücken, und das oft, wie in *Romeo und Julia*, mit großem dramatischem Effekt. Doch die entscheidendste Rolle, die das Papier im Shakespeare'schen Drama spielt, ist seine Bedeutung als der Beschreibstoff der vielen Texte, die der Bühnendichter als Quellenmaterial nutzte. Zu seinen Lebzeiten tauchte sogar ein neues Lesegerät auf: das Bücherrad, die Erfindung eines italienischen Militärtechnikers namens Agostino Ramelli aus dem Jahr 1588: Der Leser saß vor einem hohen Rad mit mehreren eingepassten Lesepulten für jeweils ein aufgeschlagenes Buch und konnte dank eines Drehmechanismus zwischen ihnen hin und her wechseln, sodass ein jedes waagerecht vor ihm zu liegen kam.

Dieses Bücherrad war ein typisches Produkt seiner Zeit (selbst wenn nur wenige hergestellt werden sollten und in Gebrauch waren), denn die Idee war natürlich dem Usus der Renaissanceleser gefolgt, querverweisend zu lesen und deshalb ständig eine Reihe von aufgeschlagenen Texten auf dem Tisch zu haben. Nichts legt nahe, dass Shakespeare ein solches Bücherrad genutzt hätte, doch die Lesekultur, der es dienen sollte, war auch die seine – eine Kultur, die sich begeistert der unterschiedlichsten Quellen zugleich bediente, und sei es zur Überprüfung eines einzigen Mythos, Ereignisses oder einer einzigen Metapher. (Nicht einmal ein Computerbildschirm mit der Möglichkeit vieler geöffneter Browserfenster kann replizieren, wie es ist, wenn man unterschiedlichste Bücher gleichzeitig offen vor sich liegen hat.) Diese Feier der Vielfalt war natürlich nicht zuletzt der rapiden Vermehrung von erschwinglichen Büchern zu verdanken, darunter vieler in der Frührenaissance wiederentdeckter antiker Texte, die den Schriftstellern in der Spätrenaissance nun als wichtige Quellenmaterialien dienten.

Auch Shakespeares Arbeitsweise war von seiner Gepflogenheit geprägt, verschiedene Bücher gleichzeitig zu lesen und bei einem einzigen Lesedurchgang von einer Vielfalt an Quellen zu profitieren. Er hat sich nicht einfach vor ein weißes Blatt Papier gesetzt. Erst einmal durchforstete er ältere Texte nach Geschichten, die er dann auf seine unübertreffliche Weise bearbeitete oder zumindest nach Ideen, Ansichten und Metaphern ausplünderte. Seine Gier nach Literatur war gewaltig. Shakespeare verpflanzte die Welt – inklusive der Welt der Bücher und Gelehrtheit – auf die Bühne. Seinem Lustspiel *As You Like It/Wie es euch gefällt* (entstanden zwischen 1599 und 1600) lag zum Beispiel Thomas Lodges Romanze *Rosalynde, or Euphues' Golden Legacie* zugrunde, der erst 1590 erschienen war. Sogar den Titel des Stückes hatte sich Shakespeare aus einem von Lodges Eröffnungssätzen (*if you like it, so*) abgeguckt. Doch es ist schlicht unmöglich, Zeile für Zeile mit Gewissheit all die möglichen Quellen aufzuspüren, die er dann für die Texte seines Stückes geplündert hatte. Im Zweiten Aufzug, Siebte Szene, legte er beispielsweise Jacques die Worte in den Mund, die bis heute zu den beliebtesten geflügelten Worten aus Shakespeares Stücken zählen:

> *Die ganze Welt ist Bühne*
> *Und alle Fraun und Männer bloße Spieler.*
> *Sie treten auf und gehen wieder ab,*
> *Sein Leben lang spielt einer manche Rollen*
> *Durch sieben Akte hin...*

Dabei waren auch sie nicht seine eigene Erfindung. Die Idee dazu stammt aus *Policraticus de nugis curialium*, einem 1159 verfassten Werk von John of Salisbury, in dem es heißt, dass das Leben des Menschen auf Erden eine Komödie sei, in der ein jeder die Rolle eines anderen spiele. Und mit seiner Entscheidung für »sieben« Lebensakte griff Shakespeare sowohl auf die biblische als auch die mittelalterlich religiöse und symbolische Bedeutung dieser Zahl zurück. Einflüsse der Renaissance sind ebenfalls stark zu spüren. Erasmus hatte das Leben in seinem *Lob der Narrheit* (1509) als ein Drama bezeichnet, in dem jeder Schauspieler darauf warte, dass ihn der Spielleiter von der Bühne winkt. Marcellus Palingenius Stellatus' Werk *Zodiacus Vitae*, das erstmals um 1530 herum veröffentlicht wurde, kommt dem Ganzen noch näher, denn darin wird die ganze Welt als eine Bühne bezeichnet. Auch der 1570 in Antwerpen gedruckte Ortelius-Atlas *Theatrum Orbis Terrarum*, der oft als der erste moderne Atlas bezeichnet wird und bereits zu seiner Zeit als eine bemerkenswerte Leistung anerkannt worden war, könnte Shakespeare zu Jacques' Rede animiert haben, denn wörtlich übersetzt lautet seine Bezeichnung »Theater des Erdkreises«, ergo: Theater der Welt – ein Name, in dem auch die Aufregungen des Zeitalters der Entdeckungen eingefangen wurden, das in Shakespeares Stücken ebenfalls seine Spuren hinterließ. Man könnte sogar auf das klassische Altertum zurückgreifen und beispielsweise nachlesen, was Ovid in den *Metamorphosen* (ein Text, der regelmäßig bei Shakespeare durchschimmert) über die vier Weltalter geschrieben hatte. Eine solche Bandbreite an Quellenmaterial stand nur dank der Buchdruckkultur zur Verfügung, die sich bis Ende des 16. Jahrhunderts entwickelt hatte.

Aber der Zugang zu Büchern half Shakespeare nicht nur, die Welt auf die Bühne zu verpflanzen, sie verhalf ihm auch zu der Möglichkeit, die Bühne in die Häuser der Menschen zu bringen. Wenngleich vor den Folia der ersten Gesamtausgabe seiner Dramen (1623) keine komplette Sammlung seiner Werke erschienen war, waren einige erste Stücke doch bereits im letzten Jahrzehnt des 16. Jahrhunderts gedruckt worden. Im Vergleich zu den Menschenmassen, die seine Dramen auf der Bühne sahen, waren die Auflagen nicht hoch gewesen (üblicherweise wurden nicht mehr als fünfzehnhundert Exemplare gedruckt, wohingegen das Globe

Theatre dreitausend Zuschauer pro Aufführung fasste), doch nach zeitgenössischen Standards war eine solche Auflagenhöhe nicht unbeträchtlich. Und *Hamlet* erlebte bereits 1604, ein Jahr nach Erscheinen der ersten Quarto-Fassung, eine zweite Auflage mit wesentlich längerem Text – er hatte sich von 2221 Zeilen auf 4056 erweitert, und ein Stück von solcher Länge machte die Inszenierung natürlich wesentlich teurer als ein Drama in der üblichen Spieldauer von etwa zwei bis zweieinhalb Stunden. Aber das spielte in diesem Fall gar keine Rolle, denn die Auflage richtete sich weder an die Schauspieler noch an ihre Mäzene und noch nicht einmal an das Theaterpublikum, sondern an den *Leser*.[16] Und wie den Verlegern bald klar wurde, ließen sich allein schon mit dem Namen Shakespeare Bücher verkaufen – was höchst ungewöhnlich für damalige Dramatiker war.

Im Großen und Ganzen war das Renaissancedrama jedoch kein verlegerischer Erfolg, abgesehen davon wurden viele Autoren der Zeit erst nach ihrem Tod publiziert. Shakespeares Sonette, diese so intensiven, so persönlichen Darstellungen romantischer Liebe, illustrieren auch noch etwas anderes, das durch den Buchdruck möglich wurde, nämlich die Verlagerung des Privaten in den öffentlichen Raum. Noch 1598 hatte Shakespeares Freund Francis Meres in seiner Literaturkritik *Palladis Tamia* die »gezuckerten Sonette« des Barden gerühmt und im selben Atemzug bedauert, dass sie nur dem »privaten Freundeskreis« (also nicht der lesenden Öffentlichkeit) zur Verfügung stünden. Nur ein Jahrzehnt später, im Jahr 1609, wurden *Shake-speares Sonnets* von dem Verleger Thomas Thorpe der Öffentlichkeit zugänglich gemacht – vermutlich ohne Shakespeares Zustimmung.

Dieser neue Fokus auf das Persönliche sollte auf dem Gebiet der Prosa allerdings eine noch wesentlich stärkere Zugkraft haben. Während Dichtung dank ihrer Bündigkeit von jeher zum Memorieren und Rezitieren angeregt hatte, stellte Prosaliteratur vor das Problem, dass sich der Durchschnittsleser kein Pergamentbuch (beträchtlicher Länge) leisten konnte, das er nur ein einziges Mal zu lesen gedachte. Erst das Papierbuch, das im Laufe des 16. Jahrhunderts zunehmend in ganz Europa standardisiert und somit auch preiswerter wurde, machte den Erwerb eines Buches zum einmaligen Lesen zu einer realistischeren Möglichkeit. Außerdem ermunterte es zum stillen, privaten Lesen, wohingegen Poesie nach wie vor eher zum Rezitieren oder zumindest lauten Lesen anregte. Und damit war der Aufstieg gedruckter Prosa programmiert.

Dass ein Roman besonders gute Chancen auf hohe Verkaufszahlen hat, kündigte sich mit einem Buch an, das generell als der erste moderne Roman betrachtet wird: Miguel de Cervantes' *Der sinnreiche Junker Don Quijote von der Mancha*. Wer diesen Roman schildern möchte, der begibt sich auf gefährliches Terrain, weil er es mit so vielen verschiedenen Gestaltungen und den Echos so vieler unterschiedlicher literarischer Formen zu tun bekommt, dass er mit seinen Definitionen am Ende womöglich ganz woanders landet als der Roman. 1908 bezeichnete Henry James solche voluminösen, grandiosen Romane des 19. Jahrhunderts wie *Moby-Dick* als *large loose baggy monsters*[17] – damit hätte er auch *Don Quijote* aus dem 17. Jahrhundert meinen können. Dem amerikanischen vergleichenden Literaturwissenschaftler und Cervantes-Kenner Anthony J. Cascardi zufolge lässt sich mit James' Definition bestens erklären, was den Roman auszeichnet, nämlich sein »Vermögen, sich eine scheinbar endlose Reihe von Komponenten einzuverleiben und eine unberechenbare Vielzahl an Formen anzunehmen«[18]. Aus ebendiesem Grund, schreibt Cascardi, könne man *Don Quijote* auch als den ersten Roman bezeichnen. Cervantes' episodischer Schelmenroman (der erste Teil wurde 1605, der zweite 1615 veröffentlicht) über die Abenteuer seines selbst ernannten Helden und loyalen »Stallmeisters« Sancho Panza gewann schnell eine internationale Leserschaft. Bereits 1620 war er in diverse europäische Sprachen übersetzt worden und sowohl in Europa als auch Teilen von Amerika auf den Markt gekommen.

*Don Quijote* lässt sich wohl am ehesten als ein Protoroman bezeichnen, weil er »aufzeigt, wie ein Roman zustande kommt, wenn romantischer Idealismus [...] auf reale Welt prallt«[19]. Damit erklärt sich auch der Zeitpunkt, an dem der Roman seinen Aufstieg begann, denn der traf sowohl mit dem Aufkommen der modernen Naturwissenschaften als auch einem wachsenden Misstrauen gegenüber den klassischen Autoritäten zusammen. Zudem handelt es sich um ein säkulares Genre, das wiederum eng mit einem neuen sozioökonomischen Phänomen des Buchdruckzeitalters verwoben war – mit dem Entstehen einer Mittelschicht.

Ein Roman verursacht natürlich viel höhere Herstellungskosten als ein Pamphlet oder eine Zeitung und ist deshalb mit beträchtlichen finanziellen Risiken für den Investor verbunden. Dieses Risiko einzugehen lohnt sich nur, wenn man von ausreichend vielen Lesern ausgehen kann, die ihn kaufen werden. Kurzum, ein Roman bedarf einer großen allgemeinen Leserschaft mit ausreichend verfügbarem Einkommen – mit anderen Worten: einer Bourgeoisie –, um sich zu amortisieren. Aber er bedarf auch noch anderer Bedingungen, nämlich einer gemeinsamen »Sprache« der Leser, wozu natürlich primär eine Alphabetisierung in ein und derselben Sprache zählt, aber auch gemeinsame kulturelle Erfahrungen und ein daraus resultierendes Einvernehmen. Denn nur dann wird der Roman für Tausende von Menschen, die sich niemals begegnet sind, gleichermaßen verständlich sein. Solche Grundvoraussetzungen wie eine gemeinsame Sprache, Bildung und kulturelle Identität sind die Ursache, weshalb der Roman oft als ein »nationales« Genre bezeichnet wird, als ein Text, der von unterschiedlichen Individuen für unterschiedliche Individuen verfasst wurde, welchen dennoch ein gewisses Maß an gemeinsamen »nationalen« Erfahrungen gemein ist. Es waren Frankreich und England, die ein erstes Aufblühen dieses nationalen Elements und ergo des Romans erleben sollten.

Eine solche Bandbreite an Lesern für einen Roman kennzeichnet ein wichtiges Moment in der Geschichte des Papiers und seiner Nutzer. Denn neben der Verbindung, die der Roman mit der Bourgeoisie und dem Nationalbewusstsein (welcher Art auch immer) einging, war es dieses Genre, dem es besser als jedem anderen seiner ernst zu nehmenden literarischen Vorgänger gelang, die Kluft zwischen den Geschlechtern zu überwinden. Der Roman war nicht mehr allein von Männern für Männer geschrieben, er sprach auch Frauen unmittelbar an und wurde – ein noch radikalerer Einschnitt – von immer mehr Frauen geschrieben. Die Renaissance hatte die logische Grundlage für die Bildung von Frauen gelegt; die Reformation war noch einen Schritt weiter gegangen mit Martin Luthers ausdrücklichem Wunsch, umgangssprachliche Bibeln auch Frauen zugänglich zu machen und – eine wiederum logische Folge daraus – nicht nur Knaben-, sondern sogar Mädchenschulen ins Leben zu rufen. Aber es war der Roman, der Frauen den Weg zur Autorenschaft ebnete und es ihnen ermöglichte, von Männern unabhängig für ein Publikum beider Geschlechter zu schreiben.

In Frankreich haben einerseits die Entwicklungen im Buchdruck schreibenden Frauen den Weg bereitet (weil der Erwerb von Büchern damit auch bürgerlichen Haushalten möglich wurde), andererseits leisteten die Reformation (weil sie zum individuellen Lesen der Bibel ermunterte) und die Einflüsse der humanistischen Ideen, die insbesondere im Südwesten des Landes aus Italien auf die Franzosen einströmten, ihre Beiträge dazu (vor allem zur Zeit des Ritterkönigs Franz I. [1515–1547]). Auch die gebildete Schwester von Franz 1., Margarete von Angoulême, Königin von Navarra, die Dichter und Gelehrte förderte, bei Hofe vorzüglich vernetzt war und sich zum Protestantismus hingezogen fühlte, begann über eine große Bandbreite an Themen zu schreiben. Sie korrespondierte mit dem sie bewundernden Erasmus und schrieb unter anderem das *Heptaméron* (»Siebentagewerk«), eine Anthologie von zweiundsiebzig Kurzgeschichten, darunter die der unerfüllten Liebe von »Amadour et Floride«, die als die erste Novelle gilt.[20] Im 17. Jahrhundert erfuhren Schriftstellerinnen erneut großen Zuspruch durch die Philosophin Marie de Gournay, die sich in ihren Werken *Égalité des hommes et des femmes* (1622) und *Les Femmes et Grief des Dames* (1626) für die vollkommene Gleichheit beider Geschlechter einsetzte.

Der literarische Salon war eine französische Erfindung aus dem Paris des frühen 17. Jahrhunderts mit Wurzeln in der italienischen Renaissance und wurde bald zu einer Institution der privilegierten Gesellschaft, zu der Frauen ebenso Zugang hatten wie Männer, sofern es nicht ohnedies der Salon einer Frau war. Und während der literarische Fokus im Frankreich des 17. Jahrhunderts auf dem Theater mit seinen strikt an klassischen Formen orientierten Stücken aus der Feder männlicher Dramatiker lag, wandten sich zunehmend mehr Frauen der Erzählung zu, wodurch wiederum der Weg zu persönlicheren Stilen und Themen geebnet wurde. Für sie war das natürliche Genre der Roman, und unter diesen tritt vor allem einer als symptomatisch für das gewandelte Verhältnis hervor, das Frauen nun generell zur gedruckten Seite zu haben begannen.

*La Princesse de Clèves* ist ein 1678 anonym veröffentlichter Historienroman, dessen Autorenschaft man zuerst François de La Rochefoucauld zuschrieb, der jedoch aus der Feder von Marie-Madeleine de La Fayette stammt. Er wird oft als der erste moderne französische Roman bezeichnet. Seine Psychologie war jedenfalls ungemein gewagt für das 17. Jahrhundert, nicht weniger gewagt als die Tatsache, dass fast jede Figur außer die der Protagonistin den Namen einer berühmten französischen Adelsfamilie trug. Kein Wunder, dass er so viele Diskussionen auslöste. Aber auch die Geschichte der Hauptfigur, der reichen Mademoiselle de Chartres, zog eine Menge Debatten nach sich, denn nachdem sie eine Vernunftehe mit dem Fürsten von Clèves eingegangen war, verliebt sie sich in einen anderen Mann. (Wie in einigen der größten englischen und französischen Romane aus den beiden anschließenden Jahrhunderten deutet auch hier der Name der Protagonistin als Buchtitel ihre relative soziale Unabhängigkeit an. Und wie Flauberts Madame Bovary fungiert auch die Heldin aus La Fayettes Roman dabei unter dem Namen ihres Ehemanns, erhält im Gegensatz zu Emma Bovary jedoch keinen eigenen Vornamen. Sie gibt ihrer Liebe nicht nach und wird ihrem Ehemann nicht untreu, teilt ihm aber ihre Gefühle für den anderen Mann mit; er bittet sie, bevor er (an gebrochenem Herzen) stirbt, ihrer wahren Liebe auch weiterhin zu entsagen. Also beschließt sie, den einzigen Mann, den sie je geliebt hat, zurückzuweisen und in einen Konvent einzutreten, wo sie schließlich noch in jungen Jahren stirbt. Im letzten Gespräch mit ihrem Liebsten begründet sie ihm diesen Entschluss mit der Äußerung, dass es ohnedies keinen Mann gebe, dessen Liebe in der Ehe nicht erkalte – eine solche Unverblümtheit aus dem Mund einer Frau und einer Protagonistin, die sich nicht an die etablierten gesellschaftlichen Regeln hält, überraschte und schockierte die Leser. Lafayette hatte alles andere als die idealtypische Heldin der französischen Hautevolee erschaffen.

Der Roman *La Princesse de Clèves* spielt in der Welt einer exklusiven Gesellschaft, in der sich die meisten Leser nie bewegt hatten. Doch seither hat sich dieses Genre bekanntlich zu einer Gattung mit einer wesentlich größeren Bandbreite gemausert, die in der jeweiligen Landessprache geschrieben wird und erstmals auch gewöhnliche Leute mit »unerschütterlicher Ernsthaftigkeit« behandelt.[21] Vor allem der englische Roman befasste sich mit Figuren aus allen sozialen Schichten. Hinzu kam, dass er sich nicht nur alle möglichen Charaktere, sondern auch alle möglichen Stile entlehnte (was allerdings mit dem realistischen Roman Mitte des 19. Jahrhunderts abnahm). In dieser Hinsicht hatte er vor allem an eine literarische Form angeknüpft, die ihren Auftritt in einem völlig anderen gesellschaftlichen Kontext hatte: dem Evangeliar. Aber schon die neutestamentarischen Evangelien waren literarische Hybriden gewesen, die sich einer Vielfalt an uralten oder antiken Formen bedient hatten, um ihre Geschichten zu erzählen: an Historien, apokalyptischer Literatur, alten Epen, vorchristlichen

Heilsgeschichten, Parabeln und so fort. Und auch die Evangelienschreiber hatten bereits ein ungewöhnliches, der klassischen Weltanschauung völlig fremdes Gewicht auf den gewöhnlichen Menschen als einem ernst zu nehmenden Subjekt gelegt. In ihnen, schreibt der kanadische Philosoph Charles Taylor, wurzelt die Idee, dass selbst das alltäglichste Leben kostbar ist.[22]

Ebendiese demokratischeren Elemente des Romans waren der Grund, weshalb gebildete, standesbewusste Personen so oft auf ihn herabblickten. Viele Kommentatoren des 18. Jahrhunderts waren alles andere als beeindruckt von einer literarischen Form, die sie populistisch und niveaulos und deshalb nur für Personen geeignet fanden, denen es an klassischer Bildung mangelte. Kurzum: Sie hielten den Roman nur für Frauen geeignet, sei es als Leserinnen oder als Schriftstellerinnen – eine Meinung, zu der auch der Fokus dieses Genres auf das Innenleben beigetragen hat, da Herzensangelegenheiten weithin als Frauensache abgetan wurden. Doch just diese Geringschätzung spielte den Frauen in die Hände, denn sie war es, die ihnen die Freiheit verschaffte, relativ ungehindert mit diesem Genre experimentieren zu können.

Es folgte eine Flut an Werken, vor allem in England, die von Frauen verfasst worden waren. Und wenn eine klassische Bildung denn nicht nötig war, um etwas schreiben zu können, das andere lesen sollten, dann führte auch das nur zur Befreiung des Romans aus dem Korsett der alten dramatischen Handlungsbeschränkungen – zur Befreiung aus den klassischen, königlichen, ritterlichen, kirchlichen oder kriegerischen Rahmen, in die bis dahin letztlich alle Erzählungen eingezwängt worden waren. Nun war es nicht nur möglich geworden, einzelne Handlungen in einem Salon oder Wohnzimmer, einem Esszimmer, einer Küche oder auf dem Markt spielen zu lassen, nun wurden diese sogar als die eigentlichen Kulissen der Handlungen in den Mittelpunkt von ernst zu nehmender Literatur gerückt. Die Betonung des Romans auf die sozialen Strukturen und Beziehungen stellte die Literatur in einen Kontext mit dem Alltäglichen. Und im Kontrast zur Welt derjenigen, die über Bildung verfügten, schilderte diese Literatur (oft mit dem Stilmittel der wörtlichen Rede) die Welt derjenigen, die keine Schulbildung in Geschichte, Altphilologie, Theologie oder Dichtung genossen hatten (im Allgemeinen Frauen und die unteren sozioökonomischen Schichten).

Ergo waren es nicht nur Frauen, die dies alles schrieben, sondern unvermeidlicherweise auch vorrangig Frauen, die es lasen. Schon im 17. Jahrhundert, als in England zunehmend mehr Bücher spezifisch für die urbane Mittelschicht geschrieben wurden, hatte sich die Zahl von Leserinnen zu erhöhen begonnen.[23] Und da solche Bücher in einem tragbaren Format gedruckt wurden und preiswerter waren, brauchte man auch keine Bibliothek mehr aufzusuchen, um sie zu lesen. (Man konnte sie sogar in den Taschen verstecken, wie es Fabrikarbeiterinnen im 19. Jahrhundert in Neuengland taten.[24]) Die wachsende Beliebtheit, die Romane unter Frauen genossen, führte zur Domestizierung des Lesens; und die Tatsache, dass der Roman oft als reine Frauenliteratur abgetan wurde, trug nur noch mehr dazu bei, dass Bücher problemloser in die Hände von Frauen gelangten.

Bis zur viktorianischen Zeit war der Roman in England ungemein populär geworden. Nicht zuletzt dank der Werke, die Jane Austen im 18./19. Jahrhundert schrieb, erwarb sich das Genre bis Anfang des 19. Jahrhunderts endlich einen respektablen Ruf, mit der Folge, dass nun ein regelrechter Publikationsboom einsetzte. Zwischen 1830 und 1900 wurden in England rund 40 000 bis 50 000 Romane von nahezu 3 500 Autoren und Autorinnen verlegt.[25] Das war natürlich auch eine entscheidende Entwicklung für das Verlagswesen als solches, denn nun war das Verlegen von Büchern nicht mehr die Angelegenheit von Buchdruckern und Buchhändlern, nun begann es zu einer eigenständigen Aktivität eines eigenständigen Berufsstands zu werden.

Unter all den Druckwerken, die der modernen Leserschaft zur Verfügung stehen, ist der Roman das vielleicht persönlichste und individuellste Produkt, obwohl er doch eine große Mainstream-Leserschaft ansprechen will. Ein Roman ist kein Text, den man überfliegt wie eine Zeitung, er ist etwas, das man tendenziell behalten möchte und dem gegenüber man oft sogar einen gewissen Besitzanspruch entwickelt. Er diktiert einem nicht, wann er gelesen werden soll (im Gegensatz zu einer Zeitung oder einer Fachpublikation oder der täglichen Post); er hat starke historische Tendenzen, versucht einem aber nicht vorrangig irgendwelche historischen Abläufe, Ereignisse oder Personen nahezubringen (wie ein Geschichtsbuch oder eine wissenschaftliche Abhandlung); er möchte, dass man seine Erzählung verinnerlicht und die eigene Vorstellungskraft bei der Betrachtung von Personen, Orten und so vielem mehr spielen lässt. Der Roman ist ein Genre, das sich vom Einfallsreichtum nährt und zugleich der Fantasie des Lesers bedarf.

Der Roman hat ein praktisches Format, ist bezahlbar und von seinem Inhalt her jedem Leser zugänglich (zumindest im Prinzip). Er ist individuell, modern und bürgerlich. Und damit ist er ein vorzüglich geeigneter Nutzer von Papier. Würde es mit dem Papierbuch jemals zu Ende gehen, dann ginge ich jede Wette ein, dass der Roman das letzte Genre wäre, das mit ihm fällt.

## 16

## Tonnen von Papier

> Wonach mich verlangt, das ist die allem anderen vorzuziehende Freiheit, sich nach Maßgabe des eigenen Gewissens frei zu unterrichten, zu äußern und mit anderen auseinanderzusetzen.
>
> JOHN MILTON, Areopagitica[1]

Die italienischen Stadtstaaten des 15. Jahrhunderts veränderten das Verhältnis des Abendlands zum geschriebenen Wort. Mit der Papierherstellung hatte man in Italien bereits im 13. Jahrhundert begonnen, doch erst die Renaissance sorgte dafür, dass das Produkt dieser neuen Technik auch von den Herrscherfamilien angenommen wurde. Es gab natürlich viele Möglichkeiten, die Macht des geschriebenen Wortes über die Staats-, Rechts- und Verwaltungsdokumente hinaus zu nutzen, die bereits im Jahrhundert zuvor auf Papier geschrieben worden waren, aber seinen stärksten Einfluss übte der Beschreibstoff in dieser Periode eindeutig auf die Politik und all diejenigen aus, die sich aktiv oder passiv mit ihr befassten. Noch heute leben wir in einer Welt der Bürokratien, die in diesen Stadtstaaten ihren Anfang nahmen und mit der Verwendung von Papier nicht nur die Zentralisierung der Politik beförderten, sondern indirekt auch dafür sorgten, dass sie selbst prüfenden Blicken ausgesetzt waren. Denn während die Verwaltungsapparate wuchsen, steigerte sich die Kommunikation unter Politikern im gleichen Maße wie das öffentliche Gespräch über Politik. Hand in Hand mit dem erwachenden politischen Mitteilungsbedürfnis und der entstehenden Meinungskultur entwickelten sich die Nachrichtenmedien, die uns bis heute vertraut sind. Und was in Italien begann, weitete sich im Zuge eines Gesprächs über Politik, das immer öffentlicher auf Papier geführt wurde, zu einer europäischen (und anschließend auch amerikanischen) Bewegung aus. Natürlich geschah das nicht auf dem ganzen europäischen Kontinent im Gleichschritt, jedenfalls nicht bis zu dem Moment eines radikalen Durchbruchs, der zu Recht zu einem Symbol für die Möglichkeiten der politischen Einflussnahme auf Besitzverhältnisse und für das öffentliche Recht auf Information über das Vorgehen der Politik wurde. Und die Hauptrolle bei diesem Umbruch spielte das Papier.

Die entscheidende treibende Kraft, die im Italien des 15. Jahrhunderts zu dieser neuen Schriftkultur drängte, war ein grundlegendes Phänomen der Renaissance: Wissbegierde. Gelehrte wollten philosophische Traktate en détail studieren, um sie zu verstehen und zu verinnerlichen; Forscher hofften, mehr von der Natur begreifen zu können; und Menschen aller Couleur wollten Tausende individuelle geistige Interessen verfolgen und ihr Wissen vertiefen. Und das entscheidende Medium in all diesen Fällen war nicht der Buchdruck, sondern das Papier per se. Gute Bibliotheken hatten den Gelehrten der italienischen Renaissance bereits zur Verfügung gestanden, nun begannen sie – und das mit ungemeiner Ernsthaftigkeit –, sich mit einer neuartigen Tätigkeit zu befassen: Sie machten sich Notizen.

Einige führten diesen neuen Trend auf ihre antiken Vorgänger zurück, wobei häufig auf den Universalgelehrten Plinius d. Ä. (1. Jahrhundert) verwiesen wurde, der seinem Neffen fast hundertsechzig Hefte mit persönlichen Notizen und Auszügen aus älteren Schriften hinterlassen hatte. Vielleicht war es im Altertum ja tatsächlich üblich gewesen, die eigenen Gedanken und Erlebnisse zu notieren, doch Nachweise dafür blieben uns nicht erhalten (was angesichts der verwendeten Beschreibstoffe allerdings auch nicht erstaunlich ist). Im Mittelalter scheint man hingegen kaum Wert auf Notizen gelegt zu haben, jedenfalls wenn man es anhand der wenigen beurteilt, die überlebt haben, wiewohl Pergament doch relativ haltbar ist. Aber nun, im 15. Jahrhundert, in dem sich so großer Wissensdurst Bahn brach, begann sich das rapide zu verändern. Und niemand verkörperte diesen Trend so deutlich wie Leonardo da Vinci. Seine persönlichen Aufzeichnungen erstrecken sich über rund 6500 Seiten – und das sind nur die, die uns erhalten blieben. Doch alle italienischen Denker des 15. Jahrhunderts pflegten kleine Hefte bei sich zu tragen, in denen sie ihre Beobachtungen eintrugen und sich Notizen zu allem und jedem machten (wie so viele ihrer Nachfahren in Europa und in Nordamerika: Isaac Newton, Thomas Jefferson, Ludwig van Beethoven, Alexis de Tocqueville, Charles Darwin, Thomas Edison, Pablo Picasso – sie alle waren eifrige Notizen- und Tagebuchschreiber). Im 16. Jahrhundert tauchten im Englischen sogar neue Begriffe für diese innovative und einem ganz neuen Bildungsverständnis entspringende Aufzeichnungsweise auf: *commonplacing* und *excerpting*.[2]

Während persönliche Notizen für den Renaissancemann ein gelehrtes Hobby waren, war die Aufzeichnung von politischen Vorgängen und Beschlüssen eine Conditio sine qua non für jedermann im italienischen 15. Jahrhundert, der in irgendeiner Form politisch tätig war. Der Bischof von Modena, Giacomo Antonio della Torre, sprach 1448 angesichts der Massen von schriftlichen Ergüssen aus den Federn der Gesandten italienischer Stadtstaaten von einer »Welt aus Papier«[3] – was wohl mehr ein Ausruf der Verzweiflung als eine Feststellung gewesen sein dürfte. Gutenberg hatte seine Erfindung gerade erst in die Tat umgesetzt, aber die Papiere, auf die della Torre sich bezog, waren allesamt handschriftliche Ergebnisse eines Crescendos an behördlichen Dokumentationen, das im 14. Jahrhundert eingesetzt hatte und im 15. seinen Höhepunkt erreichte.

Hinter dieser Wucherung von Papieren standen natürlich nicht nur die zunehmende politische Zentralisierung und die Entwicklung einer immer urbaneren Kultur, die den Staat auf immer komplexere Weise forderten, sondern auch das höhere Profil der diplomatischen Beziehungen, seit 1454 der Frieden von Lodi zwischen dem Herzog von Mailand und der Republik Venedig geschlossen worden war und 1455 die Gleichgewichtspolitik der Italienischen Liga zwischen den Stadtstaaten im Norden eingesetzt hatte. Denn nun begannen die Herrscherhäuser, ständige Vertreter in andere Stadtstaaten und schließlich auch in entferntere Länder zu schicken. Bereits 1497 schrieb der Gesandte der Sforzas (die über das Herzogtum Mailand herrschten) aus London an seinen Dienstherrn, der englische König wisse dermaßen gut über italienische Angelegenheiten Bescheid, »dass ich mich fast in Rom wähne«.

Die Gesandten schickten aber nicht nur selbst fast täglich Depeschen, sie erhielten auch regelmäßig Schreiben von ihren Dienstherren. Und während über sämtliche eingehende und ausgehende Schreiben Register geführt wurden, begann man auch staatspolitische Ereignisse wie zum Beispiel neue diplomatische Bestallungen auf Papier festzuhalten. In einer Studie wurde jüngst festgestellt, dass von den 3719 Kisten aus dem Archiv des Hauses Gonzaga (Herzogtum Mantua), die aus dem 15. Jahrhundert erhalten blieben, mehr als 1600 ausschließlich Dokumente über diplomatische Aktivitäten enthielten (und im Allgemeinen bis obenhin vollgestopft waren). Auch die Schreiben von Lorenzo de' Medici (1449–1492), der de facto über die Republik Florenz herrschte, belaufen sich auf mindestens elf Sammelbände, über die Hälfte davon mit außenpolitischen Dokumenten. Diese neue Dokumentationskultur steigerte natürlich gleichzeitig die Bedeutung der Staatskanzleien und Staatsarchive, entsprechend auch die des Kanzlers oder Archivars (und die Erwartungen, was deren Qualifikationen betraf), brachte aber nicht zugleich das Maß an Organisation mit sich, das für eine solche Menge an Verwaltungspapieren nötig gewesen wäre. Es sollte noch Jahrhunderte dauern, bis in den Archiven eine gewisse Ordnung und Struktur Einzug hielten.[4]

Was nach dem Frieden von Lodi Mitte des 15. Jahrhunderts eingesetzt hatte, intensivierte sich, als Florenz und Venedig um das Jahr 1480 den ständigen Austausch von Botschaftern vereinbarten und im Zuge der allgemeinen Machtzentralisierung die Entscheidung gefällt wurde, jegliche diplomatische Korrespondenz als Staatsbesitz zu bewahren. Deshalb wurden Gesetze erlassen, welche nicht nur die Abschrift jeder diplomatischen Depesche und eines jeden Dokuments verfügten, sondern auch die Duplikation sämtlicher diplomatischer Archive, sodass nicht nur der Staat selbst, sondern auch all seine diplomatischen Vertretungen Zugriff auf somit mehr oder weniger identische Dokumentensammlungen hatten. Prompt beschweren sich Botschafter, dass ihnen die Pflicht der schriftlichen Berichterstattung und Dokumentation kaum noch Zeit für ihre eigentlichen Aufgaben lasse.

Ein Ergebnis dieser Mitteilungspflicht – oder des Bedarfs an Nachrichtenübermittlungen – war der *avviso* (die amtliche »Meldung«, »Ankündigung« oder »Benachrichtigung«). Venedig zum Beispiel nutzte solche *avvisi* im 16. Jahrhundert zur Information (oder potenziellen Desinformation) eines auserwählten Leserkreises über politische, militärische und wirtschaftliche Geschehen und Entscheidungen. Rom schloss sich diesem Verfahren an. Bald begann man in beiden Städten regelmäßige Nachrichtenberichte zu verfassen, um sie anderenorts zu verteilen. Auch für die Botschafter wurden solche Nachrichten zu wichtigen Quellen für ihre Berichte in die Heimat. *Avvisi* waren zwar noch nicht die Vorgänger von gedruckten Tageszeitungen, vor allem da sie in Italien ja eindeutig für politische Intrigen instrumentalisiert wurden, aber ein erstes Indiz für das Erwachen einer politischen Nachrichtenkultur – vor allem, seit sich im späten 16. Jahrhundert auch eine breitere öffentliche Leserschaft für sie zu interessieren begann und parallel dazu der Postdienst ausgebaut wurde.

Bis zum 17. Jahrhundert war Venedig zu Europas wichtigstem Produzenten von Nachrichten geworden, mit denen es dann so ferne Städte wie London, Paris und Frankfurt versorgte.

Auch der abendländische Kommerz begann sich im 16. Jahrhundert zunehmend auf die Kommunikation zwischen Handelspartnern zu stützen, die natürlich auf so viele politische Informationen wie nur möglich erpicht waren, um rechtzeitig zu erfahren, ob sich irgendein Ereignis auf die Wechselkurse, Warenpreise oder Transportkosten und -risiken auswirken würde oder ob neue Märkte, Kriege und Gesetze den Handel behindern könnten. Die Getriebe der Politik und des Handels wurden gleichermaßen von der schriftlichen Nachrichtenübermittlung geschmiert. Und dank des preiswerten Papiers sowie des verbesserten Postdienstes war es nun generell immer üblicher, Wochenberichte zu verfassen und zu erhalten – Nachrichten, die die Händler dann untereinander in Wirtsstuben oder auf Handelsmessen austauschten.

Es war jedoch nicht nur das wachsende Interesse an Informationen aus dem Ausland, das diese in ganz Europa entstehende Nachrichtenkultur fütterte, auch die Möglichkeit des Drucks trug das Ihre dazu bei. Ab Ende des 16. Jahrhunderts konnten Leser in Deutschland und England regelmäßig das aktuelle politische Geschehen in Frankreich und den Niederlanden verfolgen, wohingegen Londoner Publikationen ihre Leser während der Hugenottenkriege vor allem über die Belagerungen von Paris (1589–1594) und Rouen (1591/1592) informierten. Dass nun der Öffentlichkeit Informationen über solche Ereignisse zugänglich waren, führte natürlich unweigerlich dazu, dass das Volk selbst begann, sich mehr mit ihnen zu beschäftigen und sich ihretwegen mehr Sorgen zu machen. Und das hatte bekanntlich enorme politische Konsequenzen.[5]

Auch wenn in einigen europäischen und insbesondere deutschen Großstädten bereits im 16. Jahrhundert Nachrichtenpamphlete im Flugblattformat gedruckt wurden, tauchten Zeitungen – ursprünglich zwei bis vier Blätter, die mit jeweils nur zwei Kolumnen bedruckt waren und meistens wöchentlich, einige auch öfter erschienen – erst im 17. Jahrhundert auf. Im September 1605, nachdem jahrzehntelang nur solche Flugblätter erschienen waren, gab der Verleger Johann Carolus in der Freien Reichsstadt Straßburg erstmals eine regelmäßige Wochenzeitschrift heraus, die deutschsprachige *Relation: Aller Fürnemmen und gedenckwürdigen Historien*, die als die erste moderne Zeitung gilt – allerdings nur im Sinne eines regelmäßig erscheinenden öffentlichen Informationsblattes, das über gegenwärtige Ereignisse berichtete, nicht jedoch hinsichtlich des Layouts, da sie nur mit einer Einzelspalte bedruckt war und im kleineren Quartformat erschien.

Erst als im Juni 1618 in Amsterdam der *Courante uyt Italien, Duytsland, &c* aus der Taufe gehoben wurde, hatte die Zeitung als solche ihre bleibende Form gefunden, wenngleich vorerst nur mit zwei Kolumnen. Zudem war jedes Blatt nur einseitig bedruckt, ein jedes jedoch aus einem mittig gefalteten Folio, sodass vier bedruckbare Seiten entstanden. Somit war sie die erste großformatige Zeitung (oder das erste *Broadsheet*). Datum und Seriennummer tauchten 1619 darauf auf, ab 1620 wurde sie vorder- und rückseitig bedruckt, und damit war sie nun zu einer Zeitung im heutigen Sinne geworden. Ab 1620 wurde in Amsterdam auch eine englischsprachige Ausgabe des *Courante* gedruckt, diese jedoch im Broschürenformat des für England so typischen *Newsbook* (ein Format, das erst um 1660 herum von der Masse an Nachrichten gesprengt werden sollte). In Frankreich erschienen Nachrichten seit 1631 in der *Gazette de France* (später in *La Gazette* umbenannt). »Gazette« war eines der ersten Wörter, die eigens für die Vermittlung von Nachrichten erfunden wurden, abgeleitet von dem venezianischen Nachrichtenflugblatt *Gazzetta di Venezia*, das seit 1556 monatlich erschien und eine *gazeta* kostete, zu dieser Zeit die kleinste venezianische Münze. Die erste amerikanische Zeitung, *Publick Occurrences Both Forreign and Domestick*, wurde 1690 in Boston gedruckt, nach jedoch nur einer Ausgabe von der Kolonialverwaltung verboten. Der *Boston News-letter*, der 1704 in Druck ging, sollte hingegen durchgängig bis zur amerikanischen Unabhängigkeitserklärung im Jahr 1776 erscheinen.

In England spielte ein Holländer die entscheidende Rolle bei der Entwicklung der Medienlandschaft. Seiner Niederlassung dort war zu verdanken, dass Journalisten schließlich einen ganzen Stadtteil von London okkupierten. Zwar war es William Caxton gewesen, der 1486 in Westminster die erste Druckpresse Englands aufgestellt hatte (und sein Papier dafür aus den Niederlanden bezog), doch das entscheidende Vermächtnis ist das von Wynkyn de Worde.

Wynkyn de Worde war Ende des 15. Jahrhunderts in London eingetroffen und sofort angetan gewesen von der Fleet Street mit ihrer Ansammlung von Klöstern (Whitefriars, Blackfriars, Knights Templar). Genau dort wollte er sein Geschäft eröffnen, denn dank dieser Klöster hatte sich die Straße bereits zum Londoner Kopistenzentrum und damit zu einer Avenue der Juristen entwickelt, denn Anwälte brauchten Schreiber für ihre Verträge. De Worde erwarb also zwei Gebäude neben dem Pub »The Sun«. Im einen wohnte er, im anderen installierte er seine Druckpresse. Sein Betrieb lockte bald andere Drucker in die Gegend, bis sich dort schließlich ein kleines Duckerzentrum herangebildet hatte. Die Fleet Street wurde zum Schmelztiegel der Revolution, die das englische Massenkommunikationssystem nach sich zog. Doch in den Anfangsjahren war sie von de Worde beherrscht worden. Im Verlauf von vierzig Jahren druckte er mehr als achthundert verschiedene Publikationen, mehr als ein Siebtel aller vor 1557 in England gedruckten Werke.

Doch die meisten entscheidenden Neuerungen im Bereich der englischen Printmedien wurden erst im 17. Jahrhundert eingeführt. Die Gründe dafür waren die gleichen gewesen, die schon zum Druck des ersten Nachrichtenflugblatts angeregt hatten: Krieg und Frieden in Europa. Der Ausbruch des Dreißigjährigen

Krieges im Jahr 1618 wirkte sich natürlich auch auf die Londoner Händler aus, die Geschäfte mit dem europäischen Festland machten. Und da innenpolitische Kommentare seit einem Zensurerlass von 1586 strengen Restriktionen unterlagen, war die erste englisch betitelte und in England gedruckte Zeitschrift, *Corante: or Newes from Italy, Germany, Hungarie, Spaine and France* (1621) die Übersetzung einer niederländischen Zeitung, die (wie ihr Titel bereits zeigt) keinerlei Nachrichten über oder aus England selbst enthielt. Nachrichten über England wurden dem Volk erst zugänglich, nachdem die Sternkammer *(Court of Star Chamber)* 1641 ihrer Exzesse wegen aufgelöst worden und im Jahr darauf in England der Bürgerkrieg zwischen den Königstreuen und den Parlamentsanhängern ausgebrochen war.

Das erste autorisierte parlamentarische Newsbook war das ab 1642 gedruckte *Perfect diurnall of the passages in Parliament;* das erste reine Anzeigenblatt, der *Publick Advisor,* erschien 1657 (inklusive der Reklame für eines der ersten Kaffeehäuser Englands). Es waren die ersten Schritte hin zu den regulären Zeitungen, deren Produktionszentrum natürlich die Fleet Street war. Von zunehmender Bedeutung war nun auch die Geschwindigkeit der Nachrichtenübermittlung, was sich auf die Entwicklung von Boulevardblättern wie dem *Express* oder *Dispatch* niederschlug. Und dieser Hunger der Engländer nach den letzten Neuigkeiten fand seinen natürlichen Bundesgenossen im Kaffeehaus.

Das Kaffeehaus war ein besonders geeigneter Ort für diese neue Zeitungskultur. Es ging dort weniger derb zu als in den Wirtshäusern und Schenken, und das gepflegtere Ambiente eignete sich vorzüglich für Debatten über die neuesten Nachrichten und politischen Ereignisse. Mitte des 17. Jahrhunderts wurde das erste Londoner Coffee House gegründet, erst rund drei Jahrzehnte später das erste Pariser Café. Die Besonderheit englischer Kaffeehäuser war, dass es den Gästen gestattet war, wie in einer Art von informellem Volksparlament lautstark über Politik zu debattieren und ihre Meinungen kundzutun. Dort konnten Leute jeglicher Couleur ungezwungen miteinander verkehren, genossen Redefreiheit und lasen die Blätter einer immer freieren Presse. Der *Bristol Mercury* sollte bereits 1712 über die Popularität dieser Kaffeehäuser klagen:

> *Seit sich die Presse um das Jahr 1695 wieder an die Arbeit machen konnte, hat sie diese Krätze, diese wahnsinnige Gier nach Neuigkeiten, diesen epidemischen Staupevirus ausgelöst, der sich so fatal auf so viele Familien auswirkt, weil die übelsten Krämer und Handwerker ganze Tage in den Kaffeehäusern verbringen, um die neuesten Nachrichten zu erfahren und zu politisieren, derweil ihre Ehefrauen und Kinder zu Hause auf Brot warten. Und das tun sie so lange, bis ihre Geschäfte den Bach runtergehen und sie schließlich in den Kerker geworfen werden müssen oder sich gezwungen sehen, Zuflucht bei der Armee zu suchen.*[6]

Ausländische Besucher in London staunten nicht schlecht über diese neue Leidenschaft. Der Schweizer Reiseschriftsteller César de Saussure notierte in den Zwanzigerjahren des 18. Jahrhunderts, dass die Kaffeehäuser in London überfüllte, verräucherte Orte voller Nachrichtenleser und Politisierer seien. Aber ebendieses fiebrige Interesse am Neuesten vom Tage machte es möglich, dass sich die Zeitung ihren Platz im Herzen des urbanen Lesers eroberte und der Standort, wo Wynkyn de Worde einst seine erste Druckpresse aufgestellt hatte, die Fleet Street, bis zur sukzessiven Abwanderung der Medien seit Ende des 20. Jahrhunderts das geografische Herz der britischen Presse blieb.

Um 1670 fanden Wörter wie »Zeitung« oder »Journal« erstmals Eingang in die Lexika. Das erste »Magazin« erschien 1731, abgeleitet vom arabischen Wort *makhazin*, weil es einen ebenso bunt zusammengewürfelten Inhalt bot wie das arabische militärische »Lagerhaus«. Doch erst die zunehmende Verbreitung einer Alphabetisierung und Grundbildung im Land machte so etwas wie eine moderne Zeitung möglich. In England begann eine regelmäßige gedruckte Tagesberichterstattung im frühen 18. Jahrhundert, Mitte des 19. Jahrhunderts folgten die Vereinigten Staaten mit ihren ersten Massenmedien. Ein Zugriff auf die neuesten Nachrichten bringt natürlich nicht notwendigerweise auch die Möglichkeit mit sich, diese selbst mitzugestalten, doch ohne einen angemessenen Zugang zu Informationen ist es unmöglich, sich auf irgendeine sinnvolle Weise mit politischen Themen zu befassen. Informiertheit bedeutet Auseinandersetzung, und Auseinandersetzung bedeutet Engagement. Darin lag eine enorme Möglichkeit – für die Leser wie für die Zeitungen selbst.

Bis zum Ende des 16. Jahrhunderts hatten sich die Vereinigten Niederlande (die Republik der Sieben Vereinigten Provinzen) zum geistigen Umschlagplatz Europas und in dieser Hinsicht zum Konkurrenten von Venedig gemausert. 1620 lag Antwerpen im Zentrum zweier internationaler Postsysteme, die Sendungen in englische, französische, spanische, portugiesische, deutsche und italienische Städte transportierten. Der protestantische Aufstand, der 1568 in den siebzehn unter spanischer Herrschaft stehenden niederländischen Provinzen gegen die Verfolgungsmaßnahmen des Katholiken Philipp II. ausgebrochen war, hatte zur Folge gehabt, dass viele Protestanten aus den südlichen in die nördlichen Landesteile abwanderten, darunter auch viele Buchdrucker und Buchhändler, was natürlich neue Möglichkeiten für Druckerzeugnisse geschaffen hatte.

Ausgehend von seiner Basis in Antwerpen – der Stadt, die die Buchproduktion im 16. Jahrhundert beherrschte – und dank der günstigen wirtschaftlichen Bedingungen in den Vereinigten Provinzen (niedrige Zinsraten, eine hohe Verfügbarkeit von Kapital plus ein exzellentes Handelstransportsystem), konnte das niederländische Verlagswesen blühen und gedeihen. Hinzu kam, dass die dezentralisierte politische Landschaft in diesen Provinzen für eine weit weniger restriktive Publikationskultur sorgte als irgendwo sonst in Europa und auch bereits einen ungewöhnlich guten Urheberschutz bot. Öffentliche Debatten und Publikationen gingen dort Hand in Hand. Auch viele in ihren Heimatländern umstrittene Autoren fanden ihre Verleger auf diesem liberalen niederländischen Markt, während die dortigen Buchdrucker ihrerseits von der wichtigsten technischen Innovation profitierten, die seit einem Jahrtausend in der Papierherstellung stattgefunden hatte: dem 1680 in den Niederlanden erfundenen sogenannten »Holländer«, einer Walze mit quer stehenden Messern, die die Fasern um ein Vielfaches feiner und schneller als ein Holzhammer zerquetschen und zermahlen konnte – in nur einer Stunde konnte damit die Menge an Pulpe produziert werden, für die eine Hammermühle ein bis zwei Tage brauchte, was die Produktivität natürlich noch einmal enorm steigerte.

Bis Mitte des 18. Jahrhunderts wurden jeweils eigene *Couranten* (Zeitungen) in Amsterdam, Den Haag, Leiden, Utrecht und Groningen herausgegeben. Für die zahlreichen Hugenotten, die im 17. Jahrhundert aus Frankreich in die Vereinigten Provinzen geströmt waren, wurden sogar eigens französischsprachige Zeitungen gedruckt.[7] Die allgemeine Schulpflicht sollte zwar erst im 19. Jahrhundert zu einem politischen Ziel auf breiter Front werden, doch schon im 18. Jahrhundert waren westeuropäische Gesellschaften zu einer eher lesenden als zuhörenden Öffentlichkeit geworden – ein reziproker Prozess, da die Printmedien ihn nicht nur beförderten, sondern ihrerseits auf ihn reagierten. Und nirgendwo war dieser Wandel so deutlich wie in den Niederlanden, wo bis Ende des 17. Jahrhunderts die niedrigste Bildungsrate von ganz Europa geherrscht hatte. Eine Studie aus den Sechzigerjahren des 20. Jahrhunderts erforschte, wie viele Männer und Frauen aus Amsterdam in den Jahren 1630, 1680 und 1780 in der Lage gewesen waren, bei ihrer Eheschließung mit dem Namen zu unterzeichnen. Unter den Männern war der Anteil im Laufe dieser Periode von 57 auf 70 und dann 85 Prozent gestiegen, bei den Frauen von 32 auf 44 und dann 64 Prozent.[8]

Die Vereinigten Provinzen wurden schließlich zum Zentrum des europäischen Druck- und Verlagswesens – dank ihrer technischen Möglichkeiten, der vorhandenen Geldmittel und Netzwerke, dem dort herrschenden Bildungsniveau und einer politischen Aufgeschlossenheit, die selbst die Massenproduktion von »riskanten« Texten zuließ. Es waren die Freigeistigkeit der Niederländer und ihre Druckpressen, die der Französischen Revolution dann eine so entscheidende Startplattform bieten sollten. Zwar genossen auch niederländische Leser keine Presse, die völlig frei von jeglicher staatlicher Kontrolle war, aber sie lebten in einem geteilten Heimatland, dessen Regionen von unterschiedlichen Gruppen kontrolliert wurden. Und diese Aufsplittung der Macht ermöglichte es Autoren und Druckern, sich in einer Stadt der Regionen niederzulassen, in der sie ihre jeweiligen Texte gefahrlos drucken konnten. So wurde das vom französischen Calvinismus beflügelte Amsterdam zum Beispiel zum Druckzentrum neuester protestantischer Schriften (im 16. Jahrhundert hatten niederländische Protestanten eine Menge Argumente aus den französisch-calvinistischen Schriften übernommen), wohingegen die Antwerpener Presse laufend das politische Geschehen in Frankreich verfolgte. Doch die protestantischen Texte aus Frankreich hatten ihren Zenit bereits um 1560 erreicht, zwanzig Jahre später wurden dort praktisch nur noch katholische Glaubenstexte verfasst.

Der calvinistische französische Philosoph Pierre Bayle, der 1670 nach Genf geflohen war, 1675 dann eine Professur an der hugenottischen Akademie Sedan in der französischen Provinz Lothringen angenommen hatte und 1681, nach deren Zwangsschließung, in die Niederlande entkommen war, ließ sich schließlich in Rotterdam nieder, wo er bis zu seinem Tod blieb. Dort konnte er nicht nur eine Reihe von Werken veröffentlichen, sondern von 1684 bis 1687 auch die Literaturzeitschrift *Nouvelles de la République des Lettres* herausgeben, deren wichtigster Beiträger er selbst war. 1686–1688 erschien dort, ebenfalls in französischer Sprache, sein mehrbändiger *Commentaire philosophique sur ces paroles de Jésus-Christ »Contrains-les d'entrer«* (»Philosophischer Kommentar zu den Worten Christi ›Nötige sie hereinzukommen‹«), in dem er gegen die Legitimierung des religiösen Zwangs argumentierte und für religiöse Toleranz eintrat. Genf und Rotterdam hatten Bayle nicht nur die Freiheit vor Verfolgung, sondern auch die Möglichkeit geboten, seine Ansichten gedruckt darzulegen – samt der Aussicht, sie auf diese Weise still und leise auch in seiner französischen Heimat verbreiten zu können.

Noch aufschlussreicher aber ist der Fall des vatikanischen »Index der verbotenen Bücher« *(Index librorum prohibitorum)*, in dem die römische Inquisition alle Bücher auflistete, deren Druck oder Lektüre eine Exkommunikation und die Verfolgung nach sich zogen. (Die Regierungen der katholischen Staaten reagierten unterschiedlich darauf, einige erstellten separate Listen, die jedoch häufig dieselben Werke aufführten.) Eine Handvoll wohlhabender Leser konnte sich solche Bücher vielleicht diskret unter der Hand beschaffen, aber die Drucker dieser Werke wurden vor Gericht gestellt. Und das sorgte dafür, dass die Titel letztlich tatsächlich nicht in allzu viele Hände gerieten. In den Vereinigten Provinzen spielte der katholische Index natürlich keine Rolle, ein niederländischer Drucker verwendete ihn sogar zur Planung seines Programms, überzeugt, dass sich diese Schriften besonders gut verkaufen lassen würden, eben weil sie den Katholiken verboten waren.[9]

Die nördlichen Niederlande boten also unzufriedenen europäischen Denkern den nötigen Freiraum, um sich mit Druckerschwärze Gehör zu verschaffen – und das auf dem ganzen Kontinent. Und diese Freiheit war natürlich von besonderer Bedeutung für den Gedankenaustausch über Politik und Gesellschaft in Frankreich (und den ihnen zugrunde liegenden Ideen). Vor allem das offene, religiös tolerante und prinzipiell dem Freihandel zugetane Amsterdam, das Juden aus Spanien ebenso willkommen hieß wie Hugenotten aus Frankreich, Glaubensflüchtlinge aus den katholischen Provinzen im Süden des Landes oder Händler aus Flandern, wurde schnell zu einer Oase für Waren und einem Zufluchtsort für Ideen. Und das zog zwangsläufig einen Strom an Büchern und Pamphleten nach sich.

Ein Wegbereiter, der Amsterdam zur Publikation eigener Werke nutzte, war der französische Historiker Abraham-Nicolas Amelot de la Houssaye (1634–1706), der eine Zeit lang Botschaftssekretär in der französischen Gesandtschaft in Venedig gewesen war. Als humanistischer Publizist sorgte er für die Veröffentlichung von mehreren bedeutenden historischen und rhetorischen Werken anderer Zeitgenossen. Er pfiff auf alle Konventionen, nicht nur, indem er die Texte von Geheimverträgen und Gesandtschaftsschreiben veröffentlichte, sondern auch, indem er selbst politische Texte verfasste, in denen er die Mechanismen des französischen Staates aufdeckte. Dass er seine Bücher auch noch mit Anmerkungen versah, war ein ungemein gewagtes politisches Statement, denn solche Methoden der Textkritik waren ja zugleich eine Form von politischer Kritik. Er selbst rief zwar nie zu einer Revolution auf, doch allein die Tatsache, *dass* er die Funktionsweisen des Staates enthüllte und kommentierte, warf die französische Politik ihren Kritikern zum Fraß vor.

De la Houssaye erlebte bis zu seinem Tod im Jahr 1706 mindestens neunundfünfzig Auflagen seiner französischsprachigen Bücher, fast noch einmal so viele erschienen im Laufe des 18. Jahrhunderts. Aber seine vielleicht entscheidendste Publikation war die französische Übersetzung von Machiavellis *Der Fürst*, die er mit eigenen Anmerkungen versah und in Amsterdam drucken ließ, wo sie mindestens fünf Mal zu seinen Lebzeiten und mehr als fünfzehn weitere Male im Laufe des 19. Jahrhunderts nachgedruckt wurde. Niccolò Machiavelli beschrieb in seinem 1513 verfassten, aber erst 1532, fünf Jahre nach seinem Tod, veröffentlichten Traktat, wie sich der Staat dank der richtigen Herrschaft vor dem Zerfall retten lasse, wobei seine grundlegende Botschaft lautete, dass der Zweck die Mittel heilige. Heute geht zwar so mancher Kritiker davon aus, dass das Ganze als eine Satire und nicht als eine Rezeptur fürs richtige Regieren gedacht war, doch nicht nur damals wurde es für bare Münze genommen, auch viele Jahre später noch, ob von Napoleon oder Stalin – Napoleon machte sich Notizen dazu, und Stalin schrieb Kommentare in sein eigenes Exemplar.[10] De la Houssaye, der Machiavelli verteidigte, hatte beschlossen, Geschichte kritisch zu betrachten (und kritisch über sie zu schreiben), und darin war der Samen für politische Reformen und einen Wandel bereits gelegt.[11]

Werke wie diese wurden nach Frankreich eingeschmuggelt, um eine *République des Lettres* im Untergrund und eine von jeder staatlichen Zensur befreite politische und kulturelle Debatte zu befördern. Und damit hatten die Reformer bekanntlich Erfolg – die einer Bewegung angehörten, welche sich um ein Gewaltiges größer erweisen sollte, als sie es sich selbst je hätten vorstellen können, mit Auswirkungen nicht nur auf Frankreich, sondern auf die ganze Welt. Man muss die freiheitliche Demokratie gar nicht als der Geschichte letzten Schluss betrachten, um zu erkennen, welche symbolische Kraft die Französische Revolution noch auf unser heutiges Zeitalter ausübt. Und zu der Zeit, als ihr der Weg geebnet wurde, war die Presse nicht nur beteiligt gewesen, sondern selbst zum Fokus vieler revolutionärer Hoffnungen auf eine neue und freiere Gesellschaft geworden. Es war von ungemeiner Bedeutung, dass das Jahr 1789 der aufmerksam beobachtenden Welt auch das Ideal einer Papierkultur vorbuchstabierte – nämlich (trotz der Entwicklung, die die französische Republik in ihren ersten Jahrzehnten nehmen sollte) das der freien Presse.

Die Presse im Frankreich des 17. Jahrhunderts gehörte praktisch dem gleichen, strengen Regeln unterliegenden Klub an wie die Buchdrucker und Buchhändler. Im Jahr 1686 hatte Ludwig XIV.

bestimmt, dass die Zahl der Drucker in Paris, das mittlerweile zum Zentrum des französischen Verlagswesens geworden war, sechsunddreißig nicht überschreiten dürfe. Diese Beschränkung war sogar im Paris des 18. Jahrhunderts noch gültig, das heißt, ein Neuzugang zur Gruppe der Sechsunddreißig war nur möglich, wenn eines ihrer Mitglieder gestorben war. Mit Ausnahme von deren Witwen durften keine Frauen im Druck- und Verlagswesen arbeiten. Drucker hingen zudem von einem weitreichenden Netzwerk aus Zensoren, Polizeispitzeln und anderen Personen ab, die überwachten, was veröffentlicht wurde. Schriftsteller waren innerhalb dieser Struktur schlicht Privatpersonen, die der Legitimierung durch einen absolutistischen Staat bedurften.

Der Buchhandel wurde von drei verschiedenen Zensurbehörden überwacht, unter denen die entscheidende das *Bureau contentieux de la librairie* des Oberzensors war, weil es am Ende des Prüfungsverfahrens der beiden anderen Behörden das Imprimatur erteilte oder ablehnte. Wurde das Druckprivileg erteilt, erhielt das Manuskript mit dem *Pivilège du Roi* das königliche Siegel und damit auch eine frühe Form von Urheberschutz. 1777 wurde das Gesetz geändert und Autoren das Recht zugestanden, ihre Werke selbst zu veröffentlichen und zu verkaufen. Bis dahin war im Wesentlichen nach der Überzeugung verfahren worden, dass alles Wissen von Gott ausgehe und durch den von Gott eingesetzten König vermittelt werde. Ergo wurden auch nur traditionelle, mit dem königlichen Staat übereinstimmende Gedanken über Politik und Religion veröffentlicht, derweil das königliche Imprimatur sicherstellte, dass dieser Konservatismus auf keine legitime Weise herausgefordert werden konnte.

In diesem Jahrhundert hatte sich jedoch eine neue Möglichkeit geboten, Bücher für Frankreich zu produzieren. Eben weil die staatlichen Publikationsbedingungen so beschwerlich waren, begannen sich Drucker und Verleger in den Grenzregionen zu Frankreich anzusiedeln, viele in der Schweiz oder in den Vereinigten Provinzen. Auf diese Weise konnten unerlaubte Bücher leicht eingeschmuggelt werden, höchstens dass hie und da noch ein Zollbeamter bestochen werden musste (zu einem besonders wichtigen Zwischenstopp auf dem Schmuggelpfad, über den protestantische niederländische Verlage aufklärerische Schriften in den französischen Markt einschleusten, wurde Rouen). Und dieser Untergrundbuchhandel, der den Autor als die einzig legitime Quelle eines Werks betrachtete, wollte nun die Ideen solcher Aufklärer wie Voltaire, Jean-Jacques Rousseau, Denis Diderot und Honoré de Mirabeau verbreiten. So kam es, dass Voltaires siebzigbändige *Œuvres complètes* im deutschen Kehl herausgegeben wurden und die dreiunddreißigbändige *Collection complete des Œuvres* von Rousseau in Genf. (Sein Werk *Du contrat social ou principes du droit politique* wurde 1762 in Amsterdam von Marc Michel Rey verlegt, der als Sohn französischer Hugenotten in Genf geboren worden war und nie fließend Holländisch lernte – ein gutes Beispiel für den Grenzverkehr von Büchern und Verlegern.) Die achtundzwanzig Bände der bahnbrechenden, von Diderot mit herausgegebenen *Encyclopédie ou Dictionnaire raisonné des sciences, des arts et des métiers* erschienen mit vielen Unterbrechungen und Problemen zwischen 1751 und 1772, teils mit königlichem Imprimatur in Frankreich, teils ohne (die heimlich in Paris gedruckten Bände erschienen 1765 mit dem fingierten Druckort Neuchâtel). Bald gab es unveränderte Nachdrucke in Lucca und Livorno, und schließlich kam die 35 Bände umfassende Oktavausgabe in Lausanne heraus (1780–1782). Bis dahin waren insgesamt bereits 25 000 Exemplare verkauft worden, die Hälfte davon in Frankreich. Von den Pamphleten Mirabeaus waren einige in Avignon, andere in niederländischen Städten und dort vor allem in Amsterdam erschienen, wieder andere wurden in Lyon oder vor den Toren von Paris und im Quartier du Palais-Royal gedruckt, wo man sich relativ sicher vor den Nachstellungen der Behörden fühlte. Kurzum, das aufklärerische Element hatte sich in der Pariser Gesellschaft verbreitet und zählte nicht nur Verleger, Drucker und Buchhändler innerhalb wie außerhalb

Frankreichs zu den Seinen, sondern auch ein ganzes Netzwerk an Schmugglern.

So mancher Buchdrucker und Verleger bewegte sich auf beiden Seiten des Gesetzes und musste sich vielleicht sogar anhören, wie seine verbotenen Titel von der Kanzel herab verteufelt wurden, oder womöglich zusehen, wie sie verbrannt wurden. Doch Predigten konnten den stetigen Strom an neuen Drucken nicht aufhalten. Immer mehr radikalpolitische, aber auch erotische Literatur schaffte es über die Grenzen, was eine gewisse Verwirrung hinsichtlich der literarischen Genres nach sich zog: Niemand schien mehr in der Lage, den Buchmarkt zu verstehen beziehungsweise Bücher zu klassifizieren. Beispielsweise führten französische Buchhändler für gewöhnlich eine Abteilung für »philosophische Werke«, doch dort fanden sich nun nicht mehr nur Werke von Autoren wie Voltaire, sondern auch erotische Bücher, nur weil sie Titel trugen wie zum Beispiel »Über die Philosophie im Schlafzimmer«. Oft schien es, als sei Freiheit gleichbedeutend mit einem sexuellen Freibrief. Sogar die großen französischen Aufklärer verfassten erotische Werke. Honoré de Mirabeau zum Beispiel schrieb nicht nur gewagte politische Traktate, sondern auch Pornografie.[12]

Solche Literatur drängte Frankreich natürlich nicht unmittelbar zur Revolution. Ihre Autoren hatten ganz einfach auf die Bedürfnisse einer Leserschaft reagiert, die neugierig war und mehr über Politik, Sex und das Zeitgeschehen lesen wollte. Aber ebendiese neue Möglichkeit, bis dahin zensierte Themen lesen und debattieren zu können, signalisierte den kommenden Umbruch. Literatur begann die öffentliche Meinung von dem Moment an zu beeinflussen, in dem die gesamte lesende Öffentlichkeit die gleichen Bücher und philosophischen Traktate zu lesen begann. Die Literatur hatte sich mit einem freieren Markt zusammengeschlossen. Und als Kritik an der Monarchie im 18. Jahrhundert immer verwegener und immer deutlicher geübt und gedruckt wurde, hatte der König schließlich jede Legitimität bei seinen lesenden

Untertanen verloren. Die schlichte Tatsache, dass der lesenden Öffentlichkeit Literatur und Zeitgeschichte nun über das Druckmedium und nicht mehr durch den König und seine Handlanger vermittelt wurden, hatte diese Öffentlichkeit verwandelt. Allein das barg bereits das Potenzial für mehr Sozialkritik und sozialkritische Stoffe.

Letzthin war der König gar nicht grundsätzlich gegen eine gewisse Öffnung des Verlagsgewerbes gewesen, und der Mann, den er nun mit der Regulierung des französischen Buchhandels beauftragte, der Jurist Guillaume-Chrétien de Lamoignon de Malesherbes, war nicht nur vernünftig, sondern vertrat auch erstaunlich liberale persönliche Ansichten. Er war es gewesen, der ursprünglich als Oberzensor Diderots *Encyclopédie* das königliche Privileg erteilt hatte; und nun verwehrte er sich gegen alle weiteren machtpolitischen Zentralisierungsversuche. 1788 rief der König alle »gebildeten Personen« zur öffentlichen Meinungsäußerung über die vom Bürgertum geforderte Einberufung der (zahnlosen) Generalstände auf. Am 5. Dezember 1788 forderte das Pariser Parlament »die rechtmäßige Implementation der Pressefreiheit«. Doch es waren die Ereignisse des Jahres 1789, die nicht zuletzt auch für Autoren, Drucker und Verleger das größte Gewicht hatten.

Anfang 1789 sahen sich die für den Buchhandel zuständigen Ämter einem Problem ausgesetzt. Nachdem der König die Generalstände einberufen hatte, um über die Finanzkrise zu debattieren, kam dort auch der Buchhandel zur Sprache. Die Mehrheit beharrte auf der traditionellen Rolle des Amtes, das heißt, es sollte weiterhin zensurieren und entscheiden dürfen, wem das Recht auf Veröffentlichung gewährt würde – zum Beispiel von Texten über die Generalstände. Dabei wurde Paris längst von illegalen Drucken und Raubkopien überschwemmt, während Inspektoren aus dem ganzen Land berichteten, dass ungeachtet aller offiziellen Verlautbarungen solche Massen an ungenehmigten Publikationen erschienen, dass sie schlicht keine Kontrolle mehr darüber hätten. Die Zentralverwaltung mühte sich um Klarstellung, was nun eigentlich erlaubt und was verboten war – sie wartete händeringend auf die Empfehlung der Generalstände und die Reaktion des Königs (der sich weigerte, Richtlinien vorzugeben, solange die Generalstände ihm nicht Bericht erstattet hatten). Das Ergebnis war, dass die Zensur in vielen Städten des Landes de facto ausgesetzt wurde. In Paris hatten drei große Zeitungen sogar die Genehmigung erhalten, »besonnen« über die Generalstände zu berichten.

Ein paar Monate ohne eine klare monarchistische Publikationspolitik mögen sich nicht nach einer Katastrophe anhören, tatsächlich aber hatte die Krone aus Sicht der Öffentlichkeit damit ihr Recht verwirkt, politische Ereignisse zu interpretieren. Und als die für den Buchhandel zuständigen Ämter zu wackeln begannen, sprangen nicht wenige regionale Inspektoren ab oder schrieben einfach keine Berichte mehr und gestanden sich ihre Niederlage ein. Die zentralistische Oberhoheit über den französischen Buchmarkt brach zusammen, die Macht ging vom Monarchen auf den Markt über.

Nachdem infolge des Ballhausschwurs ein Ständeausschuss gebildet wurde, der eine Verfassung entwerfen sollte, gründete sich am 9. Juli 1789 die Verfassunggebende Nationalversammlung der »Konstituante« (*Assemblée nationale constituante*): Sie schaffte den Feudalismus samt einer Menge Privilegien des Königs, des Adels und des Klerus ab und sollte sich 1791 schließlich zur Gesetzgebenden Nationalversammlung konstituieren. Doch bereits die Verfassunggebende Versammlung hatte im August 1789 die Menschen- und Bürgerrechte verkündet und beschlossen, diese in die Verfassung aufzunehmen. Der Artikel 11 lautet:

> *Die freie Äußerung von Gedanken und Meinungen ist eines der kostbarsten Menschenrechte: Jeder Bürger kann also frei reden, schreiben und drucken, vorbehaltlich seiner Verantwortlichkeit für den Missbrauch dieser Freiheit in den durch das Gesetz bestimmten Fällen.*

Diese beiden Sätze waren der einschneidendste Wendepunkt in der Geschichte des Papiers: Nun war es zum Verfechter der Redefreiheit, Publikationsfreiheit und einer freien Presse geworden. Welche Auswirkungen das auf die französische Medienlandschaft hatte, wurde augenblicklich spürbar.

Noch im Jahr der Verkündigung begann die Masse an Druckerzeugnissen zu explodieren. Da es nun vorbei war mit dem königlichen Imprimatur, waren Druckschriften jeglicher Art in die Freiheit entlassen worden. Und diese neue Macht verstand man schnell zu nutzen. Im Dezember klagten königliche Beamte, dass plötzlich jedermann eine Druckwerkstatt aufmachen wolle, selbst auf dem Land. Doch das Aktivitätszentrum war und blieb Paris. Allerdings hatten die Revolutionäre gehofft, dass die freie Presse nun das in die Wege leiten würde, was Frankreich ihrer Meinung nach am dringendsten brauchte – eine ganze Republik von aufgeklärten Lesern, für die die Werke eines Voltaire oder Diderot täglich Brot wären.

Stattdessen wurde Paris, das Herz des absolutistischen Frankreichs, mit Drucken ganz anderer Art überschwemmt. Kaum war die Pressefreiheit proklamiert worden, traten einst verbotene Aufklärungsschriften vom Dunkel ins Licht, gemeinsam mit den Buchdruckern, die nun allerorten aus ihren Kellern oder Gefängniszellen auftauchten. Und nicht nur sie wurden mit einem Mal sichtbar. In den Jahren 1789 und 1790 begann man auch die Druckpressen, die Frankreich bis dahin aus grenznahen Orten mit revolutionären Texten versorgt hatten, aus allen Richtungen auf Karren nach Paris zu transportieren. Der Schriftsteller Pierre-Augustin Caron de Beaumarchais, der in Kehl eigens eine Druckerei für Voltaires Gesamtwerk aufgebaut hatte, kündigte 1790 ebenfalls an, diese Werkstatt nach Paris zu verlegen. Von nun an konnten sogar Nachdrucke der *Encyclopédie* aus den Pressen der Hauptstadt laufen, und schon 1789 war auf der Titelseite einer Zeitung angekündigt worden, dass der neue Publikationsort von Rousseaus bislang in Genf gedrucktem *Œuvre* künftig Paris sein werde. Die Druckpressen der französischen Aufklärung waren aus dem Schatten des Exils in die französische Hauptstadt gekarrt worden, die nun zum unhinterfragten Zentrum des Druckens und Verlegens aufklärerischer Gedanken wurde.

Die dramatischste Transformation fand jedoch unmittelbar nach der Revolution statt: Während es 1788 nur 226 legale Buchdrucker, Verlage und Buchhändler in Paris gegeben hatte, schoss deren Zahl im ersten Jahrzehnt nach 1789 auf 1224 in die Höhe. In der frühnapoleonischen Ära sollte sie sich wieder etwas verringern, doch ungefähr die Hälfte der Druckereien, die bis 1811 in Paris überlebt hatten, waren zwischen 1789 und 1793 gegründet worden. 1788 waren nur vier Journale in Paris herausgegeben worden, 1789 war ihre Zahl auf 184 angestiegen, bis 1790 auf 335.[13] Paris war bereits die Welthauptstadt des Geistes gewesen, ab 1789 begann auch ihre Druckkultur diesem Titel gerecht zu werden.

Wiewohl Paris seine intellektuelle Vormachtstellung wahrte, konnte die Expansion der Druckindustrie, die nach 1789 eingesetzt hatte, ihre Schwungkraft nicht beibehalten. Seit die Restriktionen aufgehoben waren, mussten Verleger einen dramatischen Verfall der Buchpreise und eine regelrechte Schwemme von Pamphleten und Ephemera hinnehmen. Die Revolutionierung des Druckereigewerbes hatte nicht dazu geführt, dass die etablierten Pariser Drucker Aufklärungswerke am Fließband für ein neues Volk aus Philosophen und Lesern produzierten, sondern vielmehr neue Druckereien nach oben katapultiert, die politische Kleindrucksachen von kurzfristigem Wert fabrizierten. Laut Katalogen aus dieser Zeit gab es in Paris 1789 über 47 Drucker, 1790 über 200, 1799 über 233.[14] Nicht das Buch hatte 1789 den Sieg davongetragen, sondern das Pamphlet und das Journal – nicht die hohe Bildung, sondern der demokratische Zugang zur Information.

Viele französische Buchdrucker gingen bankrott in diesem so destruktiven wie kreativen Chaos, das im letzten Jahrzehnt des 18. Jahrhunderts und im frühen 19. Jahrhundert herrschte, und den Autoren war auch unter den neuen Bedingungen noch kein

Abb. 16: *Viele Beobachter erlebten die Folgen der 1789 verkündeten Pressefreiheit als ein heilloses Chaos und das Gros der Druckerzeugnisse, die nun auf den Markt kamen, schlicht als billig. Das befreite Volk Frankreichs verschrieb sich nicht, wie so mancher gehofft hatte, Voltaire und Rousseau und Montesquieu. Wie dieser 1797 veröffentlichte Stich zeigt, reagierten viele Bürger entsetzt auf das Tohuwabohu, das die von jeglicher Zensur befreiten Drucke auslösten. Doch im Hintergrund der Menge erkennt man, wie unberührt davon das Gewerbe seiner Arbeit nachging: Man wählte Typen aus (rechts), trug Farbe auf die Druckplatten auf (Mitte), pellte Seiten von der Druckpresse (links) und hängte sie zum Trocknen auf (links außen). [© Bibliothèque Nationale de France]*

Urheberrecht garantiert. Ursprünglich hatten die Behörden mit gewissen Schutzmechanismen für den Markt und seine Autoren reagiert, sich dann aber wieder auf die Kontrolle ihrer Produkte verlegt. Doch anstatt dies (wie vor 1789) mithilfe von Gesetzen und Günstlingsentscheidungen zu tun, setzten sie nun auf eine strenge Zensur und Überwachung. Aus Furcht, kritische Romane und andere Populärliteratur könnten allzu beliebt werden, begann der Staat, Gelder für Publikationen zur Verfügung zu stellen, die seinem eigenen Geschmack entsprachen. Alles andere überließ er den Marktkräften, mit dem Erfolg, dass der Buchmarkt im frühen 19. Jahrhundert schrumpfte und die produzierten Titel immer konservativer wurden. Die Logik des revolutionären Artikels zur Pressefreiheit hatte einen republikanischen Buchhandel nahegelegt, doch im napoleonischen Frankreich arbeitete er wieder nach altbekannten Mustern, während nun ein Urheberrecht geschaffen wurde, das bis zwanzig Jahre nach dem Tod des Autors *oder* dessen Ehepartners gültig war. Damit wurde das Buch zwar eindeutig wertvoller für seinen Autor, aber gleichzeitig war nun garantiert, dass es nicht einfach in den Besitz des Volkes übergehen konnte, so, als sei der Autor nichts weiter als ein öffentlicher Bediensteter. Aus dem Blickwinkel der Öffentlichkeit war damit eine bemerkenswerte Chance vertan worden.

Und doch herrschte noch immer eine Stimmung, in der sich der Staat gezwungen sah, sein Handeln zu rechtfertigen beziehungsweise selbst für die Idee der Pressefreiheit einzutreten, die er in seiner Menschenrechtserklärung festgeschrieben hatte. Und das sollte auch für das Papier von großer Bedeutung sein – von noch weit größerer als die neuen Techniken des Industriezeitalters, die seine Produktion in einem viel höheren Tempo und zu immer geringeren Kosten ermöglichten: Am Ende des 18. Jahrhunderts wurde in Deutschland die Lithografie erfunden, die erstmals auch den Druck von Kurrentschriften ermöglichte; die von Nicholas-Louis Robert in Frankreich entwickelte und dort 1799 patentierte Langsieb-Papiermaschine, welche Blätter beliebiger Dicke und Länge herstellen konnte, entwickelten 1801 die Londoner Papiergroßhändler Henry und Sealy Fourdrinier weiter. Sie wurde zur (bleibenden) Basis aller Papiermaschinen weltweit; dank der dampfbetriebenen Zylinderschnellpresse, die der Deutsche Johann Friedrich Gottlob Koenig 1812 in London erfand, musste auch die Druckpresse nicht mehr von Hand betrieben werden. 1814 lief die erste Londoner *Times* von einer dieser Maschinen und läutete damit ein neues Zeitalter für die Presse ein. Der Preis für Papier sank stetig – in den Niederlanden im späten 19. Jahrhundert zum Beispiel um die Hälfte –, dann sukzessive weiter, bis es schließlich wirklich spottbillig geworden war. Heute zählt Papier bekanntlich zu den preiswertesten käuflichen Alltagsprodukten.

Im Zuge seiner Universalisierung und Verbreitung in allen Gesellschaftsschichten und unter Individuen jeglicher Couleur war Papier eine Partnerschaft mit der Technik eingegangen. Und bis heute bezeugt das Streben nach einer weltweit garantierten Schulbildung – ein Feldzug, der bis vor Kurzem noch ausschließlich »auf Papier« stattgefunden hat –, welche Wertschätzung dem gedruckten Wort entgegengebracht wird und wie stark das Gefühl ist, dass der Mensch, der keinen Zugang zu ihm erhält, ungerechtfertigt benachteiligt wird. Die Allgegenwart von Papier im modernen Leben braucht gewiss nicht eigens betont zu werden. Bis zum Anbruch des digitalen Zeitalters hatte es keinen Konkurrenten gehabt. Und doch wurde mit der vom Papier geschaffenen Möglichkeit, Information weithin zugänglich und gleichzeitig so erschwinglich zu machen, dass sich fast jeder Bücher für die eigenen Regale anschaffen kann, nicht das erreicht, was das Jahr 1789 versprochen zu haben schien.

In der Bezeichnung »Presse« für die Printmedien spiegelt sich nicht nur das ursprüngliche Druckverfahren, sondern im übertragenen Sinn auch, dass Zeitungen und Zeitschriften billige, schnell produzierte, schnell vertriebene und problemlos tragbare Gegenstände sind. Somit verkörpern sie all das, was Papier bedeutend macht. Das Problem ist nur, dass sie auf globaler Ebene noch immer nicht die Schlacht gewonnen haben, die ihnen 1789 vorbuchstabiert worden war. Natürlich haben sich in den anschließenden Jahrzehnten Legionen mit dem Papier verbündet, ob es dabei um Ideen, Akten, private Briefe, Romane oder Eintrittskarten ging. Doch dann begannen die europäischen Bündnispartner des Papiers in Hunderte verschiedene Richtungen auszuschwärmen, und alle folgten dabei dem Ideal ihres Rechts auf Rede- und Pressefreiheit. In Frankreich war es bereits im Vorfeld von 1789 zu einigen gesetzlichen Änderungen gekommen, in England war das erste Copyright-Gesetz sogar schon 1710 verabschiedet worden (eines der ersten Gesetze, die die Rechte des Autors anerkannten), doch in den meisten europäischen Staaten sollte das System der Zensur und Vorzugsbehandlung von bestimmten Gruppen erst gegen Ende des 18. Jahrhunderts abgebaut werden. Und natürlich war es auch die Französische Revolution gewesen, die all jene liberalen Ideen auf dem Kontinent verbreitete (ungeachtet dessen, was sich in Frankreich selbst abspielen sollte), welche die Pressefreiheit förderten, den Urheberschutz verbesserten, dem Autor mehr Ausdrucksfreiheit und den Verlagen bessere Publikationsrechte einräumten.

Die Erklärung der Menschen- und Bürgerrechte mit ihrem Artikel 11 zur Pressefreiheit, die am 26. August 1789 verabschiedet worden war, wurde schnell in ganz Europa übersetzt und zum Fetisch aller, die sich um eine rechtsverbindliche Rede- und Pressefreiheit bemühten oder ihr Recht darauf verteidigten (so wie Thomas Paine in England, der mit seinem Werk *The Rights of Man/Die Rechte des Menschen* 1791 die Französische Revolution verteidigte).

In Amerika ging der Revolution und dem Freiheitsgedanken hingegen eine ganz andere Stimmung voraus, sogar in Bezug auf das gedruckte Wort selbst. (Der ersten Papiermühle des Kontinents, die 1575 in Mexiko errichtet worden war, folgte die zweite in Philadelphia erst 1690.) Denn bereits vor der Ratifizierung der amerikanischen Verfassung im Jahr 1788 und somit der Festschreibung einer Rede- und Pressefreiheit hatte in den Vereinigten Staaten mithilfe des gedruckten Wortes eine ausführliche landesweite Debatte über die Frage stattgefunden, was in dieser Verfassung enthalten sein müsse – schon in der Tatsache, *dass* sie geführt wurde, war der Wunsch zum Ausdruck gekommen, das neue Amerika auf wohldurchdachte, logische Argumente zu gründen und privilegierte Einflussnahmen so weit wie möglich zu verhindern. Und dieser Wunsch wurde nirgends deutlicher formuliert als in den fünfundachtzig Artikeln, die die künftigen Gründerväter (die bereits im ganzen Land bekannten Alexander Hamilton, James Madison und John Jay) verfassten und 1787/88 in verschiedenen New Yorker Zeitungen erscheinen ließen, um auch die Bürger dieses Staates von der Notwendigkeit zu überzeugen, die US-Verfassung zu ratifizieren (parallel erschienen die Texte als Sammelband unter dem Titel *The Federalist*). In seinem einführenden Artikel »An das Volk des Staates New York« schrieb Hamilton:

> *Man hat verschiedentlich darauf hingewiesen, daß es offenbar dem Volk dieses Landes vorbehalten ist, durch sein Verhalten und Beispiel über die wichtige Frage zu entscheiden, ob menschliche Gemeinschaften tatsächlich fähig sind, durch Nachdenken und freie Entscheidung ein gutes Regierungssystem einzurichten, oder ob sie auf ewig, was ihre jeweilige politische Verfassung betrifft, von Zufall und Gewalt abhängig bleiben.*[15]

Dass die Autoren ihr Werk nicht namentlich gezeichnet, sondern unter dem Pseudonym »Publius« (zu Ehren des römischen Konsuls) veröffentlicht hatten, war nichts Ungewöhnliches gewesen. Man zog sich bei dieser Verfassungsdebatte gerne in die Anonymität zurück, um zu verdeutlichen, dass dieses Gespräch nicht allein den großen Männern zustand, die sich öffentlich dazu äußerten, sondern dem ganzen Volk. Die Logik dahinter war eindeutig: Eine Vorzugsbehandlung gebührte bei der Debatte über die Zukunft Amerikas allein der Vernunft. Und genau das war durch diese öffentlichen Diskussionen bereits vor der Abstimmung zum Ausdruck gebracht worden.

Wie in England hatte auch in Amerika erst das Druckwesen dazu beigetragen, dass die Existenz einer öffentlichen Meinung wahrgenommen wurde. Doch im Gegensatz zu England mit seinem etablierten politischen Zentrum London mangelte es Amerika an einem eindeutigen Umschlagplatz für politische Ideen, an einem Ort, auf den sich die Politik konzentrierte. Und ebendiese Tatsache verlieh der amerikanischen Presse noch mehr Macht als der englischen.[16] Als man beschlossen hatte, den Verfassungstext vorab zu veröffentlichen und eine nationale Debatte in Gang zu setzen, hatte man angesichts der aktiven amerikanischen Presse bereits damit rechnen können, dass er binnen sechs Wochen in allen Zeitungen des großen Landes erschienen sein würde. Und während es genau so kam, berichtete diese Presse auch ausführlich, wie Menschen allen Alters im ganzen Land über den Text diskutierten. In der *Massachusetts Gazette* zum Beispiel wurde ein Leserbrief aus Salem County abgedruckt:

*Es wird hier, ob öffentlich oder privat, über nichts anderes geredet als die neue Verfassung. Alle lesen sie, und fast alle billigen sie. Sie bedarf ja auch wirklich nur des aufmerksamen und vorurteilsfreien Lesens, um sie gutzuheißen.*[17]

Nach solchen öffentlichen Meinungsäußerungen war bereits zu erwarten gewesen, dass eine Verfassung, in der ein Recht auf Redefreiheit festgeschrieben werden sollte, auf dem Konvent von 1787 angenommen würde, denn genau dieses Recht hatte die Öffentlichkeit bei der Debatte ja bereits für sich in Anspruch genommen. Im Verfassungstext ebenfalls enthalten war dann auch das exklusive Copyright von Autoren auf ihre Schriften. Der Erste Zusatzartikel in der 1791 verabschiedeten *Bill of Rights* lautete:

> *Der Kongreß darf kein Gesetz erlassen, das die Einführung einer Staatsreligion zum Gegenstand hat, die freie Religionsausübung verbietet, die Rede- oder Pressefreiheit oder das Recht des Volkes einschränkt, sich friedlich zu versammeln und die Regierung durch Petition um Abstellung von Mißständen zu ersuchen.*

Beide Erklärungen zur Pressefreiheit, die nur zwei Jahre auseinanderliegende französische und die amerikanische, haben sich die Gültigkeit in den eigenen Ländern bewahrt und andere Staaten zur Nachahmung angeregt – mit unterschiedlicher Ernsthaftigkeit und unterschiedlichem Erfolg. Die Ratifizierungen der beiden Verfassungen stehen aber auch für entscheidende Momente in der Geschichte des Beschreibstoffes, auf dem sie veröffentlicht wurden, denn es waren die in beiden zum Ausdruck gebrachten Ideale, welche jene Zukunft eröffneten, in der die Presse nicht länger als das Werkzeug von Regierungen verstanden werden konnte und letzthin sogar mehr Freiheiten genießen sollte als der Staat selbst. Von nun an diente die Presse nicht nur dazu, den Staat und seine Regierungsführer infrage zu stellen und wenn nötig an ihren Stühlen zu sägen, sie konnte diese Rolle auch legal erfüllen, und man erwartete von ihr, *dass* sie sie erfüllen werde. Und die Printmedien entdeckten im Kielwasser beider Verfassungen, *wie* viel Macht sie nun tatsächlich besaßen – so viel sogar, dass sich europäische Regierungen bis heute gezwungen sehen, aktiv um die Unterstützung der Medien zu werben. Sie können positive Berichte über sich nicht einfach erwarten, geschweige denn einfordern.

Doch in so manchen Staaten der Erde, sogar auf dem europäischen Kontinent, ist der Rollenwandel der Medien noch immer nicht abgeschlossen. Und es ist alles andere als gesichert, ob er es jemals sein wird. Ungeachtet dessen, wie weit in der Vergangenheit uns 1789 heute zu liegen scheint, ist Artikel 11 der Menschen- und Bürgerrechtserklärung nur allzu oft noch immer bloß ein Hoffnungsschimmer und keineswegs zu einer allgemeinen Realität geworden. Bis die Pressefreiheit endlich den absoluten Sieg für sich reklamieren können wird, werden wir also im Schatten eines Ideals ausharren, das seinen historisch bedeutendsten Ausdruck in der französischen Verfassung und dem Ersten Zusatzartikel der amerikanischen Verfassung fand.

Nach der Verabschiedung beider Verfassungen hatten sich die Printmedien neue Beschützer unter neuen Besitzverhältnissen gesucht; und die Debatten, die sie nun transportierten, waren dem Willen des Staates nicht mehr untergeordnet, sondern übergeordnet. In einigen Fällen ging der Wechsel von Besitzverhältnissen sehr rasch vonstatten. Welchen Zwecken er diente, wird besonders gut am Beispiel von Frankreich deutlich, wo die Verfassunggebende Nationalversammlung 1789 allen Kirchenbesitz zum Staatseigentum erklärt und anschließend viele kirchliche Bibliotheksbestände zum Auffüllen der Regale in den neuen öffentlichen Bibliotheken genutzt hatte. Somit war der Besitz von Wissen von der Kirche auf die lesende Öffentlichkeit übergegangen.

Diese Öffentlichkeit könnte nun die Endstation auf der langen Reise des Papiers sein. Jedenfalls würde das die Logik der progressiven Moderne nahelegen. Im 19. Jahrhundert wurde Papier zu derart vielen unterschiedlichen Zwecken genutzt und waren die Ideen, die es transportierte, derart zahlreich, dass sich dieser Beschreibstoff aller Gesellschaften aller Länder auf dem europäischen Kontinent schlicht nicht mehr zum Spielball der Mächte eignete. Papier war zu dem Stoff geworden, auf dem das Volk seine Meinung kundtat.

Viele dieser Gesellschaften waren nun freier als jemals zuvor. Natürlich sind Bücher und Zeitungen auch totalitären Staaten von bemerkenswertem Nutzen, da sie sich ja auch bestens zur

Umerziehung, Verführung und Täuschung ganzer Völker eignen. Doch selbst Gedankendiktaturen wissen um die Notwendigkeit einer allgemeinen Bildung und des öffentlichen Zugangs zu Texten, denn sie wollen, dass sich ihre Ideen verbreiten. Und allein das bedarf der Entscheidung, dem gewöhnlichen Bürger eine aktivere Rolle im politischen Leben zuzugestehen, als er sie zu fast jeder anderen Zeit in der Geschichte hatte einnehmen können – was seinerseits wieder tendenziell Möglichkeiten für diejenigen schafft, die den Glaubensbekenntnissen ihres Staates nicht trauen. Man wird es schwer haben, ein Land zu finden, in dem die politische Elite nicht zumindest um eine starke Beeinflussung der Presse bemüht ist, dennoch kann heute kein Staat mehr die Medien komplett unter seine Kontrolle bringen. Man kann sich nicht von außen in Untergrundzeitschriften oder Samisdat-Literatur einhacken, und diese werden für gewöhnlich immer irgendwann ihren Weg in die Hände der Unzufriedenen, Entrechteten und Entmachteten finden.

Die Freiheit, nach Belieben Papier beschreiben und darauf Kritik üben zu können, hat ein neues Europa erschaffen. Papier blieb auch weiterhin der Beschreibstoff des modernen Kontinents, der nun bereits nach dem Ebenbild der Verfassungserklärungen und Texte geschaffen wurde, die das Papier selbst auf seiner Oberfläche übermittelt hatte. Genau diese beiden Faktoren – dass das Ideal der Redefreiheit auf Papier erklärt und festgeschrieben wurde und dass die Pressefreiheit noch immer nicht ihren globalen Sieg errungen hat – sind es, die den Jahren 1789 und 1791 eine derart symbolträchtige Macht in der Geschichte des Papiers verleihen.

Bislang ist das Ende dieser Geschichte noch nicht abzusehen. Im Zuge der verwirklichten Ideale von 1789/91 nahm Papier die Identität an, die es bis heute beibehalten hat und die weit weniger mit seinen Vorfahren als mit deren Erben, den lesenden Massen, verknüpft ist. Papier steht heutzutage in solchen Mengen zur Verfügung, ist so erschwinglich und so gut verwertbar, dass sich kaum noch ein absolutes Monopol auf die Texte reklamieren lässt, die auf seiner Oberfläche erscheinen. Angesichts des stetigen menschlichen Zwillingsstrebens nach eigener Freiheit und der Kontrolle der Freiheit anderer ist es schon eine außerordentliche Sache, dass sich Papier, wie sich dankenswerterweise erwiesen hat, von niemandem vollständig kontrollieren lässt.

# Epilog:
## Schwindende Spuren

Abb. 17. *Die letzte Phase bei der Papierherstellung: die Trockenpressung. Das Foto wurde zwischen 1904 und 1914 von dem italienischen Missionar Leone Nani in Zentralchina aufgenommen.*

Im Jahr 1840 unterzeichneten William Hobson, *Lieutenant Governour* der englischen Krone, und die Vereinigten Maori-Stämme von Neuseeland in der Bay of Islands auf der Nordinsel den Vertrag von Waitangi, mit dem alle Souveränität auf die Krone übertragen wurde. Papier hatte nun auch in den *Antipodes* Einzug gehalten, wie sie von den Engländern bezeichnet wurden (umgangssprachlich hätte man vom *back of beyond* oder »Arsch der Welt« gesprochen). So ganz aus der Luft gegriffen war diese Bezeichnung natürlich nicht: Die neuseeländischen Inseln zählten zu den letzten Landmassen auf Erden, die von Menschen besiedelt wurden. Und was auf die Menschen zutraf, galt auch fürs Papier.

Der Vertrag von Waitangi ist ein Unikum in der britischen Kolonialgeschichte. Anstatt den drei Inseln Aotearoa, Te Waipounamu und Rakiura einfach die Herrschaft der Krone aufzuzwingen, wurde ein zweisprachiges Dokument verhandelt, das beide Seiten unterzeichnen sollten. Die ersten auf Papier geschriebenen Wörter hatten die Maori zu Gesicht bekommen, als Europäer auf ihren Inseln eintrafen. Nach nur zwanzig Jahren, ungefähr zwischen 1820 und 1840, hatte sich die Inselbevölkerung von einer Kultur der mündlichen Überlieferung in eine handschriftlich gebildete und schließlich auch eine mit dem gedruckten Wort vertraute verwandelt.[1] Im Jahr 1836 druckte der anglikanische Missionar William Colenso aus Cornwall die Unabhängigkeitserklärung Neuseelands, 1838 folgte die erste Ausgabe des Neuen Testaments und zwei Jahre später der Vertrag von Waitangi, beides in maorischer Sprache. Mit diesem Vertrag war der Beschreibstoff Papier endgültig auf den Inseln heimisch geworden – und trotz dessen vieler Mängel kam in ihm das zu dieser Zeit doch bemerkenswerte Bemühen zum Ausdruck, eine dauerhafte politische Vereinbarung zu treffen, auf die sich beide Seiten ohne Blutvergießen hatten einigen können. Er wurde in allen wichtigen Siedlungen auf den Inseln verlesen und von mehr als fünfhundert Maori-Führern unterzeichnet.

Die Mängel dieses Vertrags waren den typischen modernistischen Prämissen des frühen Bestrebens um eine allgemeine Schulbildung zu verdanken. Erstens war die Maori-Übersetzung von höchst zweifelhafter Qualität und ausgesprochen amateurhaft, sogar dort, wo es um ganz entscheidende Punkte ging. Bestenfalls hatte man versucht, eins zu eins zu übersetzen beziehungsweise ein jeweils äquivalentes maorisches Wort zu finden, ohne dabei jedoch zu berücksichtigen, dass es eine ganz andere Bedeutung haben konnte als das englische, geschweige denn, dass die Maori ein völlig anderes Verständnis von Regierung und Herrschaft hatten. Die Folge war, dass im englischen Text die Übertragung aller Souveränität auf die Krone proklamiert wurde, wohingegen in der maorischen Übersetzung die Hoheitsgewalt bei den einheimischen Polynesiern geblieben war. Heute hält Neuseeland sein voreuropäisches Erbe wesentlich höher in Ehren als seine postimperialistische Gleichstellung, während die armselige Übersetzung des Vertrages von Waitangi nach wie vor zu einem Stolperstein werden kann, wenn es um die Lösung von Problemen zwischen Maori und *Pakeha* geht (Nicht-Maori, womit damals Europäer gemeint waren).

Dieses Abkommen wirft jedoch noch eine zweite, weit schwieriger zu beantwortende Frage auf: Wieso konnte einem Vertrag auf Papier mehr Gewicht beigemessen werden als einem mündlich getroffenen, wenn die Stämme Neuseelands bis zur Ankunft der Europäer rein orale Kulturen gewesen waren? Die Pakeha mochten ja vielleicht mit papierenen Dokumenten hantieren, aber sie waren doch Fremde auf den Inseln, die von polynesischen Stämmen besiedelt worden waren. Wieso also konnte die Zukunft dieser Inseln mithilfe eines Imports aus Europa beschlossen werden? Empfanden die Insulaner diese vom Körper gelöste, lautlose Form der Rede tatsächlich als etwas Gewichtigeres denn das gesprochene Wort?

Eigentlich müsste die Ankunft des Papiers auf diesen polynesischen Inseln als dessen endgültiger Sieg gewertet werden. Das Wissen um die Papierherstellung hatte sich von China nach Südostasien, Zentralasien und in die Länder des Islam verbreitet. Der Islam hatte für die Adaption der Papierkultur auf dem indischen Subkontinent gesorgt – wo eine Art Papier allerdings schon Jahrhunderte zuvor verwendet worden war – und das Know-how schließlich auch an das Abendland weitergegeben. Die Spanier (und andere Europäer nach ihnen) brachten es dann auf den amerikanischen Kontinent. Der Islam, das Christentum und der internationale Handel waren jedoch nur einige der Einflüsse, die dafür sorgten, dass die Herstellung von Papier auch entlang der Küstenlinien des afrikanischen Kontinents zu etwas Alltäglichem wurde. Nur aus dieser geografischen Sicht betrachtet, zählen die Inseln im Südwestpazifik zu den letzten Stationen auf der Weltreise des Papiers.

Und doch scheint uns der Vertrag von Waitangi heute eher die Kehrseite als den letzten Triumph dieses Beschreibstoffes darzustellen. Denn der Vertrag ging ja von der Prämisse aus, dass eine gebildete schriftliche Kommunikation nicht nur die maßgeblichere sei, sondern auch von allen Beteiligten als solche gewertet werden müsse. Die Geschichte Neuseelands widerspricht dem jedoch. Oder besser: Beide Geschichten Neuseelands, die mündliche und die schriftliche, legen nahe, dass die Wahrheit hier nicht so klar auf der Hand liegt. Der Unterschied zwischen den beiden Geschichten wird deutlich, wenn man sich fragt, wieso die Bibel in der Maori-Kultur so schnell populär werden konnte. Nun, die biblischen Texte sind selbst schriftlich fixierte Versionen von mündlichen Überlieferungen in hebräischer Sprache, und die Maori waren von diesen Geschichten gefesselt, eben weil ihnen deren Strukturen viel vertrauter gewesen waren als die der Texte ihrer gebildeten europäischen Zeitgenossen. Genau daraus ergeben sich auch die beiden verschiedenen Möglichkeiten, die Geschichte Neuseelands zu erzählen. Im Stamm der Rongowhakaata zum Beispiel waren es die Frauen, die die *oriori* komponierten, die Schlaflieder, durch die den Kindern die Geschichte ihrer Familien und Stämme beigebracht wurde. Und das war nicht nur eine völlig andere Lehrmethode als die modernistische (und von Männern dominierte) Art der Geschichtsvermittlung, es kamen dabei auch völlig andere Erzählstrukturen zum Tragen. Papier hat nicht nur seine Besonderheiten, sondern auch seine Beschränktheiten.

In der jüngsten Geschichte wurde das Primat des Wortes auf Papier erstmals unmittelbar bedroht. In Bedrängnis kam es bereits mit der Erfindung des Radios, das es ermöglichte, zu Hause auf dem Sofa Stimmen in weiter Ferne zu lauschen. Im Gegensatz zum gedruckten Buch bot der Rundfunk jedoch keine Wahl, wann man sich das Programm anhören konnte, das einen gerade interessierte. Bilder (Fotografien und vor allem bewegte Bilder) hätten das gedruckte Wort hingegen leicht obsolet machen können, hätte sich nicht zumindest die Fotografie (deren Abbildung zunehmend vom Papier abgekoppelt wurde) als eine weniger effektive Kommunikationsform erwiesen als das gedruckte Wort. Fotografien, Filme und Videos haben jeweils einen großen Nachteil. Susan Sontag schilderte ihn 1977 in ihrem Essay *On Photography* (*Über Fotografie*, 1978): Eine Fotografie kommt nicht umhin, das abgebildete Subjekt oder Motiv zu ästhetisieren und ihm somit einen gewissen Wert zuzuschreiben, ob dieser nun real vorhanden ist oder nicht. Ein Text kann auch die Wertlosigkeit eines Subjekts oder Objekts zum Ausdruck bringen, eine Fotografie wird immer gegen eine unwirkliche Verschönerung ankämpfen müssen. Verschönerung ist die grandiose Fähigkeit der Kamera und zugleich der Grund, weshalb ihr Blick so begrenzt ist. Dennoch, was die Fotografie geleistet hat, indem sie es ermöglichte, das Abbild zum Betrachter reisen zu lassen, anstatt den Betrachter zu zwingen, zum abgebildeten Subjekt oder Objekt zu reisen, ist letzthin vergleichbar mit dem, was der Druck des Buches mit papiernen Seiten für den Leser erreicht hat, der es sich leisten kann (was zumindest für sehr viel mehr Leser gilt als jemals zuvor), es sich ins eigene Regal zu stellen.

Der Leser des gedruckten Wortes genießt noch einen anderen Vorteil vor dem Betrachter eines Films: Er kann das Tempo, in dem er liest, selbst bestimmen, wohingegen der Zuschauer an das Tempo gebunden ist, das der Film diktiert. Der Leser hat die Freiheit, eine Passage konzentriert noch einmal zu lesen oder sie zu überfliegen, je nachdem, und jederzeit eine Pause einzulegen, um über etwas nachzudenken und es für gut oder schlecht zu befinden. Dem Betrachter, vor allem dem Kinobesucher, aber auch jedem anderen, der sich einen Film nicht allein für sich ansieht, steht nur die Option zur Verfügung, zuzusehen, in Tagträume zu verfallen, einzuschlafen oder wegzugehen. Filme kommunizieren Inhalte sehr viel bestimmender als Bücher. Das macht sie natürlich besser geeignet für die Realitätsflucht oder oft auch zum bevorzugten Mittel der Entspannung, was zugleich heißt, dass Bücher ein stärkeres Engagement und mehr innere Beteiligung fordern. Bücher sind interaktiver und geben dem Leser mehr Kontrolle über die Zeit und den Ort des Leseerlebnisses. Filme können etwas zu ihren eigenen Bedingungen darstellen und visuelle »Fakten« erschaffen, die sich nicht so leicht ausblenden lassen. Bücher, deren Inhalte eines abstrakten Mittlers bedürfen – des gedruckten Wortes –, müssen sich mehr anstrengen, um zu überzeugen.

Das mit Wörtern bedruckte Papier hat auch profane, aber dennoch nicht unbedeutende Erscheinungsformen angenommen, zum Beispiel als Flyer, Ticket oder Poster, oder es dient zu diversen Unterhaltungszwecken, wenngleich erst relativ spät in seiner Geschichte. Einige dieser Erscheinungsformen waren phänomenal erfolgreich. Man denke nur an Comics. Die im Ausland meistverkauften französischen Autoren heißen nicht Descartes oder Voltaire oder Balzac, sondern Goscinny und Uderzo. Es sind die Schöpfer von Asterix. (*Asterix*-Comics haben sich weltweit mehr als dreihundertzwanzig Millionen Mal verkauft.) Inzwischen gewinnt sogar der Bilderroman wachsenden Respekt unter Kritikern und erfreut sich immer größerer Beliebtheit bei der allgemeinen Leserschaft.

Die vielfältigen Nutzungsmöglichkeiten von Papier sind seiner eigenen Fähigkeit ebenbürtig, uns zu überraschen und sogar völlig unbeabsichtigte Reaktionen oder Folgen hervorzurufen. Nur wenige Autoren bieten dafür ein so lebendiges Beispiel wie Martin Luther, der sich aufmachte, das christliche Abendland zu reformieren, indem er ihm die Bibel als die einzig autoritative Quelle vorhielt – und damit nicht nur die Spaltung des Kontinents erreichte, sondern auch zum Aufstieg einer europäischen Moderne beitrug, die er ihres humanistischen Glaubens an sich selbst und ihrer Missachtung Gottes wegen zutiefst verabscheut hätte. Der soziale Einfluss von Papier war so vielfältiger Art, dass es sich als bemerkenswert schwierig erwies, etwas ganz Bestimmtes damit zu erreichen. Und keiner seiner frühen Verwender hätte sich vorstellen können, zu *welcher* Produktivität es anregen würde. Heute teilt sich Papier diese Unberechenbarkeit und Wandlungsfähigkeit mit seinem digitalen Konkurrenten – nur dass der Leser digitaler Texte noch über den enormen Vorteil verfügt, alles, was ihn elektronisch oder online erreicht (inklusive des Formats), personalisieren zu können.

Eine der größten Überraschungen ist, dass Papier so lange im Großformat von Zeitungen überlebt hat. Allerdings scheinen nun auch deren Tage gezählt zu sein. Einem Londoner früherer Tage fiel schlicht nicht auf, wie seltsam der Anblick von Menschen war, die an Bushaltestellen, auf Bahnsteigen und selbst beim Gehen auf den Bürgersteigen mit ausgebreiteten Armen in einem Papier lasen, das fast die Größe einer Windschutzscheibe hatte. Mehrere Schlagzeilen pro Seite und ein Minimum an Einzelseiten können nicht allein als Erklärung für die Produktion dieser kulturellen Kuriosität herhalten. Heute hat eine physische Zeitung selbst in dem verkleinerten »Berliner Format« der Boulevardzeitungen zu kämpfen, um noch mit ihren digitalen Alternativen konkurrieren zu können. Keine gedruckte Zeitung kann Nachrichten so überzeugend und zumal im Liverhythmus veröffentlichen, wie ihre Onlinevariante es mit der Kombination aus Wort, Ton und bewegten Bildern vermag. Der tagtägliche Packen an Tageszeitungen auf dem Tisch enthält nach wie vor exzellente Produkte, aber sie sind eben nicht entscheidend besser als das Produkt auf dem Bildschirm, das auch noch die Möglichkeit bietet, all die vielen Links anzuklicken, die das Lesen interaktiv und schnelle Recherchen möglich machen. Am Ende wird sogar der englische Begriff *newspaper* zu einem Anachronismus geworden sein.

Von Rechts wegen müssten der Kindle, das iPad oder jedes andere Lesegerät das physische Buch bereits verdrängt haben. Sie sind praktischer, können jeweils Tausende von Büchern speichern, und ihre Besitzer können binnen Sekunden zu jeder Tages- und Nachtzeit ein neues Buch herunterladen. Man braucht nicht mehr nach Buchläden zu suchen und ist nicht mehr gezwungen, dort ewig nach etwas zu stöbern, nur weil jeder Laden seine Bücher anders sortiert. Lesegeräte machen Bücher billiger, weil nur noch das Wort selbst an den Leser gesendet wird. Sie haben das Potenzial, die Rolle des Autors zu stärken, da sich physische Bücher für ihn nur in Abhängigkeit von einem Netzwerk aus Agenten, Verlegern, Lektoren, Korrektoren, Grafikern, Illustratoren, Druckern, Buchbindern, Vertrieben und Buchläden produzieren lassen. Doch eben deshalb ist das gedruckte Buch ein ausgesprochen soziales Produkt und weit davon entfernt, das ungetrübte Diktat des Autors an seine Leser zu sein. Eine stärkere Verlagerung auf das E-Book würde die Arbeit zumindest einiger der oben angeführten Mittelsleute überspringen und könnte diesen sozialen Aspekt ziemlich drastisch verändern.

Im Moment fühlt sich das gedruckte Buch noch maßgeblicher an, nicht zuletzt, weil durch diese Produktionskette vom Schriftsteller über den Verleger, Drucker, Buchbinder bis hin zum Händler irgendwie auch sein Wert bestätigt zu werden scheint. Doch selbst das beginnt sich zu verändern. Es hat von jeher seine Zeit gedauert, bis ein neuer Beschreibstoff oder eine neuartige Oberfläche von Lesern anerkannt wurden. Und Bücher sind nun einmal schöner als Lesegeräte – nicht umsonst haben Verleger in jüngster Zeit klug in die Gestaltung ihrer gedruckten Titel investiert. Doch es ist nicht seine Schönheit, die das Buch überleben lassen wird. Das sichtbarste Merkmal der typischen Wahrzeichen, die von der Allgegenwart und Macht des Buches künden – unsere

Buchläden und Bibliotheken –, ist bereits heute deren Schwinden. Auch die Sehnsucht nach dem gemütlichen alten Buchladen wird es nicht sein, die das Buch rettet.

Das Buch ist nicht mehr der effektivste Speicher unseres Wissensschatzes, es sei denn, man möchte es vielleicht auf eine Seereise oder Bergtour mitnehmen. Aber das Buch wird überleben, weil es in sich abgeschlossen und nicht mehr veränderbar ist. Eine Definition für Zivilisation ist der Wunsch nach Beständigkeit. Und ein gedrucktes Buch ist mit Sicherheit beständig, vor allem, da es nicht mehr manipulierbar ist. Bei elektronischen Speichermöglichkeiten können wir uns dessen nicht so gewiss sein. Außerdem fehlt einem Lesegerät genau das, was wir so schätzen, wenn wir ein Buch oder einen Bildband zur Hand nehmen: das Haptische und das Atmosphärische. Auf einem Speichermedium wird zwar die Textsuche erleichtert, und man kann beliebig von einem Text zum anderen springen (und sich dabei potenziell von irgendwelchen unerwünschten Augen auf der anderen Seite der Welt beobachten lassen), doch die Abwesenheit des Haptischen und Atmosphärischen beraubt das Leseerlebnis enorm wichtiger Elemente.

Das gedruckte Buch gestattet es uns nicht nur, die enthaltenen Geschichten, Gedichte, Ideen oder Argumente kennenzulernen, sondern diese sogar in Besitz zu nehmen. Es ist das Buch per se, das sie verkörpert und sich jederzeit für uns bereithält, damit wir in ihm blättern oder den Einfall von Licht auf die Pflanzenfasern genießen, aus denen sein Papier gewirkt wurde, oder um es zu verleihen, ihm einen besonderen Platz in unseren Regalen zu gewähren oder es in eine verstaubte hintere Ecke zu verbannen.

Und ich spreche hier nicht von irgendeinem Buch oder irgendeiner Pergament- oder Bambusrolle, die ja ebenfalls eine Art von Büchern waren, sondern von dem Kodex, der sich im 3. und 4. Jahrhundert n.d.Z. als ein christliches Phänomen in einer Region entwickelt hat, die mit Papier noch nicht vertraut gewesen war. Der Kodex konnte vielfältigen Inhalts und so polyglott sein wie das Christentum selbst, daher öffnete er die Augen nicht nur für die Traditionen Griechenlands und Roms, sondern auch für die vieler anderer Kulturen. Sein Schwerpunkt lag auf der Dokumentation (weshalb er sich für Quellenstudien und Querverweise eignete), was ihm eine eigenständige geistige Autorität verlieh und ihn im Laufe der Zeit auch vom Patronat der Obrigkeiten befreite. Seine Ursprünge sind zwar nicht Teil der Geschichte des Papiers, doch als das Wissen um dessen Herstellung Vorderasien und den Mittleren Osten erreichte, fand auch der Kodex einen vorzüglichen Partner in diesem Beschreibstoff. Und schließlich war ein Kodex immer von einem gewissen Umfang und nie nur ein Schriftstück, weshalb er auch immer eine kleine persönliche Bibliothek per se darstellte.[2]

Die Bibelkodizes, die während der Reformation durch Europa zirkulierten, trugen dazu bei, den Eliten das Vorrecht auf die Wahrheit und deren Definition zu entreißen. Dieser Verlagerungseffekt zählt untrennbar zur Geschichte des Papiers – ob zu Zeiten der Renaissance, Reformation, der naturwissenschaftlichen Revolution, Aufklärung, Französischen Revolution oder all der Kämpfe, die um das allgemeine Wahlrecht und eine allgemeine Schulbildung geführt wurden. Jede dieser Bewegungen hatte in ihrem Bestreben, aufoktroyiertes Wissen durch eigene Erkenntnisse zu ersetzen, strukturelle Ungleichheit in Gleichheit zu verwandeln und eine institutionalisierte Autorität in die Schranken zu weisen oder zu stürzen – oder alles drei zugleich –, auf das Papier vertraut.

Das Buch ist vielleicht der grandioseste physische Ausdruck dieser Geschichte. Ein Bildschirm mag dem Buch das Wasser reichen, wo es um Information als solche geht. Doch ein Bildschirm wird niemals diese Endgültigkeit vermitteln, die das gedruckte Buch so einzigartig macht. Ein Buch mag nicht immer der Überbringer einer Wahrheit sein, dafür überbringt es sich selbst, im Sinne eines dauerhaften persönlichen Besitzes, und ermuntert seinen Leser, es aus eigenem Antrieb kritisch zu beurteilen und selbst zu entscheiden, ob er es über das erste Lesen hinaus behalten möchte.

Papier übermittelt vielleicht nicht immer genau das, was sein Nutzer sich erhofft oder sein Beschreiber im Sinn gehabt hatte (wie Martin Luther erfahren musste), aber es hat einen beispiellosen Wandel in die Wege geleitet. Die Bedeutung eines Papiers kann sich verändern, je nach dem kulturellen Verständnis, das den Wörtern, mit denen es beschrieben wurde, entgegengebracht wird (wie im Fall des Vertrags von Waitangi). Aber es kann auch dazu verwendet werden, Dinge infrage zu stellen oder zu berichtigen (wie schließlich ebenso im Fall des Vertrags von Waitangi). Papier kann sogar dazu verwendet werden, Papier infrage zu stellen. Papier als der Beschreibstoff für Texte könnte im digitalen Zeitalter einer sehr realen Bedrohung ausgesetzt sein, aber als ein Kulturprodukt besitzt es eine spezifische Kraft, die sich nicht replizieren lässt. Und die hat auch etwas mit seiner Haptik und seiner Rezeption durch den Leser zu tun, der in dem Buch voller bedruckter Seiten blättern und sich beides, Buch wie Text, physisch aneignen kann.

In diesem Sinne war es von jeher die wichtigste Rolle von Papier, dem individuellen Leser in der Gestalt von Büchern zu dienen, die er in Besitz nehmen kann. Was vor mehr als zweitausend Jahren in China begonnen hatte, beschäftigt die Menschen bis zum heutigen Tage, sei es in Form von Nachrichten, Geschichten, Gedichten oder Korrespondenzen. Papier kann nicht versprechen, einen qualitativ hochwertigen Text zu überbringen, ebenso wenig, wie es garantieren kann, dass es unzensiert beschrieben wurde oder keinerlei Propaganda übermittelt. Und schon gar nicht kann es versprechen, die Wahrheit zu überbringen. Aber das Beste, wozu Papier in der Lage ist, hat es getan: Es hat Milliarden von Lesern die Macht in die Hände gelegt, sich selbstständig auf die Suche nach Wissen und Wahrheit zu begeben.

# *Dank*

Ich bin dem C. Bertelsmann Verlag und seinem Verlagsleiter Johannes Jacob wirklich sehr dankbar, dass dieses Buch unter Vertrag genommen und so gut betreut wurde, denn es freut mich ungemein, dass es nun auch in Deutschland erscheint. Yvonne Badal war eine außerordentlich engagierte Übersetzerin mit einem scharfen Auge für Ungereimtheiten und Details, was in Kombination mit ihrem breit gefächerten Wissen von unschätzbarem Wert für mich war. Ich danke ihr sehr für die Verbesserung dieses Buches. Ein großer Dank gilt auch meinem passionierten Agenten Patrick Walsh und allen bei Conville & Walsh.

In besonderer Schuld stehe ich bei der Royal Society of Literature und der Jerwood Foundation, deren großzügige Förderung – etwas ungemein Entscheidendes für ein Erstlingswerk dieses Genres – meine Forschungen über die Korangeschichte und das Leben von Martin Luther finanzierte, und ich danke den Preisrichtern Robert Macfarlane, Claire Armitstead und Tristram Hunt, dass sie sich für mein Buch entschieden haben.

Für ihre nachhaltige und unschätzbare Einflussnahme durch ihre Persönlichkeiten wie durch ihre ansteckende Begeisterungsfähigkeit und Großzügigkeit danke ich Pamela Clayton, dem verstorbenen Barry Cole, Tom Sutherland und vor allem Barnaby Rogerson. Dank auch an Leyla Moghadam für ihre entscheidende Hilfestellung, als die Idee zu diesem Buch Gestalt anzunehmen begann, und Dank an eine Reihe von »China-Gurus«, von denen ich im Laufe der Jahre profitieren konnte, darunter Rob Gifford, Yang Xin, David Bray und die wandelnde Enzyklopädie Jonathan Fenby.

Ganz besonders danke ich meinen Eltern, die mich während dieses Projekts so hingebungsvoll unterstützt haben.

Mehrere Akademiker, Bibliothekare und Privatgelehrte haben mir großzügig ihre Zeit geschenkt und mich ihr Wissen anzapfen lassen: Desmond Durkin-Meisterernst von der Freien Universität Berlin zum Thema Manichäismus; Michael Marx und die wissenschaftlichen Mitarbeiter des Projekts *Corpus Coranicum* zum Thema Koran; Graham Hutt von der British Library zum Thema China; David Morgan zur Geschichte der Mongolen; Gary Williams und Kirsten Birkett zum Thema Reformation; Elizabeth Eisenstein zur Geschichte des Buchdrucks; Robin Cormack zur Geschichte von Byzanz; Lilla Russell-Smith von den Staatlichen Museen Berlin zum Thema Manichäismus; Kelsey Mallett und Nancy Berliner vom Museum of Fine Arts in Boston; und der bemerkenswerte Tsuen Hsuin-Tsien zur Schrift- und Textgeschichte von China. Nicht unerwähnt bleiben dürfen hier auch die Autoren, auf deren Arbeiten ich mich besonders stützte: Tsuen Hsuin-Tsien, Michael Suarez und Henry Woodhuysen (die den exzellenten *Companion* herausgaben), T. H. Barrett, Jonathan Bloom, Mark Edwards und Robert Darnton. Dank auch an Jeff Edwards, der für die trefflichen Karten sorgte.

Ein großer Dank geht an die renommierten Wissenschaftler Edward Shaughnessy, Emran el-Badawi und Andrew Pettegree, die sich bereit erklärten, einzelne Abschnitte des Buches zu lesen, und deren umsichtige, sachverständige Kommentare von enormer Bedeutung für mich waren. Auch vielen Freunden, die auf diese oder jene Weise an meinem Projekt beteiligt waren, habe ich zu danken. Für ihre Bereitschaft, Korrektur zu lesen: Julien Barnes-Dacey, Nick Watson, Barry Cole und Barnaby Rogerson; für ihre großzügigen Angebote, mir an den Kreuzpunkten meiner Forschungsreisen Nachtquartiere aufzuschlagen: Greg und Audrey Tugendhat, Jamie und Susie Child, Rob und Nancy Gifford, George und Fiona Greenwood, Ali Kille und Rebecca Pasquali, Jes Nielsen und Alex McKinnon; und für ihre großartige und langmütige Gesellschaft auf verschiedenen Forschungsreisen: Chris Perceval, Julien Barnes-Dacey, Phil Kay und Max Harmel. Damit ist als erwiesen anzusehen, dass ich einer Menge Hilfe bedurfte. Die engagierteste, freimütigste und aufopferndste Unterstützung bot mir meine wundervolle Frau Hannah. Ich danke dir so sehr.

# Anmerkungen

## 1. Auf der Spur des Papiers

1 Anm. d. Übers.: *Die Wunder der Welt. Die Reise nach China an den Hof des Kublai Khan: IL MILIONE*, Kap. XCVI, Übersetzung aus altfranzösischen und lateinischen Quellen von Else Guignard, Zürich, 1983, S. 120f., 139.
2 ibd., Kap XCVII, S. 140f.
3 Wann genau Marco Polo in Beijing eintraf, ist eine heftig umstrittene Frage; die jüngste Forschung hält die Jahre 1274/1275 für die wahrscheinlichsten.
4 Bei Tolstoi lässt sich diese Zahl vorerst nur schätzen, denn die Herausgabe der Gesamtedition seines russischsprachigen Werkes (bereits neunzig Bände) ist derzeit noch in Arbeit. Siehe http://russland-heute.de/lifestyle/2013/10/28/der_ganze_tolstoi_auf_einen_klick_26559.html.
5 Vor dieser Zeit war Papier trotz seiner bereits jahrhundertelangen Verwendung in der Diplomatie Indiens keine große Bedrohung für die Blätter der Talipot-Palme gewesen, die dort traditionell verwendet wurden.

## 2. Alpha und Omega

1 Anm. d. Übers.: Fredson Bowers (Hg.), Vladimir Nabokov, »The Art of Literature and Commonsense«, in: *Lectures on Literature*, eingeführt von John Updike, New York, S. 371–380.
2 Anm. d. Übers.: Gustave Flaubert, *Madame Bovary*, Zweiter Teil, Kap. 12, übersetzt von Ilse Perker und Ernst Sander, Stuttgart, 1972, S. 237.
3 Ungeachtet dieses Streits verwende ich den Begriff des »Schreibens« in diesem Buch auch für Schriften, die nur im weitesten Sinne phonetisch sind, d.h., ich beziehe auch Systeme ein, die nur aus Silben (und keinen einzelnen Lautzeichen) bestehen, sowie Systeme, die keine Vokale enthalten.
4 Anm. d. Übers.: Nach Gershom Scholem, *Ursprung und Anfänge der Kabbala* (1962), Berlin/New York, 2001, S. 27.

5 Anm. d. Übers.: Deutsche Einheitsübersetzung, 2 Joh 1.12.
6 William V. Harris, *Ancient Literacy*, Cambridge, Mass., 1989, S. 114, 167–173.
7 Siehe Paul Saenger, *Space Between Words: The Origins of Silent Reading*, Stanford, CA, 1997.

3. Den Boden bereiten

1 Cao Pi, *Dianlun Lunwen* (»Über die Literatur«), verfasst im 3. Jahrhundert n.d.Z.
2 Li Feng, »Literacy and the social contexts of writing in the Western Zhou«, in: *Writing and Literacy in Early China*, herausgegeben von Li Feng und David Prader Banner, Seattle, 2011, S. 271–301.
3 Anm. d. Übers.: *Tao te King*, übersetzt von Richard Wilhelm, Zweiter Teil »Das Leben«, Leipzig, 1910, Abschnitt 38.
4 Siehe Alan Chan, »Laozi«, *Stanford Encyclopedia of Philosophy*, abrufbar unter http://plato.stanford.edu/entries/laozi/.
5 Robin D. S. Yates, »Soldiers, scribes and women: literacy among the lower orders in China«, in: *Writing and Literacy in Early China*, hg. von Li Feng und David Prader Banner, Seattle, 2011, S. 339–369.

4. Genesis

1 Gordon S. Barrass, *The Art of Calligraphy in Modern China*, Berkeley, CA, 2002, S. 54.
2 ibd., S. 20.
3 Siehe Tsuen-Hsuin Tsien, *Written on Bamboo and Silk*, Chicago/London, 2004.
4 Richard Curt Kraus, *Brushes With Power: Modern Politics and the Chinese Art of Calligraphy*, Berkeley, CA 1991, S. 41.
5 Tsuen-Hsuin Tsien, *Collected Writings on Chinese Culture*, Hongkong, 2011, S. 54.
6 Tsuen-Hsuin Tsien, *Written on Bamboo and Silk*, op. cit., S. 145.
7 ibd.
8 Eunuchen waren seit der Zhou-Dynastie ein vertrautes Bild im höfischen Leben Chinas gewesen. Oft waren sie schon als Kinder zwangskastriert worden, damit sie einmal im Palast tätig sein und in Positionen von beträchtlichem Einfluss aufsteigen konnten. In den dynastischen Geschichtsschreibungen finden sie sich häufig als die Schurken porträtiert.
9 Tsuen-Hsuin Tsien, *Written on Bamboo and Silk*, op. cit., S. 152.

10 Antje Richter, *Letters and Epistolary Culture in Early Medieval China*, Seattle, 2013, S. 31.
11 Siehe Herrlee Creel, *Studies in Early Chinese Culture*, London, 1938.

5. An den Rändern

1 Anm. d. Übers.: Ossip Mandelstam, »Die ägyptische Briefmarke«, in: *Das Rauschen der Zeit. Gesammelte »autobiographische« Prosa der 20er Jahre*, aus dem Russischen übertragen und herausgegeben von Ralph Dutli, Frankfurt a. M., 1989, S. 187.
2 Aurel Stein, *On Ancient Central Asian Tracks*, London, 1941, S. 179.
3 Jeannette Mirsky, *Sir Aurel Stein: Archaeological Explorer*, Chicago, 1998, S. 4 f.
4 Laut dem *WestEgg Inflation Calculator* (www.westegg.com/inflation) hatten 200 Dollar im Jahr 1910 den Gegenwert von 4620,52 Dollar im Jahr 2010.
5 Siehe Erik Zürcher, *The Buddhist Conquest of China: The Spread and Adaptation of Buddhism in Early Medieval China*, Leiden, 1959.
6 Siehe Tokiwa Daijo, zitiert von Arthur F. Wright in: *Studies in Chinese Buddhism*, hg. von Robert M. Somers, New Haven, Conn., 1990.
7 Lionel Giles, »Dated Chinese manuscripts in the Stein Collection«, *Bulletin of the School of Oriental and African Studies* 9 (4), 1939, S. 1023–1045.
8 Zha Pingqiu, »The substitution of paper for bamboo and the new trend of literary development in the Han, Wei and early Jin dynasties«, in: *Frontiers of Literary Studies in China* 1 (1), 2007, S. 26–49. Siehe auch Higher Education Press Limited Company and Springer-Verlag GmbH, DOI 10.1007/s11702-007-0002.
9 William T. Graham, »Mi Heng's ›Rhapsody on a Parrot‹«, *Harvard Journal of Asiatic Studies* 31 (9), 1979, S. 39–54, übertragen von Yvonne Badal.
10 Mark Edward Lewis, *China Between Empires*, Cambridge, Mass., 2009, S. 196–247.
11 Zha Pingqiu, »The substitution of paper for bamboo«, op. cit., S. 40.
12 ibd.
13 ibd.
14 ibd.
15 J. D. Schmidt, *Harmony Garden: The Life, Literary Criticism, and Poetry of Yuan Mei (1716–1798)*, London, 2003, S. 98.
16 Endymion Wilkinson, *Chinese History: A Manual*, Cambridge, Mass., 2000, S. 445.

17 Über das Datum scheint man sich hier nicht einig zu sein, es kann jedoch nicht später als im Jahr 404 stattgefunden haben. Endymion Wilkinson (*Chinese History: A Manual*, op. cit., S. 448) führt dieses Jahr an; *The Cambridge History of Chinese Literature* (S. 201) spricht hingegen vom Jahr 402, und eine dritte Quelle verlegt das Ganze sogar noch ins 4. Jahrhundert.
18 Kang-i Sun Chang und Stephen Owen, *The Cambridge History of Chinese Literature: to 1375*, Cambridge, UK, 2010, S. 201.

6. Der Papierregen

1 Anm. d. Übers.: Lewis Carroll, *Alice's Abenteuer im Wunderland*, autorisierte Übersetzung von Antonie Zimmermann, London, 1869, S. 1.
2 Ins Englische übertragen von Delmer M. Brown, *The Cambridge History of Japan*, Bd. I: *Ancient Japan*, Cambridge, UK, 1993, S. 393.
3 Julia Meech-Pekarik, »Taira Kiyomori and Heike Nōgyō«, Dissertation, Harvard University, 1976, S. 36.
4 Ins Englische übertragen von Richard Karl Payne, *Discourse and Ideology in Medieval Japanese Buddhism*, London, 2006, S. 73.
5 Anm. d. Übers.: Nicolas Bouvier, *Die Erfahrung der Welt*, aus dem Französischen von Trude Fein und Regula Renschler, Neuedition, Basel, 2001, S. 8.

7. Die Papierokratie

1 Zitiert in: Jean Elizabeth Ward, *Po Chu-i: A Homage*, E-Book, Lulu.com, 2008, S. 4.
2 Siehe Charles Benn, *China's Golden Age. Everyday Life in the Tang Dynasty*, Oxford, 2002.
3 Die in diesem Kapitel zitierten Texte von Bai Juyi wurden vom Autor selbst aus dem Chinesischen ins Englische übertragen, stark beeinflusst von Arthur Waley, Newi Alley, Burton Watson und David Hinton.
4 Siehe z.B. Lothar Ledderose, *Ten Thousand Things: Module and Mass Production in Chinese Art*, Princeton, NJ, 2000. (Anm. d. Übers.: Nicht in deutscher Sprache erschienen, siehe jedoch den Essay des Autors, »Module und Massenproduktion im chinesischen Holzbau«, in: Winfried Nerdinger (Hg.), *Die Kunst der Holzkonstruktion*, Berlin, 2009.)
5 Wu Shuling, »The development of poetry helped by the ancient postal service in the Tang dynasty«, in: *Frontiers of Literary Study in China*, 4, 2010, S. 553–577.

## 9. Büchernarren

1 Anm. d. Übers.: Zitiert in: Konrad Kessler, *Mani: Forschungen über die manichäische Religion. Ein Beitrag zur vergleichenden Religionsgeschichte des Orients*, Berlin, 1889, S. 366.
2 Der arabische Gelehrte Ibn al-Nadim führte im 10. Jahrhundert ein weiteres Werk an, verschmolz jedoch zwei auf dieser Liste zu einem und ließ die Psalmen und Gebete aus.
3 Diese Sichtweise vertrat Professor Desmond Durkin-Meisterernst, Arbeitsstellenleiter der Turfanforschung an der Berlin-Brandenburgischen Akademie der Wissenschaften 2011 im Gespräch mit dem Autor.
4 Siehe Hans-Joachim Klimkeit, *Gnosis on the Silk Road*, San Francisco, 1992, S. 139. (Anm. d. Übers.: Eine deutsche Ausgabe – nicht zu verwechseln mit dem kurzen Titel *Die Begegnung von Christentum, Gnosis und Buddhismus an der Seidenstraße*, Opladen, 1986 – liegt nicht vor.)
5 In seinen *Bekenntnissen* schrieb Augustinus: »Allmählich kam ich so weit in den Torheiten der Manichäer, daß ich glaubte, [...] wenn [... ein Auserwählter eine] Feige gegessen hätte, so würde er, wenn er sie verdaue, Engel, ja sogar Teilchen Gottes aushauchen, während er bete oder wenn es ihn aufstoße.« Zudem beklagte er »der Manichäer große Fabel und lange Lüge nämlich, durch deren treulosen Reiz mein Geist in lüsternem Verlangen verderbt wurde ...« (Anm. d. Übers.: *Bekenntnisse*, 3. Buch, 10 Kap., sowie 4. Buch, 8. Kap., in der Übersetzung von Otto F. Lachmann).
6 Anm. d. Übers.: Siehe Augustinus, *Contra Faustum Manichaeum*, Buch XIII, Kap. 18 (lateinische Ausgabe; die erstmalige, auf fünf Bände angelegte deutsche Übersetzung war während der Entstehung der vorliegenden Arbeit noch nicht erschienen). Der Autor zitiert aus: Philip Schaff, *A Select Library of the Nicene and Post-Nicene Fathers of the Christian Church*, Grand Rapids, Mich., 1956, S. 206.

## 10. Bücherbauten

1 *Death has no repose*
*Warmer and deeper than the Orient sand*
*Which hides the beauty and bright faith of those*
*Who make the Golden Journey to Samarkand.*
Aus: *The Golden Journey to Samarkand*, London, 1913, übertragen von Yvonne Badal.
2 Tatsächlich waren anderenorts noch früher noch größere Papierblätter hergestellt worden. Ein chinesischer Autor aus dem 10. Jahrhundert schrieb, dass Papiermacher in der ostchinesischen Stadt Huizhou den Laderaum

eines Schiffes zu einem Bottich umfunktioniert hätten und fünfzig Arbeiter nötig gewesen seien, um ein Blatt im Rhythmus der Schläge einer Trommel herausheben und zum Trocknen über ein riesiges Kohlebecken hängen zu können.
3 Gulru Necipogulu und David J. Roxburgh (Hg.), *Muqarnas: An Annual on the visual Culture of the Islamic World*, Leiden, 2000, S. 32 f.

11. Ein neues Buch

1 *The Recited Koran: A History of the First Recorded Version*, herausgegeben von Labib al-Said, Princeton, 1979.
2 Anm. d. Übers.: Sure 96, 1–5 *al-Alaq* (»Das Anhängsel«).
3 A. E. Cowley, »The Samaritan Liturgy and Reading of the Law«, in: *The Jewish Quarterly Review*, 7:1, Oktober 1894, S. 123.
4 Gabriel Said Reynolds (Hg.), *The Qur'an in its Historical Context*, Abingdon, 2008, S. 15.
5 Siehe Christoph Luxenberg (Pseudonym eines deutschsprachigen Koranforschers), *Die syro-aramäische Lesart des Koran: Ein Beitrag zur Entschlüsselung der Koransprache*, Berlin, 2007.
6 Anm. d. Übers.: abrufbar unter http://www.bbaw.de/forschung/Coran.
7 Fred M. Donner, »Islamic Furqan«, in: *Journal of Semitic Studies*, LII/2, Herbst 2007, S. 279–300.
8 ibd.
9 Ein Kolophon ist traditionell das Paratext-Element am Ende eines Buches, das Informationen über dessen Produktionskette enthält. Heute wird der Begriff eher für das Emblem eines Verlags verwendet.

12. Bagdatixon und die Wissenschaften

1 Siehe Olga Pinto, »The libraries of the Arabs in the time of the Abbasids«, in: *Islamic Culture 3*, Hyderabad, 1929.
2 Siehe *Calligraphy and Islamic Culture*, Albany, NY, 1984.
3 Siehe Jonathan Bloom, *Paper Before Print*, New Haven, Conn., 2001.
4 Nigel G. Wilson, »The history of the book in Byzantium«, in: *The Oxford Companion to the Book*, hg. von Michael F. Suarez und H. R. Woudhuysen, Oxford, 2010, S. 37.
5 Siehe S. M. Imamuddin, *Arab Writing and Arab Libraries*, London, 1983.

13. Ein Kontinent spaltet sich

1 Mark Edwards, *Printing, Propaganda and Martin Luther*, Minneapolis, 2005, S. xii.
2 Kenneth Hodges (University of Berkeley), *Medieval Prices*, abrufbar unter: http://faculty.goucher.edu/eng240/medieval_prices.html
3 Siehe M. T. Clanchy, »Parchment and Paper: Manuscript Culture 1100–1500«, in: Simon Elio und Jonathan Rose, *A Companion to the History of the Book*, Oxford, 2009.
4 David Ganz, »Carolingian manuscript culture and the making of the literary culture of the Middle Ages«, in: *Literary Cultures and the Material Book*, herausgegeben von Simon Eliot, Andrew Nash und Ian Willison, London, 2007, S. 147–158.
5 Christopher de Hamel, »The European Medieval Book«, in: Michael F. Suarez und Henry Woudhuysen, *The Oxford Companion to the Book*, op. cit., S. 43.
6 Siehe Jonathan Bloom, *Paper Before Print*, op. cit.
7 Robert Burns, »Paper comes to the West«, in: Uta Lindgren, *Europäische Technik im Mittelalter: 800 bis 1400. Tradition und Innovation*, Berlin, 1996, S. 413–422.
8 Simon Eliot und Jonathan Rose, *A Companion to the History of the Book*, op. cit., S. 207–231.
9 Margaret M. Manion und Bernard J. Muir, *The Art of the Book: Its Place in Medieval Worship*, Exeter, 1998, S. 134.
10 Petrarca besaß die umfangreichste private Klassikersammlung im Europa des 14. Jahrhunderts. Als er einmal aus Versehen eine Schrift von seinem geliebten Cicero fallen ließ (ein besonderer Favorit von Renaissancelesern), entschuldigte er sich bei ihm, bevor er sie wieder hoch über alle anderen Werke in seiner Bibliothek ins Regal stellte.
11 Anm. d. Übers.: Martin Luther, Brief an Georg Spenlein, 8. April 1516, in: *Luther Deutsch. Die Werke Martin Luthers in neuer Auswahl für die Gegenwart. Die Briefe*, herausgegeben von Kurt Aland, Göttingen, 1983, Bd. 10, S. 15.
12 Michael Mullett, *Martin Luther*, London/New York, 2004, S. 67–74.
13 Mark Edwards, *Printing, Propaganda and Martin Luther*, op. cit., S.16.
14 ibd., S. 107.
15 Siehe *Universal Short Title Catalogue*, www.ustc.ac.uk
16 Mark Edwards, *Printing, Propaganda and Martin Luther*, op. cit., S. 29.
17 ibd., S. 14–40.

18 Siehe Robert Scribner, *For the Sake of Simple Folk: Popular Propaganda for the German Reformation*, Oxford/New York, 1994.

19 Siehe Elizabeth Eisenstein, *The Printing Press as an Agent of Change*, Cambridge, 1980, S. 131 (vgl. *Die Druckerpresse: Kulturrevolutionen im frühen modernen Europa*, übersetzt von H. Friessner, Wien/New York, 1997).

## 14. Das Abendland übersetzt sich

1 Anm. d. Übers.: Francesco Petrarca an Pierre aus der Auvergne, Abt des Klosters Saint-Bénigne, in: *Familiaria. Bücher der Vertraulichkeiten*, herausgegeben und übersetzt von Berthe Widmer, Bd. 2: Buch 13–24, Berlin, 2009, S. 35.

2 Diarmaid MacCulloch, *Die Reformation 1490–1700*, aus dem Englischen von Helke Voß-Becher, Klaus Binder, Bernd Leineweber, München, 2008, S. 280.

3 Siehe das Schreiben von Augustino Scarpinello an Francesco Sforza, den Herzog von Mailand, in: *Venice: December 1530, Calendar of State Papers Relating to English Affairs in the Archives of Venice*, Bd. 4: *1527–1533* (1871), S. 265–273.

4 Siehe David Daniell, *William Tyndale: A Biography*, New Haven, Conn., Yale University Press, 2001.

5 Kari Konkola und Diarmaid MacCulloch, »People of the Book: The success of the Reformation«, in: *History Today*, Okt. 2003, 53 (10).

6 Siehe Jean-François Gilmont (Hg.), *The Reformation and the Book*, Aldershot, 1998.

## 15. Ein neuer Dialog

1 Anm. d. Übers.: William Shakespeare, *Wie es euch gefällt*, Dritter Aufzug, Zweite Szene: »Der Wald«, in der Übersetzung von August Wilhelm von Schlegel.

2 Anm. d. Übers.: Zitiert aus Hans Günter Zekl (Hg.), Nikolaus Kopernikus: *Das neue Weltbild. Drei Texte: Commentariolus, Brief gegen Werner, De revolutionibus I*, im Anhang eine Auswahl aus der *Narratio prima* des G. J. Rheticus. Lateinisch-deutsch, Hamburg 1990, S. 60, 62.

3 Adrian Johns, *The Nature of the Book: Print and Knowledge in the Making*, Chicago, 2000, S. 42.

4 Siehe Lucien Febvre und Henri-Jean Martin, *L'apparition du livre*, Paris, 1958; in englischer Übersetzung erschienen unter dem Titel *The Coming of*

the Book: The Impact of Printing, 1450–1800, London, 2010, hier S. 167–215.
5 Anm. d. Übers.: Das Buch von der Kunst, oder Tractat der Malerei des Cennino Cennini da Colle di Valdelsa, übersetzt und mit einer Einleitung, Noten und Register versehen von Albert Ilg, Wien, 1871.
6 Anm. d. Übers.: Siehe Giorgio Vasari, Le Vite de' più eccellenti pittori, scultori et architettori, scritte e di nuovo ampliate da Giorgio Vasari con i ritratti loro e con l'aggiunta delle vite de' vivi e de' morti dall'anno 1550 infino al 1567, erweiterte 2. Aufl., Florenz, 1568 (vgl. Leben der ausgezeichnetsten Maler, Bildhauer und Baumeister von Cimabue bis zum Jahre 1567, übersetzt von Ludwig Schorn und Ernst Förster, Stuttgart/Tübingen 1832–1849; sowie die wunderbare komplette Neuübersetzung als Einzelbände im Rahmen der EDITION GIORGIO VASARI, Wagenbach [hier: Das Leben des Brunelleschi und des Alberti, herausgegeben von Alessandro Nova u. a., neu ins Deutsche übersetzt von Victoria Lorini, Berlin, 2012]).
7 Siehe Hans Belting, Florenz und Bagdad – Eine westöstliche Geschichte des Blicks, München, 2008.
8 Gerald P. Tyson und Sylvia Stoler Wagenheim, Print and Culture in the Renaissance: Essays on the Advent of Printing in Europe, Newark, NJ, 1986, S. 222–245.
9 Mit dem Aufstieg von Opern- und Orchestermusik wurden auch unterschiedliche Notensysteme nötig, und mit dem Beginn einer Musik fürs Pianoforte im 18. Jahrhundert wiederum wurde der Druck in einem Arbeitsgang schwierig. Deshalb war die nächste entscheidende Erfindung Johann Gottlob Immanuel Breitkopfs (1719–1794) System, die Typen in kleinere Segmente zu zerlegen, um sie untereinander kombinieren zu können.
10 Anm. d. Übers.: Martin Luther an Ludwig Senfl, Veste Koburg. 1. (4.?) Oktober 1530, in: Kurt Aland (Hg.), Luther Deutsch. Die Briefe, op. cit., S. 219.
11 Anm. d. Übers.: Siehe Karl Werinmann, Das Konzil von Trient und die Kirchenmusik, Leipzig, 1919, sowie Carl Ferdinand Becker, Systematisch-chronologische Darstellung der musikalischen Literatur von der frühesten bis auf die neueste Zeit, Leipzig, 1836, S. 130.
12 Piero Weiss und Richard Taruskin, Music in the Western World: A History in Documents, New York, 1984, S. 135 ff.
13 Andrew Pettegree, The Book in the Renaissance, New Haven, Conn./London, 2010, S. 172 f.
14 Iain Fenlon, »Music, print and society«, in: European Music 1520–1640, herausgegeben von James Haar, Woodbridge, 2006, S. 287.

15 Christoph Wolff, *Johann Sebastian Bach*, aus dem Englischen von Bettina Obrecht, Frankfurt a. M., 4. Auflage der aktualisierten Neuausgabe, 2011, S. 479.
16 Terri Bourus, *Shakespeare and the London Publishing Environment: The Publisher and Printers of Q1 and Q2 Hamlet*, AEB, Analytical & Enumerative Bibliography 12, DeKalb, Ill., 2001, S. 206–222.
17 Anm. d. Übers.: Henry James, Vorwort zu *The tragic muse*, Teil I (1890), Bd. 7 der »New York Edition«, New York, 1908.
18 Anthony J. Cascardi, *The Cambridge Companion to Cervantes*, Cambridge, UK, 2002, S. 59.
19 Terry Eagleton, *The English Novel: An Introduction*, Oxford, 2005, S. 3.
20 Catherine M. Bauschatz, »To choose ink and pen: French Renaissance women's writing«, in: *A History of Women's Writing in France*, herausgegeben von Sonya Stephens, Cambridge, UK, 2000, S. 47.
21 Terry Eagleton, *The English Novel*, op. cit., S. 8.
22 Siehe Charles Taylor, *The Sources of the Self*, Cambridge, Mass, 2009 (vgl.: *Quellen des Selbst: Die Entstehung der neuzeitlichen Identität*, übersetzt von Joachim Schulte, Frankfurt a. M., 1996).
23 Siehe Suzanne Hull, *Chaste, Silent and Obedient: English Books for Women 1475–1640*, San Marino, CA, 1982.
24 Belinda Elizabeth Jack, *The Woman Reader*, New Haven, Conn., 2012, S. 265.
25 Gordon N. Ray, *Bibliographical Resource for the Study of Nineteenth Century Fiction*, Los Angeles, 1964; sowie John Sutherland, »Victorian novelists: who were they?«, in: *Victorian Writers, Publishers, Readers*, New York, 1995. Beide zitiert in: Peter L. Shillingsburg, *From Gutenberg to Google: Electronic Representations of Literary Texts*, Cambridge, UK, 2006, S. 128.

16. Tonnen von Papier

1 Anm. d. Übers.: John Milton, *Areopagitica*, »Ansprache an das Parlament von England: Für die Freiheit des unzensierten Druckes« (London, 1644), in: John Milton, *Zur Verteidigung der Freiheit, Sozialphilosophische Traktate*, herausgegeben von Hermann Klenner, aus dem Englischen übertragen von Klaus Udo Szudra, Leipzig, 1987, S. 57.
2 Ann Blair, »The rise of note-taking in early modern Europe«, in: *Intellectual History Review* 20 (3), 2010, S. 303–316.
3 Paul Marcus Dover, »Deciphering the archives of fifteenth-century Italy«, in: *Archival Science* 7, 2007, S. 299.

4 ibd.
5 Siehe Jacob Soll, *Publishing The Prince: History, Reading, and the Birth of Political Criticism*, Ann Arbor, Mich., 2008.
6 *Bristol Mercury*, 2. August 1712.
7 Jeroen Blaak, *Literacy in Everyday Life: Reading and Writing in Early Modern Dutch Diaries*, Leiden, 2009, S. 222–234.
8 Siehe Simon Hart, *Geschrift en Getal. Een keuze uit de demografisch-, economisch- en sociaal-historische studiën op grond van Amsterdamse en Zaanse archivalia, 1600–1800*, Dordrecht, 1976.
9 Elizabeth Eisenstein, »Steal this Film«, Interview, abrufbar auf der Website *Steal this film*, Washington, D. C., April 2007, http://footage.stealthisfilm.com/video/4.
10 Robert Service, *Stalin. A Biography*, London, 2004, S. 10.
11 Jacob Soll, *Publishing The Prince*, op. cit., S. 59–71, 115–125.
12 Robert Darnton, *The Forbidden Bestsellers of Pre-revolutionary France*, New York, 1995, S. 21.
13 Ders., *Revolution in Print*, Berkeley, CA, 1989, S. 91 ff.
14 Carla Hesse, *Publishing and Cultural Politics in Revolutionary Paris, 1789–1810*, Berkeley, CA, 1991, S. 167.
15 Anm. d. Übers.: Zitiert aus Angela Paul Adams und Willi Paul Adams (Hg.), Alexander Hamilton, James Madison, John Jay, *Die Federalist-Artikel. Politische Theorie und Verfassungskommentar der amerikanischen Gründerväter*, mit dem englischen und deutschen Text der Verfassung der USA, Paderborn, 1994, S.1.
16 Albert Furtwangler, *The Authority of Publius: A Reading of the Federalist Papers*, Ithaca, N. Y., 1984, S. 87–93.
17 *Massachusetts Gazette*, 13. November 1787, S. 3.

Epilog

1 Judith Binney, »Maori oral narratives and Pakeha texts: Two ways of telling history«, in: *New Zealand Journal of History* 27 (1), 2007, S. 16–28.
2 Anthony Grafton und Megan Williams, *Christianity and the Transformation of the Book*, Cambridge, Mass., 2006, S. 1–21.

# Bibliografie

*Und über dem allen, mein Sohn, lass dich warnen; denn des vielen Büchermachens ist kein Ende, und viel Studieren macht den Leib müde.*
Der Prediger Salomo (Kohelet) 12,12 (Luther-Bibel)

Alley, Rewi, *Bai Juyi: 200 Selected Poems*, Beijing, 1983.
Anderson, Benedict, *Imagined Communities*, London, 1991.
Asimov, M. S. und Bosworth, Clifford Edmund, *History of Civilizations of Central Asia*, Bd. 4: *The Age of Achievement 750 to the end of the 15th Century*, Paris, 1999.
Augustinus, Aurelius, *Die Bekenntnisse des heiligen Augustinus*, übersetzt von Otto F. Lachmann, Leipzig, 1888.
Avrin, Leila, *Scribes, Scripts and Books: The Book Arts from Antiquity to the Renaissance*, London, 1991.
Awwa, Salwa Muhammad, *Textual Relations in the Qur'an: Relevance, Coherence and Structure*, London, 2006.
Al-Azami, Muhammad Mastafa, *The History of the Qur'anic Texts: From Revelation to Compilation: A Comparative Study with the Old and New Testaments*, Leicester, 2003.
Bagley, Robert W., »Anyang writing and the origins of the Chinese writing system«, in: *The First Writing*, herausgegeben von Stephen D. Houston, Cambridge, UK, 2004.
Baker, Colin F., *Qur'an Manuscripts: Calligraphy, Illumination, Design*, London, 2007.
Barnard, John, McKenzie, D. F. und Bell, Maureen (Hg.), *The Cambridge History of the Book in Britain*, Bd. 4, Cambridge, UK, 2002.
Barrass, Gordon S., *The Art of Calligraphy in Modern China*, Berkeley, CA, 2002.
Barrett, T. H., *The Woman who Discovered Printing*, New Haven, Conn./London, 2008.
– »Stupa, sutra and sarira in China c. 656–706«, in: *Buddhist Studies Review* 18 (1), 2001.
– *Singular Listlessness: A Short History of Chinese Books and British Scholars*, London, 1989.

- *Japanese Papermaking: Traditions, Tools and Techniques*, New York, 1983.
Basbanes, Nicholas, *A Gentle Madness: Bibliophiles, Bibliomanes and the Eternal Passion for Books*, New York, 1999.
Bauschatz, Catherine M., »To choose ink and pen: French Renaissance women's writing«, in: *A History of Women's Writing in France*, herausgegeben von Sonya Stephens, Cambridge, UK, 2000.
Bekker-Nielsen, Hans, Sorenson, Bengt Algot und Borch, Marianne (Hg.), *From Script to Book: A Symposium*, Odense, 1986.
Belting, Hans, *Florenz und Bagdad. Eine westöstliche Geschichte des Blicks*, München, 2008.
Benn, Charles, *China's Golden Age: Everyday Life in the Tang*, Oxford and New York: Oxford University Press, 2004.
Berger, John, *Ways of Seeing*, London, 1972.
Bielenstein, Hans, »Lo-yang in later Han times«, in: *Bulletin of the Museum of Far Eastern Antiquities* 48, 1976.
Binney, Judith, »Maori oral narratives and Pakeha texts: Two ways of telling history«, in: *New Zealand Journal of History* 27 (1), 2007.
Blaak, Jeroen, *Literacy in Everyday Life: Reading and Writing in Early Modern Dutch Diaries*, Leiden, 2009.
Blair, Ann, »The rise of note-taking in early modern Europe«, in: *Intellectual History Review* 20 (3), 2010.
Blair, Sheila S., *The Art and Architecture of Islam*, New Haven, Conn., 1996.
Bloom, Jonathan M., *Paper Before Print: The History and Impact of Paper in the Islamic World*, New Haven, Conn., 2001.
- »Revolution by the ream: a history of paper«, in: *Saudi Aramco World* 50 (3), 1999.
- *The Art and Architecture of Islam: 1250–1800*, New Haven, Conn., 1994.
Bol, Peter K., »Seeking common ground: Han literati under Jurchen rule«, in: *Harvard Journal of Asiatic Studies* 47 (2), 1987.
Borges, Jorge Luis, *Die Bibliothek von Babel*, aus dem Spanischen von Karl August Horst und Curt Meyer-Clason, Stuttgart, 1991.
Boureau, Alain und Chartier, Roger, *The Culture of Print*, Cambridge, UK, 1989.
Bourus, Terri, *Shakespeare and the London Publishing Environment: The Publisher and Printers of Q1 and Q2 Hamlet*, AEB, Analytical & Enumerative Bibliography 12, DeKalb, Ill., 2001.
Bouvier, Nicolas, *Die Erfahrung der Welt*, aus dem Französischen von Trude Fein und Regula Renschler, Neuedition, Basel, 2001.

Bowers, Fredson (Hg.), Vladimir Nabokov, »The Art of Literature and Common Sense«, in: *Lectures on Literature*, eingeführt von John Updike, New York, 1980.

Bowman, Alan K. und Woolf, Greg (Hg.), *Literacy and Power in the Ancient World*, Cambridge, UK, 1994.

Boylan, Patrick, *Thoth: The Hermes of Egypt*, Oxford, 1922.

Brokaw, Cynthia Joanne und Kai-Wing Chow, *Printing and Book Culture in Late Imperial China*, Berkeley, CA, 2005.

Bronkhorst, Johannes, *Buddhist Teaching in India*, Boston, 2009.

Brooks, Douglas A., *From Playhouse to Printing House: Drama and Authorship in Early Modern England*, Cambridge, UK, 2000.

Brown, Delmer M., *The Cambridge History of Japan, Bd. 1: Ancient Japan*, Cambridge, UK, 1993.

Burns, Robert, »Paper comes to the West«, in: Uta Lindgren (Hg.), *Europäische Technik im Mittelalter 800 bis 1400. Tradition und Innovation*, Berlin, 1996.

Carroll, Lewis, *Alice's Abenteuer im Wunderland*, autorisierte Übersetzung von Antonie Zimmermann, London, 1869.

Carter, Thomas Francis, *The Invention of Printing in China and its Spread Westward*, New York, 1955.

Cascardi, Anthony J., *The Cambridge Companion to Cervantes*, Cambridge, UK, 2002.

Cavallo, Guglielmio und Chartier, Roger, *A History of Reading in the West*, Oxford, 1999.

Cennini, Cennino, *Das Buch von der Kunst, oder Tractat der Malerei des Cennino Cennini da Colle di Valdelsa*, übersetzt und mit einer Einleitung, Noten und Register versehen von Albert Ilg, Wien, 1871.

Chaffee, John William, *The Thorny Gates of Learning in Sung China: A Social History of Examinations*, Cambridge, UK, 1985.

Chan, Alan, »Laozi«, in: *Stanford Encyclopaedia of Philosophy*: http://plato.stanford.edu/ entries/laozi/.

Chang, Kang-i Sun und Owen, Stephen, *The Cambridge History of Chinese Literature*, Cambridge, UK, 2010.

Chappell, David W., »Hermeneutical phases in Chinese Buddhism«, in: Donald Lopez (Hg.), *Buddhist Hermeneutics*, Honolulu, 1988.

Chartier, Roger, *Cultural History: Between Practices and Representations*, Cambridge, UK, 1988.

Chen Junpu (Hg. und Übers.), *150 Chinese–English Quatrains by Tang Poets*, zweisprachig, Shanghai, 2005.

Chia, Lucille und Idema, W. L., *Books in Numbers*, Cambridge, Mass., 2007.

Chibbett, David, *The History of Japanese Printing and Book Illustration*, Tokio/New York, 1977.
Chin, Annping, *The Authentic Confucius*, New York, 2007.
Chow Kai-wing, *Publishing, Culture and Power in Early Modern China*, Stanford, Cal., 2004.
Chun Fang Yü, *Kuan-yin: The Chinese Transformation of Avaloikitesvara*, New York, 2001.
Chun Shin-yong, *Buddhist Culture in Korea*, Seoul, 1974.
Clanchy, M. T., *From Memory to Written Record: England 1066–1307*, Oxford, 1993.
Cleaves, Francis Woodman, *The Secret History of the Mongols*, Cambridge, Mass., 1982.
Cole, Richard, »The Reformation in print: German pamphlets and propaganda«, *Archiv für Reformationsgeschichte 66*, 1975.
Cook, Michael, *The Koran: A Very Short Introduction*, Oxford, 2000.
Creel, Herrlee, *Studies in Early Chinese Culture*, London, 1938.
Crone, Patricia und Hinds, Martin, *God's Caliph: Religious Authority in the First Centuries of Islam*, Cambridge, UK, 2003.
Daftary, Farhad, *Intellectual Traditions in Islam*, London/New York, 2000.
Dane, Joseph, *The Myth of Print Culture*, Toronto, 2003.
Daniell, David, *William Tyndale: A Biography*, New Haven, Conn., 2001.
Daniels, Peter, *The World's Writing Systems*, Oxford, 2010.
Darnton, Robert, *The Forbidden Bestsellers of Pre-Revolutionary France*, New York, 1995.
– *Revolution in Print*, Berkeley, 1989.
Dickens, A. G., *The English Reformation*, University Park, Pa., 1989.
Diringer, David, *The Book Before Printing*, New York, 1982.
– *Writing*, London, 1962.
Dover, Paul Marcus, »Deciphering the archives of fifteenth century Italy«, in: *Archival Science 7*, 2007.
Dubs, Homer (Hg.), *History of the Former Han Dynasty by Ban Gu*, London, 1944.
Duffy, Eamon, *The Stripping of the Altars: Traditional Religion in England c1400–c1580*, New Haven, Conn./London, 2005.
Dumoulin, Heinrich, *Zen Buddhism: A History*, New York/London, 1988.
Durkin-Meisterernst, Desmond, *Mani's Psalms: Middle Persian, Parthian and Sogdian Texts in the Turfan Collection*, Turnhout, 2010.
– et al. (Hg.) »Turfan Revisited: The First Century of Research into the Arts and Cultures of the Silk Road«, in: *Monographien zur indischen Archäologie, Kunst und Philologie*. Bd. 17, Berlin, 2004.

Eagleton, Terry, *The English Novel: An Introduction*, Oxford, 2005.

Eco, Umberto und Carrière, Jean-Claude, *Die große Zukunft des Buches*, übersetzt von Barbara Kleiner, München, 2010.

Edkins, Joseph, *Chinese Buddhism: A Volume of Sketches, Historical, Descriptive and Critical*, London, 2000.

Edwards, Mark, *Printing, Propaganda and Martin Luther*, Minneapolis, Minn., 2005.

Eisenstein, Elizabeth, »Steal this Film«, Interview, Washington, D.C., April, 2007, http://footage.stealthisfilm.com/ video/.

– *Die Druckerpresse: Kulturrevolutionen im frühen modernen Europa*, übersetzt von H. Friessner, Wien/New York, 1997.

Eliot, Simon und Rose, Jonathan, *A Companion to the History of the Book*, Oxford, 2009.

Esack, Farid, *The Quran: A User's Guide*, Oxford, 2005.

Ettinghausen, Richard, Grabar, Oleg und Jenkins-Madina, Marilyn, *Islamic Art and Architecture 650–1200*, New Haven, Conn., 2003.

Farale, Dominique, *Les batailles de la région du Talas et l'expansion musulmane en Asie Centrale*, Paris, 2006.

Febvre, Lucien und Martin, Henri-Jean, *L'apparition du livre*, Paris, 1958.

Fenlon, Iain, »Music, print and society«, in: *European Music 1520– 1640*, herausgegeben von James Haar, Woodbridge, 2006.

Fierro, Maribel (Hg.), *The New Cambridge History of Islam*, Bd. 2: *The Western Islamic World, Eleventh to Eighteenth Centuries*, Cambridge, UK, 2010.

Finkelstein, David, *An Introduction to Book History*, New York/London, 2005.

Fischer, Stephen Roger, *A History of Writing*, London, 2001.

Flaubert, Gustave, *Madame Bovary*, aus dem Französischen von Ilse Perker und Ernst Sander, Stuttgart, 1972.

Franke, Herbert, *China Under Mongol Rule*, Aldershot, 1994.

Frishman, Martin, *The Mosque: History, Architectural Development and Regional Diversity*, London, 2002.

Frye, Richard N., *The Golden Age of Persia*, London, 1975.

Furtwangler, Albert, *The Authority of Publius: A Reading of the Federalist Papers*, Ithaca, NY, 1984.

Ganz, David, *Corbie in the Carolingian Renaissance*, Sigmaringen, 1990.

– »Carolingian manuscript culture and the making of the literary culture of the Middle Ages«, in: *Literary Cultures and the Material Book*, herausgegeben von Simon Eliot, Andrew Nash und Ian Willison, London, 2007.

Gawthrop, Richard und Strauss, Gerald, »Protestantism and literacy in early modern Germany«, in: *Past and Present* 104, 1984.

Gee, Malcolm und Kirk, Tim, *Printed Matters: Printing, Publishing and Urban Culture in Europe in the Modern Period*, Aldershot, 2002.

Gernet, Jacques, *La Vie quotidienne en Chine à la veille de l'invasion mongole (1959)*, Paris, Hachette, 2008.

Gibb, H. A. R., *Studies on the Civilization of Islam*, Princeton, NJ, 1982.

Giles, Lionel, »Dated Chinese manuscripts in the Stein collection«, *Bulletin of the School of Oriental Studies, University of London* 10 (2), 1940.

– »Dated Chinese manuscripts in the Stein collection«, *Bulletin of the School of Oriental and African Studies* 9 (4), 1939.

Gilmont, Jean-François, *Jean Calvin et le livre imprimé*, Genf, 1997.

– *La Réforme et le livre: L'Europe de l'imprimé (1517–v.1570)*, Genf, 1990.

Gode, P. K., »Migration of paper from China to India«, *Studies in Indian Cultural History* 3, 1964.

Golombek, Lisa, *Timurid Art and Culture: Iran and Central Asia in the Fifteenth Century*, Leiden, 1992.

Goody, Jack, *The Power of the Written Tradition*, Washington, D.C., 2000.

– »The consequences of literacy«, *Comparative Studies in Society and History* 5 (3), 1963.

Grafton, Anthony und Williams, Megan, *Christianity and the Transformation of the Book*, Cambridge, Mass., 2006.

Graham, William T., »Mi Heng's ›Rhapsody on a Parrot‹«, in: *Harvard Journal of Asiatic Studies* 31 (9), 1979.

Green, V. H. H., *Renaissance and Reformation: A Survey of European History between 1440 and 1660*, London, 1964.

Griffiths, Dennis, *Fleet Street: Five Hundred Years of the Press*, London, 2006.

Grousset, René , *L'Empire des Steppes*, Paris, 2001.

Grudem, Wayne und Dennis, Lane T. (Hg.), *English Standard Version Study Bible*, Wheaton, Ill., 2008.

Gulacsi, Zuzsanna, *Medieval Manichaean Book Art: A Codicological Study of Iranian and Turkic Illuminated Book Fragments (Nag Hammadi and Manichaean Studies)*, Leiden, 2005.

Habein, Yaeko Sato, *History of the Japanese Written Language*, Tokio, 1984.

Haldhar, S. M., *Buddhism in China and Japan*, Neu Delhi, 2005.

Hamel, Christopher de, »The European Medieval Book«, in: Suarez, Michael F. und Woudhuysen, H. R., *The Oxford Companion to the Book*, Oxford, 2010.

Hannawi, Abdul Ahad, »The role of the Arabs in the introduction of paper into Europe«, in: *Middle Eastern Library Association* 85, 2012.

Harris, Roy, *The Origin of Writing*, London, 1986.

Harris, William V., *Ancient Literacy*, Cambridge, Mass., 1989.

Hart, Simon, *Geschrift en Getal. Een keuze uit de demografisch-, economischen sociaal-historische studieën op grond van Amsterdamse en Zaanse archivalia, 1600–1800*, Dordrecht, 1976.
Heck, Paul L., *The Construction of Knowledge in Islamic Civilization: Qudama B. Ja'Far and His Kitab Al-Kharaj Wa-Sina'at Al-Kitaba*, Leiden, 2003.
Herman, Ann, *The Spread of Buddhism*, Leiden, 2007.
Heuser, Manfred und Klimkeit, Hans-Joachim, *Studies in Manichaean Literature and Art, Nag Hammadi and Manichean Studies XLVI*, Leiden, 1998.
Hillier, Jack, *The Art of the Japanese Book*, London, 2007.
Hinton, David (Hg. und Übers.), *The Selected Poems of Po Chü-i*, London, 2006.
Hoang, Michael, *Genghis Khan*, London, 1990.
Hoberman, Barry, »The Battle of Talas«, in: *Saudi Aramco World*, September/October 1982.
Hodgson, Marshall G. S., *The Venture of Islam*, Bd. I: *The Classical Age of Islam*, Chicago/London, 1977.
Hoernle, A. F. Rudolf, »Who was the inventor of rag paper?«, in: *Journal of the Royal Asiatic Society of Great Britain and Northern Ireland*, 1903.
Hoggart, Richard, *The Uses of Literacy*, Harmondsworth, 1957.
Hongkyung Kim, »The original compilation of the Laozi: A contending theory on its Qin origin«, in: *Journal of Chinese Philosophy* 34 (4), 2007.
Houston, Stephen D. (Hg.), *The First Writing*, Cambridge, UK, 2004.
Hull, S., *Chaste, Silent and Obedient: English Books for Women 1475–1640*, San Marino, CA, 1982.
Hunter, Dard, *Papermaking: The History and Technique of an Ancient Craft*, New York, 1947.
Idema, Wilt und Haft, Lloyd, *A Guide to Chinese Literature*, Ann Arbor, Mich., 1997.
Imamuddin, S. M., *Arab Writing and Arab Libraries*, London, 1983.
Ivanhoe, Philip J., *The Daodejing of Laozi*, Indianapolis/Cambridge, 2002.
Jack, Belinda Elizabeth, *The Woman Reader*, New Haven, Conn., 2012.
Jasnow, Richard und Zauzich, Karl-Theodor, *The Ancient Egyptian Book of Thoth: A Demotic Discourse on Knowledge and Pendant to the Classical Hermetica*, Wiesbaden, 2005.
Jayne, Sears Reynolds, *Library Catalogues of the Renaissance*, Berkeley, Cal., 1956.
Jeffery, Arthur, *Materials for the History of the Text of the Qur'an: The Old Codices*, Leiden, 1937.
Johns, Adrian, *The Nature of the Book: Print and Knowledge in the Making*, Chicago, Ill., 2000.

Juvaini, 'Ala-ad-Din 'Ata-Malik, *The History of the World-Conqueror*, übersetzt aus der Schrift des Mirza Muhammad Qazvini von John Andrew Boyle, 2 Bde. Manchester, 1958/1997.
Karabacek, J. und Baker, Don, *Arab Paper*, London, 2007.
Kennedy, Hugh, *The Court of the Caliphs: The Rise and Fall of Islam's Greatest Dynasty*, London, 2004.
Kessler, Konrad, *Mani: Forschungen über die manichäische Religion. Ein Beitrag zur vergleichenden Religionsgeschichte des Orients*, Berlin, 1889.
Khoo Seow Hwa und Penrose, Nancy L., *Behind the Brushstrokes: Appreciating Chinese Calligraphy*, Hongkong, 1993.
Kim, H. G., »Printing in Korea and its Impact on her Culture«, Dissertation, University of Chicago, 1973.
Klimkeit, Hans-Joachim, *Gnosis on the Silk Road*, San Francisco, 1992.
Knobloch, Edgar, *Monuments of Central Asia*, London/New York, 2001.
Kohn, Livia und Lafargue, Michael, *Lao-tzu and the Tao-te-Ching*, Albany, NY, 1998.
Konkola, Kari und MacCulloch, Diarmaid, »People of the Book: the success of the Reformation«, in: *History Today*, 53 (10), Okt. 2003.
Kornicki, Peter F., *The Book in Japan: A Cultural History from Beginnings to the Nineteenth Century*, Leiden, 1998.
Kramer, Samuel Noah, *History Begins at Sumer*, London, 1981).
Kraus, Richard Kurt, *Brushes With Power: Modern Politics and the Chinese Art of Calligraphy*, Berkeley/Los Angeles, CA, 1991.
Lai, T. C., *Treasures of a Chinese Studio: Ink, Brush, Inkstone, Paper*, Kowloon, 1976.
Lancaster, Lewis R., *Introduction of Buddhism to Korea*, Berkeley, CA, 1989.
– *The Korean Buddhist Canon, A Descriptive Catalogue*, Berkeley/London, 1979.
Laotse, *Tao Te King*, übertragen von Richard Wilhelm, Leipzig, 1910.
Lawrence, Bruce B., *The Quran: A Biography*, London, 2006.
Ledderose, Lothar, *Ten Thousand Things: Module and Mass Production in Art*, Princeton, NJ, 2000.
Ledyard, Gari Keith, *The Korean Language Reform of 1446*, Dissertation (UMI Dissertation Services), Seoul, 1998.
Lee, Peter, *Sourcebook of Korean Civilization*, New York, 1993.
Lee, Thomas H.C., »Life in the schools of Sung China«, in: *Journal of Asian Studies* 37 (1), 1977.
Legge, James (Übers.), *A Record of Buddhistic Kingdoms; Being an account by the Chinese monk Fa-Hien of his travels in India and Ceylon (A.D. 399–414) in search of the Buddhist Books of Discipline*, Oxford, 1886.

- (Übers.), »Bamboo Annals«, in: *The Chinese Classics*, London, 1871.
Lester, Toby, »What is the Koran?«, in: *Atlantic Monthly* 283 (1), 1999.
Levi, Anthony, *Renaissance and Reformation: The Intellectual Genesis*, New Haven, Conn., 2002.
Lévy, André, *Chinese Literature, Ancient and Classical*, Bloomington, Ind., 2000.
Levy, Howard S., *Translations from Po Chü-i's Collected Works*, New York, 1971.
Lewis, Mark Edward, *China Between Empires*, Cambridge, Mass., 2009.
- *Writing and Authority in Early China*, Albany, NY, 1999.
Li Chi, *The Beginning of Chinese Civilization; Three Lectures Illustrated with Finds at An Yang*, Seattle, Wash., 1957.
Li Feng, »Literacy and the social contexts of writing in the Western Zhou«, in: *Writing and Literacy in Early China*, herausgegeben von Li Feng und David Prader Banner, Seattle, Wash., 2011.
Lieu, Samuel N. C., *Manichaeism in China and Central Asia*, Leiden, 1998.
- *The Religion of Light: An Introduction to the History of Manichaeism in China*, Hongkong, 1979.
Lings, Martin und Safadi, Hassin, *The Qur'an: Catalogue of an Exhibition of Qur'an Manuscripts at the British Library, 3 April–15 August 1976*, London, 1976.
Lopez, Donald S. jr., *Buddhism in Practice*, Princeton, NJ, 1995.
Loveday, Helen, *Islamic Paper: A Study of the Ancient Craft*, London, 2007.
Lundbaek, Knud, »The first translation from a Confucian classic in Europe«, in: *China Mission Studies (1550–1800) Bulletin* 1, 1979.
Luo, Shubao, *An Illustrated History of Printing in China*, Hongkong, 1998.
Lurie, David, »The subterranean archives of early Japan: recently discovered sources for the study of writing and literacy«, in: *Books in Numbers*, herausgegeben von Lucille Chia und W. L. Idema, Cambridge, Mass., 2007.
Luther, Martin, *Luther Deutsch. Die Werke Martin Luthers in neuer Auswahl für die Gegenwart. Die Briefe*, herausgegeben von Kurt Aland, Göttingen, 1983.
Luxenberg, Christoph, *Die Syro-Aramäische Lesart des Koran: Ein Beitrag zur Entschlüsselung der Koransprache*, Berlin, 2007.
Lyons, Jonathan, *The House of Wisdom: How the Arabs Transformed Western Civilisation*, London, 2009.
Mabie, Hamilton Wright, *Norse Mythology: Great Stories from the Eddas*, New York, 2002.
Mair, Victor H., *The Shorter Colombia Anthology of Chinese Literature*, New York, 2000.

- »Buddhism and the rise of the written vernacular in East Asia: the making of national languages«, in: *Journal of Asian Studies* 53 (3), 1994.
- »Script and language in medieval vernacular Sinitic«, in: *Journal of the American Oriental Society* 112 (2), 1992.
- *T'ang Transformation Texts: A Study of the Buddhist Contribution to the Rise of Vernacular Fiction and Drama in China*, Cambridge, Mass., 1989.
- *Tun-huang Popular Narratives*, Cambridge, UK, 1983.

Mandelstam, Ossip, *Das Rauschen der Zeit. Gesammelte »autobiographische« Prosa der 20er Jahre*, aus dem Russischen übertragen und herausgegeben von Ralph Dutli, Frankfurt a. M., 1989.

Manguel, Alberto, *A History of Reading*, London, 1996.

Mann, Nicholas, »Petrarca Philobiblon: The author and his books«, in: *Literary Cultures and the Material Book*, herausgegeben von Simon Eliot et al., London, 2007.

Martin, Henri-Jean und Cochrane, Lydia G., *The History and Power of Writing*, Chicago, Ill., 1994.

Mason, Haydn T., *The Darnton Debate: Books and Revolution in the Eighteenth Century*, Oxford, 1998.

McAuliffe, Jane Dammen, *The Cambridge Companion to the Quran*, Cambridge, UK, 2006.

MacCulloch, Diarmaid, *Die Reformation 1490–1700*, aus dem Englischen von Helke Voß-Becher, Klaus Binder, Bernd Leineweber, München, 2008.
- *Reformation: Europe's House Divided 1490–1700*, London, 2004.
- *Thomas Cranmer: A Life*, New Haven, Conn., 1996.

McDermott, Joseph P., *A Social History of the Chinese Book: Books and Literati Culture in Late Imperial China*, Hongkong, 2006.

McKenzie, Donald Francis, *Oral Culture, Literacy and Print in Early New Zealand: The Treaty of Waitangi*, Wellington, NZ, 1985.

McMullen, David, *State and Scholars in Tang China*, Cambridge, UK, 1988.

McNair, Amy, *Donors of Longmen*, Honolulu, Hawaii, 2007.

Melton, James van Horn, *Cultures of Communication from Reformation to Enlightenment: Constructing Publics in the Early Modern German Lands*, Aldershot, 2002.
- *The Rise of the Public in Enlightenment Europe*, New York/Cambridge, UK, 2001.

Miller, Constance R., *Technical Prerequisite for the Invention of Printing in China and the West*, San Francisco, CA, 1983.

Milton, John, *Areopagitica, »Ansprache an das Parlament von England: Für die Freiheit des unzensierten Druckes«* (London, 1644), in: John Milton, *Zur Verteidigung der Freiheit, Sozialphilosophische Traktate*, herausgegeben von Hermann Klenner, aus dem Englischen übertragen von Klaus Udo Szudra, Leipzig, 1987.

Mirsky, Jeannette, *Sir Aurel Stein: Archaeological Explorer*, Chicago, Ill., 1998.

Miyazaki, Ichisada, *China's Examination Hell: The Civil Service Examinations of Imperial China*, New Haven, Conn./London, 1981.

Mollier, Christine, *Buddhism and Taoism Face to Face*, Honolulu, Hawaii, 2008.

Morgan, David, *The Mongols*, Oxford, 1990.

Müller, F. Max, *The Sacred Books of the East*, Oxford, 1879–1910.

Mullett, Michael A., *Martin Luther*, London/New York, 2004.

Myers, Robin, *The Stationers Company Archive: An Account of the Records 1554–1984*, Winchester, 1990.

Narain, A. K., *Studies in the History of Buddhism*, Neu Delhi, 2000.

Nasr, Seyyed Hossein, *Science and Civilization in Islam*, Chicago, Ill., 2001.

Nattier, Jan, *A Guide to the Earliest Chinese Buddhist Translation*, Tokio, 2008.

Needham, Joseph, *Science and Civilisation in China*, 17 Bde., Cambridge, 1954–1995 (vgl. *Wissenschaft und Zivilisation in China*, Bd. 1 der von Colin A. Ronan gekürzten Ausgabe, übersetzt von Rainer Herbster, Frankfurt a. M., 1984).

Neuwirth, Angelika, Sinai, Nicolai und Marx, Michael, *The Qur'an in Context: Historical and Literary Investigations into the Qur'anic Milieu*, Leiden/Boston, 2010.

Noble, Richmond Samuel Howe, *Shakespeare's Biblical Knowledge: and the Use of the Book of Common Prayer as Exemplified in the Plays of the First Folio*, New York, 1935.

Olivelle, Patrick (Übers.), *The Law Code of Manu*, Oxford, 2004.

Paul Adams, Angela und Paul Adams, Willi (Hg.), *Alexander Hamilton, James Madison, John Jay, Die Federalist-Artikel. Politische Theorie und Verfassungskommentar der amerikanischen Gründerväter*, mit dem englischen und deutschen Text der Verfassung der USA, Paderborn, 1994.

Payne, Richard Karl, *Discourse and Ideology in Medieval Japanese Buddhism*, London, 2006.

Peters, F. E., *The Voice, the Word, the Books: The Sacred Scriptures of the Jews, the Muslims, the Christians*, Princeton, 2007.

Petrarca, Francesco, *Familiaria. Bücher der Vertraulichkeiten*, herausgegeben und übersetzt von Berthe Widmer, Bd. 2, Berlin, 2009.

Pettegree, Andrew, *The Book in the Renaissance*, New Haven, Conn./London, 2011.

- *The French Book and the European World*, Leiden, 2007.
Pinto, Olga, »The libraries of the Arabs during the time of the Abbasids«, in: *Islamic Culture* 3, Hyderabad: Academic and Cultural Publications Charitable Trust, 1929.
Polastron, Lucien, *Books on Fire: The Tumultuous Stories of the World's Great Libraries*, London, 2007.
Polo, Marco, *Die Wunder der Welt. Die Reise nach China an den Hof des Kublai Khan: IL MILIONE*, Kap. XCVI, Übersetzung aus altfranzösischen und lateinischen Quellen von Else Guignard, Zürich, 1983.
Reeve, John (Hg.), *Sacred: Exhibition Catalogue*, London, 2007.
Reynolds, Gabriel Said, *The Qur'an in its Historical Context*, London/New York, 2008.
Rezvan, E. A., »The Quran and its world. VI: Emergence of the canon: the struggle for uniformity«, in: *Manuscripta Orientalia* 4 (2), 1998.
Richardson, Brian F., »The diffusion of literature in Renaissance Italy: The case of Pietro Bembo«, in: *Literary Cultures and the Material Book*, herausgegeben von Simon Eliot et al., London, 2007.
- *Printing, Writers and Readers in Renaissance Italy*, Cambridge, UK, 1999.
Robinson, Chase F. (Hg.), *The New Cambridge History of Islam*, Bd. I: *The Formation of the Islamic World, Sixth to Eleventh Centuries*, Cambridge, UK, 2010.
- (Hg.), *The New Cambridge History of Islam*, Bd. III: *The Eastern Islamic World, Eleventh to Eighteenth Centuries*, Cambridge, UK, 2010.
Rogerson, Barnaby, *The Heirs of the Prophet Muhammad and the Roots of the Sunni-Shia Schism*, London, 2006.
- *The Prophet Muhammad*, London, 2003.
Saenger, Paul, »Reading in the later Middle Ages«, in: *A History of Reading in the West*, herausgegeben von Guglielmio Cavallo und Roger Chartier, Oxford, 1999.
- »The history of reading«, in: *Literacy: An International Handbook*, herausgegeben von Daniel A. Wagner et al., Boulder, Col., 1999.
- *Space Between Words: The Origins of Silent Reading*, Stanford, CA, 1997.
Saheeh International (Hg.), *The Qur'an*, Riad, 1997.
Said, Labib, *The Recited Koran: A History of the First Recorded Version*, Princeton, NJ, 1975.
Sanford, James H., LaFleur, William R. und Nagatomi, Masatoshi, *Flowing Traces: Buddhism in the Literary and Visual Arts of Japan*, Princeton, NJ, 1992.
Sato, Masayuki, *The Confucian Quest for Order: The Origin and Formation of the Political Thought of Xunzi*, Leiden/Boston, 2003.

Schafer, Edward H., *The Golden Peaches of Samarkand: A Study of Tang Exotics*, Berkeley, CA, 1963.
Schaff, Philip, *A Select Library of the Nicene and Post-Nicene Fathers of the Christian Church*, Grand Rapids, Mich., 1956.
Schimmel, Annemarie, *Calligraphy and Islamic Culture*, Albany, NY, 1984.
Schmidt, J. D., *Harmony Garden: The Life, Literary Criticism, and Poetry of Yuan Mei (1716–1798)*, London, 2003.
Scribner, Robert, *For the Sake of Simple Folk: Popular Propaganda for the German Reformation*, Oxford/New York, 1994.
Sellman, James D., *Timing and Rulership in Master Lu's Spring and Autumn Annals*, Albany, NY, 2002.
Sells, Michael, *Approaching the Qur'an: The Early Revelations*, Ashland, 2007.
Service, Robert, *Stalin. A Biography*, London, 2004.
Sharpe, Kevin, *The Politics of Reading in Early Modern England*, New Haven, Conn., 2000.
Shaughnessy, Edward L., *Before Confucius: Studies in the Creation of the Chinese Classics*, Albany, NY, 1997.
– *Sources of Early Chinese History*, Berkeley, CA, 1997.
Sherman, William, *Used Books: Marking Readers in Renaissance England*, Philadelphia, Penn., 2008.
Shillingsburg, Peter L., *From Gutenberg to Google: Electronic Representations of Literary Texts*, Cambridge, UK, 2006.
Sid, Muhammad Ata, *The Hermeneutical Problem of the Qur'an in Islamic History*, London, 1981.
Sima Qian, *Records of the Grand Historian, Han Dynasty I and II*, übersetzt von Burton Watson, New York/Hongkong, 1993.
Sinai, Nicolai, »The Qur'an as process«, in: *The Qur'an in Context*, herausgegeben von Angelika Neuwirth, Nicolai Sinai und Michael Marx, Leiden/Boston, 2010.
Sinor, Denis (Hg.), *The Cambridge History of Early Inner Asia*, Cambridge, UK, 1990.
Slater, John Rothwell, *Printing and the Renaissance: A Paper Read before the Fortnightly Club of Rochester, New York*, New York, 1921.
Soll, Jacob, *Publishing The Prince: History, Reading, and the Birth of Political Criticism*, Ann Arbor, Mich., 2008.
Soucek, Svat, *A History of Inner Asia*, Cambridge, UK, 2000.
Spence, Jonathan D., *The Search for Modern China*, New York/London, 1999.
Stein, Aurel, *On Ancient Central Asian Tracks*, London, 1941.
Stock, Brian, *Augustine the Reader: Meditation, Self-knowledge and the Ethics of Interpretation*, Cambridge, Mass., 1996.

Suarez, Michael F. und Woudhuysen, H. R., *The Oxford Companion to the Book*, Bde. I & II, Oxford, 2010.

Sugarman, Judith, »Hand papermaking in China«, in: *Hand Papermaking* 5 (1), 1990.

Sun Dayu (Übers.), *An Anthology of Ancient Chinese Poetry and Prose*, Shanghai, 1997.

Sutherland, John, »Victorian novelists: who were they?«, in: *Victorian Writers, Publishers, Readers*, New York, 1995.

Tanaka, Kenneth, *The Dawn of Chinese Pure Land Buddhist Doctrine*, Albany, NY, 1990.

Taylor, Charles, *Quellen des Selbst: Die Entstehung der neuzeitlichen Identität*, übersetzt von Joachim Schulte, Frankfurt am Main, 1996.

Thien An, *Buddhism and Zen in Vietnam in Relation to the Development of Buddhism in Asia*, Tokio, 1975.

Thompson, Claudia, *Recycled Papers: The Essential Guide*, Boston, Mass., 1992.

Tseng Yuho, *A History of Chinese Calligraphy*, Hongkong, 1993.

Tsien Tsuen-hsuin, *Collected Writings on Chinese Culture*, Hongkong, 2011.

– *Written on Bamboo and Silk: The Beginnings of Chinese Books and Inscriptions*, Chicago/London, 2004.

Tsukamoto, Zenryu, *A History of Early Chinese Buddhism: From its Introduction to the Death of Hui-yüan*, New York, 1985.

Tyson, Gerald P. und Wagenheim, Sylvia Stoler, *Print and Culture in the Renaissance: Essays on the Advent of Printing in Europe*, Newark, NJ, 1986.

Vasari, Giorgio, *Leben der ausgezeichnetsten Maler, Bildhauer und Baumeister von Cimabue bis zum Jahre 1567*, übersetzt von Ludwig Schorn und Ernst Förster, Stuttgart/Tübingen 1832–1849.

– *Das Leben des Brunelleschi und des Alberti*, herausgegeben von Alessandro Nova u. a., neu ins Deutsche übersetzt von Victoria Lorini, Edition Giorgio Vasari Wagenbach, Berlin 2012.

Waley, Arthur (Hg. u. Übers.), *Chinese Poems*, London, 1956.

– *The Life and Times of Po Chü-i, 772–846 ad*, London, 1949.

Ward, Jean Elizabeth, *Po Chu-i: A Homage:* www.Lulu.com, 2008.

Warraq, Ibn, *Which Koran? Variants, Manuscripts, Linguistics*, Amherst, NY, 2011.

– *The Origins of the Koran*, Amherst, NY, 1998.

Watson, Burton, *The Columbia Book of Chinese Poetry: From Early Times to the Thirteenth Century*, New York, 1984.

Watson, Peter, *Der Deutsche Genius. Eine Geistes- und Kulturgeschichte von*

Bach bis Benedikt XVI., aus dem Englischen von Yvonne Badal, München, 2010.

Weiss, Piero und Taruskin, Richard, *Music in the Western World: A History in Documents*, New York, 1984.

Welch, Theodore F., *Toshokan: Libraries in Japanese Society*, London, 1976.

Wells, Stanley und Taylor, Gary (Hg.), *The Oxford Shakespeare: The Complete Works*, Oxford, 1988.

Wessels, Anton, *Understanding the Qur'an*, London, 2001.

Westcott, W. W., *Sepher Yetzirah* (1887) Cambridge, UK, 1978.

Whitfield, Susan, *Life Along the Silk Road*, London, 1999.

Wiet, Gaston, *Baghdad: Metropolis of the Abbasid Caliphate*, Oklahoma, 1971.

Wild, Stefan, *The Quran as Text*, Leiden, 1997.

Wilkinson, Endymio (Hg.), *Chinese History: A Manual*, Cambridge, Mass., 2000.

Willes, Margaret, *Reading Matters: Five Centuries of Discovering Books*, New Haven, Conn., 2008.

Wilson, Derek, *Out of the Storm: Life and Legacy of Martin Luther*, London, 2007.

Wolff, Christoph, *Johann Sebastian Bach*, aus dem Englischen von Bettina Obrecht, Frankfurt a. M., 4. Auflage der aktualisierten Neuausgabe, 2011.

Woolf, Greg, »Power and the spread of writing in the West«, in: *Literacy and Power in the Ancient World*, herausgegeben von Alan K. Bowman und Greg Woolf, Cambridge, UK, 1994.

Wright, Arthur F. und Somers, Robert M. (Hg.), *Studies in Chinese Buddhism*, New Haven, Conn., 1990.

Wright, Arthur F. und Twitchett, Denis, *Confucian Personalities*, Stanford, CA, 1962.

Wu, K.T., »Chinese printing under four alien dynasties: 916–1368 ad«, in: *Harvard Journal of Asiatic Studies* 13 (3/4), 1950.

Wu Shuling, »The development of poetry helped by ancient postal service in the Tang dynasty«, in: *Frontiers of Literary Studies in China* 4 (4), 2010.

Wu Wie (Übers.), *The I Ching*, Los Angeles, CA, 2005.

Xiao, Gongquan und Mote, Frederick W., *A History of Chinese Political Thought*, Bd. I: *From the Beginnings to the Sixth Century bc*, Princeton, NJ, 1979.

Xiong, Victor Cunrui, *Sui-Tang Chang'an: A Study in the Urban History of Medieval China*, Ann Arbor, Mich., 2000.

Xueqin Li, et al., »The earliest writing? Sign use in the seventh millennium BC at Jiahu, Henan province, China«, in: *Antiquity* 77 (295), 2003.

Yang Xuanzhi, *A Record of Buddhist Monasteries in Luoyang*, trans. Yitung Wang, Princeton, NJ, 1984.

Yates, Robin D. S., »Soldiers, scribes and women: literacy among the lower orders in China«, in: *Writing and Literacy in Early China*, herausgegeben von Li Feng und David Prader Banner, Seattle, Wash., 2011.

Yu, Pauline, Bol, et al., *Ways with Words: Writing About Reading Texts from Early China*, Berkeley, CA, 2000.

Zekl, Hans Günter (Hg.), Nikolaus Kopernikus: *Das neue Weltbild. Drei Texte: Commentariolus, Brief gegen Werner, De revolutionibus I*, im Anhang eine Auswahl aus der *Narratio prima* des G. J. Rheticus. Lateinisch-deutsch, Hamburg, 1990.

Zha Pingqiu, »The substitution of paper for bamboo and the new trend of literary development in the Han, Wei and early Jin dynasties«, in: *Frontiers of Literary Studies in China* 1 (1), 2007.

Zürcher, Erik, »Buddhism and education in Tang times«, in: *Neo-Confucian Education: The Formative Stage*, herausgegeben von William Theodore de Bary und John W. Chaffee, Berkeley, CA, 1989.

– *The Buddhist Conquest of China: The Spread and Adaptation of Buddhism in Early Medieval China*, Leiden, 1959.

# Personenregister

Abd al-Hamid al-Lahiqi 264
Abu Bakr 'Atiq al-Sūrābādī 270
Abū Bakr 290 f.
Abu Bakr al-Anbari 322
Abu Muslim 229
Abud ad-Daula (Kalif) 326
al-'Azīz (Kalif) 325
al-Abrash, Salam 313
al-Bawardi 319
al-Bayhaqi 301
al-Buchārī, Muhammad ibn Ismāīl 265
al-Gahiz, Amr ibn Bahr 320
al-Hakam II. 328
al-Halladsch 252
al-Khwārizmī 321
al-Kindī 321
al-Ma'mūn (Kalif) 321
al-Manṣūr (Kalif) 312, 320
al-Mùqaddasī, Muḥammad ibn Aḥmad 265
al-Tabarí 325
al-Tha'ālibī, Abd-al Malik ibn Muhammad 232, 308
Albrecht II. (Erzbischof) 360
Albrecht von Brandenburg (Erzbischof) 361
Alexander der Große 42, 46, 106, 232, 268
Allen, Percy Stafford 109
Amsdorf, Nicolao von 374
An Shigao 124 f.

Archimedes von Syrakus 321
Aristoteles 321, 328, 376, 406
Atogi 165 f.
Attaingnant, Pierre 420
Auden, Wystan Hugh 38
Augustinus von Hippo 41, 145 f., 252, 357
Aurel, Marc 105
Austen, Jane 439
Averroës 327
Avicenna 327, 351
Babur (Enkel Timurs) 273
Bach, Johann Christoph 427
Bach, Johann Sebastian 426 f.
Bai Juyi 190–198, 200–222
Balzac, Honoré de 479
Ban Gu 72, 76
Ban Zhao 72
Bardesanes 246
Barmak, Faḍl ibn Yahyā ibn 310 f.
Barmak, Ja'far ibn Yahyā ibn 310 f., 313
Barmak, Khālid ibn 309 f.
Barmak, Yahyā ibn Khālid ibn 310
Barnes, Robert 386
Bayle, Pierre 453 f.
Beaumarchais, Pierre-Augustin Caron de 462
Beda Venerabilis 332
Beethoven, Ludwig van 443
Benedict Biscop 332

517

Bergsträßer, Gotthelf 286
Bessarion, Basilius (Kardinal) 420
Bi Sheng 347
Bisticci, Vespasiano da 345
Boccaccio, Giovanni 345, 410
Boleyn, Anne 385
Bonifazius VIII. (Papst) 401
Bothmer, Hans-Caspar Graf von 299
Boyle, Richard 417
Brunelleschi, Filippo 413 f., 418
Buddha Sakyamuni 121, 123 f., 127, 129 f., 156, 166 ff., 205, 238 f.
Bulghai 180

Cabezón, Antonio de 424
Cai Lun 27 f., 92–98, 101, 340
Cajetan, Thomas (Kardinal) 363
Calvin, Johannes 399 f.
Cao Pi 53
Carolus, Johann 447
Cascardi, Anthony J. 433
Caxton, William 448
Cennini, Cennino 412
Cervantes, Miguel de 433
Chaucer, Geoffrey 353
Cheng (chin. Kaiser) 89
Chosrau I. 309
Chrysoloras, Manuel 344
Cicero, Marcus Tullius 43
Clemens V. (Papst) 410
Cochläus, Johannes 381
Colenso, William 475
Coleridge, Samuel Taylor 183
Colet, John 386
County, Salem 469
Coverdale, Miles 387, 394
Cranach, Lucas 380, 382
Cranmer, Thomas (Erzbischof v. Canterbury) 386 f., 394
Creel, Herrlee 102

Cromwell, Thomas (Lord Chancellor) 394
Cui Yuan 98

Daniell, David 393
Dante Alighieri 351
Darwin, Charles 409, 443
de la Houssaye, Abraham-Nicolas Amelot 455 f.
de Worde, Wynkyn 448, 450
della Torre, Giacomo Antonio (ital. Bischof) 443
Deng Sui (chin. Kaiserin) 28, 92, 95–98, 101
Descartes, René 479
Desprez, Josquin 422
Dickens, Arthur Geoffrey 368
Diderot, Denis 458, 460, 462
Dinh Bo Linh 177
Dong Zhongshu 74 f.
Dou Zhang 100
Dschingis Khan 180 ff., 253, 257, 271
Du Fu 214, 222
Du Jin 70
Duban (Arzt) 321

Eck, Johannes 363
Edison, Thomas 443
Edwards, Mark 366–369
Einstein, Albert 409
Emser, Hieronymus 367
Ephraem der Syrer 246
Erasmus von Rotterdam 14, 355, 359–362, 398, 431, 435
Euklid von Alexandria 321

Fa Xian 133
Ficino, Marsilio 344
Flaubert, Gustave 34, 437

Fo Tu Deng 155
Fourdrinier, Henry 466
Fourdrinier, Sealy 466
Foxe, Edward (Bischof v. Hereford) 391
Franco, Cirillo (Bischof) 423
Franz I. (Frankreich) 435
Friedrich II. (HRR) 338
Friedrich III. (Kurfürst, Sachsen) 354, 378, 381
Fu Nu 70
Fu Sheng 69 ff.
Fu Xian 140 f.

Galenos von Pergamon 321
Galilei, Galileo 407 ff.
Gao (chin. Kaiser) 72 f.
Gao Xianzhi 230 f.
Gao Yang 25
Gauhar Shad, Agha 274
Ge Gong 98
Gelber Kaiser *siehe* Huáng Dì
Georg der Bärtige (Herzog v. Sachsen) 367, 381
Giles, Lionel 137
Goethe, Johann Wolfgang von 14
Gonzaga (Familie) 444
Goscinny, René 479
Grafton, Richard 394
Gregor der Große 331, 401
Gregor IV. (Papst) 401
Griffith, Sidney H. 285
Gu Kuang 193
Gualtruzzi, Ugolino 423
Gutenberg, Johannes 247 ff., 369, 419, 443

Hamilton, Alexander 468
Hārūn ar-Rašīd (Kalif) 310, 313
Hawksmoor, Nicholas 417

He (chin. Kaiser) 92, 95
Heinrich VIII. (England) 384 ff., 394
Hernández de Toledo, Francisco 94
Hieronymus 398
Hippokrates von Kos 321
Hirschler, Ignaz 106
Hoban, James 417
Hobson, William 474
Hu Shi 223
Huáng Dì 48
Huang Yi 140
Huisi 146
Hunter, Dard 27
Hus, Jan 398

Ibn al-Bawwāb 312
Ibn al-Faqīh 308
Ibn al-Muqaffa 264
Ibn al-Nadīm 253, 267, 321
Ibn Isḥāq, Muhammad 266
Ibn Khaldūn 261 f., 293, 311
Ibn Muhammad, Miskawayh Ahmed 252
Ibn Muqla 315
Ibn Salih, Zayid 230
Ibn Thābit, Zaid 279, 291 f.
Ibsen, Henrik 223
Ichadon 156
'Isḥāq, Husain bin 321

James I. (König) 428
James, Henry 433
Jami, Nur ad-Din 272
Jay, John 468
Jefferson, Thomas 416 f., 443
Jeffrey, Arthur 286
Jesus von Nazareth 196, 238 f., 284 f., 288, 296
Jiang Chong 89
John of Salisbury 430

Johns, Adrian 409
Jones, Inigo 415 ff.
Joyce, James 22
Joye, George 390
Junker Jörg *siehe* Luther

Kao 229
Karl V. (HRR) 378
Katharina von Aragon 385
Khadīja 281
Khwaja Ahrar (Scheich) 272
Kiyomori, Taira no 171
Koenig, Johann Friedrich Gottlob 466
Konfuzius 28, 50 f., 54, 61 f., 64–68, 82, 148 f., 166, 194
Konstantin der Große 401
Kopernikus, Nikolaus 405 f., 408 f.
Kublai Khan 183 f.
Kumarajiva 133
Kwalluk 166
Kyomik 155 f.

La Fayette, Marie-Madeleine de 436 f.
La Rochefoucauld, François de 436
Laozi 61–64, 66 f., 127, 129 f., 148 f., 194
Larkin, Philip 243
Latimer, Hugh 387
Lavoisier, Antoine Laurent de 409
Le Coq, Albert von 107 f., 110, 242
Lenin, Wladimir Iljitsch 14
Leo X. (Papst) 360, 362
Leonardo da Vinci 413, 443
Li Bai 214, 222
Li Chengqian (chin. Kronprinz) 234 f.
Li Si 69

Liu (Familie) 204
Liu Bang *siehe* Gao (chin. Kaiser)
Liu Bannong 224
Liu E 49 f.
Livius 334
Lodge, Thomas 430
Lokaksema 124 f.
Lu Ji 100, 141 f.
Lu Jia 72 f.
Lu You 79
Ludwig XIV. 456 f.
Luther, Hans 357
Luther, Margarete 356
Luther, Martin 14, 344 f., 354–392, 398 ff., 403–406, 408, 411, 422 f., 426, 435, 479 f., 484
Luxenberg, Christoph 285
Lyons, Jonathan 327

Ma Jian 55
Ma Rong 100
Machiavelli, Niccolò 455 f.
Madison, James 468
Malesherbes, Guillaume-Chrétien de Lamoignon de 460
Mani (Religionsstifter) 238–241, 243, 245, 247 f., 251, 253
Mao Zedong 15, 51 f.
Maranata 155
Margarete von Angoulême 435
Marie de Gournay 436
Marlowe, Christopher 257, 392
Marx, Michael 287 f.
Matthew, Thomas (Pseudonym) *siehe* Tyndale u. Rogers
Maximilian I. (HRR) 363
Medici, Cosimo de' 344 f.
Medici, Lorenzo de' 444
Melanchthon, Philipp 399, 404 f.
Melville, Herman 433

Meres, Francis 432
Mi Heng 140f.
Milton, John 396, 407, 441
Ming (chin. Kaiser) 121, 154
Mir Ali Heravi 316
Mirabeau, Honoré de 458f.
Moderne, Jacques 425
Mohammed (Prophet) 29, 278–284, 289–293, 299f., 319, 325
Moksala 125
Montesquieu, Charles de Secondat, Baron de 464
Morus, Thomas 362, 384, 389, 391f.
Muslim ibn al-Ḥajjāj 265
Myonggwan 157

Nabokov, Vladimir 33f.
Nani, Leone 88, 474
Napoleon (Napoleon Bonaparte) 456
Needham, Joseph 86
Neuwirth, Angelika 287
Newton, Isaac 408f., 443

Osiander, Andreas 405f.
Ovid 431

Paine, Thomas 467
Palestrina, Giovanni Pierluigi da 424–427
Palladio, Andrea 414–417
Parvus, Johannes 425
Paulus von Tarsus 41, 357f., 390
Pelliot, Paul 108, 112f., 130
Petrarca, Francesco 345, 384, 410
Petrucci, Ottaviano dei 419
Philipp I. (der Schöne) 363
Philipp II. (Spanien) 451
Phillips, Henry 393

Picasso, Pablo 83, 443
Platon 321, 344
Plinius der Ältere 86, 145, 312, 442
Poe, Edgar Allen 257
Pollock, Jackson 275
Polo, Marco 9–12, 20, 26, 34, 114, 182
Pound, Ezra 188f.
Pretzl, Otto 286
Ptolemaios, Claudius 321f., 406
Puin, Gerd-Rüdiger 299
Pythagoras von Samos 344

Quentel, Peter 389

Ramelli, Agostino 429
Rey, Marc Michel 458
Rheticus, Georg Joachim 404f.
Rihel, Wendelin 399
Robert, Nicholas-Louis 465
Rogers, John (Theologe) 394
Rolevinck, Werner 353
Rousseau, Jean-Jacques 458, 462, 464
Ru Xiaoxu 143
Ruan Xiaowu 134
Rustell, John 420

Saussure, César de 450
Scamozzi, Vincenzo 415
Schapur I. 240
Schöffer der Jüngere, Peter 390
Schöner, Johannes 405
Scotto, Girolamo 420
Scribner, Robert 369
Sejong der Große 159f.
Sforza (Familie) 444
Shakespeare, William 392, 404, 428–432

Shelley, Percy Bysshe 180
Shi (chin. Kaiser) 202 f.
Shotoku (jap. Kaiserin) 204
Shotoku Taishi (jap. Prinz) 167 f.
Silvester I. (Papst) 401
Sima Qian 61, 63, 69
Sokrates 344
Sol Chong 157
Sontag, Susan 478
Spalatin, Georg 377
Spitaler, Anton 286 f.
Stalin, Josef 456
Stein, Aurel 104-115, 117, 128, 130, 136 ff., 242
Stein, Nathan 106
Stellatus, Marcellus Palingenius 431
Stromer, Ulman 338
Sundo 154 f.
Sungnang 155

Taizong (chin. Kaiser) 184, 196
Tamerlan *siehe* Timur
Tamjing 166 f.
Tan Shi 155
Tang, König 95
Taxis, Franz von 363
Taylor, Charles 438
Temmu 167 f.
Temudschin *siehe* Dschingis Khan
Terenz 334
Tetzel, Johann 360, 362
Thorpe, Thomas 432
Timur 257-261, 268 f., 272 f., 276 f.
Tocqueville, Alexis de 443
Toghun Timur (Kaiser) 184
Tolstoi, Lew Nikolajewitsch 14
Tolui (Sohn des Dschingis Khan) 181
Trissino, Giangiorgio 415

Tschagatai (2. Sohn des Dschingis Khan) 271
Tughluq 256
Tunstall, Cuthbert 389, 392
Tyndale, William 386-394, 396

Uderzo, Albert 479
Ulugh Beg 259 f.
Umar (Kalif) 263
Uthmān 291 ff., 303

Valla, Lorenzo 401
Vasari, Giorgio 30, 413 f.
Vergil 334
Vitruv, Marcus 415
Voltaire 458 f., 462, 464, 479

Walahfrid von der Reichenau (gen. Strabo) 334
Waley, Arthur 211
Wang Bi 142
Wang Chong 75
Wang Jirong 49 f.
Wang Xiang 144
Wang Xizhi (Kalligraf) 83-88, 101 ff., 141
Wang Yuanlu 104 f., 110 ff., 136
Wani 165 f.
Webb, Richard 387
Wen (chin. Kaiser) 69
Wenxuan (chin. Kaiser) 189
Whitchurch, Edward 394
Wilkinson, Endymion 144 f.
Wood, Geoffrey 139
Wren, Christopher 417
Wu (chin. Kaiser) 74, 89, 119, 135
Wu Zetian (chin. Kaiserin) 193, 203 f.
Wulfila (Bischof) 46

Wuzong (chin. Kaiser) 199
Wycliffe, John 358, 387f., 393

Xu Shen 90, 116
Xuan Zang 111f., 232

Yan Liben *189*
Yan Xiong 80f.
Yan Ze 104
Yang Xin (Kalligraf) 21–24, *203*
Yasawi, Khoja Ahmed 258
Yuan Chen 197f., 210f., 213–219
Yuan Mei 144

Zarathustra 238f., 265, 280
Zha Pingqiu 143
Zhang Qian 119
Zhao Feiyan (Gattin Kaiser Chengs) 89
Zhi Yu 142f.
Zhongzhong (chin. Kaiser) 130
Zhu Zixing 125
Zoroaster *siehe* Zarathustra
Zuo Si 144
Zürcher, Erik 119

# Sachregister

*(kursiv gesetzte Seitenzahlen verweisen auf Abbildungen)*

Abbasiden 227, 229–232, 263, 266, 306f., 309ff., 317, 320, 323, 325, 329
-kalifat 14, 227ff., 262, 264ff., 296, 306f., 309ff., 315–319, 322, 325ff., 328, 342, 406
Abendland 11f., 20, 30, 40, 86f., 106, 115, 324, 327–330, 333, 339–342, 344f., 347, 349, 353, 355f., 358, 360f., 369, 375, 388, 397f., 400ff., 404, 410f., 415, 422, 441, 476, 479
Achämenidenreich 262, 265
Achten-Ehren-Schreibpapier (jingzhi zizhi) *siehe* Papier
*Achtliederbuch* (Luther) 370
Afghanistan 45, 119, 132, 228, 259, 262, 264, 271, 309
Afrika 31, 262, 477
  Nord- 145, 227, 279, 289, 301, 326, 312
Agha Gauhar Shad (Mausoleum) 274
Ägypten 20, 31, 38f., 46, 146, 242, 244f., 248, 267, 272, 293, 303, 308, 310, 315, 317, 321, 324, 336f.
Ägypter 39, 48
Ahmed-Yasawi-Mausoleum 258f.
akkadische Schrift *siehe* Schrift(en)
al-Andalus 29f., 327ff., 337, 340
Al-Azhar-Moschee 325

Al-Azhar-Universität (Ägypten) 297
Alcalá de Henares 397
Alexandria 42, 314
Algerien 251
*Almagest* (Ptolemaios) 322
Alphabetisierung 25, 42f., 71, 135, 167, 174, 198, 218, 277, 368ff., 372, 434
althebräische Schrift *siehe* Schrift(en)
Altpapier 19, 25
Amatl 31, 94
Amerika 163f., 416f., 451, 467ff., 477
  Mittel- 53, 94
  Nord- 31, 225, 443
  Süd- 31
Amsterdam 407, 447, 452, 452–455, 458
*An den christlichen Adel deutscher Nation* (M. Luther) 374
*Analekten* (Konfuzius) 65, 95, 166
Ancona (Provinz) 338
Annam *siehe* Vietnam
Antwerpen 390, 392ff., 431, 451, 453
*Antwort deutsch Mart. Luthers auf König Heinrichs von England Buch* (M. Luther) 384
Anyang (Henan) 50f., 55
Aotearoa-Insel 475
Araber 263f., 268, 281f., 289, 306, 340

Arabien 278 ff., 288, 290
Arabisch 232, 262–265, 269, 273, 285, 299, 305 ff., 317, 319 f., 328
  Mudari- 319
Arabische Halbinsel 46, 227, 261, 280 f., 288, 290, 326
arabische Schrift *siehe* Schrift(en)
arabisches Papier *siehe* Papier
aramäische Schrift *siehe* Schrift(en)
  Estrangela 249
Architektur/Architekten 257 f., 260, 270, 343, 413–418
*Ardhang* (Mani) 243, 247
*Areopagitica* (J. Milton) 396, 407
Armenien 308
Aschariten 297
*Assertio Septem Sacramentorum adversus Martinum Lutherum* (Heinrich VIII.) 384 f.
Athen 41 f.
Attika 42
Aufklärer 458 f.
Aufklärung 462 f., 483
Aufstand der Gelben Turbane 123
Augsburg 363, 366
Avignon 410, 458
Azteken 31

Baekje-Reich 155 f., 165 f.
Bagdad 13 f., 186, 257, 265, 271, 306, 308–313, 315, 317 f., 320 f., 324, 326, 328 f., 414
Baktra *siehe* Balch
Baktrer 120
Baktrien 119, 228
Balch 309
  Grüne Moschee von – 259
  Schrein von – 309
Balkan 338
Ballhausschwur 461

Bambus 19 ff., 27 ff., 32, 45, 50, 54 f., 57, 60, 66 ff., 71, 73 f., 77–82, 88, 90 f., 93, 97 ff., 101, 114, 117, 123, 126, 132, 135, 140–145, 149, 151, 153 f., 159, 161 f., 278, 333, 337, 482
  -schriftkultur 75
  -zeitalter 80, 141, 144
Barmakiden 308 ff., 313
Basel 338, 366, 380, 407, 416
Basra 293, 326
Bay of Islands 474
Bayerische Akademie der Wissenschaften 286
Bayt al-Hikma *siehe* Haus der Weisheit
Beijing 9–12, 24, 26, 50, 55, 146, 181, 183, 192
Belgien 341
Berberin 205
Bergama 145
Berlin 108, 242
  Berlin-Brandenburgische Akademie der Wissenschaften 287
  Museum für Asiatische Kunst 247
  Museum für Völkerkunde 108
Bewegung des Vierten Mai (China) 223 f.
Bibel 40 f., 64, 80, 161, 296, 300, 335, 351, 354, 363 f., 367, 370 ff., 374, 378 ff., 385–389, 391, 394 f., 397 ff., 407 f., 411, 435, 477, 480, 483
  deutsche – 355
  *English Standard Version* (ESV) 40
  hebräische – 240, 285, 354, 393, 397
  Genfer Bibel(n) 399
  griechische – 354, 387, 397
  King-James-Version 395 f.

lateinische – 349, 397
Luther – 368, 370, 378, 380 f.
Matthew's Bible 394, 396
Vulgata- 354, 359, 372, 378, 387, 393, 397 f.
Bibi-Khanum-Moschee 260
Biblioklasmus 326
Biblioteca Marciana 420
biblische Testamente 285
  Altes Testament 40, 392, 396 f.
  Neues Testament 40, 146, 285, 288, 355, 359, 365, 378–382, 388–392, 395 f., 398 f., 475
Bilbao 337
*Bill of Rights* (Vereinigte Staaten) 470
Bindungstechniken 138
  Außenfalzbindung 138
  Fadenbindung 138
  Schmetterlingsbindung 138
  Sutrabindung 138
  Wirbelwindbindung 138
*Biografien herausragender Mönche* (Sammlung) 133
Bismillah 270
Bly (Oregon) 163
Bologna 328, 334 f., 338
Boston 447 f.
  *Boston News-letter* 448
Brabant 339
Brasilien 29
*Briefe* (Mani) 240
*Bristol Mercury* (Zeitung) 450
British Library 115, 165
British Museum 37, 106, 114, 137
Broadsheet-Format 447
Bronze 16, 49, 58 ff., 82
Brügge 341
Brüssel 363
*Das Buch der Giganten* (Mani) 240

*Das Buch der Mysterien* (Mani) 240
*Das Buch von der Kunst, oder Tractat der Malerei* (C. Cennini) 412
*Buch der kindlichen Pietät* 184
*Buch der Könige siehe Schāhnāmeh*
*Buch der Lieder* (China) 69, 214
*Buch der Späteren Han* 100, 161
*Buch der Urkunden* 69 ff., 76, 95
*Buch der Wandlungen* 50, 76
*Buch von Sui* 165, 167
Buchara 181, 187, 231, 260, 265
Buchbinder 271, 273, 334, 481
Buchbindung 138, 153, 236, 267, 351, 381
Buchdruck 182, 203–206, 218, 269, 318, 347 ff., 351 ff., 363 ff., 371 f., 375, 378, 381 f., 386, 397, 402, 408–411, 414, 416, 425, 427, 431 f., 435, 442, 478
  Blockdruck 205, 416
  Holztafeldruck 185, 205, 371, 416
  Typendruck 416
  -zeitalter 434
Buchdrucker 14, 365, 381, 399, 404, 408 f., 420, 439, 451 f., 456, 459, 462 ff.
Buchhandel 42 f., 326, 331, 334 f., 457–461, 465
Buchhändler 41, 76, 138, 311, 334 f., 345, 377, 381, 389, 439, 451, 456 f., 459, 463, 481
Buchkultur 44, 145, 245, 253, 267, 293, 332, 336, 353
Buchmaler(ei) 236, 243, 250 f., 272, 346
Buchmarkt 328, 409, 459, 461, 465
Budapest 106
Buddhismus 29, 51, 105, 117 ff., 121–124, 127, 130 ff., 134 f., 149–152, 154–161, 168, 177 f.,

185, 197f., 200f., 206, 218, 244, 248f., 269
chinesischer – 26, 62, 105, 115f., 119, 121, 125ff., 129, 133, 136, 152, 166f., 199, 224f.
Dharma 129, 172
indischer – 20
Papier- 126f., 167f., 225
Sutra(s) 28f., 105, 115ff., 121, 124f., 129ff., 134, 146, 149–152, 155, 157, 160, 168f., 171ff., 198, 200f., 204
tibetischer – 178f.
Buddhisten 14, 25, 28, 128f., 199f., 202f., 222, 237, 241f., 246, 248
-verfolgung 199, 206
buddhistische Schriften 111, 114, 116ff., 121, 123–126, 128, 132, 134ff., 139, 146, 155, 157, 160, 167f., 173, 201, 204
*Diamant-Sutra* 128, 205
*Lotus-Sutra* 128, 167, 171, 199
Mahayana-Sutras 157, 199
Pali-Kanon 155
*Sutra der 42 Kapitel* 121
*Sutra vom Goldenen Licht* 157, 169
*Sutra von den Barmherzigen Königen* 157, 169
*Sutra von den drei Küchen* 129
*Sutra von der Vollkommenheit der Weisheit* 125
*Sutra über die Vermehrung von Verdiensten* 129
Tripitaka 160
Bureau of International Recycling 19
Burgos (Provinz) 337
Burgund 332
Buyiden(dynastie) 326
Byzantiner 306, 323 f.

Byzantinisches Reich 227, 323 f.
Byzanz 321, 323 f., 337, 344 f.

*La Calestina* (Anonymus) 353
Calvinismus 453
Cambaluc *siehe* Beijing
Cambridge 385, 387
Cancellaresca italica *siehe* italienische Schreibschrift
*Canterbury Tales* (G. Chaucer) 353
Caxton Press 353
Chang'an *siehe* Xi'an
charta damascena *siehe* syrisches Papier
charta pergamena *siehe* Pergament
Chengdu 190
Chengzhou 59
Chiaroscuro 271
China 11, 13 ff., 20, 24 ff., 28, 32, 38, 40, 45 f., 48 f., 52 ff., 63, 68 f., 71, 76–79, 81 f., 84, 86, 88, 95, 97, 101, 103, 106 f., 111 f., 114 f., 117–120, 122–125, 128, 130, 132, 135, 144–148, 152, 154, 165 f., 176 ff., 182 f., 188, 190 ff., 198, 201 ff., 206, 225 f., 228, 245 ff., 270, 278, 283, 308, 313, 333, 339, 396, 406, 476, 484
altes – 25, 222
Groß- 152, 185, 227, 234, 278
klassisches – 24
Kulturrevolution 15, 65
Norden 25, 45, 91, 119, 147, 155, 176, 183, 186, 191 f., 206 f., 228
Nordosten 235
Nordwesten 26, 29, 90 f., 104, 114, 116, 133, 138, 179, 196, 199, 235 f., 240, 242, 247 f., 255 ff.
Süden 91, 116, 180, 186, 191, 210, 228, 251

Südosten 192, 252
Südwesten 96, 190
Westen 108, *113*, 119f., 178, 256, 277
Zentral- 49, 68, 88, 138, 474
Chinagras siehe Ramie
Chinesische Mauer 225 f.
chinesische Schrift(zeichen) 46 f., 49 f., 58, 69, 71, 78 f., 82, 89, 111, 114, 134, 139, 150, 160, 173 f., 178, 205, 218, 224, 249, 347
chinesisches Papier siehe Papier
Chorasan 308
Choson-Dynastie 159
Christen 180, 289, 291, 296, 318, 321, 374
   koptische – 300
   syrische – 246 f., 288, 300
Christentum 123 f., 196, 238, 244, 252, 280, 288 ff., 296, 311, 332, 342, 344, 377, 379, 400 f., 408, 477, 482
   syrisches – 246 f., 289
Christliche Schriften 138, 196, 241, 285, 287, 295 f., 319, 328, 343
*Chronik Japans* 166
Chudschand siehe Khujand
*Chunqiu* siehe *Frühlings- und Herbstannalen*
Chusistan 45
*Collection complete des Œuvres* (J.-J. Rousseau) 458
*Commentaire philosophique sur ces paroles de Jésus-Christ »Contrains-les d'entrer«* (P. Bayle) 454
*Commentariolus* (Kopernikus) 405
*Complutensische Polyglotte* 397
Copyright siehe Urheberrecht
*Corante: or Newes from Italy,*

*Germany, Hungarie, Spaine and France* (Zeitschrift) 449
Córdoba 278, 328, 344
   Emirat von – 328
Corpus Christi College (Oxford) 109
Corpus Coranicum (Forschungsprojekt) 287
Cotswolds 387
*Courante uyt Italien, Duytsland, & co* (Zeitung) 447
Court of Star Chamber 449

Damaskus 293, 314, 321, 326
Danzig 405
*Dao De Jing* (Laozi) 62 ff., 66, 127, 146
Daoismus 62, 64, 66, 118, 122, 127–133, 158, 187, 200
Daoisten 62, 127, 130, 187, 198, 202
daoistische Schriften 105, 111, 118, 127, 129 f., 135, 146, 158
Daulatabad 326
*Daxue Yanyi* siehe *Das Große Lernen*
*dazi bao* 14
*De revolutionibus orbium coelestium* (Kopernikus) 406 f., 409
Découpage-Technik 272
Delhi 278
   Neu- 112
Demokratie 402, 456
   athenische – 41 f.
Den Haag 452
Deutschland 336, 338, 352, 361, 366–369, 373, 446, 465
Dharma siehe Buddhismus
*Dialog über die beiden hauptsächlichen Weltsysteme* (Galilei) 409

*Diamant-Sutra* siehe buddhistische Schriften
*Dispatch* (Boulevardzeitung) 449
*Disputatio pro declaratione virtutis indulgentiarum* (M. Luther) 360 ff.
Disputation von Leipzig 363 f.
*Doctrina Patrum* (Sammlung frühkirchl. Lehren) 313 f.
Doctrina Patrum 313
Dreißigjähriger Krieg 407, 448 f.
Dresden 106, 367
Drucker 86, 205, 350, 352, 365, 368, 381, 399, 407, 409, 420 f., 425, 448, 453 f., 457 f., 460, 481
Druckerei 367, 382, 462 f.
Druckindustrie 427, 463
Druckpresse 346, 348, 350 ff., 361, 364, 369, 371, 409, 448, 450, 453, 462 ff., 466
  Spindelpresse 348, 350
Druckwerkstatt 347, 351 f., 382, 409, 462
Druckzeitalter 422, 427
*Du contrat social ou principes du droit politique* (J-J. Rousseau) 458
Dunhuang 104, 108 ff., 112 ff., 117 f., 120, 122, 128 ff., 136, 138 f., 155, 242

*Edda* 38
Égalité des hommes et des femmes (Marie de Gournay) 436
Eisenach 354, 426
Eisleben 356
Elamiter 45, 48
Emirat von Córdoba *siehe* Córdoba
Empirismus 396
*Encomium moriae* siehe *Lob der Torheit*
*Encyclopédie ou Dictionnaire raisonné des sciences, des arts et des métiers* (D. Diderot) 458, 460, 462
England 331 f., 339 f., 358, 385, 388, 390 f., 393 ff., 416 f., 428, 434, 438 f., 446 ff., 449, 451, 467, 469
English Standard Version (ESV) *siehe* Bibel
Erdene Zuu (Kloster) 180
Erfurt 356 f.
Estrangela *siehe* aramäische Schrift
etruskische Schrift *siehe* Schrift(en)
Eurasien 9, 31, 183, 226, 275, 277, 294, 296, 327
Europa 11 ff., 19, 26, 29, 46, 225, 262, 283, 289, 306, 313, 322, 333, 336, 338 f., 348, 356, 362 ff., 368, 375, 379, 382 f., 396–400, 407, 415, 420, 433, 443, 446, 451 f., 467, 472, 476, 483
europäisches Papier *siehe* Papier
Evangelien (christl.) 238, 240, 285, 287 f., 376, 388, 390, 437 f.
*Express* (Boulevardzeitung) 449
*Exsurge Domine* (päpstl. Bulle) 377
*Extra Ecclesiam nulla salus* (Bulle v. Bonifazius VIII.) 401

Fabriano 338
Fangmatan 33
Fars 309
*Fasciculus temporum* (W. Rolevinck) 353
Fatimiden 325
*The Federalist* (Hamilton/Madison/Jay) 468
Feder(n) 84, 87, 269, 316, 331, 338, 348, 415
Füll- 272
Rohr- 272, 295, 312, 314 f., 319
feng shui 192

Ferghana-Tal 119, 229f.
-Kultur(en) 120
Fes 326
*Finnegans Wake* (J. Joyce) 22
Flachs 20, 93 f., 268, 339
Flandern 339, 455
Florenz 30, 342, 344, 386, 414, 444 f.
Fontainebleau 386
Frankfurt 377, 392, 446
Frankreich 12, 336, 352, 358, 399 f., 410, 419, 425, 434 ff., 446 f., 452 ff., 456 ff., 459, 462, 465, 467, 471
Französische Revolution 453, 456, 459, 463, 467, 483
Frauenburg (Polen) 405
Freitagsmoschee 181, 274, 276
Frieden von Lodi 444 f.
*Frühlings- und Herbstannalen* (Konfuzius) 65 ff., 75, 184
95 Thesen siehe Disputatio pro declaratione virtutis indulgentiarum
*Der Fürst* (N. Machiavelli) 455 f.
Fujiyama 163

Gandhara 109, 120
Gandhari 124
Gansu-Korridor 119 f.
*Gazette de France siehe La Gazette*
*Gazzetta di Venezia* 447
Gegenreformation 423, 426
*Die Geheime Geschichte der Mongolen* 182 f.
Gelatine 338 f.
Gelber Fluss 57, 90, 122, 212
Gelehrtenrepublik *siehe* Res publica literaria
Genf 399 f., 453 f., 458, 462
Genfer Bibel(n) *siehe* Bibel
*Geschichte der früheren Han-Dynastie* (Ban Gu/Ban Zhao) 72
Geschichte der Sui-Dynastie *siehe Sui Shu*
Ghazni 133
Gilgit 178
Gloucestershire 388
Gnostizismus 244, 246
Goguryeo-Reich 154 ff., 166
Göktürkenreich 226
Goryeo-Dynastie 158, 160
Gotische Schrift *siehe* Schriften
gotisches Alphabet 46
*Göttliche Komödie* (Dante) 351
Griechen 42, 44, 145, 306
Griechenland 29, 46, 483
antikes – 41, 43 f., 343 ff., 353
Griechisch 242, 285, 317, 320, 344, 353
griechische Schrift *siehe* Schrift(en)
griechische Schriften 14, 43, 246, 307, 320, 344, 353, 355, 365
Groningen 452
*Das Große Lernen* 184
Grüne Moschee von Balch *siehe* Balch
Gugyeol-Schrift *siehe* Schrift(en)
Gur-Emir-Mausoleum 260

*h-Moll-Messe* (J. S. Bach) 426
Haddsch 322
Hadernpapier *siehe* Papier
Hadithe 262, 265, 301 f., 320, 322
Halle der Versammelten Würdigen (China) 206
Hamburg 389, 392
*Hamlet* (W. Shakespeare) 432
Han-Chinesen 48, 57, 92, 127, 141, 234
Han-Dynastie 13 f., 55, 69, 72 f.,

75–78, 81–84, 95, 97f., 100, 124, 133, 142f., 145, 149, 151, 153, 161
Handgießinstrument 349
Handschriften(kultur) 104, 108, 111ff., 115, 133, 165, 205, 216, 245, 247, 250f., 270, 286f., 290, 294, 297ff., 301f., 307, 318, 324f., 332–335, 337, 341, 345f., 352, 365, 385, 412, 419f.
Hanf 20, 33, 93f., 153, 245, 249, 268, 314, 318, 339
-papier siehe Papier 205
Hangul (Alphabet) 159f.
Hangzhou 216
Hanji-Papier siehe Papier
Hanlin-Akademie 207, 216
Hanoi 177
Haojing 57, 59
Harappa(-Kultur) 45, 48
Haus der Weisheit 313, 320f.
Hebräisch 39, 41, 111, 285, 320, 327, 393, 477
Hedschra 284, 290
Heilige Schrift siehe Bibel
*Heptaméron* (Margarete von Angoulême) 435
Herat 266, 268, 271f., 274, 276
Hexi-Korridor siehe Gansu-Korridor
Hierapolis 326
Hieroglyphen 39, 45, 47
Hijazi-Schrift siehe Schrift(en)
Himyar 289
Hindu(s) 306, 321
Hinduismus 20, 176, 248, 322
hinduistische Schriften 114
Hiragana 174f.
*Historia ecclesiastica gentis Anglorum* (Beda V.) 332
Hochchinesisch siehe Mandarin

Holz 16, 19ff., 27, 29, 73, 81, 99, 135, 149, 159, 202, 267, 281, 340f., 413
-tafeln 45, 71, 110, 114, 154, 162, 205, 412
Holztafeldruck siehe Buchdruck
Homs 291
*The House of Wisdom* (J. Lyons) 327
*Hou Hanshu* siehe Buch der Späteren Han
Huayang (buddh. Kloster) 197
Hubei (Provinz) 66, 140
Hugenotten 452f., 455, 458
-kriege 446
Humanisten 64, 346, 353, 362
Hunan 52, 210
Huocheng 255

*I Ging* siehe Buch der Wandlungen
Iberische Halbinsel 12, 328
Idu-Schrift siehe Schrift(en)
Ikonoklasmus 371f.
Ili-Tal 255
*Ilias* 44
Illumination 250, 267, 333
Illuminator(en) 270f., 273, 301, 303
Illustration(en) 204, 243, 268, 272, 303, 410f., 416
Illustrator(en) 243, 334, 481
Imprimatur 457f., 462
Index librorum prohibitorum 454
Indien 14, 19, 31, 87, 106, 111f., 114f., 118, 120f., 123, 130, 155, 177f., 200, 226, 238, 321, 326f., 476
Indonesien 19
Indus 45, 120, 257
Industriezeitalter 465
Ingolstadt 363

Inquisition 407, 454
*Institutio Christianae Religionis*
 (J. Calvin) 400
Irak 35, 326
Iran 243, 262, 264, 266, 274, 326
Iraner 262–265
Irland 30, 332
Isfahan 302, 308
*Iskra* 14
Islam 20, 107, 123, 178, 228, 231, 237, 244, 252 f., 256, 261–264, 266–270, 272, 277 f., 285, 287 f., 290, 293, 295, 298, 300 ff., 304, 309 f., 315, 322, 476 f.
 arabischer – 323
 -ische Expansion 29, 227
 -isches Imperium 282 f., 293, 297, 299, 301, 306, 308, 313, 317, 321, 329
 -isches Kalifat 13, 29, 228 f., 261, 263, 291, 293–296, 301 f., 323, 326, 329
 -ische Kalligrafie 267, 269, 273, 295, 315
 -isches Papier *siehe* Papier
Israel 326
Istanbul 344
Italien 29 f., 323, 336–339, 342, 344 f., 349, 352, 358, 401, 413, 418 f., 435, 441, 442, 444 f.
italienische Schreibschrift *siehe* Schrift(en)
Itsukushima-Schrein 171

Jafari-Papier *siehe* Papier
Jainismus 20
Japan 29 f., 149, 151 f., 161–176, 178, 181, 200, 223
 Kalligrafie 164, 169, 172, 176
japanische Schrift *siehe* Schrift(en)

Japanpapier *siehe* Papier
Jarrow (Priorat) 332
Jemen 46, 279, 288 f., 298, 308
Jerusalem 286
Jiahu 59
Jiangzhou 217
Jin-Dynastie 100, 134, 143 f., 147, 151, 183
Judaismus 244
Juden 106, 280, 288–291, 296, 318, 321, 454
Judentum 38, 115, 280, 285, 288 f., 296, 408
jüdische Schriften 285, 287, 295 f., 319
Jurchen (Volk) 183
Jüterborg 360

Ka'aba 280, 287
Kabbala 38 f.
Kabul 228
Kaffeehaus 449 f.
Kairo 325 f.
Kaiserliche Akademie des Höheren Lernens (China) 74, 81
Kaiserliche Bibliothek *siehe* Xi'an
Kalligrafen 26, 83, 87, 101, 169, 176, 252, 264, 269–273, 277, 301, 303, 314 ff., 318, 325
Kalligrafie(n) 23 f., 58, 84 f., 88, 102 f., 115 ff., 194, 196, 199, 201, 222, 235 f., 241, 243, 250, 261, 267, 275, 409
Kalon-Moschee 260
Kambodscha 177
Kandahar 133
Karabalgasun 248
Karakorum 179 f., 183
Karashahr 229
Karluken 231

Karolinger 334, 336, 346
Kasachstan 229, 231, 255
Kaschmir 228
Katakana 174
Katalonien 337
Katechismus 370 f.
Kaukasus 308
Kawaradera (Tempel) 168
Kaxgar 108 f., 229
Kehl 458, 462
Keilschrift *siehe* sumerische Schrift
Khanbaliq *siehe* Beijing
Kharoshthi-Schrift *siehe* Schrift(en)
Khotan 108 f., 120, 229
Khujand 266
Khurasan 259, 264 ff., 268, 273, 302, 308, 311
Kirche von England 386
Kirchenmusik 370, 419, 423 f.
*Kitāb al-Fihrist* (al-Nadīm) 267, 321
Kitan 182
Klostermönchtum 331 f.
Knochen 16, 20, 47, 49 f., 54, 60, 75, 279, 281, 291, 300
Kodex 138, 242, 250 f., 291, 293, 300, 310, 332 f., 242, 482 f.
 Kölner Mani- 242
 Uthmānischer – 293
Köln 389, 392
 -er Mani-Kodex *siehe* Kodex
Kommunistische Partei Chinas 25, 67
konfuzianische Schriften 69, 77, 104, 111, 118, 135, 137, 145, 158 ff., 166 ff., 171, 218
Konfuzianismus 62, 65 f., 73, 117, 123, 133, 135, 137, 142, 149 f., 158, 160 f., 193, 200, 213, 224, 237
 Neo- 159 f., 198, 201

Konjakwurzel 164
Konstantinische Schenkung 401 f.
Konstantinopel 186, 296, 323 f., 344, 401, 420
Konzil von Trient 423 ff.
Koptisch 317
Koran 14, 237, 259 ff., 264–271, 274, 276 ff., 281–304, 307, 315, 319 f., 325
 -studien/ium 266, 283, 286, 307
 Uthmānischer – 293, 301
Korea 29, 97, 149, 151–162, 165 f., 181, 347
koreanische Schrift *siehe* Schrift(en) 154
koreanisches Papier *siehe* Papier
Kozo-Papier *siehe* Papier
Ktesiphon *siehe* Seleukia-Ktesiphon
Kucha (China) 133
Kuche (Ostturkestan) 229
Kufa (Stadt) 293
kufische Schrift *siehe* Schrift(en) 302
Kulturrevolution *siehe* China
Kunlun-Gebirge 127
Kuschana 120, 124
Kuschanreich 178
Kyoto 171

*La Gazette* (Zeitschrift) 447
Langsieb-Papiermaschine *siehe* Papiermaschine(n)
Laos 177
Latein 327, 333, 341 f., 344, 351, 353, 375, 379, 388, 393, 395, 398
lateinische Schrift *siehe* Schrift(en)
lateinisches Alphabet 46
*Leben der ausgezeichnetsten Maler, Bildhauer und Baumeister siehe Le Vite de' più eccellenti pittori, scultori et architettori*

*Das lebendige Evangelium* (Mani) 240, 243
Leder 251, 253, 281, 300, 351
Legalismus 68
Leh 108
Leiden 452
Leinen 20, 26f., 93, 111, 314, 318
Leipzig 363, 366, 405
Leiyang 92f.
*Les Femmes et Grief des Dames* (Marie de Gournay) 436
Liang-Dynastie 134
Liao-Dynastie 151
*Lienu Zhuan* 184
Linzi, Akademie von 67f.
Lithografie 465
Livorno 458
*Lob der Narrheit* (Erasmus v. R.) 431
*Lob der Torheit* (Erasmus v. R.) 359
Lollarden 358, 387, 389, 394
London 112, 389, 391, 394, 417, 420, 428, 446, 448, 450, 466, 469
  Fleet Street 448 ff.
Longxing-Kloster 131
Lothringen (Provinz) 453
*Lotus-Sutra siehe* buddhistische Schriften
Louguan (Tempelanlage) 62 f.
Loulan 108 ff.
Lu (Staat) 65
Lucca 458
Luoyang 59, 81, 92, 121, 124, 127, 144, 193f., 216
Luther-Drucke 367ff.
Luxeuil (Abtei) 332
Lyon 410, 420, 425, 458

*Madame Bovary* (G. Flaubert) 437
Madrasa 257, 259ff., 264, 266, 274f., 324

-Bibliothek 329
Magdeburg 360
Maghreb 14, 31, 46, 283, 294, 324, 327
Malven(gewächse) 20, 94
Mamelucken(dynastie) 303
Mandarin (Sprache) 125f., 161
Mandarin(e) 57, 59, 67, 84, 188, 196f., 206f.
Mandschu 151
Mandschurei 183
Manichäer 237, 241f., 244–251
manichäische Bücher/Texte 111, 242–247, 249ff.
manichäische Schrift *siehe* Schrift(en)
manichäischer Kanon 240
Manichäismus 111, 236–239, 241, 244ff., 248, 251–254, 269
  östlicher – 245, 247
  westlicher – 245 f.
Mansfeld 356
Manyogana 174
*Manyoshu siehe* Sammlung der Zehntausend Blätter
Mao-Bibel 15
Maori 474–477
Marakanda 268
Marly 338
Marokko 30, 303, 337
Mashhad 326
*Massachusetts Gazette* (News-letter) 469
Matthew's Bible *siehe* Bibel
Maulbeerbaumrinde 20, 93 f., 138, 153, 165
Mazeration 40, 88f., 94, 348
Medina 283 f., 291 ff.
Mekka 273, 280f., 284, 287, 292f., 307, 322
Menschenrecht(e) 461

-serklärung 465, 471
Meritokratie 197
Merv (Oasenstadt) 308
Mesopotamien 47, 227, 264, 313, 317
Metall 13, 244, 322, 337, 347, 349
*Metamorphosen* (Ovid) 431
Mexiko 31, 468
Midrasch 285
Ming-Dynastie 70, 203
Miniaturmalerei 249, 271, 323
Miran 109
*Missa Papae Marcelli* (Palestrina) 424
*Missa Sine Nomine* (Palestrina) 426
Mithraismus 244
Miyajima 171
*Moby-Dick* (H. Melville) 433
Mogolistan (»Land der Mongolen«) 256
Mogulreich 273
Mokkan 162
Mongolei 151
Mongolen 9, 12 f., 159, 180, 183 ff., 268, 271, 327, 329, 347
Mongolenreich 11, 13, 180 ff., 257
mongolische Schrift *siehe* Schrift(en)
Monkwearmouth (Abtei) 332
Mons 341
Montecassino (OSB Mutterkloster) 331 f.
Mosul 326
Mujunkum-Wüste 225
München 286
Mushaf 291, 293
Muslime 225, 253 f., 262, 282, 285, 290 ff., 295, 297, 318, 321
  irakische –291
  syrische – 291

Mutaziliten 297
Myanmar 12, 177

nabatäische Schrift *siehe* Schrift(en)
Nachrichten 327, 371, 442, 445–451, 480, 484
  - kultur 445 f.
Naknang-Periode 153
Nanyang 95
Nara 166
*Narratio Prima* (G.J. Rheticus) 405
Naskh (Kursivschrift) *siehe* Schrift(en)
Nastaliq *siehe* Schrift(en)
Neuseeland 474–477
*New American Bible siehe* Bibel
Newsbook 449
  -Format 447
Niederlande 341, 407, 446, 448, 451–454, 457 f., 466
Nischapur 181, 265, 270
*Nongsang Yi Shi Cuo Yao siehe*
  *Wesentliches über Ackerbau,*
  *Seidenraupenzucht, Kleidung und*
  *Ernährung*
Northumbria 332
Notendruck(er) 418–422, 424 f., 427
*Nouvelles de la République des Lettres* (P. Bayle) 453
Nürnberg 339, 366, 405 f., 416
*Nürnberger Chronik siehe*
  *Schedel'sche Weltchronik*

Oasenkultur 120, 264
Œuvres complètes (Voltaire) 458, 462
Okamoto (Schrein) 162
Oman 46
*On Photography* (S. Sontag) 478
Ondol-Papier *siehe* Papier

Orakelknochen 58, 75
-schrift *siehe* Schrift(en)
Ordu Baliq 179
Origami 176
Ortelius-Atlas *siehe* Theatrum Orbis Terrarum
Osmanen 324, 344
Österreich 339
Ostrakismus *siehe* Scherbengericht
Oxford 328, 334 f., 385, 387
*Oxford Compendium to Shakespeare* 399
Oxus-Zivilisation *siehe* Oasenkultur

Pahlavi (Sprache) 317, 320
Paläografie 116
Palästina 279, 321
Pali 114, 124
Pali-Kanon *siehe* buddhistische Schriften
Palimpseste 246, 323
*Palladio Londinensis* 416 f.
*Palladis Tamia* (F. Meres) 432
Palmblätter 121, 176 f., 281, 291, 300
Palmyra 241
Papier
  Achten-Ehren-Schreib- 139
  arabisches – 29, 313 f., 339
  chinesisches – 222 f., 245, 252, 266 f., 272, 312, 348
  europäisches – 339, 341, 348
  Hadern- 348
  Hanf- 205
  Hanji- 153
  islamisches – 314
  Jafari- 313
  Japan- 164 f.
  koreanisches – 204
  Kozo- 165

Ondol- 153
  spanisches – 337
  syrisches – 324
  tibetisches – 179
  Washi- 170 f.
  Xuan- 131
Papierdruck 206, 365, 379, 408, 422, 427
Papierhändler 114, 249
Papierherstellung 11 f., 19 f., 26 f., 29 ff., 40, 88, 92 ff., 97, 116, 152 ff., 159, 161 f., 164, 166, 169, 171, 176–179, 190, 196, 225 ff., 232 ff., 236, 243, 267 f., 272, 275, 308, 313, 326, 336, 338, 348, 397, 410, 441, 452, 474, 476 f.
Papierindustrie 19, 171, 267 f., 329
Papierkultur 26, 101, 168, 201, 221 f., 232, 246, 276, 295, 371, 402, 409, 429, 456, 476
Papiermacher 86, 138, 154, 159, 162, 164 f., 168–171, 264, 267, 273, 337, 339 f.
Papiermarkt 318
Papiermaschine(n) 466
  Langsieb- 466
Papiermaulbeerbaum 93, 138, 170
Papiermühle(n) 12, 97, 311, 313, 318, 324, 326, 337 ff., 348, 467 f.
Papierzeitalter 14, 16, 101, 103 f., 159, 164, 190, 296, 304, 336, 349
Papyrus 15, 19 f., 32, 39 ff., 42–45, 138, 145 f., 239, 245 f., 251, 267, 281, 293, 295 f., 300, 307 f., 310 f., 313, 325, 336, 349
*Paradise Lost* (J. Milton) 396
Paris 112 *f.*, 328, 334 f., 344, 410, 416, 420, 436, 446, 457 f., 460–463

Parsen 321
Parther(reich) 120, 124, 243
Parthien 124
Pataliputra 133
Pavillon des Sternbilds der Literatur (chin. Akademie) 194
Pax Islamica 311, 328
Pax Mongolica 181 f.
Pecia-System 335 f,
*Perfect diurnall of the passages in Parliament* (Newsbook) 449
Pergament 15, 19 f., 32, 41, 47, 138, 145 f., 245 ff., 249, 251, 267, 281, 291–296, 298, 300 ff., 304, 307 f., 311 ff., 315, 323 ff., 330 f., 333, 336–339, 341, 348 f., 351, 412 f., 432, 443, 482
-macher 334 f.
Perser 238, 245, 254, 261–264, 267, 280
Perserreich 110, 227, 263 f.
Persien 46, 106, 118 ff., 181, 226 f., 241, 243 f., 253, 259, 264 f., 270, 272 f., 308 ff., 317, 321, 326
Persisch 111, 180, 240, 265, 274
Perugia 410
Phagspa (Alphabet) 160
Philadelphia 468
Phönizier 46
  phönizische Schrift *siehe* Schrift(en)
Piacenza 332
Pinsel 13, 21, 23, 26, 68, 77, 84 f., 87 f., 90, 92, 95, 97, 102, 117, 131, 146, 166, 168, 183, 185, 203, 207, 245, 269, 312
Platonische Akademie 344
Polen 339
*Policraticus de nugis curialium* (John of Salisbury) 430

*Practice of Prelates* (Th. Tyndale) 392
Presse 450, 453, 456, 466, 469 f., 472
  -freiheit 407, 460, 462, 464 f., 467 f., 470 ff.
*La Princesse de Clèves* (M. La Fayette) 436 f.
Protestanten 370 ff., 380, 405, 408, 451, 453
Protestantismus 391, 405 ff., 435
protokanaanäische Schrift *siehe* Schrift(en)
*Psalmen und Gebete* (Mani) 240
pseudoisidorische Dekretalen 401
*Publick Advisor* (Anzeigenblatt) 449
*Publick Occurrences Both Forreign and Domestick* (Zeitung) 447
Qi-Dynastie 189
Qin-Dynastie 26, 55, 69, 71 ff., 75, 77, 81 f., 121, 154 f.
Qing-Dynastie 25, 144, 222
Qocho (Königreich) 248
*I quattro libri dell' architettura* (A. Palladio) 415
Quraisch (arab. Stamm) 280, 292

Rajasthan 273 f.
Rakiura-Insel 475
Ramie 93, 138, 245, 249
Rasm 299
Rayy 308, 326
Rebus-Prinzip 36
*Die Rechte des Menschen* (Th. Paine) 467
*Red Dust. Drei Jahre unterwegs durch China* (Ma Jian) 55
Reformation 13 f., 30, 364, 366 ff., 371 f., 383, 390, 392, 397, 399, 405, 407, 411, 422 f., 435

Reformatoren 363 f., 366, 373,
398 ff., 411, 483
Reichstag zu Worms (1521) 377 f.
Relation: Aller Fürnemmen und
gedenckwürdigen Historien
(Wochenzeitschrift) 447
Renaissance 13 f., 30, 295, 342–345,
353, 356, 359, 363 f., 368, 397,
408–411, 414 f., 417 f., 420, 422,
425, 429, 431 f., 435 f., 441 ff.,
483
-druck 373
Früh- 343, 412 f., 420, 429
karolingische - 334
-musik 421 f., 424
Proto- 11
Spät- 430
Renaissancehumanisten 363 f., 401
Res publica literaria 15
Ries (Papiermaß) 314
The Rights of Man siehe Die Rechte
des Menschen
Rom 120, 226, 296, 332, 352, 355,
358 ff., 364 f., 369, 375, 379, 383,
385 ff., 397, 400 f., 403, 406 f.,
423 f., 483
altes - 41 f., 44, 343
Roman(e) 184, 353, 433–440, 445,
465, 467
Bilder- 479
*Romeo und Julia* (W. Shakespeare)
429
Römer 42, 44
Römisches Reich 43, 226, 331,
401
Rongowhakaata-Stamm 477
*Rosalynde, or Euphues' Golden
Legacie* (Th. Lodge) 430
Rotterdam 453 f.
Rouen 446, 458

Royal Society 407
*Ruins of Desert Cathay* (A. Stein)
113

Sachsen 367
Saint-Julien (Aube) 338
sakische Schrift *siehe* Schrift(en)
Samarkand 181, 232, 248, 260,
267 f., 272 ff., 308, 311 f., 326
Samisdat-Literatur 472
*Sammlung der Zehntausend Blätter*
174
San Colombano von Bobbio (Abtei)
332
Sana'a 299, 326
Sanpitsu 172
Sanskrit 86, 110, 113 f., 124, 126,
150, 320
Santo Domingo de Silos (Kloster)
337
Sassaniden(reich) 29, 226, 238,
262 f., 267, 309
*Schāhnāmeh* 272
*Der Schatz des Lebens* (Mani) 240
*Schedel'sche Weltchronik* (H. Schedel) 353
Scherbengericht 42
Schiiten 264
Schildkrötenpanzer 20, 29, 45, 49 f.,
54 f., 75
Schiras 266, 271
Schlacht am Talas 220, 226 f.,
229–232, 266, 306
Schlacht an der Milvischen Brücke
401
Schlacht von Yamama 290
Schrein von Balch *siehe* Balch
Schrift(en)
akkadische - 47
althebräische - 46, 115

arabische – 46 f., 256, 267, 290, 294, 299, 301, 310
aramäische – 46
etruskische – 46
chinesische – *siehe* chinesische Schrift(zeichen)
Gotische – 346
griechische – 46, 242, 344
Gugyeol- 157
Hijazi- 298
Idu- 157
italienische Schreib- 346
japanische – 174 f.
Kharoshthi- 109
koreanische – 154
kufische – 302
lateinische – 46, 333
manichäische – 240 f., 251, 265
mongolische – 182, 184
nabatäische – 301
Naskh 269, 294
Nastaliq (Schreibschrift) 272
Orakelknochen- 48 f.
phönizische – 45
protokanaanäische – 45
sakische – 111, 114
sogdische – 110, 114, 249, 267
sumerische – 36 f., 39, 46 f.
syrische – 301
tibetische – 114
Warraq- 317
griechische Schriften 14, 43, 246, 307, 320, 344, 353, 355, 365
*Schrift von den fünf Küchen* 129
Schriftkultur 47, 58, 66, 75, 152, 154, 156, 158 f., 166, 244, 282, 299, 443
Schriftrollen 42, 66, 102, 128, 134 f., 137, 146, 151, 157, 160, 167, 200, 251, 300, 310 f.

Schweiz 457
*Science and Civilisation in China* (J. Needham) 86
Seide 27, 32, 73 f., 81, 89 ff., 98, 102, 109, 111, 120, 132, 140, 149, 154, 161, 183, 188, 249, 251, 267, 278
Seidenstraße 117, 120, 124, 171, 179, 226 ff., 312
Seleukia-Ktesiphon 238
Palast von Ktesiphon 309
*Shābuhragān* (Mani) 240
Shandong (Provinz) 223
Shang-Dynastie 51, 54 ff., 67, 95, 203
Shanghai 25, 67, 223
Shaoxing 83, 101
Shash *siehe* Taschkent
Shintoismus 167
Shiras 326
Shuihudi 90
*Shujing* 184
*17-Artikel-Verfassung* (Japan) 167
Silla-Reich 156 ff.
*Der sinnreiche Junker Don Quijote von der Mancha* (M. d. Cervantes) 433 f.
Sizilien 20, 46, 145, 311, 337 f., 397
Skandinavien 38
Sogdien 110, 248 f.
sogdische Schrift *siehe* Schrift(en)
Song-Dynastie 134, 184, 206, 222
Spanien 29 f., 282, 323, 327 f., 337, 397, 454
spanisches Papier *siehe* Papier
Sri Lanka 133
Stein(e) 16, 20, 27, 29, 47, 54, 60, 132, 135, 146, 273 f., 281, 300
Straßburg 339, 366, 447
*Sui Shu* 25
Sui-Dynastie 25, 135, 196

Sumer 35, 53
Sumerer 35 ff., 39, 41, 48
sumerische Schrift *siehe* Schrift(en)
Suminagashi 176
Sunniten 264
Suq al warraqin *siehe* Papiermarkt
*Sutra der 42 Kapitel siehe* buddhistische Schriften
*Sutra über die Bekehrung der Barbaren* 130
*Sutra über die Vermehrung von Verdiensten siehe* buddhistische Schriften
*Sutra von den Barmherzigen Königen siehe* buddhistische Schriften
*Sutra vom Goldenen Licht siehe* buddhistische Schriften
*Sutra von den drei Küchen siehe* buddhistische Schriften
*Sutra von der Vollkommenheit der Weisheit siehe* buddhistische Schriften
*Sutra von Jesus dem Messias* 196
Sutra(s) *siehe* Buddhismus
Syrien 45, 227, 308, 315, 317, 321, 324
Syrisch 317, 320
syrische Schrift *siehe* Schrift(en) 301
syrisches Alphabet 240 f.
syrisches Papier *siehe* Papier

Täbris 266, 271, 326
Tadschikistan 178, 264, 267
Tafsīr 307
Tal der Tausend Buddhas *siehe* Dunhuang
Talas 225 f., 229, 231
Talipat 176 f.
Tanach 115, 240, 285, 288, 296, 408
Tang-Dynastie 13, 136, 138, 177, 187 f., 190, 192 f., 197 f., 205 f., 209, 211, 214, 217, 222, 225, 227, 234 ff., 253
Tangut(en) 114, 180
Tarimbecken 108, 179, 228, 248
Taschkent 229 ff.
*Tausendundeine Nacht* 29, 308 ff.
*Tausendzeichenklassiker* (chin. Gedicht) 166
Te Waipounamu-Insel 475
Tempel der Lehre Buddhas (Nara) 166 f.
Tempel des Weißen Pferdes 121
Thailand 12, 177
*Theatrum Orbis Terrarum* 431
Thomasschule 426
Tiberias 326
Tibet 114, 139, 151, 176, 178 f., 181, 308
tibetisches Papier *siehe* Papier
tibetische Schrift *siehe* Schrift(en)
Tibetisch 180
*Tieyun Cang Gui* (Liu E) 50
Tihama 326
*Times* (London) 466
Timuriden-Dynastie 257 ff., 273 f.
Tinte(n) 86 f., 205, 242, 244, 250, 295, 301 f., 315 f., 329
indische – 86
Tocharer 114, 120
Ton 20, 37, 42, 281, 347
-tafeln 36 f., 41, 45, 48
Tora 393
Transoxanien 228, 232, 259, 262, 265 f., 309
Trevi 352
Tripolis 326
Tsatsas 178
Tsushima 174
Turfan (Oase) 240, 244 f., 250

Turk-Runen 249
Türkei 41, 47, 288, 326
Turkestan 181, 225f., 228f., 231
Turkestan *siehe auch* Xinjiang
Turkistan (Stadt) 259
Turkmenistan 264, 308
Tusche 21, 28, 68, 77, 84–88, 97, 131, 150, 166, 168, 170, 183, 185, 195, 203, 249
-stein 13, 87
Tuschmalerei (chinesische) 271

Über das Dao lachen 130
Über die Aufhebung von Flüchen, offenbart vom Höchsten Herrn Lao 130
Über Fotografie siehe On Photography
Uiguren 113, 179, 181f., 235ff., 248f., 253
uigurische Sprache 111, 180
Umayyaden(kalifat) 227, 262f., 266, 284, 307, 326, 328, 340, 342
Ungarische Akademie der Wissenschaften 106
*Unterweisung in der christlichen Religion siehe Institutio Christianae Religionis*
Urheber
-recht 382, 465, 467, 470
-schutz 452, 457, 467
Uruk 35f.
Usbekistan 264
Uthmānischer Kodex *siehe* Kodex
Utrecht 452

Veden 176
Velin 15, 20, 330, 336
Venedig 342, 352, 410, 415, 420f., 444ff., 451, 455

Veneto 416
Vereinigte Staaten *siehe* Amerika
Verfassung der Vereinigten Staaten 468f., 471
Verlag(swesen) 410, 439, 451, 453, 457, 460, 463, 467
Verleger 334, 352, 391, 417, 432, 452, 457–460, 463, 481
Versailles 162
Versammlung der hundert Stühle (Korea) 156f.
Vertrag von Waitangi 474–477, 484
Vietnam 12, 96f., 149, 151f., 176f.
Vilvoorde 393
*Le Vite de' più eccellenti pittori, scultori ed architettori* (G. Vasari) 30, 413f.
*Von den Juden und ihren Lügen* (M. Luther) 403
*Von der babylonischen Gefangenschaft der Kirche* (M. Luther) 374f., 384
Vulgata *siehe* Bibel

Waldenser 358
Warraq-Schrift *siehe* Schrift(en)
Washi-Papier *siehe* Papier
Wei (chin. Fluss) 195
Wei-Dynastie 143f.
Weiyang (Palastanlage) 76
*Wesentliches über Ackerbau, Seidenraupenzucht, Kleidung und Ernährung* 184
Westminster 448
– Palace 385
*Wider den Manichäer Faustus* (Augustinus) 252
*Wie es euch gefällt* (W. Shakespeare) 430
Wien 181, 347

Wittenberg 355, 360 ff., 366, 372,
378, 381, 392, 404 f.
*Wohltemperiertes Klavier* (J. S. Bach)
426
Worms 377, 389 f.
*Worte des Vorsitzenden Mao Tsetung*
siehe Mao-Bibel
Wuchang 125
*Wunderbare Schrift über die Verlängerung des Lebens und die Vermehrung von Verdiensten*
(daoist.) 129

Xàtiva 326, 337
Xi'an 33, 59, 63, 76, 98, 114, 127, 186, 200, 226, 235
  Kaiserliche Bibliothek 97, 134 f.
Xianbei-Dynastie 151
*Xiaojing* siehe Buch der kindlichen Pietät
*Xin Qingnian* (Journal) 224
*Xin Yuefu* (Bai Juyi) 213
Xinjiang 107, 127, 176, 181, 231, 235, 237
Xiongnu 119
Xiti (Beschreibstoff) 89
Xuan-Papier siehe Papier
Xuancheng 207

Yangzi 90, 92, 192 f.
Yarkand 108
Yathrib siehe Medina

Yin-Yang-Schule 73
Yining 26
Yssykköl-Region 228
Yuan-Dynastie 12, 114, 151, 183 f.
Yuezhi 120, 124

Zeit der Drei Reiche (China) 128
Zeitung(en)/Zeitschrift(en) 14 f., 25, 222, 224 f., 371, 434, 445 ff., 449–452, 466 f., 471, 480 f.
Zeitungskultur 449
Zensorat (China) 207
  das Linke – 207
  das Rechte – 207
Zensur 160, 218, 382, 449, 456 f., 460 f., 464 f., 467
  Bureau contentieux de la librairie (franz. Zensurbehörde) 457
Zentralasien 14, 105 ff., 114, 117 f., 120 f., 123, 125, 178, 181, 221, 226 ff., 231 f., 235 f., 241, 243–246, 248 f., 253 f., 256 f., 261 f., 266–274, 277, 282
Zhongguo 57
Zhou-Dynastie 55–61, 63, 65 f., 69, 77 f., 81, 98, 209
*Zizhi Tongjian* 96, 184
*Zodiacus Vitae* (M. P. Stellatus) 431
Zoroastrismus 238, 244, 258
Zweistromland 47, 257, 262, 264, 279, 288
Zypern 46

## *Bildnachweis*

Alexander Monro: 37, 62, 276
Bibliothèque Nationale de France, Paris: 464
Jeff Edwards: 56, 107, 221, 284
Musée Guimet, Paris, Dist. RMN-Grand Palais / Thierry Ollivier: 113
Museum of Fine Arts, Boston. Denman Waldo Ross Collection, 31.123: 189
Archivio PIME, Milano: 88, 474
Privatbesitz: 22, 23, 203
Scala, Florence: 70, 302 (The Metropolitan Museum of Art)